东北师范大学文库
DBSFDXWK

U0517117

吟诵与诗教

YINSONG YU SHIJIAO

陈向春　著

东北师范大学出版社
NORTHEAST NORMAL UNIVERSITY PRESS.

长　春

图书在版编目（CIP）数据

吟诵与诗教/陈向春著. —2 版. —长春：东北师范大学出版社，2015.4（2024.1重印）

ISBN 978 - 7 - 5602 - 9053 - 9

Ⅰ.①吟… Ⅱ.①陈… Ⅲ.①古典诗歌—朗诵—研究—中国 Ⅳ.①H119

中国版本图书馆 CIP 数据核字（2015）第 030407 号

□责任编辑：吴东范 □封面设计：张　然
□责任校对：何　群 □责任印制：刘兆辉

东北师范大学出版社出版发行
长春净月经济开发区金宝街 118 号（邮政编码：130117）
网址：http：//www.nenup.com
东北师范大学出版社激光照排中心制版
河北省廊坊市永清县晔盛亚胶印有限公司
河北省廊坊市永清县燃气工业园榕花路 3 号（065600）
2015 年 4 月第 2 版　2024 年 1 月第 2 次印刷
幅面尺寸：155mm×230mm　印张：28.5　字数：318 千

定价：**79.00** 元

本书系东北师范大学图书出版基金项目

本教程为教育部社科基金课题
《大视野之下的中国传统诗教研究》结项成果之一

代序文：浅说"大诗教"

传统"诗教"，通常是指先秦至两汉时期形成并延续后来的儒家《诗》教。其内涵的精神在于教人学《诗》以修身、齐家、治国。它秉承儒家"仁"、"礼"两大理念，始终不懈地坚持发挥"诗"的社会政教功用。几千年以来，作为一个古老的文化传统，它以不变应万变，"坚硬"地存在于中国古代社会生活里。

"大诗教"之"大"者，主要包含了这样几层涵义：一是"诗教"传统"作用"时间的恒久。认为自汉代形成以后，直到古代社会结束，诗教传统都处于一个不断改变，同时又不断自我丰富的历史进程里，其存在时间之久远，作用之稳定，可称是举世无双。作为中国古代文化构成的核心部分即语言艺术成就，连同它所承载的传统价值取向精神，对于当代中国来说，仍然具有现实意义。

二是"诗教"传统内涵指向的深度。认为传统"诗教"属于古代社会上层建筑意识形态，受教和承传它的主体人群是历代的士大夫文人。身处上位的士大夫文人身体力行的重心始终围绕儒家所倡导的"修齐治平"，但在实质上它是针对人的"情性"根本而形成的人文教化学问和实践体系，尤其是通过汉语语言艺术的文化审美活动来充实人的"日常生活"，提示了一种让人类心灵不死的中国方式，至今仍具有极强的生命力。

三是"诗教"传统外延辐射的广度。认为"诗教"精神广泛渗透和作用于社会生活的方方面面，滋润着各种文学艺术品种的成长。"诗教"作为一种价值观支撑在其所作用的社会生活领域内促成了非常广泛的局面，它由上到下，由窄到宽，诗的文化风景层出不穷，"附庸风雅"成为一种永远不过时的"时尚"。这种广泛并持续存在的局面，从根本上反映了中国传统文化"以诗为用"的运作特征和"导俗趋雅"的文化价值取向。

中国古代的"诗教"是一个包容中华民族文化个性精神，历史内涵极为丰富的且动态发展着的大概念。因其多元和动态，故而要在此一领域内开展研究就必须首先突破"诗教"即"儒家的"狭隘观念和思路，转身面对中国古代诗歌和诗学的基本史实，在儒、释、道兼容的大中华文化背景下作"中观"或"微观"的深入探究。唯如此方能发现和连贯地描述这一传统生成发展的历史轨迹，勾勒出中华"大诗教"传统的整体面貌和局部细节。基于这一拓展的视野，在"诗教"概念的认知上，就可以确切无疑地说，古代"诗教"是一个包容中国民族文化价值取向（以"人情"为本位），历史内涵十分丰富的大概念、大实存。作为"大实存"，它萌生于中国古老文化发生的"端口处"，其后历经两周社会，而形成了早期"儒家诗教"，又历经魏晋南北朝、唐代，最终扩张并形成渗透于整个古代社会生活的"大文化"诗教传统。

自近代以来，有关传统儒家诗教的研究即渐次展开，尤其是最近数十年以来取得的成果更为丰厚。就其研究角度和方法而言，这些研究涉及到教育学、文化学、阐释学、传播学、审美与文化比较等等。就其研究内容和主要问题而言，可归纳为六大类①：

（1）儒家诗教观与诗教内涵的阐释研究；

（2）儒家诗教的制度形态与形成渊源的研究；

（3）儒家诗教传统的历史演变研究；

（4）儒家诗教的文化批评与中外诗教的文化比较研究；

（5）儒家诗教与古代诸多文类的影响关系研究；

（6）传统诗教的当代继承接受与古诗文教学。

研读和正确地描述以上文献内容，是开展本课题研究的重要前提。基于对这一课题重要性与现实意义的认知，我们在文献研读过程中不断发现问题，产生了诸多深入探究的思路。我们认为：在这一领域内的确存在许多需要进一步深入和系统研究的问题，这里仅提出六点：

（1）现有的诗教研究在观念上囿于"儒家诗教"，囿于传统"诗经学"的思路，而严重忽视了《诗经》以后，中国古典诗歌在继续发展进程里必然形成的对儒家诗教传统的突破，即变小为大的事实。从中国古典诗歌与传统文化精神相互为用的历史表现里，可以看到：传统诗教的演变，事实上存在着两条线路，一是《诗经》之教，或经学经典之教；二是文人诗教，即由历代典范诗人和作品在其被"接受"的过程里，所自然发挥的人文教化功用。显然，对这一线路的研究还谈不上自觉和成熟。《诗经》之教代表着文化的正统，而诗歌自身在文人化演变时代里，与正统的《诗经》之教既有冲突，也有妥协适应，诗与教两者之间复杂关系的历史展开也是诗教研究的薄弱之处。

（2）诗教传统自先秦时期形成，以后历数千年不衰，直到封建社会结束，但现有的研究，以先秦与明清诗教两头为详尽，过程中间的问题则少有涉及。

---

① 此项分类来自本书著者整理的《最近 30 年传统诗教研究文献资料汇编》。

这种现状产生的主要原因除了一直以来缺乏整体通观考量以外，还有观念上自我束缚的问题。以往的研究把"儒家诗教"等同于"传统诗教"，而不能把传统诗教置于儒、释、道兼容的大的中国文化背景下，基于中国古典诗歌的历史发展过程做多层次的动态阐释，这无疑是狭隘的和浮浅的。此外，研究者常把审美诗学与政教诗学分离的西化思路也是导致研究格局失衡的原因之一。

（3）限于诗学范围的理论研究成果远多于结合作家作品的具体发明。在现有的研究文献里，很容易看到有相当数量的论文和论著围绕儒家诗教，诸如针对"诗言志"、"温柔敦厚"、"兴、观、群、怨"说等名词概念做理论阐释。毋庸说，这是必要的，但是，对于传统诗教来说，原本就不是一种抽象的理论存在或者道德说教体系。早期的诗教与乐教、礼教为一体，后来的诗教则与社会生活紧密联系。诗教的本质是中国文化以诗为用，通过"诗文化"的现实功用实现其人文教化之目的，故而传统诗教的展开不仅在于观念层面，更在于实践层面的诗文化生活里。正是在这一方面，到目前为止的研究是最为薄弱的。

（4）到目前为止，有关传统诗教的研究多为散点式，缺乏整体通观，关联性、系统性较差。自章学诚发表《诗教》专论以来，学界通过这种散点式研究，积累了数量可观的研究成果，然而，历时一个多世纪的研究，到今天也亟须通过总结与反思加以推进，形成更多共识，促成一种有明确方向，宏观与微观相结合，有较强系统性的研究格局。显然这一研究格局的形成不仅有益于诗教研究自身的深化，更能对诗教传统的当代继承产生重大影响。

（5）解释中国传统诗教与传统本身脱节的问题。表现在研究者以西方文学、诗学理论话语的"身份"进入，以"他者"的视域对中国诗教传统进行观照和探究，这固然有利于认清中西诗学的分界，有益于发明中国诗教之独特性，但其弊端恰恰就在于不能真正揭示出诗教传统内涵的民族文化特性，不能从传统文化与传统诗的互动关系着眼来阐释其自身的问题。例如不少研究者以西方文论视角对诗教做阐释时往往喜欢冠之以"功利主义"的诗学标签，但其"功利性"背后的审美精神、文化价值取向却往往语焉不详，或忽略不谈。

（6）诗教传统在当代的继承问题。学院派诗论家的研究致力于纯诗与诗学本体回归，不仅与传统诗学的原本脱离，更必然地与当代诗教继承的实践活动相脱节。自上个世纪末即1998年以来，弘扬传统诗教文化的各种活动呈现繁荣局面，一段时间里，诗教理论探索聚焦于"时代性"与"大众化"两个转变的热点问题上。这其中，理论发展与实践活动的不平衡现象极为突出，如因为"诗教"观念的狭隘与模糊导致诗教实践活动形式化，导致资源利用单调，诗教手段匮乏，所谓身处宝山浑然不知。本书针对"吟诵"所作的专题研究也是基于这一现状，期待能够推出一部对当代诗教活动具有实践指导意义的探索性专著。

我一向认为，中国历史上被称为"诗国"不只是一个形容的说法，在实质的意义上，它指示出：古代中国其实是一个"诗教国家"。现在常说中国文化是"儒道互补"，后来又加上"释"，是"儒道释"三家携手同行。这种自然融合成就的思想文化、心灵文化，造就了中国历史上最好的诗的王朝和为数相当可观的最好的诗人。其中的李白偏重在"道"，杜甫偏重在"儒"，王维偏重在"佛"，在这三位诗人之后，白居易可以说兼融三家。因此说，诗歌里沉淀了"儒道释"三家思想文化的真谛、精华。在唐朝，诗和文化的融合可以说是全方位的，包括制度、日常生活、诗与各类艺术品类的结合等等，而最精彩地体现于人的诗化生命的鲜活。借助这种融合，诗的作用更加"神奇"，凭借诗，人可以自行地化解心灵以及心灵与外部世界之间的冲突、紧张关系，而专就此中"减压"的功用来说，作为中国传统文化资源的"诗教"，差不多具有了某种西方意义上的宗教性质，也就是借助"诗"（以诗为教、写诗、赏诗、用诗交际等）让精神和心灵得到一种日常性的平衡，或"自我救赎"。

以上文字写于 2008 年的暑假，记录了当时我对传统"诗教"所进行的宏观性质的思考和心得。时光荏苒，五年以后的今天，记忆中最深印象却是当时的文献整理和阅读之艰苦；发现问题头绪之繁杂。正是这种艰苦和繁杂最终促使我转而选择了其中较为迫切的一个专题，这就是"吟诵"。

古诗词是可以吟咏以及可以歌唱的，对于今天的学生而言成了一件新鲜事。谓之"迫切"，便是因为越来越多的事实表明：现代逻辑理性与功利实用导致了汉语古典诗歌变成了单纯记忆，有理解无感动，以及应景应试的"物件"。这种现实境况让"吟诵"的承传变成了当务之急。导神气于"声音"，心灵为此而"活泼"。我深信古老的"吟诵"能够给现代国人提供一种"快乐"，并在"吟诵"的快乐当中受教。中国诗文化的文明"薪火"也因此会有真实的延续。

内容简介

　　本书是基于作者长期的中华古诗词研究与教学积累的成果，尤其是在近十多年来陆续开设唐诗、宋词吟诵专题课的教学实践基础上，根据讲义，持续修改撰写而成。由于本书所针对的读者和学习对象首先是高等师范院校中文专业的学生、研究生，其次是国内从事中、小学语文教育的教师，以及有关热爱中华古诗词吟诵的广大社会朋友。在内容安排与章节设计上，更偏重于吟诵的基础知识学习和体验性自学。力求以富有启迪性的表述和明确的学习步骤安排，包括教学应用性的建议让学习者理解、体验和运用传统的吟诵古法，并借助本教程基本掌握传统吟诵的基本技能，成为传承中华诗词文化的一位"吟者"和"传人"。

目　录

第一编　相　识

第一章　吟诵的"传统"本相……………………………………… 2
　　第一节　寻觅丢失的"古调"…………………………………… 2
　　第二节　"吟诵"名称的辨识………………………………… 10
　　第三节　《诗》教传统的吟诵………………………………… 17
　　第四节　"文学"传统的吟诵………………………………… 29
第二章　吟诵的传统"功用"…………………………………… 42
　　第一节　论中国诗的文化性格………………………………… 42
　　第二节　中国传统的诗"功用"……………………………… 51
　　第三节　吟诵的"根本"之用………………………………… 57
　　第四节　嘉莹老人的吟诵童年………………………………… 66
第三章　传统"吟诵"的历史…………………………………… 75
　　第一节　先秦两汉的吟诵……………………………………… 75
　　第二节　魏晋六朝时期的吟诵………………………………… 81
　　第三节　隋唐时期的吟诵……………………………………… 85
　　第四节　宋元明清时期的吟诵………………………………… 92
第四章　传统"吟诵"的现状…………………………………… 101
　　第一节　近现代吟诵的沉寂…………………………………… 101
　　第二节　当代吟诵的复兴……………………………………… 105
　　第三节　台湾校园吟唱的经验………………………………… 114
　　第四节　吟诵传承的诸多问题………………………………… 122

第二编 知 音

第一章 调谐知"韵律" ……………………………………………… 135
　　第一节 "韵"和押韵 ………………………………………… 135
　　第二节 韵书和押韵的关系 ………………………………… 140
　　第三节 词体的押韵问题 …………………………………… 145
　　第四节 体认作品里"韵" …………………………………… 149
第二章 品读知"平仄" ……………………………………………… 154
　　第一节 平仄、调平仄 ……………………………………… 154
　　第二节 理解"平仄"规则 …………………………………… 157
　　第三节 "四声"的读法 ……………………………………… 164
　　第四节 词体的知识与声律 ………………………………… 171
第三章 动听知"节奏" ……………………………………………… 178
　　第一节 音乐与诗的"节奏" ………………………………… 178
　　第二节 中国诗的节奏：顿与句读 ………………………… 184
　　第三节 比较词与诗的节奏 ………………………………… 190
　　第四节 吟诵节奏的把握 …………………………………… 199
第四章 动心知"声辞" ……………………………………………… 210
　　第一节 "声辞"的艺术 ……………………………………… 210
　　第二节 声辞的"响度" ……………………………………… 215
　　第三节 响度与诗情的关系 ………………………………… 220
　　第四节 声音与意义的关系 ………………………………… 227

第三编 实 践

第一章 "熟诵"的领受 ……………………………………………… 237
　　第一节 "熟诵"的规则与做法 ……………………………… 237
　　第二节 杜甫"夔州"律诗的熟诵 …………………………… 244
　　第三节 李白"叙情"长诗的熟诵 …………………………… 251
　　第四节 王维"辋川"组诗的熟诵 …………………………… 260
　　第五节 李商隐"无题"诗的熟诵 …………………………… 266

第二章　"吟咏"的习得………………………………………274

　　第一节　吟咏的基本规则和做法………………………………274

　　第二节　"好吟调"的标准和做法………………………………282

　　第三节　出调的预备：读对字音………………………………290

　　第四节　出调的预备：观听识唱………………………………303

　　第五节　吟咏与吟唱的分体练习………………………………316

第三章　"综合"的方法…………………………………………326

　　第一节　"组合"的学法…………………………………………326

　　第二节　吟诵的展示活动………………………………………334

　　第三节　板书设计的练习………………………………………343

　　第四节　赏读的多元视角（上）………………………………348

　　第五节　赏读的多元视角（下）………………………………354

第四章　教学的"探讨"…………………………………………362

　　第一节　熟诵自可"出调"………………………………………362

　　第二节　"基本调"的研讨………………………………………368

　　第三节　选择性"主题"吟诵……………………………………376

　　第四节　追问传统的"阅读"……………………………………385

　　第五节　古今"阅读"的差异……………………………………397

附　录……………………………………………………………403

　　一、名家"吟调"简谱选录………………………………………403

　　二、常见古诗词文入声学标注…………………………………415

参考文献…………………………………………………………437

后　记……………………………………………………………439

第一编　相　识

第一章 吟诵的"传统"本相

本章围绕传统吟诵的"本相"展开讨论，寻觅丢失的"古调"，针对"吟诵"的特征加以辨识。进而提出"文化吟诵"的概念，认为传统吟诵与传统诗教一样都是基于"吟咏情性"，即按照中国传统文化精神价值取向达到陶冶人性的文化目的，所谓的"文化审美"的目的也在于此。因此，传统吟诵的价值既体现在文学审美层面，同时更体现在文化审美层面。在吟诵的文学审美背后乃是中国古人最为看重的人性的文化审美。从坚守"文化吟诵"的前提出发，一切为今日的"创新"，都不应摒弃这一传统的根本所在。

第一节 寻觅丢失的"古调"

一、吟诵古调在哪里？

吟诵为古人读诗读书之法，其特点在有声有调。初次听到吟诵调的人们，新奇之后，往往就会这样质疑地问道：古人就是这么"吟"吗？这是"正宗"的、原汁原味的古调子吗？对此，可以很明确地回答：现在，所有的吟调，包括出自那些八九十岁，曾经接受过私塾教育的老人之口的吟调，都非古调，谈不上"正宗"。理由也很简单，一是数千年语音变迁，以千年历史里的哪一段声音为"正"呢？历史上存在一个"文言读音系统"，自周代"雅音"起，历经上古、中古和近古，在此三个历史阶段，语音有三次巨变。孔子一定念过"关关雎鸠"，那究竟是什么韵调呢？等而下之，到了唐朝，李杜念诗，又是什么韵味？《隋书·薛道衡传》："江东雅好篇什，陈主尤爱雕虫，道衡每有所作，南人无不吟诵焉。"① 这里说"南人"之音，李白听得懂不？明代人陈第，在其《毛诗古音考·自序》说："盖时有古今，地有南北，字有更革，音有转移，亦势所必至，故以近之音读古之作，不免乖剌不入。"② 总之，从变的一面说，"古调"何在？谁又是谁的"正宗"呢？因此，所谓"正宗"的古音其实并不

---

① ［唐］魏徵. 隋书.（第5册）. 北京：中华书局，1975：1544.
② ［明］陈第. 毛诗古音考·自序. 北京：中华书局，2008：7.

存在。

其次，古人吟诵皆"口耳相授"，声音实况绝无确切记载。挂万漏一地搜寻历史文献，多少作一点声音描写的文字实在稀少难寻。《晋书·谢安传》（卷七十九）云："安能为洛下书生咏。有鼻疾，故其音浊。名流爱其咏而弗能及，或手掩鼻以吟之。"[①] 音浊的"鼻音"是因为滑稽才被刻意记载，以后又作为典故在唐诗里屡屡现身。

《文心雕龙·声律》是一篇专门讨论吟诵声音的文字，也仅仅留下两个比喻让人玩味："声转于吻，玲玲如振玉；辞靡于耳，累累如贯珠。"[②] 杜甫有一首《夜听许十一诵诗爱而有作》诗，中间六句，算得上是古人此类描写里最具体生动的一例，却也只是得其大概：

许生五台宾，业白出石壁。余亦师粲可，身犹缚禅寂。
何阶子方便，谬引为匹敌。离索晚相逢，包蒙欣有击。
诵诗浑游衍，四座皆辟易。应手看捶钩，清心听鸣镝。
精微穿溟涬，飞动摧霹雳。陶谢不枝梧，风骚共推激。
紫燕自超诣，翠驳谁剪剔。君意人莫知，人间夜寥阒。

此诗作于公元 755 年（唐玄宗天宝十四年）。《集千家注分类杜工部诗》之黄鹤注云："当是天宝十四载长安作。"又曰："许十一，当是居五台学佛。"

诗分三段。前二段各八句，后段以四句收尾。首段叙许生精禅理。次段言听许生的诵诗。描写许生诵诗之音，浑浑然地流出。当中用了各种比喻——"游衍"是从容的样子。"辟易"指惊恐躲避的样子。捶钩，喻功之纯熟。鸣镝，喻声之迅捷。穿溟涬，谓思通造化。摧霹雳，谓势压雷霆。下凌陶谢，上继风骚，言其才大而气古。枝梧，犹云抵触。推激，谓推尊而激扬之。许生能吟，杜甫善听，更能将其感觉描画出来，让人在言语联想中，依稀听到许生吟诵旋律的变化。在唐诗里，这类得其大概之作不少，但大多模糊不清，如李白《夜泊黄山闻殷十四吴吟》：

昨夜谁为吴会吟，风生万壑振空林。
龙惊不敢水中卧，猿啸时闻岩下音。
我宿黄山碧溪月，听之却罢松间琴。
朝来果是沧州逸，酤酒醒盘饭霜粟。
半酣更发江海声，客愁顿向杯中失。

---

① ［唐］房玄龄等. 晋书（第 7 册）. 北京：中华书局，1974：2076.

② ［南朝·梁］刘勰著，范文澜注. 文心雕龙注. 北京：人民文学出版社，1958：553.

前四句的意思说，昨夜是谁唱出吴地的歌吟，那就像是万壑生风，振响了空寂的树林。蛟龙惊起，不敢在水中静卧。山猿不发出哀愁的啸声，并专注地倾听岩下隐逸者的歌吟。这里所谓的"吴吟"很有来头。《战国策·秦策二》："臣不知其思与不思。诚思，则将吴吟，今轸将为王吴吟。"① 东汉高诱注"吟"为"歌吟"②，则所谓"吴吟"，当指吴地的歌唱。与后来的诗咏既有联系，又有区别。

二、古调绝响、一脉如缕

在语音变迁当中，古法吟诵"艰难地"先后传承着，一脉如缕，这是因为它的传承是借助"口耳相授"方式。声音飘渺，今天的人们若要真的去找回它，并不容易。比如借助若干标志性的声音特征，例如"入声"。"入声"被认为是中国语音里的"声音化石"，主要保存在中国南方如华东、华南、西南地区及台湾地区。在这些地区占人口百分之六七十的人所说方言里，都保留有入声，也因此语音声调的变化比北方的普通话多。皖西方言有六声，福建方言多达九声，平上去入皆分阴阳，因此很多学者认为，只有"方言吟诵"（包括文读语音）承载着这一脉如缕的传统，保留着唐宋古音的流风余韵。于是也就有了被称之为吟诵"活化石"的在世老人"方言吟诵"声音的抢救。

从文化传承的角度来说，"吟诵"属于中国古代诗文的"口传方式"。根据文献记载，至少存在以下八种形态：

1. "讽"：《周礼·春官》云："以乐语教国子：兴、道、讽、诵、言、语。"郑玄注："倍（背）文曰讽；以声节之曰诵。""讽"读是强调背诵，是像小学生背课文那样简单地读，但不是默读而是出声地读。这是"背诵"一词本来的含义。《魏志·王粲传》："粲与人共行，读道边碑。人问曰：'卿能暗诵乎？'对曰：'能。'因使背而诵之，不失一字。"

2. "诵"：就是朗声地读。透过读者对字音四声的掌握，音节韵脚的拿捏和意象情趣的感染，之后运转声音的高低、长短、强弱而表现出来。即是读者用自己的声音来诠释韵文本的意蕴情味。有初步的音乐成分。

3. "歌"：特指徒歌。《尚书·舜典》云："帝曰：'夔！命汝典乐教胄子。……诗言志，歌永言，声依永，律和声。'"指不用乐器伴奏的山歌里谣，有从方言音乐转化而成的"腔调"。通过对腔调的运转，将词情展现在声情之

---

① ［汉］刘向. 战国策. 上海：上海古籍出版社，1978：141.

② ［汉］刘向. 战国策. 上海：上海古籍出版社，1978：141.

中。运转空间大，亦可见个人素养。若配乐时，大抵将伴奏作为人声的衬托。

4."咏"：长言之，就是把声音拖长地读。《尚书·舜典》："诗言志，歌永言，声依永（咏），律和声。"唐孔颖达疏："诗言人之志意，歌咏其义以长其言，乐声依此长歌为节，律吕和此长歌为声"。"咏"字从"永"就是取"长言"之义。后世文献经常将"歌"、"咏"互训，如《说文》释："咏，歌也。"或者"歌"、"咏"结合为复合词即"咏歌"或"歌咏"。

5."唱"："唱"这个词的出现较晚。原作"倡"，本义为"导"。《礼记·乐记》云："清庙之瑟，朱弦而疏越。一倡而三叹，有遗音者矣。"郑注："倡，发歌句也。三叹，三人从叹之耳。""倡"引申谓"发歌"，"始唱"义。就是先有作曲家用音符诠释词家歌词意境，同时激扬歌词语言潜藏的旋律节奏；歌唱家用声音去体现作曲家的音符与自己对词情的感动；而演奏家用演奏技法呈现音符，陪衬与渲染歌声。

6."吟"：《新华大词典》中"吟"字条目的释文为"有节奏、有韵调地诵读。"[1] 就是曼引其声，透过声音的延长，将诵读文本的意蕴情味更加强化出来。和"诵"相比，它与音乐的结合又向前推进一步，或者说乐句成分加强了。但与"诵"之间的共同点就是：即便有各种"腔调"可聆听，可效法，如果说要达到"动人程度"，仍要依赖个人修养的深浅和天赋音色的作用。

7."念"：又作"念"即"念读"。一般表示最简单的、（任何）口语的读。但又不一定永远是简单的，如念白（韵白）和上场诗的念法都超出口语语调，讲究"念"的艺术，这种艺术的"念"只能算作特殊情况。"念"作"读"解，是宋元以来北方官话中广泛通行的口语词。最早可追溯到汉代。《汉书·张禹传》："诸儒为之语曰：'欲为《论》，念张文。'"清人周寿昌《汉书注校补》云："念训若倍（背）诵，犹今云读书为念书也。今俗书作念。"念即背诵式的读，既是口念也是心念，念念不忘。

8."啸"：《说文》释云："啸，吹声也。"也是歌吟方式之一。《封氏闻见记》云："激于舌端而清谓之啸。"晋·陶渊明《归去来分辞》有："登东皋以舒啸。"啸不承担切实的内容，不遵守既定的格式，只随心所欲地吐露出一派风致，一腔心曲，因此特别适合乱世名士。历史上的魏晋时期多有名士之啸，亦有妇女之啸。南京西善桥曾出土古代啸的图形资料。[2]

---

[1] 新华大字典编委会. 新华大字典. 北京：商务印书馆，2012：1026.

[2] 除以上八种外，尚有"读"、"哦"、"讴"、"叹"、"赋"，周流溪先生著有《汉语诗文口头表现形式的系统分类》，对此辨析甚为细致，亦载于《论文集》。

三、见证吟诵古法的"活化石"

目前，在世的八九十岁老人，其中有过家学、私塾教育背景，懂吟诵，且还能吟诵的，据统计，大陆范围内不过数百人。这些为数不多的老人一时间被视为传统吟诵的"活体"，成了亟待抢救的对象。也就是从这些尚健在的老人那里，我们得到了若干"正宗"的"近调"，大致可以认为是：一百多年以前，比较普遍存在于当时社会上的吟调、诵调。以下，引述一段华南师范大学文学院黄辉苑先生于 2012 年寒假经实地采录之后写成的《梅州客语吟诵采录报告》，以此见证"方言吟诵"尚在的真实情形：

笔者与幸勇老师同乡，颇感其音与客家山歌调有类似之处。黄遵宪有言："十五国风妙绝古今，正以妇人女子矢口而成，使学士大夫操笔为之，反不能耳。以人籁易为，天籁难学也。"此乃故乡音，过耳音难忘，客语吟诵得自天籁精髓，恰其价值所在也。幸老师虽于客语吟诵规则未有探究，据切身体会，能言其梗概，谓客语吟诵平声长而低，仄声短而高。于客语保留古音状况，则举出客语中发读"bRi"乃古音也，恰合清代历史学家、汉语学家钱大昕首先提出的第一条汉语声母演变规律"古无轻唇音"。期间采录了其它几首七绝，皆合诗律，浑厚悠远。

谢梅兴老师为梅州平远人，吟诵主要学自高中老师侯安翼，侯师为梅州大埔人，此外乡间的老学究的吟诵也对其吟诵调的形成产生影响，谢老言幼年时代，常有老学究于散步时吟哦，虽无甚文凭，皆饱学之士。谢老师会吟诵的古近体诗、词和文章《岳阳楼记》，吟调大体相同。据谢老师言，能详细记忆学自老师的仅杜甫《登高》一首，其余为自己举一反三，灵活变通之作，细听其吟诗调用于词和文章仍然符合格律，衔接得当，运转自如。此外吟诵时鼻音较重，押鼻音韵尾的字，韵尾拖得长，配合起来古韵无穷。据说东晋谢安的吟诵就有这样的特点，人们为了模仿他而有了"拥鼻吟"。谈及山歌对吟诵的影响，谢梅兴老师即兴演唱了一段："敢放白鸽敢响铃，敢唱山歌敢大声，哼出山歌大家唱，大家唱来大家听。"正是"粤调歌成字字珠，曼声长吟不模糊"、"诗坛多少油腔笔，有此淫思古意无"，优美古朴，意味隽永。

叶增兴老师乃当今梅州最自觉吟诵之人，无师承，先生从小喜爱文学，小时听老前辈吟诵过，待年长因兴趣，随意发挥，自成一家特色吟唱。且笔耕不辍，发文述说自己吟诵的体会。又于雅集之时，吟唱自创诗词。客语吟诵之所以能迅速找到传人，与叶先生在吟唱方面的推广密切相关。先生吟诵虽平仄长短高低并无定法，然入声以短促顿挫处理无一例外，盖先生平时能下功夫考究方言和音韵，对入声字和尖团音能了解入微，方得以纯熟运用。

钟洪梅老人，现年 93 岁，蕉岭县三圳镇九岭村人。现为桂岭诗词联学会会员，蕉岭县文化艺术协会会员，桂岭诗社社员，蕉岭县政协名誉委员。老人幼读私塾两年，师从林果英先生，先生为清朝举人，开馆授徒，教学所用，以吟诵为主。虽只两年，所学甚多，令人慨叹。林师非只学文本，于吟诵之法亦授之儿童。钟老谓吟咏处重在二、四两字的平声。以自创诗为例做示范，其诗首句是"晋中华诞不寻常"，为平起律诗。各句的顿挫处必须在第一句的第二个字，第二句的第四个字，第三句的第二个字，第四句的第四个字，第五句开始按此规律重复一遍。吟诵以文读，如"潦倒新停浊酒杯"之"杯"不以白读之"bi"而必读为"pRi"。平仄于吟诵调颇有讲究，首句是否入韵，腔调有异，如"剑外忽传收蓟北"与"风急天高猿啸哀"。钟老所学，非所有诗文皆吟诵，其标准非常有趣，《离骚》是屈原怎么发牢骚怎么写，故而无调；李白的《将进酒》等歌行体，只要读出其飘脱喝酒之豪情即可，故亦而无调；《大学》等则以直白读更便于记忆，故也无调。钟老还说，吟诵时最后一个字应长一点。听其吟，衬字尤多，对仄声字结尾拖长音起辅助之用，如"此地一为别哦～""浮云游子意哦～"。除吟诵要领，格律对仗等知识亦在私塾有详细讲明。

采录全程，许多与诗词相关的故事，字词之意，诗词鉴赏，人物评价，钟老都一一道来。咏《秋兴》则言凿壁偷光，杜甫诗可医头晕；读《短歌行》则有曹操因诗杀韩复；诵《岳阳楼记》则道"鬼神虽强大，难吞范仲淹"；吟《三字经》则讲孟母三迁以教其子……，不一而足。"一诵而万注，本立而道萌矣。"忆气盛时，书声朗朗，倏忽气已竭，嗟叹口绝吟已久。……老人有言："胸中诗书万卷，写不尽天地文章"，对妻情深眷恋亦不能尽也，其诗足以观之："念年夫妇共艰危，以沫相濡实可悲。今借诗词浇倦态，沉戳抑郁共谁知？"读之怅然。别时承诺定寄赠诗词文本，惟愿老人咏歌诗有味，健康长寿，安享晚年。

——有此一脉留存人间，中华文化幸甚！[1]

今天，我们可以借助那些经努力"抢救"而得以保存下来的老人们的声音影像得以耳闻目睹百多年以前的"吟诵"。但平心而论，聆听和观看时的感受是复杂的：声调的"良莠不齐"、耄耋老者的"中气"不足，与努力、专注的表情交融在一起，让我们感到，这一曾被人们称之为"绝学"的传统吟诵也如

---

[1] 黄辉苑. 2012年寒假梅州客语吟诵采录报告. 中华吟诵网.

同这些吟诵老者一样，早已是满脸皱纹，一身沧桑了。——尽管如此，我们还是忍不住追问：这曾经传承了数千年的国粹精华，它的青春的时节，究竟该是何等模样呢？

四、文献里的吟诵面影

吟诵的文化审美价值是不容置疑的，这在许多体验者的文字描述里同样得到证明，而与各种声音材料相比较，这些生动的文字描述有时似更能真实地揭示吟诵古调的历史"真相"，或"原汁原味"：

（1）鲁迅先生的"形容"

三味书屋后面也有一个园，虽然小，但在那里也可以爬上花坛去折腊梅花，在地上或桂花树上寻蝉蜕。最好的工作是捉了苍蝇喂蚂蚁，静悄悄地没有声音。然而同窗们到园里的太多，太久，可就不行了，先生在书房里便大叫起来：

——"人都到那里去了？"

人们便一个一个陆续走回去；一同回去，也不行的。他有一条戒尺，但是不常用，也有罚跪的规矩，但也不常用，普通总不过瞪几眼，大声道：

——"读书！"

于是大家放开喉咙读一阵书，真是人声鼎沸。有念"仁远乎哉我欲仁斯仁至矣"的，有念"笑人齿缺曰狗窦大开"的，有念"上九潜龙勿用"的，有念"厥土下上上错厥贡苞茅橘柚"的……先生自己也念书。后来，我们的声音便低下去，静下去了，只有他还大声朗读着：

——"铁如意，指挥倜傥，一座皆惊呢～～；金叵罗，颠倒淋漓噫，千杯未醉嗬～～……"

我疑心这是极好的文章，因为读到这里，他总是微笑起来，而且将头仰起，摇着，向后面拗过去，拗过去。

——《从百草园到三味书屋》①

寿镜吾先生沉浸于自己诵读古文的快乐之中，甚至没有注意到学生在底下做小动作。文中所称的"朗诵"实为"吟诵"即有调调儿的"吟诵"。注意文中"铁如意"一段里的叹词如"呢"、"噫"、"嗬"即表示调儿。显然，这样的"诵读"所得到的快乐，是今天的所谓"朗读"办不到的。朱自清先生曾针对旧学读书的"快乐"，解释说：

---

① 鲁迅. 鲁迅选集. 北京：人民文学出版社，2004：418.

"过去一般读者大概都会吟诵。他们吟诵诗文，从那吟诵的声调或吟诵的音乐得到趣味或快感，意义的关系很少；只要懂得字面儿，全篇的意义并不清楚也不要紧的。梁启超先生说过李义山的一些诗，虽然不懂得究竟是什么意思，可是读起来还是很有趣味。这种趣味大概一部分在那些字面儿的影像上，一部分句在那七言律诗的音乐上。……感觉的享受似乎是直接的，本能的，即使是字面儿的影像所引起的感觉，也还多少有这种情形，至于小调和吟诵，更显然直接诉诸听觉，难怪容易唤起普遍的趣味和快感。至于意义的欣赏，得靠综合诸感觉的想象力，这个得有长期的教养才成。然而就象教养很深的梁启超先生，有时也让感觉领着走，足见感觉的力量之大。"①

（2）顾随先生的体验

著名诗人兼吟诵家顾随（1897－1960），其父为前清秀才，自任塾师，教他吟诵。顾随在追忆学习"吟诵"经过时，写了下面一段话：

"自吾始能言，先君即于枕上日授唐人五言四句，令哦之以代儿歌。至七岁，从师读书已年余矣。会先妣归宁，先君子恐废吾读，靳不使从，每夜为讲授旧所成诵之诗一二章。一夕，理老杜《题诸葛武侯祠》诗，方曼声长吟：'遗庙丹青落，空山草木长'，案上月光摇摇颤动者久之，乃挺起而为回。吾忽觉居室墙宇俱化为乌有，而吾身乃在空山中草木莽苍中也。故乡为大平原……，山也者，尔时在吾亦只于纸上识其字，画图中见其形而已。先君了见吾形神有异，诘其故，吾略通所感。先君了微笑，已而不语者久之，是夕遂竟罢讲归寝。"②

杜甫的《武侯庙》短短的只有四句：

遗庙丹青落，空山草木长。

犹闻辞后主，不复卧南阳。

诗作于唐大历元年，当时诗人正流寓四川夔州，处境如《登高》诗所云"艰难苦恨繁霜鬓，潦倒新停浊酒杯"。所咏的夔州武侯庙，张震《武侯祠堂记》云："唐夔州治白帝，武侯祠在西郊。"即今四川省奉节县白帝城西。诗人瞻拜武侯祠感慨诸葛亮当年毅然出山辅佐刘备之事。张戒《岁寒堂诗话》云："此诗若草草不甚留意，而读之使人凛然，想见孔明风采。"③ 显然，七岁的顾随还无法和张戒一样地"想见孔明风采"，他还只是就前两句的景物和眼前月

---

① 朱自清. 论百读不厌. 朱自清全集（第三卷）. 南京：江苏教育出版社，1998：228.

② 转引自王恩保. 吟诵文化漫议. 中国文化研究. 1998（2）.

③ ［清］丁福保. 历代诗话续编. 北京：中华书局，1981：473.

色，"因声入境"，"忽觉居室墙宇俱化为乌有，而吾身乃在空山中草木莽苍中也"。从未见过山的小顾随在曼声长吟里神游大山之中，第一次的无中生有，让想象的翅膀飞翔起来了。

第二节 "吟诵"名称的辨识

怎样界定传统意义上的"吟诵"，或者什么是传统的"吟诵"呢？一个流行的说法是："吟诵是汉语文化圈中的人们对传统诗文的诵读方式"，但请注意，在这一表述当中，关键词"诵读"只是强调了"诵"，而漏掉了"吟"。事实上，"吟诵"是传统"吟法"与"诵法"的合称，"诵法"无法包含"吟法"。从文献上考察，"吟诵"作为一个词语的使用，至少在晋代以前的漫长时间里，都是分开的。那时的"吟"多指长吟歌咏，与歌相通，而"诵"则是为讽诵背诵，与歌无关。

"诵"的意思，一直很明确。如在中国文化早期演变的乐教时代里，《周礼》载："大司乐以乐语教国子：兴、道、讽、诵、言、语。"[①]"乐语"指脱离歌乐的文辞。郑玄注："倍（背）文曰讽，以声节之曰诵。"[②]按元代何异孙《十一经对》（卷五）解释："讽者，反复而背诵；诵者，句读之节文。"节文之义大致是指"以声节之"的单位，古书无标点，"节"的识别要依赖掌握句读的节奏韵律，如义顿和声顿。《说文解字》释："诵，讽也。"又曰："讽，诵也。"[③]则二字互训，"讽""诵"同义。但"讽"强调的是背诵，且是出声的背读。"讽诵"同义所指的是出声的、有节奏的背诵地读。

早期的"诵"主要指背诵，不论说先"讽"后"诵"或"讽诵"同义，重点都在背文记忆上。所谓"以声节之"，仅表明诵声也带有一定的腔调，只要出声就会自然带出口音腔调，但这种"带出来"的腔调绝不同于"歌咏"或"歌唱"。如《左传》（襄公十四年）记："卫献公戒孙文子、宁惠子食，皆服而朝。日旰不召，而射鸿于囿。二子从之，不释皮冠而与之言。二子怒。孙文子如戚，孙蒯入使。公饮之酒，使大师歌《巧言》之卒章。大师辞，师曹请为之。初，公有嬖妾，使师曹海之琴，师曹鞭之。公怒，鞭师曹三百。故师曹欲

---

① [汉] 郑玄笺，[唐] 贾公彦疏. 周礼注疏（十三经注疏本）. 上海：上海古籍出版社，1997：787.

② [汉] 郑玄笺，[唐] 贾公彦疏. 周礼注疏（十三经注疏本）. 上海：上海古籍出版社，1997：787.

③ [汉] 许慎. 说文解字. 北京：中华书局，1963：51.

歌之，以怒孙子以报公。公使歌之，遂诵之。"① 又《战国策·秦策一》载苏秦之事："说秦王书十上，而说不行。归至家，妻不下纴，嫂不为炊，父母不与言。乃夜发书，陈箧数十，得太公《阴符》之谋，伏而诵之，简练以为揣摩。读书欲睡，引锥自刺其股，血流至足"。② 可见"歌"和"诵"的区分以及"诵"的特指义。"诵"的作用在书面文字不发达的时代里，首先是"便于上口，便于记，便于背"，目的在"用"；其次是为了达成书义的理解，发明新意，目的还是在"用"。苏秦"得太公《阴符》之谋，伏而诵之，简练以为揣摩"，这几句话最明白地揭示了古人"读书"的方式和特点，即以诵法"读书"，特别注重声清而义明，所谓"舒缓不迫，字字分明"。因此，就"诵法"本身来说，虽有"诵腔"，但对于"腔调"的要求是很有限的。也因为"诵"的最终作用或目的是在记忆文字、理解书义，所以，后来的私塾学堂里，儿童诵读《百家姓》、《千字文》、《龙文鞭影》以及《四书》其读法都很单纯，多为两字一拍，每一停顿处字音稍稍延长，而绝不过分追求"美读"，发挥那有限的"腔调"。

诵与歌的关系一直很清楚。汉代班固的《汉书·艺文志》载："《传》曰：'不歌而诵谓之赋，登高能赋，可以为大夫。'"③ "歌"指音乐，要歌唱起来，但汉赋只能用语声去诵读的，不可以歌。然而，"吟"与"歌"的关系在文献的表述里却一直纠结着。《尚书·尧典》云："歌永（咏）言"。两者难分伯仲。《楚辞·渔父》："屈原既放，游于江潭，行吟泽畔，颜色憔悴，形容枯槁。渔父见而问之曰：'子非三闾大夫与！何故至于斯？'屈原曰：'举世皆浊我独清，众人皆醉我独醒，是以见放'。"④ 此"吟"与"歌"同义。不论徒歌也好，有音乐伴奏的歌也好，在"诗乐不分"的时代里，"吟""歌"是相通的。《毛诗·关雎序》说："在心为志，发言为诗。情动于中而行于言，言之不足，故嗟叹之，嗟叹之不足故永歌之，永歌之不足，不知手之舞之，足之蹈之也。"⑤ "永"即"咏"，吟咏即"永歌"。《说文》释"吟，叹也"，据此，有人认为"吟"在情绪表达的激烈程度上相当于"嗟叹"，也就是说，"吟"是进入"咏歌"之前的"声音"。而我们知道《诗经》的本相是一部"乐歌集"，《关雎序》所描述的，实际上是一首"乐歌"产生和演奏的过程。《毛诗·关雎序》还有

① [春秋] 左丘明著，李梦生译注. 左传译注. 上海：上海古籍出版社，1998：713.

② [汉] 刘向著，王守谦等译. 战国策全译. 贵阳：贵州人民出版社，1992：63.

③ [汉] 班固撰，马晓斌译注. 汉书艺文志译注. 北京：中州古籍出版社，1990：55.

④ [宋] 洪兴祖. 楚辞补注. 北京：中华书局，2002：179.

⑤ [唐] 孔颖达. 毛诗正义（十三经注疏）. 北京：北京大学出版社，1999：6.

一句很著名的说法，即"吟咏情性，以风其上。"① 唐孔颖达《疏》曰："动声曰吟，长言曰咏，作诗必歌，故言'吟咏情性'也。"② "吟咏"即歌，也就是吟。当"诗歌不分化的时候，诗也是吟，歌也是吟"。③ 此时所谓"作诗"是：歌之，咏之，歌调与歌词意思一起脱口出来。

所以，"吟"在"诗乐不分"的时候，它其实是被包含在"歌"中的一种特殊唱法。并且这种特殊的唱法，最终催生了一种诗体样式。大约在两汉魏晋时期，我们可以连续地发现这样的诗题：《白头吟》（卓文君）、《梁父吟》（诸葛亮）、《逸民吟》（潘尼）等等，这些诗作与最早的屈原的《渔父吟》遥相呼应，一脉相续，但请不要忘记，在中国古典诗的体裁格局当中，它仍然归属于"乐府"诗的系统，而不是那种摆脱音乐之后，独立的"吟诗"！魏晋之交，阮籍著《乐论》曾记载，汉顺帝某次去拜谒祖陵，路过樊濯之地，听鸟鸣而悲泣，于是命左右随从学鸟声作歌吟，将其悲声入乐来唱。类似记载都表明"吟"原本是乐歌的一种。

"诵"和"吟"合为一个词儿的最早用例，一般认为见于《晋书·儒林传·徐苗》载云："苗少家贫，昼执锄耒，夜则吟诵。弱冠，与弟贾就博士济南宋钧受业，遂为儒宗。作《五经同异评》又依道家著《玄微论》前后所造数万言，皆有义味。"④ 徐苗既为"儒宗"，又著道论，可知此处的"吟诵"当偏指"诵"，即背读讽诵之义，而与吟诗无关。其后，又见载于《隋书·薛道衡传》记云："江东雅好篇什，陈主尤爱雕虫，道衡每有所作，南人无不吟诵焉。"⑤ "篇什"此时特指诗篇，此义当是用抑扬顿挫的声调有节奏地吟咏其诗作，与此前的"歌吟"完全不同了。可以说，"吟诵"合为一词，偏指"吟诗"之义的时间要晚得多。大致在魏晋文人诗正式形成以后，发展至齐梁时期，当注重于诗歌语言声律的"永明体"产生之际，"吟诗"之法方伴随着形成。刘勰《文心雕龙·神思》已经明确说及："吟咏之间，吐纳珠玉之声；眉睫之前，卷舒风云之色。"⑥ 其间，吟诗的注重音调节奏，也受到了外来佛经"转

① ［唐］孔颖达. 毛诗正义（十三经注疏）. 北京：北京大学出版社，1999：15.
② ［唐］孔颖达. 毛诗正义（十三经注疏）. 北京：北京大学出版社，1999：15.
③ 赵元任. 新诗歌集·序. 赵元任歌曲选集. 北京：人民音乐出版社，1981：44.
④ ［唐］房玄龄等. 晋书（第7册）. 北京：中华书局，1974：2351.
⑤ ［唐］房玄龄等著，许嘉璐等译. 二十四史全译：晋书. 北京：汉语大词典出版社，2004：2010.
⑥ ［南朝·梁］刘勰著，范文澜注. 文心雕龙注. 北京：人民文学出版社，1958：493.

读"的影响①。而当中国古典诗歌走进律体繁荣的唐代以后，此吟诗之法便真正地与早期的"歌吟"各行其道了。宋代罗大经《鹤林玉露》卷四即说："至六朝时乃略有咏之者，至唐而吟咏滋多。"② 表明唐代乃是"吟法"成熟时期，此时"吟"兼有作诗、改诗、读诗三义，如杜甫诗句："陶冶性灵存底物，新诗改罢自长吟。"中唐刘禹锡的《董氏武陵集记》记云："寓其情怀，播为吟咏，时复发筒，纷然盈前。"③ 此为"作诗"。晚唐卢延让的诗句："吟安一个字，捻断数茎须"，借吟推敲韵律，让声情协调。姚合诗句："山宜冲雪上，诗好带风吟"（《武功县中》）则是欣赏的吟。

从历代文献上考察，"吟诵"这个新词儿，始终没有被特指为吟诗之法，在不同的语境里，它有时偏指在吟诗，有时偏指诵文。叫法或名称从未刻意地统一过，例如吟的方面，出现行吟、吟咏、吟哦、朗吟、清吟等等，有时更与"哼"、"叹"通用。诵的方面有诵读、讽诵、朗诵、朗读等等。这种非常自由、注重具体语境的使用情况，一直延续到清代晚期。最重要的是，这种不统一的叫法反而表明古人对于吟法与诵法始终有明确的区分，并未发生混淆。

今天，为了发展与传承吟诵古法，很多学者对现有"文"的"读法"加以总结，例如细分为"唱、吟、诵、念"四大类。念，就是用口语读。诵，是像艺术化的念，强调清晰准确和语气情感，但没有音阶。吟，有音阶，是像唱歌一样地诵读④。又有三种说："吟诵"、"吟咏"、"吟唱"⑤。但我们先要了解的是这些读法的来由，即为什么会有这些不同的读法？简单地说，读的对象决定读法，答案就在于所读文本的性质存在着差异性。以下根据黄仲苏先生的《朗读法》一文，列出与四种读法对应的文本：

（1）诵读，诵谓读之而有音节者，宜用于读散文。

如：《四书》、诸子、《左传》、《四史》以及专家文集中之议、论、说、辩、序、跋、传记、表奏、书札等等。

（2）吟读，吟，呻也，哦也，宜用于读诗。

如：律诗、词曲及其他短篇抒情韵文，如诔、歌之类。

（3）咏读，咏者，歌也，与咏通，亦作永，用于读长篇韵文。

如：骈赋、古体诗之类。

---

① 胡适. 白话文学史. 上海：上海古籍出版社，1999：121—131.

② ［宋］罗大经. 鹤林玉露. 北京：中华书局，1983：299.

③ ［唐］刘禹锡. 刘禹锡集. 北京：中华书局，1990：238.

④ 引自《吟诵的界定》. 文见《中华吟诵学会资料集》.

⑤ 王恩保，石佩文. 《古诗文集粹》. 前言. 北京：北京语言学院出版社，1993：1.

（4）讲读，讲者，说也，谈也，说及说话之"说"，谈则谓对话，宜用于读语体文。①

这四类读法的最后一项不属于传统吟诵。第二和第三类都属韵文诗类，仅以长短区分，可以并为一类，如此还是"诵法"与"吟法"两类。传统的吟、诵两法即根据不同文体语言的"声音"特征和规律形成。传统吟诵主要涉及古诗、词、文（经文、文学性散文），因其体式之不同，吟诵时的侧重自然也不同。从目前的吟诵实例可以看出，诗特别是格律诗的吟诵重点在吟，词的吟诵较诗的吟诵带有更强的音乐性，更偏重于"歌"，古文的吟诵则更偏于诵，也就是"以声节之"，以表现文章的句读，达到领会文意之目的。

因为涉及这些针对不同文体的，更为具体的读法名称，加之古人基于个人体会而不同的叫法，例如"哦"、"哼"之类，就难免会引起混淆，让不很了解吟诵的人有些摸不着头脑。今天，从有利于传承的角度，以"吟诵"一词来统一名称虽然十分必要，但同时也引起了不少认知方面的误解：一是以"吟诵"之名，往往实际定义的却是"吟法"，偏重解释的是"吟"的特征；二是有关的争议又大多围绕"吟法"展开，往往忽略从"诵法"与"吟法"的区别当中去说明吟诵实践里产生的问题。例如叶嘉莹先生的说法：

"吟诵是一种介于诵读与歌唱之间的汉语古典文学作品口头表现艺术方式，既遵循语言的特点，又根据个人的理解，依循作品的平仄音韵，把诗中的喜怒哀乐、感情的起伏变化，通过自己抑扬亢坠的声调表现出来，突出其中的逻辑关系、思想情感，比普通朗诵要细化、充分得多，是一种细读的、创造性的、回味式的读书方法和表达方式，是文学、音乐、语言的综合体，是我们宝贵的非物质文化遗产。"②

"吟诵本身即是一种美——古诗词文音律美的享受，由于古诗词文的语言非常讲究声音的高下、长短、疾徐、抑扬、顿挫及其变化，所以原本就有一定的音乐性，用传统的方法吟诵，是根据作品音节安排的特点来行腔使调，能充分显示出作品原有的音乐性，人们称吟诵为"美读"，就是这个道理。"③

显然，这里说的只是"吟法"。但就"吟"的界定来说，叶先生的解释十分周到，其要点可以归纳为：

（1）介于诵读与歌唱之间；

---

① 转引自朱自清. 论朗读. 朱自清全集（卷二）. 南京：江苏教育出版社，1988：54.
② 著名学者叶嘉莹领衔中华吟诵活动. 语文教学与研究. 2011（13）.
③ 著名学者叶嘉莹领衔中华吟诵活动. 语文教学与研究. 2011（13）.

（2）遵循汉语（诗词文）语言的特点；

（3）吟调呈现的是个人的理解；

（4）它是细的、创造性的、回味式的"读"；

（5）它是文学、音乐、语言的综合体。

引发争议以及在吟的实践里很难把握的，恰恰是第一点，即究竟怎样才算是"介于诵读与歌唱之间"呢？"吟调"的特征到底该如何把握呢？一般来说，吟法与歌唱的区别，比较容易被人理解，如赵元任先生的解释："吟诗没有唱歌那么固定；同是一句'满插瓶花罢出游'，不用说因地方不同而调儿略有不同。就是一个人念两次也不能工尺全同，不过大致是同一个调儿（tune）就是了。要是跟着笛子唱《九连环》那就差不多一定是照那个工尺唱，要不然至少也可以说：唱唱儿每次用同样工尺是照例的事情，每次换点花样是（比较的）例外的，而在吟诗每次换点花样是照例的事情，两次碰巧用恰恰一样的工尺倒是例外的了。"① 郭沫若则说得更为简练："……（吟诵）接近于唱，也可以说是无乐谱的自由唱。"② 这已经将两者之间的主要区别说得很清楚了。"歌唱"即不能离开固定曲谱，要掌握以七个音符所构成强弱缓急的节奏旋律。问题的关键和难点还在"吟法"、"吟调"的掌握上。这里，借助相关文献里对吟调特征的描述，希望能帮助初学者达成初步的共识：

（1）"所谓吟者，……声韵应在叶，音节和谐。吟哦之际，行腔使调，至为舒缓，其抑扬顿挫之间，极尽委婉旋绕之能事。……盖吟读专以表达神韵为要。"又说："吟读……行腔使调，较咏读为速，而比之诵读则稍缓。"③

（2）《现代汉语词典》（2008 年版）将"吟"的动词形态释为"吟咏"，释"咏"为"依着一定腔调缓慢地诵读"。也就是说，"诵读"是依照文字正常的声调变化，有节奏的读（或背），虽然也带腔调，但"吟"的"腔调"是要"极尽委婉旋绕之能事"，也因此"腔调"要更为完整和曲折一些。

（3）以惯常的运用与理解看来，"吟"既可以是成音调的，也可以是不成音调的。因而，从音乐上看，"吟"也就可有两类：一类是音高不甚明确与固定、不具旋律性的；另一类是运用乐音，调式调性都清晰可辨的。④

（4）"吟在韵律产生后，发展为一种低低的、带调的诵读方式"，"多用鼻

---

① 赵元任. 新诗歌集序. 赵元任歌曲选集. 北京：人民音乐出版社，1981：41.

② 朱自清. 朱自清全集（3）. 南京：江苏教育出版社，1988：186.

③ 朱自清. 朱自清全集（3）. 南京：江苏教育出版社，1988：126－127.

④ 秦德祥. 吟诵音乐的节奏形态及其特征——以六首《枫桥夜泊》的吟诵谱为例. 上海音乐学院季报·音乐艺术，2004（2）：45.

音"。"诗人的吟诵旋律是随意的，因为感受而变化；节奏是随意的，因兴致而变化；终结时乐音延长的长短是随意的，那是一种余兴和余味，拖下去，直到诗人从如梦的诗境中醒来。"[1]

（5）吟诵是一种在音乐上比较无形的读书方式，并没有什么准确清晰的腔调界定。中国古代的吟诵，包含"吟哦"、"吟咏"、"诵唸"、"弦诵"、"吟唱"等，各具特色、异彩纷呈。今天虽然无法再区分得如此细致，但吟诵的本质还应该保留，那就是通过腔调来表达文字内涵的读书调。离开了读书腔调的"艺术创作"，就已经不再是吟诵了。[2]

如果从吟诵声音里的"乐音"成分的多少，从吟诵与音乐之间关系远近的"程度"着眼，我们可以看到"吟诵"的不同类型其实是站在不同的台阶上的：

第一台阶　　诵读　　有一定节奏的"语调"
第二台阶　　吟咏　　初显有"韵味"的旋律
第三台阶　　吟唱　　"吟咏"出来的歌调
第四台阶　　歌唱　　声情并茂的"音乐"

以上四种类型，全部在传统吟诵范围之内。它们的最大共同点在于都以传统文言的诗词文为吟诵对象。第一和第二是基础台阶，属于传统意味最为浓郁的部分。"诵读"可以有读有吟，吟咏的特征是自由即兴，"音高不甚明确与固定、不具旋律性的"，在此的基础上生成的"吟调"，如果经过修复加工，使之"乐音、音阶、调式调性都清晰可辨"，且被记录，被固定下来，则变身为"吟唱"的歌调，但此歌调与通常的"歌唱"又不同，因为在于它来自于"吟咏"，还保持着比较明显的"吟"的味道。而"歌唱"则完全是音乐的产品，如词体原本是音乐曲调的歌辞，是根据曲牌填写出来的。从第一阶起步，古法吟诵似乎是一步一阶地，要回归到它本来的状态，即与"音乐"的完全融合。只是到了第三阶"吟唱"之际，性质发生了变化。声音的"乐感"从文字的韵律里"跳出"，变成另一种美听的旋律音乐。如果说四阶之间的区别，那就在音乐成分的多少，而以"程度"一词应对，似乎最为恰当。

最后还要说明：古法吟诵与现代"朗诵"的区别。

主要的区别在于，吟诵是文言的"读"，朗诵是白话的"念"。其次，传统吟诵的重点在"吟"字上，它即兴并自然，专注文字的声音，体现为一种内省、体验式的"读"。换句话说，"吟"不是以表演为目的，不属于表演艺术，

---

① 王宁. 吟与唱. 文史知识，1998（10）.
② 张卫东. 而今吟诵的表里. 首届中华吟诵高端论坛论文集（内刊），2012：58.

甚至也不是为了交流，它只是诗人或吟者对于作品的一种有声的玩味，所以有学者如赵元任先生将此时此刻"声"的特点说成是"叹"或"哼"。现代的朗诵，则要求面对观众，除运用声音外，还要借助眼神、手势等体态语帮助表达作品感情，引起听众共鸣，可以说是一种表演性的"读"。两者同为声音的审美表现形式，"吟诵"讲究行腔使调，其吟调有很大的随意性，节拍的快慢和字音的高低均可灵活处理，且无需用乐器伴奏；而现代朗读，语言虽有节奏感，但不追求悠扬起伏、悦耳动心的腔调旋律。此外，现代的朗读艺术，与通常说的"朗读课文"又不同，"朗读"是用清晰、响亮的声音把文章读出来，以传达文章的思想内容。朗诵则是用清晰、响亮的声音把文章背出来，以传达文章的思想内容。朗诵作为一种表演艺术的要求比一般的"朗读"高。

第三节 《诗》教传统的吟诵

中国古代文学家的作品，体裁间架是文学的，血脉神韵则是经学的；组织形式是文学的，思维方法是经学的。诗、赋、词、曲、议论、述说，无不熔入经学的思想。不通经学，便无法真正了解古代文学作品构思的过程，这是一个非常值得深入研讨的课题。德国哲学家康德曾说："在一切艺术里，诗的艺术占着最高的等级。"[①] 但在中国，不是现代意义上的"纯诗"，而是"诗教"站上了中国文化的最高等级。当代中国在最近十年以来，开始着力于文化建设，将文化传承，弘扬民族精神的课题摆至国家发展的战略地位。处在这一发展时刻，传统的"诗教"文化又将发挥何种作用呢？杨叔子先生在其《经典需诵读，诗教应先行》一文里指出，经典需诵读，首先要诵读《老子》和《论语》，因为这两者与时代发展包括科技发展相一致。但文中更着重论述"诗教应先行"，认为：之所以要"先行"，是因为"中华诗词不仅体现了中华文化所包含的深刻哲理，同时在形式、内容以及精神境界这三者上有着独特作用，极感人，易接受，利开拓"[②]。

中华吟诵古法的真正源头是《诗三百》也只有返回到源头处，才可能看清其本相。当古老的诗教文明酝酿之际，诗还不是一种文字的存在，而是开口即

---

① 康德著，邓晓芒译. 批判力批判. 北京：人民出版社，2002：172. 原文为："在一切美的艺术中，诗艺（它把自己的源泉几乎完全归功于天才，并最少需要规范或榜样来引导）保持着至高无上的等级。"

② 杨叔子. 经典需诵读，诗教应先行. 华中科技大学学报（社会科学版），2004（1）.

来、众口相和、口耳相传的声音的存在。因此，诗即歌即吟即舞，歌唱和吟诵即是诗本身。换句话说，内容即方法，诗与吟诵原本不分。而直到文学意义上的诗体独立以后，作为单纯读诗读词读文之"法"的吟诵才被人们加以特殊的对待，逐渐演变成为一种声音的艺术。但在《诗三百》的时代里，吟诵属于《诗》教。

一、《诗》教的特殊功用

从《诗》教传统的角度来揭示吟诵古法的历史本相，就先要弄清楚《诗》在中国文化经典里的特殊位置。

《诗》为"六经"之首，"首"的历史含义，不仅在它是"第一部"文化经典，更重要的是它彰显了中国文化的发端和走向。在儒家诸多经典当中，《诗》有其不可取代的特殊文化功用，千年不废，代代相传。最早从文化传承角度说到《诗》，见于《庄子·天下篇》：

古之人其备乎！配神明，醇天地，育万物，和天下，泽及百姓，明于本数，系于末度，六通四辟，小大精粗，其运无乎不在。其明而在数度者，旧法世传之史尚多有之。其在于《诗》、《书》、《礼》、《乐》者，邹鲁之士搢绅先生多能明之。——《诗》以道志，《书》以道事，《礼》以道行，《乐》以道和，《易》以道阴阳，《春秋》以道名分。——其数散于天下而设于中国者，百家之学时或称而道之。①

译文：古代圣哲的人实在是完备啊！他们配合灵妙之理、圣明之智，效法天地的自然规律，哺育万物，使天下均衡和谐，把恩泽施及百姓，通晓根本的典规，又能贯穿细枝末节的法度，六合通达四时顺畅，无论大小精粗的各种事物，其运动变化真是无所不在。他们的观点显明而又表露在各项典规法度的，旧有的法规和世代相传的史记里还是多有记载。那些存在于《诗》、《书》、《礼》、《乐》中的，邹地和鲁国的学者以及身着儒服的士绅先生们，大多能够明了内中的道理。《诗》用以表达志向，《书》用以记述政事，《礼》用以表述行为规范，《乐》用以传递和谐的音律，《易》用以阐明阴阳变化的奥秘，《春秋》用以讲述名分的尊卑伦序。内中看法和主张散布天下并施行于中原各国的，各家学说时时有人称述和介绍。

通常认为儒家有关"六经"的说法，最早也是出自《庄子》的这段文字。引文明确揭示了从"旧法世传之史"到邹鲁之士（儒者）所传承的诗、书、

---

① 王世舜. 庄子注译. 济南：齐鲁书社，1998：474.

礼、乐，再由"六"到"百家"诸子文献的转化过程。这也正是孔子依据旧史修订"六经"，进而影响"诸子"这一历史进程的客观描述。所谓的"旧法世传之史"即未经孔子整理的历史文献。类似的记载如《左传》里提及的"诗书礼乐"，《国语》之"春秋"、"诗"、"乐"、"故志"、"训典"。所谓"邹鲁之士搢绅先生多能明之"的"《诗》、《书》、《礼》、《乐》"，应该就是经孔子删定后形成的有史实、有义理的儒家文献。

近代学者章学诚说："荀子曰：夫学始诵经，终乎读经。庄子曰：丘治诗、书、礼、乐、易、春秋六经；又曰：繙十二经以见老子。荀庄皆出子夏门人，而所言如是，六经之名起于孔子弟子亦明矣。"①孔子"论次《诗》、《书》，修起《礼》、《乐》"②，将世传的旧史"诗书礼乐"四类文献编成可供教学的"诗书礼乐"四经，"晚年作《春秋》"③，"序《易》传"（《孔子家语·本姓解》说及孔子"删《诗》述《书》，定《礼》理《乐》，制作《春秋》，赞明《易》道"），最终成就儒家早期的"六经"。西汉时期，立"五经"博士，则是因为《乐经》亡佚，"六"变而为"五"。当时的"今文学派"仍以"诗、书、礼、乐、易、春秋"为正序。

与《庄子·天下篇》相印证的儒家经典《礼记》其中《经解》篇说：

孔子曰："入其国，其教可知也。其为人也温柔敦厚，《诗》教也；疏通知远，《书》教也；广博易良，《乐》教也；絜静精微，《易》教也；恭俭庄敬，《礼》教也；属辞比事，《春秋》教也。故《诗》之失愚，《书》之失诬，《乐》之失奢，《易》之失贼，《礼》之失烦，《春秋》之失乱。其为人也温柔敦厚而不愚，则深于《诗》者也；疏通知远而不诬，则深于《书》者也；广博易良而不奢，则深于《乐》者也；絜静精微而不贼，则深于《易》者也；恭俭庄敬而不烦，则深于《礼》者也；属辞比事而不乱，则深于《春秋》者也。"④

译文：孔子说：到了一个国家，可以看出那里教化施行的情况。如果人们的为人温柔厚道，就是施行《诗》教的结果；如果人们通达事理并了解古代历史，就是施行《书》教的结果；如果人们知识广博而平易善良，就是施行《乐》教的结果；如果人们清静而精深入微，就是施行《易》教的结果；如果人们谦恭俭朴而庄重肃穆，就是施行《礼》教的结果；如果人们善于辞令和分

①　转引自杜明通. 古典文学储存信息备览. 太原：山西人民出版社，1988：55.

②　[汉] 司马迁. 史记·儒林列传序. 北京：中华书局，1982：3115.

③　史记·儒林列传序. 北京：中华书局，1982：3115. 观点详见金景芳. 孔子与六经. 孔子研究，1986（1）.

④　王文锦注释. 礼记译解. 北京：中华书局，2001：727.

析问题，就是施行《春秋》教化的结果。

《诗》教的缺陷是使人愚笨，《书》教的缺陷是使人言过其实，《乐》教的缺陷是使人放纵过度，《易》教的缺陷是使人互相伤害，《礼》教的缺陷是使人拘泥繁琐，《春秋》之教的缺陷是使人心混乱。一个国家的人民如果既温柔敦厚而又不愚笨，那就说明深得《诗》的道理；如果既通达知古而又不言过其实，就说明深得《书》的道理；如果既广博良善而又不放纵过度，就说明深得《乐》的道理；如果既清静精微而又不互相伤害，就说明深得《易》的道理；如果既谦恭庄重而又不拘泥繁琐，就说明深得《礼》的道理；如果既善于辞令和分析，而又不使人心混乱，就说明深得《春秋》的道理。

《礼记》一书的内容是记述以周王朝为主的，包括秦汉以前的典章、名物制度、自天子以下各等级的冠、昏、丧、祭、燕、享、朝、聘等礼仪，以及家庭、社会人际关系交往中的各种礼俗，反映的是儒家学派的思想观念。作者不止一人，写作时间有先有后。编定的时间在西汉。编者是当时的礼学家戴德和他的侄子戴圣。戴德选编的八十五篇本叫《大戴礼记》，戴圣选编的四十九篇本叫《小戴礼记》。东汉时学者郑玄为《小戴礼记》作注，此本流传至今。《经解》篇是对儒家经典《诗》、《书》、《礼》、《乐》、《易》、《春秋》的解题，前半部分是总论，后半部分论述礼治的重要意义和作用。在此，我们着眼于这段文字的整体来体会《诗教》的特殊作用，作三点解读：

（1）整段文字并不只谈诗教，而是总论儒家六经即《诗》、《书》、《乐》、《礼》、《易》、《春秋》之不同的政治教化功用。"入其国（诸侯国），其教可知也"，这一句里的"教"，包括了以下六经之教。从文字表面解释这段话，它是说："到一个地方，看到这地方人民的思想行为的各种表现，就可以知道他们受了那一部经典的教育影响。但这种教育作用，也有缺点，如果人们能避免这种缺点，那才是真正接受了这部经典著作的影响。"[1] 可见，这一文献讨论的主题是：六经之教各自的特征、作用和如何深入把握六经之教的精神实质，如说"温柔敦厚而不愚"，"不愚"也是不可忽略的方面。六经是儒家精心构思的一种经世致用之学，是儒家经世致用的六种工具，诗教只是其中一种，它有着属于自己独具的内容形态和进行教化的特殊方式。明确这一点对深入理解诗教的特殊作用是一个前提。

（2）比较而言，六经之中，《诗》的教育性质、作用与《乐》最为接近。《诗》《乐》为一体两面，先同而后分。上古时期，诗乐舞不分，但以"乐"为

---

① 施蛰存. 唐诗百话. 上海：上海古籍出版社，1987：325.

主，之后乐辞（诗）独立，产生《诗》教。荀子《乐论》云："夫民有好恶之情，而无喜怒之应，则乱。先王恶其乱也，故修其行，正其乐，而天下顺焉。……故乐行而志清，礼修而行成，耳目聪明，血气和平，移风易俗，天下皆宁，美善相乐。"[1] 先王因"诗"（乐辞）的"言志"特性，因乐的移人之情的作用发明《乐》教。孔颖达《礼记正义》云："《诗》为乐章，《诗》乐是一，而教别者：若以声音干戚以教人，是乐教也。若以《诗》辞美刺讽喻以教人，是《诗》教也。"[2] 先王时代的文化构建顺序为：乐、礼、诗，凸显的是乐（诗）与礼的配合。到了春秋时期，"礼崩乐坏"，这一顺序变为"诗、礼、乐"，凸显的是诗（乐）与礼的配合。当诗乐分离之际（朱自清先生认为在春秋时期，说见《诗言志辨》），《诗》教开始偏重乐辞的"义理"，通过"解释"来启迪心智，教化人心，与之前《乐》教偏重用乐音陶冶、感化人性既一脉相承，又相互渗透、支持。本来意义上的《乐》教不复存在了，但《乐》教的实质精神包括其教化方式仍然保存在偏重义理的《诗》教当中。也是由于《诗》与《乐》的这种历史关联，春秋时期的孔子删成《诗三百》用作培养各种人才的教科书。

（3）《诗》教的特殊性在于直指人的"性情"即教"其为人也，温柔敦厚而不愚"。这一点与《尚书·尧典》的说法是一致的："帝曰：夔！命女典乐，教胄子。直而温，宽而栗，刚而无虐，简而无傲。诗言志，歌永言，声依永，律和声。八音克谐，无相夺伦，神人以和。"[3]"乐教"（《诗》教）即在使"胄子"情性达到文化而后性情的"和"态，这与《论语》论"关雎"之美的八个字"哀而不伤，乐而不淫"相呼应；也显然已包含了《经解》篇所谓"温柔敦厚"的意思。《经解》虽出自汉儒之手，但所谓"温柔敦厚而不愚"仍然体现了"紧盯情性"这一古老的教化传统。清人王夫之对《诗》的言"情"特质有相当深刻的认识："《诗》以道性情，道性之情也。性中尽有天德、王道、事功、节义、礼乐、文章，却分派与《易》、《书》、《礼》、《春秋》去，彼不能代《诗》而言性之情，《诗》亦不能代彼也。"[4] 他即认为，《诗》道性之情，与其他经教有别，各有各的特点和作用，不可替代。

早期诗教文化传统的形成深刻影响了中国古代文学，尤其是古代诗歌的特质。一部《诗经》可以说是"六经"里的文学、诗学。诗教的着眼点是人的情

---

① 荀子著，祝鸿杰注释. 荀子. 杭州：浙江古籍出版社，1999：188.
② 转引自朱自清. 诗言志辨. 南京：凤凰出版社，2008：127.
③ ［清］孙星衍撰，陈抗、盛冬铃点校. 尚书今古文注疏. 北京：中华书局，1986：69—70.
④ ［清］王夫之. 明诗评选（卷五）. 上海：上海正籍出版社，2011：38.

性，文学和诗的落点是在人的心灵情感世界，在这一根本点上两者相通一致。"诗教"可以说是通过文学和艺术化的方式展开的中国式的人文教育，这种《诗》教的文化让中国古代文学从一开始就与古代的社会文化即政治伦理相交织而难分彼此，最终形成的中国古典诗学实为一种"文化诗学"。中国传统的"诗"，也因此充满浓郁的人文教化色彩，充当了某种近似"宗教"的角色。在这个意义上，我们说《诗》为六经之教的基础和根本，而传统的吟诵乃是《诗》教体系里的吟诵。

二、以《诗》为先，重在"感化"

中国传统诗学所宣示的纲领即"诗言志"（《尚书·尧典》），意味着先民从自身的生活经验里认识到"诗"（乐）的本质，尤其是它的教化功用，进而逐渐发展出儒家以《诗》为教的文化建构之路。换言之，通过礼乐制度的设计来规范人性人情。现在的问题是：早期儒家的六经之教，何以要以《诗》为先呢？歌唱和吟诵作为《诗》教方法的机制原理又是什么？

《论语》有云："兴于诗，立于礼，成于乐"，即寓含孔门教学以《诗》为先的顺序。《大戴礼记·卫将军文子》篇引子贡曰："吾闻夫子之施教也，先以《诗》世（时也）道者孝悌，说之以义而观诸体（礼也），成之以文德（乐也）。"① ——为什么要先以《诗》呢？

南宋的朱熹解释说："兴，起也。《诗》本性情，有邪有正。其为言易知，而吟咏之间，抑扬反复，其感人又易入。故学者之初，所以兴起其好善恶恶之心，而不能自已者，必于此而得之。"② 清初的王船山解释说："教学之道，《诗》、《书》、乐三者备之矣。教之以《诗》，而使咏歌焉者，何也？以学者之兴，兴于《诗》也。善之可为，恶之必去，人心故有此不昧之理。乃理自理而情自情，不能动也。于《诗》而咏叹焉，淫佚焉，觉天下之理皆吾心之情，而自不善以迁善、自善以益进于善者，皆勃然而不已，则《诗》实有以兴之也。"③ 程廷祚《论语说》引李塨语云："《诗》有六义，本于性情，陈诉德藻，以美治而刺乱，其用皆切于己。说（悦）之，故言之而长，长言之不足，至形于嗟叹舞蹈，则振奋人心，黾勉之行，油然作矣。《诗》所以主于兴也。"④

---

① 转引自王聘珍. 大戴礼记解诂. 北京：中华书局，1990：107.
② ［宋］朱熹. 四书集注. 北京：岳麓书社，2004：7.
③ ［清］王夫之. 四书训义. 船山全书.（第七册）. 北京：岳麓书社，1990：540.
④ ［清］刘宝楠. 论语正义（卷九）. 北京：中华书局，1990：298.

以上的解释共同指明一个理由：《诗》可以将人的善良之心用最自然、最有效的方式唤醒起来，所谓"勃然而不自已"，所谓"油然作矣"，所谓"好善恶恶之心，而不能自已者，必于此而得之。"——《诗》为什么能做到？因为"吟咏之间，抑扬反复"，因为"咏叹焉，淫佚焉"，因为"说（悦）之，故言之而长，长言之不足，至形于嗟叹舞蹈"。简言之，因为歌舞的力量，吟诵的力量。所以，先之以《诗》。说白了，它是以"声教"为先，即以歌声、诵声、乐音先将人心感了，化了，而从儒家《诗》教的目的来说，最终要借"声"、借"乐"来陶冶、感化出一个具有"爱人"之心的仁者性情，一种"温柔敦厚而不愚"的文化人格。

近人马一浮先生解释说："仁是心之全德（易言之，亦曰德之总相），即此实理之显现于发动处者。此理若隐，便同于木石，如人患痿痹，医家谓之不仁人，至不识痛痒，毫无感觉，直如死人。故圣人始教，以诗为先。"他认为，其中的原理机制是："诗以感为体。令人感发兴起，必借言说，故一切言语之足以感人者，皆诗也。说者闻者，同时俱感。于此便可验仁。佛氏曰：'此方真教体，清净在音闻。欲取三摩提，要以闻中入'。"[①] 传统吟诵的本相，就在此"音闻"之中，以"声教"来实现兴发感动，唤醒仁爱本性的目的。在古人在观念里，吟咏、吟诵、歌唱与《诗》教也从来都是一体不分。歌唱、吟诵原本就是《诗》教之法。

《墨子》说，春秋时期儒家学《诗》主要有四种方式即"诵诗三百，弦诗三百，歌诗三百，舞诗三百"[②]。可以诵它，可以配乐来诵它，可以吟咏唱它，还可以一边吟咏歌唱，一边翩翩起舞。后于孔子的荀子说："君子之学也，入乎耳，箸乎心，布乎四体，形乎动静。"[③] 可谓是最高境界的"学"，但又是怎么"学"出来的呢？荀子说："学恶乎始？恶乎终？曰：其数则始乎诵经，终乎读礼；其义则始乎为士，终乎为圣人。"[④]荀子特别强调了"诵"和"读"。元代的虞集认为："圣贤之于诗，将以变化其气质，涵养其德行，优游厌饫（音玉），咏叹淫佚（浸润），使有得焉，则所谓温柔敦厚之教，习与性成，庶几学诗之道也。"[⑤]

---

①　马一浮. 复性书院讲录. 广文书局影印原本刊本，1983：36.
②　[清] 孙诒让. 墨子间诂. 诸子集成本. 北京：中华书局，1986：275.
③　荀子著，祝鸿杰注释. 荀子. 杭州：浙江古籍出版社，1999：5.
④　荀子著，祝鸿杰注释. 荀子. 杭州：浙江古籍出版社，1999：4.
⑤　[元] 虞集. 道园学古录·郑氏毛诗序. //敏泽著. 中国美学史（上）. 长沙：湖南教育出版社，2005：357.

学《诗》旨在"成人",在诵、弦、歌、舞的过程里,在"优游厌饫(音玉),咏叹淫佚"当中,不知不觉,变了气质,养成了德行,这是《诗》教以"成人"的方式。《论语》载子路问"成人"。子曰:"若臧武仲之知,公绰之不欲,卞庄子之勇,冉求之艺,文之以礼乐,亦可以为成人矣。"曰:"今之成人者何必然?见利思义,见危授命,久要不忘平生之言,亦可以为成人矣"。在孔子时代,礼乐"成人"已经是"传统式","今之成人",更看重实践当中的表现,但"久要不忘",还须通过之前的《诗》教打好基底。以下,我们将具体考察孔门《诗》教的学《诗》之法。

《诗三百》原本也是一部乐歌集,由周朝的乐官制作,按音乐类型,分成"风"、"雅"、"颂"。"风"包含了很多从民间收集来的歌谣。对孔子来说,这部诗集承载的是周代的礼乐文明,"传承"的担当,义不容辞。他兴办"私学",弦歌不绝于耳,形成"以诗乐教人"的办学特色,吸引了越来越多下层庶民子弟。作为教师的孔子,当然是知"乐"的儒者。《论语·八佾》云:"子语鲁大师乐,曰:'乐其可知也:始作,翕如也;从之一,纯如也,皦如也,绎如也,以成。'""子谓《韶》:'尽美矣,又尽善也。'谓《武》:'尽美矣,未尽善也。'"孔子也非常喜爱唱歌。《论语·述而》载:"子与人歌而善,必使反之,而后和之。"可见喜欢的程度。又说:"子于是日哭则不歌。"只有在吊丧之日,因为哭泣,停止弦歌。《礼记·檀弓(上)》里多处记载孔子善歌:"邻有丧,舂不相;里有殡,不巷歌。""孔子既祥,五日弹琴而不成声。十日而成笙歌。"最有趣的是,记录他将死之际:"负手曳杖,逍遥于门,歌曰:'泰山其颓乎?梁木其坏乎?哲人其萎乎?'既歌而入,当户而坐。子贡闻之,曰:'泰山其颓,则吾将安仰梁木其坏?哲人其萎则吾将安放?夫子殆将病也。'遂趋而入。"

孔子的学生因为老师的好歌也好歌。原壤的母亲去世,孔子助其"沐椁",原壤登木而曰:"久矣!予之不托于音也。"因歌"狸首之歌"。"孔子为弗闻也者而和之。"(《礼记·檀弓》)"子游治武城,子之武城,闻弦歌之声。"(《论语·阳货》)《韩诗外传》载:"原宪(即子思,孔子弟子)居鲁,环堵之室,茨以生草,蓬户不完,桑以为枢而瓮牖,二室,褐以为塞,上漏下湿,匡坐而弦歌。"又载:"原宪徐步曳杖,歌《商颂》而返,声沦于天地,如出金石。"可见,儒者好歌,皆与"诗教"有关,乃教育的结果。

儒者之所以喜"歌",实缘于"诵"的训练和技能。"子曰:诵诗三百。"《荀子》论学:"始乎诵经。"(《劝学》)《礼记·文王世子》说及:"春诵夏弦。"这里所说的"诵",按朱东润先生的解释,有三层含义:

（1）作为歌词，付之乐工，此歌词为诵之义也。《诗·节南山》："吉甫作诵，其诗孔硕。其风肆好，以赠申伯。"作为歌词者吉甫也。

（2）讽读歌词，以便学乐，此讽读为诵之一义也。"始乎诵经"者，其义如此。"春诵夏弦"者，言其初讽歌词，及其娴习，乃学乐曲而已。孔子之言诵《诗》要亦同此。

（3）讽诵歌词，使人易解，此义与上略同而作用有别，此讽读为诵之又一义也。襄公二十八年叔孙穆子使工为庆封诵《茅鸱》曰："诵者讽读之谓，而庆封犹不晓，此所以尤可怪也。"①

综上之说，乐词曰诵，徒歌曰歌，歌词入乐，始名为"诗"。只是此"诗"乐谱不传，文字声韵更几经变转，虽有音韵《诗经》传人不在，读法早失。

早期《诗》教与单一的"说教"无缘，它不拘泥空间场所，师者因人而教，随时问答。师生之间关系密切，耳提面命，或直言教训，或引导启发。"记诵"是弟子领受教训之法，而不是"死背硬学"。歌唱，一是用于辅助记忆，歌之以强记；二是用于交流，歌之以达意；三是用于活泼心灵，舒张情绪。学生是在一种自然的生活状态里从事学习。《诗》教的特殊作用显现于以下《论语》所载的文本当中，姑举数例，以便揣摩：

（1）子曰："衣敝缊袍，与衣狐貉者立，而不耻者，其由也与？'不忮不求，何用不臧？'"子路终身诵之。子曰："是道也，何足以臧？""唐棣之华，偏其反而。岂不尔思？室是远而。"子曰："未之思也，夫何远之有？"（《泰伯篇第八》）

（2）子谓伯鱼曰："女为《周南》、《召南》矣乎？人而不为《周南》、《召南》，其犹正墙面而立也与？"子曰："礼云礼云，玉帛云乎哉？乐云乐云，钟鼓云乎哉？"孺悲欲见孔子，孔子辞以疾。将命者出户，取瑟而歌，使之闻之。（《阳货篇第十七》）

（3）陈亢问于伯鱼曰："子亦有异闻乎？"对曰："未也。尝独立，鲤趋而过庭。曰：'学《诗》乎？'对曰：'未也。''不学《诗》无以言。'鲤退而学《诗》。他日，又独立，鲤趋而过庭。曰：'学礼乎？'对曰：'未也。''不学礼，无以立。'鲤退而学礼。闻斯二者。"陈亢退而喜曰："问一得三：闻《诗》，闻礼，又闻君子之远其子也。"（《季氏篇第十六》）

（4）楚狂接舆歌而过孔子曰："凤兮凤兮！何德之衰？往者不可谏，来者犹可追。已而！已而！今之从政者殆而！"孔子下，欲与之言。趋而辟之，不

---

① 朱东润.诗三百篇探故.上海：上海古籍出版社，1981：82.

得与之言。齐人归女乐，季桓子受之，三日不朝，孔子行。（《微子篇第十八》）

（5）子路、曾皙、冉有、公西华侍坐。子曰："以吾一日长乎尔，毋吾以也。居则曰：'不吾知也！'如或知尔，则何以哉？"子路率尔而对曰："千乘之国，摄乎大国之间，加之以师旅，因之以饥馑；由也为之，比及三年，可使有勇，且知方也。"夫子哂之。"求！尔何如？"对曰："方六七十，如五六十，求也为之，比及三年，可使足民。如其礼乐，以俟君子。""赤！尔何如？"对曰："非曰能之，愿学焉。宗庙之事，如会同，端章甫，愿为小相焉。"

"点！尔何如？"鼓瑟希，铿尔，舍瑟而作，对曰："异乎三子者之撰。"子曰："何伤乎？亦各言其志也。"曰："莫春者，春服既成，冠者五六人，童子六七人，浴乎沂，风乎舞雩，咏而归。"夫子喟然叹曰："吾与点也！"三子者出，曾皙后。曾皙曰："夫三子者之言何如？"子曰："亦各言其志也已矣。"曰："夫子何哂由也？"曰："为国以礼，其言不让，是故哂之。""唯求则非邦也与？""安见方六七十如五六十而非邦也者？""唯赤则非邦也与？""宗庙会同，非诸侯而何？赤也为之小，孰能为之大？"（《先进篇第十一》）

三、《诗》教吟诵的"纠正"价值

吟诵作为一种文化技能之所以能够被传承下来，在很大程度上与古代蒙学教育有关。换言之，今天倡导的中华古诗词吟诵，对古人来说，它的基本功得自蒙学教育的过程。汉代以后，直到清末，中国古代的传统"读经"逐渐形成了自己的规矩，即强调以"小学"训诂为基础，"在理解字韵的基础上依字韵诵念，把平上去入、清浊尖团等咬字基本功习熟，之后再多学多练就自然会吟诵出整体的腔格"。以下是溥儒先生①自写的一份读书简历，介绍他在幼年时期所学功课和经历：

"余六岁（虚岁）入学读书，始读《论语》、《孟子》，共六万余字，初读两行，后加至十余行，必得背诵默写。《论语》、《孟子》读毕，再读《大学》、《中庸》、《诗经》、《书经》、《春秋》三传、《孝经》、《易经》、《三礼》、《大戴礼》、《尔雅》。在当时无论贵胄及四海读书子弟，年至十六、七岁，必须将《十三经》读毕。因家塾读书，放学假期极少，惟有年节放学，父母寿辰、本人生日外，皆每日入学。《十三经》中，惟《左传》最多，至十七万六千余字，

---

① 即溥心畬（1896年9月2日—1963）原名爱新觉罗·溥儒，初字仲衡，改字心畬，自号羲皇上人、西山逸士。北京人，满族，为清恭亲王奕䜣之孙。曾留学德国，笃嗜诗文、书画，皆有成就。画工山水、兼擅人物、花卉及书法，与张大千有"南张北溥"之誉，又与吴湖帆并称"南吴北溥"。

十年之内，计日而读，无论天资优劣，皆可以读毕《十三经》矣。七岁学作五言绝句，八岁学作七言绝句诗，九岁以后，学作律诗五七言古诗……"①

显然，得此诵念经文的功法，对古诗、乐府、绝句、律诗的吟诵一定会在不经意的即兴吟诵当中进入"佳境"。谙熟昆曲的张卫东先生曾非常精辟地指出："作为开蒙教育的读书吟诵不仅是最基础的'视唱练耳'，其独特的声腔和自然节奏也成为中国古代音乐歌唱艺术的基石。"②

然而，必须了解的是：《论语》中所显示的《诗》教对于后来古人"读经"，包括蒙学教育所具有的"纠正"作用。在隋唐以后漫长的科举时代里，"读经"和蒙学始终难以摆脱"死读"、"死记硬背"的弊端，儒家《诗》教因其注重"性情"感化，强调活泼心灵，而能经常发挥其纠正"死读死记"弊端的作用。历代儒者也总有人站出来依据《诗》教经验警示时弊，例如明儒王阳明的一篇题为《训蒙大意示教读刘伯颂等》的短文，即使对今日传统吟诵的传承也仍具有特别重要的启示意义。特录全文如下：

"古之教者，教以人伦。后世记诵词章之习起，而先王之教亡。今教童子，惟当以孝弟忠信礼义廉耻为专务。其栽培涵养之方，则宜诱之歌诗，以发其志意。导之习礼，以肃其威仪。讽之读书，以开其知觉。

今人往往以歌诗习礼为不切时务。此皆末俗庸鄙之见。乌足以知古人立教之意哉！大抵童子之情，乐嬉游而惮拘检。如草木之始萌芽。舒畅之则条达。摧挠之则衰痿。今教童子，必使其趋向鼓舞，中心喜悦。则其进自不能已。譬之时雨春风。霑被卉木，莫不萌动发越。自然日长月化。若冰霜剥落，则生意萧索，日就枯槁矣。故凡诱之歌诗者，非但发其志意而已。亦所以泄其跳号呼啸于咏歌，宣其幽抑结滞于音节也。导之习礼者。非但肃其威仪而已。亦所以周旋揖让，而动荡其血脉，拜其屈伸，而固束其筋骸也。讽之读书者，非但开其知觉而已。亦所以沈潜反复而存其心，抑扬讽诵以宣其志也。凡此皆所以顺导其志意，调理其性情，潜消其鄙吝，默化其粗顽。日使之渐于礼义而不苦其难，入于中和而不知其故。是盖先王立教之微意也。若近世之训蒙稚者，日惟督以句读课仿。责其检束，而不知导之以礼。求其聪明，而不知养之以善。鞭挞绳缚，若待拘囚。彼视学舍如囹狱而不肯入。视师长如寇仇而不欲见。窥避掩覆，以遂其嬉游。设诈饰诡，以肆其顽鄙。偷薄庸劣，日趋下流。是盖驱之于恶而求其为善也。何可得乎？凡吾所以教，其意实在于此。恐时俗不察，是

---

① 张卫东. 而今吟诵的表里. 首届中华吟诵高端论坛·论文集（内刊），2012：60.
② 张卫东. 而今吟诵的表里. 首届中华吟诵高端论坛·论文集（内刊），2012：60.

以为迂。且吾亦将去。故特叮咛一告尔诸教读。其务体吾意，永以为训。毋辄因时俗之言，改废其绳墨。庶成"蒙以养正"之功矣。念之念之。"①

事实上，现代人借助"朗诵"、"默读"、"解读"同样可以达到学习传统诗文的目的，甚至从某种意义上说，现代式的"解读"之法对于传统的经书义理、诗文情意的阐释之深刻入微的程度是前无古人的。但是今法的最大问题也就在于它"解义"过度，和一味强调"理解"，忽略了接受一方的生命"感觉"。而吟诵古法的可贵之处，首先就在于，它激活了人的生命"感觉"，所谓"神气"运行，声情飞扬。接受美学的原理认为，作品的意义是文本和读者相互作用的结果。文学解释是一种理解或领会的艺术，但积极的理解过程乃是创造意义的审美体验。《诗》教留给后人的最宝贵之点即在告诉后人：吟诵是一种积极的生命与心灵的"体验"。台湾著名学者龚鹏程先生在于文华《国学唱歌集》序言中说：

"大陆现今的国学教育，是由儿童读经开始重新恢复的。经典诵读，功效良著，不待赘言。但有个绝大的问题，就是仅求诸文字，以背诵和记忆为主，甚或视为唯一内容。中国古代儿童教育其实并不如此，是以演礼和习乐为主的。王阳明论童蒙教育，以诗吟唱为之，即是此义。今既不习礼，又不吟唱。无诗情与乐悦瀹发于其间，徒事记诵，颇显桎梏性灵。"②

余论：吟诵的"根"在哪里呢？——朝历史的深处眺望，它孕育上古乐教，形成在先秦春秋时代早期儒家的《诗》教，原是当时儒者借"诗"来从事文化教育的"古法"。《诗》的吟诵要达成什么样的目的呢？——《礼记·经解》说："其为人也温柔敦厚而不愚，则深于诗者也。"按此早期儒家的《诗》教话语，吟诵《诗三百》接受它的教化，目的是要"得性情之正"。

千古之下，人们会问：《诗》或"诗"的吟诵会有如此大的文化力吗？对于中国古人来说，这其实是一个"信念"、"信仰"的问题。他们"相信"，所以可能。孔子以后的数千年里，后来的儒者与诗人（士大夫文人）都坚信《诗经》具有这种力量，并以"敬畏"之心待之。第一个信者自然是孔子，他说："子曰：《诗》三百，一言以蔽之，曰'思无邪'。"（《论语·为政》）也就是通过学《诗》让自然的人性归于"正"。其后，汉代的司马迁在其《屈原列传》中说："国风好色而不淫，小雅怨诽而不乱。"又说："《诗》三百，大抵圣贤发

① 王阳明著，陈荣捷等注. 王阳明《传习录》详注集评. 台北：台湾学生书店，1984：276.
② 张卫东. 而今吟诵的表里. 首届中华吟诵高端论坛·论文集（内刊），2012：60.

愤之所为作也。此人皆意有所郁结，不得通其道也。"宋儒朱熹说："某闻诗者志之所之，在心为志，发言为诗，然则诗岂有工拙哉？"而陆游说："《诗》首《国风》无非变者，虽周公之豳风亦变也。盖人之情，悲愤积于中而无言，始发为诗，不然无诗矣。"也就是说，即使是那些乱世"变风"之作，也昭示出好诗要"真"（即诚即善即仁）的真精神，而吟诵"真诗"的意义也就在于引导人性向"真诚"的层次升华。按照此种目光一路看过去，一直到古典时代结束之前，此类话语可以说始终不断，古代的士人（诗人）以这种不断"重复"言说的方式表达着自己对于文化与文学的《诗三百》之深深的敬意。

其次，《诗三百》作为中国传统文学精神的源头，它深刻影响了后来文学对于"情性"表现的高度关注。汉代以后，中国传统诗歌，主要是文人抒情诗，虽演变之数难以追究，但其文化"基因"的"匡衡"特性始终存在，实用的功能始终存在。南宋张戒的《岁寒堂诗话》有云：

"建安、陶、阮以前，诗专以言志；潘、陆以后，诗专以咏物；兼而有之者，李、杜也。言志乃诗人之本意，咏物特诗人之余事。古诗、苏、李、曹、刘、陶、阮，本不期于咏物，而咏物之工，卓然天成，不可复及。其情真，其味长，其气胜，视《三百篇》几于无愧，凡以得诗人之本意也。潘、陆以后，专意咏物，雕镌刻镂之工日以增，而诗人之本旨扫地尽矣。"[①]

请注意其中的两句：一是"言志乃诗人之本意，咏物特诗人之余事"；二是"其情真，其味长，其气胜，视《三百篇》几于无愧，凡以得诗人之本意也"。这就是说，《三百篇》给中国传统文学（诗）建立一个文化与文学的衡尺。毫无疑问，也是吟诵中国传统文学作品必须念念不忘的衡尺。按此原始儒家的"诗教"话语，吟诵《诗经》，接受《诗》的教化，其根本追求在"得性情之正"。孔子以后的数千年里，后来儒者中的优秀人物大都坚信这把尺，"敬畏"、坚守并践行之。

第四节　"文学"传统的吟诵

这里，出现了一个新说法："文学"吟诵，这不只是为了强调与音乐，与歌唱有别，更为重要的理由，却在"文学"这两个字上。换言之，古法吟诵属于"文学"，但此"文学"乃古人眼里的"文学"，非今人观念意识里的"文

---

① 陈良运主编. 中国历代诗学论著选. 南昌：百花洲文艺出版社，1995：421.

学"。以下，我们先从古代或传统的"文学"概念说起。

一、"文学"的传统之义

"文学"传统所指"文学"乃是古代传统内的"文学"，而古代传统的"文学"与今天现代的"文学"含义有着极大区别。文化发端之时的"文学"有点像《庄子》寓言里的"混沌"，所有的"文化"元素都孕育其中，等待着进一步的生成和净化。例如周秦时期的所谓"文学"，泛指所有"文献典籍"，统指天下所有"学术"。《论语·先进》篇说到孔门四学："曰德行，曰言语，曰政事，曰文学。"这里的所谓"文学"，既包括《诗三百》也包括《尚书》、《易经》、《春秋》等，按现在说法包着"史"，亦包着"哲"，是"混沌"在一起的。

"文学"含义的净化，基于"文学"概念的转变。随着这种转变，"混沌"的杂文学开始了一个漫长的"纯化"的过程。魏晋的时候，周秦所指的"文学"开始缩小范围，指"文章"为"文学"，而原来的学术之"文学"，则有了"儒学"的专称。三国·魏刘劭撰《人物志·流业篇》云："人之流业，有十二焉，有文章，有儒学"，"能属文著述，是谓文章，司马迁、班固是也。能传圣人之业，而不能干事施政，是谓儒学，毛公、贯公是也"。陆机《文赋序》对"能属文"的"文章"，作了更明白的阐释，使得"文章"之文学，贴近了现代的创作的"文学"之义："夫放言遣辞，良多变矣，妍媸好恶，可得而言。每自属文，尤见其情，恒患意不称物，文不逮意，盖非知之难，能之难也。故作文赋，以述先士之盛藻，因论作文之利害所由，他日殆可谓曲尽其妙。"[①] 然而，具有"属文"之特征的"著述"，与现代的所谓"文学作品"却完全不能重合。

传统"文"的涵义究竟特质为何？与后来的"文学"又区别何在呢？《左传·襄公二十五年》里载有一段孔子的话："言以足志，文以足言。不言，谁知其志？言之无文，行而不远。"这里提到"文"的概念，很值得注意。按沈玉成《左传译文》的翻译，这段话的意思是：

"孔子说：《志》有云，'言语用来完成意愿，文采用来完成言语'。不说话，谁知道他的意愿？说话没有文采，不能达到远方。"接下来还说，"晋国成为霸主，郑国进入陈国，不是善于辞令就不能成功。要谨慎地使用辞令啊！"——这里的"文"，指文采，文饰，意思是清楚的。

---

① ［南朝·梁］萧统编. 昭明文选（2）. 北京：华夏出版社，2000：527.

"为行远而文"。在实用的文化语境里表达"文"义，强调"文"的实用性，这是中国古代文学观最主要的特征。"文"的实用，说到底是由"言"的实用性决定的。言，本是孔门四科之一。清代刘宝楠《论语·先进》篇，引《诗·定之方中》的毛《传》解释说："故建邦能命龟，田（猎也）能施命，作器能铭，使能造命，升高能赋，师旅能誓，山川能说，丧纪能诔，祭祀能语。此九者，皆是辞命，亦皆是言语。"从这种地方可见出中国的"文"义，从一开始就落实在社会实用之上。甚至可以说，从一开始就具有阻隔向"纯文"演变的"基因"。

其次，所谓"言以足志，文以足言"。"文"的存在是为"足言"，那"言"从何来呢？《尚书·尧典》有云："诗言志"，《论语》有云："不学《诗》，无以言"。——言自《诗》来，而诗从何来？答曰："诗言志"，言从心志上来，也就是"言为心声"，从而也就间接说明了"文由心生。"从这里可以看出：中国早期儒家一派的"文"论，并非简单主张"言而有文"，单纯强调"文采"动人。"足志"的言，所构成的正是"文"的内里，本质，因此，说到底，"文"的本义应该是"文质彬彬"，即与"质"相配合的"文"。也就是离开"言志"的单纯为"文"行不通，行不远。

宋代的欧阳修解释说："传曰：'言之不文，行之不远'。君子之所学也，言以载事，而文以饰言；事信言文，乃能表见于后世。"——"文采"之义、"德言"之义、"行远而文"之义，全都讲到了。显然，这样的"文"，与现代的"文学"理念实在距离遥远，只可以说搭了一个边罢了。

魏晋以后，文学摆脱经史附庸的地位，逐渐走向独立（但这个"独立"，"自觉"的意思很不确定，完全的独立和自觉？摆脱之后，文就与经史没关系了？如果说有，那究竟是一种什么样的关系呢？还须细辨），但此时"文"的观念可以确定地说，仍然在传统范围内，与今天的"文学"义仍然不能重合等同。曹丕《典论·论文》说"诗赋欲丽"，"欲丽"的意思难道不是仍然秉承孔子"言而不文"之义吗？如果说"欲丽"的是诗赋之类，这总该说明"文学"在"自觉"吧！但是，《典论》完整的意思是："夫文本同而末异，盖奏议宜雅，书论宜理，铭诔尚实，诗赋欲丽。此四科不同，故能之者偏也。"这"诗赋"却只是"四科"之一科而已。也就是说，从文体类别的角度看，此时的"自觉"其实十分的有限，如果再按今天"文学"观念作标准，这所谓"自觉"就更加有限。

《文心雕龙》其《序志》篇说："夫'文心'者，言为文之用心也。昔涓子《琴心》、王孙《巧心》，'心'哉美矣，故用之焉。古来文章，以雕缛成体，岂取驺奭之群言'雕龙'也?"①用"心"写出的"文章",其特征在"以雕缛成体",偏指文采,体之特质在有何种的"文采"。但此"文采"的根基是什么呢?刘勰推崇儒家"文"的理念,认为"文章之用,实经典枝条";并说魏、晋以来各家的文论,"并未能振叶以寻根,观澜而索源",所以《文心雕龙》前三篇以"原道"、"宗经"、"征圣",正表示其"文心"之源所在,"文章"之根所在,而与现代的"文学"之义从里到外又都不是一回事了,或者说不完全是一回事了。

《文心雕龙》的"文体"之论,从《明诗》到《书记》共二十篇,分别论述诗歌、辞赋、论说、书信等三十多种体裁的作品,以现代的观念看它,这里面的所谓"文学"体,与非"文学"体是相混杂在一起,但恰好就在这里,后人能够清晰地看出:原来刘勰之"文"竟是包括所有文字作品的"杂文学",而"杂文学"的观念基础,恰恰是基于对各个体类特质的认识了解之上。

可以这样说,直到传统的封建社会结束,古人的头脑里面的"文",都始终是刘勰所指的"杂文学"观念。这一观念,就其主要特征而言,一是"文"本有的含义,即"成文"、"有采"之作;二是以实用性生成各种文类,同样重视有采的特质,这正表明最初孔子所说的为"行远"而求文采;三是有采的文类,是一视同仁的,只是对于抒情言志的诗赋来说,这种有采的程度更高一些。以今天的话说,文学性较强的诗赋,从来没有真正地"独立"过。如果说"独立",也只是"相对"而言。

中国传统的"文学",从整体上来说,呈现三大基本特征:一是重视抒情言志的社会功用,紧盯人的性情,有浓厚的文化规范意味;二是以文采、文雅为"文"的最普遍认知,并以此抵制唯美、唯形式的"非常态"逸出;第三,不同于今天的"文学"理念重在表现个体意识,传统"文学"是以"家国情怀"为最理想状态的文学境界。清人沈德潜说"诗以声为用者也",此"用"的指向是人的"情性"②。传统的"文学"理想的表现状态与传统文化推崇的"中庸""和谐"精神相一致,"文"的实用与"文"的审美始终不能被分离而单独过度发展。美的事物,对于中国人来说,最好也是有用的。

相对应的传统的"文学"吟诵,也具有三大基本特征:一是尊重文本的"体性",即按照不同文体自身的实用性要求来吟诵。文有文的规则,诗有诗的格律,读法本来就依据不同文体的特点和实用要求来确定的;二是言为心声,

---

① [南朝·梁]刘勰著,范文澜注. 文心雕龙注. 北京:人民文学出版社,2008:725.
② [清]沈德潜著,孙之梅、周芳批注. 原诗·说诗晬语. 南京:凤凰出版社,2010:82.

表达心声流露性情的"言"是吟诵的依凭，所以，它的基本要领便是：调从心生，依字行腔；按义体情，声情一体。由此，它绝不过度追求"乐音"的美听；三是重视吟诵原本的"教化"功用，即借吟诵来改变"人意血气"之性情，最终"修"得一种人文气质，后人所谓"文学"的艺术审美始终服从于这一文化的"实用"要求。

二、"文学"吟诵的典范诗人

中国诗的历史表明：传统的"文学"吟诵是伴随着近体律诗的成熟而成熟起来的。当最好的近体诗人出现的时候，真正意义的"文学"吟诵才可以说诞生出来。清人方世举《兰丛诗话》评说杜律云："唐之创律诗也，五言犹承齐、梁格诗而整饬其音调。七言则沈、宋新裁。其体最时，其格最下，然却最难，尺幅窄而束缚紧也。能不受其画地湿薪者，惟有老杜，法度整严而又宽舒，音容郁丽而又大雅，律之全体大用，金科玉律也。"①

杜甫无疑是公认的唐代最好的律诗作者，他不仅"吟"出了人间最好的律诗，同时也给后人提供了一把量尺，帮助我们从巨量的，良莠不齐的诗歌遗产当中选择出最好的诗来传承"文学"的吟诵。

然而，传统就是传统，杜甫绝不会仅仅因其律诗的卓绝成就而站上传统"文学"吟诵典范诗人的高位。这个位置只能归结于杜诗与《诗》教文学传统的衔接、传承。朱东润先生曾说："吾尝读杜诗，观其想象之丰富，不如李白，措语之工丽，不如李商隐，即论实大声宏，群推为盛唐诗之特征者，亦不能胜王维，岑参等同时诸人，然而巍然为诗坛之宗主，千载而下，终不敢置一辞者，则其性情之真挚、为独得《诗》三百五篇之遗则故也。"②

诗艺为次，诗教为高。因为杜诗"性情之真挚"，使其"独得"了《诗》教文化的"真传"。从中国诗史上来看，最先发现和揭示杜诗与《诗》教精神之根脉联系的当是宋人。宋代的江西诗派有所谓"一祖三宗"之说，认杜甫为诗祖，将其仿效学习的重点放在杜诗"声调格律"的艺术上，显然，这是背离《诗》教传统的。当这种形式化的诗学之路愈走愈远之时，本于《诗》教传统的批评便"必然"地发生了，而这一批评的代表当为南宋人张戒。在其著名的《岁寒堂诗话》里，他非常明确地宣称："杜子美、李太白，才气虽不相上下，而子美独得圣人删诗之本旨，与三百五篇无异，此则太白所无也。"又论杜集

---

① 郭绍虞、富寿荪编．清诗话续编．上海：上海古籍出版社，1983：773．

② 朱东润．诗三百篇探故·绪言．上海：上海古籍出版社，1981．

《可叹》一篇云："观子美此篇，古今诗人焉得不伏下风乎！忠义之气，爱君忧国之心，造次必于是。言之不足，嗟叹之，嗟叹之不足，故其词气能如此，恨世无孔子，不列于《国风》、《雅》、《颂》尔。"①，显然，张戒的推崇比较黄庭坚的"诗祖"之誉更加值得重视。

另一位南宋诗人陆游在其《读杜诗》里吟道："城南杜五少不羁，意轻造物呼作儿，一门酬法到孙子，热视严武名挺之。看渠胸次溢宇宙，惜哉万千不一施，空回英慨入笔墨，《生民》《清朝》非唐诗。向今天开太宗业，马周遇合非公谁？后世但作诗人看，使我抚几空嗟咨！"——类似议论，皆着眼于杜诗与《诗》三百零五篇的联系，从根本处立说。

"杜律"之所以成为传统"文学"吟诵成熟的标志之作，成为最具传统文化魅力的典范之作，从吟诵的实践以及杜诗自身来说，主要有以下两方面原因：

首先，杜甫的"吟"呈现了"作诗"、"改诗"、"赏诗"的全过程，展示了一种融此三者为一体的诗意的人生状态。请看杜甫诗句中"吟"的所指义：

（1）何限依山木，吟诗秋叶黄。（《和裴迪登新津寺寄王侍郎》）

（2）为人性僻耽佳句，语不惊人死不休。（《江上值水如海势聊短述》）

（3）赋得新句稳，不觉自长吟。（《戏为六绝句》之五）

（4）陶冶性灵存底物，新诗改罢自长吟。（《解闷十二首》之七）

（5）酒酣懒舞谁相拽，诗罢能吟不复听。（《题郑十八著作文》）

（6）我有新诗何处吟，草堂自此无颜色。（《柟树为风雨所拔叹》）

（7）愁极本凭诗遣兴，诗成吟咏转凄凉。（《至后》）

这里，每个举例所提到的"吟"，都不是单一含义。（1）是说面对满山的秋叶吟诗，诗得江山之助。触景生情，因情赋诗，赏景与吟诗同步；（2）强调令别人激赏的佳句都是在苦吟中得到的；（3）和（4）都说在"吟咏"当中修改诗的情形，此处的"长吟"，即边吟咏，边琢磨，都是为了让诗的声律更加妥帖；（5）、（6）和（7）则都是说诗成之后的赏读。最著名的（4）特别言明了吟诗所体验到内心快乐。全诗四句：

陶冶性灵存底物？

新诗改罢自长吟。

孰知二谢将能事，

颇学阴何苦用心。

---

① 丁福保辑. 历代诗话续编. 北京：中华书局，1981：469、474－475.

诗中说陶冶性情，希望自己的心灵能够活泼，富有生气，但凭什么物件呢？那就是吟诗！"新诗改罢自长吟"，这是一句回答，句意却直接千年以上汉儒说诗的话头即"吟咏情性"（但和乐语歌咏已无关系），其特别之处是将诗人的吟诗的生命体验，在不经意间流露出来："诗"原来是这样的一种陶冶性灵的好东西！它能让一个人借助"自长吟"来体验生命的乐趣，在浑然不觉中升华自己的人生，提高自己的心灵境界。在孔子时代，原始儒家的学问本来就是有关人生的学问，充满实践意味，如《论语》所云："志于道，据于德，依于仁，游于艺"。"志于道"是求真；"居于德"、"依于仁"是求善；"游于艺"求美，求心灵不死。可以说杜甫的一生吟诗，最生动地体现了一位古代儒者的人生所依和所求。

对这首诗历来的解读都强调是诗人"自道创作心得"，如清代浦起龙的《读杜心解》云："自言攻苦如此。"[①] 翁方纲的《石洲诗话》云："欲以大小谢之性灵而兼学阴、何之苦诣也。"[②] 但笔者认为，它更多透露了杜甫对吟诗生活的态度和感受。第三句提及的"二谢"即南朝诗人谢灵运和谢朓。"孰知"即"熟知"、"深知"的意思。诗人说自己终于明白了在"二谢""能事"里所包含着的人生乐趣。因此更加努力地向他们学习，要写出人间最好的诗！

其次，作为典范诗人的杜甫，他的吟诗生活（包括对诗艺的精求、依"吟诗"为活、为乐的人生态度和实践）对后人产生了极为深刻的影响。在杜甫死后的中晚唐时代里，唐人的诗坛上逐渐形成了一个人数众多的"苦吟"的诗派。如果说，在初盛唐的时代里，一般文人热衷吟诗还有科举功名的考虑，那么，到了中晚唐以后，"吟诗"开始转变成为一个文人内心需求的事情。对于文人整体来说，"吟诗"是一种身份性的文化活动，但具体到个人，尤其是身处仕途环境恶劣之际，"吟诗"便成了能让文人内心安定的生命依托。如著名的贾岛，在其诗中感慨自己"夜吟晓不休，苦吟鬼神愁。如何不自闲，心与身为仇。""二句三年得，一吟双泪流。知音如不赏，归卧故山秋。"（《题诗后》）"苦吟"原本是指对诗歌语言的刻苦锤炼，精益求精。但到了苦吟诗派这里，就不仅止于诗艺，而是演变成安顿生活、托付生命的唯一，太过沉重了！

与后来的苦吟诗人相比较，杜甫吟诗却是"乐感"充溢，从容不迫，在"吟味"之中享受那不断来到的成就感："赋得新句稳，不觉自长吟。""我有新

---

① ［清］浦起龙. 读杜心解. 北京：中华书局，1961：853.

② ［清］赵执信、翁方纲著，陈迩冬点校. 谈龙录·石洲诗话. 北京：人民文学出版社，1981：51.

诗何处吟，草堂自此无颜色。""为人性僻耽佳句，语不惊人死不休。"杜甫自己说："晚节渐于诗律细，谁家数去酒杯宽?"（《遣闷呈路十九曹长》）又说："老去诗篇浑漫与，春来花鸟莫深愁。"（《江上值水如海势聊短述》）这正是他对律诗的主要追求。"诗律细"之"细"，包括颠倒语序、变动词性、调配虚实、锤炼对仗等等，都与声律（"调平仄"）相关，通过吟咏进行。

仇兆鳌评杜云："少年刻意求工，老则诗境渐熟，但随意付与，不须对花鸟而苦吟愁思矣。"① 说明晚年杜甫的吟诗功力已臻至炉火纯青的程度。这种"细"的情况，后人多有揭示，如南宋范晞文《对床夜语》卷三："老杜多欲以颜色字置第一字，却引实字来。如'红入桃花嫩，青归柳叶新'是也。不如此，则语既弱而气亦馁。他如'青惜峰峦过，黄知橘柚来'，'碧知湖外草，红见海东云'，'绿垂风折笋，红绽雨肥梅'，'红浸珊瑚短，青悬薜荔长'，'翠深开断壁，红远结飞楼'，'翠干危栈竹，红腻小湖莲'，'紫收岷岭芋，白种陆池莲'，皆如前体。若'白摧朽骨龙虎死，黑入太阴雷雨垂'，益壮而险矣。"② 所谓的"语既弱而气亦馁"便是自"吟咏"当中感觉到，并加以调整的。杜诗《泊松滋江亭》诗云："江湖深更白，松竹远微青。"细味之，感觉异常精微，仿佛是从深处窥见江湖松竹的带色的灵魂。又如《陪郑广文游何将军山林十首》里有句："绿垂风折笋，红绽雨肥梅。"人在园林中游，首先看到的是绿和显眼的红。之后才会注意到这些颜色的姿态，或垂下，或绽开。最后看清了是何物，并推测为什么会如此：原来是昨夜的风雨把竹笋吹折，把梅花喂肥了。这种感觉还原写法，也是因了吟咏才得以成就。

三、"文学"吟诵的审美特性

"文学"吟诵之主体是传统的文人士大夫，也因此，它也是这一主体人群日常文化生活的重要方式。在长期的发展中，这一高雅的艺术化、审美化的生活方式，不断得到提升，且日趋精致。传统"文学"吟诵之审美特性首先表现在审美价值取向方面。此点具体地表现在对吟诵文本的选择上，即不是随便什么作品都能拿来吟诵的。从文本的思想倾向来说，传统文人士大夫遵循儒家道统，以"天地君亲师"为人生的信仰寄托，因此，体现这一精神传统的诗词文才是最美的。按照这一文化的审美价值标准，最能反映儒家道义精神的杜诗自然成为首选。宋代以后，由杜甫所确立的诗学精神传统逐渐成为封建社会后期

---

① ［清］仇兆鳌. 杜诗详注（卷十）. 北京：中华书局，1979：810.
② 历代诗话续编. 423－424.

诗人所推重的写作原则与"文学"吟诵之最高境界。此外，与这一精神传统同时存在的是"文雅"与"文采"的审美要求。

基于日常文化生活的需求，特别是为了满足日常情感抒发和审美心理的需要，传统士大夫文人在吟诵文本的选择上更多遵循文学自身要求的审美原则。换句话说，作品的艺术魅力，情感表现的动人程度是传统"文学"吟诵始终追求的审美目的。在这一方面，传统的"文学"吟诵最充分体现出它作为高雅文化之超越功利，引人"向上"之愉悦心灵的特质。在具体文本的选择上，它特别重视那些悦耳美听，能让人产生浓厚审美感觉以及情趣十足的作品，所谓"坠情者醉其芬馨，飞想者赏其神骏"①。这种情况，在唐诗之后词体的"文学"吟诵活动里表现更加充分：

王介甫谓"云破月来花弄影"不如李冠"朦胧淡月云来去"也。冠，齐人，为《六州歌头》道刘项事，慷慨雄伟。刘潜，大侠也，喜诵之。②

晏叔原小词："无处说相思，背面秋千下"。吕东莱极喜诵此词，以为有思致。③

程叔微云："伊川闻诵晏叔原'梦魂惯得无拘检，又踏杨花过谢桥'长短句，笑曰：'鬼语也。'意亦赏之。"④

张云叟词云："回首夕阳红尽处，应是长安。"人喜诵之。⑤

鄱阳姜尧章流寓吴兴，尝暇日游金阊。徘徊吊古，赋《柳枝词》。有"行人怅望苏台柳，曾为吴王扫落花"之句。杨成斋极喜诵之。⑥

"（黄）山谷守当涂日，郭功父曾寓焉。一日，过山谷论文，山谷诵少游《千秋岁》词，叹其句意之善，欲和之而'海'字难押。"⑦

以上记载里，都是吟者根据个人喜好来选择吟诵文本。从更多文献里，可见发现，在唐以后的宋代，"文学"吟诵已逐渐地从以作诗作词作文为主的"吟"法之义里独立出来，形成了专门的"熟诵"赏读的方式，如：

"蔡天启肇尝从王介甫游，一日语及卢仝《月蚀》诗，辞语奇险。介甫曰：'人少有诵得者。'天启立诵之，不遗一字。一日又与介甫同泛舟，适见群凫数

---

① 龙榆生. 唐宋名家词选. 上海：上海古籍出版社，2007：210.
② ［清］何文焕. 历代诗话. 北京：中华书局，1983：308.
③ 历代诗话续编. 283.
④ 宋元笔记小说大观. 上海：上海古籍出版社，2001：1985.
⑤ 宋元笔记小说大观. 3411.
⑥ 御选历代诗余（第108卷）. 四库全书本.
⑦ 吴曾. 能改斋漫录. 北京：中华书局，1960：471.

百掠舟而过，介甫戏曰：'子能数之乎？'天启一阅即得其数。因遣人询之放畜者，其数不差，可谓机警也。"①

"外大父文章公（南宋章良能），间作小词，极有思致，先妣能口诵数曲，《小重山》云：'柳暗花明春事深，小阑红芍药，已抽簪。雨余风软碎鸣禽。迟迟日，犹带一分阴。往事莫沉吟。身闲时序好，且登临。旧游无处不堪寻。无寻处，惟有少年心。'"②

在这里，可以看出传统的"文学"吟诵是以"熟诵"为基础。此所谓"熟诵"既是创作的"热身"准备，更是作品赏读的重要方法。只是对于古代文人来说，写的意识更为强烈，读写活动经常是紧密联系着。重视"熟诵"也还是为了达成对作品艺术技巧，审美风格特征以及写作规律的深刻领悟。对此，宋人早已从自己的经验出发，作出了具有理论意义的总结，如黄庭坚《书王观复乐府》一文里有云："观复乐府长短句清丽不凡，今时士大夫及之者鲜矣。然须熟读元献、景文笔墨，使语意浑厚，乃尽之。"③ 宋代许顗的《彦周诗话》记苏轼语云："古人文章，不可轻易，反复熟读，加意思索，庶几其见之。东坡《送安惇落第诗》云：'故书不厌百回读，熟读深思子自知。'仆尝以此语铭座右而书诸绅也。东坡在海外，方盛称柳柳州诗。后尝有人得罪过海，见黎子云秀才，说海外绝无书，适渠家有柳文，东坡日夕玩味。嗟乎，虽东坡观书，亦须着意研穷，方见用心处耶！"④

四、区别于"音乐"的"文学吟诵"

在传统"文学"或诗的历史上，虽始终存在"音乐"影响"文学"，以及"乐音"与"字音"相龃龉又相适应的事实，但诗乐分家，各行其道，也早已是不争之事。一部《诗三百》浓缩了从歌谣、乐歌、经学义解到回归"文学"吟咏（偏重在文字情意）的历史进程。尽管它的四言二拍的语言节奏，依然折射着上古乐歌"单纯"的旋律，但"文学"的本相最终还是显露出来，《诗经》里诗既可以歌唱之，也可以吟读之。朱自清先生曾指出："《诗经》中十二次说到作诗，六次用'歌'字，三次用'诵'字，只三次用'诗'字，那或是因为'诗以声为用'的原故。"⑤ 晚熟的文学的"诗"，最先告别"舞"的艺术，继

---

① 陈岩. 庚溪诗话. 历代诗话续编. 184.
② 宋元笔记小说大观. 5634.
③ 黄庭坚. 黄庭坚全集. 成都：四川大学出版社，2001：1403.
④ 历代诗话. 383.
⑤ 朱自清. 诗言志辨. 南京：凤凰出版社，2008：19.

而与"乐"说再见。大致在春秋晚期，由此时开始，此前的"乐教"渐变为"诗教"，这标志着早期的诗从以合乐为主转到以语义为主。到了汉朝的时候，《诗》则在经学义解的政教实用化的操作当中，悄然启动了文学接受的新路，就如《毛诗大序》所说："诗者，志之所之也，在心为志，发言为诗，情动于中而形于言，言之不足，故嗟叹之，嗟叹之不足，故咏歌之，咏歌之不足，不知手之舞之足之蹈之也。"① 诗的"言情"，以及玩味《诗》的情感意蕴成了后来"文学"诗发展的主流。

词体的历史则告诉我们："词"既是音乐的，表演的；又是语言的，文学的。两种性质不同的词，有先有后地产生出来，最终又并存一起。早期的"敦煌曲子词"，因为首先是"曲子"，重乐，重表演，所以唱词的文学性较差，较粗糙；但到了所谓的"文学性"提升的时候，也就是偏重以"词"抒发作者自己情怀、性情的时候，音乐离开了，吟咏的"诗"回来了，这也就是为何苏轼的词在当时被批评是偏离"正宗"的主要原因之一：他是把词当成诗去写了。原本为音乐的歌词，在文人手里，一旦被赋予了"深意"，就意味着词的文学品性压倒了它原本的音乐品格，于是，先有的"吟诵"之法，自然会"卷土重来"，成为进入这种"诗化"词之内涵意境的必由路径。于是，在词的范围以内，就出现一种非常有趣的现象，它既有可用于"文学"的吟诵，同样也适合于音乐的"吟诵"。花开两家，却各有所重和所得，这便与此前的近体律诗很不一样了。

对于两者之间的历史"纠结"，现代学者萧涤非先生这样的解释说："吾国诗歌，与音乐的关系，至为密切，盖乐以诗为本，而诗以乐为用，二者相依，不可或缺。"② 显然，这是以"相分"为前提来强调诗乐相依之特殊关系。追溯起来，六朝梁时的刘勰就已经有"诗为乐心，声为乐体；乐体在声，瞽师务调其器；乐心在诗，君子宜正其文"的说法，尤其明确地论及诗乐相分："昔子政品文，诗与歌别，故略具乐篇，以标区界"③，所以，他的《文心雕龙》书里，既言《明诗》，又作《乐府》。以今天的眼光来看，刘勰之"诗与歌别"的理念能在那样早的时候"浮出水面"可谓水到渠成。当此之时，音乐与诗的距离正在进一步拉大。屈原作品里的"吟"早已从动词变身为名词，晋身为一种诗体如《白头吟》之类。注重文字四声协调的"永明体"也已经成为文人趋

---

① ［唐］孔颖达. 毛诗正义（十三经注疏本）. 北京：北京大学出版社，1999：6.
② 萧涤非. 汉魏六朝乐府文学史. 北京：人民文学出版社，2011：29.
③ 文心雕龙注. 103.

之若鹜的时尚新诗。

有关文学吟诵"重词不重乐",这一说法里的"重词"特指的是文学文本的"义理",或情感内涵。这一点,若举原本就是"乐歌"的《诗经》来做例子,最能说明问题。在现代新儒家学者马一浮先生所著的《蠲戏斋诗话》里,有这样一段文字:

读《三百篇》须是味其温厚之旨,虚字尤须着眼,如"庶几夙夜"之"庶几"字,"尚慎旃哉"之"尚"字,意味均甚深长。又如"大夫夙退,无使君劳"、"缁衣之宜兮"云云,其言皆亲切恳挚,爱人如己。"道之云远,曷云能来",亦复同此意味。孔子说《诗》但加一二虚字,如"有物必有则"、"民之秉彝也,故好是懿德",便自意味深长。①

在这段文字里,有两个字不能放过即"读"和随后与之呼应的"味"。"读"即是有声调的"吟",在沉吟之中,声气停留于文中所举的各"虚"字之上,由此,方格外深切地品味出《诗》的"温厚之旨"。由这样的"读",既可以清楚看出"文学"吟诵的本质所在,又能让现代的读者意识到:借助吟诵来学习传统古诗文,说到底是传承中华文化精神的过程,而非"纯文学"的所谓"审美"。就诗体来说,格律和辞藻只是形式上文饰的美感要素,诗人要表达的"意"和情感,才是根本。清代桐城派古文名家刘大櫆发明所谓"因声求气"的吟诵方法,在其《论文偶记》里说:"盖音节者,神气之迹也。字句者,音节之矩也。神气不可见,于音节见之;音节无可准,以字句准之。……歌而咏之,神气出焉。"② 比他更著名的姚鼐说:"诗、古文各要从声音证入,不知声音,总为门外汉也。"③ 显然,这里的"音节"、"歌咏"、"声音"都与音乐之声乐无关,而是指"可于(文字)音节见之"的"神气"(实为一种人格气质)。任何人只要借文字的声读体会到个中"神气",所谓的"调调儿"也就随之而来了。

但是,强调"文学"的吟诵,又不等于排斥音乐意义上的"吟诵"。反之,"文学"的吟诵,一定与歌唱的音乐建立起亲密的同盟。两者之间,分而治之:若以文学为主,则声乐为辅;若以声乐为主,则文学为辅。从传承的立场来说,吟诵的音乐与"文学"的吟诵理应相互配合,以推进中华吟诵在当今时代里的繁荣,这是极自然的事情。而事实上,"文学"吟诵与吟诵"音乐"两者

---

① 丁敬涵编注. 马一浮诗话. 北京:学林出版社,1999:24.
② [清]刘大櫆. 论文偶记. 北京:人民文学出版社,1959:6.
③ 陈良正. 中国历代文章学论著选. 南昌:百花洲文艺出版社,2003.

之间，在塑造形象、反映现实方面，既有共通一面，又有各自的独特性。诗词是语言的艺术，主要用文字词汇来抒发情感；音乐是声音的艺术，依靠旋律来表情达意，两者结合，则会产生更加动人心弦的艺术效果。当代学者认为：

> 徒诗是单纯的语言艺术，在感人心上有它的不足，必须经过人们的想象和理解，才能实现其感人心的价值。徒诗价值的实现对欣赏者的要求更高，不仅要求读者有文化，而且有想象力感受力，因而在感人的深度和广度上都要有很大的局限性。而配乐以后的诗则可以直接给人情感上的刺激，更容易实现其价值。①

"文学"吟诵是让情感的表达具有音乐的色彩。从这一点言说，它是文学与音乐相结合的感化人心的方式，也是对诗词语言音乐性的一种强调。这种"结合"或"强调"的实际含义在于它特别注意发挥文学语言韵律的音乐性元素。只是在今日以"传承"为迫切需要的时代里，"唱起来"比之"吟起来"显得更加重要，更能切合现实。各种试验和实践都在证明先"唱起来"的确能更有效地带动"吟起来"。吟诵是文学的，对于"文学"的吟诵来说，音乐是它的帮手。从音乐方面来发展，最终所成就的乃是艺术性、专业性都很强的古典诗词歌曲，文学的歌辞只能成为这种音乐艺术发展的"配角"。吟诵作为中国传统的读书法，本来就是通过文字声调的抑扬顿挫，配合肢体语言的动作，将文中意境从抽象、平面的文字中提炼出来，让诗意在有声的空间里得到丰富和发展。——这样好的学习方法和传统，到今天为止，失传、中断了一百多年。为了恢复和传承，一定要特别张扬汉语的音乐属性包括它本有的"能唱"部分，以达成对中国古诗文内涵之文化"神气"的传承。基于此，笔者认为：对于传承中国古诗文所承载的文学与文化精神而言，区分吟诵的音乐和文学的吟诵的界限是必要和必须的。

总之，"文学"的吟诵，包含着吟咏和诵读，吟诵之吟用来对付诗，只要是诗，不管它有多长；吟诵之诵则用来对付文，如《三字经》、《弟子规》，甚至是"四书五经"，史记、汉书之类的大块头，不管它多大。自然诵读也是有"调儿"的，即便是最简单容易的"读书调"。将这样的古诗文吟诵融入当代学校教育体系，融入传统文化与文学经典的传承当中，笔者深信：一定能对当代国人"日常生活"之文化塑成起到真正的"日用而不知"的功效。

---

① 吴湘洲. 唐诗创作与歌诗传唱关系研究. 北京：北京大学出版社，2004：15—16.

第二章　吟诵的传统"功用"

　　"诗"对于中国传统文化的特殊重要性是众所周知的。由于"诗体"文学与"诗教"文化传统之间的特殊密切关系，传统"诗"的吟诵因此而具有了文学与文化的双重功用，也因此，传统"诗"比较其他文学样式来说，其文化地位相当重要。本章围绕"功用"主题词，从"诗是什么"这一基本提问出发，明确回答了中国传统"诗"的历史文化功用是什么，传统诗的吟诵在现代中国还可以产生何种功用。最后以著名学者叶嘉莹老人童年吟诵的经历为个案来说明传统吟诵作为一种人文力量存在的事实以及价值。

第一节　论中国诗的文化性格

　　中国诗的发端即为中国文化的发端。所谓的发端，在时间上是指东汉王朝结束以前，直到先秦，乃至于更为遥远的原始时代，这一过程包括周文化传统的形成与解体，以及其后继承这一传统的先秦原始儒家的诞生；进入两汉时期之后，伴随经学之兴衰，先秦原始儒家最终被"重铸"为正统的文化。历史演变至此，确立了以儒家思想为主干的中国传统文化的总体格局。到目前为止，针对中国文化发端时期的专门研究，在考古发掘、历史、人类文化学、古代政治、思想史等学术领域里，都已产生足够多的成果；在社会演进的阶段性划分上，也足够清晰，许多重要细节正在不断地被揭示和填补。在文学史范围内，有关中国文学起源的专门研究，近代以来即围绕神话与诗两个源头领域展开且不断深入。在最近的二十几年以来，通过文学探究中国文化"基因"，或者独有特征，成为这种研究关注的焦点和内在推动力。中国诗歌发端研究的"核心问题"是：中国起源诗歌是怎样演变成为两周"礼乐"文化之工具与载体的？中国早期社会"以诗为用"的文化格局是如何形成，又怎样延续的？

　　显然，这一研究的重要性，首先在于凭借"起源"的探求来认清中国文化端口处的特征，了解中国文化"基因"的生成与演变的趋向。朱光潜说："想明白一件事物的本质，最好先研究它的起源；犹如想了解一个人的性格，最好先知道他的祖先和环境。诗也是如此。"① 对于中国诗来说，讨论它"祖先和环境"，探究它"性格"的根底，对于更深刻理解中国传统文化和文学后来发展的诸多问题来说，都有很大裨益。

一、从常识说起

对世界上所有民族来说，其文化的源头都可上溯到"诗歌"。诗的发生即是文化的发生。这一点作为共识和常识，早为科学史、艺术史、文化人类学的研究所认定。功能派文化人类学者马林诺夫斯基说："艺术（包括诗歌）的要求，原是一种基本的需求，从这方面看，可以说人类有机体根本有这一需求，而艺术的基本功能，就在于满足这种需求。"② 这可以理解为，诗的艺术，在其发端之处，即凭借其完全的"实用"功能来满足原始人类的基本需求。例如中国上古歌谣里作为祭歌的《蜡辞》："土，反其宅！水，归其壑！昆虫，勿作！草木，归其泽！"（《礼记·郊特牲》载）

近代人类学家从澳大利亚土著民族那里收集到的《战歌》：

刺他的额，刺他的胸，刺他的肝，刺他的心，

刺他的腰，刺他的肩，刺他的腹，刺他的肋。③

歌者们踏着同一节奏，热血贲张，双目怒睁，吼声震天，头脑里，欲刺杀的意象一个连着一个。所谓"完全"的实用，是指发生时代的诗与原始人类的生产与生存活动完全交织成一体。西方学者是这样认为的："人们在集体用手劳动时，须有节奏地配合他们的动作，以便把这些动作有效地联系起来；有节奏的工作到了高度筋肉紧张时，他们就发出哼吟哎吆的声音。原始人在这些声音上附加一些字，随后又在声音与声音的空隙中填些别的字，结果就有了诗歌。"④

中国学者对于上古诗歌的研究同样强调了这种"完全"的实用性。例如杨公骥先生在《诗经、楚辞对后世文学形式的影响》一文里说："节奏是诗的主要特征。诗之所以有节奏，是因为它是由劳动时的呼声演变而来；劳动呼声之所以有节奏，则是伴随劳动动作节奏而形成的。一般劳动的动作是由一来一往两个行动合成的：打夯动作是一起一落，伐木动作是一斫一扬，拉锯动作是一

---

① 朱光潜. 朱光潜美学文集（第 2 卷）. 上海：上海文艺出版社，1981：7.
② 马林诺夫斯基. 文化论. 北京：中国民间文艺出版社，1987：86.
③ 引自林惠祥. 文化人类学. 北京：商务印书馆，1934：415.
④ 朱光潜. 朱光潜全集（11）. 北京：中华书局，1989：300.

进一退。……原始劳动诗歌也必须配合由两个行动合成的劳动动作，从而形成由两个节拍合成的诗句，如'伐木、丁丁，鸟鸣、嘤嘤'（《诗经·小雅·伐木》）。"①

维柯的《新科学》指出："在所有民族的历史上，诗是最初的或最原始的表达方式……它表达的不是生活外围的东西，或者说，不是生活中单纯愉悦的东西，而是人类生活中最本质、最内在的东西，与人类最关切最需要的东西有关，如种种法规、见识、宗教礼仪、降生婚丧、传业、战争、和平的仪式、对宇宙的粗略的见解等。"②

实用性及其功能是包括诗歌在内的原始艺术的第一位属性。维科说诗所表达的"不是生活中单纯愉悦的东西"，这很好理解，——人嗜饮食，故巫以牺牲奉神；人乐男女，故巫以容色媚神；人好声色，故巫以歌舞娱神；人富语言，故巫以辞令歆神……，很明显，先民不是有了审美意识才用各种手段娱神的，而是根据自身的需要来揣摩神的喜好。他们的种种行为，都只受实用性支配，"单纯愉悦"③ 的审美感觉和表达在此时并未现身，正如王国维所云："文学者，游戏的事业也……故民族文化之发达非达一定之程度，则不能有文学，而个人汲汲于争生存者，决无文学家之资格也。"④

二、"审美"感觉在哪里？

然而，"不单纯"不等于不存在。诗的存在原本就是为了达到某种审美的目的。诗的特质即在"用有效的审美形式，来表示内心和外界现象的人类语言的表达"。那么，在发生时期，诗之"审美"到哪里去了呢？对此，德国学者格罗塞回答说："没有一件东西对于人类有像他自身的感情那么亲密的，所以抒情诗是诗的最自然的形式。没有一种表现方式对于人类有像语言的表现，那么直接的，所以抒情诗是艺术中最自然的形式。要将感情的言辞表现转成抒情诗，只需采取一种审美的有效形式，如节奏反复等。""原始民族用以咏叹他们的悲伤和喜悦的歌谣，通常也不过是用节奏的规律和重复等等最简单的审美形式作这种简单的表现而已。"⑤ 我们知道："《诗经》在中国及远东文学史的开端就已经显示出中国与远东后来的诗中一直有力地显示出的方向。就《国风》

---

① 杨公骥. 杨公骥文集. 长春：东北师范大学出版社，1998：353.
② 维科著，朱光潜译. 新科学. 北京：人民文学出版社，1985：10.
③ 维科著，朱光潜译. 新科学. 北京：人民文学出版社，1985：2—3.
④ 王国维. 文学小言. 王国维遗书（第5册）. 上海：上海古籍出版社，1983：29.
⑤ 格罗塞. 艺术的起源. 北京：商务印书馆，1996：176.

而言，其内容有歌唱已婚或未婚男女间爱情的欢乐与悲哀的歌，有歌唱以农耕为中心的劳动的欢乐与悲哀的歌，有那些农民当兵时唱的歌，有歌颂或讥讽统治者的行为与措施的歌，还有歌唱友谊的快乐与谴责对友谊的背叛行为的歌等等，全都是抒发自己感情的抒情诗。……除此而外，都是歌唱瞬间感受的抒情诗，这是后来中国诗一直以这种抒情诗为主流的开端。"① 在《诗经》的《国风》部分，仍然保留着更早期歌谣的审美特质即"重章复沓"。对此，明人陈第《读诗拙言》说："毛诗之韵，动乎天机，不费雕刻，难与后世同日论矣。"清人顾炎武说它"莫非出于自然，非有意而为之。"（《日知录·古诗用韵之法》）

而维柯的《新科学》说，原始人对世界的反应不是幼稚无知和野蛮的，而是本能、独特、"富有诗意"的，他们生来就有"诗性的智慧"，（Sapienza poetica）"这些先民，都是地地道道的诗人"。② ——他是用"诗性智慧"的概念回答了"不单纯"的审美感觉究竟存在于何处。相对于文明人来说，原始人的审美感是基于本能或本性。此时"人"的存在与宇宙自然保持着最深刻的联系，人在物质操作中所积累的形式感受和形式力量，与宇宙自然尚处于直接相关的状态，因此，原始诗歌的审美元素如身体动作的节奏、语言声音的节奏等，都只是一种相对单纯的"天籁"状态。——维科说他最终懂得了"原始的异教民族，由于一种……本性上的必然，都是些用诗性文字说话的人"。他描述这种说出来的文字乃是"按照各种人类制度的本性，应有一种能用于一切民族的心头语言，以一致的方式去掌握在人类社会中行得通的那些制度的本质，并且按照这些制度在各方面所现出的许多不同的变化形态，把它（指前文所说的实质）表达出来。一些格言谚语或凡俗智慧中的公理对此提供了证明，这些格言谚语或公理在意义实质上尽管大致相同，却可以随古今民族的数目多少，就有多少不同的表达方式"③。

这段话的重点则在于强调了"诗性文字"乃是"一种能用于一切民族的心头语言"；这种"心头语言"表达的有用含义源于人类社会（原始部落）内部那些"行得通"制度或风俗，并且这种"心头语言""可以随古今民族的数目多少，就有多少不同的表达方式"，即在本质层面之上能够相通的内容同时又结合着反映不同民族个性的表达方式。

---

① 吉川幸次郎著，章培恒等译. 中国诗史. 上海：复旦大学出版社，2001：21.
② 维科著，朱光潜译. 新科学. 北京：人民文学出版社，1985：139—140.
③ 维科著，朱光潜译. 新科学. 北京：人民文学出版社，1985：92.

三、"同源发端"的含义

维科《新科学》的研究成果对于中国诗歌起源研究的重要启示至少有两点应特别提出：一是关于诗起源在"诗性智慧"的萌芽之中的论断（对于维科来说，这个萌芽指的是《荷马史诗》）。他说："根据人类思想史来看，玄学女神是从各异教民族之中真正人类思维开始的，最终使我们能回到诸异教民族最初创始人的那种心灵状态，——浑身是强烈的感觉力和广阔的想象力。他们对运用人类心智只有一种昏暗而笨拙的潜能。正是由于这个道理，诗的真正起源，和人们此前想象的不仅不同而且相反，要在诗性智慧的萌芽中去寻找。"[①]

二是关于"起源决定本质"的理念和思路。维科指出，他的著作"从头到尾都将显示出：诗人们首先凭凡俗智慧感觉到的有多少，后来的哲学家凭玄奥智慧来理解的也就有多少，因此可以说，诗人们就是人类的感官，而哲学家们就是人类的理智"[②]。换言之，在人类"理智"早已深度侵入"感官"直觉的时代里，开掘"诗性智慧"的本源，将给后来人们的生命之水重新注入清新的活力。尽管这是一种奢望，但现代人类的心灵深处始终怀有努力"找回"的冲动和渴望。在此，要特别强调"诗与文化同发端"的特殊含义：

首先，诗作为初民社会多种文化形态的载体，为满足人类的基本需要，发挥其诸多功用。所有民族在其文化初创时期皆以诗为用，西方的《荷马史诗》是载史纪事，也用于祭祀敬神。同样，中国的原始歌谣《弹歌》、《蜡辞》、《网罟》以及《诗经》里的《颂》与《大雅》，隐约可见其生存劳动之用，宗教祭祀之用，宗法教化之用。这是从事实的角度提供诗与文化同源同用的证明。

其次，诗作为文化载体的特性赋予给诗歌本身一种表现的无限可能性。无论是人类最初的歌者，还是文化与文学自觉时代的诗人，都将因此种"无限可能性"而令自身的精神视野与表现的审美视野获得一种成长意义上的无限可能。当文化将自己的各个层面向诗人展露开来之际，这就意味着诗人整体性感受与思维方式的形成，诸如历史意识、民族意识、群体意识，而最终将摆脱自然宣泄和个体意识的局限，让诗歌本体的文化价值和含量得以不断提升。

其三，诗在承担与实现其各种社会文化功用当中，作为"艺术化的人类文化心理—情感符号"的本质功用逐渐明晰。诗歌主要是以人类心灵世界为表现客体，这决定了它以呈现人类心理—情感内容为其最本质功用。因此，"积淀

---

① 维科著，朱光潜译. 新科学. 北京：人民文学出版社，1985：6—7.

② 维科著，朱光潜译. 新科学. 北京：人民文学出版社，1985：152.

在人类心理深层的文化心理和包括在文化中的人类内心世界的情感就构成了诗歌中最重要、最主要的文化元素"①。

总之，"诗与文化同发端"，说到底是指向一种文化的"发生"机制或作用的历史真相，在此"文化基因"发育的关键时刻，诗的最根本的社会文化功用属性即被永远地确定下来，从而现代人心中所追逐的"纯诗"、"纯文学"，说到底只是一种主观愿望，一个抓住自己的头发希望能飞离地面的"梦"。

四、诗的"文学"的发生

文学即人学，对于中国的诗歌文学来说，还可以进一步说即"心学"。清人金圣叹在《与许青屿书》中说："诗者，人之心头忽然之一声耳。"② 鲁迅先生说："在昔原始之民，其居群中，盖唯以姿态声音，自达其情意而已。声音繁变，浸成言辞，言辞谐美，乃兆歌咏。"③ 此文学的"发生"，当从此"忽然一声"里，逐渐地演变出来。而经过一段相对单纯性的生长过程之后，开始一点点地变得"复杂"起来，所谓"文学"起来。这"文学"的含义就是：不断地添加艺术的、技巧的表现元素，使这"忽然一声"的抒情能更畅快，更具有感动力。比如《吕氏春秋·音初篇》说：

> 禹行功，见涂山之女，禹未之遇，而巡省南土。涂山氏之女乃令其妾，候禹于涂山之阳，女乃作歌，歌曰："候人兮猗！"实始作为南音。④

"候人兮猗"，这只有四个字的歌谣被称之为中国第一首情歌。《吕氏春秋》的作者说它"实始作为南音"，便是认为，在远古中国南方的地域范围内，它就是最早的歌唱。在表现上，它有两个要素：首先是"候人"，作为实词，是对"候人"动作的最简单的陈述；其次是"兮猗"，作为感叹词，是等待当中一种紧张焦虑情绪的释放。从诗的发生意义上考察，可以这样判断：最早的抒情诗是"徒歌"，而"徒歌"是感叹的声音把有意义的语言拖向歌调的过程中孕育出来的。需要注意的是："兮猗"作为感叹词，发出的歌调是随意变化的，它表现的只是紧张情绪的发泄，是一种自发的叫喊。它的作用是加强实词语义的表现，本身不构成诗的节拍形式，不是音乐的手段，不是情感的艺术化表现。但再进一步就是"乐歌"了。维柯认为：

---

① 叶潮. 文化视野中的诗歌. 成都：巴蜀书社，1997：11.

② ［清］金圣叹. 金圣叹选批. 杭州：浙江古籍出版社，1985：502.

③ 鲁迅. 汉文学史纲要. 北京：凤凰出版社，2009：1.

④ ［战国］吕不韦. 吕氏春秋. 郑州：中州古籍出版社，2010：83.

诗性的表达起于人群用语言交流之前。在我们的日常生活中，当平淡的话语难以表现郁结的感情时，说话者自然倾向于加重语气，或提高嗓门，或拖长声音，为的是用感叹或某种变化的音调补充语义的贫乏，从而增强表现力。感叹声与变化的音调并不是语言本身，也非艺术，但就其增强语言的表现力而言，它已具有了抒情的性质。①

同时它也使语言突破了单调的说话，进而滋生出歌唱的因素。再进一步，从歌唱的"乐歌"里，我们则发现：徒歌里冲动的情绪受到某种规律性乐音的节制，最终使作品具有了富有表现力的节拍形式。而当上古歌谣演变到了有明确的节拍形式的时候，它本身也就成了原始音乐和舞蹈的组成部分，进入了我们通常所说的"诗、乐、舞一体"的状态。描述这种状态"乐歌"的史料有很多：

诗言志，歌永（咏）言，声依永（咏），律和声。八音克谐，无相夺伦，神人以和。夔曰：予击石拊石，百兽率舞。（《虞书·舜典》）

凡音者，生人心者也。情动于中，故形于声；声成文，谓之音。（《乐记·乐本篇》）

昔葛天氏之乐，三人操牛尾，投足以歌八阕。（《吕氏春秋·古乐》）

言之不足故嗟叹之，嗟叹之不足故咏歌之，咏歌之不足，不知手之舞之，足之蹈之也。（《毛诗序》）

在前两段话里提到的"声成文"、"律和声"都强调了音乐形式对歌声的节制和它所构成的秩序感。说明节拍形式，首先是赋予感叹声以音乐性的主要手段。《毛诗序》的话则说明：最初的节拍可能是来自歌舞者的拍手顿足，之后是击石敲鼓，以律动的力量掀起载歌载舞的狂热情感。

当有规律的节拍，把每一个词的发音固定在节拍上的时候，歌辞本身就会产生可以吟咏的节奏了（原先是模糊的，不确定的）。最初的节拍可能是不稳定的，这一点可从前面举出的歌谣作品，句式并不一致的情况看出来，但最终是稳定在二拍子上了。原始的节拍就起于二拍子。杨公骥先生认为，初民劳动的节奏必然导致诗的这种二拍子节奏的出现（《杨公骥文集·中国文学》）。所以，《候人歌》是二言加两个虚词，其实就是四言。所以，四言的诗歌最终或几乎必然地演变成古代乐歌的基本句式，而这一个变化，标志着诗歌语言借助音调对口语的一次重大突破，也说明一般语言的诗化过程，其实是一个声音形式演化的过程。

---

① 康正果. 风骚与艳情. 上海：上海文艺出版社，2001：5.

五、诗的"文化"的发生

所谓"文化发生",指的是在早期人类的部族社会生活里,抒情诗被自己的社会功用所助推,所经历的一段"文化"生成的过程。在这里,"文化"一词包含有双重含义,一是"文化"作为人类某一族群的特定之生存方式,其中居于主导与核心地位的是回答"有什么用"这一生存之基本问题的价值观,或价值取向;二是对于中国早期人类族群而言,"文化"之义为"人文化成"。《周易·贲卦·彖》云:"观乎天文,以察时变;观乎人文,以化成天下。"——这是中国"文化"一词的原型。"人文"的缔造者是所谓"古先圣人",圣人让"庶民百姓"得以"化成",成为文明的人。《周易·系辞上》云:"天生神物,圣人则之;天地变化,圣人效之;天垂象,见吉凶,圣人象之;河出图,洛出书,圣人则之。"对于中国文明来说,"文化"这个概念的历史含义,就是所谓的"人文化成",是"上智"对"下愚","圣贤"对"百姓"的教化和引领。——中国诗在其发端的时代里,它的生存功用、文化功用,一面历史地促成了诗的基本特征的形成,如节拍韵律;另一方面,诗的"社会—文化功用"引领了它每一步的演变,即融入早期社会"礼乐"文明的教化制度,成为其中最为重要的元素之一,只是中国诗的这种文化"融入"是一点点实现的。

以它的发端时期来说,诗与物质生产活动紧密结合的关系逐渐扩张至宗教祭祀、政治教化活动当中。中国的历史已经证明:上古社会文化发展的每一步都紧紧地"扯住"诗歌,将之与社会生活紧紧捆绑在一起。从这一"文化功用"视角出发,我们甚至能够发现到中国诗的发端与今天中国文学史里的叙事竟完全不同,原本是沿着自己特有的轨道行进的:

(1)歌谣发端。体现其自然的群体抒情的功用,诗乐舞一体。此所谓"群体",从单个部族逐渐扩大为多个部族,渐自演变成为所谓的"国"。诗为集体之歌唱。

(2)韵语声教。体现其集体记忆与传承部族知识的功用包括记史、祭祀占卜等。

(3)"乐教"的诗。进入中国早期社会礼乐文明之体系,成为"乐语"。

(4)"言志"的诗。"言志"本身即包含特定功用之义,以诗表达某种集体意愿和情绪。

(5)《诗》教的诗。即孔门之教,由《论语》所昭示的"不学《诗》无以言"。

(6)引《诗》为用。此为用诗领域的扩张,同时为《诗》的文化经典化过程。

（7）经学的《诗》。用为重新解释历史与以讽喻制约大一统的君主政治。

（8）文学诗的诞生。言志诗转型为个人抒情，诗始用于个人言情，功能增量：宣泄、平衡、审美，即"诗缘情而绮靡"。

一般地说，中国历史上，真正意义的所谓"文学觉醒"，要等到汉王朝解体或魏晋时期。鲁迅先生在《魏晋风度及文章与药及酒之关系》说："以近代的文学眼光看来，曹丕的一个时代可说是'文学的自觉时代'，或如近代所说的是为艺术而艺术的一派。"显然，这一"自觉"的判定是"以近代的文学眼光"的"为艺术而艺术"，即"文学"成为独立发展的一个艺术门类。"独立"之义，指的是到此时，中国文学正式摆脱作为"附庸于经史"的状态。换句话说，在此前的时间段落里，文学没有自己的位置，它只是"工具"。我们要追问的是：这一"工具"性的文学开端，给后来直至今天的中国文学带来何种深远的影响？

对此问题，闻一多先生曾有过极具启发性的意见，在其《文学的历史动向》一文里，他说："三百篇的时代，确乎是一个伟大的时代，我们的文化大体上是从这一刚开端的时期就定型了。文化定型了，文学也定型了，从此以后，二千年间，诗——抒情诗，始终是我国文学的正统的类型，甚至除散文外，它是唯一的类型。"① 这段言论，经典地阐释了中国古代诗歌对于中国古代文化的特殊意义即它与文化共生，又始终深刻反映着这一文化的精神特征。抒情的中国诗反而是文化的功用性所成就的，而诗或文学的功用特质，从根本上说，本就是人的"生活"铸就。社会的生活，人伦网络之内的情感生活，始终紧紧拉住文学（诗），独立、自足与纯粹始终是中国文学追逐的一个梦。这或许就是一个文化的宿命，因为这在文化发端的时候就已然如此了。对此，闻一多同样精辟说道："诗似乎也没有在第二个国度里，像它在这里发挥过的那样大的社会功能。在我们这里，一出世，它就是宗教，是政治，是教育，是社交，它是全面的生活。维系封建精神的礼乐，阐发礼乐意义的是诗，所以诗支持了那整个封建时代的文化。此后，在不变的主流中，文化随着时代的进行，在细节上曾发生过一些不同的花样。诗，它一面对主流尽着传统的呵护的职责，一方面仍给那些新花样忠心的服务。"②

---

① 闻一多. 神话与诗. 上海：上海人民出版社，2005：165.

② 闻一多. 神话与诗. 上海：上海人民出版社，2005：165.

第二节　中国传统的诗"功用"

中国传统的"诗"定义是以"情性"为关键词（情性为整体，表现亦整体，接受亦整体），表达中国文化对于人性向善，培育所谓"理想"的政治与文化人格的严重关切。在这一点上，中国传统"诗"与中国传统文化思想之间形成一种"体用关系"即文化以诗为用，诗以文化为体。从根本上说，中国传统"诗"定义体现的是中国传统的文化"理性"或"集体主义"理念，在这一点上，它与强调个人本位的现代诗学相左。以下，按时间顺序列举传统"诗"定义，供读者思考发明：

"诗言志"（先秦《尚书·尧典》）

"国史明乎得失之迹，伤人伦之废，哀刑政之苛，吟咏情性，以风其上，达于事变而怀其旧俗者也。"（汉《毛诗序》）

"诗者，弦歌讽喻之声也。"（汉 郑玄《六艺论·论诗》）

"《诗》之为学，情性而已"（《汉书·翼奉传》载翼奉语）

"气之动物，物之感人，故摇荡性情，形诸舞咏。"① （南朝 钟嵘《诗品序》）

"诗者，持也，持人情性。三百之蔽，义归无邪；持之为训，有符焉尔。"② （南朝 刘勰《文心雕龙·明诗篇》）

"薛收问曰：今之民胡无诗？子曰：诗者，民之情性也。情性能亡乎？非民无诗，职诗者之罪也。"③ （隋 王通《中说·关朗篇》）

"夫诗者，论功颂德之歌，止僻防邪之训。虽无为而自发，乃有益于生灵，六情静于中，百物荡于外，情缘物动，物感情迁。"④ （唐 孔颖达《毛诗正义序》）

"读君《勤齐》诗，可劝薄夫淳。上可裨教化，舒之济万民；下可理情性，卷之善一身。"⑤ （唐 白居易《与元九书》）

"诗者，人之情性也，非强谏争于庭，怨忿诟于道，怒邻骂坐于为也。"⑥

---

① ［南朝·梁］钟嵘著，周振甫译注. 诗品译注. 北京：中华书局，1998：15.
② ［南朝·梁］刘勰著，周振甫注. 文心雕龙注释. 北京：人民文学出版社，1981：48.
③ ［隋］王通著，郑春颖译注. 文中子中说译注. 哈尔滨：黑龙江人民出版社，2003：177.
④ ［唐］孔颖达. 诗经注疏（十三经注疏本）. 上海：上海古籍出版社，1997：261.
⑤ ［清］曹寅等. 全唐诗. 北京：中华书局，1960：424.
⑥ ［宋］黄庭坚. 豫章黄先生文集（卷二十六）. 北京：商务印书馆，1936：四部丛刊初编本.

（宋 黄庭坚《书王知载〈朐山杂咏〉后》）

"诗者，吟咏情性也。盛唐诸人惟在兴趣，羚羊挂角无迹可求。"①（南宋严羽《沧浪诗话·诗辩》）

"作诗须将道理就自己性情上发出来，不可作议论上去，离了诗之本体，便是宋头巾也。"②

"盖有一时之性情，有万古之性情。夫吴歌越唱，怨女逐臣，触景感物，言乎其所不得不言，此一时之性情也。孔子删之，以合乎兴、观、群、怨、思无邪之旨，此万古之性情也。"③（清 黄宗羲《马雪航诗序》）

从现代的所谓"纯文学"观念来说，一切艺术的本质，在于让观众和听众感到振奋和喜悦（纯美感）。这种特别强调"诗"之艺术功用的观念对现代的人们来说，不仅是耳熟能详，且是一种"固化"的思维理念，但这与中国传统，中国古人头脑里的想法却有很大差距。首先就表现在对"诗功用"的理解上。概括地说，中国古人是以"实用"的心态对待"诗"，也因此对"诗"的看法，比之今人要更深刻，更切入人性。众所周知，在中国文化发展的早期，孔子以《诗三百》为教，就已经对诗之"用"做了极为通达全面的总结：

《论语·子路》云："《诗》三百，授之以政，不达；使于四方，不能专对；虽多，亦奚以为？"④

《论语·阳货》云："诗，可以兴，可以观，可以群，可以怨；迩之事父，远之事君。多识于鸟兽草木之名。"⑤

这开启了中国式的"用诗"传统。在孔子身后的中国两千多年古代社会，这一传统不断地被"兑现"、沉淀与丰富。林语堂曾说："中国是一个没有宗教的国家，但它是一个以诗歌为宗教的国家，那些璀璨夺目的诗歌留存千年，构筑起了中华民族五千年的情感。"今天，人们常常质疑说：中国文化何以没有生成西方式宗教？中国到底有无自己的宗教？对此问题的答案，笔者以为，的确可以在这一"用诗"文化传统的历史"运作"当中寻觅得到。从唐诗的范围来说，有白居易这样的上位者，用诗为讽喻教化的工具；有王绩这样的在野文人，用诗来自娱自乐，修养性情；有王梵志这样的行脚诗人，专门给底层的百姓化解生活的压力。传统的"诗功用"，可以说渗透于中国古代社会的方方面

① ［清］何文焕. 历代诗话. 北京：中华书局，1981：688.
② ［明］黄宗羲. 明儒学案. 北京：中华书局，2010：90.
③ ［宋］黄庭坚著，陈乃乾集. 黄梨洲文集. 北京：中华书局，1959：363.
④ ［魏］何晏. 论语集解. 诸子集成本，北京：中华书局，1954：285.
⑤ ［魏］何晏. 论语集解. 诸子集成本，北京：中华书局，1954：374.

面。如果不作很细的和有层级的划分阐释，大致可以分为"身"之内外的两部分来看：一是用诗为己，包括革新性情、宣泄情绪、平衡心理、怡神养生、认知与审美，以传统语言说，"正心、诚意、修身"；二是用诗为群，包括讽喻政治、社交沟通、传承知识、伦理教化、礼仪习得，以传统语言说，"齐家、治国、平天下"。总之，若以"日常性"作为衡尺来考察，中国传统的诗的确"堪称中国人的宗教"。

因为这一现实的态度，中国传统诗学的主流话语实际上是站在文化立场上，以一种极为宽广的文化视野来看待"诗"的。汉人的《毛诗序》说《诗》："用之乡人焉，用之邦国焉。风，风也，教也；风以动之，教以化之。……故正得失，动天地，感鬼神，莫近于诗。先王以是经夫妇，成孝敬，厚人伦，美教化，移风俗。"① 是为以诗为教的最明确的宣言。此后，这一经典话语便在不断地重复当中被强调，真实显露出一个传承性极强的"诗教文化传统"的历史存在。

唐代白居易《采诗以补察时政》云：

"乐府，尽古圣王采天下之诗，欲以知国之利病、民之休戚也。"②

顾陶《唐诗类选序》云：

"在昔乐官采诗而陈于国者，以察风俗之邪正，以审王化之兴废。"③

宋代欧阳修《礼部唱和诗序》云：

"夫君子之博取于人者，虽滑稽鄙俚，犹或不遗，而况于诗乎？古者《诗三百篇》其言无所不有，惟其肆而不放，乐而不流，以卒归乎正，此所以为贵也。"④

陈襄《古灵集》中云：

"诗之言，志也，持也。志之所至，言以持之。诗者，君子之所以持其志也。善作诗者，以先务求其志，持其志以养其气。志至焉，气次焉，气志俱至焉，而后五性诚，固而不反，外物至，无所动于其心。虽时有感触、忧悲、愉怿、舞蹈、咏叹之来，必处于五者之间，无所不得正，夫然后可以求为

---

① 〔汉〕郑玄笺，〔唐〕孔颖达等正义. 毛诗正义.（十三经注疏本）. 上海：上海古籍出版社，1954：269—270.

② 〔唐〕白居易著，顾学颉校点. 白居易集. 北京：中华书局，1979：1370.

③ 〔宋〕李昉. 文苑英华（第五册）. 北京：中华书局，1966：3686.

④ 〔宋〕欧阳修著，李逸安点校. 欧阳修全集，北京：中华书局，2001：597.

诗也。"①

明代何乔新《唐律群玉序》云：

"夫诗者，人之性情也。……读者因其词索其理，而反之身心焉，则可兴可观可群可怨，而有裨于风化者。"②

徐祯卿《谈艺录》云：

"诗理宏渊，谈何容易，……盖以之格天地，感鬼神，畅风教，通世情。"

明代的著名学者陈献章更高度评价说："夫诗小用之则小，大用之则大，可以动天地，感鬼神；可以和上下，可以格鸟兽。四时行焉，百物生焉。皇王帝霸（代指朝代更迭的历史）之褒贬，雪月风花之品题，一而已矣！小技云乎哉？"③

为什么古人能把诗用得如此之磅礴广大？何以古人会这样高度重视诗的功用？这里，结合欧阳修的一段语录作一点解读。欧阳修话语里的"肆"和"流"，透露了一个重要信息，即中国古代诗歌演变至宋代之际，一向关注政教，高雅脱俗的诗进一步俗化了，表明这一时代的诗人与底层民众之间的距离进一步缩小，而整体上中国古典文学的"平民化"趋势也因之显露出充满历史必然性的真面目。此前自上（雅）而下（俗）的"用诗"的文化传统，随着这一"平民化"或"俗化"的历史演变，开始向社会生活的各个领域扩张和渗透。这一传统原本作为整个社会生活的"文化纠察"之作用在此过程里得以更明确地显露。也因为这种作用，直到古代中国社会结束，转型为近、现代之前，社会的文化生活与文学艺术，或雅或俗，或雅俗并存，却从没有过全面"俗化"，整体沉沦的"恶俗"景象。

钱钟书先生在论及与欧阳修同时的诗人梅尧臣时，有这样一段评论："他对人民疾苦体会很深，用的字句也颇朴素，看来古诗从韩愈、孟郊、还有卢仝那里学了些手法，五言律诗受了王维、孟浩然的启发。不过他平得常常没有劲，淡得往往没有味。他要矫正华而不实、大而无当的习气，就每每一本正经的用些笨重干燥不很像诗的词句来写琐碎丑恶不大入诗的事物，例如聚餐后害霍乱、上茅房看见粪蛆、喝了茶肚子里打咕噜之类，可以说是从坑里跳出来，不小心又恰恰掉在井里去了。"④ 这样的看似只是着眼在诗艺的批评，正好体

---

① ［宋］陈襄. 古灵集（别集 1093 册）. 文渊阁影印四库全书本. 台北：商务印书馆，1986：648.

② 孙琴安. 唐诗选本提要. 上海：上海书店，2005：83.

③ 范志新. 徐祯卿全集编年校注. 北京：人民文学出版社，2009：755.

④ 钱钟书. 宋诗选注. 北京：人民文学出版社，1958：22.

现了欧阳修所说的"不放、不流，卒归于正"的文化要求，折射出传统诗道始终关注"人性"的诗艺批评的内涵。

欧阳修说，"古者《诗三百篇》其言无所不有"①，可知传统诗道在"写什么"这一点上，从无刻意限制。而"卒归于正"则强调了诗人"如何写"的原则，此"正"义，不可打入"封建迂腐"之列。在此点上，古今中外相通，为人文共有之原则。前者"无刻意之限制"，如西班牙学者乌纳穆诺认为："有血有肉的人，他诞生、活着、并死亡——他要吃喝玩乐、思考，以及行使意志，……这样的人才是我们的兄弟，才是诗所要表现的对象。"②后者作为如何写的原则，即"不放、不流，卒归于正"，如前苏联诗人乌沙科夫（1899—1973）所提出诗的原则：一是"诗歌应该把水变成酒"；二是现实生活中的粗俗的东西必须进入诗歌，但要用"诗歌来净化"。③ 1995 年诺贝尔文学奖获奖者，爱尔兰诗人谢默斯·希尼，在其诗作里面，写到了最不雅观的公牛配种，尸体腐败等，但获奖委员会的评语如是说："他的诗歌充满抒情的优美和道德的深度"。④——总起来说，中国古人看诗最看重其功用，尤其始终不断地强调诗的社会道德功用，用于己，用于群，虽内外有别，但合一相通，且以"用群"的诗观作为最高理想和最美的人文境界。

所谓"文化"实为生活的"道"。"文化"的真实意义在于能平衡个人与环境之间的不协调，不适应。以最日常的方式帮助个人适应各种生存的环境。有趣的是，在中国传统社会里，这种"文化之道"都与诗发生着关系，以至于我们可以这样来重新认识传统"诗"的价值：它是以艺术语言作为载体，积淀和保存了中国古人践行各种生活之道的内心经验和最真实的心理感受。由此出发，我们就可以发现传统"诗"在传统社会里面，的确如古人自己所说"小用之则小，大用之则大"。以下是一例传统"诗用"的个案和解读。

晚唐孟棨撰《本事诗》情感第四则：

"开元中，颁赐边军纩衣，制于宫中。有士兵于短袍中得诗曰：'沙场征戍客，寒苦若为眠。战袍经手作，知落阿谁边？蓄意多添钱，含情更著绵。今生已过也，重结后身缘。'——士兵以诗白于帅，帅进之。玄宗命以诗遍示六宫曰：'有作者勿隐，吾不罪汝。'有一宫人自言万死。玄宗深怜之，遂以嫁得诗

---

① ［宋］欧阳修著，李之亮笺注. 欧阳修集编年笺注（8）. 成都：巴蜀书社，2007：31.
② ［西班牙］乌纳穆诺. 生命的悲剧意识. 上海：上海文学杂志社，1986：1.
③ 乌兰汗编选. 苏联当代诗选. 上海：上海译文出版社，1998：2.
④ 陈超. 当代外国诗歌佳作导读（上）. 石家庄：河北教育出版社，2002：358.

人。仍谓之曰：'我与汝结今身缘。'边人皆感泣。"①

这是一首宫女的诗，属于"闺怨"诗类，但与通常文人所写不同，是出自女性之手。这首诗的真实性不必深究，仅凭它随着《本事诗》一书得以"传播"的事实看，在读者的方面它就是一个真实故事。宫女的身份，属于古代女性里的知识群体，才女多多，例如汉宫婕妤，晋宫左芬等等。诗为何而作？乃缘事而发，因事有感。此"边军纩衣，制于宫中"之事对于寂寞之中的宫女而言，有莫大冲击。发为诗歌有所谓"今生已过也，重结后身缘"，谁使她如此？怨帝之嫌，明眼人一望即知。所以士兵要"以诗白于帅"，而帅也要以诗"进之"，而成为"当事人"的玄宗皇帝一定要声明"吾不罪汝"，这位女诗人方现出真身。因为一首诗而引发的可能很严重的事件，最终得到一个圆满的结局。但故事的最后不是表扬皇帝的仁慈，而是以这位寂寞宫人的"仍谓之曰：'我与汝结今身缘'"来结束，而就是这句话把这宫女诗中的心情"点亮"：有执著，有痴情，但更多的是一种人生的悲苦。

她的苦实在是最苦的一种。这只要比较其他的怨诗即可体会：初唐沈佺期有《杂诗三首》其三云："闻道黄龙戍，频年不解兵。可怜闺里月，长在汉家营。少妇今春意，良人昨夜情。谁能将旗鼓，一为取龙城。"这位少妇，尚有"良人昨夜情"可时时回忆品味。又白居易《闺怨词三首》其三有句："苦战应憔悴，寒衣不要宽。"陈陶《水调词十首》其七有句："征衣一倍装绵厚，犹虑交河雪冻深"。在这些诗里的女性，实在尚有亲人可盼，手制的征衣毕竟是给自己的夫君，而对于这位女诗人来说，她日常领受的只是永远的等待。李白的《玉阶怨》把这种等待写得很美："玉阶生白露，夜久侵罗袜。却下水晶帘，玲珑望秋月。"但此时的生命感觉是冷的、冰一样凉的。有杜牧《秋夕》诗为证："银烛秋光冷画屏，轻罗小扇扑流萤。天阶月色凉如水，卧看牵牛织女星。""冷画屏"、"月色凉如水"，又不仅是凉的，更是沉重压抑的。

心灵世界里除了绝望的折磨之外，还有各种宫内才有的愁滋味。西汉成帝的妃嫔班婕妤写过一首有名的《团扇歌》："新制齐纨素，皎洁如霜雪。裁为合欢扇，团团似明月。出入君怀袖，动摇微风发。常恐秋节至，凉飙夺炎热。弃捐箧笥中，恩情中道绝。"借咏团扇表露受赵飞燕嫉妒排挤，担心君王冷落的复杂心情。王昌龄《长信秋词五首》其三续咏此事云："玉颜不及寒鸦色，犹带昭阳日影来。"便以寒鸦犹带日影衬托班姬不被君恩。晚唐郑谷《长门怨二首》其一云："春来却羡庭花落，得逐晴风出禁墙。"以庭花可出禁墙反衬宫女

---

① [唐]孟棨. 本事诗. 北京：古典文学出版社，1959：6.

身遭幽闭，说出了身为宫女之人的普遍的心情，即摆脱此种命运的由衷渴望。朱庆余的《宫词》云："寂寂花时闭院门，美人相并立琼轩。含情欲说宫中事，鹦鹉前头不敢言。"不仅写宫内生活的不自由，甚至近于恐怖了。宫怨诗里最苦的一首要数元稹的《行宫》："寥落古行宫，宫花寂寞红。白头宫女在，闲坐说玄宗。"这位白头宫女煎熬了一生，到此时只剩下"闲说"。闲聊一件与自己无关的事。

　　总之，这首宫怨诗与所有的同类作品最大的不同在于，它被包裹于一个戏剧性的故事里面，成为一个故事里的中心元素。或许故事是附会这诗意被制造出来的。这种情况在记载里，也是存在的。这些我们暂不关注，要细细体会的倒是：诗在生活里的作用，因为它的作用，诗把自己作为"文化工具"的特性呈现了出来。这里，诗实现了作用，一是对写诗者本人的倾诉功用，借诗宣泄心灵压力；二是在传播的过程里，对所有"接受"它的人产生了情感影响。这种感动最终又调整了所有有关之人的人际之间的关系，使之由紧张变为和平。从这个作用里面，我们可以发现古人的诗与现代的诗之间的根本差异，即在于后者所体现诗的社会功用性，此种功用性越强的诗越被认为是好的诗。

　　"中国古典诗的用，就孟棨《本事诗》所载来看，一用之传情。如书中乐昌公主破镜重圆，赖以其夫的镜上题诗感动了霸占公主的杨素，方有此一段重做夫妻的佳话。然传情也会导致悲剧如武延嗣破家事，一反一正足以见诗的功用。二用之观史。如顾况得流水上梧叶题诗事，使人知唐时宫女孤恕怀春之切。又如张曲江与李林甫同列事。张说作《海燕》诗致意李林甫以缓解其压力。使人知林甫气焰，而曲江亦为之屈身。三用之自卜。如《微咎》篇三则。他如用于怨讽、用于嘲戏、用于调情、用于会友、用于说情免难、用于得官、占卜等等。关于诗之用，正统诗论，或言政治教化、或言经世致用，但在本事诗中，人情细事，所用宽矣！"①

第三节　吟诵的"根本"之用

　　历史和文化支撑了传统的"吟诵"，文化所重视的是诗包括文的"教化"功用。从传承的角度看问题，"吟诵"在今日可能发挥的"功用"，当更加丰富，更为深刻。以下根据吟诵学界相关问题的讨论文献，对传统吟诵现实的文化功用加以总结概括，主要有五个方面：

---

①　陈向春. 松斋论诗丛稿. 长春：东北师范大学出版社，2007：167.

一、培育"我"的人文素质与中国人的"气质"

"人文素质"主要是指人所具有的人文知识和由这些知识所反映的人文精神内化在人身上所表现出来的气质、修养,指一个人的思想品位、道德水准、心理素质、思维方式、人际交往、情感、人生观、价值观等个性品格,有着鲜明的民族个性。众所周知,中华传统诗教对于陶冶情怀,塑造人格,提高人文素质有着不可替代的作用。可以说,没有诗,人类文明会黯然失色;没有诗教,中华人文会丧失其底蕴。我国大学教育自建国以来,始终存在着不可忽视的问题即所谓"五重五轻"——重理工,轻人文;重专业,轻基础;重书本,轻实践;重共性,轻个性;重功利,轻素质。杨叔子先生指出,"五重"是对的,而"五轻"是错的,后果也是严重的。① 在人文素质教育呼声日益高涨的今天,进一步发扬诗教传统,特别是在大学生中大力提倡吟诵中华古诗词,不但能够提高大学生自身的文学鉴赏能力,使之获得艺术享受,而且能够陶冶其情操,净化其心灵,提高其文化素养和思想修养,丰厚其人文底蕴。意义重大,不须论证。作为人文素质课程的"诗教"吟诵与大学中文专业所进行的古典文学课程是有区别的,其目标是了解、领悟、创造,重在浸润、滋养和精神成长的过程。诗,作为一个引起自觉的文本诱因,它本身的形式与功能的最终意义在于使受者觉悟,觉悟不是被教诲的,是自我生发的。自我自觉,这应该是传统诗教现代转型的一个标志。

在大学校园特别是师范中文专业推展传统吟诵,让中国语文教师的预备队在未出校门之前即掌握传统吟诵,显然这又不仅仅是人文素质的培养问题,它也结合着专业素质的训练,乃至技能的获得。其意义之重大,影响之深远,不言而喻。只是就国内高校的现状来看,诗教与吟诵的推展还止于"虚华"的表面,一切取决于领导重视的体制性弊端,领导认定是事儿,否则便不是事儿,毫无制度保证,这导致中国几乎所有"好事"难成气候。

如何发扬诗教,以实质性加强高校人文教育,是一亟待通过实践来解决和推进的事业,在这方面,中南大学的宋湘绮老师发表了极好的意见:

第一,高校人文素质教育现状调查。参考赵兴奎编制的 USSR 调查问卷,根据人文素质教育评价内容的广泛性、评价方法和手段的多样性、评价机制的指导性、评价客体的自律性、教育效果的潜隐性及其表征的多样性与模糊性等特点,编制调查问卷,对大学生人文素质教育现状展开调查,发现问题,提高

---

① 杨叔子. 让中华诗词大步走进大学校园. 高等教育研究,1999(02).

诗歌感悟教育的针对性。

第二，高校人文素质诗教课程开发。编写《大学生诗教导读》教材和相关教学资源开发，作为讲座或选修课程，纳入学校课程设置。按"人与自我"、"人与社会"、"人与自然"的关系，从普适性的人类文化价值通识教育出发，选编有代表性的古今中外的优秀诗作，在文字导读、多媒体视频中结合民主、科学、自由等现代理念进行点拨，朗诵、感悟、发人深省，让渴望"精神成人"的当代大学生有一个属于自己的精神家园。根据精品课程建设要求，建设诗教试题库、课件素材、教案集锦、科研论文、视频录像、音像资料等现代诗教课程资源，形成高校人文素质教育可资借鉴、学习、利用、交流、感悟的教学模式。开展实验研究，选取试点院校，在其工作指导方针中加入诗教培养学生人文素质的内容，为学生开设具体的课程，以及进行现代诗教理论到与实践的、系统性研究。

第三，高校人文素质教育综合研究。深入探求诗词美学与民族性格、诗与人生、诗与民族精神等理论研究，探索"诗教"的渊源、核心和未来，综合研究提高大学生人文素质教育指导思想、培养目标、实施方案计划、管理机构、保障机制和评价体系等内容，发挥诗歌的审美功能，挖掘感悟诗学传统中的宝藏，从民族生存与发展的高度，引导大学生切实体验不同时代的人文精神，这是当代人文思想、人文方法产生的世界观、价值观的基础，是中国文化的真谛所在，创造当代中国特色人文素质教育模式，保住民族文化个性。[1]

二、提升"我"的诗词鉴赏与汉语写作的能力

中国的传统诗文，最大限度发挥了它作为"文言"表达的艺术性能，其性能之一，便是文字的音乐性。古典诗歌的所谓音乐美，主要是通过语言文字，实现"声情并茂"的艺术效果。就像作曲时要根据表达感情的需要，来选择和变换节奏、调式一样，写诗作文也要根据表达感情的需要安排和组织字词的声音。只有达到声情和谐、声情并茂的地步，作品的音乐美才得以完善。如白居易的《上阳白发人》，以七言为主，间以三言，在整饬中求变化："上阳人，上阳人，红颜暗老白发新。绿衣监使守宫门，一闭上阳多少春，宿空房，秋夜长，夜长无寐天不明。耿耿残灯背壁影，萧萧暗雨打窗声。"——句式的错落，节奏的变换，造成感情的高潮一个又一个地迭起。而频繁地换韵，又造成感情

---

① 宋湘绮. 传统诗教现代转型的理论破冰：中国大学生人文素质教育. 中华诗词网. 2010-12-24.

的曲折与回荡，的确是一首声情并茂的佳作。从提升古诗词鉴赏水平方面来说，"吟诵是高效的学习方法，用这种方法，不仅记得牢，而且理解得深。吟诵里，已经包含了句读、格律、结构、修辞等等一系列的知识，有机地结合，寓教于乐。吟诵尤其对于理解作品的思想感情非常有效。"[1]

其次，吟诵可以有效地提升现代汉语写作的能力，借助有声的古诗文吟诵学习来给现代汉语写作奠定基础。学古人的写作，吟诵是正确和必须的入门之路。南宋的朱熹发现："韩退之、苏明允作文，敝一生之精力，皆从古人声响处学。"[2] 现代美学家朱光潜更精辟地指出："过去我国学习诗文的人大半都从精选精读的一些模范作品入手，用的是'集中全力打歼灭战'的办法，把数量不多的好诗文熟读成诵，反复吟咏，仔细揣摩，不但要懂透每字每句的确切意义，还要推敲出全篇的气势脉络和声音节奏，使它沉浸到自己的心胸和筋里，等到自己动笔行文时，于无意中支配着自己的思路和气势。这就要高声朗诵，只浏览默读不行。这是学文言文的长久传统，过去是行之有效的。"[3] 这一过去的经验，在白话写作时代仍然是支撑的力量。"读书破万卷，下笔如有神。"这句话里的"读"实际上就是传统的诵读吟咏。"将脑中瞬间形成的意念用最凝炼的语言表达出来"，对于中文表达来说，吟诵古诗文便是这种"瞬间"写作能力形成的最佳途径。有人批评今天的白话写作包括新诗，越来越"白"，病根即在于丢失了这份"过去的经验"。

三、革新"我"的课堂教学，探索语文教育新路

长久以来，中国的语文教学，由于体制的"控制"，疾病缠身，几乎无药可医。病症之一是：理性分析过度、感性体验缺失。而"吟诵"可以很好地缓解病象。"吟诵"古诗文的教学价值，在"资源"利用方面，尚有待于大力开发。首先，在教学"方法"上，"吟诵"对已经深陷苍白单调的现行古诗文教学是一种改造意义上的"丰富"。有学者认为："不懂吟诵，便失去了教古诗文的资格"，此言可能激烈和极端，但反映了当下中国语文教育的各种问题亟待改变的现状。

非常可喜的是，有越来越多的一线语文老师自发主动地投身于改变现状的努力中来。祖国大地从南到北，吟诵之声此起彼伏，愿意把吟诵引入课堂的老

---

① 许伟萍. 古诗吟诵进课堂——古诗教学的探究与策略. 新课程（中），2011（6）.
② 朱光潜. 散文的声音节奏//朱光潜美学集（第二卷）. 上海：上海文艺出版社，1980：301.
③ 朱光潜. 谈美书简. 上海：上海文艺出版社，1980：114.

师越来越多。国家语文新课标在"阅读"部分明确要求："诵读优秀诗文，注意在诵读过程中体验情感，领悟内容。"但具体路径、方法是什么？古诗古文当然要用古法，所以，唯一的答案是"吟诵"。"吟诵进校园，吟诵进课堂"，不是要不要进的问题，而是如何进，怎样用的问题。至少到目前为止，在这条充满创新乐趣的探索之路上，先行者们已然收获不少。例如上海市杨浦区工农新村小学将"唐调吟诵"引进课堂。"传统的小学古诗教学侧重在让孩子读、背和教师对古诗的分析。唐调吟诵在吸收传统教学经验的基础上，重在依据古诗的韵律，通过读之、吟之、歌之、舞之，让小学生在吟诵中学习古诗。唐调吟诵，作为一个教学辅助手段，是继承和发扬古代吟诗的优良传统，体现了现代以学生发展为本的教育理念，凸显了小学拓展型课程的学科特点。"①

让学生吟诵古诗中的传世佳作，就是为了补上人文文化教育这一课，使学生在吟诵中受到心灵的熏陶和潜移默化的感染，逐渐构建起新的人文精神支柱。学生在经典古诗的吟诵中，享受学习的快乐，感悟圣贤的德行，不仅可以增强少年儿童的文化底蕴，更为可贵的是——即一首首沁人心脾的馨句壮语，一个个启迪智慧，宽广胸怀的史实和人物，潜移默化的熏陶，感染着每一个孩子，荡涤着每一个孩子的心灵。

在探索路上，也有一种声音认为："吟诵只能作为教学手段之一，不能取代当今正常的语文教学方法。吟诵，适合于古诗词和部分古文，而当今的中小学语文课本中古诗文只是一小部分，大学中文专业古典文学也只是其中的一部分，因而也就不可能要求全部用吟诵去教学。就是适合吟诵的内容，也不一定整堂课全部都用吟诵去教。但吟诵是一种文化修养，教者当然要具备；而学生则能学会最好，无兴趣者也不必强求。我以为，中小学可以组织课外吟诵兴趣小组，让有兴趣的学生去学习。""各个学校、各位教师可以自行处理，只要符合正常教学秩序的要求就行。不能像目前有的写旧体诗词的组织那样，要求中小学教学生平仄声韵、学写旧体诗，这就和教学大纲相违背了。"②

四、激活"我"的音乐潜能，提高欣赏音乐的能力

吟诵追求美听，创作美听的吟诵和欣赏美听的吟诵，对人的乐感是一种自我开发，自我养成。刘勰的《文心雕龙·声律》篇对此的描述是："声转于吻，

---

① 陆鸣安. 让唐调吟诵走进小学课堂. 首届中华吟诵高端论坛论文集（内刊）. 61.
② 魏嘉瓒. 传统读书艺术：吟诵. 首届中华吟诵高端论坛论文集（内刊）. 126.

玲玲如振玉；辞靡于耳，累累如贯珠"①；《总术》篇又指出："听之则丝簧"。"声画妍蚩，寄在吟咏，吟咏滋味，流于字句"②；元人刘绩在《霏雪录》中更指出："唐人诗一家自有一家声调，高下疾徐皆为律吕，吟而绎之，令人有闻《韶》忘味之意。"③ 清初钱谦益在《历朝诗集小传·吴山人扩》中载："扩，字子充，昆山人。以布衣游缙绅间，玄冠白巾合，叶音如钟，对客多自言游览武夷、匡庐、台宕诸胜地，朗诵其诗歌，听之者如在目中，故多乐与之游。"④

"古代的传统是诗乐一家，即所谓诗乐传统。在诗乐传统中，最重要的就是吟诵传统。因为不是所有的诗都是唱的，但是所有的诗文在吟诵这里，都是入'乐'的。因此，在古代，文人即诗人，诗人即音乐家。人人都会用自己的音乐抒发自己的感情。现代西方文化把音乐变成了职业化的东西，大众只能欣赏，不能创作。大家都只能唱别人的歌。抢救和恢复吟诵传统，也可以恢复中国古代的诗乐、吟唱的优秀传统，让人人都敢张口唱，人人都敢唱自己的曲调。"⑤

五、强健"我"的身心，让"我"更积极地"生活"

请注意：吟诵带来的是身心兼顾的健康。美国的勒纳教授、英格兰·布里斯托尔大学的医生等经过多年的研究认为："阅读诗歌比吞服药丸能更有效地治疗焦虑症和抑郁情绪。"⑥ 吟诵可以宣泄情绪，改善心情。在吟诵的过程中，思维得到积极运转，陶醉于诗歌的美好意境，精神处于积极状态。与此同时，在生理上，吟诵用气发声能增加心肺功能，并可以锻炼胸壁肌肉。

对此，我们的古人早有深刻了解和实践："清吟可愈疾，携手暂同欢。"（李颀《圣善阁送裴迪入京》）"得听清吟，至绝眠餐。"（蒲松龄《聊斋志异·白秋练》）《古今诗话》一书记载大诗人杜甫叫人吟诵自己的诗句而治好了疟疾病的故事：杜少陵因见病疟者，谓之曰："诵吾诗可疗。"病者曰："何？"杜曰："'夜阑更秉烛，相对如梦寐'之句。"疟犹是也。又曰："诵吾'手提髑髅

① ［南朝·梁］刘勰著，范文澜注. 文心雕龙注. 北京：人民文学出版社，1958：553.
② ［南朝·梁］刘勰著，范文澜注. 文心雕龙注. 北京：人民文学出版社，1958：553.
③ 王大鹏等. 中国历代诗话选.（2）. 北京：岳麓书社，1985：1101.
④ ［清］钱谦益. 历朝诗集小传. 上海：上海古籍出版社，1959：453.
⑤ 许伟萍. 古诗吟诵进课堂——古诗教学的探究与策略. 新课程（中），2011（6）.
⑥ 斯静亚. 传统诗词与大学生心理健康保健探析. 探索，2008 年 9 月.

血模糊。'"其人如其言，诵之，果愈。①

欧阳修曾记述音乐帮助他养病的事："予尝有幽忧之疾，退而闲居，不能治，既而学琴于友人。滋受宫声数引，久则乐之愉然，不知疾之在体矣。"②这就是音乐治疗心理疾病的最好例证。吟诵作为一种文化技能，它能让病人在学会这种技能的过程当中，让其增加生活的乐趣和深入了解生活的意义。因此，促成一个人主动生活的能力，增加对周围世界好感，从而不去损害自己和他人的身心。

祖国医学认为，吟诗是一种气功锻炼，由抑扬顿挫、节奏分明的念诵引发的深呼吸运动，能起到气归丹田的作用，以达到"精神内守"的效果。《黄帝内经》云："精神内守，病安从来？"按照中医辨证施治的理论，辨证施唱、辨证施吟，针对不同的病情，选择有针对性的诗词进行歌唱吟咏，达到令抑郁者振奋、令亢奋者安定、令焦虑者平静、令多猜者解疑的效果，是情理之中的事。日本学者对吟咏的方式进行了深入的研究，采用个人读、集体读、领诵、合诵、低吟、高声朗诵等多种不同的方式，治疗相关类型的疾病。如高血压患者的吟诵方式，是低吟描写自然风光的诗篇；咳喘患者的吟诵方式，是拉长语调吟咏描写高山流水的诗篇；中风后遗症患者的吟诵方式，是高声念诵具有激情的诗篇等。一些学者还对运用这种疗法提出了更具体的要求，包括正确的姿势、标准的声音、合理的时段安排等。真正能够按要求去做的，就能起到做一套健身操的作用，对调节大脑的兴奋抑制过程、加速血液循环、活跃新陈代谢、改善不良情绪、增强抗病能力等都有积极作用，从而使人的机体处于相对平衡的健康状态。

在这里必须强调的是：对于中国传统诗词文的吟诵来说，它的最重要的功用主要还是在丰富人的心灵生活方面。

曾有青年学生提问叶嘉莹先生："在当前商品经济的大潮中，学习古典诗词还有什么用？"先生说："我以为，学习古典诗词最大的好处就是使你的心灵不死。"③她对古典诗词的功用提出了兴发感动的主张，这也是一个古人常常提及的。在晚清况周颐的《蕙风词话》里，有这样一段话："吾观风雨，吾览

---

① 郭绍虞. 宋诗话辑佚. 北京：哈佛燕京学社，1937：111.

② [宋] 欧阳修著，李逸安点校. 送杨寘序. //欧阳修全集. 北京：中华书局，2001：628.

③ 叶嘉莹. 汉魏六朝诗讲录. 石家庄：河北教育出版社，1997：9.

江山，常觉风雨江山之外，有万不得已者。"① 这是一颗词人的心，也是传统文人的心。他告知后人：原来人的内心可以如此的敏感和柔软。古人云："哀莫大于心死，而身死次之。"有一颗活泼敏锐，善于感发的心灵，才是作为一个人"活着"的根本。心死，心麻木的人一定是先与"诗"绝缘了。世间只有诗，才可能让你具有这样一种"人心"。《论语·泰伯》篇说："子曰：兴于诗。"这说的是读《诗三百》会成就一颗"人"的心。兴是内心的感发，一种感动。因此学《诗》的好处就在于能够培育人的心灵使之具有感发的能力。明代的胡居仁《居业录》卷八说："《诗》之所以能兴起人心之善者，以人情事理所在，又有音韵以便人之歌咏吟哦，吟咏之久，人之心自然歆动和畅。"② 《诗经》被认为是中国文学（诗）的根，钱穆先生说："中国全部文学则尽从《诗三百》而来。故中国古人又称文心，文心即人心，即人的心情，人的生命之所在。故亦可谓文学即人生，倘能人生而即文学，此则为人生最高理想、最高艺术。"③ ——《诗经》的价值原来如此。

为什么一定要借助吟诵"方法"来读中国的"古诗文"呢？

叶嘉莹先生的回答是：

"中国诗歌的生命，一直是伴随着吟诵，伴随着这个声音，这个 meaningful 跟那个 musical（意义的声音跟音乐的声音）一直是伴随在一起的，所以你把这个吟诵的 musical sound 丢掉了，你对于那 meaningful sound 也不理解了，所以就失去了，还不只是说理解不理解。吟诵之目的不是为了吟给别人听的，而是为了使自己的心灵与作品中诗人的心灵能借着吟诵的声音达到一种更为深微密切的交流和感应。因此，中国古典诗歌之生命，原是伴随着吟诵之传统而成长起来的。"④

古诗词是要吟唱的。这其中理由还在于中国古典诗词特有的表现方式。从表现艺术方面说，流传最久，最受人喜爱的好诗好词大多是"情景交融"、"意境深远"。诗的情感原本就要追求"深远"，而不能像白居易在《与元九书》里说的"质、径、直、切、顺"。诗是语言中的语言，"老妪能解"的白诗最终不能免除后人的非议。现代的某些特殊读者群，认为李白诗中最好的一首是《静夜思》，因为它最通俗易懂，受众最多。但与李白的《将进酒》、《蜀道难》等

---

① ［清］况周颐. 蕙风词话. 上海：上海古籍出版社，2009：9.

② 阮忠编著. 清言四品·中国明清散文选. 武汉：武汉测绘科技大学出版社，1997：134.

③ 钱穆. 现代中国学术论衡. 北京：岳麓书社，1987：222.

④ 叶嘉莹. 谈古典诗歌中兴发感动之特质与吟诵之传统//我的诗词道路. 石家庄：河北教育出版社，1997：210.

名篇相比较，它的平庸和单调显而易见。傅庚生先生对此有一段极透辟之论：

"深情必达以深入之文字。深入即是多一层联想。若单纯平直，则辞俭于情矣。方人之情有所会，感有所触也，往往将内在情感之颜色涂染于外在事物之表，增益其鲜明或加重其晦暗。更往往凭依己身情感之悲愉，重视或漠视与情感趋向有关涉或无关涉之事物。'行宫见月伤心色，夜雨闻铃肠断声。'怀着一种悼亡伤逝之情愫，身在行宫，目见月而心伤，并以为月原有伤心之色；时逢夜雨，耳闻铃而肠断，并以为铃原有断肠之声。情感之发展与漫淫，只是一派联想！文学原为凭依情感之触发而生，自然颇重联想功夫。或有阙失，则不足达情感之真蕴也。"①

杜甫有一首《和裴迪登蜀州东亭送客逢早梅相忆见寄》诗，明代的谢榛称赞说："两联用二十二虚字，句法老健，意味深长，非巨笔不能到。"这首七律的中间二联是："此时对雪遥相忆，送客逢春可自由。幸不折来伤岁暮，若为看去乱乡愁。"意谓裴迪此时对雪，固已想忆，况当送客，又逢梅花，则相忆之情何能自已？犹幸你没有折梅送我，不然，更惹我伤岁暮，添乡愁！这两联写别情，无限曲折，"实字"用得很少，"虚字"用得很多，显得空灵虚活，历来为人所称道。浦起龙说："本非专咏，却句句是梅，句句是和咏梅，又全不使故实。咏物至此，乃如十地菩萨，未许声闻、辟支问径。"② ——这样的诗中精品，非吟诵无以知其真美。

总之，中国古人把作诗称之为"吟咏情性"，"以性情为本，以音乐（语言的音律）为用"。从情性里吟咏出诗来，又从诗里吟出性情来。作诗与鉴赏诗，恰好是双向的行进。靠吟咏作出来的诗，也须从语言声音上玩味体会。语音在诗词里的作用，不单单是所谓"诗词语言的艺术"问题，即艺术的鉴赏问题，也内涵着传统诗人的情感、精神。清代沈德潜《说诗晬语》说："诗以声为用者也。其微妙在抑扬抗坠之间，读者静气按节，密咏恬吟，觉前人声中难写，响外别传之妙。一齐俱出。朱子云：'讽咏以昌之，涵濡以体之。'真得读诗之味。"③

难写、别传之妙是什么呢？昌之、体之的又是什么呢？一言以譬之，性情。传统吟诵的根本之用在于活泼人的内心生活，在以吟的声音"表达一种心灵里的体悟和感受"，并影响他人，以相互感发。吟的原本的目的是为了使自

---

① 傅庚生. 中国文学欣赏举隅. 西安：陕西人民出版社，1983：52.

② 陈伯海. 唐诗汇评（上）. 杭州：浙江教育出版社，1995：1144.

③ ［清］沈德潜. 说诗晬语. 南京：凤凰出版社，2010：82.

己的心灵与作品里诗人的心灵能借助吟咏的声音达到一种更为深微密切的交流和感应。因此，在吟诵之所有的功用当中，最重要的还是陶冶性情，培养文化情怀，塑造文化心理。

余论：人类为什么需要"诗"？爱尔兰诗人叶芝曾有一段经典的回答："诗所承担的——无论审美也好、感知即一切也罢——本质是什么？它的实际意义何在？从最基本的方面来说，诗至少应该是人可以进入其中漫游而借以摆脱生活之烦忧的境地。"①"诗"的存在意义是"分担生活之烦忧"，而分担人类生存压力始终是诗歌的最基本的功用。对于现代人类来说，诗的这一功用仍然存在，仍然重要。现代诗歌大师艾略特（英）认为："诗歌的目的是在于用语言重新表现现代文明的复杂性。"他极为沉痛地批判"欧洲文明的混乱和庸俗"，在其《荒原》、《空心人》等诗中，艾略特将现代西方人对现实的恐惧、震惊、幻灭以及企图寻求拯救的心态揭示得淋漓尽致。而他本人最终选择了一条宗教救赎的道路，疲惫迷惘的心灵停泊于欧洲文化传统的深渊。

而在今日，"读"中国古人的诗词作品的真正意义到底是什么呢？

从更广泛的方面来说，"一切真的古典文学都是现代的文学"，古人的精神世界与我们相通。古代文学家所面临、所描写、所表达的许多问题，在今天仍然存在，仍是现代国人要面临的问题。"首先，传统的诗能帮助我们恢复对原生态大自然的记忆，恢复对于单纯的、真诚的、厚道的人际关系的记忆。其次，古典诗歌首先是一种感性的存在，是一个美的存在，是一种艺术的存在，所以这种'读'首先是一种感性的过程，一个审美的过程，一个艺术欣赏的过程。古典诗歌的现代魅力不仅仅体现在精神上，同时也体现在审美上。"②

第四节　嘉莹老人的吟诵童年

通常，若是偶尔听人说起"古诗词文吟诵"，反映在头脑里的，自然就是那些文学文艺性强的古代文体的吟诵。这其实是现代人习惯于文学欣赏、艺术审美所形成的一种认知。没错，在今人眼里，吟诵只是古人读诗词文的"方法"，但对于古人来说，吟诵却是一种"受教"的生活，更准确地说，是通过

---

① 傅浩. 叶芝诗选. 石家庄：河北教育出版社，2003：13.
② 曾大兴. 现代人为什么要读古典诗词？南方日报，2010（2）.

"吟诵"来接受传统文化启蒙教育的过程。这里，要特别强调地说：吟诵是有"根"的，"根"就是传统蒙学。说白了，在今天，当我们在谈论传统吟诵的时候，实际上更多指向的是传统的蒙学教育。如果追溯渊源，"吟诵"则属于中国文化更为古老，始终根脉不断的"诗教"传统。

一提起传统启蒙教育，人们马上想到诸如"三百千千"一类的国学启蒙教材即《三字经》、《百家姓》、《千字文》、《千家诗》。传统蒙学教育最值得赞美的，就是把做人的道理知识，和中国传统文化的善意美感（注意《千家诗》）播种到人心里去，求其日后自己发出芽来。但人们不要忘记，这个播种过程的关键，决定其日后能否生芽的关键正是"吟诵"。

《论语》中："子曰：'吾十有五而志于学，三十而立。'"[1]《礼记·曲礼上》说："人生十年曰幼，学。"[2] 民间还有一种说法，13 岁至 15 岁称"舞勺之年"。15 岁至 20 岁称"舞象之年"，也就是要经常到文庙里参加"礼教"仪式，这些都与"吟诵"有关。

嘉莹老人诞生在 1924 年，此时的中国大地，传统蒙学连同吟诵，尚未到"濒危"的程度，个别偏僻地区，私塾还在，会吟诵的人还很多，远没有到被抢救的程度，且在一般人心里，吟诵算不上什么学问。那时的新式学校也远没有今天这样的强大，像似早上的太阳，在她的光辉底下，旧学私塾真是寒酸老土。但在今天，它发育过度，过于强大。如果有这样几个家长，自发联合起来创办一所体制之外的私人学堂，如果有这样的家长，大胆决定把孩子留在家里，由自己和自己选择的老师来上课给他，周围的许多人一定会视之为奇怪之举。可就是在今天，这样的奇怪之举，还是拱出了地面，星光灿烂地迎接自己的太阳。过于强大的教育体制，不断在唤醒曾被它抛弃的"旧学私塾"，于是，人们隐约听见，中国的大地上又泛起的吟诵童音。

现在，我们来看看，八十多年以前的某一天，北京（北平）小嘉莹的家里正在发生的故事："大约在我三四岁时，父亲开始教我读方块字，那时叫做认字号。先父工于书法，字号是以毛笔正楷写在裁为一寸见方的黄表纸上。若有一字可读多音之破读字，父亲则以朱笔按平上去入四声，分别画小朱圈于此字的上下左右。"[3] 她举例说，如"数"，作名词读为"数"，数学。作动词读为"蜀"，数一数。作为副词，读为"朔"，入声，屡次的意思，数目之。作为形

---

[1] ［魏］何晏. 论语注疏（十三经注疏本）. 上海：上海古籍出版社，1997：23.

[2] ［汉］郑玄. 礼记正义（十三经注疏本）. 上海：上海古籍出版社，1997：1232.

[3] 叶嘉莹. 我的诗词道路·前言. 石家庄：河北教育出版社，1997：3.

容词，读作"促"，入声，繁密的意思。对这种生僻的读音，父亲会拿出《孟子》，翻到《梁惠王》一章说："数罟不入洿池。"罟就是渔网，全句的意思说，不要用眼孔繁密的渔网去到深水洿池里去捕鱼，古人懂得要保护鱼苗，让它平安地成长。跟着父亲分辨读音，从而正确地读字，同时接受附着在汉字里的各种文化信息，这便是小嘉莹接受的识字教学。

到了该上小学的时候，大约是1932年前后，小嘉莹的父母做了一个决定，为她及小她两岁的大弟嘉谋请一位家庭教师。这样做的理由是："童幼年时记忆力好，应该多读些有久远价值和意义的古书，而不必浪费时间去小学里学些什么'大狗叫小狗跳'之类的浅薄无聊的语文。"①（以今天重新出版的《民国语文》来看，各种实验性的国文教科书，入选课文良莠不齐，所以，这里所说的"浅薄无聊"是事实，有道理，有眼光）开蒙的第一本古书是《论语》，嘉莹老人回忆说：

"当时所读的《论语》用的是朱熹的集注，姨母的讲解则是要言不烦，并不重视文字方面繁杂的笺释。而主要是以学习其中的道理为主，并且重视背诵。直到今日（时年72岁），《论语》也仍是我背诵得最熟的一册经书。而且年龄越大，对书中的人生哲理也就愈有更深入的体悟。虽然因为时代的局限，孔子的思想也自不免有其局限之处，但整体说来，孔子实在是位了不起的哲人和圣者。'哲'是就其思想智慧方面而言，'圣'是就其修养品德方面而言。对于儒学的意义和价值，以及如何使之更新振起，自然不是几句话能说清楚的，但我在开蒙时所读的《论语》，以后曾使我受益匪浅，则是我要在此诚实地记写写来的。而且《论语》中不少论《诗》的话，曾使我在学诗方面获得了很大的启发，直到现在，我在为文与讲课之际，还经常喜欢引用《论语》中的论诗之言，这就是我在为学与为人方面都受到过《论语》之影响的一个最好的证明。"②

小嘉莹接受启蒙教育的三门课是《论语》、书法和数学。前两门合起来，等于今天的语文，但性质完全不同。《论语》是中国的人生经典，书法是用毛笔写中国字。嘉莹老人回忆说："临摹的一册小楷的字帖，那是薄薄数页不知何人书写的一首白居易的《长恨歌》。诗中所叙写的故事既极为感人，诗歌的音调又极为谐婉，因此，临摹了不久就已经熟读成诵，而由此也就引起了我对

---

① 叶嘉莹. 我的诗词道路·前言. 石家庄：河北教育出版社，1997：4.

② 叶嘉莹. 我的诗词道路·前言. 石家庄：河北教育出版社，1997：4—5.

读诗的兴趣。"① ——临摹书法的同时领受中国的传统诗教，再加上一部《论语》。这是什么？这是高效率，极深厚的学前教、幼教，人生起跑线上的教。现在的书店里，也能看到这种字帖，可惜很多人不知道如何使用，什么时候使用。现在的家长包括老师知道中国的古诗词是好东西，但也要求多背几首而已，原因大家都知道。"穿越"回到 80 年以前，在小嘉莹的家里，这个小女孩不但在书法临摹当中，发生了"读诗"的兴趣，而且她有机会学到吟唱，也就是按照传统方法"读"的那种吟唱。在这一点上，她既生逢其时，也得天独厚，这"独厚"指的是她生在一个"书香门第"，父亲和伯父就是现成的老师。"记得每当冬季北京大雪之时，父亲经常吟唱一首五言绝句：'大雪满天地，胡为仗剑游；欲谈心里事，同上酒家楼'。"②

所谓传统的读诗方法，关键是熟悉古诗词文字的声律。嘉莹老人回忆说："因为我从小就已习惯背书和吟诵，所以诗歌的声律可以说对我并未造成任何困难。而且我不仅在初识字时就已习惯了字的四声读法，更在伯父吟诵诗歌时辨识了一些入声字的特别读法。"③ 学会入声字的发音，是掌握古诗词声律美感的关键。举例说，王维《九月九日忆山东兄弟》：

独在异乡为异客，每逢佳节倍思亲。

遥知兄弟登高处，遍插茱萸少一人。

在这首诗里，"独"、"节"、"插"、"一"，原来都是入声字，但在北方人口中，这些字全部被读作平声字。明代释真空《玉钥匙歌诀》是：平声平道莫低昂（音最长，而且高起高收）上声高呼猛烈强（开口读时用力，低起高收）。去声分明哀远道（声音高低适中），入声短促急收藏（一发即收）。如果按照平声字来读，不仅和诗中的声律不合，也读不出诗人的情绪。嘉莹老人很自豪地说："从我小时候，伯父就教我把这些字读成短促的近于去声的读音，如此在吟诵时才能传达出一种声律的美感。我既然已在幼年的吟诵中熟悉了诗歌的声律，所以当伯父要我试写一些绝句小诗时，我对于声律的限制几乎已不感到约束，可以说一句诗出口就自然合乎平仄了。"④ 从背诵到吟诵，再到写出绝句，这时的小嘉莹 10 岁。

这里简单整理一下嘉莹老人的早期受教情况：3 岁前后开始识字，6 岁到

---

① 叶嘉莹. 我的诗词道路·前言. 石家庄：河北教育出版社，1997：5.
② 叶嘉莹. 我的诗词道路·前言. 石家庄：河北教育出版社，1997：5.
③ 叶嘉莹. 我的诗词道路·前言. 石家庄：河北教育出版社，1997：6.
④ 叶嘉莹. 我的诗词道路·前言. 石家庄：河北教育出版社，1997：6—7.

8接受家教，9岁这一年插班考入一所私立小学，一年之后，以同等学力考入当时北平市一所国立女中。谁都能从这份简历看出，9岁以前的启蒙教育对嘉莹老人后来的成长意味着什么。接受家教的一天生活是这样的：上午小嘉莹领着小她2岁的弟弟一起背书、写字、算算术。午饭后，跟姨妈学三门课，新课结束，姨妈和妈妈聊天，做晚饭。姐弟俩自由活动。晚上，爸爸回家，会偶尔教她几个英语单词。这一天，没有电视，没有游戏机，没有电动玩具，不参加各种学前班。在今天，北京的一所私立的"明日新学堂"，课程表里有经典诵读，学生回家以后，所有的家长禁止孩子看电视，也拒绝各种补习班。

这其中，还有一件事要特别说说，就是英语的学习。嘉莹老人说，因为"父亲认为也应从小就学习点英语，有时就教我们几个英语单词，学一些英语短歌，如"one，two，tie my shoe，three，four，close the door."之类。及至我长大到九岁之时，父亲就决定要我插班五年级考入了我家附近一所私立的笃志小学，这主要也是因为这所小学从五年级开始有了英文课的缘故。"① 这样的安排很容易让人联想到今天的幼儿园里正在进行的"双语教学"。据说极端的做法，是在母亲怀孕时播放英文歌曲，谓之英语胎教。

也许有人要问：何以嘉莹老人会有这样的童年呢？答案只有一句话：因为她生在一个"书香门第"。其母"幼年接受良好之家庭教育，青年时代曾在一所女子职业学校任教，结婚后乃辞去教职，侍奉翁姑，相夫理家"。其父"幼承家学，熟读古籍，其后考入北京大学之英文系"。她的姨妈幼年曾与其母"同承家教，其后曾在京沪各地任教职"。其伯父"旧学修养极深，尤喜诗歌联语"。

以今日的眼光来看，嘉莹老人或者她这一代人所接受的启蒙教育是非常值得研究和借鉴的教育的历史遗产。这样说，当然是更有感于今日的中国学校体制，特别是中国的语文教育带给人的莫大困扰。在嘉莹老人的个案里，最耐人寻味的或许是：传统蒙学，传统诗教的教育精髓如何给力现在的学前乃至小学教育？对于儿童启蒙教育，传统的"书香门第"代表的是一种生活价值取向，一种眼界，那试问：今天中国的年轻的父母亲们，有多少人能够读懂这所谓的"书香门第"，并具有80年多以前的那个"书香门第"的素养？

纵观嘉莹老人一生所走过的"诗词道路"，我们发现这样一个很有趣的事实，那就是，她的人生道路，从传统蒙学的吟诵诗教出发，而后，当她在中国古典诗词的教学、研究、创作都取得不俗之成就的时候，她又重新回到蒙学时

---

① 叶嘉莹. 我的诗词道路·前言. 石家庄：河北教育出版社，1997：6.

代的起点上来，由衷地奋力地开始呼吁、推动吟诵诗教。

1986 年，年届 70 的嘉莹老人写道："近年从加拿大退休后，本可以安心从事于创作和研究了，但我却又答应了南开大学的邀请，成立了中国文学比较研究所；并有志于倡导以吟诵为主的、对儿童的古诗教学。目前研究所尚在艰苦的创业阶段，对儿童的吟诵教学更不知何日方能在神州大地上真正的开花结果。我现在所关怀的并不是我个人的诗词道路，更不是我在这条道路上有什么成功和获得，我所关怀的乃是后起的年轻人如何在这条道路上更开拓出一片高远广阔的天地，并且能借之而使我们民族的文化和国民的品质，都因此而更展放出璀璨的光华。"

时隔二十几年，吟诵诗教已呈星火燎原之势，嘉莹老人当感欣慰！

附　文献阅读：两则"吟诵"的故事

一、（宋）李昉《太平广记》卷 345《孟氏》条：

维扬万贞者，大商也，多在于外，运易财宝以为商。其妻孟氏者，先寿春之妓人也，美容质，能歌舞。薄知书，稍有词藻。孟氏独游于家园，四望而乃吟曰："可惜春时节，依然独自游。无端两行泪，长粄对花流。"吟诗罢，泣下数行。忽有一少年，容貌甚秀美，逾垣而入，笑谓孟氏曰："何吟之大苦耶？"孟氏大惊曰："君谁家子？何得遽至于此，而复轻言之也？"少年曰："我性落魄，不自拘检，唯爱高歌大醉。适闻吟咏之声，不觉喜动于心，所以逾垣而至。苟能容我于花下一接良谈，而我亦或可以强攀清调也。"孟氏曰："欲吟诗耶？"少年曰："浮生如寄，年少几何？繁花正妍，黄叶又坠。人间之恨，何啻千端。岂如且偷顷刻之欢也。"孟氏曰："妾有良人万贞者，去家已数载矣。所恨当兹丽景，远在他方。岂惟怅叹芳菲，固是伤嗟契阔。所以自吟拙句，盖道幽怀。不虞君之涉吾地也，何故？"少年曰："我向闻雅咏，今睹丽容，固死命犹拚，且责言何害？"孟氏即命笺，续赋诗曰："谁家少年儿，心中暗自欺。不道终不可，可即恐郎知。"少年得诗，乃报之曰："神女得张硕，文君遇长卿。逢时两相得，聊足慰多情。"自是孟氏遂私之，挈归己舍。凡逾年，而夫自外至。孟氏忧且泣，少年曰："勿尔，吾固知其不久也。"言讫，腾身而去，顷之方没，竟不知其何怪也。[1]

二、（清）蒲松龄《聊斋志异》之《白秋练》篇：

直隶有慕生，小字蟾宫，商人慕小寰之子。聪慧喜读。年十六，翁以文业

---

① ［宋］李昉. 太平广记. 北京：中华书局，1961：2735.

迁，使去而学贾，从父至楚。每舟中无事，辄便吟诵。抵武昌，父留居逆旅，守其居积。生乘父出，执卷哦诗，音节铿锵。辄见窗影憧憧，似有人窃听之，而亦未之异也。

一夕翁赴饮，久不归，生吟益苦。有人徘徊窗外，月映甚悉。怪之，遽出窥觇，则十五六倾城之姝。望见生，急避去。又二三日，载货北旋，暮泊湖滨。父适他出，有媪入曰："郎君杀吾女矣！"生惊问之，答云："妾白姓。有息女秋练，颇解文字。言在郡城，得听清吟，于今结念，至绝眠餐。意欲附为婚姻，不得复拒。"生心实爱好，第虑父嗔，因直以情告。媪不实信，务要盟约。生不肯，媪怒曰："人世姻好，有求委禽而不得者。今老身自媒，反不见纳，耻孰甚焉！请勿想北渡矣！"遂去。少间父归，善其词以告之，隐冀垂纳。而父以涉远，又薄女子之怀春也，笑置之。

泊舟处水深没篙；夜忽沙碛拥起，舟滞不得动。湖中每岁客舟必有留住守洲者，至次年桃花水溢，他货未至，舟中物当百倍于原直也，以故翁未甚忧怪。独计明岁南来，尚须揭资，于是留子自归。生窃喜，悔不诘媪居里。日既暮，媪与一婢扶女郎至，展衣卧诸榻上，向生曰："人病至此，莫高枕作无事者！"遂去。生初闻而惊；移灯视女，则病态含娇，秋波自流。略致讯诘，嫣然微笑。生强其一语，曰："'为郎憔悴却羞郎'，可为妾咏。"生狂喜，欲近就之，而怜其荏弱。探手于怀，接为戏。女不觉欢然展谑，乃曰："君为妾三吟王建'罗衣叶叶'之作，病当愈。"生从其言。甫两过，女揽衣起曰："妾愈矣！"再读，则娇颤相和。生神志益飞，遂灭烛共寝。女未曙已起，曰："老母将至矣。"未几媪果至。见女凝妆欢坐，不觉欣慰；邀女去，女俯首不语。媪即自去，曰："汝乐与郎君戏，亦自任也。"于是生始研问居止。女曰："妾与君不过倾盖之交，婚嫁尚未可必，何须令知家门。"然两人互相爱悦，要誓良坚。

女一夜早起挑灯，忽开卷凄然泪莹，生起急问之。女曰："阿翁行且至。我两人事，妾适以卷卜，展之得李益《江南曲》，词意非祥。"生慰解之，曰："首句'嫁得瞿塘贾'，即已大吉，何不祥之与有！"女乃少欢，起身作别曰："暂请分手，天明则千人指视矣。"生把臂哽咽，问："好事如谐，何处可以相报？"曰："妾常使人侦探之，谐否无不闻也。"生将下舟送之，女力辞而去。无何媪果至。生渐吐其情，父疑其招妓，怒加诟厉。细审舟中财物，并无亏损，谯呵乃已。一夕翁不在舟，女忽至，相见依依，莫知决策。女曰："低昂有数，且图目前。姑留君两月，再商行止。"临别，以吟声作为相会之约。由此值翁他出，遂高吟，则女自至。四月行尽，物价失时，诸贾无策，敛资祷湖神之庙。端阳后，雨水大至，舟始通。

生既归，凝思成疾。慕忧之，巫医并进。生私告母曰："病非药禳可瘳，惟有秋练先耳。"翁初怒之；久之支离益惫，始惧，赁车载子复入楚，泊舟故处。访居人，并无知白媪者。会有媪操棹湖滨，即出自任。翁登其舟，窥见秋练，心窃喜，而审诘邦族，则浮家泛宅而已。因实告子病由，冀女登舟，姑以解其沉痼。媪以婚无成约，弗许。女露半面，殷殷窥听，闻两人言，眦泪欲堕。媪视女面，因翁哀请，即亦许之。至夜翁出，女果至，就榻鸣泣曰："昔年妾状今到君耶！此中况味，要不可不使君知。然羸顿如此，急切何能便瘳？妾请为君一吟。"生亦喜。女亦吟王建前作。生曰："此卿心事，医二人何得效？然闻卿声，神已爽矣。试为我吟'杨柳千条尽向西'。"女从之。生赞曰："快哉！卿昔诵诗余，有《采莲子》云：'菡萏香莲十顷陂。'心尚未忘，烦一曼声度之。"女又从之。甫阕，生跃起曰："小生何尝病哉！"遂相狎抱，沉病若失。既而问："父见媪何词？事得谐否？"女已察知翁意，直对"不谐"。

既而女去，父来，见生已起，喜甚，但慰勉之。因曰："女子良佳。然自总角时把柁榱歌，无论微贱，抑亦不贞。"生不语。翁既出，女复来，生述父意。女曰："妾窥之审矣：天下事，愈急则愈远，愈迎则愈拒。当使意自转，反相求。"生问计，女曰："凡商贾之志在于利耳。妾有术知物价。适视舟中物，并无少息。为我告翁：居某物利三之；某物十之。归家，妾言验，则妾为佳妇矣。再来时君十八，妾十七，相欢有日，何忧为！"生以所言物价告父。父颇不信，姑以余资半从其教。既归，所自买货，资本大亏；幸少从女言，得厚息，略相准。以是服秋练之神。生益夸张之，谓女自夸，能使己富。翁于是益揭资而南。至湖，数日不见白媪；过数日，始见其泊舟柳下，因委禽焉。媪悉不受，但涓吉送女过舟。翁另赁一舟，为子合卺。

女乃使翁益南，所应居货，悉籍付之。媪乃邀婿去，家于其舟。翁三月而返。物至楚，价已倍蓰。将归，女求载湖水；既归，每食必加少许，如用醯酱焉。由是每南行，必为致数坛而归。后三四年，举一子。

一日涕泣思归。翁乃偕子及妇俱入楚。至湖，不知媪之所在。女扣舷呼母，神形丧失。促生沿湖问讯。会有钓鲟鳇者，得白骥。生近视之，巨物也，形全类人，乳阴毕具。奇之，归以告女。女大骇，谓凤有放生愿，嘱生赎放之。生往商钓者，钓者索直昂。女曰："妾在君家，谋金不下巨万，区区者何遂靳直也！如必不从，妾即投湖水死耳！"生惧，不敢告父，盗金赎放之。既返不见女。搜之不得，更尽始至。问："何往？"曰："适至母所。"问："母何在？"睟然曰："今不得不实告矣：适所赎，即妾母也。向在洞庭，龙君命司行旅。近宫中欲选嫔妃，妾被浮言者所称道，遂敕妾母，坐相索。妾母实奏之。龙君不听，放母于南滨，饿欲死，故雁前难。今难虽免，而罚未释。君如爱妾，代祷真君可免。如以异类见憎，请以儿掷还君。妾自去，龙宫之奉，未必不百倍君家也。"

生大惊，虑真君不可得见。女曰："明日未刻，真君当至。见有跛道士，急拜之，入水亦从之。真君喜文士，必合怜允。"乃出鱼腹绫一方，曰："如问所求，即出此，求书一'免'字。"生如言候之。果有道士蹩躠而至，生伏拜之。道士急走，生从其后。道士以杖投水，跃登其上。生竟从之而登，则非杖也，舟也。又拜之，道士问："何求？"生出罗求书。道士展视曰："此白骥翼也，子何遇之？"蟾宫不敢隐，详陈始末。道士笑曰："此物殊风流，老龙何得荒淫！"遂出笔草书"免"字如符形，返舟令下。则见道士踏杖浮行，顷刻已渺。归舟女喜，但嘱勿泄于父母。

归后二三年，翁南游，数月不归。湖水俱罄，久待不至。女遂病，日夜喘急，嘱曰："如妾死，勿瘗，当于卯、午、酉三时，一吟杜甫《梦李白》诗，死当不朽。待水至，倾注盆内，闭门缓妾衣，抱入浸之，宜得活。"喘息数日，奄然遂毙。后半月，慕翁至，生急如其教，浸一时许，渐苏。自是每思南旋。后翁死，生从其意，迁于楚。①

---

① ［清］蒲松龄. 聊斋志异. 南京：凤凰出版社，2010：82.

第三章 传统"吟诵"的历史

吟诵在我国有着源远流长的历史，它发端于先秦，发展于汉魏六朝，兴盛于唐代，蓬勃于宋元明清，在我国文化传统中一脉相承，被看做我国传统文化中的瑰宝。虽然古代吟诵限于保存的困难以及音乐曲谱残存的局限，加之它是以口耳相传的方式传承，给我们今天一览古代各时期的吟诵的原貌带来可想而知的困难，甚至几乎成为一种不可能完成的奢望。但是从散乱繁芜的文献典籍记载的梳理中，也可见其在各时代鲜活真实的存在状态。

第一节 先秦两汉的吟诵

在先秦到两汉时期，诗歌的创作处于一种相对感性的状态之中，诗人写诗，诚如严羽在《沧浪诗话》中对汉魏古诗的评价——"不假悟"，即很少动用纯粹"理性思维"，全凭一己所感，所以"气象浑沌，不可句摘"、"浑然天成，从肺肝间流出"，这种诗歌创作的直感不悟性可以说是先秦直至汉魏诗歌创作的重要特点。由此创作出来的诗歌，是从诗人心间流淌出来的声音，可以说是纯净自然的"声诗"。此时期的吟诵同样表现出重声重感的特点，所谓重声重感，即重视吟诵时音乐之声本身所带来的直感。这段时期内吟诵是在自然的吟读中感受感知，不加理解浑然天成。以下我们从不同时期的文献记载中考察吟诵的"声感"特征，从先秦至两汉，经历了怎样的历程。

一、先秦时期的吟诵

吟诵已然成风，无论是统治阶层极力倡导，还是"学在四夷"的发展普及，吟诵一直是重要的教学及学习方法。这种以声为教，以声为学的方式，和我国传统教化中对礼乐文化的重视不无关系，而诗歌在当时作为"声诗"，与音乐相依相生，吟诵所蕴含的直感教育和学习之法，逐渐由统治阶层慢慢普及到士人与更广的庶民阶层。

有学者如胡俊林先生，考证吟诵的渊源认为可追溯到夏朝，甚至可追溯到诗歌发源的远古时代。① 我们都知道唐尧时期的《击壤歌》、虞舜时代的《南风歌》、《庆云歌》，从题目而言可知其已然是传播当时的"声诗"，但是有文献可考的吟诵记载实始于周代。

《周礼·春官宗伯·大司乐》中记载："以乐语教国子，兴、道、讽、诵、言、语。"② 对讽和诵的含义，郑玄注曰："倍文曰讽，以声节之曰诵。"指出讽诵之区别在于诵有声音上的节奏节制，贾公彦疏释曰："云'倍文曰讽'者，谓不开读之。云'以声节之曰诵'者，此亦皆背文，但讽是直言之，无吟咏，诵则非背直文，又为吟咏以声节之为异。"可以说是对郑玄注解的进一步阐释。许慎《说文解字》对二者的词义采取互训的方式："讽，诵也；诵，讽也。"③ 段玉裁对此总结说："《周礼今注》析言之，讽诵是二；许统言之，讽诵是一也。"孙诒让《周礼正义》引清徐养原的话也认为："讽如小儿背书声，无回曲；诵则有抑扬顿挫之致。"可见讽诵都是一种读书的方式，而诵更接近于今天我们所理解的吟诵，即吟读诗文时声调有高下，节奏有变化，音律有起伏。从这段记载中，可见吟诵是当时教育机构太学和小学里开设的一门必修课。《礼记·文王世子》载："凡学（郑玄注，教也）世子及学士，必时。……春诵，夏弦，大师诏之。"郑玄注曰："诵谓歌乐也；弦诗以丝播诗。"唐代孔颖达《礼记正义》曰："'诵谓歌乐'者，谓口诵歌乐之篇章，不以琴瑟歌也。"从中我们可以进一步确定，"诵"是在抑扬顿挫的声调中读诗背诗的方法，和歌唱有着明显区别，区别之处在于有无乐器伴奏。吟诵的课程在当时是在春天开课，在时间上有着明确的规定，可见吟诵作为教学内容之一的重要。《礼记·内则》："十有三年，学乐、诵诗、舞勺。"等到十三岁的时候，诵诗的学习已经纳入必须学会的技能之一。

《周礼·春官·瞽蒙》称："瞽蒙掌播鼗、柷、敔、埙、箫、管、弦、歌。讽诵诗，世奠系，鼓琴瑟。掌九德六诗之歌，以役大师。"郑玄注："讽诵诗，谓闇读之，不依咏也。"贾疏云："不依琴瑟而咏也。"孙诒让《周礼正义》："不依咏，谓虽有声节，仍不必与琴瑟相应也。"这些注释都进一步说明了吟诵和弦歌的区别在于有无伴奏。可见周朝在宗庙祭祀以及大会宾客等场合，都会诵诗奏乐，规矩严谨，井然有序。所以吟诵的教学在当时是一种由统治阶层倡

---

① 详见胡俊林. 论中华吟诵文化的发祥起源. 内江师范学院学报. 2006 年第 01 期.

② [汉] 郑玄注，[唐] 贾公彦疏. 周礼注疏（十三经注疏本），上海：上海古籍出版社，1997：787.

③ [汉] 许慎. 说文解字. 北京：中华书局，1963：51.

导的行为，既是一种重要的知书达理的读书之道，也是外交场合中一种重要的礼仪常识。

由此可知在周代，吟诵在官方意识形态的积极推动下，已然成为一种教学方式，也是重要的社交场合中的一种接待礼仪。吟诵作为"声诗"直感性的表现方式，自然而然地运用在知识传授学习以及其他方面，这种对吟诵的提倡正如周代对音乐的重视，同样是在声音的起伏和旋律中承载文化的内涵，从而在直接感受中熏陶人心，化成礼乐之仪。

此外我们不得不单独来看看春秋战国时代吟诵的状态。春秋战国在学术和教育上的一个突出特点是"天子失官，学在四夷"，由于周王室的衰弱，官学下移于诸侯国最后下移于民间，"士"阶层崛起以及诸子百家的涌现，都是新的历史潮流的表现。

孔子是我国较早出现的教育家，很早就开始"私人办学"，门徒众多。就其自身而言，他是十分精通吟诵的。《吕氏春秋·博志》说："盖闻孔丘、墨翟，昼日讽诵习业。"可知孔子是通过吟诵的方法来温习所学之业，而且日夜不辍，吟诵是其每日坚持的读书行为。《史记·孔子世家》载："三百五篇孔子皆弦歌之，以求合《韶》《武》《雅》《颂》之音，礼乐自此可得而述。"说明孔子能够将《诗经》所有篇目和乐而诵，可见其吟诵之功力已经达到和乐而吟之境。用现在的话来形容说，孔子本身就是一个伟大的吟诵家，而他的伟大还不仅限于自身吟诵功力之深，更在于他在讲学过程中，将吟诵传授给自己的三千弟子。先秦诗歌有着"献诗"、"赋诗"、"听政"、"达政"等等功用，为其时代风气。孔子是极力主张要"弦歌诵书"的，《论语·季氏》有云："不学诗，无以言。"提出了学诗的重要性，那该怎样学诗呢？

《论语·子路》曾曰："诵《诗》三百，授之以政，不达；使于四方，不能专对；虽多，亦奚以为？"可知孔子认为《诗经》要"诵"，学诗要诵，温诗也要诵，充分强调吟诵《诗三百》是行事立世的前提。《墨子·公孟》有曰："儒者诵诗三百，弦诗三百，歌诗三百，舞诗三百。"[1] 毛亨注曰："古者教以诗乐，诵之，歌之，弦之，舞之。"[2] 可知古代包括孔子在内的老师教授《诗经》时，有三种方法，即清词吟诵、吟诵配乐、吟诵配舞，从此倒可以联想起日本以及韩国的吟诵，到今天为止也经常会配乐配舞甚至配以剑术书法等艺术形式，而这种形式在我国古代吟诵模式中都早已存在。

---

① ［清］孙诒让. 墨子闲诂（诸子集成本）. 杭州：浙江古籍出版社，1998：673.
② ［清］孙诒让. 墨子闲诂（诸子集成本）. 杭州：浙江古籍出版社，1998：673.

孔子不仅身体力行地实践吟诵，也在教授学生时殚精竭虑地传授吟诵，在他的弟子之中，就有很多出色的吟诵者。《庄子·让王》记载了孔子弟子曾子吟诵《诗经·商颂》的情景："曾子居卫，缊袍无表，颜色肿哙，手足胼胝。三日不举火，十年不制衣，正冠而缨绝，捉衿而肘见，纳屦而踵决。曳纵绁而歌《商颂》声满天地，若出金石。"①可见曾子吟诵诗歌时，声音饱满动人，十分具有感染力。《韩诗外传》曾有类似的关于孔子另一弟子原宪吟诵诗歌的记载："原宪乃徐步曳杖歌《商颂》而反，声沦于天地，如出金石。"《艺文类聚》（卷五）引晋朝束皙《读书赋》曰："原宪潜吟而忘贱，颜回精勤以轻贫。"可知原宪已经将吟诵化作生命中忘却世俗贫贱哀苦的精神享受。《论语·子罕》记载孔子用"不忮不求，何用不臧"来教导学生，而"子路终身诵之"。可见孔子学生已将吟诵化做自己一生的技艺，在吟诵中忘却世忧，砥砺意志。

从此，我们可见孔子作为当时广收门徒的教育家，本身自是出色的吟者，并将吟诵贯穿于他的教学之中，培养了众多擅长吟诵的学徒，这种传播和影响的广泛是可想而知的。

除孔子以外，其他诸子的著作中也可见吟诵的普及盛况。《墨子》有《经》上下，《庄子·天下篇》记载曰："相里勤之弟子五侯之徒，南方墨者苦获、己齿、邓陵子之属，俱诵《墨经》，而倍谲不同，相谓别墨。"②可见墨子门徒都是以吟诵方式来记忆和学习《墨经》。而上文所引《吕氏春秋·博志》说："盖闻孔丘、墨翟，昼日讽诵习业。"也可知墨子本人也是擅长吟诵的，因而可想见墨子在教授学生时也是离不开吟诵的。《孟子·万章下》曰："又尚论古之人。颂（同诵）其诗，读其书，不知其人，可乎？"③《韩非子·难言篇》曰："时称诗书，道法往古，则见以为诵。"又《庄子·德充符》中有"今子外乎子之神，劳乎子之精，倚树而吟，据槁梧而瞑。"这些记载可见吟诵在诸子聚徒讲学时是一种传授之法，于学习者则是一种记忆之法，也是一种读书修身之道。

以《离骚》为代表的楚辞兴起之际，我们可以看到作为创作诗歌的诗人在当时也是深谙吟诵之道的。屈原在《渔父》中自述："屈原既放，游于江潭，行吟泽畔。"④《史记·屈原列传》中也记载："屈原至于江滨，被发行吟泽

---

① 曹础基. 庄子浅注. 北京：中华书局，1982：437.
② 曹础基. 庄子浅注. 北京：中华书局，1982：496.
③ ［清］焦循. 孟子正义（诸子集成本）. 杭州：浙江古籍出版社，1998：215.
④ ［清］王先谦、刘武撰，沈啸寰点校. 庄子集解（诸子集成本）. 杭州：浙江古籍出版社，1998：412.

畔。"我们可以看到屈原作为当时诗人的典型代表，会在漫步之时，吟诵诗歌，慰藉自己憔悴枯槁的心灵。屈原在《九章·惜诵》中也曾言："惜诵以致愍兮，发愤以抒情"，王夫之《楚辞通释》注释说："惜，爱也。诵，诵读古训以致谏也。"① 由此可见屈原的吟诵除吟诵诗词，还会吟诵古文，而且也经历了一个学习吟诵的过程。

春秋战国时代，吟诵通过孔子、墨子等教授者在讲授私学中广泛传播于民间，尤其是士大夫阶层，继续将之作为一种读书之道来感受，同时在吟诵中直感诗歌或者文辞之魂，修身养性，慰藉心灵。

二、两汉时期的吟诵

秦朝在中国历史上第一次实现了真正的大一统，为时不过十几年，在文化上采取焚书坑儒的极端政策。秦始皇"下焚书之命，行偶语之刑"（《隋书·牛弘传》），达到"有敢偶语诗书者弃市"（《史记·秦始皇本纪》）的地步。然而优秀的文化从来不会在高压中低头。《汉书·艺文志》中记载："诗三百遭秦火而全，以其讽诵，不独在竹帛也。"书籍虽被焚毁，却又通过吟诵的口耳相传保存流传，可知吟诵在那个时代对文化保存的意义之大。

秦亡而汉兴，高祖刘邦高吟《大风歌》："大风起兮云飞扬，威加海内兮归故乡，安得猛士兮守四方！"重新拉开吟诵的帷幕。董仲舒等人以"罢黜百家，独尊儒术"的方式创建起一系列基本制度，其中包括后世考试制度的雏形，学校也伴随官学和私学的并行发展日臻完善，如官学至上而下有太学、校、庠、序；私学有"书馆"和著名经师聚徒讲学等等。班固《东都赋》云："四海之内，学校如林，庠序盈门，献酬交错，俎豆莘莘。下舞上歌，蹈德咏仁。登降饮宴之礼既毕，因相与嗟叹玄德，谠言弘说。咸含和而吐气，颂曰：盛哉乎斯世。"吟诵仍然是作为一种教育学习方式加以传承。《汉书·艺文志》记载："太史试学童，能讽书九千字以上，乃得为吏。"② 可见政府对背诵诗文的要求已经成为官吏考核中的硬性标准。官学和私学中一直作为学习之法的吟诵必然也得到持续的重视，自不待言。我们通过几则故事来看看汉人吟诵的情景：

《汉书·列传三十四上》（卷六十四上）中记载："朱买臣字翁子，吴人也。家贫，好读书，不治产业，常艾薪樵，卖以给食，担束薪，行且诵书。其妻亦负戴相随，数止买臣毋歌呕道中。买臣愈益疾歌，妻羞之，求去。买臣笑曰：

---

① ［清］王夫之. 楚辞通释. 北京：中华书局，1975：65.
② ［汉］班固. 汉书. 北京：商务印书馆，1955：18.

'我年五十当贵，今已四十余矣。女苦日久，待我富贵报女功。'妻恚怒曰：'如公等，终饿死沟中耳，何能富贵？'买臣不能留，即听去。其后，买臣独行歌道中，负薪墓间。"① 四十多年，吟诵不辍，负薪途中，歌吟不绝，舍妻独行，犹未有悔，可见其吟诵之恒心。

《后汉书》卷六十四载：前越嶲太守李文德欲引荐延笃出仕做官，延笃回信说："夫道之将废，所谓命也。流闻乃欲相为求还东观，来命虽笃，所未敢当。吾尝昧爽栉梳，坐于客堂。朝则诵羲、文之《易》，虞、夏之《书》，历公旦之典礼，览仲尼之《春秋》。夕则逍遥内阶，咏《诗》南轩。百家众氏，投间而作。洋洋乎其盈耳也，涣烂兮其溢目也，纷纷欣欣兮其独乐也。当此之时，不知天之为盖，地之为舆；不知世之有人，己之有躯也。"② 朝诵夕吟，洋洋盈耳，忘却天地，不知身处，可见其吟诵之乐趣。

《后汉书·列传七十三》（卷八十三）中载："高凤字文通，南阳叶人也。少为书生，家以农亩为业，而专精诵读，昼夜不息。妻尝之田，曝麦于庭，令凤护鸡。时天暴雨，而凤持竿诵经，不觉潦水流麦。妻还怪问，凤方悟之。其后遂为名儒，乃教授业于西唐山中。"③ 这则故事则可见吟诵之人的专心，入境之时，全然忘却周遭现实。

从以上三个人的吟诵行为中，我们可以看到，汉代学子的吟诵一方面受仕途教育影响，广泛深入，另一方面，可见当时喜好吟诵的士人学子一入吟诵之门，便锲而不舍，在高诵低吟中沉迷留恋，修身养性终成一业。

除此之外，两汉的吟诵从两个方面可以看出其仍然处于重声重感的阶段，一是两汉乐府诗的吟诵必然重视音乐性，因为其从民歌而来，又在政府乐官文人整理之下回归民间，是一种从平民到帝王都普遍喜爱吟唱的文学形式，通俗而充满音乐意味，对此不作细谈；二是汉赋整齐重韵的形式特点也决定了其吟诵十分重视声音乐感。汉代对辞赋的喜爱是由上至下的，诸如司马相如、枚乘、王褒、杨雄等知名文人都曾因善为辞赋而被帝王赏识，又有杜笃、刘毅、傅毅、李尤等人也都因赋文而蒙赏入仕，辞赋的吟诵必然一时成风。汉武帝狩猎之时"令褒与张子侨等并等诏，数从褒等放猎，所幸宫馆，辄为歌颂，第其高下，以差赐帛。议者多以为淫靡不急，上曰：'不有博弈者乎，为之犹贤乎已！'辞赋大者与古诗同义，小者辩丽可喜。辟如女工有绮縠，音乐有郑卫，

---

① [汉] 班固. 汉书. 郑州：中州古籍出版社，1996：839.
② [南朝·宋] 范晔，[晋] 司马彪著. 后汉书（下）. 长沙：岳麓书社，2009：702.
③ [南朝·宋] 范晔，[晋] 司马彪著. 后汉书（下）. 长沙：岳麓书社，2009：9.

今世俗犹皆以此虞说耳目，辞赋比之，尚有仁义风谕，鸟兽草木多闻之观，贤于倡优博弈远矣"①。可见吟诵辞赋在帝王臣子间已经成为一种风气。面对反对之音，汉武帝极力辩解，可见当时帝王对辞赋作品的喜爱。堪称辞赋吟诵经典的一则记录是《汉书·列传》（卷六四下）所载："其后太子体不安，苦忽忽善忘，不乐。诏使褒等皆之太子宫虞侍太子，朝夕诵读奇文及所自造作。疾平复，乃归。太子喜褒所为《甘泉》及《洞箫颂》，令后宫贵人左右皆诵读之。"② 可见辞赋吟诵在当时甚至被认为有缓解身心郁疾的效果，也可知辞赋吟诵在宫廷贵妇间也得以传播盛行。

先秦两汉的诗歌特点是"依声为诗"，吟诵也处于自然而然的直感之领受中。无论是先秦吟诵的礼乐并行，诸子依吟修业，还是秦代靠口耳相诵来传播典籍，直至两汉乐府兴盛带来的吟诵热潮，都是在音乐性的吟诵中来体味修习。

第二节　魏晋六朝时期的吟诵

诗歌创作从汉末开始及至魏晋南北朝时期，慢慢呈现出的一种文人创作意识的自觉，尤其是诗歌创作慢慢独立成为文人创作，不再像先秦两汉时期那样依附音乐，诗人开始认识到诗文吟诵的相对独立性，吟诵的重声重感进入侧重诗文自然的声律状态，不再单纯依附于音乐，而更多源自文字本身的韵律之声。所以虽然这个时期仍然处于"依声为诗"的阶段，但是这种"声感"不同于先秦两汉以音乐之声为重的特点，而转化为以诗人自觉律声为重阶段。此时吟诵在民间和士大夫阶层也逐渐演变为一种相对自觉的行为。

一、学习吟诵的自觉

吟诵的学习开始便得到了统治阶层的极力倡导，从先秦至魏晋六朝，此教学传统一直持续，而到了魏晋六朝时期，吟诵的学习更多了一层自觉的色彩。《南史·循吏传·郭祖深传》："陛下昔岁尚学，置立五馆，行吟坐咏，诵声溢境。"③ 讲到当时的梁武帝设立学馆，学子或行或坐之时，都会吟咏不绝，以致吟诵之声遍布全国。我们不妨看几则当时儿童学习吟诵的故事：

---

① ［汉］班固. 汉书. 郑州：中州古籍出版社，1996：848.
② ［汉］班固. 汉书. 郑州：中州古籍出版社，1996：848.
③ ［唐］李延寿. 南史. （第六册）. 北京：中华书局，1975：1720.

东晋王嘉在《拾遗记》中记载了贾谊九世孙贾逵幼时听读经书：贾逵年六岁，其姊闻邻家读书，日饱逵就篱听之。逵年十岁，乃诵读六经。父曰："我未尝教汝，安得三坟五典诵之乎？"曰："姊尝抱予就篱听读，因记得而诵之。"① 可见贾逵从 6 岁开始在偶然的情况下学习吟诵，时至 10 岁时已经能够吟诵六经之文，他学习吟诵完全出于一种无强迫的自觉意识，多听而成。

《南史·西阳王大钧传》："年七岁，武帝尝问读何书，对曰学《诗》。因令讽诵，即诵《周南》，音韵清雅。"② 从此可知，王大钧 7 岁之时已经能够吟诵《诗经》，且吟诵之调颇为清爽淡雅。《颜氏家训·勉学》："（田鹏鸾）年十四五，初为阉寺，便知好学，怀袖握书，晓夕讽咏。"③ 由此，我们可以知道当时的孩子，从小时开始，便自觉地吟诵且持之不辍。

从孩子自觉吟诵的兴趣和刻苦，不难推知当时吟诵学习的盛行。此外，吟诵在当时，可以说是一种时尚爱好。李愕在《上隋高祖格文华书》中写道："江左齐梁，其弊弥甚，贵贱贤愚，唯务吟咏。"④ 可见当时无论出身怎样，都爱好吟咏诗词，吟诵是一种社会风尚。《晋书·谢安传》："安本能为洛下书生咏。有鼻疾，故其音浊。名流爱其咏而弗能，或手掩鼻以效之。"⑤ 因为洛下书生吟诵之音动听，社会上很多人会刻意学习其鼻音吟诵，可见当时人们学习吟诵完全处于一种爱好和兴趣。正如《颜氏家训·勉学》所言："吟啸谈谑，讽咏辞赋。"⑥ 这可以说是对那个时代人们学习吟诵的生动概括。

二、欣赏吟诵的自觉

魏晋六朝时期，可以说是一个社会极度动荡，然而个性极度张扬的时代，诗歌创作也日渐张扬出各种赤子之色，吟诵在士大夫阶层不再是一种官方意识形态控制下的教学之法，也融入士人的血液成为他们欣赏诗文陶冶心境之法。表现在如下两个方面：

一是自我陶醉的自觉。士人吟诵诗文与写作相结合。《世说新语》记载："桓玄尝登江陵城南楼云：'我今欲为王孝伯作诔。'因吟啸良久，随而下笔。

① ［晋］王嘉. 拾遗记. 北京：中华书局，1931：154.
② ［唐］李延寿. 南史：（第五册）. 北京：中华书局，1975：1342.
③ ［南北朝］颜之推. 颜氏家训（诸子集成本）. 杭州：浙江古籍出版社，1998：1586.
④ ［唐］魏徵. 隋书：（第五册）. 北京：中华书局，1975：1544.
⑤ ［唐］房玄龄等. 晋书：（第七册）. 北京：中华书局，1974：2076.
⑥ ［南北朝］颜之推. 颜氏家训（诸子集成本）. 杭州：浙江古籍出版社，1998：1586.

一坐之间，诔以之成。"① 写作之时先吟诵，在吟诵的自我陶醉中迅速构思成文。《北齐书·儒林传·刘昼传》载："制一首赋，以《六合》为名，自谓绝伦，吟讽不辍。"② 刘昼会把自己创作的赋作反复吟诵，在自得中体会自我陶醉的感觉。而当时很多人吟诵别人作品时，也会沉醉其中。《世说新语·豪爽》篇载："王胡之在谢公坐，咏《离骚》《九歌》：'人不言兮出不辞，乘回风兮载云旗'，语人云：'当尔时，觉一坐无人。'"③ 王胡吟诵楚辞时，甚至会达到忘我状态，不知身置何处，全然忽略周边环境。东晋裴启《语林》载王敦吟诵曹操诗"老骥伏枥，志在千里，烈士暮年，壮心不已"，"击节"叹赏，以致击碎了珊瑚唾壶，可知其吟诵之时自我陶醉之深。

二是互相欣赏的自觉。当吟诵成为人们广泛能之的生活方式时，士人吟诵自我陶醉的同时，也会对其他人的吟诵产生激赏的心态，从吟诵中识人，从吟诵中感会对方的一切。《世说新语·文学》："袁虎少贫，尝为人佣载运租。谢镇西经船行，其夜清风朗月，闻江渚间估客船上有咏诗声，甚有情致；所咏五言，又其所未尝闻，叹美不能已。即遣委曲讯问，乃是袁自咏其所作咏史诗。因此相要，大相赏得。"④《晋书·文苑传》对袁、谢二人的偶遇有类似记载："袁宏（小名"虎"）有逸才，曾为咏史诗。谢尚时镇牛渚，秋夜乘月，微服泛江。值宏在舫中吟咏，遂驻皇甚久，后尚移舟相见，与之谈论，申旦不寐。"⑤ 可见二人因吟诵的互相欣赏而结缘，成为至交好友。《世说新语·雅量》："桓公（桓温）伏甲设馔，广延朝士，因此欲诛谢安、王坦之……王之恐状，转见于色，谢之宽容，愈表于貌。望阶趋席，方作洛生咏，讽'浩浩洪流'。桓惮其旷远，乃趣解兵。"⑥ 此则记载虽有夸张之嫌，但是也可见当时士人对他人吟诵的赏识，不仅赏识其吟诵之美，更能从吟诵之声中感受对方的性情和气魄。

三、研究吟诵的自觉

魏晋六朝时期，诗文理论著作伴随着创作的自觉也有了相应的发展，其中也涉及到了吟诵的自觉研究。关于吟诵的研究跟声律的研究紧密相连，通过西

---

① ［南朝·宋］刘义庆著，余嘉锡笺疏. 世说新语笺疏（上册）. 北京：中华书局，1983：328.
② ［唐］李百药. 北齐书（第二册）. 北京：中华书局，1975：589.
③ ［南朝·宋］刘义庆著. 余嘉锡笺疏. 世说新语笺疏（中册）. 北京：中华书局，1983：712.
④ ［南朝·宋］刘义庆著. 余嘉锡笺疏. 世说新语笺疏（中册）. 北京：中华书局，1983：703.
⑤ ［唐］房玄龄等. 晋书（第八册）. 北京：中华书局，1974：2391.
⑥ ［南朝］刘义庆著，徐震堮校笺. 世说新语校笺. 北京：中华书局，2004：206.

晋陆机、齐梁沈约、周颙等人的探索研究建立起相对系统的声律说，对创作和鉴赏诗歌都产生重要影响，这种影响也波及到吟诵的研究。

沈约在《宋书·谢灵运传论》中提出：

"夫五色相宣，八音协畅，由乎玄黄律吕，各适物宜。欲使宫羽相变，低昂互节，若前有浮声，则后须切响。一简之内，音韵尽殊；两句之中，轻重悉异。妙达此旨，始可言文。至于先士茂制，讽高历赏，子建函京之作，仲宣霸岸之篇，子荆零雨之章，正长朔风之句，并直举胸情，非傍诗史，正以音律调韵，取高前式。"①

此论出现之时，四声已然出现，但是沈约仍然用音乐概念，即宫商、清浊为喻来讨论诗歌的声律特点，认为当时许多经典诗句都源于"讽高历赏"，即吟诵欣赏，借此可充分体会吟诵诗文中的声调变化、轻重变化在诗歌创作中的作用。声韵自出胸臆，而诗句自然天成。

刘勰《文心雕龙》对吟诵更是多有讨论。其在《声律》中提到："声画妍蚩，寄在吟咏，吟咏滋味，流于字句。"指出声律的优美与否，在于吟诵时是否妥帖，而吟诵时的声音律动之感，也会流泻在诗句之中。充分肯定吟诵对于辨别诗歌音律所起到的重要作用。在同一篇中还说"声转于吻，玲玲如振玉，辞靡于耳，累累如贯珠。"指出吟诵时审美的享受如何重要；"故言语者文章，神明枢机，吐呐律吕，唇吻而已。"指出诗文声律与吟诵发音间的关系；"夫音律所始，本于人声者也。声含宫商，肇自血气，先王因之，以制乐歌。故知器写人声，声非学器者也。"②指出诗文创作中吟诵之声的先发性和决定性。

在《文心雕龙》的其他篇幅中，对吟诵也有着很多论述：如《总术篇》曰："听之则丝簧。"指出吟诵诗文听起来如同乐曲一样悠扬；《神思篇》曰："文之思也，其神远矣。故寂然凝虑，思接千载；悄焉动容，视通万里。吟咏之间，吐纳珠玉之声；眉睫之前，卷舒风云之色，其思理之致乎!"③指出在吟诵之声的优美在文思形成中的作用；《比兴篇》曰："拟容取心，断辞必敢。攒杂咏歌，如川之涣。"④指出吟诵之时应当流畅一气；《物色篇》曰："吟咏所发，志惟深远；体物为妙，功在密附。"⑤指出吟诵时所感发的情志是深远

---

① ［南朝·梁］沈约. 宋书（第六册）. 北京：中华书局，1974：1779.

② 以上《声律》中的引文，皆出自［南朝梁］刘勰著，范文澜注.《文心雕龙》注. 北京：人民文学出版社，1958：553.

③ ［南朝·梁］刘勰著，范文澜注. 文心雕龙注. 北京：人民文学出版社，1958：493.

④ 同上，603.

⑤ 同上，694.

的;《风骨》:"沈吟铺辞,莫先于骨。故辞之待骨,如体之树骸。"[1] 指出在诗文布局谋篇之时吟诵在遣词造句时不容忽视。综上所述,可知刘勰虽然并未专列一章来系统论述吟诵,散见于各处的关于吟诵的种种讨论充分证明了其对吟诵研究的自觉。

钟嵘《诗品序》曰:"文多拘忌,伤其真美,余谓文制,本须讽读,不可蹇碍,但令清浊通流,口吻调利,斯为足矣。"[2] 指出诗文创作之后,应当通过吟诵的感受来调整声律旋律,从而克服文中蹇涩不通之处。可见当时的文论研究中已经充分认识到吟诵在诗文创作、欣赏以及修改中所起到的重要作用,这种自觉的研究意识对之后吟诵的发展产生了重要的影响。

魏晋南北朝时期的吟诵,在学习、欣赏以及研究理论方面都具有一种自觉的特点,而其诗歌理论的探讨尤其可见吟诵已经从偏重音乐转为偏重文字音律,但是因为相对完善的声律理论出现较晚,且不够成熟,所以吟诵的自觉仍然处于相对模糊的感性状态,因此可以说这一时期诗歌创作和吟诵的特点也是"依声为诗",吟诵不仅成为士大夫阶层一种外在技艺,也是其修身养性的自然之法。在自觉的"声感"中提升自己的人生境界和对诗文的赏析水平,自然而然,吟诵成风。

第三节 隋唐时期的吟诵

从上述两节对吟诵的追溯,我们可以看到从先秦到魏晋六朝,吟诵的存在处于一种重声重感的阶段,即便后期对吟诵在理论上有所触及,也处于一种相对感性的自觉状态,这与诗歌创作发展初期是依声为诗的特点分不开。而进入隋唐、后则转变为"依悟为诗"。魏晋六朝的部分诗人在创作诗歌时,已经体现出自觉意识,正是在这一时期对声律探讨的基础上,近体诗随之成熟。由隋入唐,诗歌创作进入空前的繁荣期,创作诗歌时,诗人会处于不停地感悟之中,意象成为诗作的中心,吟诵也因此进入重象重会的阶段。吟诵不仅是诗人读诗之法,也是作诗之法,吟诵也随之进入兴盛期。

一、吟诵的体悟是仕途之宝

隋代科举考试制度基本定型,一直延续到唐朝。读书、科考、出仕成为大

---

① [南朝·梁]刘勰著,范文澜注. 文心雕龙注. 北京:人民文学出版社,1958:513.

② [南朝·梁]钟嵘,周振甫译注. 诗品译注. 北京:中华书局,1998:27.

部分学子建功立业的必由之路。科举考试中很多科目都与经书或者辞赋有关，吟诵作为当时读书之法，自然是不二法门。

胡震亨《唐音癸签》（卷二十七）载："唐试士初重策，兼重经。后乃觭重诗赋。中叶后，人主至亲为披阅，翘足吟咏所撰，叹惜移时。或复微行，谘访名誉，袖纳行卷，予阶缘。士益竞趋名场，殚工韵律。"① 这说明唐代科举考试内容逐渐侧重诗赋，而且皇帝作为主考官时，会吟诵所批阅试卷，可见科举考试中文章的可吟性是多么重要，以致中唐以后，士子都特别工于韵律。《全唐诗话》（卷一）载："（朱）庆馀遇水部郎中张籍知音，索庆馀新旧篇，择留二十六章，置之怀袖而推赞之。时人以籍重名，皆缮录讽咏，遂登科。"② 可见当时吟诵在科举登科中所起到的作用。

正因为如此，士子学子才格外注重吟诵诗文。白居易在《与元九书》中写到自己吟诵读书的过程："及五六岁，便学为诗，九岁谙识声韵，十五六始知有进士，苦节读书。二十已来，昼课赋，夜课书，间又课诗，不遑寝息矣。以至于口舌成疮，手肘成胝。"③ 从五六岁开始读书，昼夜努力，以致"口舌成疮"，可见其吟诵之勤勉，可以说是在吟诵的磨砺中成就知识所得。韩愈在《进学解》中说："口不绝吟于六艺之文，手不停批于百家之编。"④ 在《上襄阳相公书》中又言："手披目视，口咏其言，心惟其义。"⑤ 可见其读书之法也是和吟诵紧密相连的，在吟诵中体悟诗词韵味，在吟诵中体会经文大义，在反复的吟咏中将所学谨记于心。晚唐孟郊《夜感自遣》诗说："夜学晓不休，苦吟鬼神愁。"⑥ 可以说是当时读书人吟诵之态的生动描绘。

不夸张地说，在科举考试存在的时代，吟诵是仕途的法宝，学子以吟诵之法体悟诗文精华。吟诵已经化作他们知识体系中的重要环节，在一些重要的时刻，比如行卷和科考之时甚至产生决定性作用。

除了科举考试，吟诵于仕途而言也有重要意义。在为官从政期间，吟诵常发挥着重要作用。比如尤袤《全唐诗话》记载的一则有关朝廷之上以吟诵诗词来讨论国事的故事：

宪宗朝，北狄频寇边，大臣奏议：古者和亲有五利，而无千金之费。帝

---

① ［明］胡震亨. 唐音癸签. 北京：古典文学出版社，1957：237.
② ［清］何文焕. 历代诗话. 北京：中华书局，1981：151.
③ ［唐］白居易. 白居易集. 北京：中华书局，1979：962.
④ ［明］茅坤. 唐宋八大家文钞. 合肥：黄山书社，2010：397.
⑤ ［明］茅坤. 唐宋八大家文钞. 合肥：黄山书社，2010：93.
⑥ ［清］曹寅等. 全唐诗. 北京：中华书局，1960：931.

曰："比闻有士子能为诗，而姓名稍僻，是谁？"宰相对以包子虚、冷朝阳，皆非也。帝遂吟曰："山上青松陌上尘，云泥岂合得相亲？世路尽嫌良马瘦，惟君不弃卧龙贫。千金未必能移性，一诺从来许杀身。莫道书生无感激，寸心还是报恩人。"侍臣对曰："此是戎昱诗也。"京兆尹李銮，拟以女嫁昱，令其改姓，昱固辞焉。帝悦，曰："朕又记得《咏史》一篇云：'汉家青史内，计拙是和亲。社稷因明主，安危托妇人。岂能将玉貌，便欲静胡尘。地下千年骨，谁为辅佐臣？'"帝笑曰："魏绛之功，何其懦也！"大臣遂息和戎之论矣。①

面对和亲这一国家外交大事，唐宪宗用吟诵诗词的方式来平息众议，可见吟诵诗文在政事处理中也会起到意想不到的作用。因此，想要建功立业的士子们该如何看重吟诵便可想而知了。

二、吟诵的品悟是创作之法

诗文创作进入唐代，便进入一个注重意象的时代，如严羽所言"兴象玲珑，无迹可求"，而这种玲珑的兴象靠什么来捕捉？除了天生的资质才华和长期的学养训练以及天时地利的人文土壤，当时的诗人还依靠什么？那就是吟诵，吟诵不再单纯是一种读书之法，也是创作之法。

方干《贻钱塘县路明府》诗云："吟成五字句，用破一生心。"② 即讲诗人借反反复复的吟咏创作诗句，由此可见这种创作是一种用心品悟的过程。李白《答王十二寒夜独酌有怀》诗有句："吟诗作赋北窗里"③，可见天才横溢如李白，也是经常在吟咏中进行诗歌写作的。总之，诗人在创作诗歌时，所兴之情寄托于所见或者所感的意象之中，在一种模糊朦胧的状态中将之慢慢吟出来，但凡有过古体诗创作经验的人应该都有过类似的体验，诚如后来鲁迅所言"吟罢低眉无写处"，诗是先以声音形式吟咏而出，后来落笔生辉。

吟诵在诗歌创作中更为重要的作用在于诗成后的修改。杜甫《解闷十二首》（其七）："陶冶性灵存底物，新诗改罢自长吟。"④ 白易居《郡中闲独寄微之及崔湖州》："酒散更无同宿客，诗成长作独吟人。"可知诗人写完诗后，会在吟咏的品悟中体会韵律，感受意象，体会意境，从而使诗句的声音既流畅于声律之美，又密和于情感之韵。很多诗人甚至会在反复吟咏中反复感悟，直至

---

① ［清］何文焕. 历代诗话. 北京：中华书局，1981：93.
② ［清］曹寅等. 全唐诗. 北京：中华书局，1960：1637.
③ ［清］曹寅等. 全唐诗. 北京：中华书局，1960：416.
④ ［清］曹寅等. 全唐诗. 北京：中华书局，1960：569.

达到自己认为的完美之境。卢延让《苦吟》："吟安一个字，捻断数茎须。"刘得仁《夏日即事》："到晓改诗句，四邻嫌苦吟。"① 这可以说是苦吟改诗的写照。白居易《闻龟儿咏诗》："怜渠已解咏诗章，摇膝支颐学二郎。莫学二郎吟诗苦，才年四十鬓如霜。"虽是对苦吟进行调侃，也可见当时诗人修改诗词过程中的辛苦。难怪贾岛《题诗后》说："二句三年得，一吟双泪流。"

杜诗研究专家萧涤非说："唐诗重音律，特别是律诗，所以必须吟。"可以说唐代律诗的定型和发展，吟诵在其中所起的作用非同一般。诗人在吟诵的感悟中创作和修改诗歌，在吟诵他人诗歌时也会自觉不自觉地积累音韵的经验，如杜甫《又示宗武》："觅句新知律，摊书解满床。试吟青玉案，莫羡紫罗囊。"② 杜甫《夜宴左氏庄》："诗罢闻吴咏，扁舟意不忘。"③ 杜甫《承闻河北诸道节度入朝欢喜口号绝句十二首》："病减诗仍拙，吟多意有余。"④ 吟诵诗文也是一种感悟性的经验的积淀，诗歌不光是一种意象文字的创作，更是一种声律表情的创作，唐代出现那么多优秀的诗歌，与这种吟诵的感悟性创作有着必然联系。

白居易《读李杜诗集因题卷后》："吟咏传千古，声名动四夷。"诗词创作成功后，要在吟咏中传播千古，自然要符合吟诵的意境和味道。以至于孙洙《唐诗三百首》序言中"熟读唐诗三百首，不会吟诗也会吟"的经验之谈，广为接受，吟诵的品悟在创作中的影响可见一斑。

三、吟诵的赏悟是生活之态

在感悟为诗的唐代，人们通过吟诵来感悟生活，感悟生命，在吟诵中娱乐，在吟诵中交流，在吟诵中修身，在吟诵中体验生命的重量和轻盈。吟诵可以说是一种全民化的诗意的生活方式。

（一）全民吟诵。从儿童到长者，从中原到边境，无论贵贱贤愚，无论男女老少，几乎都会吟诵，吟诵不再只是士子和文人的专利，也普及到民间的各个阶层。

《隋书·薛道衡传》："江东雅好篇什，陈尤爱雕虫，道衡每有所作，南人无不吟诵焉。"⑤ 可见在隋代，知名诗人的作品被吟诵传播之广。时至唐代，吟诵更是兴盛。在那个时代诗词的清吟也被称为"歌"如"与君歌一曲，请君

---

① ［清］曹寅等. 全唐诗. 北京：中华书局，1960：1930.

② ［清］曹寅等. 全唐诗. 北京：中华书局，1960：573.

③ ［清］曹寅等. 全唐诗. 北京：中华书局，1960：544.

④ ［清］曹寅等. 全唐诗. 北京：中华书局，1960：570.

⑤ ［唐］魏徵等. 隋书（第五册）. 北京：中华书局，1975：1544.

为我侧耳听"、"君歌且休听我歌，我歌今与君殊科"，这种所谓的"歌"都是指不配音乐的吟诵诗词。任半塘先生在《唐声诗》里对唐代诗歌传唱的盛况有详细介绍，并以大量材料证明唐诗很多作品都是广为传唱的。杜甫《屏迹三首》其一："犹酌甘泉歌，歌长击樽破。"① 刘禹锡《酬令狐相公六言见寄》云："今日便令歌者，唱兄诗送一杯。"② 可以说是当时诗歌吟诵的描述。

孙光宪《北梦琐言》（卷六）载："（陆龟蒙）一旦顿作诗五十首，装为方干新制，时辈吟赏降仰，陆谓曰：此乃下官效方干之作也。"③ 一旦诗人有新作问世，当时文人便会吟诵赏悟，蔚然成风。《唐诗纪事》（卷三十七）载："穆宗时，嫔御多诵（元）稹诗，宫中号为元才子。"④ 可知，宫中嫔妃喜吟擅诵；白居易《与元九书》云："及再来长安，又闻有军使高霞寓者，欲聘娼妓，妓大夸曰：'我诵得白学士《长恨歌》，岂同他妓哉？'由是增价。"⑤ 可知，娼妓吟诵水平甚至决定她们的身价高低。《全唐诗话》（卷一）载："（李百药）藻思沉郁，尤长五言，虽樵童牧子，亦皆吟讽"⑥。可见即便最底层的樵童牧子亦解吟诵之乐；李忱《吊白居易》中写道："童子解吟《长恨曲》，胡儿能唱《琵琶篇》。"⑦ 可知不仅孩子连少数民族地区也吟诵诗词。由此可以知道，在那个充满诗意的时代，吟诵从上到下，从老至幼，是一种全民活动，几至无人不会吟，无人不会歌的盛况。

（二）交际吟诵。当时不仅私人间以吟诵结识，也以吟诵来交流感情，在群体聚会的时候，吟诵也是大家娱乐和营造氛围的方式，如同我们现在会去歌厅里豪饮聚唱，那时人们聚在一起会吟诵诗词来宣泄情绪，沟通感情。

黄彻《䂮溪诗话》（卷十）："《因话录》载，吴兴僧皎然工律诗，尝谒韦苏州于舟中，抒思作古体十数篇为赞，韦全不称赏。皎然极失望，明日写旧制献之。苏州吟讽大加叹味，因语皎然曰：'几至失声名。何不但以所工见投，而猥希老夫意？'"⑧ 可知在以文识友的时候，吟诵成为必然环节，在吟咏对方诗词中感叹体味，从而引为知己或者大加赏识。白居易《洪州逢熊孺登》诗则写

---

① ［清］曹寅等. 全唐诗. 北京：中华书局，1960：556.
② ［清］曹寅等. 全唐诗. 北京：中华书局，1960：889.
③ ［唐］孙光宪. 北梦琐言. 北京：中华书局，2002：137.
④ ［宋］计有功. 唐诗纪事. 上海：上海古籍出版社，2008：564.
⑤ ［唐］白居易. 白居易集. 北京：中华书局，1979：963.
⑥ ［清］何文焕. 历代诗话. 北京：中华书局，1981：64.
⑦ ［清］曹寅等. 全唐诗. 北京：中华书局，1960：64.
⑧ 丁福保. 历代诗话续编. 北京：中华书局，1981：397.

道："靖安院里新蒉下，醉笑狂吟气最粗。"① 老友相逢，把酒畅饮，那种意气相投之乐也只有"醉笑狂吟"能恰如其分地宣泄和表达。

《全唐诗话》（卷一）载："景龙中，中宗引近臣宴集，令各献伎为乐。张锡为《谈容娘舞》，宗晋卿舞《浑脱》，张洽舞《黄裳》，杜元琰诵《婆罗门咒》，（李）行言唱《驾车西河》，卢藏用效道士上章，国子司业郭山恽请诵古诗两篇，诵《鹿鸣》、《蟋蟀》未毕，李峤以诗有'好乐无荒'之语，止之。"② 无论结局如何，我们可知，在皇帝宴饮之时，吟诵诗词也是可以作为一种技艺加以展示，娱乐凑趣，营造氛围。段成式《酉阳杂俎》载："余因请坐客各吟近日为诗者佳句，有吟贾岛'旧国别多日，故人无少年'。马戴'猿啼洞庭树，人在木兰舟'，又'骨消金镞在'。有吟僧无可'河来当寒断，山远与沙平'，又'开门落叶深'。有吟张祜'河流侧让关'，又'泉声到池尽'。有吟僧灵准诗'晴看汉水广，秋觉岘山高'。有吟朱景玄'塞鸿先秋去，边草入夏生'。余吟上都僧无础'寺隔残潮去'，又'采药过泉声'，又'林塘秋半宿，风雨夜深来。'"③ 朋友聚会，何以乐之？唯有吟诵。我们可以想象他们聚在一起时吟咏诗词时的热切和快意。人们交际之中，吟诵成为一种桥梁，在诗文高低起伏的吟咏歌唱中，人们娱人娱己，表情达意，这种诗意的沟通和娱乐方式，无疑使吟诵更加深入人心。

（三）生命吟诵。在以悟为诗的这个时期，吟诵贯穿很多人的一生，对他们而言，吟诵不仅是学习之法，也是生活和生命的一部分。失意也好，得意也罢，几乎日日不离吟诵，吟诵已经化作他们血液里流淌的音符，随时随地轻叩他们的灵魂，亦在一些时刻高昂他们的精神。

首先，毕生吟诵，日日不辍。

杜荀鹤《秋日闲居寄先达》："乍可百年无称意，难教一日不吟诗。"白易居《白发》："歌吟终日如狂叟，衰疾多时似瘦仙。"又有"终日歌吟如狂叟"。李贺《东屯月夜》："葛衣断碎赵城秋，吟诗一夜东方白。"从此我们可见当时诗人是日日吟诵，从未懈怠的。吟诵诗文已经成为他们日常生活的一部分，而且终身贯穿。杜荀鹤《湘中秋日呈所知》："四海无寸土，一生惟苦吟。"孟郊《送卢郎中汀》："一生空吟诗，不觉成白头。"白居易在《与元九书》谈到吟诵

---

① ［唐］白居易. 白居易集. 北京：中华书局，1979：372.
② ［清］何文焕. 历代诗话. 北京：中华书局，1981：73.
③ 转引自［宋］计有功. 唐诗纪事. 上海：上海古籍出版社，2008：875.

时说："偶同人，当美景，或花时宴罢，或月夜酒酣，一咏一吟，不知老之将至。"① 晚年时更称自己为"醉吟先生"，我们可见吟诵是诗人一生的灵魂伴侣，不离不弃。

其次，触景吟诵，有感而发。

《全唐诗话》（卷二）载："德宗西幸，有神智骢、如意骝二马，谓之功臣。一日，有进瑞鞭者，上曰：'朕有二骏，今得此可为三绝。'因吟（韩）翃《观调马诗》云：'鸳鸯赭白齿新齐，晓日花间放碧蹄。玉勒乍回初喷沫，金鞭欲下不成嘶。'"② 触景生情之时，欣然吟诵，可谓感兴之至。杜甫《乐游园歌》："此身饮罢无归处，独立苍茫自咏诗。"③ 独立游园，无所可归之时，诗人自然而然想到的是吟咏诗词。白易居《同韩侍郎游郑家池吟诗小饮》中有"醉听轻吟胜管弦"，与游览池水之际，饮酒吟诗的感悟之状欣然可见。其在《宿湖中》也言，"纵有笙歌不废吟"，可见其触景有感之时，即使笙歌可伴，也仍然会吟诗取兴。

最后，修心吟诵，接近顿悟。

杜甫《夜听许十诵诗爱而有作》："诵诗浑游衍，四座皆辟易。应手看捶钩，清心听鸣镝。"④ 杜甫在倾听吟诵之时，心智清明，可见其感悟之深。李白《游泰山六首》（其四）："清斋三千日，裂素写道经。吟诵有所得，众神卫我形。"⑤ 李白在吟诵的过程中，会臻入悟道之境。姚合《武功县中》："山宜冲雪上，诗好带风吟。"⑥ 雅兴来时，迎雪登山，临风而吟，何其沉醉？《全唐诗》（卷806）载："寒山子，不知何许人，居天台唐兴县寒岩，时往还国清寺。以桦皮为冠，布裘弊履，或长廊唱咏，或村墅歌啸，人莫识之。"⑦ 此人可谓闲云野鹤，在唱咏歌啸中修行己心，才得如此神骏之姿吧。《古今诗话》载："上官仪凌晨入朝，循洛堤步月，徐辔咏诗，音韵清亮，望之犹神仙。"⑧ 可见当时文人吟诵诗文之时，常常进入一种忘我的状态中，沉醉其中，感悟其中，其心得修，其神得升，可以说吟诵在一些吟诵者那里，是一种修心顿悟的

---

① ［唐］白居易. 白居易集. 北京：中华书局，1979：965.
② ［清］何文焕. 历代诗话. 北京：中华书局，1981：100.
③ ［清］曹寅等. 全唐诗. 北京：中华书局，1960：511.
④ ［清］曹寅等. 全唐诗. 北京：中华书局，1960：512.
⑤ ［清］曹寅等. 全唐诗. 北京：中华书局，1960：417.
⑥ ［清］曹寅等. 全唐诗. 北京：中华书局，1960：1260.
⑦ ［清］曹寅等. 全唐诗. 北京：中华书局，1960：1975.
⑧ 转引自［宋］计有功. 唐诗纪事（卷六）. 上海：上海古籍出版社，2008：73.

感受方式。

隋唐之际,诗歌处于依悟为诗的中期,吟诵也随之进入重象重意的阶段,诗人无论读诗作诗都要依靠吟诵来品读感悟,世人无论是独处还是群居都要靠吟诵来调节减压。吟诵演化为一种全民性活动,在某些个体那里甚至演变成一种修心参悟之道。吟诵可谓进入空前的繁盛状态,用如火如荼来形容也不为过。

第四节　宋元明清时期的吟诵

宋元明清四代,伴随理学的发展兴起,诗歌的创作进入一种依理为诗的时期,加之词曲的出现和戏曲的发展,诗人在创作中融入很多知性因素,吟诵也进入重智重思的阶段,除了一如既往的爱好吟诵,将之作为生活学习的重要组成部分,很多学者从理论上对吟诵有很多总结和讨论,可以说吟诵在这段时期内的蓬勃生辉表现在思理的探索,人们吟诵的时候更多了一层理性的色彩。宋元明清随着依理为诗时代的到来,吟诵最明显的变化是多了理性的成分,探索相关理论,角度多元,吟诵更加深入。

一、宋元时期的吟诵

宋元时期,随着理学的兴起,诗歌创作讲求理致,吟诵也随之散发理性的光芒。

（一）编撰相配教材,吟诵更为普及

伴随科举制度的稳定和发展,私塾教育遍地开花。而蒙学教材不再局限于四书五经这些经典,更出现许多朗朗上口的基础性教材,如宋代的《百家姓》（陆游《秋日郊居》可证）、《千家诗》（刘克庄）、《三字经》（王应麟）,都是专为儿童启蒙而编撰的教科书,加之前代流传的如《千字文》（南朝梁·周兴嗣）等,可以说形成了与幼学吟诵配套的教材。这种风气为后世所继承,明代的《幼学琼林》（程登吉）、《龙文鞭影》（萧良有、杨臣铮）、清代的《格言连璧》（金缨）、《唐诗三百首》（蘅塘退士）、《增广贤文》（作者存疑）等等,可以说是这一传统的延续和发展。

明吕得胜之子吕坤《读小儿语·序》说:"小儿习先君语,如说话,莫不鼓掌跃诵之,虽妇人女子,亦乐闻而笑,最多感发。"[1] 可见这些吟诵的蒙学

---

① ［明］吕坤. 续小儿语. 北京：中华书局,1985：1.

教材不仅孩子喜闻乐诵，妇女也常受影响。晚清李恩绶指出："明贤《龙文鞭影》一书，风行。童子入塾后，为父师者，暇即课其记诵，盖喜其字句不棘口，注中隶事甚多也。"① 可见私塾先生常常督促学生吟诵这些蒙学教材，甚至达到完全记忆的效果。

正是这些相配的蒙学教材，使吟诵得以向下普及，在民间广为流传。当时蒙学教材的作者，在编写过程中，肯定是考虑到了通过吟诵普及知识的作用，因而才格外注重音律的朗朗上口和节奏的简单鲜明，这可以说是一种目标明确充满理性的编著行为，可见吟诵在当时启蒙教育中已经具备鲜明的理性色彩，而不再是一味是感性的体悟。

（二）探讨相关理论，吟诵更为有法

吟诵方法的探讨如吟诵时可适当加进衬字，从而来把握情感意趣。宋代陈师道《赠王聿修商子常》："善吟古诗者，点缀一二好字，高唱起而知其意所在矣。"指出吟诵诗词之时，可以自己随感觉加进衬字，能更好地体会诗歌意向所在。从《诗经》、《楚辞》开始，古诗词中对衬字的使用可谓由来已久，陈师道指出在吟诵时可以加进衬字，可说是充分体会到诗词吟诵时个体表达情感方式的多样性。当下古谱吟唱的一些曲子，就有反复或者加进衬字的，可见此一问题早已为当时学者所注意到，而这种理论的提出，则使吟诵有法可依。

（三）总结相类特点，吟诵更为有致

关于吟诵特点的总结，大致有如下三方面：

1. 吟诵要美读，吟者先天条件和后天水平会影响吟诵的水平。苏轼作为伟大的诗人是精通吟诵之道的。其在《雪夜书北台壁二首》曰："老病自嗟诗力退，空吟冰柱忆刘叉。"② 苏轼《定惠院寓居月夜偶出》又说："清诗独吟还自和，白酒已尽谁能借？"③ 可见其是经常自己清吟独诵的。周密《齐东野语》中记载："昔有以诗投东坡者，朗诵之，而请曰：'此诗有分数否？'坡曰：'十分。'其人大喜。坡徐曰：'三分诗，七分读耳。'"④ 可见苏轼充分认识到吟诵水平的高低可决定一首诗词感染力高低，吟诵存在一个美读的问题，取决于吟者吟诵的水平。

2. 吟诵有清吟和配乐之别，表现形式多样。南宋罗大经《鹤林玉露》：

---

① 熊承涤. 中国古代学校教材研究. 北京：人民教育出版社，1996：276.
② ［宋］苏轼. 苏轼诗集（第四册）. 北京：中华书局，1982：656.
③ ［宋］苏轼. 苏轼诗集（第四册）. 北京：中华书局，1982：1033.
④ ［宋］周密. 齐东野语. 北京：中华书局，1983：369.

"余摘十首题壁间，每菜羹豆饭饱后，啜苦茗一杯，偃卧松窗竹榻间，令儿童吟诵数过，自谓胜如吹竹弹丝。今记于此。"① 由此可知，这种吟诵是不需配乐的清吟，而这种清吟之法在文人读书或者自娱之时最为普遍，是古代吟诵的主流。宋陈与义《归洛道中》："人生扰扰成底事，马上哦诗日又斜。"金代元好问《和党承旨（雪）诗》（之二）："白头两遗编，吟唱心自足。"这种吟诵都是无配乐的独自清吟。至于配乐的吟诵，则更多见于词的吟唱了，对此学者讨论颇多。总之，当时人们已经意识到吟诵配乐与清吟是不同形式，文人闲居独处时，更倾向于清吟曼诵。

3. 沉潜吟诵，可知义理情趣之妙。朱熹《朱子语类》（卷一百四）载："大凡读书，多在讽诵中见义理。况《诗》又全在讽诵之功，所谓'清庙之瑟，一唱而三叹'，一人唱之，三人和之，方有意思。又如今诗曲，若只读过，也无意思；须是歌起来，才见好处。"② 可知，朱熹认为在吟诵中可以获得书中义理，只有吟诵出来，才能更好地体会义理之趣。对此，后世学者也十分认同。如明代胡居仁《居业录》（卷八）云："《诗》之所以能兴起人心之善者，以人情事理所在，又有音韵以便人之歌咏吟哦，吟咏之久，人之心自然歆动和畅。"③ 认为吟诵时可以在声音旋律中体会人情事理，和顺人心。明代薛敬轩《敬轩文集》曰："稍得休暇，即执卷吟诵，紬思乎义理之微而沉潜乎圣贤之奥，慎察乎言行之间而震发乎六艺之音。"④ 在吟诵可体悟出圣贤义理的深奥微妙之处。要在吟诵中沉潜方得义理滋味。晚清曾国藩《曾国藩文集》云："如四书，诗、书、易、左传、昭明文选，李、杜、韩、苏之诗，韩、欧、曾、王之文，非高声朗诵则不能得其雄伟之慨，非密咏恬吟则不能探其深远之趣。"⑤ 也认为只有在吟诵当中才能体会作者深慨之气和作品深远之趣。总结吟诵功用特点的理论可谓延续不绝。

二、明代的吟诵

随着明代理学的继续发展，学者对吟诵有更多的探索和思考。

首先是吟诵特点的探讨，与宋代相关讨论比较，更加细致具体：

（一）吟诵的韵调并不统一，千差万别。首先明代刘绩《霏雪录》曰："唐

---

① ［宋］罗大经. 鹤林玉露. 北京：中华书局，1983：25.
② ［宋］朱熹. 朱子语类四. 长沙：岳麓书社，1997：2351.
③ ［明］胡居仁. 居业录. 北京：中华书局，1985：125.
④ ［明］薛瑄. 薛瑄全集（上）. 太原：山西人民出版社，1990：650.
⑤ ［清］曾国藩. 曾国藩家书（上）. 福州：时代文艺出版社，2006：163.

人诗一家有一家之调,高下疾徐皆为吕律,吟而绎之,令人有闻《韶》忘味之意。"① 指出唐代各家皆有自己的吟诵之调,各不相同,吟诵之时可以体验出来。这可以说是认识到了吟诵腔调的多样性和多重性,不仅因时代有别,即使是同一时代的吟诵韵调也千差万别。

(二)追溯源头,吟诵与音乐相连。明刘濂《乐经元义》云:"六经缺乐经,古今有是论矣。愚谓乐经不缺,三百篇者乐经也,世儒未之深考耳。夫诗者声音之道也,若夫子删诗,取风雅颂——弦歌之,得诗得声者三百篇,余皆放逸,可见诗在圣门辞与音并存矣。……惟所谓诗者以辞义寓于声音,附之辞义,读之则为言,歌之则为曲,被之金石弦管则为乐,三百篇非乐经而何哉?"② 刘濂认为《诗经》既是古代乐经,充分肯定了诗词配乐吟诵的功能。明代李东阳在《击音序》云:"诗至唐,古调亡矣,然自有唐调可歌咏,高者犹足被管弦。宋人主理不主调,于是唐调亦亡。"③ 这段文字认为有唐一代,唐前的配乐吟诵的调子亡佚,而唐诗中不乏可配乐而吟之作,到了宋代,唐代可以配乐吟诵的诗调便也丢失殆尽。一方面指出诗配乐调由来已久的特点,也深刻地指出每个时代的吟诵诗调都有新兴,从而取代了过去的调子。这对音乐和诗歌的关系流变做了较为准确的概括,但是在这些兴废交替之中,与它们都紧密相连的吟诵却一直延绵不绝。

(三)吟诵可以自我发挥,各得其情。清人王夫之在《姜斋诗话》中提出读书之时可以"博譬广引",他认为:"作者用一致之思,读者各以其情而自得。"④ 古代所谓读书也就是用吟诵之法来读,因此可以说这种观点也是对吟诵的界定。也即每个人在吟诵之时,可以根据自己的体会引申发挥,读出自己的感情基调来。王夫之在其《石崖先生传略》中说:"尝记庚午除夜,兄(王介之)侍先姚拜影堂后,独行步廊下,悲咏长安一片月之诗,宛转唏嘘,流涕被面。夫之幼而愚,不知所谓。及后思之,孺慕之情,同于思妇,当起必发,有不自知者存也。"⑤ 可见,无论作者情感主题为何,只要吟者在某种境况下觉得此诗恰好可以表达自己情感,便也会不自觉地吟诵,以畅其情,前提就在于诗歌在声音表达里会传达一种感情基调,无论所写为何,这种声音性的感情基调却是相符的,而吟者可以超越文字内容的局限,通过音情基调体会诗词意

① 朱谦之. 朱谦之文集(2). 福州:福建教育出版社,1995:421.
② 陈伯海编. 唐诗汇评. 杭州:浙江教育出版社,1995:3168.
③ 李庆立. 怀麓堂诗话校释. 北京:人民文学出版社,2009:47.
④ [清]王夫之著,戴洪森笺注. 姜斋诗话笺注. 北京:人民文学出版社,1981:4.
⑤ [清]王夫之. 姜斋文集(第十五册). 长沙:岳麓书社,2011:101.

境，合于己境，各得其情。

其次是吟诵功用的探讨，宋代朱熹对吟诵功用特点的探讨，注重义理情趣，和宋人注重内心自省的理学精神密不可分。明代关于功用的探讨则更加集中于吟诵对诗歌创作规律的影响，很多观点也为清人继续发扬：

（一）密咏恬吟，可知格律声韵之妙。

明代李东阳《怀麓堂诗话》写道："今泥古诗之成声，平侧短长，句句字字，摹仿而不敢失，非惟格调有限，亦无以发人之情性。若往复讽咏，久而自有所得，得于心而发之乎声，则虽千变尤化，如珠之走盘，自不越乎法度之外矣。如李太白《远别离》，杜子美《桃竹杖》，皆极其操纵，曷尝按古人声调？而和顺委曲乃如此。固初学所未到，然学而未至乎是，亦未可与言诗也。"① 认为诗歌在创作的时候没必要拘泥于古已有之的固定模式，而应该在反复的吟诵之中，体悟到如何让心灵之声自然而然地随着声调表现出来，认识到吟诵在诗歌创作中所起到的重要作用。

清代沈德潜《说诗晬语》说："诗以声为用者也，其微妙在抑扬抗坠之间。读者静气按节，密咏恬吟，觉前人声中难写、响外别传之妙，一齐俱出。"② 又说："使听者低徊不倦，非以扬音抗节有出于天籁乎，若意求之，殊非宗旨。"③ 指出诗歌的声韵是抑扬起伏的，这种微妙的声韵感悟，不能靠刻意追求理性思索而来，只有在吟诵的感官体悟中，反复浸润，才尽其致。

清人黄子云《野鸿诗的》："音节非平仄之谓，又非语言可晓。如挝鼓者，轻重疾徐，得之心而自应之手耳。其法若何，熟读自明。"④ 认为诗词音节并非只是遵循平仄格律那样简单，也不是通过理论可知晓，必须如击鼓之人在反复吟诵中掌握其技巧。

晚清曾国藩说："先之以高声朗诵，以昌其气，继之以密咏恬吟，以玩其味。二者并进，使古人之声调，拂拂然若与我之喉舌相习，则下笔为诗时，必有句调凑赴腕下。诗成自读之，亦自觉琅琅可诵，引出一种兴会来。古人云'新诗改罢自长吟'，又云'锻炼未就且长吟'，可见古人惨淡经营之时，亦纯在声调上下功夫。盖有字句之诗，人籁也；无字句之诗，天籁也。解此者，能使天籁人籁凑泊而成，则于诗之道思过半矣。"⑤ 首先指出吟诵可以感悟古人

① ［明］李东阳著，李庆立校释. 怀麓堂诗话校释. 南京：人民文学出版社，2009：169.
② ［清］沈德潜. 说诗晬语. 南京：凤凰出版社，2010：82.
③ ［清］沈德潜. 说诗晬语. 南京：凤凰出版社，2010：82.
④ 钱仲联主编. 清诗纪事（7）. 南京：江苏古籍出版社，1987：4559.
⑤ ［清］曾国藩. 曾国藩家书（上）. 长春：时代文艺出版社，2006：163.

声调之妙，从而形成自己的创作声调。其次吟咏品悟自己的作品，也得一种声韵感会。还认为创作进入困境之时，就要在声调上进行吟诵，从而调整诗作。

可以说这一时期的学者普遍认为密咏恬吟的吟诵，可以让读者探知格律声韵之妙，感悟其中不可言传之道，从而使自己的创作突破旧法度，继承前人声调运气方面的精华所在，形成自己的声韵创作方面的能力。

（二）微吟常诵，可知情辞情之妙。

晚明钟惺在《古诗归》（卷五）对汉乐府《古歌》评价说："此歌，态生于情，情生于调，微吟自知之。其故难言。"[①] 认为诗词中情调滋味很难言说，只有通过沉浸其中的微吟才能体悟到。

对于这点，明代李东阳的见解最为深切。李东阳《沧州诗集序》说："（诗）有异于文者，以其有声律讽咏，能使人反复讽咏，以畅达情思，感发志气。"[②] 认为诗词在反复的吟咏之中，能够使读者情思志气得到感发，从而顺畅通达。他更认识到通过吟诵能够得情辞之妙，情思之妙。他在《怀麓堂诗话》中说："诗有三义，赋止居一，而比兴居其二。所谓比与兴者，皆托物寓情而为之者也。盖正言直述，则易于穷尽，而难于感发。惟有所寓托，形容摹写，反复讽咏，以俟人之自得，言有尽而意无穷，则神爽飞动，手舞足蹈而不自觉，此诗之所以贵情思而轻事实也。"[③] 指出诗歌重情思的本质，而反复吟诵则可体会到情思所在。《怀麓堂诗话》更进一步说："作诗不可以意殉辞，而须以辞达意。辞能达意，可歌可咏，则可以传。王摩诘'阳关无故人'之句，盛唐以前所未道。此辞一出，一时传诵不足，至为三叠歌之。后之咏别者，千言万语，殆不能出其意之外，必如是方可谓之达耳。"[④] 认为诗歌要达到辞能达意的境界，就要符合一种标准，即适合吟诵。充分肯定了吟诵在创作中可致辞情相合，而品评赏析作品的一个重要标准也是辞意顺畅，具有可吟诵性。晚清刘师培在《原字音篇》中也指出："既为斯意，即象斯意，制斯音。而人意所宜之音，即为字音之本。例如喜怒哀乐为人之情，惟乐无正字。"[⑤] 同样指出创作中音意相合、情辞一致的重要。

① 姚大业编. 汉乐府小论. 石家庄：百花文艺出版社，1984：116.
② ［明］李东阳著，周寅宾注. 李东阳集（第二集）. 长沙：岳麓书社，1984：72.
③ ［明］李东阳著，李庆立校释.《怀麓堂诗话》校释. 北京：人民文学出版社，2009：136.
④ ［明］李东阳著，李庆立校释.《怀麓堂诗话》校释. 北京：人民文学出版社，2009：163.
⑤ 刘师培著，汪宇编. 刘师培学术文化随笔. 北京：中国青年出版社，1999：123.

三、清代的吟诵

首先，有关吟诵方法的探讨。宋代开始注意到吟诵的特点，明代发扬吟诵的功用，清代关于吟诵最突出的探讨则是方法的总结：

（一）吟诵时应该清楚轻重缓急，从而增加节奏感。清代刘熙载在《艺概》中指出："公、毅两家善读《春秋》本经：轻读，重读，缓读，急读，读不同而义以别矣。"指出吟诵之时，要根据不同的语义语境来分清读音的轻重缓急，实际上是注意到吟诵节奏的问题，而且指出节奏点其实是根据语义来确定，可谓灼见。

（二）吟诵时要注意发声技巧，从而体现声音之妙。清代翁方纲《石洲诗话》评价杜甫吟诵腔调对创作的影响时说："今人不知杜公有多大喉咙，而以为我辈亦可如此，所以纷如乱丝也。"[1] 又指出"喉咙必要宽松，盖喉咙宽乃众妙之门，百味皆可入。王渔洋喉咙宽，所以一发声即兼有诸家之长。"[2] 也即吟诵时应放松喉咙，自然发音，才能体味到吟诵的各种妙处。

（三）吟诵时关键在于因声求气，从而得其神韵。这种方法的总结源于清代桐城派，影响深远，流传至今。姚鼐《与陈硕士书》："诗古文要从声音证入，不知声音，总为门外汉耳。"[3] 指出吟诵是读古诗文的本质方法。刘大櫆《论文偶记》云："神气者，文之最精处也；音节者，文之稍粗处也；字句者，文之最粗处也。然论文而至于字句，则文之能事尽矣。盖音节者，神气之迹也；字句者，音节之矩也。气不可见，于音节见之；音节无可准，以字句准之。音节高则神气必高，音节下则神气必下，故音节为神气之迹。一句之中，或多一字，或少一字；一字之中，或用平声，或用仄声；同一平字仄字，或用阴平、阳平、上声、去声、入声，则音节迥异，故字句为音节之矩。积字成句，积句成章，积章成篇，合而读之，音节见矣；歌而咏之，神气出矣。"[4] 充分指出吟诵可以体味出诗词的神韵，而这种神韵就体现在吟诵之时音节韵律，平仄高低的起伏之中，吟诵的主旨也就在于因声求气，按韵而吟。张裕钊《答吴挚甫书》说："欲学古人之文，其始在因声以求气，得其气则意与辞往往因之而并显，而法不外是矣。"[5] 也指出吟诵关键在于依据诗文本身的声律节

---

① ［宋］赵执信，翁方纲. 谈龙录·石洲诗话. 北京：人民文学出版社，1981：45.
② ［宋］赵执信，翁方纲. 谈龙录·石洲诗话. 北京：人民文学出版社，1981：45.
③ 陈良运主编. 中国历代文章学论著选. 南昌：百花洲文艺出版社，2003：1218.
④ ［清］刘大櫆. 论文偶记. 北京：人民文学出版社，1959：6.
⑤ 黄霖，蒋凡. 新编中国历代文论选（晚清卷）. 上海：上海教育出版社，2008：51.

奏来体验把握诗文内在的神气，从而得到古人为意运辞之法。

其次，有关吟诵功用的探讨。上文已经提及清人关于声律和情辞的讨论，除此具体化的分析，清代也从总体上认识到吟诵对创作继承的作用，关键在于心领神会，指出吟诵对诗歌创作心理和技能方面潜移默化的功效即反复吟诵，可知自得化己之妙。

清代"扬州八怪"之一的郑板桥一向以落拓不羁，才华横溢而著称，然而他却充分认可吟诵在形成知识储备和创作才能时的重要作用。他在《板桥自叙》里说："人谓板桥读书善记，不知非善记，乃善诵耳。板桥每读一书，心中百遍，舟中、马上、被底，或当食忘匕箸，或对客不听其语，并自忘其所语，皆记书默诵也。书有弗记者乎？"① 可见他是在多吟多诵中才记住很多知识，博学多识并非空穴来风。又在《焦山别峰庵复四弟墨》文中特别强调："苟能背诵如流，则下笔作文，思潮纷涌，不患枯涩矣！"② 又指出要注意两点：一是"选读古诗，须有精当之抉择。盖唐宋诗家，各有所长。例如，少陵诗，圣品也；东坡诗，神品也；太白诗，仙品也；摩诘诗，贵品也；退之诗，逸品也；此五人均足为后学楷模，宜各选绝、律、古风若干首，抄录汇订，置诸案头，得闲吟诵，裨益非浅。"③ 二是"须有志有恒，多读多作，方有成就"④。可见他认为能创作出好的作品，一是勤于吟诵精品，一是勤于动笔，才会有所成就。才子如斯，尚且认为反复吟诵有助文思泉涌，增进所能，何况庸才？

晚清况周颐《蕙风词话》中说："诵佛不必求甚解，多诵可也。读前人佳词亦然。"⑤ 认为诗文只要反复吟诵，即使不求甚解，自然会有所会心有所得。又言："读词之法，取前人名句意境绝佳者，将此意境缔构于吾想望中。然后澄思渺虑，以吾身入乎其中而涵泳玩索之。吾性灵与相浃而俱化，乃真实为吾有而外物不能夺。"⑥ 认为吟诵涵咏，可以将前人优秀诗词中的精华所在在玩味中化为己有。

可知这一时期人们相信反复吟诵文本，无论其中意旨还是才思妙趣，自会有得。如清代贺贻孙《诗筏》所言："李、杜诗，韩、苏文，但诵一二首，似

---

① ［清］郑板桥. 郑板桥全集. 济南：齐鲁书社，1985：240.
② ［清］郑板桥. 郑板桥全集. 济南：齐鲁书社，1985：240.
③ ［清］郑板桥. 郑板桥全集. 济南：齐鲁书社，1985：179.
④ ［清］郑板桥. 郑板桥全集. 济南：齐鲁书社，1985：179.
⑤ ［清］况周颐. 蕙风词话. 上海：上海古籍出版社，2009：151.
⑥ ［清］况周颐. 蕙风词话. 上海：上海古籍出版社，2009：9.

可学而至焉。试更诵数十首，方觉其妙。诵及全集，愈多愈妙。反复朗诵，至数百过，口颊涎流，滋味无穷，咀嚼不尽。乃至自少至老，诵之不辍，其境愈熟，其味愈长。"①

由此我们可以知道，宋元明清时期，人们对吟诵理论的探讨是深入多面的，从吟诵方法、吟诵特点以及吟诵的功用等角度加以探索，充分体现了此一时期人们在理性为主导的前提下，吟诵重智重思的特质。

回顾吟诵在我国古代源远流长的发展历史，我们可以看到吟诵犹如一条深沉的支流，伴随着我国诗词创作欣赏的发展，伴随着传统文化的起伏变迁。从依声为诗的时期，吟诵重声重感；到依悟为诗的时期，吟诵重象重意；再到依理为诗的时期，吟诵重智重思。吟诵可以说是在岁月积淀中融会变幻，人们对它的认识从朦胧的感受，到热切的感悟，再到理性的思索，它可以说已经形成一门独特的文化品类，具有着深沉的底蕴和内涵。也许在今天这个喧嚣的时代，它的声音显得有些微弱，但是它的声音从未远离，静静地流淌在我们的血液中，也许有一天，我们可以在某个时刻迎接它新的崛起，看到它在我们的世界重获新生。

---

① 郭绍虞. 中国历代文论选（3）. 上海：上海古籍出版社，2007：220.

第四章 传统"吟诵"的现状

中华吟诵已然成为我国"非物质文化遗产"之一，在西方人眼中也是中国文化的神秘瑰宝之一。那么，吟诵的"现状"是怎样的呢？本章追溯了中华吟诵在上个世纪末渐趋"沉寂"以后，又逐渐"复苏"，进而"复兴"的大致过程，尤其对最近若干年以来中华吟诵又再度勃然"振起"之局面做了挂一漏万的描述。在此基础之上，列举了当下中国大陆地区吟诵传承活动当中遭遇的各种问题。对于中国大陆地区以外的中华吟诵的传承活动，则特别突出了台湾校园"吟唱"情况的介绍，希望对未来吟诵之发展有所助益。

第一节 近现代吟诵的沉寂

由上一章内容我们可以知道，吟诵在我国古代有着悠久的历史，吟诵对于文人，如同识字、写字，是一种基本的文化技能，而且由于族馆村学以及家馆的普及，甚至一些农民和家庭妇女也会吟诵。但是近代以后，新式学堂兴起，私塾逐渐消亡，吟诵也势临衰微。我们不妨简单回顾一下吟诵在近现代的存在情况，看看吟诵在近几十年经历了怎样的历程。

一、吟诵沉寂的几个历史分界点

吟诵针对的是古诗文，古诗文映现着古典文化起起落落的演，则牵系着吟诵的沉沉浮浮。而近百年中国古典文化在走向现代化的进程中，屡遭颠覆和破坏、遗忘和淡漠，吟诵自然也经历了同样的遭遇。

首先，科举制度的取缔导致私塾吟诵教育的消亡。1905 年，清朝废除科举制度，与之配套而生的私塾面临困境，吟诵也随之遭受打击。清朝灭亡民国建立之后，新学堂兴起，私塾的消亡加速。在这个过程中，吟诵逐渐淡出"课堂教学"，对吟诵而言可谓失去了最好的生存空间。

其次，新文化运动白话文被推到历史前台，古诗文淡出，吟诵也随之淡去。1919 年爆发五四新文化运动，白话文运动得到广泛推广，高等教育以新式大学教育模式进行，私塾教育那种单纯以经书古文、古诗词为主的教学变成了以新文化、新文学的内容为主，加之当时一些先进民主人士对新式思想的宣传对旧式思想的批判，使得古诗文的写作日渐式微，吟诵作为我国古代教育中不可或缺的基础内容几乎退出新式课堂。在之后战火纷飞的几十年时间里，私塾几乎完全被新式学堂取缔，同时被淡忘的必然也包括吟诵。最明显的标志是20世纪初，西方的朗诵伴随着话剧传入中国，教育界展开对如何诵读汉语作品问题的讨论，"两字一顿"的读法一度盛行，而抗日战争时期，这种结合了西方话剧腔的汉语朗诵方法逐步定型，语体朗诵完全取代传统吟诵的方式。新文化的出现必然伴随旧文化的解体，而旧式的美好的部分也容易随之消失，吟诵淡出历史舞台，是历史的必然，也是历史的无奈。

再次，近百年中历经几次文化变革，"精英文化"慢慢成为"小众"，吟诵也随之更加"小众化"。比较典型的，一是延安时期，大力提倡为工农兵服务的群众文化，吟诵自然也被视为封建士大夫阶层的文化行为而潜入暗流。其二是"文化大革命"时期，很多"精英文化"都被冠以各种名目而遭到遏制，何况吟诵？其三，普通话的推广普及，导致方言吟诵遭遇重击。1955年我国召开"全国文字改革会议"和"现代汉语规范问题学术会议"，汉民族共同语的正式名称正式定为"普通话"，1956年国务院发出推广普通话的指示，从此普通话慢慢一统天下，这固然顺应了时代的发展需要。但是方言吟诵随之淡漠不能不说是一种文化上的遗失和缺憾。

由此，我们可知吟诵的沉寂，不是一次两次运动的结果，而是伴随着古典文化起伏没落而变成一种被时代慢慢遗落的"瑰宝"，很多珍惜吟诵文化的有识之士称之为"绝学"，或许夸张，但是其中流露出的惋惜之情可以理解，抢救和回归的殷切期望可以体会。

二、吟诵沉寂中的呼吁之声

在日渐沉寂的境况之中，吟诵真的彻底消失了吗？答案是没有。

因为很多接受过私塾教育的老先生依然健在，或多或少会传给后来人。从父辈或师长那里继承了吟诵传统的人，仍然坚持着，如叶嘉莹先生的吟诵来自叔父和师长的家承，著名书法家吴玉如先生和北方昆曲剧院的张卫东先生以及华锋先生等等，都是得父亲的吟诵真传。也会听到很多关于个人吟诵的故事，比如胡颂平《胡适晚年谈话录》记载晚年的胡适，会在睡前吟咏杜甫诗《秋兴》八首或《咏怀古迹》五首。毛泽东先生晚年也能吟诵一些特别经典的诗文。鲁迅是走在宣扬新文化运动前锋的人物，他也依然会发出"新诗吟罢无写处"的感慨，可见他是通过吟诵的方式来作古诗的。梁实秋曾在文中记载这样一段故事："好多年前（1923年），我到美国科罗拉去念书，当地有一位热爱中国的老太太，招待我们几个中国学生先到他的家里去落脚。晚饭过后，闲坐聊天，老太太开口了：'我好久没有听到中国人念诗了，我真喜欢听那种抑扬顿挫的声调。今晚你们哪一位读一首诗给我听。'她不懂中国语文，可是她很诚恳，情不可却，大家推我表演。我一时无奈，吟了一首贺知章的《回乡偶书》……她听了微笑摇头说：'不对，不对，这不是中国式的吟诗。'我当时就明白了，她是要我摇头晃脑，拉长了某几个字的尾音，时而'龙吟方泽，虎啸山丘'，时而'余音绕梁，不绝如缕'，总之是要靠声音的高下疾徐表达出一种意境。我于是按照我们传统的吟诗方式，并且稍微加以夸大，把这首诗再度朗诵一遍。老太太鼓掌不已，心领神会，好像得到很大满足的样子。我问她要不要解释一下诗中的含意，她说：'没关系，解释一下也好，不过我欣赏的是其中音乐的那一部分。'"① 可见传统吟诵依然在很多人那里得到很好的传承。这也能解释为何迄今为止，我们还可以采录到一些健在的老先生们的吟诵调子，"礼失求诸野"的道理在吟诵这里也是一样存在的，凡是美好的精华的文化因子会持续地流淌在民族的血液里。

　　此外，吟诵进入现当代之后就彻底退出教学课堂了吗？答案也是没有。

　　很多有识之士自始至终都在呼吁挽救这一文化瑰宝，因而传统吟诵虽然式微却也一直燃烧着星星之火。1920 年起，唐文治先生主持无锡国学专修学校30 年间，一直努力提倡吟诵教学，提出"熟读精审，循序渐进，虚心涵泳，切己体察"的 16 字读书法，其"唐调"通过他的弟子，如原复旦大学教授王蓬常和今苏州大学教授钱仲联先生等都得到很好的继承和一定的传播。唐文治先生还于 1934 年发行《读文唱片》，1948 年发行了《唐文治先生读文灌音片》，在海内外发行。与唐先生比肩齐行的是赵元任先生，他也于 20 年代开始研究吟诵，并开始了一系列活动，如 1925 年在美国录制六首诗词吟诵并灌制唱片，并且记写一些吟诵音调，撰写相关论文，如 1927 年《新诗歌集·序》、1956 年用英文写的《中国语言的声调、语调、唱读、吟诗、韵白、依声调作曲和不依声调作曲》、1961 年发表《常州吟诗的乐谱十一七例》、1971 年赴美参加"中国演唱文艺研讨会"，在明尼苏达大学图书馆存有当时的吟诵录音。这两位先生在吟诵的推广中都率先发行了音像制品并有相关论文问世，可说是吟诵在近现代的开山之祖。

　　一些学者关于朗诵艺术或者语言音乐的论文中也都提及吟诵，如 1924 陈延杰《朗诵法之研究》、1927 年采真《文学底诵读与赏鉴》、1932 年黄仲苏

---

① 梁实秋. 梁实秋散文（第四集）. 北京：中国广播电视出版社，1989：233.

《朗诵法》、1934 年俞平伯《诗的歌与诵》、1935 年钱基博《黄仲苏先生朗诵法序》、1937 年唐文治《论读文法》、1945 年朱自清《论朗读》、1955 年杨荫浏《谈谈未被注意的民间音调》、1956 年黄兰波《略谈旧诗的诵读》、1957 年周采若《对于古诗读法的一点意见》、1957 年郭绍虞《关于诗的朗诵》、1962 年朱光潜《谈诗歌朗诵》、1962 年任半塘《唐代"音乐文艺"研究发凡》、1963 年张喆生和潘荣淑《谈"吟咏"》、1964 年张喆生及潘荣淑《谈"吟咏"》、1964 年怀清著、范秀珠译《越南的诗体及其吟诵法》等等。专门讨论吟诵的自不必说，即使是讨论朗诵和语言音乐的文中也都对传统吟诵有所分析和讨论，认识到吟诵不可忽视的历史地位和现实意义。

1931 年，王宾鲁更是作了《梅庵琴谱》。1934 年叶圣陶、夏丏尊合著《文心》，在文中提倡吟诵。1946 年，台湾光复，国语推行困难，北大中文系（台）召集数十位学者开会研讨，最后提出"吟诵"的解决办法，这次会议后被命名为"吟诵与教育"研讨会。1949 年新中国成立以后，祖国大陆采取的教学模式大多借鉴西方，吟诵从很多课堂隐退，但是也依然有些学者一直坚持着吟诵教学，如南京师范学院的葛毅卿，先后于南京中央大学、江苏师范学院、苏州大学等任教的钱仲联，先后于上海交通大学、无锡国立师专、江南大学、徐州师范大学等任教的蒋庭曜等等，像他们一样的很多教授学者也都是坚持用吟诵来教学的。60 年代初，徐州五中的叶须生老师在全市举行《茅屋为秋风所破歌》的公开课，就曾深沉激越地反复吟诵杜甫这首诗，达到很好的教学效果。文怀沙先生 50 年代在上海广播电台，做过吟诵的宣讲。而广州地区，朱庸斋先生于 1960 年以后在家授徒教授粤语吟诵，先后有许多弟子继承其学，部分移民后的弟子更把吟诵带到了异域。在此期间，许多学者都撰文主张提倡吟诵，如朱自清、杨荫浏、俞平伯、郭沫若、白宗魏、黄仲苏、唐钺、吴世昌、洪深等等，正是这些有识之士共同努力，吟诵才余波灿灿，荡漾至今。

朱自清先生曾对吟诵教学的消失这样感慨过："五四以来，人们喜欢用'摇头摆尾的'去形容那些迷恋古文的人。摇头摆尾正是吟文的丑态，虽然吟文并不必需摇头摆尾。从此青年国文教师都不敢在教室里吟诵古文，怕人笑话，怕人笑话他落伍。学生自然也就有了成见。有一回清华大学举行诵读会，有吟古文的节目，会后一个高才生表示这节目无意义，他不感觉兴趣。那时是民国二十几年了，距离五四已经十几年了。学校里废了吟这么多年，即使是大学高才生，有了这样成见，也不足怪的。但这也是教学上一个大损失。"[1] 可

---

① 朱自清. 朱自清全集. 南京：江苏教育出版社，1988：57.

见总体而言，吟诵虽仍然在一些老先生和学者中间存留，他们其中很多人也一直未放弃呼吁，吟诵却未能再以常见的教学内容进入课堂，以一种正式而广泛的传播的形式加以传承。因而几近断层，甚至少有人知。

总之，数次运动的兴起，文化的屡次沉浮，带来了传统吟诵的沉寂。从民国至改革开放之前，吟诵基本处于沉寂之中，但是那一脉幽香之韵依然绵延，很多学人的坚守和呼吁，如星星之火，照亮了这段沉寂的岁月。

第二节 当代吟诵的复兴

吟诵复兴大致始于 80 年代。开始，学者聚会常有吟诵表演，后来许多学者陆续注意到吟诵的重要性，极力加以提倡，实效虽不明显，呼声却引起一系列后续的呼应活动。与此同时，许多学者从各方面致力于吟诵的研究和推广。表现在如下几个方面：

一、吟诵的学理研究与创编实践

进入 80 年代以后，叶嘉莹、华钟彦、陈炳铮、劳在鸣、陈少松、王恩保、李西安、秦德祥、盘石等先生或尝试创作各种类型的吟诵作品，或努力搜集吟诵资料、研究相关问题。到目前为止，关于这方面的著作主要分为两类，一类是以文本吟诵为研究中心，一类是以音乐吟诵为研究中心。简单列举如下：

（一）从"文学吟诵"角度研究的作品，争相而出。

1992 年王恩保先生对北京吟诵进行采录，这些针对吟诵"活态"的音频资料的采录都为吟诵研究提供了宝贵的资料，并于 1993 年编辑出版《古诗文吟诵集粹》（含磁带），收录古诗词名篇近 50 首，全部是传统吟诵调。1992年，叶嘉莹先生在《谈古典诗歌中兴发感动之特质与吟诵之传统》中对中国传统之吟诵进行了较为深入的理论分析，而且指出付诸实践的可能和方式。1994年李元华《古诗词吟诵集锦》（附音频材料）出版，再现了 50 年代李元华的吟诵面貌。1997 年陈少松先生的《古诗词文吟诵研究》（含 CD）出版，此书是陈少松先生十几年从事古诗文吟诵教学和研究的结晶，也是诗词吟诵史上第一部理论性著作。2001 年徐健均《唐宋词吟诵》、《唐诗吟诵》、《宋诗吟诵》出版，对吟诵要领专门进行了讨论。2002 年秦德祥的《吟诵音乐》（含 CD）出版，记录了秦德祥先生从 1991 年开始对常州吟诵进行采录的精华，对于吟诵的独到认识及大量常州吟诵调，同时附有采集的原始录音，具有很强的学术性、艺术性以及实践性。秦德祥先生还于 2010 年将其《"绝学"探微吟诵文集》出版。2003 年陈炳铮《中国古典诗歌译写集及吟诵论文》出版。2006 年任半塘先生《唐声诗》出版，主要从音乐角度对"声诗"在文学、艺术等方面提出很多问题，对唐五代的传世乐调等有详细考察，都与吟诵相关。2012 年刘德隆先生与李彩英先生撰稿出版《唐调流声》的教材并附光盘。

　　80 年代以来，关于吟诵研究的论文也渐趋热闹，粗略统计有数百篇之多。如 1980 年公木《歌诗与诵诗——兼论诗歌与音乐的关系》、1981 年陈炳铮《谈古典诗歌的吟诵》、1981 年傅庚生《谈文章的诵读问题》、1984 年屠岸《吟诵的回忆》、1985 年华钟彦、李珍华《唐诗吟咏的研究》、1986 年陈炳铮《漫谈吟诵》、1987 年何瑞澄《关于古典诗词的吟唱》、1988 年宙浩《古典格律诗的吟诵》、1991 年左健《古诗鉴赏吟诵论》、1992 年汪平《苏州吟咏诗文的乐调》、1993 叶嘉莹《谈古典诗歌中兴发感动之特质与吟诵之传统》、1993 年盘石《吟诗与歌曲创作》、1994 年陈少松先生《"因声求气"说与古诗文吟诵》、1994 年王恩保《吟诵与音韵》、1995 年范子烨《晋人吟诗与"洛生咏"》、1996 年胡佑章《美在诵读吟咏中——论读书应读兼及读之魅力探寻》、1997 年黄炳辉《泉州方音与唐诗吟咏》、1998 年王恩保《吟诵文化漫议》、1999 年华锋《论古典诗词的吟咏》、2000 年陈少松先生《让传统走向现代——弘扬古典美文吟诵艺术断想》、2001 年秦德祥先生《常州吟诵音乐的采录与初步研究》、2002 年秦德祥先生《"尾腔"——吟诵音调的标记性特征》以及吕君忾《诗词吟唱与南派唱腔》、2003 年刘淦《抢救吟诵绝学　开创艺文新篇》、2004 年廖亚瑄《吟诵——诗歌教学最重要的手段》、2005 年韩建立《诗歌吟诵与唐代的诗歌写作训练》、2005 年董铁军《反复吟诵中体会古诗词的优美》、同年尹小珂《中国传统吟诵调的艺术价值与生存状况——有关部分现存吟诵音乐的调查与研究》（硕士毕业论文）、2006 年［英］傅熊《〈诗经〉吟诵之歌》、2006 年胡立华《论吟诵的音乐价值——从音乐的角度进行研究》（硕士论文）、2006 年俞华芳《吟诵、涵咏、积累——浅谈初中语文教学中语感教学的实施策略》以及徐华《古典诗词诵读教学论》（硕士论文）、2006 年吴春华《论古典诗歌吟诵教学》（硕士论文）、2006 年胡俊林《论中华吟诵文化的发祥起源》、2007 年尹小珂《传统吟诵调的艺术价值与当前生存状况——有关部分现存吟诵音乐的调查与研究》（硕士论文）、2007 年赵敏俐《歌诗与诵诗：汉代诗歌的文体流变及功能分化》、2008 年陈以鸿《唐文治：讲国学铿锵悦耳》、2008 年李力、石锋《日本汉诗吟诵记谱举例》、2008 年吴蔚《论传统的吟诵方法在古诗词教学中的运用》、2009 年周有光《吟诵·文化·家史》、2010 年叶嘉莹先生《吟诵的作用》、2012 年陈向春《吟诵，美的表现形式》等等。这些单篇论文的作者涵盖了从知名学者到普通爱好者，从大学教授到小学教师等不同的研究爱好者，他们从吟诵的内涵理解、吟诵与音乐的关系、吟诵的教学、吟诵的传播、吟诵的功用等等角度来探讨吟诵，可见当下对吟诵的研究热度之高，普及之广。

（二）从音乐角度研究吟诵的作品，络绎不绝。

这类作品有些是在研究音乐的专著里对吟诵有所讨论，如杨荫浏先生1977年的《中国古代音乐史稿》、1983年的《语言和音乐》、1986年的《杨荫浏音乐论文选集》等，对诗词吟唱皆有所提及。此外如1990年孙玄龄、刘东生编《中国古代歌曲》、1998年管林著《中国民族声乐史》、2000年徐中玉主编、朱惠国选注《咬文嚼字书林·吟诵卷·千古妙曲》、2000年黄翔鹏著《乐问》、2001年钱仁康《学堂乐歌考源》、2001年徐培均主编《唐诗吟诵》、2003年张晓农《中国古代声乐艺术》、2003年刘崇德《燕乐新说》、2003年梦梨《古韵新唱：古典诗词文吟唱集》、2004年骆守中选编《千古绝唱》（五册）、2004年吴相洲《唐诗创作与歌诗传唱关系研究》、2005年赵敏俐《中国诗歌与音乐关系研究》、2007年朱吉成的《平民的吟诵》、2008年杨晓霭《宋代声诗研究》、2011年李涛的《中国诗词歌曲演唱研究》等等，这些研究音乐为主的著作中，都不可避免地言及吟诵，从音乐角度对吟诵有侧面的研究和考察。

（三）与有关吟诵的音像和曲谱作品，层出不穷。

与吟诵有关的音频或录像资料时有发行，如1988年《华夏诗声吟诵会》（录像带）发行，收有1988年，中华诗词学会拍摄了《华夏诗声》吟诵专场录像，记录了周谷城、赵朴初、臧克家、文怀沙、钱昌照、周一萍、霍松林、苏仲翔、周笃文、侯孝琼等数十位先生吟咏唱和的场景。又如1999年新媒体文化遗产出版公司出版《墨心花影诵唐诗》的一张光盘，收录叶嘉莹先生、张雍、黎沃文、周宝莲、施淑仪、谢作麟等人的20首唐诗吟诵。2010年中华吟诵学会出版《我爱吟诵》（初、中、高）的教材和录音光盘，由陈少松、戴学忱、魏嘉瓒、程斌、徐健顺、杨芬、陈琴、彭世强等先生们联合吟诵，很多吟诵调都源自刘季高、戴君仁、葛毅卿等老先生，可谓近时比较全面的一套吟诵示范的教材。其他吟诵爱好者音像资料也间或发行，推动着吟诵的传播和学习。

更多的作品以吟诵或者吟唱曲调的研究和创编为主。1985年由陈炳铮先生作曲的《初中语文诗词吟诵曲》（录音磁带3盒，吟诵曲50首）出版，1987年陈炳铮先生作曲的《小学语文古诗吟诵曲》（录音磁带两盒，附曲集1册，吟诵曲59首）出版，1989年陈炳铮先生作曲精选集《小学古诗吟诵曲学唱与欣赏》（录音磁带 1 盒，附有曲谱）出版，1993 年在美国出版陈炳铮先生作曲的《当代诗词吟唱专辑》（录音磁带 3 盒，吟诵曲 60 多首）。1995 年盘石先生整理、编辑出版了《中国古诗词吟诵曲选》，又于 2001 年出版《李白诗词吟诵曲选》。此外，1989 年黄慰平《古诗词吟唱曲》、1995 年茆家培主编《中国古诗词吟诵曲选》、1998 年姜嘉锵、于淑珍《古诗吟唱》（含磁带）、1999 年吕守贵《中国名诗词歌曲集》、2001 年刘崇德译谱《乐府歌诗古乐谱百首》（附光盘）、2003 年刘崇德译谱《乐府歌诗古乐谱百首》（附光盘）、2003 年许以正编曲《古韵新唱》、2006 年劳在鸣《古诗词吟唱曲谱》（含 CD）等等作品，或对传统吟诵调加以改造，使传统吟诵更为美听；或依据古琴古曲谱，进行编曲；或融合音乐原理，自创新曲。或许个别吟唱谱曲，有失典雅，但不失为对传统吟诵的有益探索。

（四）台湾地区吟诵理论和吟曲研究

研究著作如 1983 年王更生先生的《中国诗词吟唱》、1983 年赵秀琴编著《诗歌吟诵教学指引》、1983 年陈永宝编著《古典绝律诗的吟唱法概述》、1988 年苏友泉《诗歌吟诵教学之研究》、1998 年魏子云《诗经吟诵与解说》、1992 年谢敬森《唐诗吟唱》、1998 年魏子云《诗经吟诵与解说》、1995 年梁炯辉《闽南语浅释唐诗三百首语曲吟唱》、1996 年高嘉穗《台湾传统吟诗音乐研究》、1999 年洪泽南、林孝璘《大家来吟诗》（录音带）、2003 年张锦云《古典诗词吟唱教学》、2003 年潘丽珠《古韵新声——潘丽珠教授吟诵教学》等等。这些著作，或对吟诵与音乐关系的处理提出建设性意见，或者从理论上进行探讨，或者探讨吟诵的教学艺术，并且很多都配有音像资料，对吟诵的教学和实践都有着方方面面的指导意义。

还有一些相关论文的研究，如 1986 年李殿魁《从词曲的格律探讨诗词的吟唱》、1991 年邱燮友《歌尽桃花扇底风——词的音乐与吟唱》、1994 年潘丽珠《诗歌"吟、唱、诵、读"的观念及要领》、1995 年施炳华《用闽南语吟诵古诗》、2000 年尤信雄《中国古典诗的音乐功能及其吟唱方式》、2001 年胡佩玟《多元文化态度与音乐偏好——以族群为面向之桃园县国小学童调查研究》（硕士论文）、2003 年陈贵麟《如何用现代汉语吟诵古典诗》、2004 年许玉君《穆斯林社群在台湾的仪式及聚会中之吟诵经验及音声运用》（硕士论文）、2005 年张清泉《诗歌吟唱教学的理论与实务》、2006 年陈茂仁《闽南语吟诗发音初探》、2006 年黄心仪《由"和声"与"常州吟诵"论赵元任之中西音乐融合》（硕士论文）、2007 年吴正修《古典诗歌吟唱教学之现况探讨——以台北县几所国中为例》（硕士论文）等等，从题目上已经可以看出台湾的吟诵论文研究角度十分多元化，而且不乏实践调查类的考辨，可见学者对吟诵吟唱的研究的热衷。

此外相关的音像制品也颇多，如 1979 年邱燮友《唐宋词吟唱》、1989 年许世旭和张清治《中国古典诗之韩国吟诵法：载弹载咏》（录像带）、1991 年罗镝楼《诗声》（1 盒磁带）、1996 年李炳南等曲、吴荣桂等吟唱《诗乐演唱专辑——李炳南老居士往生十周年纪念》（4 盘磁带）、2001 年潘丽珠《雅歌清韵》、2001 年林勤妹《客语诗词吟唱扬芬芳》（CD）、2003 年莫月娥《大雅天籁——莫月娥古典诗吟唱专辑》、2003 年黄冠人《唐诗正韵》等等，或自度曲调显示新创，或根据古书古谱演绎吟唱调，或推广方言古音的吟诵，如"河洛汉音"及"客家吟诗"，可谓丰富多元。台湾的这些研究作品对吟诵以喜闻乐见的形式加以推广起到很好的作用。

从以上大陆和台湾吟诵研究情况的简单勾勒，我们可以看到吟诵理论研究的深入和广泛，吟诵曲调的整理传承和创编实践并肩而行，促进了吟诵的发展。

二、吟诵的教学情况和社会活动

伴随着吟诵理论的繁荣，吟诵在学校的教学生活中日渐活跃。

在大学，叶嘉莹先生 1986 年在南开大学常年传授吟诵，并带动学者和学生研究以吟诵为主的古诗教学，成立吟诵研究课题组，在国内召开关于吟诵的学术讲座。陈少松先生早于 1987 年即在南京师范大学开设古诗文吟诵选修课，并且还在南京大学、东南大学、江南大学等许多大学以及中学邀请陈先生去做吟诵讲座，江苏教育电视台还录制播放他做的《古诗文吟诵》系列专题，这些活动影响很大。另外中山大学、北京师范大学、东北师范大学、徐州师范学院、淮阴师范学院、台湾辅仁大学、台湾成功大学、武汉大学、中央民族大学、首都师范大学、北京语言大学等都有学者（包括赵敏俐、劳在鸣、王更生、陈永正、吕君恺、王伟勇等等）开设吟诵课程或者进行相关讲座，或者开展与吟诵相关的活动。一些大学还建立相应的吟诵社团，如台湾辅仁大学的东篱诗社、北京师范大学的南山诗社、中央民族大学紫竹诗社、徐州师范大学的悠然诗社、中南财经政法大学的锦绣合唱团、淮阴师范学院的采菊诗社、东北师范大学的"中华古诗词吟诵团"（2007 年始）等等，都致力于传承和发展吟诵活动。

在中小学，语文教学课堂对吟诵也有相关探索。首先教师自己也踊跃学习吟诵方法，如上海《小学语文教师》编辑部每年都组织各地教师学习包括吟诵在内的"经典诵读"教学法；上海杨浦教师进修学院自 2005 年开始在教师职务培训中开展"诗文吟诵"的课程。语文特级教师杨先国先生、青年教师吴敏先生开设《古诗词的教与学》课程，均请刘衍文、陈以鸿二位教授传授"吟"的方法，深受教师欢迎。之后总结出以"唐调"吟诵为主的一系列培训项目，对中小学的一线教师进行吟诵的相关培训，取得很好的效果。很多教师们也在自己课堂上实践吟诵教学，如广州陈琴老师创作了"素读经典"的教学法，目前已经推广到全国，其中自创唱诗的途径很有创意。又如上海戴建荣老师的吟诵朗诵法也推广到全国，上海彭世强老师以及厦门陈水龙老师等等，都在中小学教育中进行了持续不断的教学实践。与这些教学校园的教学活动相关，很多学校也组织了一系列吟诵活动。如 2008 年上海市嘉定一中举办"诵华夏诗文，品民族情韵"的古诗词吟诵宣传活动。

在社会上，各种社会性的吟诵实践活动也频繁举行。

80 年代以后，伴随思想和文化的解冻，吟诵活动也日渐活跃。如陈炳铮先生在 80 年代做了许多关于吟诵推广的活动，1983 年中央人民广播电台播放他谱写的 6 首古诗词吟诵曲和《略谈诗词吟诵》的文章，之后的 10 年包括中央电台和地方电台数 10 次转播或录制他的吟诵节目，1985 年为江西电影制片厂拍摄的教学片《石钟山记》谱写同名吟诵曲。1986 年应武夷兰亭学院之邀，向 30 多名欧美学员讲解中华吟诵艺术。1992 年分别与台湾作曲家以及香港音乐访问团进行交流活动。除此之外，他从 80 年代开始也去全国几十所院校和中学开展讲座，这些活动对推广吟诵都起到推波助澜的作用。如广东的粤语吟诵从 80 年代诗词创作复苏开始，在广州诗社、东山诗社、广东文史馆、广州文联等团体的号召下，多次举办各种形式的吟诵活动，如 1983 年的莲花山雅集、2005 年广州诗社组织吟诵录像等等。据魏嘉瓒先生介绍，苏州市在 1982 年就有吴雨苍等先生用"唐调"吟诵和来访的日本友人一起联吟。1984 年成立的苏州的沧浪诗社，几乎每年都举行一两次和日本友人开展联吟的活动。上海市外事部门组织"古诗词国际吟诵会"，有部分国内高校的例如复旦大学的老教授和来自日本等国家的友人现场吟诵；安徽马鞍山市自 1989 年开始，每年农历初九都举行国际吟诗节，等等。

进入 90 年代以来，吟诵活动更是风起云涌。赵朴初、冰心、曹禺、夏衍、叶至善、启功、吴冷西、陈荒煤、张志公等先生们曾于 1995 年 3 月联名提案呼吁建立幼年古典学校（政协第 016 号提案：《建立幼年古典学校的紧急呼吁》），其中自然也包括对吟诵的呼吁。2001 年大连白云吟唱团成立，将中外音乐元素融入传统吟诵，多次举行大型演出，并与日本吟诵爱好者进行交流；

全球汉诗总会第八届诗词吟诵与研讨大会于 2002 年在新加坡举行；2008 年，常州市诗词协会、舣舟诗社等联合举办吟诵会，多位 80 多岁的老人首次集体出席，现场吟诵了历代名作或自创新作数 10 篇。同年，常州吟诵被列入国家级非物质文化遗产名录。最大规模的吟诵活动是 2009 年在北京举行的"吟诵经典、爱我中华"为主题的中华吟诵周活动。此次活动联合中外，影响广泛，包括了 5 场展示不同流派风格（包括普通话）吟诵的高水平演出，4 场高层学术论坛，10 多场在大、中、小学举办的"吟诵进校园"公益活动。

2011 年，两岸四地的大学生吟诵团齐聚首都北京，举办了首届大学生吟诵交流活动。更有很多学者如文怀沙先生、戴学忱先生等，以及一些有识之士，如吕君忾、林东海、霍松林、钱绍武、陈以鸿、王恩保、戴学忱、华锋、杨芬、程滨、徐建顺、史鹏、陈长林、石开、姜嘉锵、林从龙、钱堪之、王更生、付光明等等通过媒体、组建吟诵团、开展各种讲座培训、举办各种吟诵活动和演出等等，在各地推广吟诵。广东从 80 年代迄今，一直通过成立诗社、电台、文联等组织来开展与吟诵相关的各项活动。常州、漳州、泉州、武汉、苏州等地，常年都有以雅集方式结集的吟诵作品。一些地区举行比赛或演出，如 2000 年安徽"重阳诗词音乐吟诵会"、2005 年南京市首届"好家长"杯中小学生诗词文吟诵大赛、2005 年宁夏"中文通典"杯全区中小学生古诗词吟诵表演大赛、2009 年由中国文联等单位共同主办的"和韵天歌—感悟《道德经》咏诵会"在北京中国剧院举行、教育部、国家语委、中央文明办举行"2010 经典诵读大赛"等等，这些活动都扩大了吟诵的宣传力度。

在这些组织和活动中尤其值得一提的是中国语文现代化学会吟诵分会的成立，2010 年 1 月中国语文现代化学会吟诵分会也即中华吟诵学会成立，这一学会开展的吟诵活动声势颇大。不仅建立相关网站，发行吟诵刊物，组织两岸三地的吟诵学术研讨会或者吟诵交流活动，对现存的老先生的吟诵进行抢救性的采录工作，并且发行了相关的音频和视频光盘。还通过成立分会、举办讲座等方式持续开展各种全国性的吟诵活动至今，是国内目前比较权威的吟诵组织，产生了广泛的影响。

由上可知，吟诵慢慢为国人所重视，无论是大专院校的教学前沿还是学术研究领域，无论是中央还是各地都经常举办各种吟诵活动，成立各种吟诵协会，这些在教育界和社会上的吟诵推广，可见吟诵业已进入一个真正意义上的"复兴"的阶段，尤其近几年燎原之势风起，前景可观。但是通过一些问卷和调查，也可知吟诵的普及度远远不够，若要吟诵重新融入现代教学活动中，深入人心，还需各界人士共同探索共同努力。

三、海外吟诵的传承的大致情况与思考

吟诵在中国大陆经历了从沉寂到复兴的过程，而吟诵在大陆以外的现状也值得我们欣慰。如日本、韩国以及欧美等地，其吟诵虽用不同的语言方式，或转读音，或汉语或本国语言，诗文的吟诵都还在传承之中。简单分述如下：

（一）海外华侨的吟诵

除台湾以外，在东亚东南亚汉文化圈里，汉诗文吟诵的传统也在越南、马来西亚、印度尼西亚、菲律宾、新加坡等国家传承，在欧美国家也不例外。如美国耶鲁大学远东语文研习所华人教授黄伯飞先生在美传播吟诵多年，勤勉授业，广有弟子。他们吟诵汉诗文，或者直接用汉语，或者采取汉语转读音方式，或者采用本族语言，无论何种形式，何种语言，吟诵这一读书方式都已经进入其文化血脉。遍及在世界其他国家的华人吟诵传统也时有耳闻，有些外国人也会学习吟诵，今后更会随着我国对吟诵传统的重视而进一步在当地加以传播。

（二）日本的吟诵

日本的文化受我国影响之深不言而喻，其诗文更是汉文化滋养下的产物。日本的诗文吟诵出现的时间可以追溯到江户时代，那一时期的诗人菅茶山在《笔墨消遣》中谈到："古代人区分四声诵读"，"现今高野山学寮（空海创立的真言宗的学校）区分四声诵读，又其秘教中，也有人采用汉文训点读法，可见那里还保存着古代遗风。"可见其吟诵受中国诗文吟诵传统的影响。流传至今的吟诵作为一种文化艺术活动，在日本是全民性的，蔚为壮观。

首先，吟诵组织兴盛繁多。日本吟诵的组织一般称为吟诗社，遍地皆有，社员多达百万甚至数百万，包括各种职业、各年龄层次的人。例如：1968年成立的财团法人日本吟剑诗舞振兴会，注册会员达到 300 万之众。四十几年来，这一诗社的影响扩散到北海道、东日本、中部、近畿、四国、九州等七大地区，总联盟包括都道府县 51 个吟剑诗舞，有《吟剑诗舞》月刊以及《吟咏新风》学术杂志以及统一教材《吟剑诗舞汉诗集》，还通过媒体来讲授吟诵。每年 9 月定期举办全国吟剑诗舞大赛，正是通过这种组织形式，日本吟诵才得以广泛普及和传承。

其次，吟诵艺术多元可观。我国的吟诵，在古代主要通过私塾等教育系统来教授，吟诵完全是口传心授，因此吟诵并无固定曲调也很少有曲谱传世。日本的吟诵与此不同，是有吟诵谱的，在文字之旁加注各种符号表示轻重曲折抑或标音，这种规律性便使吟诵与音乐有所衔接并且易于学习。另外，日本的吟

诵常有乐器伴奏，亦可伴舞伴唱，或者与剑术、书法等结合，使吟诵与多种艺术形式融合，具有形式多样可观性强的特点，这种表演性便于吟诵的长久传播。

最后，吟诵倡导不遗余力。我国的吟诵经历过断层甚至长期沉寂，而日本的吟诵从上至下，有各种力量来推动其持续发展。日本有学者菅原雪山分析道："如今的吟诵，一方面由于它是一门高尚的艺术，比其他表演艺术更具有趣味性和娱乐性，所以在全国得以流行。另一方面，吟诵活动对青少年的教育，防止其误入歧途，对提高国民道德修养等都是最好的途径，因而被各界广泛采用。加之学校教育方面，中学和高中的教科书里把汉诗汉文作为必修科目予以强化，各地中学和高中聘请吟诵家教授吟诵，也促使了吟诵在全国的普及。"① 日本现在每年定期举行全国性的吟诵比赛，日本中央电视台有每天播放的吟诵节目及一些吟诵专题，有些组织每年举办与吟诵相关的表演大会，派遣代表团出国交流演出。这些举动都使得日本的吟诵保持着与时俱进的生命力，在倡导全民上下良性发展。

一种文化得以传承，借力很多。日本吟诗社虽然也存在人员老化等问题，但是政府、学校以及各种民间团体都采取各种方法带动吟诵，引发新的活力，从而使这一宝贵传统得以脉脉相承，给我们很多启示。

（三）韩国的吟诵

韩国和朝鲜也有着悠久历史，高丽及李朝时期十分盛行。近代以前，韩国文学史上的诗歌有韩国语诗歌和汉诗两类，韩国语诗歌又分为新罗乡歌、高丽俗谣及时调。而且流畅至今的古今汉诗居多。无论哪种诗歌，在韩国历史上都曾与吟诵密不可分。目前，韩国吟诵又被称为声读、诵书、诗唱等等。现在可知其现状如下：

首先，文人吟诵日渐式微。韩国的汉诗文吟诵以本国转读音为主，其节奏音律和中国古代吟诵有相合之处。汉诗的吟诵主体一般是一些汉学的学者或者士大夫们，大多是文人。他们吟诵诗文没有固定调子，同大陆的吟诵一样口耳相传，只是一种欣赏诗文的读书方式。随着时代变迁，汉学走向没落，汉诗吟唱也必然随之衰落，如今，只有少数间接或者直接接触过吟诵的高龄的汉学家还会汉诗吟唱，与我国的局面相似。

其次，艺人吟诵可见星火。一些吟诵艺术的表演者将吟诵视为一种表演艺

---

① 菅原雪山.《现代式吟诵名诗集》序. //赵敏俐，李均洋. 日本汉诗的吟诵及启示. 光明日报，2012（2）.

113

术进而将之看做一种职业。摆脱文人吟诵的学习性和自我性，将吟诵与其他艺术形式配合，同日本一样加进音乐、舞蹈等艺术成分，增强吟诵的审美及娱乐功能，扩大了吟诵的接受范围和影响。如今，韩国也依然有会吟诵表演的艺人。

再次，吟诵传承面临困境。虽然韩国也有吟诵的传统，但是发展规模和传承情况不容乐观。韩国政府在文化上并未重视吟诵，学术界对吟诵也少有涉及，只有 2006 年出版的《古文里存留的音乐》，也只是从音乐角度研究诗文吟诵。在教育界，也很少有教授吟诵。我国 2009 年邀请韩国吟诵代表团参加"中华吟诵周"活动，他们受到很大启发，吟诵的抢救活动开始纳入日程。

对比海外吟诵的情况，我们可以看出，近现代吟诵之所以沉寂，除了历史文化变更中的无奈之外，我们的吟诵存在方式也或许有值得商榷的一面。而面对当下吟诵的复兴之势，海外吟诵的传承尤其是日本吟诵的传承方式或可给我们提供很多启发。

第三节　台湾校园吟唱的经验

中华古诗词文，因其文言的运用不符时代潮流，而现代教育体系下的教材规范，约束了它出现的"量"；引导学习的教师不会吟诵，也影响了教学的"质"，于是传统的吟诵终于成了"绝学"。这种局面对于台湾和大陆内地来说都是一样的，但台湾何其有幸！人们都知道：比较其他地区，中华传统文化在台湾地区的延续和保存应该是最好的。

早在日据时代便有许多文人雅士，借着诗社的活动延续传播中国文化。1946 年，台湾收复，因国语推行困难，当时迁至台湾的北大中文系即应命举办"吟诵与教育"研讨会，提出"吟诵"的解决办法，传承当以此为起点。1979 年台湾师范大学邱燮友教授主编一套吟诵的录音带，收录了许多吟者的宝贵录音。1992 年台湾潘丽珠《古韵新生——潘丽珠教授吟诵教学》的光盘出版。最近 20 年以来，台湾校园以及地方成立的吟诗社一直活跃着，社会贤达开明之士慷慨解囊相助，各种有关的出版物始终不断。很多大学开设吟诵课程或者开展吟唱活动。由于校园和地方诗社的传承和保留，特别是没有出现过类似内地"文革"那样的文化浩劫、摧残，这一把将熄未熄的微弱火种，最终凭借一些曾受私塾教育，又富有奉献精神的老师，以及愿意入社学习的人，一代代薪传下来。而台湾校园中华古诗词吟唱活动几十年如一日的坚持更使得这一把火种燃烧得绚丽多姿。

这里，将台湾校园吟唱活动给予专门的介绍，是基于三点理由：一是台湾校园吟唱活动持续时间长，至今不衰，积累了丰富的经验；二是台湾校园吟唱活动经验中有一个最大的亮点即不与时代脱节，满足青年一代的要求，不断创新和发展的特色非常鲜明；三是笔者有幸结识台湾辅仁大学文学院主任孙永忠教授，曾有过多次深入的意见交换，并眼见为实地感受了他所指导的"东篱诗社"学生的精彩吟唱。

台湾校园吟唱的最大"创新"点和传承魅力均在一个"唱"字上。高高举起的旗帜上大写着的不是"吟诵"，而是"吟唱"。当大陆内地至今还围绕"吟诵"概念争论不休，对于"唱"式的传承忐忑不安的时候，台湾校园的"吟唱"已经一路高歌，走过了30多年的历程。在认知上，台湾学者认为："'吟'是传统诵读诗文的基本方式，在今日却因受教育体制变迁及西方文化影响，'吟'反而成为一种特殊技能，流传于少数雅士、学者之间。'唱'却因为音乐条件的变异，反而有了多样丰富的面貌。在30年前，台湾学界与民间有识之士即透过较为活泼的方式，加强古典诗词的教学效果，同时藉'唱'而呼应'吟'的特色与优点。于是发起了'古典诗词吟唱'的教学、比赛活动，将传统文士吟哦的雅事，演展出一种新的、兼容西方文化原素的展演方式。"[①]

请注意，这段话最精彩的一句即"藉'唱'而呼应'吟'"，表明台湾校园的"吟唱"乃是对古老吟法的时代创新。而更值得注意的是，"吟唱"对于台湾校园的师生们来说，那是"践行"的活动，不是从故纸文献里辨析出来的概念，更不是应试教育制造的"心不在焉"和"言不由衷"，它是给年轻一代学子提供的文艺技能创新的空间和心灵成长的舞台。也因此，台湾校园诗词吟唱活动成功造就：（1）学生对诗词的体认感受，鉴赏能力的提升；（2）学生自我表现能力与专业技能的提升；（3）学生彼此之间的合作协调能力的促进；（4）学生行政能力的提升；（5）全系师生之间情谊的结合；（6）学生生活情趣的增加；（7）学系特色的建立；（8）校系知名度的提升等。显然，中华古诗词吟唱在台湾绝不囿于一隅，它充满了诗教传统本有的人文关怀。

然而，对于台湾校园师生来说，坚持"吟唱"这样一条发展的路又并非一路顺风。因为传统的"吟"承载的是文化的"雅"；今日的"唱"，在很多时候，在很多高人雅士心中为"俗"。雅俗之争曾困扰着满怀发展热情的师生们。但是，雅俗是个相对性的存在。相对于传统文人的吟诵模式，现今表演形式的吟唱活动更符合群众的美感需求；相对于大学中文系师生追寻的吟咏诗词雅

---

① 孙永忠. 论古典诗词吟唱的当代价值. 首届中华吟诵高端论坛. （内刊）. 2012：47. 后文凡引号内文字未特别注明处，皆引自孙文，不烦再注。

境，中小学吟唱就较多音乐欢乐气氛；相对于运用琴曲、古调的悠缓，流行节奏的追寻，更自然形成一种冲击性力量。那么，何者为雅？何者为俗呢？

吟调则以师友传承为主，以个人为主。于今较常听到的有鹿港调、天籁调、宜兰酒令、福建流水调等。因强调母语中古音的保留较丰富，在吟诵时方能够明确表现诗歌声韵之美，故通常以闽南语、客家语等母语读书调音吟哦。这些吟调与大陆各地来台在大学任教的教授们传授的吟调类似，多带有地方语言的特色。例如江西调、河南调等。但是这些传统的吟唱方式，并未受到年轻朋友的青睐，以致有心之士起身推倡。甚至大学师生们成立了研究小组，初步整理各种资料。台湾学者邱燮友认为："我国诗歌原本是音乐文学，诗歌、歌舞、舞诗连称，构成诗、乐、舞三者综合的艺术。由于古代记音、记舞的符号不一，历代的时间久远，使诗声、诗乐、诗舞失传，造成今人读诗，只求意义性的感悟，而忽略音乐性的要妙；因此现代人读古诗，只能目到，而不再口到，更何遑要求吟诗、歌诗、舞诗呢？我们有见于传统吟诗的式微，古乐的散佚，始致力倡导古典诗词的吟诵"。①

颇具意味的是，台湾的这类争议，不是贬斥雅道，将雅俗对立，或陷于无休止的争议当中，而是努力寻求"适宜"之法，寻求含雅在俗，从俗求雅的创新可行之路。台湾著名活动策划人简锦松在《十五年岁月》一文中大声疾呼："改革、改革、改革、改革，朝向现代化组织观念和整体文化观念来重整古典诗活动，才是让古典诗启弊振衰、重新为台湾文化服务的唯一道路。"②

这种基于为当下文化服务的积极心态，并不止步在建构"理念"或理论的呼吁，甚至不滞留在达成社会"共识"的努力上，台湾文化最难能可贵之处在于，通过"创新发展自己"的社会大氛围以及相配合的社会机制，这种"心照不宣"的文化精神在无形当中推动着每一件好事能快速地获得支持和实在的发展机会。请看孙永忠先生的如下介绍：

"复兴文化的企念，受到企业界的珍视，陈逢源文教基金会成为强力的后盾。传统诗社的经营模式，直接影响到各大学校院学生诗社活动的形式与内容。而真正的改革风潮，必待 1983 年由财团法人陈逢源先生文教基金会主办的'（台湾地区）大专青年联吟大会'。正式拉开了台湾近 30 年来古典诗词吟唱的新发展。联吟活动总共举办 20 届，20 年的努力，造成古典诗词吟唱形式与精神上的极大变易。从纪录中可以清楚的见到，起初吟唱活动还自由、随意

---

① 邱燮友. 品诗与吟诗. 台北：东大图书出版，1989：27—28.

② 孙永忠. 论古典诗词吟唱的当代价值. 首届中华吟诵高端论坛（内刊）. 2012：47.

地参与，到了第三届才正式办理吟唱比赛。当第四届吟唱比赛时，参赛队伍已经自觉地开始注重服装与表演等各方面效果，以期能入围前三名。演进到了第七届时，'吟唱表演已经不再是纯粹以音色为主的合唱了'，经过各校学生代表会议研决，吟唱表演应同时兼顾动态舞台设计，启发各校日后许多极具创意的舞台效果，吟唱活动正式展现表演魅力。大会在活动纪念专刊上刊载吟唱谱，促进了珍贵吟唱资料流传，有效地协助吟唱活动推展。"

台湾校园诗词吟唱活动发展出这一步繁荣局面，还有一个重要的内在原因，那就是正确的发展策略。笔者在与孙永忠先生的多次访谈和有关文献的阅读当中，留下最深印象的一个词也是"策略"。所谓"正确"的发展策略，自然是校园吟唱引领者们"审时度势"后的自觉选择和主动实践。辅仁诗社指导老师孙永忠先生明确地问道："我们应该用什么样的策略推展？雅俗之间的距离有多大？由俗求雅是否有其可能？"最终实践得出结论："台湾古典诗词吟唱，考虑舞台效果、古调新曲兼采、国语方言并行，这是新文化的展现，并不违背'吟诵'，而是以吟唱包括吟诵。古典诗词吟唱即是以较宽阔的视野追求从俗求雅的可能。""策略"首先意味着一种开阔的眼界，同时它也是不断被发现出来的一个个具体的做法。"不同于过往，以团体吟唱为主。不似合唱，但可以运用轮唱、迭唱等方式。不是戏剧，但腔调近戏腔，带舞台效果。不只是朗诵，集合唱戏剧、朗诵等方式于一身。满足了年轻人表演欲望，活化了吟唱气息。"在长年参与古典诗词吟唱学习的经验中，台湾的师生们发现：吟唱已经明显地脱离私塾教学、个人吟玩的传统套路。在"大专联吟"的推动下，一个由雅向俗的风向形成了，一个由大学青年共创的新吟唱风格形成了。

从探索实践的角度来说，台湾校园吟唱活动的创新，也是大学专业教师与学生一同依据生活"现场"的要求和锻炼自我过程里，逐步研究改进而来的。"当我们应邀到书店演出，场区狭小，观众流动，年龄层不定。我们该雅还是俗？当学生普遍不熟练闽南语或客家话时，我们可否运用他们娴熟的国语进行教学？"根据"现场"状况，采用的策略可以非常灵活，例如乐器运用，吟唱一般以国乐伴奏，经验上笛、琵琶、古筝、鼓、胡琴为多。条件好时成团编曲，条件差时，单管竹笛也可闯江湖，塑料响板为何不可取代檀板？因陋就简，发挥创意。邓丽君演唱与《九宫大成》古曲何佳？当年旗亭竞唱女子所咏，也许即是一般市井所流通者，不也是受文人雅客所欣喜。艺术歌曲与流行歌曲的界线何在？《在那金色的沙滩上》若以校园民歌方式演唱，或商业歌手演唱，都应该不失其原有之底蕴。当向国小儿童传递古调时，鹿港调演释苏轼《定风波》，比轻悠的福建流水调吟哦王维《鹿柴》讨喜。但福建流水调王维

《鹿柴》竟然也可以当作"抢座位"游戏的主题曲。学生由多样的方式接触古典诗词，或许难登大雅法眼，但学习效果却常出人意表。昆曲当年的消褪，于今的古典诗词吟诵的式微，可见虽高雅却无奈于时势。东篱诗社的教学策略，便是循序渐进。先从简单的下手，再逐渐教导欣赏与学习较高深的昆腔或教古朴难习的吟调。

根据有关文献，台湾"大专联吟"活动所用的吟调主要有鹿港调、闽南调、宜兰酒令、客家调、天籁调、江西调等。歌调有古曲新作两类。古曲包括宋姜夔《白石道人歌曲》十七首、清人允禄的《九宫大成南北词宫谱》、琴曲等。今人整理创作者如李勉《宋词古唱》、魏子云《诗经吟诵》、林声翕谱王维《渭城曲》、刘雪厂谱曹雪芹《红豆词》、敦煌古谱、校园民歌等。兼有传统与新创，并未特别偏重于何者。值得注意的是，除包括"吟"与"唱"的两种特色外，以"吟"为基点，重新编理出兼有"吟唱"特质的新作。各种实绩、成果表明：台湾校园吟唱活动与传统吟诵之间实为一种"不离不弃"关系，其宝贵经验对于内地而言，难道不是难得的"他山之石"吗？

创新的实践总会令人耳目一新。在"重整"和"改革"的呼声里，台湾校园吟唱早已脱离私塾教学、个人吟玩的形式，而走上一条"与时俱进"的路。仅以辅仁大学的东篱诗社的实践为例：吟唱苏轼的《定风波》有大幅草书书法为衬托；吟唱辛弃疾的《西江月》则有大幅夜景图出场；当柳永《雨霖铃》唱起的时候，水边送行的桥段也跟着上演；灯下饮酒配以兵阵变换，让辛弃疾的《破阵子》别具一格；搭起石壕村景，吟者再配苦妆，配合着剧情，这是杜甫《石壕吏》的展演场景；陆游《钗头凤》更是别出心裁，为了沈园相会，一夜之间，将枯枝装点成繁花团簇。演出时，舞台上飘落的缤纷的花瓣。台湾各校每当联吟之际，巧思纷呈，令人目不暇接。

但这种创新活动必然也会有"跑偏"的现象："唱"的表演冲淡了"吟"的味道。特别是当学生过度经营"表演"的舞台效果的时候，吟与唱谁为主、谁为从的争论就会发生。爆发点是评判的标准和比例分配。"部分教授认为吟唱必定以吟唱为主，其它舞台上的活动都是支节，不应纳入计分，或者计分比例应该降低。"学生们彼此间也有不同意见。评分开始是两者兼重，争论结果变成吟唱声音占百分之八十，舞台表现只占百分之二十。"只是规定虽然改变了，喜爱改变花样的学校，仍然是新样百出，纵使主张吟唱声音为主流的学校，也不敢只拿出清唱，吟唱的富丽色调，仍然是各届联吟中最动人的地方。"台湾校园吟唱的这种"跑偏"现象，应该说是传统吟诵融入现代文化教育过程里的"正常"，反观近年内地高校社团吟诵活动的开展也不约而同地尝试展演诗词吟唱，将案头个人吟诵引向团队演出的舞台表演。传承古老吟诵的实验空间原本就很大，"守正出新"和"平衡发展"的局面作为理想状态和努力的目标无可非议，但这种状态和目标的达成也只有在创新发展的实践当中自然而然做到。

台湾校园吟唱之所以能扎实推进，还有一个引人注意之点即配合学校教育，让单一的学生社团活动融入"常规"的校园生活。例如台湾辅仁大学办学宗旨中，强调"致力于中华文化与基督信仰之交融"，又每年清明节必然举办"祭天敬祖"大典，缅思天恩祖德，凸显慎终追远的意涵。"自1994年起迄今，典礼中，由中文系大一全体学生担任献唱大责，吟唱《诗经·小雅·蓼莪》为活动最高潮，并藉辅仁大学'祭天敬祖'活动与其间'中西文化交融意涵之宣展'计划，同时推展古典诗词吟唱。"林语堂先生曾说过，中国的诗和中国的"诗教"就是中国古人的"宗教"，只不过是属于世俗化的那一种。台湾辅仁的这一自然的"配合"，是否就意味着西式宗教与中国诗教文化传统的一种融通并成功作用于今日的学校教育，对此笔者不敢妄论，但有一点是清楚的，在这种极自然的"配合"里，中国传统"诗"的人文教化力尤其是文化美育的内涵、功用仍然具有现实的力量，或许，在今日华人的世界里，这一不经意的"配合"助推了中西文化一次深度融合，新的"文教形态"也在其中得以孕育。

台湾校园吟唱的经验对于内地的吟诵传承具有极大借鉴和启迪意义，这是毫无疑问的。这里特别引述一段台湾辅仁大学教授孙永忠先生充满智慧的心得作为本节的结束：

"推展古典诗词吟唱活动时，必须认清时代各种文化基素间的微妙激荡，找寻出适当的推动方法，这是非常重要的。但推展活动目标的目标应该更重要。因为推展目标的不同，诉求定位及采取的策略应当有别。古调自爱或许是雅，但今人不弹也多少有其遗憾。纵观古典诗词吟唱在台湾近30年来的变化发展，可以见证传统文化，在急速变异的时代洪流中，适应与融合。由文士向群众，让更多人可以接触古典诗词吟唱之美，本即推广教育的基本精神，但活动中所隐藏的文化涵养，却又可透过通俗普及化转为娴雅的高层目标。古典诗词吟唱在当代的价值便在其中。"①

附：关于台湾校园吟唱现状的调查报告（摘要）

诗歌"吟诵"在台湾多被称为诗歌"吟唱"。彰化师大张清泉教授认为：

---

① 孙永忠. 论古典诗词吟唱的当代价值. 首届中华吟诵高端论坛（内刊）. 2012：47.

"吟诵是指依循语言腔调旋律与平仄长短，尽情随性吟咏。吟诵会随着吟诵者本身的心境乃至客观环境的改变而有不同的旋律，但是高低、升降和长短等基本图形架构都是依据语言腔调旋律而来，不能有所冲突。"张教授亦认为："所谓'吟唱'即是在前述的'吟诵'的基础上进一步发展。吟唱是旋律既定，传唱成谱，可配管弦，或配舞蹈的方式。"仅从这点看来，可见台湾吟唱文化保留和发展的程度相较于我们大陆是占有优势的。

吟唱在台湾的发展，原先多是以民间诗社的活动为主，至于在大学校园中的流传，大约有30余年的历史。1976年，台湾师范大学的邱燮友教授等进行有关诗歌吟唱曲谱的搜集和考订工作，结集出版的教材与录音成为当时各界推广吟诵教学的重要参考资料。1983年，陈逢源文教基金会开始举办"中华民国大专青年联吟大会"，此项比赛活动共举办了29届，于2002年画下句号。此后又由淡江大学、彰化师大和华梵大学国文系分别举办了三届"全国大专院校诗词吟唱比赛"，至2010年，无学校愿意承办此赛事导致停办。在此期间，2006年，潘丽珠教授与汉光文教基金会发起"旧爱新欢第一届全国大专杯诗词歌唱比赛"，此后每年都定期举办，在第三届赛事中增加了高中组别，目前办了4届，发展势头良好。

据笔者调查，台湾校园吟诵文化的推广主要仍集中在大学校园，尤其是大学国文系。高校内部主要通过开设相关课程、举办相关讲座和发展诗词吟诵社团三个方式，而高校之间则多以组织比赛的形式促进交流。以彰化师范大学国文系为例，在访谈在该校任教的吟诵学者张清泉教授时得知，彰化师范大学从1991年开始组团参加吟诵赛事，由张老师担任组训工作。从2011年夏季学期开始开设《诗词吟诵教学》课程，使诗歌吟唱从社团组训开始纳入正式教学中来。在开课之初，抱着好奇心理来选课的同学十分多，但持之以恒者少矣。张老师师承李炳南老师①，整理并学习了李炳南老师的诗词基本吟唱调，并在课堂上传授于学生。另外，张老师践行诗歌鉴赏的情境教学。他解释说，所谓"情境教学"便是要结合电脑科技及多媒体的运用。首先由老师自身作示范，将自己对一首诗词的感官体会通过画面的形式呈现出来，再由学生分组制作吟唱影音，让学生通过思考与讨论感悟一首诗词，并用演绎的方式诠释它。据统计，开课以来，已有接近200名同学修过吟诵教学课程，有部分学生现已为第一线国文教师。据调查回馈，这部分学生在中学教学均有将诗词吟诵教学运用

---

① 李炳南先生，山东济南人，生于光绪二十年（1890），著有《诗阶述唐》、《雪庐诗集》等诗学及其他儒佛著作。先生继承了一套关于诗词的山东吟诵调。

到实践中去，效果明显。

除了开设相关课程外，彰化师大文学院国文系的诗词吟唱诗社也对校园吟唱文化的推广起到重要作用。社团每周定期培训一次，定于每周二晚上 7 点至 9 点半。内容分为两部分，首先是发声练习，包括吐字和用嗓技巧，归韵和收音；其次是曲目练习，包括台语吟唱，客家语吟唱和国语吟唱。参与培训人数维持在 10 人左右。诗社常外出参加校际联谊和比赛，获得许多佳绩。笔者认为这与社员扎实的理论基础和掌握正确的吟唱技巧有直接关系。

另一方面，台湾师范大学的诗词吟诵教学课程则为大一学生专业选修课。潘丽珠教授解释将课程选择开在大一的原因有二："其一是大一新生学业负担小，是培养兴趣的关键时期；其二是部分对吟唱有兴趣有恒心的学生能够有更长的时间去深入学习吟唱。若是开在大二大三，效果可能不佳。而开在毕业班，虽然同学们认识到吟诵对于国文教学之大用途，却是以过于急功近利的心态学习，效果亦不佳。"据调查，选修此课的学生约有 30 人。潘老师在课堂上传授有关吟唱的基本理论，教唱曲目，让学生分组排演曲目，鼓励学生融入自己的理解与创意，每节课都有展示时间。老师还发起了学院的诗词比赛，包括诗词写作、诗词吟唱、诗歌朗诵等。比赛内容丰富，门槛低，受众度较广，同时也增加了学生学习吟唱的热情。

个人认为，台湾吟唱具有连续性和系统性的特点。对于传统文化的保留与继承，相较于台湾，我们做的远远不够。这点是需要承认的。台湾吟唱的发展得益于民间诗社的推动、政府的重视和社会各阶层人士的关注与支持。各种有关诗词吟唱的活动和赛事便是各方力量的支持，这里也不能忽略台湾客观环境的封闭性，相较于大陆的幅员广阔，台湾吟唱发展的阻力较小，普及吟唱的机会也较多。此外，台湾吟唱的发展注重形成系统的具有参考价值的资料库，包括各种方言的基本吟诵调的整理出版，各种有关吟唱的研究的书籍论文和影像资料的出版，逐步形成了系统的台湾吟唱文化。台湾吟唱从民间发展到大学校园，近几年逐步有向中小学课堂普及的趋势。通过对台湾吟唱的调查，虽无法深入，却也颇有感触。吟诵确实是一门博大精深值得投入的学问，大陆的吟诵文化推广需要更多的关注与支持。无论是政府、民间力量、还是校园师生都应该为吟诵发展倾注更多心血，让吟诵传统再次散发耀眼的光芒。

（报告作者为东北师范大学文学院"吟诵团"学生，赴台交流生　张莹）

第四节　吟诵传承的诸多问题

从目前吟诵的发展状态来看，各方面都呈现复兴的气象，然而知道吟诵的人依然是少数，会吟诵的人也仍然稀少。因此，吟诵曾一度被称为中国传统文化里的一门"绝学"。所谓绝学，一是指吟诵是中国的一门独特的学问，具有鲜明的民族特色，与西方的诗文朗诵在韵律、声调、曲调生成等方面都有着截然不同之处；二是指吟诵面临断绝的危机。不仅因为老一辈会吟诵的人越来越少，更在于吟诵的推广和传播面临种种困难。面对现代生活，作为中国古老的读诗读书之法的吟诵，能否延续下来？能否真正走进现代中国人的日常的文化生活？这并不是一个理论命题，须通过"实践"来加以解决。事实上，在传承的实践活动过程里，经常会遭遇如下的质疑：

一、关于吟诵内涵该如何理解？

近些年吟诵虽然一直被学界有所关注，但是对吟诵内涵研讨的各种声音颇多，怎样在争议中取得共识也是至关重要的一个问题。兹简列如下几个问题：

（1）吟诵相关概念的界定可否化繁为简，有所统一？

古诗文"吟诵"在古代是肯定存在的，但是古人并未给其下一个准确的定义，而且其称谓也未像今天这样统一称为"吟诵"、"诵"、"吟"、"咏"、"叹"、"念"、"吟咏"、"吟啸"，甚至"歌"、"唱"、"读"等等，这些有时表达的都是目前我们所理解的吟诵。近代，黄忠苏、朱自清、叶圣陶、俞平伯、朱光潜、杨荫浏等先生都曾对吟诵的内涵有所提及却未给出明确的定义。其中赵元任先生指出："诗歌不分化的时候，诗也是吟，歌也是吟。"[1] 又言"所谓吟诗咏文，就是俗话所谓叹诗叹文章，就是拉起嗓子来把字句都唱出来，而不用说话或读单字时的语调。"[2] 这可算比较早的对吟诵内涵的一种界定。郭沫若对吟诵理解为"无乐谱的自由唱"，与此相似。之后，也有很多学者给吟诵做了概念上的定义，一种是直接定义，如叶嘉莹先生定义为："吟诵是一种介于诵读与歌唱之间的汉语古典文学作品口头表现艺术方式。"[3] 陈少松先生定义为：

---

① 赵元任. 新诗歌集·序. 赵元任歌曲选集. 北京：人民音乐出版社，1981：44.
② 赵元任. 新诗歌集·序. 赵元任歌曲选集. 北京：人民音乐出版社，1981：44.
③ 转引著名学者叶嘉莹领衔中华吟诵活动. 语文教学与研究，2011（13）.

"吟诵，是我国传统的读诗读词读文的方法。"[①] 秦德祥先生定义为："吟诵，是一种介于诵读与唱歌之间的汉文古典文学作品口头表现艺术方式。"[②] 王恩保先生定义为："吟诵是和中国古典诗词（特别是唐诗宋词）相关联的一种艺术形式。"[③] 除此之外，有些学者也用对比区分的方式试图将吟诵的本质内涵展现出来，基本上是将"诵"、"吟"、"歌"、"唱"几个容易混淆的概念加以区分。到目前为止，叶嘉莹先生、陈少松先生、秦德祥先生、华锋先生、陈炳铮先生、魏嘉瓒先生、丁时祺先生、孙永忠先生、曾永义先生、周流溪先生等等对此都有学理上的考证或者辨析。

中华吟诵学会徐建顺先生在全国范围内宣讲时将吟诵的概念分为四类：最广义吟诵是介于唱和念之间的方式；广义吟诵是汉语传统的歌唱方式；狭义吟诵是儒家的读书方式；中华吟诵是中华民族的传统的读书方式。他还认为："吟诵是吟咏与诵读的合称，吟咏有曲调，诵读没有曲调。吟诵是古代文人们的基本技能，是汉诗文传统的唯一的诵读方式，同时也是主要的创作方式。它发端于先秦，在教育系统中，口传心授，代代相传，流传至今。"对此很多学者提出质疑，最根本的质疑是：吟诵真的是古诗文唯一的读书方式吗？

无论吟诵的内涵有多么广泛，学界目前能达成的普遍共识是：吟诵的确是古代流传的一种读书方式。争议的分歧点在于，吟诵是以文学语言为本位还是以音乐元素为本位。当然也有折中派。依笔者所见，我们亟需做的首要事情是：不再纠结于概念上的理解，努力在实践中创新和总结。

（2）吟诵方法如何相对统一有则可循？

吟诵的方法目前已有很多"定律"，但是也存在争议。例如关于平长仄短的理论，学界普遍都认可，但是也有学者如魏嘉瓒先生、丁时祺先生等认为这条规律固然重要，但是也要有一定的随意性和意外性，个别方言以及个人在处理这个原则时也有可变性。魏嘉瓒先生举出当年师从高树森先生学习的吟诵调子，就有个别的仄声字上反而需要拖长而吟，并指出有些老先生处理这样问题时，往往先在此仄声字上急促停顿一下再继续长吟之。虽然已有相关书籍和论文来研究此问题，但还是缺少一种系统易行的方法来指导吟诵学习。那么如何将纷繁的吟诵方法加以归类和统一，以整理出一种行之有效的可供参考学习的法则，从而使吟诵有法可依、有则可寻？

---

① 陈少松. 古诗文吟诵. 北京：社会科学文献出版社，1999：1.

② 秦德祥. 吟诵音乐. 北京：中国文联出版社，2002：15.

③ 王恩保. 吟诵文化漫议. 中国文化研究. 1998（20）.

吟诵除了一些传唱很少的诗词音乐，很少有定谱。通过老一辈会吟诵的先生口中存留的吟诵，可知吟诵在口耳相传的过程中出现很多差异性，这种差异一是来自地域性不同导致；二是由于官话吟诵和方言吟诵的区别；三是由于吟诵具有个体性，每个人会形成自己独特的自由调。那么，对于吟诵调，我们该如何从中找寻其共同的规律来建立起一种新的吟诵规则以供参照？所谓的"普通话新吟诵"如何在吟诵古调的基础上焕发生机？当下对此已有很多探索和理论，尤其是以叶嘉莹先生、陈少松先生以及中华吟诵学会总结出来的理论框架堪为代表。但是，是否还有进一步系统化和简约化的空间？

（3）吟诵时该如何运气发声？

吟诵虽然不是音乐演唱，但是也涉及到发声问题。今人张卫东先生对吟诵的真伪提出了几条最低标准，其中有：是否娴熟地运用开、合、齐、撮等发音技巧；没有出现不搭调、荒腔等音准问题；吟诵的声音质感本真，没有重腔轻字的痕迹。而丁时祺先生认为吟诵时应该讲究调性，选择调式和调高来配合情绪的需要，尤其结尾要有结束感。他们所指出的这些吟诵"标准"都与如何运气发声有密切关联。宋明帝《文章志》里曾记载："谢安作洛下书生咏，而少有鼻疾，语音浊。后名流效其咏，弗能及，手掩鼻而咏之。"① 这里指出西晋洛阳一代文人谢安，将当地一种吟诵方法带到南方，因其有鼻音反而形成了吟诵中的一种用鼻音的吟诵法。笔者听一些老先生的吟诵也会时常听到这种鼻音发音的方法，那么，吟诵时，是否有一些发音方法是值得总结和学习的呢？应该如何掌握针对吟诵的发音方法，而又不至于给吟者增加不必要的难度而与"声乐"训练有别呢？

此外如果要继承传统的吟诵，那么字音尊古是必须的，正如叶嘉莹先生所言："诗词的美感，它有它本身的平仄。现代人，不知道入声了，用普通话的音调写作，可以，如果是自己的创作，你用普通话诵读，可以，因为你是按普通话的平仄写作的。但是你如果读的是古人的诗词，就要按照古人的平仄来读，不然你就把古人原来的韵律声调的美感完全破坏了。如果像这样的读法，不但不能发扬古诗词，而且是破坏古诗词。"② 首先一个问题是入声字该如何处理？这个问题一直存在争议。入声字只在部分方言里还存在，很多地方已经没有入声，分别转化成平上去三声。对此，有的先生主张读去声，有的先生主张读高降或低降调，有的先生主张读短促音，对此未有统一意见。那么，我们

---

① ［唐］房玄龄等. 晋书（第七册）. 北京：中华书局，1974：2076.

② 参见叶嘉莹先生论吟诵. 吟诵经典、爱我中华——中华吟诵周论文集，2009.

在学习传统的吟诵时，对入声字该如何遵循？此外对于一些古诗文中的读音问题，王恩保先生曾对《诗经》里很多读音加以考证梳理，诸如"钟鼓乐之"的"乐"字有三种读法，专家尚未定论，吟诵之时，该如何处理？

二、用方言吟诵？还是用普通话吟诵？

既然普通话被法定为国家通用语言，客观上也是社会多数人群使用的"时代语音"，自然就应该首先提倡普通话吟诵。然而如果大力提倡普通话吟诵是否就意味着脱离传统吟诵呢？因为传统吟诵中有很多都是方言吟诵，如常州话吟诵、粤语吟诵、闽南语吟诵等。叶嘉莹先生说过："用国语读古诗不仅破坏古诗，而且会灭绝古诗。古诗有一个韵律，韵律是诗之美感的重要组成部分，失去了美感就失去了韵律，对古诗也就无法掌握。"① 这里所说的"国语"，对于中国大陆来说，等同于迄今被广泛推行的普通话。在当下普通话一统天下的情况下，在吟诵的传承、教学和推广当中，方言吟诵的最大问题是局限于方言区域，离开了特定的方言区域，就"既听不清，又不悦耳"。这种局限妨碍了"吟诵走进课堂"，与推广普通话的校园教学环境相冲突。二者关系该如何处理？

有的学者如台湾王伟勇先生认为可以先用普通话保留其调，通行之后再逐渐推广或者还原方言吟诵；有的学者如丁时祺先生认为除了做学术研究以外，现代的吟诵还是要提倡普通话；有的学者如刘德隆先生认为在吟诵教学中应该使用普通话而其他领域则也应给与方言吟诵个性化的发展空间。此外如魏嘉瓒先生、周有光先生、彭世强先生、余东胜先生等等都主张方言吟诵和普通话吟诵可以并行不悖，但使用普通话吟诵与保持吟诵的传统特性也存在相悖之处，如表现在平仄字音的处理上，若不加以区分，就称不上传统的吟诵。显然，问题的关键不是要不要用普通话吟诵，而是用普通话吟诵应该如何继承保留在方言里的传统吟诵的"味道"。对此，学者们也有所思考，如陈少松先生、戴学忱先生、赵敏俐先生、秦德祥先生等都主张普通话吟诵一定要建立在对方言吟诵的合理吸收和改造的基础之上。当然，这接下来又面对一个新的问题，就是如何在学理层面将吟诵规律、发音特点、吟调转化等方面做好研究工作，让普通话吟诵成为有源之水，有根之树。唯有如此，才是正途！

---

① 转引自尽心. 古诗不能用"国语"来读. 思维与智慧. 2009：2.

三、如何在教育领域普及吟诵？

叶嘉莹先生很早就提出"吟诵之训练应自童幼之年龄开始"①，又进一步指出"我的意思是最好从幼儿园的中班开始，就增入一个寓教学于游戏的诗歌唱诵的教学项目，在此一教学项目中教师可以选择一些篇幅短小文字易解的作品如李白的《静夜思》，孟浩然的《春晓》等众所习见的诗篇，教儿童随意唱咏。这种唱咏不必像教学生唱歌一样要求他们有正确的音阶和乐律，只不过在唱咏时应掌握住两个重点，那就是诗歌的节奏顿挫与平仄押韵所形成的一种律动感。"② 对吟诵走进当下的课堂很多学者也是赞同的，这里，就涉及到如下问题：

（1）吟诵的传播队伍该如何培养？

叶嘉莹先生认为："尤其希望中小学的教师们，或者目前正在师范学校肄业以后将从事中小学教育的青年们，能够首先学会吟诵，如此则自然可以在教学中以口耳相传的吟唱方式，使吟诵的传统能在下一代学童中扎下根来。"③这里一方面包括已经在职的中小学教师，还有将来的预备教师学生的吟诵培养。近些年来，为数有限的人们，包括专家学者、一线教师、各类学生以及诗词爱好者会热心于吟诵，研究吟诵，学习吟诵。各地的诗词组织、诗词报刊，在这些最应该担当传承吟诵的平台上，虽然能看到一些有意识的推广动作，如中华吟诵学会引领的活动已经颇有成效，但是就全国范围内的实践比例和影响范围而言，对传统吟诵的了解和重视都还有改进的空间。王力先生曾说："诗写下来不是为了看的，而为了'吟'的"。④ 那么我们该如何去培养吟诵的传播者？

学习吟诵的最好方式是口耳相传，时下也有很多吟诵领域的专家学者们在各地开展一些专题讲座和办班培训活动，这不失为一种好的办法。但是专家学者的数量和精力毕竟有限，效果质量，颇多争议。鉴于此，刘德隆先生认为：目前的吟诵只能是"小众文化"，吟诵的恢复要"慢慢来"，其实很多学者包括叶嘉莹先生、陈少松先生、秦德祥先生等等在内，也认可通过音像资料聆听的方式来达到口耳相传的学习效果，而并非一定要面对面地口传心授。因此，吟

---

① 叶嘉莹. 我的诗词道路. 石家庄：河北教育出版社，1997. 在此书 208 页－209 页，叶先生从童幼时期记忆力好和直感力强两个方面论述了为何吟诵应该从娃娃抓起。

② 叶嘉莹. 我的诗词道路. 石家庄：河北教育出版社，1997：211－212.

③ 叶嘉莹. 我的诗词道路. 石家庄：河北教育出版社，1997：218.

④ 王力. 诗词格律十讲. 北京：中华书局，2009.

诵师资力量的培养关键的前提还是吟诵推广的宣传力度究竟有多大。如果能借助政府和各界社会团体的力量将之传播开来，则更便于吟诵传播队伍的培养。

（2）吟诵的教学应该如何展开？

吟诵进入教学课堂，应该充当一个什么角色？于东胜先生认为：应该加强与教育文化部门的沟通，让吟诵进入中小学语文与音乐课堂。刘德隆先生认为：目前可以单独设置吟诵课，在古诗文吟诵教学传统恢复之后则应取消单独设置的吟诵课，而将其作为一种学习古诗文的方法加以运用。魏嘉瓒先生则认为吟诵只能作为教学手段之一，不能取代正常的语文教学方法，并且要服从正常教学秩序，因此只有适合吟诵教授的古诗文则灵活用之，不必强求。台湾地区孙永忠先生等则采取将吟诵的教学活动分为平时人才培养和教学推广活动两个方面去进行，平日开课讲授吟诵，而且各校相关课程采取支援方式，做课外活动的宣导展演以及活动推广时做教学讲座。可以说是一种将吟诵即带入课堂又活跃于课外的教学思路。

无论吟诵是单独开课还是以辅助教学的手段来进入课堂，接下来还要面对的一个问题是如何运用吟诵的资料。一是需要将名家的吟诵加以整理，出版配套的音响资料以供教学者和学习者模仿和运用；二是需要专家和学者编写相应的吟诵教材，最好分为学术研究层面、教学应用层面两个角度去出一些吟诵书籍和教程，便于吟诵在理论上推广中的良好开展。

要普及吟诵，最好的途径就是通过教育领域，从幼儿园到大学，形成一个完整的培养机制。就目前来说，校园里的古典诗文教学，侧重在内容结构、写作方法，对"发声"的教学处于漠视陌生状态。对此，该怎样有的放矢地开展吟诵教学工作？怎样在教育界吹起吟诵教学之风？这个问题涉及到如何开展吟诵的分段教学，即如何在幼儿园、中小学和大学开展不同形式的吟诵教学，并涉及到教学方法、教学课程、教学模式等的设计安排。可以说这些问题的解决，是吟诵是否能在当下教学中传承开展的关键所在。

四、吟诵和音乐的关系该如何处理？

首先，有一个观点是很多学者都普遍认可的，那就是传统吟诵和音乐歌唱是不同的两个概念。如王宁先生曾说："吟声像是乐声，实则仍是语声——与心声同步的语声。吟诵带来的形象像是音乐形象，实则仍是文学形象。吟诵重词不重乐，旋律、节奏都是对文学形象的强化和再度美化。应当说，吟诵与声乐——特别是表演艺术的声乐，本质上不是一回事。"① 尽管如此，吟诵毕竟和音乐也有一定的联系，很多学者就提出吟诵可以借助音乐艺术来得到更好的发展。如丁时祺先生、蒋凡先生等认为：吟诵只有从音乐艺术中汲取更多营养才能获得更多的成长的空间。戴学忱先生则具体指出可以在吟诵调中加入音乐元素进行部分修改或者整体调整。

时下一般会将加入一些音乐元素的诗文唱法称为吟唱，以此来和传统吟诵加以区别。二者有一个很重要的区别点就是吟诵是没有曲谱的，有些学者甚至断言吟诵是不可以记谱的。因此出现的一个问题就是可否为吟诵谱曲？陈炳铮先生认为："今人的吟诵有精心谱成吟诵曲来演唱的，即在'真实的语言'的基础上，采取了诸般作曲手法，随着诗歌题材与所包孕的感情之不同在曲调上力求花样纷呈，多采多姿，不是千篇一律。这样就使吟诵的歌唱性得到相当程度的加强，使得'吟诵'更具有一定的艺术效果。"② 而陈少松先生也说："我的吟诵原本也没谱子，为了便于教学与传播，才在书中附上吟谱的。"对此观点，闻国新先生认为："每篇诗文，各有其内容以及表现方法上的不同，所以吟诵不可能有定型的曲调，不仅是吟诵者的领会和理解人人有所不同，即同一篇诗文，因为认识的逐步深化，下一次吟诵就与这一次不能完全一样。陈炳铮先生给陶渊明的《归园田居》谱了吟诵曲，意思似乎说，这首诗就应按谱永远这样吟诵下去，这我是不敢苟同的。这样做，把中学的音乐课和语文课融而为一，不仅徒然增加了语文教师的负担，对学生的理解与掌握课文，实际上也没有什么帮助。"③ 而秦德祥先生则认为："但吟不是唱，行腔不到唱的地步。如果是按谱而唱，那就越出了吟诵的范围，只能称为古典诗词歌曲或吟唱风格的创作歌曲。"④ 叶嘉莹先生也认为"由吟诵者透过声音对诗篇所做出的诠释，当然不能制定为一种固定的如乐谱一样的死板的法则来提供给大家去遵守。"⑤可见这种反对的声音认为吟诵依谱则流于吟唱，一是担心谱曲会使吟诵固定一律缺少变化，一是担心使吟诵变成音乐教学失去传统意义。

然而对此也有一些折中观点，主张吟诵可以谱曲，如周流溪先生认为谱的曲子可以叫"咏唱曲"，但是反对将吟诵曲调固定化；孙玄龄先生认为："应找出旋律性强的作为代表，使吟诗调的精华得到发扬。这样做很必要。"而且乐

① 王宁. 吟与唱. 文史知识, 1998 (10).
② 陈炳铮. 简谈吟诵. 中学语文, 1985 (3).
③ 王恩保. 古诗文吟诵集粹. 北京：北京语言学院出版社, 1993：128.
④ 秦德祥. 吟诵音乐的节奏形态及其特征. 音乐艺术, 2004 (2).
⑤ 叶嘉莹. 我的诗词道路. 石家庄：河北教育出版社, 1997：216.

谱可以帮助人们更好地学习吟诵；赵敏俐先生虽然认为吟诵和吟唱有明显区别，但也主张二者齐头并进。而台湾学者对此是宽容和赞同的，下节有所讨论，此处不再赘述。

笔者非常认同彭世强先生对此的态度，他认为：谱曲以及音响等现代科技完全可以应用于当下的吟诵教学和传播。毕竟时代不同，如果吟诵要进入现代的群体教学的课堂，借助简便易行的曲谱以及音响制品是十分可行的，关键是相关"作品"质量要把好关，而非任意随意的编曲。就目前而言，有单位和学者出版了相应的传统吟者音像资料，也有些学者和爱好者自己创作吟诵曲目出版。那么，吟诵是否可以出一些示范性的谱子？这些吟诵的谱子应该如何创作、由谁创作？这是严肃的问题，需要我们认真对待。传统吟诵艺术正如郭沫若所言，恰恰是"无乐谱的自由唱"[1]。它的音调没有明确的作者，也无固定的腔调，吟诵者可以在长期训练掌握了吟诵技巧的基础上自由吟诵，但是这也给初学者带来一定的难度，也不利于吟诵以一种相对固定的方式普及。因此我认为吟诵的腔调可以经历一个从有谱可依到自由出调的过程，而后者是真正意义上的"吟诵状态"。

除此之外，推广吟诵当中，对流行音乐元素到底如何看待？吟诵能否向"歌唱"的方向靠拢？由于国人长期受时尚文艺包括流行音乐的熏陶，这种"似读非读，似唱非唱"的读法，很难为多数人特别是青少年人群所接受和掌握。吟诵之所以还在青年学生当中产生一定的影响，最初是因为许多有定调的"吟唱"与一般的歌曲并无明显的区别，听过之后，会感到很新奇："原来古诗词文是可以这样来唱的"，但如果真正按照古法传授，就会感到不自然、不容易。事实上，到目前为止，很多初学者是将吟诵当作"唱歌"来对待的。在这种情况下，既要保持吟诵的传统特征，又让当代的青少年乐意接受，就成为非常实际且必须解决的问题。简言之，传统吟诵原本是可以向"歌唱"的方向靠拢的，但是一定要坚守吟诵的传统读法，坚持在吟的基础上去歌唱。

就当前传承的现状和实践来说，走得更远的是所谓"中华古诗词与现代流行音乐相结合"的路子。对于大多数人，特别是青少年群体，都倾向于认同"把古诗词与流行音乐结合起来"，认为这种做法不仅具有新意，而且非常有利于古典诗词文化的传播。反对的意见则认为，不应该让流行音乐把古诗词谱写得"不伦不类"，以致破坏了古诗词的意境美感。甚至担忧流行音乐人和歌手会把古典诗词唱走味儿，误解其中的内涵，或是有些文化修养不高的歌手不仅

---

[1]　朱自清. 朱自清全集（3）. 南京：江苏教育出版社，1988：186.

无法理解诗词的含义，甚至连字音都会念错，更加误导大家，尤其是对于中小学生产生负面的影响。他们就觉得误传还不如不传。

吟诵界的一些专家也不支持用流行音乐来演绎古典诗词。他们认为古诗词是应该吟诵出来的，只有真正的吟诵才能与诗歌的格律相契合，只有吟诵才能原汁原味地表现出古诗词的意蕴，才能深刻地体味作者的情感。而流行音乐是不符合古诗词的格律的，用流行曲风来为古诗词谱曲是极不科学的。既然是错的就不能让它传播出去，要传播就必须要传播真正的吟诵。

如果吟诵只是以单纯的传统模式加以传承，势必存在曲高和寡之嫌，不容易在普通民众之间产生迅速广泛的影响，但是流行音乐元素是否可以融入吟诵？如要结合，应采取什么的方式？

五、吟诵回归传统的同时怎样有所创新呢？

以叶嘉莹先生、屠岸先生、华锋先生等为代表的学者们是主张吟诵传统要守正而传，要有纯粹性。从"守正"的一面来说，早在1992年，叶嘉莹先生就曾撰写《谈古典诗歌中兴发感动之特质与吟诵之传统》一篇长文，对中国传统之吟诵进行了较为全面的理论阐释，并且提出具体的实践路径。她在文中这样写道："用国语读古诗不仅破坏古诗，而且会灭绝古诗。古诗有一个韵律，韵律是诗之美感的重要组成部分，失去了美感就失去了韵律，对古诗也就无法掌握。"[1] 无论是读音还是韵律，叶先生都主张继承原汁原味的吟诵传统。华锋先生形容这种吟诵"是原汁原味的、'土得掉渣'的'私塾调'吟咏模式"[2]。魏嘉瓒先生虽不反对音乐性的编曲，但也认为在语文课上传承的吟诵应该是整理出来的正宗的、传统的吟诵调，切忌不伦不类。张卫东先生认为："借鉴古调创作的诗词歌曲则因没有传承线路而不在吟诵之列。"主张"传承门户有序"，而欣赏唐调传人陈以鸿、朱庸斋传人吕君忾等的吟诵，认为这种有"师承"关系的吟诵才是最传统纯正的。

无论我们需不需要保持传统吟诵的原貌和传承方式，有一点应该是毋庸置疑的，那就是对传统吟诵调的抢救整理和学习推广。目前，能掌握传统吟诵艺术的吟者一般都是80岁左右甚至更年长些的老先生，这些人或源于读过私塾，或源于家庭熏染，或源于偶然的师承，继承了相对纯粹的传统吟诵，但在世者少之又少。例如老一辈的著名学者周有光、霍松林、冯其庸、叶嘉莹、吴小

---

① 转引自尽心. 古诗不能用"国语"来读. 思维与智慧，2009（2）.
② 华锋. 简论吟咏的节奏. 文学与文化，2012（2）.

如、戴逸、钱绍武、史鹏、王恩保、张本义等等，这些会吟诵的先生，很多都并未把吟诵传授给学生和儿女。这些老先生学习吟诵，主要是通过传统诗词教学中耳传心授的途径自然而然学会。目前中华吟诵学会以及其他一些学者通过采访录制的方式来抢救这些"活"的吟诵调。除此之外还有赵元任、唐文治、华钟彦等遗留下来的录音资料，但是很难再通过亲临亲授的方式将之传授下去。那么，我们该如何看待这些"活"的吟诵调子？对众多采录的吟诵声音该如何处理？除了发行相应光盘来记录和传播，对这些老先生口中的吟诵该如何整理如何继承？

正是面临这种继承的问题，学者间出现了与吟诵传统守正观不同的路线。华锋先生曾总结其他三个"流派"说："以北京戴学忱先生、湖北侯孝琼先生为代表的学人，在传统吟咏的基础上，吸收了民歌的演唱技巧，修复为全新的吟咏模式；以马鞍山盘石先生为代表的学人，在传统吟诵的基础上，引进了西洋音乐的演奏技巧，创作出以全新的交响乐、摇滚乐为表现形式的吟咏模式；以台湾王更生先生为代表的学人，呈现给我们的是没有任何师承背景，只是依据自己对古典诗歌的理解以及对传统音乐、戏剧的知识，独自创作的自度曲吟咏模式。"[①] 这大概可以代表当下吟诵界的几个发展倾向，而他们这三条路线可以说也是对传统吟诵进行创新所走的主要路线。

总结而言，传统吟诵创新主要表现在两个方面：一是在吟诵调上结合音乐、戏曲、曲艺、方言特色等文化元素加以修复、改编甚至创调，如戴学忱先生、陈少松先生、劳在鸣先生、秦德祥先生、傅雪漪先生、李明先生、程毅中先生等都赞同这种模式；二是在艺术形式上，守正观认为吟诵是个人化的陶冶方式，讲究其自得其乐，而有些学者则认为吟诵也应该允许在形式上更加灵活，如彭世强先生主张吟诵可以是个人化的，也可以是众人的，除了独吟独诵外，也可多人吟诵，也可以通过服饰、环境、音乐伴奏的"包装"来丰富吟诵的艺术感染力，也可加进现代朗诵等多种方式。陈少松先生认为"至于吟诵时配上乐器伴奏，那是为了适应当代人们多元化的审美需要，使传统的吟诵变得更美听。"台湾的吟诵在这条路上走得更加大胆，融入戏剧、舞蹈、乐器等元素，使吟诵的传统与当下的艺术相结合，得到年轻人的喜爱。

叶嘉莹先生曾说："中国古典诗歌之吟诵则不仅不可流为歌唱，并且也不应成为一种表演。"[②] 然而，事实上目前的吟诵传承、教学和推广当中，既

---

① 华锋. 简论吟咏的节奏. 文学与文化，2012（2）.

② 叶嘉莹. 我的诗词道路. 石家庄：河北教育出版社，1997：210.

"流为歌唱",也成了"一种表演"。有着数十年传承经验的台湾校园,走的是多元化的路,内地"吟诵"舞台上的展示,各种吟诵团体和个人吟诵行为同样充斥了各种表演要素。如果是基于推广和教学的需要,表演以及歌唱都是可以允许甚至是必须的,但传统吟诵最本质的"为己"之性格是否因此就必然流失了呢?传统吟诵最美丽的品质在于它"不是为了吟给别人听的,而是为了使自己的心灵与作品中诗人的心灵能借着吟诵的音声达到一种更为深微密切的交流和感应"①,如此看来,现代吟诵难以避免的表演性最终可能使得这一传统沦为"空心化"?

笔者认为正如古人所言"若无新变,不能代雄"(南朝·梁,萧子显《南齐书·文学传论》),在充分继承传统吟诵的基础之上,吟诵与表现艺术的融会贯通是我们必然面临的一个发展趋势。日本和韩国将吟诵与舞蹈、音乐、剑术等等艺术形式融合,形成一种新的表演性很强的艺术,便于吟诵以更生动的形式加以传播和流传。我国与吟诵相关的传统唱法有戏曲唱法、曲艺唱法、民歌唱法、宗教歌曲唱法以及少数民族音乐中的某些唱法等等,该如何将之融会贯通?可否使吟诵与中国文化之更多艺术形式加以融和?如何在保持继承文人吟诵的前提下,使吟诵也演变成一种新的、耳熟能详的、便于大众欣赏接受的、符合当下审美习惯的艺术形式?看来只有先开辟一条探索的大道,才能让吟诵发挥中华古诗文的更大的社会及文化功用。吟诵作为中国古代文言文学的审美表现方式和读法,是一种能让我们用声音体验传统、同时传承之的一种方式,其中当然寄托着我们民族的文化价值体系。那么,该如何让吟诵在新时代发挥它的价值?该用何种方式将其文化和社会意义更好地得到彰显?

六、余论

美学家朱光潜先生在其著名的《诗论》一书中,曾就传统吟诵的缺点写道:"中国人对于诵诗似不很讲究,颇类似和尚念经,往往人自为政,既不合语言的节奏,又不合音乐的节奏。不过就一般哼旧诗的方法看,音乐的节奏较重于语言的节奏,性质极不相近而形式相同的诗往往被读成同样的调子。""哼旧诗的方法"注重在旧诗的声音韵律,吟者陶醉于其中,这体现的是传统的"正",但又因其过分地注重声律,不免滑入忽略诗情内涵而导致单调和苍白的歧路,这便是吟诵古法必须"推陈出新"的理由。陈炳铮先生也曾指出:"传统的吟诵是由文人(未必是音乐家)进行的,多用方言,且常为即兴吟诵。其曲调大抵比较'单一',只是随着文学作品体裁(如赋、古体诗、律诗、绝句、

---

① 叶嘉莹. 我的诗词道路. 石家庄:河北教育出版社,1997:210.

词等）的不同，结合语言所属地区的地方音乐特点而形成的几种'腔调'。这些腔调有其'固定性'（调式方面的），但又有其'可塑性'，即由于各种条件、因素的影响，每由吟唱者给以一定程度的变化。然而传统的吟诵腔虽是'同中有异'，毕竟还是'异中有同'，'共性'的成分不免掩盖了'个性'的发展，听多了易感单调、枯燥。"① 总之，吟诵产生于 20 世纪之前，算不算严格意义上的传统音乐，还有待定论。在近 100 多年的进程中，人们普遍接受的音乐大多受西方音乐影响严重，吟诵的即兴性和自由性以及独特的发音和旋律感，都于当下人们的审美观念有所不同。在这样的文化审美语境下，该如何培养国人对吟诵的审美兴趣是一个艰难的问题。

从目前吟诵存在的现状，我们可以看到它正在慢慢抬起复兴的脚步，但是也不得不看到推广吟诵中出现了各种各样的问题。传承与推广的实践告诉我们：除了需要社会方方面面给予大力扶植，如同扶植国粹京剧一样，就吟诵传承本身来说，"守正出新"，即在坚持传统的同时，努力推陈出新，应该是推进传承的关键所在。总之，无论吟诵前行的路上，有多少问题横亘，我们都有必要和义务将之弘扬开来。因此在守正与出新之间既充满了矛盾，同时也呈现出极大创新的空间，凡是要讲究一个"度"字，"守正"不等于守旧不化，创新不等于毫无遵循。传统吟诵乃是以"吟咏情性"为本，一切为当下的创新，都不应摒弃这根本，坚守吟诵的文学审美，更不可忘记"吟咏情性"的文化审美。传统之谓，如是而已。

---

① 陈炳铮. 简谈吟诵. 中学语文，1985（3）.

第二编　知　音

第一章 调谐知"韵律"

一段时间以来，我们的语文教学，特别是古诗词文的教学多注意在"义"的阐释方面，"音"被忽视了。不用说，这种忽视对于汉语古典文学最具音乐美感的诗词部分来说伤害最大，损失最大。这一编的内容围绕传统诗词语音的四种要素，结合诗词句例加说明和强调，以此作为吟诵技能学习的一个重要"预备"。在汉语诗词作品里，"音"的作用，主要表现为四点：一为押韵；二为调平仄；三为节奏；四为声辞。

第一节 "韵"和押韵

韵的起源。韵的存在可一直追溯至上古时代，如著名的祭祀"咒语"《蜡辞》："土，反其宅！水，归其壑！昆虫，勿作！草木，归其泽！"（《礼记·郊特牲》载）可知韵是歌、乐、舞同源时代里，用以点明一节乐调，一段舞步的停顿；韵是应和每一节乐调的结束，或同一乐器的重复的声音。

韵是原始时代人类综合艺术的一个遗留。它留在与音乐和舞蹈分家以后的诗里，并很快地向各种"文类"扩张。清代学者顾炎武，在其《日知录》里说："古人之文，化工也。自然而合于音，则虽无韵之文而往往有韵。"[①] 现在，我们读先秦的诗和文，会发现"韵"的感觉无处不在。这一奇特现象，在世界范围的文化里也是仅见的，它与中国更为独特的汉字有着密切关联。

什么是"押韵"？刘勰在《文心雕龙》中说："同声相应谓之韵。"[②] 在一首诗或词或戏曲里，使用同韵的字，放置在句的末尾，使之产生一种声音回环的和谐感觉，这就是所谓"押韵"。由于押"韵"的字都是放在句尾的，故又称之为"韵脚"。押韵时，可以逐句押，隔句押，隔数句押，这就构成一种用韵的方式，或"韵律"。如鲁迅先生的《听闻》一诗：

华灯照宴敞豪门，娇女严妆侍玉樽。

---

① [清] 顾炎武著，黄汝成集释. 日知录集释. 石家庄：花山文艺出版社，1990：914.
② [梁] 刘勰著，范文澜注. 文心雕龙注. 北京：人民文学出版社，1962：553.

忽忆情亲焦土下，佯看罗袜掩啼痕。①

其中"门"和"痕"韵母相同，"樽"和"门"、"痕"的韵母相近。

但是要真正理解"押韵"，也并不容易。理由至少有两条：

一是要了解什么叫"韵"。完整的一个韵母，包括韵头、韵腹、韵尾，如凡韵母的主要元音相同或相近的（如有韵尾，则韵尾要相同），这就构成同"韵"。例如"方"（fang）、"疆"（jiang）、"光"（guang）为同韵。三字的韵母虽不同，但主要元音 a 和韵尾 ng 都是相同的。这就具备了构成"韵"的主要条件。要注意，韵和韵母不是同一概念，如方、疆、光三字的韵母不同，但却属于同韵。

韵头，指主要元音前面的另一个元音，在现代汉语里，可做韵头的只有 i、u、ü（愚）三个，如家（jia）、花（hua）、学（xue）。

韵腹，指一个字的韵母里的主要元音，如 a、e、er、ie、ue、i、u、ü（愚）、-i 等。

韵尾，指主要元音后面的音素成分，在现代汉语里，只有 i、u、n、ng 四个韵尾。如飞（fei）、收（shou）、山（shan）、东（dong）。

二是诗词里所押的韵，有些凭口耳可以感觉出来，而有些却不能，为什么？例如以下作品：

（1）杜甫《渼陂行》（选段）

岑参兄弟皆好奇，携我远来游渼陂。

天地黯惨忽异色，波涛万顷堆琉璃。

琉璃汗漫泛舟入，事殊兴极忧思集。

鼍作鲸吞不复知，恶风白浪何嗟及。

（2）张九龄《感遇九首》之一

抱影吟中夜，谁闻此叹息？

美人适异方，庭树含幽色。

白云愁不见，沧海飞无翼。

凤凰一朝来，竹花斯可食。

前一首用今天普通话来读，"奇""陂""璃""集""及"似乎同韵，没有问题，可是根据韵书，"奇""陂""璃"在唐代属平声支韵，"集""及"属入声缉韵。原来这首古体诗，从第五句起，开始换韵，随着情意表现变化的需

---

① 注. 鲁迅日记. 1932 年 12 月 31 日："为内山夫人写云。"许寿裳《怀旧》："这是一方写豪奢，一方写无告，想必是 1932 年'一二八'闸北被炸毁后的所闻。"

要，语气紧迫起来，都以入声字前呼后应。后一首如用今天普通话语音来读，就好像是"自由"无韵的，但实际上，"息""色""翼""食"是同韵字，在唐代都属入声职部韵。

什么原因呢？原来随着时间的流逝，人类的语音也在不断变化。从纵向说，数百年过去，语音自然要发生显著改变。从横向上来说，地域不同，"乡音"有别，所以就会出现不同时间，不同地点，读同一首诗或词的时候，会辨不清是否用韵。若要真正理解押韵，必要的语音学知识还是要知道的。如唐代诗人金昌绪的《春怨》绝句：

打起黄莺儿，莫教枝上啼。

啼时惊妾梦，不得到辽西。

"教"，旧读 jiāo，"得"，旧读 dè，如此平仄才能协调。"儿"，旧读 ní，如此，方可与"啼"、"西"协韵。

押韵有自己的理由和标准。

沈德潜在《说诗晬语》中说："诗中韵脚，如大厦之有柱石。此处不牢，倾折立见。"[1] 总结起来，押韵的理由，可以归纳为四条：

（1）为了让作品悦耳动听。韵字的反复出现，前后呼应，令声音和谐，节奏鲜明，体现了汉语诗词的独有的音乐美感，吟诵者因此获得听觉上的享受。

（2）为了让作品具有整体性。韵的前后呼应，使诗的全首或一段的联系增强，把跳跃式的各个诗行串联起来，构成一个整体。吟诵者可以从声音上感受作品的整体存在，避免分散割裂。

（3）为了表情言志的需要。诗人创作总是根据自己所要表达的情感之特点来选择所要押的韵。因此，韵脚的声音具有烘托气氛与帮助情感表达的作用。

（4）为了方便记忆和流传。因为押韵能让作品顺口悦耳，也就自然使得读者容易记忆，且便于吟诵，同时也有助于流传和推广。章学诚《文史通义 诗教》有云："所以便讽诵，志不忘也"。[2]

朱光潜先生曾指出："中文诗的平仄相间不是很干脆地等于长短、轻重或高低相间，一句诗的全平全仄，仍可以有节奏，所以节奏在平仄相间上所见出的影响非常轻微。"[3] 根据他的研究，韵在中国诗里的最重要的功用在于形成"节奏"，这也就是清人沈德潜为什么将韵比作"大厦之有柱石"的真意。

---

[1]　［清］叶燮，沈德潜. 原诗·说诗晬语. 南京：凤凰出版社，2010：126.

[2]　［清］章学诚. 文史通义. 北京：中华书局，1956：21.

[3]　朱光潜. 朱光潜美学文集. 上海：上海文艺出版社，1981：174.

其次是押韵的标准。一般地说，以顺口美听为衡量押韵好与不好的基本原则。但是不同时期的诗人都是按照当时语音实际，或者公认的、法定的标准处理押韵问题的，时过境迁，标准会变得混乱。举例说，在隋朝《切韵》一书里，支、脂、之，属于三个不同的韵部，到了唐朝时，就可以通押了。请看李白的《春思》：

燕草如碧丝，秦桑低绿枝。

当君怀归日，是妾断肠时。

春风不相识，何事入罗帏？

在《切韵》里，"丝"、"时"属之韵，"枝"属支韵，"帏"属脂韵。唐时这三字发音相近了，故可通押。以后宋朝的《广韵》和《集韵》里，这三字虽然仍然分属不同韵部，但是都特别注明"三韵同用"，可以在考试时通押。可问题的复杂不止于此，《春思》里的"帏"属脂韵部，与它同韵部的"师"、"资"、"迟"等等，也都可以和"丝"、"枝"、"时"通押，没有问题，但在今天的普通话里，"帏"和"丝"、"枝"、"时"、"师"、"资"、"迟"，不是同韵，严格来说是不能通押的。这就是说，一个字在此时此地是同韵的，在彼时彼地也可能是不同韵的。

又如：刘长卿的《长沙过贾谊宅》

三年谪宦此栖迟，万古惟留楚客悲。

秋草独寻人去后，寒林空见日斜时。

汉文有道恩犹薄，湘水无情吊岂知？

寂寂江山摇落处，怜君何事到天涯！

在《切韵》里，"迟"、"悲"属脂韵，"时"属之韵，"知"属支韵，"涯"属佳韵。但是在唐代这些字声音相近，可以通押。对于今天的人来说，最不懂的就是"涯"，怎么可以和前三个字押？清末黄遵宪有一首诗，题为《海行杂感》：

拍拍群鸥逐我飞，不曾相识各天涯。

欲凭鸟语时通讯，又恐华言汝未知。

飞，《广韵》和《佩文诗韵》都属微韵。涯，《广韵》属佳韵，《佩文诗韵》分属佳麻两韵。知，《广韵》和《佩文诗韵》都属支韵。按韵书标准，都不可以通押。实际上，这两位诗人根据的不是韵书，而是方言。以黄遵宪来说，他是广东梅县人，有人专门调查梅县方言，发现这里的飞和知的韵母是相同的，都是 i。"涯"有两个读音，一个是 i，一个读 ai。刘长卿是安徽宣城人，当地方言里的"涯"，是一个什么音，尚有待考证。

通观中国古代诗人的用韵，随着诗体文学的历史演进，中国诗人的用韵呈现两大特征：一是从自然状态，渐进至人为境界。具体表现在，早期宽泛，束缚极少；二是不同的文类形成各自的用韵规范，主要分为古诗、律体与词曲三种。古诗用韵因未成规矩，变化多样，所谓"用"的意识非常淡漠。根据有关学者的统计，《诗经》的"用韵"，达到数十种之多。汉魏古诗里的韵，开始变窄，只有转韵，平仄声调的字不作区分等，尚保留着一点曾经的自由。齐梁时代声律艺术变得自觉起来，风气之下，用韵的讲究多了，如隔句押韵，韵必平声等等。直到唐初律体定型，一章一韵到底成为一种法则。如此之"窄"，难免于单调，律诗最终由于各种"律"的束缚慢慢退到后面。词和曲走上了前台，但在用韵方面，自由度还是很有限的。作为应歌应曲的"词儿"，它们有固定的谱调，句式虽有长短，却受制于乐的旋律，但比较律诗，毕竟松动不少，如在词里，某些调谱允许转韵，仄声可以通融。在曲里，平上去入四声韵字甚至全体可以通用。不过，就中国诗体文学的整体来说，自由的古诗时代是回不去了。

韵和诗的抒情有什么关系呢？这里先举一首唐代朱庆馀的《闺意献张水部》诗来看：

洞房昨夜停红烛，待晓堂前拜舅姑。

妆罢低声问夫婿，画眉深浅入时无？

诗中采用逐句押韵，特别押了声音不响，闭紧双唇发音的 4 个韵字，呈现出一种既紧张又连贯的语气，正好表现了"献者"此刻极为忐忑的心情。声情配合得非常好。这首诗表现的是希望得到"赏识"的心情，因为采取"以男女情事"来托寓的方法，让四句诗变得十分生动有趣。深刻的心理刻画主要是通过特定腔调得以细腻的展示，这只要反复吟咏便知。也许这份从吟咏玩味得来的情趣，更加感动了后来的欧阳修，他的一首《南歌子》词，完全复原了"闺意"：

凤髻金泥带，龙纹玉掌梳。走来窗下笑相扶，爱道画眉深浅入时无？

弄笔偎人久，描花试手初。等闲妨了绣功夫，笑问鸳鸯两字怎生书？

这首词采用民间小词习见的白描和口语手法，塑造出女主人公活泼轻灵地形象。但这所谓的"轻灵活泼"的语感只能得之于对词语的反复吟诵。明代沈际飞《草堂诗余别集》卷二曾用"前段态，后段情"来概括其结构特征。有人评论说："词中的女子是华丽温柔的，其动作和言语也不无性爱的意味，充满着挑逗性。拿它和柳永的《定风波》作一对比，其香艳程度明显是超过柳永了。"能读出这种意味，显然词中的六个平声的"韵字"起了很微妙的作用。

第二节　韵书和押韵的关系

对古诗词的吟诵来说，这是一个应该了解的知识。先简说一下韵书的历史。根据现存文献的记载，最早的韵书出现在曹魏时期，如李登的《声类》。在隋代陆法言著《切韵》之前，一切韵书都已失传，只有《切韵》的"分部"还保留在宋代陈彭年等人所编的《广韵》里。宋代以前，一直上溯至产生《诗经》的周代，甚至更早时候，中国古代的诗经历了一个非常充分的发育和繁荣的过程，韵书在曹魏时期出现乃是自然而然的结果。这期间韵书的编写，据史料归纳，大致有三个目的：

（1）为了研究语音，把韵母按照它的发音情况分为若干类别。因为这一目的，韵书的分类趋于精密，密到只要韵母的声音有些许差异，就自成一个韵类。

（2）为了解字义或词义，根据各字韵母的声音就可以比较容易地找出某字，此时韵书就作为字典来使用。

（3）为作诗和其他韵文，把韵书作为押韵的标准和临时检查的工具书。因为这一目的，最初精密细化的韵部不能适应，所以求宽最终成为韵书编撰的重要目标。

《切韵》和《广韵》两书的分部都是从严从细的，这表明对第一个目的的重视。但隋代陆法言在其《切韵》序文里又说："欲广文路自可清浊皆通，若赏知音即须轻重有别。"[1] 显然，他很了解过密过细必定给诗人带来的不便，同时也希望这两个编撰的目的都能达成。——这里说的"清浊"，按童斐在《中乐寻源》中的说法，有时指音的高低，高音叫"清"，低音叫"浊"。有时指发声母时，声带是否颤动，颤动为"浊"，反之为"清"。"轻重"，有时指音强，有时指响度，有时又指音高，所指意思要随文来确定。

那么，到底韵书和押韵是什么关系呢？大致地说，古代诗人作诗押韵，在宋代以前主要根据口耳，不全和韵书相合，可以说此时用韵一半是天然，一半是人工。不受韵书束缚，更重视口耳感觉，这或许也是唐诗大获成就的一个不可小觑的奥妙所在。宋代官方制定和颁布了多部韵书，多为考试之用，所以，在《广韵》一书里，标有"同用""独用"字样，即是限定哪些韵可通押，哪些韵不可通押。《崇文总目》说得明白："（丘）雍撰《韵略》五卷，略取《切

---

① 周祖谟. 唐五代韵书集存. 北京：中华书局，1983：243.

韵》要字，备礼部科试。景德四年十一月戊寅，诏颁行《新定韵略》送胄监镂版。先以举人用韵多异，诏殿中丞丘雍重定《切韵》。"在这些官方颁布的韵书里，有的把之前流传下来的韵书内，认为声音相近，可以"同用"的各部加以归并。如宋淳（佑）十二年壬子（1252）刘渊之所著的《壬子新刊礼部韵略》，将《广韵》二百零六韵归并为一百零七韵。因为刘渊是平水人，后世就称这部韵书为"平水韵"。刘渊的原书已经失传。元代黄公绍的《韵会》为一百零七韵，一般认为就是根据刘渊的书编撰而成的。

清代官方承接《韵会》也就是承接平水一百零七韵的这一传统，编订《佩文诗韵》和《佩文韵府》两书，清人徐琪《佩文诗韵释要》说："国家令甲：凡殿廷考试，举人复试及新进士朝考，皆发有简明《佩文诗韵》一册。"[①] 这两部书都是在康熙四十三年（公元 1704 年）到五十五年（公元 1716 年）期间编辑成书。《佩文诗韵》全书共 10235 字，分平上去入四声（平声分上下），共一百零六韵。这是将平水韵里上声"拯韵"并入"迥韵"，如是少了一韵，变成一百零六韵。

从南宋到清代产生的官方韵书基本上是将北宋《广韵》注明"同用"的韵合并而成。再经政府明令公布确定下来。但是时光流逝，语音仍是在不断变化着。因此韵书上"同韵"的字又产生新的分化。这种分化使韵书上不同的韵有的没有了区别，但写诗的人为了遵守《韵书》的规定必须照用，于是，写出来的诗也就不那么顺口悦耳。在这种情况下，有人无意之中仿照唐人的办法，还是根据自己的口耳感觉来押韵作诗了。仍举清末黄遵宪的诗《不忍池晚游》：

百千万树樱花红，一十二时僧楼钟。

白头鸟哭星梁月，此是侯门彼佛宫。

诗中的"红"和"宫"属东韵。"钟"在《广韵》里属钟韵，可以和冬韵同用。《佩文诗韵》里，"钟韵"被合并到"冬韵"里。但不论按《广韵》的标准，还是按《佩文韵府》的标准，"红""宫"都不能和"钟"通押。只是因为近代北京话里，"红"、"钟"、"宫"的韵母已经不能区别，听起来和谐了，于是才会有类似黄遵宪这样的对官家韵书的一种"突破"。

在这里，还要专门说说"十三辙"韵的表情作用。

元末阴时夫考订"平水韵"，著《韵府群玉》，又并为一百零六韵。明清以来诗人作诗基本上是按这一百零六韵。但"平水韵"保存着隋唐时代的语音，

---

① ［清］周兆基.《佩文诗韵释要》序. 徐琪重刊，上海：上海古籍出版社，1982.

和当时的口语有距离。所以在元代另有一种"曲韵",是完全按照当时北方的语音系统编定的,以供写作北曲的需要,其中最著名的就是周德清的《中原音韵》,此书四声通押,共十九个韵部。现代北方曲艺按"十三辙"押韵,就是承袭《中原音韵》的。"十三辙"符合现代普通话的语音系统,可以作为新诗韵的基础,也可以作为普通话吟诵的参照:

1. 发花辙

韵母包括 a、ua、ia。又称麻韵。此韵各字韵母发音时,韵腹 a 的开口度大,声音较响亮,给人以清朗的感觉,适宜于表达喜悦、快乐等感情。

2. 梭波辙

韵母包括:e、o、uo。又称歌韵。此韵的韵腹 e 或 o 虽是宽元音,发音时开口度比 ü 和 u 稍大些,但气息和声波出来时也给人一种郁结难吐的感觉,故适宜表达的情感同鱼韵近似,故清人周济说"鱼歌缠绵"。

3. 乜斜辙

韵母包括 ê、ie、üe。斜、怯、借、月、谢、也、冽等。此韵各字的韵母的发音须用力而出,仿佛努力冲破阻力,故而适合表现压抑、宣泄、愠怒和悲愤等情感,典型的例子如岳飞的《满江红》词:"怒发冲冠,凭阑处,潇潇雨(歇)。抬望眼,仰天长啸,壮怀激(烈)。三十功名尘与土,八千里路云和(月)。莫等闲,白了少年头,空悲(切)。"

4. 一七辙

韵母包括 i、ü、er。支微齐等韵。此类韵各字的韵母多为舌尖元音 -i 或舌面元音 i,少数是 ei 或 uei。这类韵母发音时,没有鼻腔共鸣,口腔开口度小,气息从很窄或较窄的通道中细细地流出,这样发出的音给人以细声细气的感觉;适宜表达隐微的心曲和细腻的情思。

5. 姑苏辙

韵母是 u。鱼虞等韵。此类韵各字都是窄元音,发音时口腔开度较窄小,双唇向前拢成圆形,气息和声波从小圆孔中流出,给人以郁结难吐的感觉;适宜表达缠绵深微、感叹不已等感情。

6. 怀来辙

韵母是 ai 和 uai。如:派、晒、败、白、来、埋、开、带等。

7. 灰堆辙

韵母是 ei 和 uei(ui)。如:悲、谁、飞、泪、每、岁、税、枚、魁等。

8. 遥条辙

韵母是 ao 和 iao。此韵的韵腹 a 和韵尾 o 都是宽元音,特别是 a,发音时开口度大，所以声音较响亮；同时，在韵母发音过程中开口腔开度和声音都有变化：发 iao 时，口腔开度由大再到小，声音由短而轻到长而重再到较短而轻；发 ao 时，口腔开度由大到小，声音由长而重到较短而轻。整个字音给人的感觉"流利飘荡"；适宜表现潇洒的风神、豪迈的气概、激动而悠长等感情。

9. 由求辙

韵母是 ou 和 iu（iou）。此韵发音时口腔开度和声音的变化与"萧豪"韵近似，但韵腹 o 比 a、韵尾 u 比 o 开口度都要小些，气息和声音出来时给人以滚滚不尽的感觉；适宜表现阔远的境界和深沉感慨等感情。

10. 言前辙

韵母是 an、ian、uan、üan。先寒删覃盐咸等韵　周济认为"先"韵和"支"韵一样，都给人以细腻的感觉，但也有些细微得差异。"先"等韵各字的韵母为 ian 或 an 或 uan 或 üan.。这些韵母的韵腹是 a，宽元音，发音时开口度大，加上鼻音收尾，有口腔和鼻腔的共鸣，整个字音比较响亮，给人以悠扬、稳重的感觉；适宜表达奔放、深厚等感情。

11. 人辰辙

韵母有 en、in、uen（un）、ün。真文侵等韵　此类韵部韵母的韵腹有的是窄元音（如 i 和 ü），发音时舌头与上腭的距离较小，有的虽是宽元音（如 e），但收音时舌尖上移抵住上齿龈，发前鼻音 n，故总的看发音时开口度较小；气息从鼻腔徐徐流出，与"东冬"韵相比，声音的响度要小些，给人以平稳、沉静的感觉，适宜表达深沉、忧伤、怜悯等情思。

12. 江阳辙

韵母有 ang、iang、uang。

此韵发韵腹 a 音时口腔开度大，收尾音 ng 时鼻腔产生共鸣，整个字音给人以洪亮、浑厚的感觉；适宜表达豪放、激动、昂扬等感情。

13. 中东辙

韵母有 eng、ing、ueng（weng）、ong、iong。东冬等韵　此类韵各字的韵腹是 o 或 e，都是宽元音，即发音时舌头与上腭的距离较宽大，气息从腔徐徐流出，由于口腔和鼻腔的共鸣，发出的声响较大，整个字音给人以宽平、浑厚、镇静的感觉；适宜表现庄严的神态、深厚的情感和宏壮的气概。

押韵时根据所包含字数多的辙口，叫"宽辙"；包含字数少的辙口叫"窄辙"；字数极少的辙口叫"险辙"。宽辙有：中东、江阳、姑苏、人辰、摇条、言前、梭波；窄辙有：发花、衣期、灰堆、怀来、乜斜、油求。

音韵学根据声音响亮程度的不同，把十三辙分为洪亮级、柔和级和细微级。中东、人辰、江阳、言行、发花辙共鸣强度大，发音洪亮；怀来、灰堆、遥条、梭波辙收音比较柔和、舒缓；一七、姑苏、也斜辙口形微张，收音不响亮。一般说来，抒发欢快明朗、热烈奔放的感情，宜用声音响亮的辙韵；倾吐哀切沉痛的情怀，宜用音调迫促低沉的韵辙。清人周济在《宋四家词选目录序论》中有一段论述："东真韵宽平，支先韵细腻，鱼歌韵缠绵，萧尤韵感慨，各具声响，莫草草乱用。"这就是说，"东真"、"支先"、"鱼歌"、"萧尤"等不同的词韵具有"宽平"、"细腻"、"缠绵"、"感慨"等不同的声响感觉。为什么"莫草草乱用"呢？道理很简单，这是因为用韵与抒情必须相应，不同声响感觉的词韵适宜表达不同的情感。因此，吟诵诗歌必须了解一首诗作到底采用了什么样的韵辙，从而帮助我们更好地体会作者感情波澜的变化起伏。以杜诗《闻官军收河南河北》为例：

> 剑外忽传收蓟北，初闻涕泪满衣裳。
>
> 却看妻子愁何在，漫卷诗书喜欲狂。
>
> 白日放歌须纵酒，青春作伴好还乡。
>
> 即从巴峡穿巫峡，便下襄阳向洛阳。

这是一首抒发欢喜之情的所谓"快诗"。与此相适应，诗人选用了"江阳辙"的韵，使用了流水对，写得欢欣鼓舞，轻快跌宕。八句诗冲口而出，水到渠成，"一气流注而曲折尽情"，"开合动荡，元气浑然，自是神来之作"，为作者"生平第一首快诗"。在这里，作者所选用的平声阳韵起了很好的配合作用。但当杜甫表现难过悲伤的感情时，却常选用"一七"辙的韵，如他送别好友郑虔的诗《送郑十八虔贬台州司户，伤其临老陷贼之故，罔为面别，情见于诗》：

> 郑公樗散鬓成丝，酒后常称老画师。
>
> 万里伤心严谴日，百年垂死中兴时。
>
> 仓皇已就长途往，邂逅无端出饯迟。
>
> 便与先生应永诀，九重泉路尽交期。"

前人曾评此诗说："一片血泪，更不辨是诗是情。"这首诗的低沉的韵脚，是起了一定的渲染作用的。

○韵辙判断与表情说明练习

例诗：张九龄《感遇》诗之十

> 汉上有游女，求思安可得。袖中一札书，欲寄双飞翼。
>
> 冥冥愁不见，耿耿徒缄忆。紫兰秀空蹊，皓露夺幽色。
>
> 馨香岁欲晚，感叹情何极。白云在南山，日暮长太息。

之五

江南有丹橘，经冬犹绿林。岂伊（岂唯）地气暖？自有岁寒心。

可以荐嘉客，奈何阻重深。运命惟所遇，循环不可寻。

徒言数桃李，此木岂无阴？

第三节　词体的押韵问题

诗的源头是歌谣。原始时代的歌谣是诗乐舞一体。一般认为诗与乐分家，大致在先秦的春秋末期，但实际上，直到魏晋以前，音乐和诗的关系都还保持着很紧密的关系。《诗经》、《楚辞》、《汉乐府》不用说，甚至被确定为文人诗的《古诗十九首》也仍然在歌谣范围以内。产生在隋唐时代的词，原本就是配乐歌唱的，属于音乐的一部分。因此，魏晋以前的古诗，与后来的词，因为和音乐的关系密切，在押韵的标准上都是根据口耳语音的。

隋代《切韵》的产生标志着作诗进入依赖"韵书"的时代。尤其是宋以后由政府制定韵书，作为科举考试时写作韵文的标准。于是，千余来年古代文人写诗也就慢慢习惯着遵守韵书的规定，即使韵书上的韵有的同口语并不符合，也往往遵守。但词不同，早期的文人为歌者写作唱词，押韵当然是根据口耳感觉。以后文人填词也基本上根据口耳，不完全遵守韵书。到了近代虽然多数乐谱失传，但是词人还是按这个传统习惯用。从南宋以来也有些专为填词用的韵书，如《箓斐轩词林要韵》以及清末的《词林正韵》等。但这些韵书是整理前人填词用韵的结果，并不是政府制定用以约束词人的。词人填词还是以口耳为准。总之，词韵比诗韵宽。具体地说，词韵与诗韵不同的地方有以下三点：

（1）诗的押韵限于同声调，不同声调不能押韵，例如平声与平声可押，但与上、去仄声调却不可以。而词则平、上、去都能相互押韵。例如宋杜世安《渔家傲》：

疏雨才收淡净天。微云绽处月婵娟。

寒雁一声人正远。添幽怨。那堪往事思量遍。

谁道绸缪两意坚。水萍风絮不相缘。

舞鉴鸾肠虚寸断。芳容变，好将憔悴教伊见。

"天"在《广韵》中属平声先韵。"娟"在《广韵》中属平声仙韵。（先和仙规定同用）"远"在《广韵》中属上声阮韵。"怨"在《广怨》中属去声愿韵。"遍"《广韵》中属去声霰韵。可见在词里平和上、去可以同押。

（2）唐代以后，写诗越来越倚重韵书，根据韵书的规定，同一声调而不属同一韵部的字则不能通押。也有的诗人不严格遵守韵书的规定，但属少数。在填词的时候一般都可以按词的习惯从宽押韵。例如辛弃疾的《贺新郎》：

甚矣吾衰矣。怅平生、交游零落，只今余几。

白发空垂三千丈，一笑人间万事。问何物、能令公喜。

我见青山多妩媚，料青山、见我应如是。情与貌，略相似。

一尊搔首东窗里。想渊明、停云诗就，此时风味。

江左沈酣求名者，岂识浊醪妙理。回首叫、云飞风起。

不恨古人吾不见，恨古人、不见吾狂耳。知我者，二三子。

"矣"、"喜"、"是"、"似"、"理"、"起"、"耳"、"子"都属上声纸韵。"几"属上声尾韵。"事"、"媚"属去声寘韵。"味"属去声未韵。可见在上声里纸韵和尾韵可以通押，在去声里寘韵和未韵可以通押。

（3）在诗里，入声韵不能和平、上、去通押，即入声只可与入声通押。填词的时候有两种情况：一种是和诗的古风中使用入声韵一样，不与平、上、去通押。有的词就是押入声韵的。例如毛泽东的《忆嫦娥》：

西风烈，长空雁叫霜晨月。

霜晨月，马蹄声碎，喇叭声咽。

雄关漫道真如铁，而今迈步从头越。

从头越，苍山如海，残阳如血。

"烈""咽""铁""血"都属入声屑韵。"月"和"越"都属入声月韵。

第二种是入声和其他三个声调通押。例如晏几道的《梁州令》：

莫唱阳关曲，泪湿当年金缕。

离歌自古最消魂，闻歌更在魂消处。

南楼杨柳多情绪，不系行人住。

人情却似飞絮，悠扬便逐春风去。

"曲"原属入声沃韵。"缕"属上声缕韵。"处"和"绪"属上声语韵。"住"属上声语韵。"住"属去声遇韵。"絮"和"去"属去声御韵。"曲"原来有韵尾 g，在晏几道写词的时候韵尾已经失去，同"缕""处"等韵母声音相近，所以他就不再把"曲"当成入声而看成同上、去一样了。这种用法在写诗的时候，一般是不允许的。词的用韵参见清人戈载的《词林正韵》。

关于词的音乐性特点，历来有很多精辟的论述：

李清照的《词论》："诗文分平侧，而歌词分五音、又分五声，又分六律，又分清浊轻重。"① 沈义父《乐府指迷》："初赋词，且先将熟腔易唱者填了，却逐一点勘，替去生硬及平侧不顺之字。久久自熟，便觉拗者少。全在推敲吟嚼之功也。"② 今人刘尧民先生在其《词与音乐》一书论到词音乐美的特殊之点："谐畅，第一是歌词自身的声韵平仄的谐畅，第二是外在音乐的谐畅。前者可名为'内在的音乐'，后者可名为'外在的音乐'。"③

专题讨论：词的调、韵、声

词的格律非常严，声、韵、句、段都有定规，所以做词又称填词。但作词的规矩并非为束缚词人而立，而是为抒发感情、影响听众、为读者服务的，所以词家一旦掌握了其中规律，不但没有束缚之苦，反而感到十分畅适。有人说是带着镣铐跳舞，舞姿更加优美，这是从听众、读者的角度来说的。从作者的角度来说，应类似舞蹈演员穿上适当的舞衣，配合音乐和灯光、道具，在具有一定规格的舞台上跳舞，不但舞姿比野外的徒舞更美，舞蹈者的感受也应分外轻松愉快。

词的作者都先需选调，这本是一种限制，但词调极多，万树《词律》载有六百六十调，一千一百八十余体。康熙《钦定词谱》载有八百二十六调，二千三百零六体。篇幅有大小，情调有悲欢，节奏有缓急，可以自由选择。唐宋词人多数老于此道，还常常自创新调。词调既可以与内容相切合，也可以与内容、情调毫不相干。如白居易《江南好》赞美江南风光，张志和《渔歌子》描写渔人生涯，苏轼《洞仙歌》记蜀主与花蕊夫人在摩河池上避暑，秦观《鹊桥仙》描写牛郎织女鹊桥相会，姜夔《扬州慢》悲怆扬州连遭兵祸，辛弃疾《破阵子》向往驰骋疆场等等，词调与内容一致。而更多的词则与调名并不相关。最有意味的是柳永赴考落榜，自称"白衣卿相"，取其词调为《鹤冲天》，意思是说落榜算不了什么，才子佳人像神仙一样风流，充分表现了他傲视王侯的气概。因为词调与内容的联系可紧可松，可有可无，所以仁宗皇帝只能就其内容加以呵斥，而不便指责他用的词调已经包含强烈对抗意识了。可见词调在运用上的灵活性。

词调的妙用还在于它可以代替词题。诗文不能没有题目，像人不能没有名字一样，而题目取得不好会成为累赘，特别是爱情诗一经题目点破，就可能失

---

① ［宋］李清照著，陈祖美选注. 李清照诗词文选注. 上海：上海远东出版社，2011：106.

② ［宋］张炎，沈义父著，夏承焘校注，蔡嵩云等词笺释. 词源注·乐府指迷笺释. 北京：人民文学出版社，1981：86.

③ 刘尧民. 词与音乐. 昆明：云南人民出版社，1985：99.

去它的魅力，所以李商隐的一些爱情诗干脆以《无题》为题。词有了调名，题目取不取就都两便了。诗歌发展至唐宋，题目越来越长，如陆游的爱国诗名篇，有题作《五月十一日夜且半梦从大驾亲征尽复汉唐故地见诚邑人物繁丽云雨凉府也喜甚马上作长句来终篇而觉乃足成之》，共四十八字，有的学生读它断不开句。又如陆游一首绝句题为《予十年间两坐斥罪虽擢发莫数而诗为首谓之嘲咏风月既还山遂以风月名小轩且作绝句》，诗是好诗，只可惜题目比外国的人名更难记。题目一般是不加标点的，碰到这种长题就不能不标了。

词就没这类问题，它一般不标题目，用调代题，有题也短。实在有话要说，可作小序处理，不必认作题目，像苏轼、辛弃疾等人的词就多用小序。有的作者偏就爱在词前加以发挥，因为不是作题目用，便大笔洒墨。例如姜夔的词序就格外用力，人称之为词、序双璧。他的《庆宫春》（双桨传波）、《齐天乐·咏蝉》、《一萼红》（古城阴）、《念奴娇》（闹红一舸）、《湘月》（五湖旧约）等的序文都是优美的散文。其中《凄凉犯》（绿杨巷陌）的序竟是一长篇的音乐论文。词题的灵活性由此可见。

律诗两句用韵，一韵到底，只押平韵，不押仄韵，更不许平仄通押，实在有些呆板；又规定一百零六个韵部，做诗不得越出韵部，有的韵部只有二三十个字，怎能做得好诗！词韵就没这些问题，押韵方式十分灵活，有一韵到底，也有中间换韵；有平上去通押，也有分押；有用平韵，也有用仄韵；有的可平可仄，有的平仄韵交错，不同的词调有不同的作法。韵部划分没有那么细，一般收纳为十九个韵部，韵字宽松，有回旋余地。如贺铸《水调歌头·台城游》句句押韵。周邦彦《关河令》不仅每句押，而且句中还有韵：

秋阴时晴（平）渐向暝（仄），变一庭（平）凄冷（仄）。

伫听（平）寒声（平），云深无雁影（仄）。

更深人去寂静（仄），但照壁孤灯（平）相映（仄）。

酒已都醒（仄），如何消夜永（仄）？

此八句中有十二个韵，其中"晴"、"声"属平声"庚"韵，"庭"、"听"属平声"青"韵，"灯"属平声"蒸"韵，而"暝"属仄声"径"韵，"冷"、"影"、"静"、"永"属仄声"梗"韵，"映"属仄声"敬"韵，"醒"属仄声"迥"韵。平仄间用。因心情抑塞凄苦，所以仄韵居多。除句末八韵外，句中的"晴"、"庭"、"听"、"灯"四韵都是关键词语，想必歌唱时有拖音，听后印象鲜明。

苏轼《醉翁操》描绘泉声，用韵尤其出神入化：

琅然清圆谁弹？响空山无言。惟翁醉中知其天。

月明风露娟娟。人未眠，荷蒉过山前，曰有心也哉此贤。

前头两句五韵，料想唱时五个字音韵悠长而平稳，毕现出倾听、神往、赞美、追寻、叹惋的多种神态。然后韵脚转疏，表现醉翁听泉的悠然心会。后来《王西厢》描写张生、莺莺隔墙和诗，莺莺与张生相见，又被红娘唤回，张、崔四目相望，张生如痴如醉，忽听得宿鸟飞腾，猛吃一惊，唱道："我忽听、一声，猛惊。原来是扑剌剌宿鸟飞腾，颤巍巍花梢弄影，乱纷纷落红满径。"就是模仿这种用韵的妙处，表现张生由全神贯注到惊愕，再到清醒、回味的情景。足见用韵之妙，出于文字之外。

四声的运用，词也较诗灵活，取律诗平仄调匀、节奏鲜明的优点，又利用句式长短参差的特点加以变化。七字以下，大体依律诗作法，七字以上则当作复合句来写，将五字或七字作基干，其余领头字或领头短语。如柳永《八声甘州》：

"对——潇潇暮雨洒江天"　　（仄　平平仄仄仄平平）
"更那堪——冷落清秋节"　　（仄仄平　仄平平仄）。

这是在律诗的严整中添进了活泼的因子。律诗上、去、入三仄声不加分辨，词人熟知其中差异，按照不同情况，或区分或不区分。一调之中，仄声字十之六七可以概填，十之三四须斟酌上、去、入三声。煞尾位置重要，考究尤其严格。像辛弃疾《永遇乐》煞尾"尚能饭否"四字应作"上平去上"最能表现怀疑、诘问、愤慨而又不多发露的情态，特别是第一个字必用上声抑扬的声调才有深厚的意味。这些地方都说明词的声韵能适应抒情感的需要，灵活多变。

第四节　体认作品里"韵"

"韵"是构成诗词作品整体感的音乐要素之一。如果从表意抒情的角度来看，韵的作用又绝不止于提供音乐性的美感。从这一角度看，"韵"是帮助诗人组织作品的有力手段，通过韵的安排，诗人将自己情意艺术地传递出来，读诗人亦借"韵"来领悟和感受作品内在的情意。总之，"韵"让诗歌文本丰富的"信息"得以有"组织"地表现，以意味深厚的"声音"感动人心，陶冶人情。在各类诗型里，七言歌行体应该是最典型地反映了这一作用，为此体的优长所在。

歌行与乐府诗的体性当为一气盘旋直下，而流转奔逸。此为古人诗话之常谈。如南宋姜夔《白石诗话》有云："放情曰歌，体如行书曰行，兼之曰歌行。”明代胡应麟《诗薮》云：“古诗窘于格调，近体束于声律，唯歌行大小短长，错综开辟，素无定体，故极能发人才思，李杜之才，不尽于古诗而尽于歌行。”① 清人汪师韩《诗学纂闻》之“长篇转韵一气”说等等。

例诗一

初唐 张若虚《春江花月夜》

春江潮水连海平，海上明月共潮生，滟滟随波千万里，何处春江无月明。
江流宛转绕芳甸，月照花林皆似霰。空里流霜不觉飞，汀上白沙看不见。
江天一色无纤尘，皎皎空中孤月轮。江畔何人初见月？江月何年初照人？
人生代代无穷已，江月年年只相似，不知江月待何人，但见长江送流水。
白云一片去悠悠，青枫浦上不胜愁。谁家今夜扁舟子？何处相思明月楼？
可怜楼上月徘徊，应照离人妆镜台。玉户帘中卷不去，捣衣砧上拂还来。
此时相望不相闻，愿逐月华流照君。鸿雁长飞光不度，鱼龙潜跃水成文。
昨夜闲潭梦落花。可怜春半不还家。江水流春去欲尽，江潭落月复西斜。
斜月沉沉藏海雾，碣石潇湘无限路。不知乘月几人归，落月摇情满江树。

体会并具体解读“韵”在本诗里的作用。

提示：全诗三十六句，每四句一换韵，章法整齐而有变化。四句为一韵群、意群，构成一节，忽平忽仄，产生跌宕起伏、一唱三叹的艺术效果。王尧衢《唐诗合解》卷三评说：“此篇是逐解转韵法。凡九解：前二解是起，后二解是收。起则渐渐吐题，收则渐渐结束。中五解是腹。虽其词有连有不连，而意则相生。至于题目五字，环转交错，各自生趣。春字四见，江字十二见，花字只二见，月字十五见，夜字亦只二见。于江则用海、潮、波、流、汀、沙、浦、潭、潇湘、碣石等以为陪，于月则用天空、霰、霜、云、楼、妆台、帘、砧、鱼、雁、海雾等以为映。于代代无穷乘月望月之人之内，摘出扁舟游子、楼上离人两种，以描情事，楼上宜月，扁舟在江。此两种人，于春江花月夜，最独关情。故知情文相生，各各呈艳，光怪陆离，不可端倪，真奇制也。”②

例诗二

高适《燕歌行》

汉家烟尘在东北，汉将辞家破残贼。男儿本自重横行，天子非常赐颜色。

---

① ［明］胡应麟. 诗薮. 上海：上海古籍出版社，1979：11.
② ［清］王尧衢著，黄熙年点校. 古唐诗合解. 长沙：岳麓书社，1989：162－163.

摐金伐鼓下榆关，旌旗逶迤碣石间。校尉羽书飞瀚海，单于猎火照狼山。
山川萧条极边土，胡骑凭陵杂风雨。战士军前半死生，美人帐下犹歌舞。
大漠穷秋塞草腓，孤城落日斗兵稀。身当恩遇恒轻敌，力尽关山未解围。
铁衣远戍辛勤久，玉箸应啼别离后。少妇城南欲断肠，征人蓟北空回首。
边风飘飘那可度，绝域苍茫更何有！杀气三时作阵云，寒声一夜传刁斗。
相看白刃血纷纷，死节从来岂顾勋？君不见沙场征战苦，至今犹忆李将军！

体会并就本诗的"换韵"作声情解读。

提示：歌行体的基本章法实为仄韵与平韵之交替，每四句一换韵。四句通例之外也有两句如歌行短章之王勃的《滕王阁诗》，六句如杜甫的《饮中八仙歌》。换韵主要是按照诗之情意的转折，以声调适合的韵字安排，展开作品的主题和抒情。转换之际，一般一二句都要用韵，也就是首句要入韵。而一首诗多次地转换韵脚，经常就是声调之上，平仄韵的一种交替使用。

例诗三

晚唐 韦庄 《秦妇吟》　　　　　　（注：文中加黑处的诗句表示换韵）

中和癸卯春三月，洛阳城外花如雪。东西南北路人绝，绿杨悄悄香尘灭。
路旁忽见如花人，独向绿杨阴下歇。凤侧鸾欹鬓脚斜，红攒黛敛眉心折。
借问女郎何处来？含嚬欲语声先咽。回头敛袂谢行人，**丧乱漂沦何堪说！**
三年陷贼留秦地，依稀记得秦中事。君能为妾解金鞍，**妾亦与君停玉趾。**
前年庚子腊月五，正闭金笼教鹦鹉。斜开鸾镜懒梳头，闲凭雕栏慵不语。
忽看门外起红尘，已见街中擂金鼓。居人走出半仓皇，**朝士归来尚疑误。**
是时西面官军入，拟向潼关为警急；皆言博野自相持，**尽道贼军来未及。**
须臾主父乘奔至，下马入门痴似醉。适逢紫盖去蒙尘，已见白旗来匝地。
扶羸携幼竞相呼，上屋缘墙不知次。南邻走入北邻藏，**东邻走向西邻避；**
北邻诸妇咸相凑，**户外崩腾如走兽。**轰轰崑崑乾坤动，万马雷声从地涌。
火迸金星上九天，**十二官街烟烘炯。**日轮西下寒光白，上帝无言空脉脉。
阴云晕气若重围，宦者流星如血色。紫气潜随帝座移，**妖光暗射台星拆。**
家家流血如泉沸，处处冤声声动地。舞伎歌姬尽暗损，**婴儿稚女皆生弃。**
东邻有女眉新画，倾国倾城不知价。长戈拥得上戎车，回首香闺泪盈把。
旋抽金线学缝旗，才上雕鞍教走马。有时马上见良人，**不敢回眸空泪下；**
西邻有女真仙子，一寸横波剪秋水。妆成只对镜中春，年幼不知门外事。
一夫跳跃上金阶，斜袒半肩欲相耻。牵衣不肯出朱门，**红粉香脂刀下死。**

南邻有女不记姓，昨日良媒新纳聘。瑠璨阶上不闻行，翡翠帘间空见影。

忽看庭际刀刃鸣，身首支离在俄顷。仰天掩面哭一声，**女弟女兄同入井**；

北邻少妇行相促，旋解云鬟拭眉绿。已闻击托坏高门，**不觉攀缘上重屋**。

须臾四面火光来，欲下回梯梯又摧。烟中大叫犹求救，**梁上悬尸已作灰**。

妾身幸得全刀锯，不敢踟蹰久回顾。旋梳蝉鬓逐军行，强展蛾眉出门去。

旧里从兹不得归，**六亲自此无寻处**。一从陷贼经三载，终日惊忧心胆碎。

夜卧千重剑戟围，朝餐一味人肝脍。鸳帏纵入岂成欢？**宝货虽多非所爱**。

蓬头面垢眉犹赤，**几转横波看不得**。衣裳颠倒语言异，面上夸功雕作字。

柏台多士尽狐精，兰省诸郎皆鼠魅。还将短发戴华簪，不脱朝衣缠绣被。

翻持象笏作三公，倒佩金鱼为两史。朝闻奏对入朝堂，暮见喧呼来酒市。

一朝五鼓人惊起，叫啸喧呼如窃语。夜来探马入皇城，昨日官军收赤水。

赤水去城一百里，朝若来兮暮应至。凶徒马上暗吞声，女伴闺中潜生喜。

皆言冤愤此时销，**必谓妖徒今日死**。逡巡走马传声急，又道官军全阵入。

大彭小彭相顾忧，二郎四郎抱鞍泣。沉沉数日无消息，必谓军前已衔璧；

簸旗掉剑却来归，**又道官军悉败绩**。尚让厨中食木皮，**黄巢机上刲人肉**。

四面从兹多厄束，一斗黄金一升粟。六军门外倚僵尸，**七架营中填饿殍**。

东南断绝无粮道，沟壑渐平人渐少。采樵斫尽杏园花，**修寨诛残御沟柳**。

长安寂寂今何有？废市荒街麦苗秀。含元殿上狐兔行，**花萼楼前荆棘满**。

华轩绣毂皆销散，甲第朱门无一半。内库烧为锦绣灰，**天街踏尽公卿骨**。

昔时繁盛皆埋没，举目凄凉无故物。路旁时见游奕军，**坡下寂无迎送客**。

来时晓出城东陌，城外风烟如塞色。大道俱成棘子林，**行人夜宿墙匡月**。

霸陵东望人烟绝，树锁骊山金翠灭。破落田园但有蒿，**摧残竹树皆无主**。

明朝晓至三峰路，百万人家无一户。庙前古柏有残枿，**殿上金炉生暗尘**。

路旁试问金天神，金天无语愁于人。案前神水咒不成，**壁上阴兵驱不得**。

一从狂寇陷中国，天地晦冥风雨黑。我今愧恧拙为神，**且向山中深避匿**。

闲日徒歆奠飨恩，危时不助神通力。旋教魔鬼傍乡村，**诛剥生灵过朝夕**。

寰中箫管不曾闻，筵上牺牲无处觅。神在山中犹避难，**何须责望东诸侯**！

妾闻此语愁更愁，天遣时灾非自由。如从地府到人间，**顿觉时清天地闲**。

前年又出扬震关，举头云际见荆山。蒲津主帅能戢兵，千里晏然无戈声。

陕州主帅忠且贞，不动干戈唯守城。明朝又过新安东，路上乞浆逢一翁。

朝携宝货无人问，**夜插金钗唯独行**。问翁本是何乡曲？底事寒天霜露宿？

苍苍面带苔藓色，**隐隐身藏蓬荻中**。乡园本贯东畿县，岁岁耕桑临近甸；

老翁蹙起欲陈辞，**却坐支颐仰天哭**。

岁种良田二百廛，年输户税三千万。　小姑惯织褐絁袍，中妇能炊红黍饭。
千间仓兮万丝箱，**黄巢过后犹残半**。　自从洛下屯师旅，日夜巡兵入村坞。
匣中秋水拔青蛇，旗上高风吹白虎。　入门下马若旋风，罄室倾囊如卷土。
家财既尽骨肉离，**今日垂年一身苦**。　一身苦兮何足嗟，山中更有千万家，
朝饥山上寻蓬子，**夜宿霜中卧荻花**。　妾闻此老伤心语，竟日阑干泪如雨。
出门惟见乱枭鸣，**更欲东奔何处所**？　仍闻汴路舟车绝，又道彭门自相杀。
野色徒销战士魂，**河津半是冤人血**。　适闻有客金陵至，见说江南风景异。
自从大寇犯中原，戎马不曾生四鄙。　诛锄窃盗若神功，惠爱生灵如赤子。
城壕固护教金汤，赋税如云送军垒　奈何四海尽滔滔，湛然一境平如砥。
避难徒为阙下人，**怀安却羡江南鬼**。　愿君举棹东复东，咏此长歌献相公。（城壕固护"教"又写作敩、敤、效）

给本诗分层，试析"韵"在本诗叙事当中的作用。

这是一首唐代著名的长篇歌行之作。它与张若虚的《春江花月夜》诗遥相呼应，一个替唐诗开场，一个给唐诗作结束。王国维说此诗"为长庆体，叙述黄巢焚掠，借陷贼妇人之口述之。语极沉痛详尽，其词复明浅易解。"① 长诗诞生的当时，民间就广有流传，被制为幛子悬挂；作者则被呼为"秦妇吟秀才"，与白居易曾被称为"长恨歌主"并称佳话。与唐初张若虚《春江花月夜》诗比较，前者因为和乐府歌曲之关系更近，更密切，所以清丽洗练，韵律婉转悠扬，还处在一个"自然"的状态。这首《秦妇吟》却是在唐人律诗艺术充分发育，成就斐然之后，因此，它给七言歌行体增添了一种新的品性即清丽之上又见"温雅"。此种"温雅"，来源于律诗所讲究的"用典"、"善用比兴"、"用字雅驯"以及善用"指代"修辞等等。在诗人的艺术感觉里，"典雅精工"的追求，已成自然。所以，到了这时候，唐人的七言歌行便确定了两大体性或风貌特征，一是"流转奔逸"，一是"清丽温雅"。换言之，后人的"打油"、"莲花落"，绝非唐人本色。

---

① 王国维. 王国维文集（第一卷）. 北京：中国文史出版社，1997：34.

第二章　品读知"平仄"

声律艺术的目标是求得诗的音乐美感，而调理平仄是实现这一目标的主要手段之一。古人称"作诗"为"吟诗"，就格律诗而言，吟，很大程度上是在做"调平仄"的事儿。从字到句，从句到篇，求一个整体的韵调"和谐"。吟，是有腔调的，这个"吟腔"的生成，与"作诗"时候的"调平仄"有很大关系。但是，吟也指赏读，品味地读，这与作诗正好相反。从品读吟诵的方面来说，显然了解和懂得作诗过程里的"调平仄"是非常必要和重要的。

第一节　平仄、调平仄

什么是平仄？平仄，是汉语言文字声调的类别名称。按古代（自隋唐时期开始）确定的声调来说，包括平（上平，下平）、上、去、入四类。平（上平，下平）单独成一类，这就是平。其他的上、去、入合在一起成一类，这就是仄。按今天普通话语音来说，则为阴平、阳平、上声和去声，即通常说的一二三四声。一、二声（阴平，阳平）为平，三、四声（上声，去声）为仄。从表面上看，古今声调差异并不大。似乎只是差"入"声的有和无。但这一点差别却让汉语经历了二千多年的时光！其间颇为复杂的分化，可用图表来显示（见后页）。

文字上，我们可以先这样说明：隋唐的平声，分为阴平和阳平两个调类。隋唐的上声，一部分还是今天的上声，另一部分则分化到今天的去声里去了。隋唐的去声，今天还叫去声。但是隋唐的入声，后来却逐渐消失了。在今天的普通话里四声里，都"隐藏"着曾经的入声。

在汉语语音演变史上，元代是一个变化最为急剧的时期，最主要的变化就是在北方话里，入声不见了，原来以 −b、−d、−g 为韵尾的入声字，失掉了它们的韵尾而分别归到了阴平、阳平、上声、去声里。元代以来，北方语音没了"入声字"，对于今天的汉语诗词吟诵而言是一件麻烦事。想想看，最让今天的国人骄傲的唐诗宋词是在元代之前创作的，也就是说，要想"正确"地吟诵、欣赏唐诗宋词，就必须识别出"入声字"。

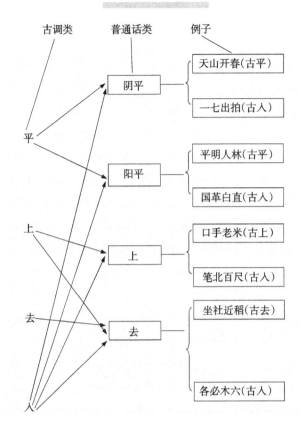

什么是"调平仄"？

古人作诗，为了让语音和谐动听，在吟咏创作之时，要将平仄两类加以恰当的配合，这种有意识的配合和安排，就是"调平仄"。百多年以前，中国私塾里的孩子们要上对课，学"对对子"。从一个字开始，然后两个字、三个字，直到七个字。曾经有学者回忆儿时在私塾里学对对子的情形：先是老师出"红花"让他对，他马上就对"绿桐"，结果头上挨了一戒尺，原因是"平仄弗调"。"红花"与"绿桐"在字面上看似好对，却忘了还有那看不见、摸不着的声调要"调"一下。凡中国古人笔下的好诗都精于此道。白居易《琵琶行》有句云：

大弦嘈嘈如急雨，小弦切切如私语。

嘈嘈切切错杂弹，大珠小珠落玉盘。

第一句"嘈嘈"绝不可以换仄声字，第二句"切切"也决不可换平声字。第三句连用六个舌齿摩擦的音，"切切错杂"状声音短促迅速，如改用平声或上声、喉音或牙音，效果就绝对不同。第四句以"盘"字落韵，第三句如换平声"弹"字为去声"奏"字，意义虽略同，听起来就不免拗口。第四句"落"字也胜似"堕"、"坠"等字，因为入声比去声要简捷钝重。如果细心体会，凡好的诗文，平仄声一定都摆在最合适的位置，平声与仄声的效果是绝不一样的。

在律诗产生以前的古诗流行的时代里，不论是五言、七言或杂言，并不存在所谓"调平仄"的写作行为。押韵是按照自然的声律，可以用平韵，也可以用仄韵。可以一韵到底，也可以中间换韵。可以全首用平韵或仄韵，也可以平仄韵互用。篇幅可长，也可短。语音声调，也就是平仄，一般是上下句相对，自然而然，每句里哪里该用平，哪里该用仄，也都没有明显的格式，只是顺应着语言的自然。"调平仄"的时代，确切地说始于南朝齐代的永明年间。其间，周颙著《四声切韵》提出平上去入四声。沈约与谢朓、王融、范云等人一起，将四声的区别同传统的诗赋音韵知识相结合，规定了一套五言诗创作时应避免的声律上的毛病，就是后人所说的"八病"。对于"调平仄"，沈约在《宋书·谢灵运传论》里，这样描述说："欲使宫羽相变，低昂互节。若前有浮声，则后须切响。一简之内，音韵尽殊；两句之中，轻重悉异。"① 也就是要求诗文用字的声调、声母、韵母均有所变化，为避免重复单调，须搭配和谐。

诗文写作，要调平仄，在当时还是新鲜事。梁武帝萧衍曾问大臣朱异说："何谓四声?"朱异举例道："如'天子圣哲'，即是四声。"（四字分别为平、上、去、入声）萧衍说："那么'天子寿考'，为何不是四声?"② （寿、考二字为去、上声。）但风气渐渐起来，诗文写作讲究"调平仄"与美读吟诵相促进，互为因果。南朝梁时慧皎撰《高僧传》，其《诵经论》便说："若乃凝寒靖夜，朗月长宵，独处闲房，吟讽经典。音吐遒亮，文字分明。足使幽显欣踊，精神畅悦。"③ 在这一时代里，诗人们的"调平仄"，最终让汉语诗歌的艺术获得一次历史性的进步。而非常自觉地追求诗文音律美，一面产生了中国历史上空前绝后的美文即骈体文，这毋庸多说，一面更产生了并陆续不断地产生着众多声情并茂的好诗，如沈约、谢朓的诗中，都不乏佳作。因此说，中国传统吟诵（吟咏）真正起点应该是在"四声"自觉的永明时期。

以谢朓诗为例。在其全部五言诗一百三十多首中，新体诗占三分之一以

---

① ［南朝］沈约. 宋书. 北京：中华书局，1983：1779.

② ［日］遍照金刚著，王利器校注. 文镜秘府论校注. 北京：中国社会科学出版社，1983：100.

③ ［南朝·梁］慧皎. 高僧传. 北京：中华书局，1992：475.

上。这些诗篇都已具有五言律诗的雏形，只是有用仄声作韵的，句和篇的声律还不确定。尽管他的这些诗篇在声律上还表现得比较混乱，但也已渐有了些眉目。如《离夜》一首：

> 玉绳隐高树，斜汉耿层台，离堂华烛尽，别幌清琴哀。
>
> 翻潮尚知恨，客思渺难裁，山川不可尽，况乃故人怀。

这首诗的四联，其中除了"高"、"知"二字应仄而平外，就每一联看来，声律都几乎合格，只是各联之间未能粘着。又如《奉和隋王殿下》第十四首：

> 分悲玉瑟断，别绪金樽倾，风入芳帷散，缸华兰殿明。
>
> 想折中圃草，共知千里情，行云故乡色，赠此一离声。

这首前后两半在声律上各自构成一套形式，从整篇律诗的形式看来是不合的，但其前后每段的声律则完全与律诗相合，只是第七句的"乡"应仄而平，假如将其任何一段的声律形式与另一段换成一致的，便是一首声律完美的五言诗了。又如其前题第十五首：

> 年华豫已涤，夜艾赏方融，
>
> 新萍时合水，弱草未胜风。
>
> 闺幽瑟易响，台迥月难中，
>
> 春物广余照，兰萱佩未穷。

这首诗除了第三、四两句外，整篇的声律都是与律诗合的，几乎是一首完整的律诗了。就是三四两句，作为律诗的一联来看，声律也还是合式的。所有谢朓的新体诗，以律诗形式的标准来衡量，其中许多都已接近成熟的边缘，即可作为律诗形式完成过程中的雏形看待，没有这些雏形是无由获得最后定型的。

不过，在这里，也要特别强调一点即汉语诗词声调的人为安排，说到底还是由汉语本身的性质决定的。汉语的声调原本就是在一个音节的发音过程里，产生音之高低和音之长短的变化。而音高和音长的变化正是构成声音旋律的两个要素。因此，要使汉语诗词听起来悦耳，必须注意不同声调音节的相互配合。配合得恰当，读起来就顺口，听起来就悦耳。配合得不恰当，就会读起来拗口，听起来不悦耳。因此说，汉语诗词最终演变出"调平仄"的艺术，讲究声调的配合，其实是汉语自身的要求，是古诗词艺术发展的一个必然结果。

第二节 理解"平仄"规则

"调平仄"成为诗的格律要求以后，其影响是很深远的。不但近体诗用平仄，连某些古体诗也用平仄，这就是所谓"入律"的古风。不但诗用平仄，连词律和曲律也离不了平仄。因此理解了近体诗的平仄，对于词、曲的平仄也就迎刃而解了。这里，归纳出近体诗调平仄的六项主要规则，目的是借此了解和理解近体诗中由于平仄之间隔连用以及前后相呼应所形成的一种声音的律动感，如此则当我们在吟咏赏读之时，自然就会知道如何掌握和传达此种声律美感了。

一、平仄排列的基本句型

所谓"基本句型"，是因为其他各种句型（包括五言和七言的，包括绝句和律诗，共 16 种），都可以从它推导出来。学习中，一定要先把这个"基本句型"记熟，从基本句型推导出整首诗的格式，是学习的一个窍门。

五言诗四种句型：

仄仄平平仄　　　平平仄仄平

平平平仄仄　　　仄仄仄平平

七言诗四种句型：

平平仄仄平平仄　　仄仄平平仄仄平

仄仄平平平仄仄　　平平仄仄仄平平

二、平仄有"粘对"的规则

按照诗律学的术语，从一首诗的开始算起，每两句叫做一"联"，每联中的上一句叫"出句"，一下句叫"对句"。每一联的出句和对句必须"对"，上一联的对句和下一联的出句必须"粘"。对，就是平对仄，仄对平，也就是在对句中，平仄是对立的。

五言诗的"对"，只有两种形式，即：

（1）仄仄平平仄，平平仄仄平

（2）平平平仄仄，仄仄仄平平

七言诗的"对"，也只有两种的形式，即：

（1）平平仄仄平平仄，仄仄平平仄仄平

（2）仄仄平平平仄仄，平平仄仄仄平平

如果首句用韵，则首联的平仄就不是完全对立的。由于韵脚的限制，也只能这样办。这样，五言诗的首联成为：

（1）仄仄仄平平，平平仄仄平。

或者是：

(2) 平平仄仄平，仄仄仄平平。

七言诗的首联成为：

(1) 平平仄仄仄平平，仄仄平平仄仄平。

或者是：

(2) 仄仄平平仄仄平，平平仄仄仄平平。

粘，就是平粘平，仄粘仄；后联出句第二字的平仄要跟前联对句第二字相一致。具体说来，要使第三句跟第二句相粘，第五句跟第四句相粘，第七句跟第六句相粘。粘对的作用，是使声调多样化。如果不"对"，上下两句的平仄就雷同了；如果不"粘"，前后两联的平仄又雷同了。违反了粘的规则，叫做失粘；违反了对的规则，叫做失对。

根据粘对的规则，可以得出平仄在诗词中是这样交错的：

(1) 平仄在本句中是交替的

(2) 平仄在对句中是对立的

三、"一三五不论，二四六分明"

"一三五不论，二四六分明"意思是说，在七字句中，第一、第三、第五字的平仄可以不拘，第二、第四、第六字的平仄必须分别清楚，该平的不能仄该仄的不能平。由此类推，在五字句中，应该是"一三不论，二四分明"。这个口诀，简明易记，很有用处。但必须注意，它只是大概的说法，并不完全准确，掌握的时候，需要多加注意。例如：

(1)"平平仄仄平"这一句式最须注意，其第一个字决不可不论。如果不论，误用了仄声字，使这一句变成了"仄平仄仄平"，那是大错误，诗论的术语叫做犯"孤平"（除了韵脚之外只剩下一个平声字），此是大忌。

(2)"仄仄仄平平"这一句，第三个字也应当论。如果不论，最后三个字都变成了平声，这一句就成了"仄仄平平平"，这叫"三平调"。"三平调"是古风的特色，对律诗来说，被认为是比较大的毛病，应当避免。

另外，"平平平仄仄"这一句式中，第三字也可能不用仄声，以免形成"三仄脚"，但这不是格律的硬性规定。

四、平仄格式的"起"与"收"

一般平仄格式分为平起平收、平起仄收、仄起平收和仄起仄收四小类。例如：

五言平起平收式：平平仄仄平

五言平起仄收式：平平平仄仄
五言仄起平收式：仄仄仄平平
五言仄起仄收式：仄仄平平仄
七言平起平收式：平平仄仄仄平平
七言平起仄收式：平平仄仄平平仄
七言仄起平收式：仄仄平平仄仄平
七言仄起仄收式：仄仄平平平仄仄

五、"孤平"与"拗救"

孤平是写诗的大忌，所以诗人们在写作的时候，注意避免孤平。例如在五言"平平仄仄平"这个句型中，第一字必须用平声，如果用了仄声字，就是犯了孤平。因为除了韵脚之外，只剩一个平声字了。七言是五言的扩展，所以在"仄仄平平仄仄平"这个句型中，第三字如果用了仄声，也叫犯孤平。在唐人的律诗中，绝对没有孤平的句子。

但有时根据诗意的需要，第一个字不得不用仄声字，或用仄声字于文意更好，那么就在第一个字用了仄声字之后，把第三个字改用平声字。这样整个句子就变成了"仄平平仄平"（七言句则变成"仄仄仄平平仄平"），这是允许的。这种变格，叫做"孤平拗救"。例如：

宠深还若惊（王禹偁《五更睡》）
鸟鸣春意深（陈与义《寒食》）
山雨欲来风满楼（许浑《咸阳城东楼》）
江上女儿全胜花（王昌龄《浣纱女》）

六、韵脚处皆为平

格律诗，一般来说，不论是律诗还是绝句，也不管是五言还是七言，每一首单句的最后一字（除第一句可平可仄外）都是仄声，偶句最后一字都是平声，且押韵，还要一韵到底（首句入韵有时可用邻韵）。

以上六点调理平仄的规则，常见于各种论及古诗词格律的书籍，这里，姑且简称之为"调则系统"，"则"即规则。大致可以说，在近体诗流行的唐代，诗人便是依据这一调则系统"吟"出了许多声律精研的好诗，例如杜甫后期之作。现在我们要进一步追问：这一调则系统，对于中国古典诗歌包括近体律诗的音乐美感到底起了怎样的作用呢？对此的回答有多种，如"避免音韵的单调而利用汉语声调的平衡交替来造成语言中抑扬顿挫的"美";如"在诗和韵文里构成一种节奏。作家依照汉语声调的特点,安排一种高低长短互相交替的节奏。"

平仄在诗中是否构成一种节奏,或者构成节奏是否是"调则系统"的主要功用?对于古诗词吟诵来说,这的确是一个非常重要的问题。朱光潜先生在其《诗论》第八章里,谈到诗歌的节奏问题,认为节奏是在某一个时间段落上通过声音的高低、长短、轻重的变化而来,各国诗的节奏对于长短、轻重、高低各有侧重。日耳曼语系下的现代英语诗歌主要来源于声音的轻重律组成的音步,古代汉语的四声虽然有长短、高低、轻重的分别,对节奏的影响却微乎其微。他特别指出:"在诗和音乐中,节奏与'和谐'(melody)是应该分清的。"("melody"即英语的"旋律")

受朱光潜先生的影响,近年以来,有学者认为"平仄的主要作用不在实现节奏,而在实现旋律"。如黄玉顺先生在其《论汉语诗歌语言的音乐性》一文里,明确指出:"平仄属于旋律的问题,顿歇才是节奏的问题,因为旋律是音高的关系,节奏是音长、音强的关系。"① 在这篇文章里,针对节奏与旋律的区别,作了前提性的考论,他认为:

节奏和旋律是两码事,也就是说,节奏并不包含声音高低的问题。"节"在古代本是一种乐器,是用来打拍子的东西,相当于今天的节拍器,它只表示声音所占时间的长短,本身并无声音的高低变化。也就是说,"节"这种乐器只确定乐曲的节奏,而和旋律没有关系。左思《蜀都赋》说:"巴姬弹弦,汉女击节。"这里"击节"就是打拍子,而"弹弦"才是演奏曲调,亦即旋律。按"节奏"二字的字面讲,"节"是节拍,"奏"乃是"进"的意思,"节奏"就是节拍的行进。

"平仄属于旋律的问题",这一认知,对于古诗词文吟诵的实践来说,至关重要。平仄调则系统是如何产生旋律美的呢?按着"旋律是音高的关系"来理解:当汉诗语言的声调和语调的高低起伏所形成的语调线与一定的节奏和韵式相结合时,就形成了汉诗特有的旋律美。试就唐代李绅的《悯农》诗来体会:

锄禾	日当	午,	仄平	仄平	仄
汗滴	禾下	土。	仄平	平仄	仄
谁知	盘中	餐,	平平	平平	平
粒粒	皆辛	苦。	仄仄	平平	仄

① 黄玉顺. 论汉语诗歌语言的音乐性——新诗音律研究. 中国儒学网. 2011 (2).

注意第三句的"谁知盘中餐"为五连平句调，且五字里只有"盘"为开口大，响度高的字音，其余四个字均是开口度小，响度低的。这样的句调在整首诗的旋律里，显然是给最后结句做好了从低音向高音行进的准备。

音乐家杨荫浏先生和阴法鲁先生从歌词配曲的角度指出："姜白石的字调系统，是地地道道的'平、仄系统'，而不是四声系统；歌唱的高低，也与后来的江南平、仄系统相同，是仄声（上、去、入）高而平声低。在实际应用时，所谓'高、低'并不是绝对的音高而言，而是指向高上行或向低下行的两种不同的进行方向而言。例如，'仄仄'所成之逗，并不是配上两个同度的高音，而是配上几个从低向高的音列；同样'平平'二字所成之逗，也不是配上两个同度的低音，而是配上几个从高向低的音列。"① "古代七字句中，单数字之所以不大重要，正因为音调之进行，系决定于这种上行、下行的高低关系，而不是决定于每一个字的绝对音高。"② "平仄属于旋律"，即是理解和把握"平仄"相间递进的关键之所在。在今日的普通话里，"仄平"呈现的是由低向高，"平仄"为由高向低，其声调线比"平平"和"仄仄"更有明显的抑扬走向，因此字调会更和谐。试用普通话语音吟咏以下诗句，可以品味其中十分流畅圆转的风调：

天气　晚来　秋
平仄　仄平　平　　　　　　　　（王维《山居秋暝》）

盘飧　市远　无兼　味
平平　仄仄　平平　仄　　　　　（杜甫《客至》）

细雨　如烟　碧草新
仄仄　平平　仄仄平　　　　　　（温庭筠《题李处士幽居》）

山径晓云收猎网
平仄仄平平仄仄　　　　　　　　（许浑《村舍二首》）

广庭无树草无烟
仄平平仄仄平平　　　　　　　　（许浑《鹤林寺中秋夜玩月》）

① 杨荫浏，阴法鲁. 宋姜白石创作歌曲研究. 北京：人民音乐出版社，1979：61.
② 同上注.

胡应麟《诗薮》内编卷三有评:"张若虚《春江花月夜》流畅婉转,出刘希夷《白头翁》上,而世代不可考。详其体制,初唐无疑。"这是从音节旋律上说明一首诗具有"流畅婉转"的风调。它的音节流畅婉转,试读之:

> 春江潮水连海平,海上明月共潮生,
> 滟滟随波千万里,何处春江无月明。
> 江流宛转绕芳甸,月照花林皆似霰。
> 空里流霜不觉飞,汀上白沙看不见。
> 江天一色无纤尘,皎皎空中孤月轮。
> 江畔何人初见月,江月何年初照人。
> 人生代代无穷已,江月年年只相似。
> 不知江月待何人,但见长江送流水。……

就上引的句子看,在音节上可注意的有两点:(1)转韵,四句押一个韵,头四句用平声韵,第二个四句转为仄声韵,第三个四句又转为平声韵,第四个四句又转为仄声韵。平仄韵交替,音节和谐。每一韵,一二四句都押,如"平""生""明","甸""霰""见"等等。(2)句中平仄虽然不像律诗那样严格,但也有一些句子用了律句的平仄。如"滟滟(仄)随波(平)千万(仄)里(仄),何处(仄)春江(平)无月(仄)明(平)。江流(平)宛转(仄)绕芳(平)甸(仄),月照(仄)花林(平)皆似(仄)霰(仄)"。像这些句子,除押仄韵外,句内的平仄完全和律诗相同。再加上其中也不少对偶句,因此,它就构成了一种流畅婉转的风调。刘希夷《代悲白头翁》:

> 洛阳城东桃李花,飞来飞去落谁家。
> 洛阳女儿好颜色,坐见落花长叹息。
> 今年花落颜色改,明年花开复谁在,
> 已见松柏摧为薪,更闻桑田变成海。
> 古人无复洛城东,今人还对落花风,
> 年年岁岁花相似,岁岁年年人不同。……

这首诗的音节也是流畅婉转的。一二句用平声韵,三四句转入声韵,五到八句用上声韵,九到十二句用平声韵。其中像"飞来"句,"坐见"句,"古人"以下四句,句中平仄和律诗相同。胡应麟说《春江花月夜》超过《代悲白头翁》,是指前者四句一转韵,合于律句平仄的句子更多,就音节说比后者更觉流畅婉转。

第三节 "四声"的读法

唐代僧人处忠在《元和韵谱》中对四声有这样的描述：

平声哀而安，上声厉而举，

去声清而远，入声直而促。①

明代僧人真空在《玉钥匙歌诀》中对古四声的特征作了进一步发挥：

平声平道莫低昂，上声高呼猛烈强，

去声分明哀远道，入声短促急收藏。②

按这一传统的说法，则平声是平调，上声是升调，去声是降调，入声是短调，清代张成孙在《说文谐声谱》中说：

平声长言，上声短言，去声重言，入声急言。③

清代江永《音学辨微》说：

平声音长，仄声音短，

平声音空，仄声音实，

平声如击钟鼓，仄声如击木石。④

根据日本《悉昙藏》卷五记载：

平声直低、有轻有重。上声直昂、有轻无重。去声稍引、无轻无重。入声径止、无内无外。平中怒声、与重无别。"⑤

清人万树在其《词律·发凡》中谈到仄平声的搭配时说："上声舒徐和软，其腔低，去声激厉劲远，其腔高，相配用之，方能抑扬有致。"⑥

今人刘坡公先生著《学诗百法》，内中专有一段"练习四声法"⑦，兹录于下：

学诗之第一步，当重声韵。声韵之中，尤以练习四声为最要。四声者何？平上去入是也。兹录昔人辨四声歌诀如下：

平生平道莫低昂　上声高呼用力强　去声分明哀远道　入声短促急收藏

---

① ［日］遍照金刚撰. 文镜秘府论. 北京：人民文学出版社，1975：22.

② ［明］释真空. 玉钥匙歌诀. 中原音韵. 北京：中华书局，1996.

③ 张成孙. 说文谐声谱. 台北：艺文印书馆，1965.

④ ［清］江永，戴震. 音学辨微（附三十六字母辨）. 北京：商务印书馆，1940.

⑤ ［日］安然. 悉昙藏（卷五），日本刻本. 1930.

⑥ ［清］万树. 词律. 上海：上海古籍出版社，2009：15.

⑦ 刘坡公. 学诗百法. 上海：上海世界书局，1928.

第一句言"平声平道莫低昂"者，随口平读，其声不高不低，而尾音自然延长；第二句言"上声高呼用力强"者，向上高读，其声亢而响亮，并无尾音；第三句言"去声分明哀远道"者，向下重读，其声哀而且远，而尾音较短；第四句言"入声短促急收藏"者，向直急读，其声既木且实，亦无尾音。譬之击鼓，以木槌轻击鼓之中心，其声为"东"，是为平声；再击鼓面之四周，则其声为"董"，是为上声；若更在鼓之中心，以木槌重击之，则其声为"冻"，是为去声；若以一手扪鼓面，一手重击之，则其声为"笃"，是为入声。总之四声之分，其不同之点有三：

平去有尾音，上、入无尾音，一不同也；平声和平而尾音长，去声哀远而尾音短，二不同也；上、入二声虽皆无尾音，但上声响而亮，入声木而实，三不同也。能辨此不同之点，然后可与言练习。

平声可视为平调（究竟是高平、中平还是低平调，要依情况而定），上声可视为升调，去声是个降调，入声为短促调。就吟诵而言，不知古代四声的确切读法并不要紧，重要的是先要辩明诗中的这个字是平声还是仄声。其后再考虑其他三声，尽量体贴各声的声音特点来发音。四声发音的地道程度，因人而异，对于北方官话区的人来说，四声发音需要特别加以练习。四声之中，最难的是入声。除了先要识别和记住常用的入声字以外，入声字的发音是一个要经常练习的项目。

"入声"为什么重要？

今天说普通话的人在吟诵和写作古诗词的时候，识别和运用平声和仄声里的上、去两声都不成问题。原因是古平声分成阴平和阳平，却都还是平声。古上声有部分分化进入去声里，但仍然是仄声。问题在于古入声，入声分到阴平和阳平去的，就必须加以识别，否则就会把仄声字误用、误读作平声。以杜甫《月夜忆舍弟》为例：

戍鼓断人行，边秋一雁声。
仄仄仄平平，平平仄仄平
露从今夜白，月是故乡明。
仄平平仄仄，仄仄仄平平
有弟皆分散、无家问死生。
仄仄平平仄，平平仄仄平
寄书长不达，况乃未休兵。
仄平平仄仄，仄仄仄平平

这首诗里的"一、白、月、不、达"都是入声字，如果对入声字不了解，那就看不出来，从而不能很好地理解和读对这首诗。

又如柳宗元的《江雪》诗：

千山鸟飞绝，万径人踪灭。

孤舟蓑笠翁，独钓寒江雪。

这首诗本来是押入声韵的，现代普通话把"绝"读成平声（阳平），"灭"读成去声，"雪"读成上声，与古音完全不合了。古诗词在调平仄方面要求特别严，就是说，不只在句末，而且在句中（粗略地说，诗要二、四、六分明，词大致是这样而不尽同）。协韵的限制也比较严，尤其是近体诗。这样，吟诵古诗词，如果一律照现在的音读，就常常会出现平仄失调和不协韵的现象，拗口、别扭。

对于今人来说，必须识别入声的更重要的理由还在于，汉民族至今仍有很大一部分人群的语言中有入声。大体说来，浙、闽、粤（包括客家话）全境，江苏大部及湘、鄂、川的部分地区，都还保留有入声。即使是北方话里，以山西为中心，包括陕西、甘肃、河南、内蒙的部分地区，入声也没有消失。为此，有学者主张："今日诗界的当务之急不是取消入声，而是要尽快制订出一套专供吟诵用的语音体系，对《平水韵》的韵字进行拟音，保留全部入声，就像京剧韵白那样，使之成为诗词写作者必须掌握和信守的标准。"[①]

入声的特点。入声与其他三个声调的主要差别是入声字有塞音韵尾，即音节最后附有 b、d 或 g 三辅音。例如"枯"和"哭"在普通话里同音，可是它们原来并不同音，"枯"是平声，"哭"是入声。它们的读音用拼音字母写，大致是"枯"读 ku，"哭"读 kug。宋以后在北方的广大区域中，入声韵尾逐渐失去。入声的"哭"失去韵尾 g，就和平声"枯"的声音相同或相近了。一些词人填词干脆就把某些入声字当非入声（平、上、去）字来用，和平、上、去通押了。入声发音练习的一个方便的方法就是向身边有从南方来的同学学习。例如福建客家或闽语方音，以及吴越地区的方音，特别是粤语号称保留中古音最多。

对于入声字的发音，最简单的方法，便是叶嘉莹先生主张的"应该把入声字读为短促的去声"。她曾说："我在北京长大，虽然国语讲得标准，但是北方话没有入声。我之所以说要读作短促的去声，是要保留一个仄声的读法，那个位置应该是仄声，就不可以用平声来读。你把古诗的韵律破坏了，那等于是削

---

① 徐晋如. 中国诗词的道与法. 桂林：广西师范大学出版社，2009：228.

足适履,不可以的!"①

但"入声"的读法并不如此简单。例如"读"是古入声,现在普通话为平声(阳平),若念作去声,就无法传达本来的字义。所以,入声字的读法,还要注意根据具体情况灵活处理。派入去声和上声里的入声可以念作去声;派入平声里,尤其是阳平里的入声字就不可以念作去声。根本原因是"调性"不对使然。调性向上走的,念作去声就不对了。只有调性向下走的入声才是可以的。②

诵读一首近体诗,对于其中最关键的入声字(如一句之中的第二字或第四字),一定要认清。应知诗中所有的入声字,都读仄声,不能读为平声。因为北方人的口语中一般无入声。读者在必要时要查查字书。所谓"入派三声"(只能用于曲,间或用于词)之说,在诗中是不适用的。如李白的《赠汪伦》:第一句"李白乘舟将欲行"的"白"字,和第四句"不及汪伦送我情"的"及"字,在普通话中都读为平声,而实际都是入声,对此等关键字,必须改读,可以读"白"为"擘",读"及"为"计",读起来就美耳中听了:

李白乘舟将欲行,

忽闻岸上踏歌声。

桃花潭水深千尺,

不及汪伦送我情。

每读一首古诗,不但要认清关键的入声字,还应认识所有的入声字。比方在这首诗中,还应认识"白"、"欲"、"踏"、"尺"字都是入声字。若能这样逐渐积累加多,无论在写作中还是吟诵中,才不致犯"以入为平"的错误。

怎样识别"入声"?

对于大多数学习古代诗歌吟诵的人来说,能否从他们已经熟练掌握的现代声调来辨认古入声字,仍是一个难题,因此在这里,简要介绍几种识别入声字的办法。

1. 利用相关工具书查找。

一些工具书,往往注明某字在中古所属的韵部。这就为我们提供了查阅的便利。例如旧版《辞海》、《诗韵集成》、《佩文韵府》以及今人所编的《诗韵新编》等书。但是,多数工具书(如《辞源》、《汉语大词典》、《汉语大字典》等

---

① 尽心. 古诗不能用"国语"来读. 思维与智慧. 2009 (21).

② 本段文字采纳的是王恩保先生的意见,他举入声"读"来说明,不可以都处理成去声,笔者认为是对的.

书）都使用《广韵》的 206 韵，这就需要我们必须记熟《广韵》中的 34 个入声韵的韵目。因此这个方法相对来说比较耗时和麻烦。

2. 利用语音演变规律。

主要有以下几点：

（1）b、d、g、j、zh、z 六个声母阳平字是入声。例如：

b　拔跋白帛雹薄荸别蹩脖柏舶伯泊百勃渤博驳醅

d　答沓达笪得德笛敌嫡规翟跌叠碟蝶牒独读牍渎毒夺铎掇

g　各格阁蛤骼革隔膈葛骨国虢

j　及极极吉急击棘即脊疾集籍夹荚袷嚼洁劫傑竭节捷截局菊掬鞠橘决诀掘角厥橛蹶脚觉爵绝

zh　扎札紮铡闸炸宅择翟着折辙摺哲蜇轴妯竹竺逐酌浊镯琢啄濯拙值殖质执侄职指趾

z　杂凿则择泽责贼足卒族昨

（2）fa、fo 不论阴阳上去都是古入声。例如：fo 佛；fa 法发伐阀乏罚

（3）d、t、n、l、z、c、s 七声母拼 e 韵母，不论阴阳上去（实际上只有阳平、去声）都是入声。例如：

de 得德　　　　　　　te 忒特　　　　　　　ne 诺

le 落洛骆络肋勒　　ze 泽　　　　　　　ce 侧厕测侧策册

se 塞啬色涩

（4）zh、ch、sh、r 四声母拼 uo 韵母，不论阴阳上去（实际上没有上声）都是古入声。例如

zhuo 桌捉拙酌浊镯（鋜）琢啄濯

chuo 戳绰龊绰辍

shuo 说朔硕　ruo 若弱

（5）b、p、m，d、t、n、l 七声母拼 ie 韵，除了"爹"（diē）字是古平声外，不论阴阳上去都是古入声。例如：

bie 别憋鳖瘪　pie 瞥撇　　　mie 灭蔑篾乜

die 叠碟牒蝶谍蹀迭喋　　　　tie 铁贴帖餮

nie 捏聂镊孽枿　　　　　　　lie 列烈裂猎劣

（6）üe 韵除了"嗟"（juē）"瘸"（qué）"靴"（xuē）之外，都是古入声。例如：

nüe 虐疟　　　　lüe 略掠

jue 决绝爵倔脚镢蹶孓（孑孓）

que 缺阙确却

xue 薛雪学血穴

yue 曰约哕悦阅月越粤岳乐药

（7）g、k、h、z、s五声母拼 ei 韵母（c 不拼 ei），不论阴阳上去（没有去声）都是古入声。例如：给（gèi）剋（kèi）黑（hēi）贼（zéi）塞（sēi）

（8）有些字文言白话读音不同，文言读开尾韵，白话读"i"尾韵或"u"尾韵，这些字是入声。例如：

文言"e"，白话"ei"：黑勒贼

文言"e"，白话"ai"：色册摘窄择

文言"o"，白话"ei"：白帛柏伯麦陌脉

文言"o"，白话"ei"：北

文言"uo"，白话"ao"：凿落

文言"u"，白话"iou"：六

文言"u"，白话"ou"：轴妯熟肉

文言"u"，白话"iao"：脚角虐药

3．利用谐音偏旁来类推。

例如"白"是入声字（陌部），则可推及伯、泊、柏、舶、拍、迫、珀、帛、魄等字也是入声字（陌部）。又如，"及"为入声字，则可类推"级、伋、汲、岌、芨、吸"等字也是古入声字。已知"析"为入声字，则"淅、晰、皙"也为入声。但是利用谐声偏旁记忆中古入声字，并不是绝对可靠的，因为声符相同的字，在中古并不一定属于同一韵部。例如："读、犊、牍、椟、黩"等字均为入声屋部，但它们的声符"卖"却在去声卦部，而"续、赎"等字有在入声沃部。所以，利用偏旁类推时要格外注意一些例外的情况。例如，"辟"以及从"辟"得声的字"壁、薛、璧、劈、僻、霹、擗、癖、檗、擘"等字都是入声字，但是"避"字却不是入声字。再如"亿、忆、臆、噫、薏、癔"等字是入声字，而"意"字却不是入声字；"昨、作、炸、蚱"等字是入声字，但是"乍"不是入声字；"窄"是入声字，而"榨"不是入声字。

4．排除法。

例如凡是鼻韵母的字都不是入声，因为汉语本来有一套鼻音韵尾和一套塞音韵尾，入声的分化意味着塞音韵尾的消失。入声既已失去塞音韵尾，便不能再添上鼻音韵尾，所以鼻韵母里一律没有入声字。即韵尾是-n 或-ng 的字，都不是入声字。zi，ci，si 音节无入声字，因为读作 zi，ci，si 的汉字的来源是阴声韵；音节中有韵母 [ei]、[uai] 的汉字基本不是入声字。[uei]、[uai]

韵母不是来源于入声，所以由这两个韵母构成的音节大多数不是入声字。

5. 方言推导法。

例如湖北、四川、云南、贵州和广西北部，那么入声字在方言里都归了阳平。这样，遇到阳平字就应该特别注意，其中有一部分在古代是属于入声字的，如广州、上海、苏州、南京、太原、张家口等。有的方言这类古入声字，今不读入声，分别归到其他声调里去了。古入声字，郑州今大部分归阴平，少部分归阳平，重庆今归阳平，普通话分别归入今阴平、阳平、上声、去声四个声调。

6. 入声发音的练习

四声发音的地道程度，因人而异，对于北方官话区的人来说，四声发音需要特别加以练习。四声之中，最难的是入声。除了先要识别和记住常用的入声字以外，入声字的发音是一个要经常练习的项目。

这里有一个方便的学习方法就是向身边的南方同学学习。例如福建客家或闽语方音，以及吴越地区的方音，特别是粤语号称保留中古音最多。

入声读法练习：

以下字表是按照平上去入顺序排列的，凡保留入声的方言区同学，可用方音给周围的同学作一示范诵读：

平上去入	平上去入	平上去入	平上去入	平上去入	平上去入	平上去入
东董冻笃	同动洞独	空孔控哭	蒙蠓梦木	隆拢弄陆	钟肿种烛	松悚宋粟
容拥用浴	江讲绛觉	知指志质	时氏侍日	诗矢试失	医矣意一	基几记吉
私史肆率	离里利律	微尾未物	非诽沸弗	鱼䱷御月	渠拒讵掘	居举锯厥
枯苦库阔	途杜度夺	吴午护活	孤古故割	西洗细膝	梨礼例栗	迷米谜密
佳解戒黠	排摆败拔	哀亥爱曷	该改盖葛	台怠队夺	真轸震质	申笋舜室
仁忍润术	因引印乙	旬尽殉疾	文吻问物	分粉粪拂	元阮愿月	翻反贩发
烦晚万伐	干澣旰割	丸缓换活	滩坦叹脱	删潜疝瑟	间简涧吉	先铣霰屑
笺剪箭节	钱践贱绝	船篆膳舌	坚茧见洁	萧小笑削	辽了料略	腰杳要约
交狡校脚	高槁诰阁	遭早灶作	桃稻盗铎	歌哿个骨	科可课窟	麻马祃陌
牙雅夏译	巴把霸伯	阳养漾药	张涨帐酌	长丈让若	将奖酱雀	香享饷谑
央痒恙约	良两亮略	情静净夕	惊颈敬戟	莺影映益	丁顶钉滴	蒸拯证职
尤有宥亦	仇受授石	邹酒奏责	金锦禁急	阴饮荫邑	含暗憾盍	甘敢绀鸽
盐琰艳叶	奁脸敛猎	咸赚陷洽	缄减鉴甲			

第四节　词体的知识与声律

一、词体的基本常识

词为歌辞。早期名称很直接，如曲子、乐府、乐章、新乐府、近体乐府、寓声乐府等等。词体的音乐痕迹更多，如词牌，又称词调；片，又称遍，即乐曲的分段；阕，一支曲调演奏完毕称之为一阕等等。

词牌是曲调的名称，如《菩萨蛮》、《忆秦娥》等。词牌在早期与题目一致，后来分开。就词牌本身而言，它只表示某词的平仄、字数、句数、韵脚等。后人把每一词牌的平仄、字数、句数、韵脚标示出来，成为词谱。按照词谱写词，叫做"填词"。

词按曲调分类有令、引、近、慢四种。按字数多少，通常分为三类：小令、中调、长调。五十八字以内为小令，五十九字至九十字为中调，九十一字以上为长调。王力《汉语诗律学》认为："词只需分成两类，一类是六十二字以内的小令，一类是六十三字以上的慢词。"[①]此说与词史演变的事实相吻合，因为小令即唐五代的流行歌曲，而慢词实际上是宋代以后流行起来的歌曲。

按照词调的构成或歌辞段落，词有四种情况：

（1）不分段，称为单调，往往是小令；

（2）分为前后两段，又叫前阕、后阕，称为双调；

（3）分为三段，称为三叠；

（4）分为四段，叫做四叠。

双调最为常见，其次分别是小令、三叠、四叠。

词的基本句式。词句的特征为长短不齐，故又称"长短句"，但从词史演变角度说，词最初的句与律绝一致，是齐言的。以后逐渐根据音乐曲调的要求发生长短不齐的变化。词句在变化当中形成了五、七言和四、六言的基本句式。五、七言句一般来自近体律诗；四、六言句一般来自骈文。此外有二、三、八、九、十、十一言等。

总结词的特点：

（1）词有调名，它决定句、字、韵等。

（2）多数分片（遍、阕）——音乐唱完了一遍。

---

① 王力. 汉语诗律学. 北京：新知识出版社，1958：520.

（3）韵位不固定。

（4）多为长短句形式。

（5）声调配合严密，平仄固定，有时阴阳平、上去入都不能互用。

传统词人是按照乐谱的音律节拍来填词的，又叫依声。今天，"词"的概念已不同于唐宋时期，它已脱离了音乐，成为具备一定格律的、和近体诗有差别的诗体。它是律化的、长短句的、字句数和韵数、韵位都固定的诗——只作为一种文学体裁。

传统词的创作步骤。今之歌曲的创作或者辞曲同时，或者按辞谱曲。古之歌曲的创作"自度"者很少如南宋姜夔作有"自度曲"，普遍是"填词"，也就是凡流行的词调，自己喜欢的曲调都可以拿来"填"，故而词又称为填词、倚声填词等。词既然是按曲调填出来的，作词就要先行"择调"。调是词所依赖的音乐，每首曲调都属于一定的宫调，宫调是古代音乐曲调的总名称。这就要说到隋唐时的器乐：琵琶。在开始的时候，由于词调大都依赖琵琶定调，所以叫它"琵琶词"。琵琶的四根弦分别命名为宫、商、角、羽。每根弦上有七个调，合起来为二十八调。一般说，一首词的曲调只能属于二十八调中的一个调。由于调的高低不同，调所在的弦不同，弹出的旋律色彩也不同。如仙吕调（二十八调都有自己的调名）特点为清新绵邈。正宫调为雄壮而惆怅，小石调妩媚温柔，高角调即高调悲凉婉转。今人吴梅说："惟境有悲欢，词亦有哀乐。大抵商调、南吕诸词，皆近悲怨，正宫、南宫之词，皆宜雄大，越调冷隽，小石风流，各视题旨若何，以为择调张本。"[1] 古人曲调虽已失传，但受曲调影响形成的句式、节奏、平仄、用韵等词谱元素，对词情的抒发仍然起作用。今人根据词谱和对古词的细心品味，还是能够从模仿入手创作出有模有样的"词"来的。由于各调都有自己的音乐特点，所以只适于表现相应的题材。现在我们能够知道古人写词的步骤一般情况是：

（1）择调。依据所写题材，抒发情感选择相应的宫调。

（2）定曲。同一宫调又有不同的曲牌要加以确定。

（3）填词。也就是依声调之谱填出歌辞来。

二、词的声律

词虽是长短句，但基本上用的是律句，平仄要求很严格。例如词中的五字句和七字句，用的基本是五言律诗和七言律诗的平仄格式。三言句、四言句，

---

① 吴梅. 词学通论. 北京：中国书籍出版社，2006：54.

大多也是从律句中截取的一段。因此不仅五字句、七字句绝大多数是律句，连三字句、四字句、六字句也绝大多数是律句。同时还需注意律诗中的变格规则不能随便套用到词中来，词的句子的平仄，每句都要按照词谱的要求来填写，它的平仄有严格的规定。词的律句比诗的律句更为严格，不容许有变格，正所谓"韵宽而调严"。

主要有以下四种类型：

（1）平仄脚，五言第三字必平，七言第五字必平。例如：

一任群芳妒。（陆游《卜算子》）

八千里路云和月。（岳飞《满江红》）

（2）仄仄脚，五言第三字必平，七言第五字必平。例如：

小乔初嫁了。（苏轼《念奴娇》）

塞下秋来风景异。（范仲淹《渔家傲》）

（3）仄平脚，五言第三字必仄，七言第五字必仄。例如：

云随雁字长。（晏几道《阮郎归》）

一片春愁带酒浇。（蒋捷《一剪梅》）

（4）平平脚，五言第三字必仄，七言第五字必仄。例如：

帘外雨潺潺。（李煜《浪淘沙》）

当年万里觅封侯。（陆游《诉衷情》）

后人根据已有的词作，总结出词的平仄格式。从字数方面来看，平仄在其中的运用主要有：

（1）一字句：多是仄声，且多是去声，多是虚字，如："难"、"故"、"但"、"正"、"又"、"渐"、"更"、"甚"、"乍"、"尚"、"况"、"且"、"方"、"纵"等。动词也有："把"、"向"、"指"、"对"、"望"、"着"、"看"、"念"、"叹"、"标"、"料"、"想"、"怅"、"恨"、"怕"、"问"等。

（2）二字句：二字句一般是平仄（第一字平声，第二字仄声），且往往是叠句。如王建《调笑令》："团扇，团扇。弦管，弦管"。李清照《如梦令》："知否？知否？应是绿肥红瘦。"个别词牌里也有用平平，如辛弃疾《南乡子》：

何处望神州？满眼风光北固楼。千古兴亡多少事？

悠悠，不尽长江滚滚流。

年少万兜鍪，坐断东南战未休。天下英雄谁敌手？

曹刘，生子当如孙仲谋。

（3）三字句：三字句是用七言律句或五言律句的三字尾。主要有"平平仄、平仄仄、仄仄平、仄平平"四种。例如：

流年改。（陆游《沁园春》）

多少恨。（李煜《忆江南》）

汴水流。（白居易《长相思》）

月如钩。（李煜《乌夜啼》）

（4）四字句：四字句是用七言律句的上四字。有"平平仄仄、仄仄平平"两种。其中平平仄仄这种类型的第一个字可以用仄声或者变格成"仄平平仄"。例如：

茫茫梦境。（陆潜《沁园春》）

青楼梦好。（姜夔《扬州慢》）

乱石穿空。（苏轼《念奴娇》）

再过辽天。（陆游《沁园春》）

（5）六字句：六字句是四字句的扩展，我们把平起变为仄起，仄起变为平起，就扩展成为六字句。有"仄仄平平仄仄，平平仄仄平平"两种。"仄仄平平仄仄"句型中，第三字注意用平声。"平平仄仄平平"中注意第五个字用平声。例如：

三国周郎赤壁。（苏轼《念奴娇》）

清风半夜鸣蝉。（辛弃疾《西江月》）

另有一种特定句型是仄仄仄平平仄，第五字必平，这和四字句第三字必平一样，是词律的特点。例如：

千古风流人物。（苏轼《念奴娇》）

（6）八字句：八字句往往是上三下五。如果第三字用仄声，则第五字往往用平声；如果第三字用平声，则第五字往往用仄声。下五字一般都用律句。第三字用仄声的如"无数英雄竞折腰"。第三字用平声的如"莫等闲白了少年头"。

（7）九字句：九字句往往是上三下六，或上六下三，或上四下五。一般都用两个律句组合而成，至少下六字或下五字是律句。如"浪淘尽、千古风流人物"。

（8）十字句：十字句往往是上三下七。例如"见说道、天涯芳草无归路"。

（9）十一字句：十一字句往往是上四下七，或上六下五（下面五字往往是律句）。如"不应有恨、何事长向别时圆"。又如"不知天上宫阙、今夕是何年"。

有些四字句，其实是上一下三。上一字一般用仄声，下三字用律句。例如张孝祥《六州歌头》"念腰间箭"。有些五字句，其实是上一下四。上一字一般用仄声，下四字用律句，即平平仄仄。例如柳永《望海潮》"有三秋桂子"。而且往往用词律特定的律句，即仄平平仄。例如贺铸《石州慢》"恰而今时节"。

词的拗句。词句虽然大多数是律句，但是某些词谱又规定一些拗句，就是必须用拗，不能用律。例如：

四字句：仄仄仄平

　　　　平仄平仄

　　　　仄平仄仄

五字句：仄平平仄平

　　　　平仄仄平仄

六字句：仄平平仄平仄（第一字必仄）

　　　　平平平仄平仄

　　　　平平仄平平仄（第一、第三字必平）

　　　　平平仄平平仄

七字句：仄仄仄平平平仄

　　　　仄平平仄仄平仄

　　　　平仄平仄仄平平

这里所谓的"拗句"只是对律句而言，但是当词谱规定了这些句型，那就应该说这不是拗句，而是正格了。

什么是词谱？每一词牌的格式，叫做词谱。依照词谱所规定的字数、平仄以及其它格式来写词，叫做"填词"。"填"，就是依谱填写的意思。古人所谓词谱，乃是摆出一件样品，让大家照样去填，如万树《词律》。但万树乃是清初时代的人。在万树以前，词人们早已填词，那又依照谁人所定的词谱呢？古人并不需要词谱，只要有了样品，就可以照填的。

词谱示例

1. 忆江南（廿七字，又作望江南，江南好）

词谱：

平平仄（句）　　平仄仄平平（韵）

仄仄平平平仄仄（句）　　平平仄仄仄平平（韵）

仄仄仄平平（韵）

例词：

白居易《忆江南》

江南好，风景旧曾谙。日出江花红胜火，

春来江水绿如蓝。能不忆江南？

刘禹锡《忆江南》

春去也，多谢洛城人。弱柳从风疑举袂，

丛兰裛露似沾巾。独坐亦含颦。

温庭筠《梦江南》

梳洗罢，独倚望江楼。过尽千帆皆不是，

斜晖脉脉水悠悠。肠断白蘋洲。

2.《浣溪沙》（四十二字，沙或作纱，或作浣纱溪）

词谱：

仄仄平平仄仄平（句）

平平仄仄仄平平（韵）

平平仄仄仄平平（韵）

仄仄平平平仄仄（句）

平平仄仄仄平平（韵）

平平仄仄仄平平（韵）（后阕头两句要求用对仗）

例词：

晏殊《浣溪沙》

一曲新词酒一杯，去年天气旧亭台，夕阳西下几时回？

无可奈何花落去，似曾相识燕归来，小园香径独徘徊。

张孝祥《浣溪沙·荆州约马举先登城楼观塞》

霜日明霄水蘸空，鸣鞘声里绣旗红。淡烟衰草有无中。

万里中原烽火北，一樽浊酒戍楼东。酒阑挥泪向悲风。

3.《一剪梅》（六十字，十二句，前后片各三平韵，亦有句句叶韵者）

词谱：

⊙仄平平⊙仄平（韵）　　⊙仄平平（句）

⊙仄平平（韵）　　　　　⊙平⊙仄仄平平（句）

⊙仄平平（句）　　　　　⊙仄平平（韵）

⊙仄平平⊙仄平（韵）　　⊙仄平平（句）

⊙仄平平（韵）　　　　　⊙平⊙仄仄平平（句）

⊙仄平平（句）　　　　　⊙仄平平（韵）

例词：

李清照《一剪梅》

红藕香残玉簟秋。轻解罗裳，独上兰舟。云中谁寄锦书来？雁字回时，月满西楼。　　　　　花自飘零水自流。一种相思，两处闲愁。此情无计可消除，才下眉头，却上心头。

　　蒋捷《一剪梅·舟过吴江》

　　一片春愁待酒浇，江上舟摇，楼上帘招。秋娘渡与泰娘桥，风又飘飘，雨又潇潇。　　　　　　何日归家洗客袍？银字笙调，心字香烧。流光容易把人抛，红了樱桃，绿了芭蕉。

第三章 动听知"节奏"

这里的"节奏",特指的是中华古诗词语言的"节奏",而非音乐旋律的节奏。理解、熟悉,进而掌握诗词语言的节奏规律,是获得吟诵古诗词能力的关键一步。理解押韵,理解平仄声调,本质上是为理解节奏。而理解并最终掌握诗词语言节奏,是学习吟诵的前提。我们是为自由地吟咏中华古诗词来学习和掌握"节奏"。

第一节 音乐与诗的"节奏"

所谓节奏,广义的解释指的是运动的节律。节奏运动是一种客观存在的物理现象,与这种客观的物理现象相对应,在人的心理上便产生了内在的"节奏感"。郭沫若先生曾解释说:"本来宇宙的事物,没有一样是没有节奏的;譬如寒往则暑来,暑往则寒来,寒暑相推,四时代序,这便是时令上的节奏。又譬如高而为山陵,低而为溪谷,陵谷相间,岭脉蜿蜒,这便是地壳上的节奏。宇宙内的东西,没有一样是死的,就因为都有一种节奏(可以说就是生命)在里面流贯着。"[1]

一、理解音乐的节奏

音乐里讲的节奏,是指在音乐进行当中,音的长短和强弱关系所形成的有规律的组合,简而言之,为"强拍和弱拍的组合规律"。中国大百科全书出版社出版的《简明不列颠百科全书》说:"从最普遍的意义上讲,节奏是对比因素有规律地交替出现,音乐不能脱离时间而存在,节奏就是音乐的时间形式。"[2] 这段话,点明了节奏的本质特征。通常我们熟悉的音乐,总是由强拍和弱拍交替进行的,这种交替不可能杂乱无章、随意安排,而是按一定的规律,构成最小的节拍,这些最小节拍组织成为一小节,以此为基础,循环往复,于是一首歌的旋律便诞生了。这里所说的"一定的规律",例如最常出现

---

[1] 郭沫若. 文艺论集. 北京:人民文学出版社,1979:229.
[2] 简明不列颠百科全书(卷四). 北京:中国大百科全书出版社,1985:359.

的 2/4 拍类型。分母是指以几分音符为一拍，分子是指一小节内有几个这样的音符。2/4 拍即以四分音符为一拍、一小节有两拍：

映山红

电影《闪闪的红星》插曲

1=bB 2/4　　陆柱国 词　傅庚辰 曲

相同时值的强拍与弱拍有规律的循环出现，叫做节拍。例如：强弱弱、强弱弱、强弱、强弱。它是衡量节奏的单位。节奏与节拍在音乐中密不可分。有人形象地说"节奏是音乐肉体，节拍是音乐骨架"，它们以音的长短、强弱及其相互关系的固定性和准确性来组织音乐。这两者之间的密切关系，可以在行进中军乐队的步伐和变化着的鼓点里清楚地感觉到。此外，节奏表示时间长短，有规范和自由节奏之分，它可以独立存在，不同的拍型可以组成不同的节奏类型。在音乐里，节奏通过各种不同的节奏类型来表现自己。节奏类型的三要素是节拍、节奏、速度。同一个抽象的节奏类型，放置在不同的节拍形式中，会造成不同的效果。在乐曲中，节奏类型的运用极为重要，因为不同的风格和情绪，必然要有相应的节奏类型给以配合，也就是说，不同的节奏类型表达不同的风格和情绪。

节奏与音高、音色、旋律和风格，一起构成音乐的五大要素，但节奏的作用有如人体的血肉里的骨骼，其他要素要想发挥其各自的功能，必需依赖于节奏形态。也就是说，各种要素一旦离开了节奏形态，就如同一个人断了食粮，失掉了生命。节奏在戏曲中突现为板眼，旧时代戏班子里的艺人说："唱戏不懂板等于二五眼"，强调了节奏的重要性。要特别加以强调的是：借助传统戏曲里"板眼"来深刻领会中华古诗词语言的节奏美感，对于吟诵的学习有着非常重要的作用。明代王骥德《曲律》说："凡盖曲，句有长短，字有多寡，调有紧慢，一视以板眼为节制，故谓之板眼。"这里的"节制"可以理解为"调控"，是对剧情、曲调、唱腔的综合调控。吟诵学习者完全可以并应该借助京剧和昆曲的"板眼"，来"调控"自己的腔调，在经验的迁移中，完成自己的"创作"。

二、汉语语音节奏形态的特征

"诗"是语言的艺术。故要切实理解诗的节奏，还要先理解：什么是语言的节奏。《中国大百科全书·语言文字卷》对于节奏，有这样的解释：

"节奏一般指语句中各音节的长短快慢。语句的节奏由句中各意群来组成，相当音乐中的拍子。语言的每'拍'包括一到三小音节，以双音节为最普遍。拍子的长度常视整个语句的速度以及意群的主次而变，不像音乐拍子那样严格。"《汉语语法修辞词典》中的解释是："音乐里讲的节奏，是指音的长短关系和强弱关系有规律性的组合；语言的'节奏'是语言的异同、轻重缓急、高低变化、停顿间歇在一定时间内互相配合交替出现关系的组合。它是由音色、音量、音高、音长四项要素构成的，其中任何一个要素在一定时间内有规律地交替出现，都会造成节奏。"①

汉语语音的节奏形态，根据有关学者的研究，可以是"由重读音节和非重读声节对比交替形成的重轻律；等音长与音顿交替回环形成的音顿律；长音列与短音列交替出现的长短律；飞声和沉声有规律组合形成的飞沉律；由语调升扬和降抑有规律组合形成的扬抑律；由同声母和异声母或同韵母（韵腹、韵尾）和异韵母（韵腹、韵尾）交替回环往复形成的声韵律；以及由音节徐疾相配组合形成的快慢律"②。

汉语语音原本有极其丰富节奏形式，在汉语诗歌里获得了最充分的展示。汉字符号的形、音、义之间，尤其是音义之间的高度配合，使得节奏和韵律成

---

① 张涤华，胡裕树. 汉语语法修辞词典. 合肥：安徽教育出版社，1988：222—223.
② 吴洁敏. 汉语节奏的形成——音律特征研究之二. 第三届国际汉语教学讨论会，1990年.

为汉语诗歌生命的最重要的组成部分，也因此，它的诗人对于诗的节奏和韵律的细致讲究，特别体现了汉语诗歌的艺术真谛。这里要特别加以强调的是：诗的音律受意义的影响，使得我们可以直接将它称之为一种感情的"调子"。与通常所指的音乐相比，诗既是一种语言，也是一种音乐，但更准确地说是一种语言文字里的音乐；通常所指的音乐只有纯形式的节奏，而没有语言的节奏，诗则兼而有之。诗原本于歌谣母体内，在音乐的相伴中长大，所以诗的语言文字含有音乐的节奏是必然的，但诗毕竟是语言的艺术，它的所谓"音乐的表现"一定在语言或文字的节奏里。

语言的节奏主要来自人脑的"理解"机制，情绪情感作用为次要，所以偏重在意义。当意义表达完成时，说话的声音就会有停顿；当意义的传递有轻重起伏时，声音也随之有轻重起伏。这种起自于理解的节奏是一切语言所共有的，通常在散文中特别容易体现出来。

音乐的节奏更多是情感的作用，因为情感的影响，所以偏重在腔调上。日常语言的声调节奏一旦加入强烈一点的情感成分，宣泄和表现的欲望便极有可能催生出某种调子，甚至让人即兴歌唱。但音乐的节奏有自己的"技术"特性，它可能与情感合作愉快，也可能因为不那么协调而缺乏感染力。

三、诗的节奏受理解和情感的双重影响

朱光潜先生认为："音乐家或诗人的情绪直接地流露于声音节奏，听者依适应和模仿的原则接受这声音节奏，任其浸润蔓延于身心全部，于是依部分联想全体的原则，唤起那种节奏所常伴随的情绪。"① 这里，他将音乐家和诗人混在一起说，容易引起误解。事实上，诗的节奏与音乐的节奏之间存在诸多差异。前者"兼有"音义，故所谓"音乐的节奏"其实是语言文字本身具有的音乐性韵律。后者却偏重在声音的抽象的形式以及各种形式之间的关系，这一点在所谓的"纯音乐"里，表现的最为明确。所谓诗歌语言节奏受理解和情感的"双重影响"是指诗的语言节奏原本起自"义"，即是一种缘事而发的具体的思想情感。诗人依"义"生调，一路吟咏，歌唱而来，在此种状态下，心声、语调、文字的节奏紧密合一。原本从"义"中产生的歌调，最后仍然要回到表现"义"的节奏上来。以下是两首杜甫的新乐府诗，请诵读之，体认之：

---

① 朱光潜. 朱光潜美学文集（第二卷）. 上海：上海文艺出版社，1982：115－116.

（1）《新婚别》

菟丝○ 附蓬麻○，引蔓○ 故不长。

嫁女○ 与征夫○，不如○ 弃路旁。

结发○ 为君妻○，席不○ 暖君床。

暮婚○ 晨告别○，无乃○ 太匆忙。

君行○ 虽不远○，守边○ 赴河阳。

妾身○ 未分明○，何以○ 拜姑嫜？

（第一段，写新娘子诉说自己的不幸命运。）

父母○ 养我时○，日夜○ 令我藏。

生女○ 有所归○，鸡狗○ 亦得将。

君今○ 往死地○，沉痛○ 迫中肠。

誓欲○ 随君去○，形势○ 反苍黄。

（第二段，写新娘子对丈夫的忠贞，要和他一同去作战。）

勿为○ 新婚念○，努力○ 事戎行。

妇人○ 在军中○，兵气○ 恐不扬。

自嗟○ 贫家女○，久致○ 罗襦裳。

罗襦○ 不复施○，对君○ 洗红妆。

仰视○ 百鸟飞○，大小○ 必双翔。

人事○ 多错迕○，与君○ 永相望。

（第三段，写新娘子变哀怨沉痛的诉说而为积极的鼓励。）

《新婚别》抒情方式的最大特点是：诗人化身为新娘子，用新娘子的口吻说话，非常生动、逼真。诗里更采用了不少俗语，这也有助于语言的个性化，因为他描写的本来就是一个"贫家女"。配合这种写法，这首诗一韵到底，一气呵成，诗句节奏紧张流畅，与情绪的起伏完全融为一体，并采用最常见的"上二下三"节式，铿锵有力，既吻合诗中人物急切诉说的心情，也便于读者的倾听。《唐诗品汇》引刘云评语："曲折详至，缕缕凡七转，微显条达。"《唐诗选脉会通评林》引吴山民评语："含几许凄恻，又极温厚。"

（2）《兵车行》

车辚辚○，马萧萧，

行人○ 弓箭○ 各在腰。

耶娘○ 妻子○ 走相送，

尘埃○ 不见○ 咸阳桥。

牵衣○ 顿足○ 拦道哭，

哭声〇 直上〇 干云霄。
（首段叙事，写送别的悲惨场面，）

道旁〇 过者〇 问行人，
行人〇 但云〇 点行频。
或从〇 十五〇 北防河，
便至〇 四十〇 西营田。
去时〇 里正〇 与裹头，
归来〇 头白〇 还戍边。
边庭〇 流血〇 成海水，
武皇〇 开边〇 意未已。
君不闻〇 汉家山东〇 二百州，
千村〇 万落〇 生荆杞。
纵有〇 健妇〇 把锄犁，
禾生〇 陇亩〇 无东西。
况复〇 秦兵〇 耐苦战，
被驱〇 不异〇 犬与鸡。
（次段记言，写征夫叙说遭遇的苦难。）

长者〇 虽有问，　　役夫〇 敢申恨？
且如〇 今年冬，　　未休〇 关西卒。
县官〇 急索租，　　租税〇 从何出？
信知 生男恶，　　反是〇 生女好。
生女〇 犹得〇 嫁比邻，
生男〇 埋没〇 随百草。

君不见〇　青海头，
古来〇 白骨〇 无人收。
新鬼〇 烦冤〇 旧鬼哭，
天阴〇 雨湿〇 声啾啾。
（三段记言，由叙说转到侧重抒愤慨之情。）

“行”是乐府歌曲的一种体裁。杜甫的《兵车行》没有沿用古题，而是缘事而发，即事名篇，自创新题，运用乐府民歌的形式，深刻地反映了人民的苦难生活。这首诗的结构方式古称"一头两脚体"。全诗共三段：第一段（即"头"）共六句（按乐句计算，下同），一韵到底；第二、三段（即"两脚"）各十四句，并四次换韵。从整体看，诗句节奏形态整齐而又略有变化；且各段皆自有起结，析之则三，合则为一。《唐宋诗醇》云："此体创自老杜，讽刺时事而托为征夫问答之词。言之者无罪，闻之者足以为戒，《小雅》遗音也。篇首写得行色匆匆，笔势汹涌，如风潮骤至，不可逼视。以下出点行之频，出开边之非，然后正说时事，末以惨语结之。词意沉郁，音节悲壮，此天地商声，不可强为也。"①

第二节　中国诗的节奏：顿与句读

中国传统诗歌的节奏是依据汉语的特点构成的。主要由两种因素决定：一是"韵"的作用。"韵"是字音中韵母部分的重复。按照规律在一定的位置上重复出现同一韵母，就形成韵脚，产生节奏。这种节奏可以把涣散的声音组织成一个整体，使人读前句时预想到后一句，读后一句时回想起前一句。有些民族的诗歌，押韵并不这样重要，但中国古典诗歌是必须押韵的，这是因为汉语语音长短、轻重的区别不明显，不能借助它们形成节奏，于是押韵便成为中国传统诗歌节奏的重要因素。其次是音节的组合。传统汉语诗歌以五言和七言为主要句式，句中通常由两个两个的音节组合在一起形成"顿"。顿，有人叫音组或音步。但"顿"不一定是声音停顿的地方，通常诵或吟咏时反倒需要拖长。"顿"的划分既要考虑音节的整齐，又要兼顾意义的完整。这里一定会有人要问：平仄不也是构成中国传统诗歌节奏的要素吗？

一、决定汉诗节奏的要素

早在 1931 年，朱光潜先生在其《中国诗的节奏与声韵的分析（上）·论声》里，以北京方言为例，运用语音学知识，证明平声与仄声不存在轻与重、长与短、平衍与曲折的对比，因而平仄系统与汉诗节奏无关。他说："在中文诗中，一句可以全是平声，如'关关雎鸠'、'修条摩苍天'、'枯桑鸣中林'、'翩何姗姗其来迟'之类，一句也可以全是仄声，如'窈窕淑女'、'岁月忽已晚'、'伏枕独辗转'、'利剑不在掌'之类。这些诗句虽平仄相间，仍有起伏节

---

① ［清］爱新觉罗·弘历. 唐宋诗醇.（上）. 北京：中国文学出版社，1995：206.

奏，读起来仍很顺口。古诗在句内根本不调平仄，而单就节奏说，古诗大半胜于律诗，因为古诗较自然而律诗往往为格调所束缚。从此可知四声对于中国诗的节奏影响甚微。"①

据此，他又进一步指明："中国诗的节奏不易在四声上见出，全平全仄的诗句仍有节奏，它大半靠着'顿'。"② 这一论断，到目前为止，已经得到多数学者的认同，成为一种共识。他所说的"顿"，又称之为"逗"。在中国古代的诗文里，原来并无标点符号，诵读时称文句中停顿的地方，语气已经完结的地方为"句"，没有完的叫"读"（逗），由读者用圈（句号）和点（逗号）来标记。唐人韩愈《师说》有云："彼童子之师，授之书而习其句读者，非吾所谓传其道解其惑者也。句读之不知，惑之不解，或师焉，或不焉，小学而大遗，吾未见其明也。"③

《现代汉语词典》解释说："古时称文辞停顿的地方叫句或读。"④《辞源》的解释说："句读即句和逗，指文章中休止和停顿之处。凡经书成文语绝处，谓之句；语未绝而点分之，以便诵咏，谓之读（逗）。"⑤ 以便诵咏，也就是方便背诵和吟咏，这句话点出了何以要"顿"开的原因。但什么地方该"顿"，什么地方不该"顿"，古文要比古诗麻烦少点。通常读诗的习惯是两字成一音组，这两字同时也应该是一义组，也就是说诗的"顿"既要照顾"义"，又要顾及"音"，当诗人只顾及音的时候，按"义"合组的读法就会显得"别扭"。例如：

> 云中君——不见，
> 竟夕——自悲秋。

（马戴《楚江怀古》）

> 天台山——与雁山——邻，
> 只隔——中间——一片云。

（宋 戴复古《湘中遇翁灵舒》）

---

① 朱光潜. 朱光潜美学文学论文选集. 北京：人民文学出版社，1980：209.
② 朱光潜. 朱光潜美学文学论文选集. 北京：人民文学出版社，1980：217.
③ 马通伯. 韩昌黎文集校注. 北京：古典文学出版社，1957：24.
④ 中国社会科学院语言研究所词典编辑室编. 现代汉语词典（第五版）. 北京：商务印书馆，2005：739.
⑤ 广东、广西、湖南、河南辞源修订组，商务印书馆编辑部编. 辞源（修订本）. 北京：商务印书馆，1988：225.

二、汉诗"顿"的特点

从传统意义上说，古人读诗更重视"音顿"。因此而有常见的三种"顿"格。四言每句为两顿，五言每句为三顿（两双一单），七言每句为四顿（三双一单）。若按义合组，不顾及声音，例如"涉江采芙蓉，兰泽多芳草"、"五更鼓角声悲壮，三峡星河影动摇"、"永夜角声悲自语，中天月色好谁看"则其中"采芙蓉"、"多芳草"、"鼓角声"、"星河影"、"角声悲"、"月色好"都应当连读，但事实上，我们都是按照音顿的习惯来读的。"音顿"的理由是基于心理上对于整齐节奏感的依赖，所以，为了步骤整齐，在多数情况下，意义上的不连属让位给了声音的连属。

追溯汉语诗歌里的节奏（顿）发生的源头，则是从"双音步"开始即两个单独音节合为一个音步，之后交替反复，造成节奏感。如早期的《诗经》基本上是四言诗，每句四个字。每句中每两字构成一个节奏单位，吟诵时作一顿，一句有两个节奏单位，吟诵时作两顿。如：

关关○　雎鸠○　在河○　之洲○

窈窕○　淑女○　君子○　好逑○　　　《国风·周南·关雎》

燕燕○　于飞○　差池○　其羽○

之子○　于归○　远送○　于野○

瞻望○　弗及○　泣涕○　如雨○　　　《国风·邶风·燕燕》

因此，也可以说汉语诗歌显著的节奏感是从四言诗的音节结构即两音步组合开始的。而两音步组合也就成为中国古诗体的最小节奏单元，并以此为基础，陆续衍生出单句内、单句间的各种音节结构的重复形式，诗歌样式由此不断演进。而诗歌节奏由音节结构的重复结合，多种对比要素也因此逐渐展开。

在中国的汉语诗歌里，语言的结构或诗歌语句的音节结构决定了节奏的展开。律诗里的五、七言诗，从音节结构来说，可分为平平、仄仄和一个单音平，或仄的组合。这四个基本的音节要素可称之为"步"，以"音"组成"步"，再由"步"组成"句"。按"步"排列起来，可得到两组四种：

（1）平平○　仄仄○　平○

　　　平平○　平○　仄仄○

即前面皆是双平步，后面的双仄步与单平步互调。

（2）仄仄○　平平○　仄○

　　　仄仄○　仄○　平平○

即前面皆是双仄步，后面的双平步与单仄步互调。

这四种的共同之处是：每句开头的第一个音步，一定是双音步。

七言诗的音节结构是在五言基础上简单变化，也是两组四种：

（1）仄仄○平平○ 仄仄○ 平○

　　　仄仄○平平○ 平○ 仄仄○

（2）平平○仄仄○ 平平○ 仄○

　　　平平○仄仄○ 仄○ 平平○

当你清楚地理解了这样一种音节的结构，相信对于国粹律诗的节奏以及由这种节奏构成的韵律审美之奥妙，一定会心中有数。

汉诗的"顿"不等于音乐的"节拍"。音乐里的"节拍"有着固定时长的长短，而诗中的顿没有固定时长的长短。这就意味着，在实际吟读的时候，声音到了顿的位置，并不真的顿了，而是"延长、提高、加重"。对此，朱光潜先生曾指出："中文诗因为读时长短有伸缩，和到'顿'必扬的两个缘故，四声的分别对于节奏的影响越显得微小。这个事实是研究中国诗的声律者所应该特别注意的。它很明白地告诉我们：中国诗的节奏第一在'顿'的抑扬上看出，至于平仄相间，还在其次。"① 举例来说：

《登幽州台歌》　唐　陈子昂

前不见——古人——，后不见——来者。

念天地——之悠悠——，独怆然——而涕下。

第一句"前不见"与"古人"两顿的短长不同。第二句"后不见"与"来者"两顿的短长不同。第三句"念天地"顿不能有"之悠悠"顿那么长。第四句"独怆然"顿也不能有"而涕下"顿那么短。为什么会有这些不同呢？——顿之时，究竟怎样的"延长、提高、加重"，这说到底是诗"义"在起支配作用。"顿"的处理，可能是因人而异，但根源在诗情。因为说到底，诗的语言节奏不等于乐音的节奏。又如李清照《声声慢》之首句：

寻寻○觅觅○

冷冷○清清○

凄凄○惨惨○戚戚○

这著名的七对叠字虽各占一顿，但长短却略有不同，入声的叠字（觅、戚）自然比平、上声的叠字较短。为什么会有这种区别？或长或短、或轻或重、或高或低的道理又是什么？简而言之，那是基于每组音节内在的含义、情意、情愫。在这种地方，我们常常会发现：即使传统诗词的"顿"偏重于

---

① 朱光潜. 诗论. 长沙：岳麓书社，2009：181.

"音"，但此"音"并不纯粹，与义仍有关联，很多时候，"音"是表"义"、表情的。

三、传统学者的"顿"论

（1）晚清陈廷焯《白雨斋词话》卷一有云：

美成词，有前后若不相蒙①者，正是顿挫之妙。如《满庭芳·夏日溧水无想山作。上半阕云："人静乌莺自乐，小桥外新绿溅溅。凭栏久，黄芦苦竹，拟泛九江船②。"正拟纵乐矣，下忽接云："年年如社燕③，漂流瀚海④，来寄修椽⑤。且莫思身外，长近樽前。憔悴江南倦客，不堪听急管繁弦。歌筵畔，先安枕簟，容我醉时眠。"是乌莺虽乐，社燕自苦，九江之船卒未尝泛，此中有多少说不出处。或是依人之苦，或有患失之心，但说得虽哀怨，却不激烈，沉郁顿挫中别饶蕴借。后人为词，好作尽头语，今人一览无余，有何趣味？①

（注释：①不相蒙：犹不相承接。②用白居易《琵琶行》典。白居易谪官到九江，那里"黄芦苦竹绕宅生"。他在浔阳江上送客，听到琵琶声，便在九江的船里请那个女子弹琵琶。③社燕：燕子在春社来，秋社去。④瀚海：指沙漠。⑤修椽：长的椽子，指大屋。）

简释：顿挫往往同抑扬连起来，说成抑扬顿挫，唱京戏的多讲究抑扬顿挫。唱腔避免平板，避免没有起伏，要有高低，是抑扬；要有缓急，唱到关键性的句子，要作小顿，唱得摇曳多姿，这就是顿挫。因此，顿挫在诗文中是小小的停顿，用的是含蓄关锁的话。就这里引的词说，上面还有五句："风老莺雏，雨肥梅子，午阴嘉树清圆。地卑山近，衣润费炉烟。"前三句讲景物美好，用"午阴嘉树清圆"作小顿。下面两句就来个转折，转到那儿土地低湿，衣服都潮润的，地方不好，"衣润费炉烟"是第一个转折的小顿。接下去说小桥绿水，可以泛船听歌，又来个转折，转到寻欢作乐上，"拟泛九江船"是第二个转折的小顿。接下去却说自己像社燕飘零，在外作客，只能借酒浇愁，没有听歌雅兴，是第三个转折，用结尾作顿。顿挫处含有对上文作小结转入另一意的意味，而这些顿挫写得很含蓄，所以说"顿挫中别饶蕴藉"。

（2）晚清学者林纾《春觉楼论文·用顿笔》有云：

"凡读大家之文，不但学其行气，须学其行气时有止息处。由之（好比）走长道者，惜马力，惜仆力，惜自己之脚力，必少驻道左，进糇（干粮）加秣

---

① ［清］陈廷焯. 白雨斋词话. 北京：人民文学出版社，1959：17.

（饲料），然后人马之力皆复。文之用顿笔，即所以息养其行气之力也。"[1]

"惟顿时不可作呆相，当示人以精力有余，故作小小停蓄，非力疲而委顿（困累）于中道者比。若就浅说，不过有许多说不尽阐不透处，不欲直捷宣泄，然后为此关锁之笔，略为安顿，以下再伸前说耳。不知文之神妙者，于顿笔之下并不说明，而大意已包笼于一顿之中。如《汉书·丙吉传》略谓：帝以郭穰夜到郡邸（一郡在京的寄宿处）狱；亡轻重（不论轻罪重罪），一切皆杀之，而皇曾孙亦在内。吉相守至天明，不听入。寻（不久）帝亦寤。班固于此处作一顿笔曰：'因赦天下，郡邸狱系者独赖吉得生，恩驶四海矣。'试思吉一拒之恩，能及四海，则武帝残杀之威，一夕即可以普及四海，固不斥帝而但称吉，此等含蓄不尽之顿笔，浅人曾学得到否？就文势而言，似顿笔；就文理而言，是结笔。大家文字以小结作顿，往往有之，特（但）不如班氏于小顿小结处能神光四射耳。"[2]

"欧文讲神韵，亦于顿笔加倍留意。如《丰乐亭记》曰：'升高以望清流之关，欲求晖、凤就擒之所（赵匡胤擒南唐将皇甫晖、姚凤处），故老皆无在者，盖天下之平久矣。'又曰：'百年之间，徒见山高而水清，欲问其事而遗老尽矣。'或谓'故老无在'及'遗老尽矣'用笔似沓（重复），不知前之思故老，专问南唐事也；后之问遗老，则兼综南汉、吴、楚而言。本来作一层说即了，而欧公特为夷犹（迂回缓转）顿挫之笔，乃愈见风神。"[3]

"《汉书·丙吉传》里讲到汉武帝听说监牢里有天子气，派郭穰到牢里去把所有犯人都杀死。当时汉武帝信任江充，江充陷害太子，太子被迫起兵，兵败自杀，汉武帝的曾孙因此陷在牢里。所以郭穰到来时，丙吉拒绝他不准他进来。所谓监牢里有天子气，可能是有人怕汉武帝的曾孙长大后要报仇，所以想借此来害死他。汉武帝也觉悟到不能杀死自己的曾孙，因此大赦天下。这里用'恩及四海矣'来作小结，从这小结中一方面赞美丙吉，一方面反衬出汉武帝的残杀之威，是很有含蓄的小顿。"[4]

---

[1] ［清］刘大槐、吴德旋、林纾. 论文偶记. 初月楼古文绪论. 春觉楼论文. 范先渊校点，北京：人民文学出版社，1959：119.

[2] ［清］刘大槐、吴德旋、林纾著. 论文偶记. 初月楼古文绪论. 春觉楼论文. 范先渊校点，北京：人民文学出版社，1959：119.

[3] ［清］刘大槐、吴德旋、林纾著. 论文偶记. 初月楼古文绪论. 春觉楼论文. 范先渊校点，北京：人民文学出版社，1959：119-120.

[4] ［清］刘大槐、吴德旋、林纾著. 论文偶记. 初月楼古文绪论. 春觉楼论文. 范先渊校点，北京：人民文学出版社，1959：119.

　　以上是林纾先生以古文为例，对这种手法所作的说明。借此可知：顿挫这种手法，诗文是相通的。就古文来说，历来称赞欧阳修的文章一唱三叹，富有情韵之美。善用顿挫便是他造就"情韵之美"的主要方法，如《丰乐亭记》①一文里的三个小段落：

　　滁于五代干戈之际，用武之地也。昔太祖皇帝，尝以周师破李景兵十五万于清流山下，生擒其皇甫辉、姚凤于滁东门之外，遂以平滁。修尝考其山川，按其图记，升高以望清流之关，欲求辉、凤就擒之所。而故老皆无在也，盖天下之平久矣。

　　自唐失其政，海内分裂，豪杰并起而争，所在为敌国者，何可胜数？及宋受天命，圣人出而四海一。向之凭恃险阻，铲削消磨，百年之间，漠然徒见山高而水清。欲问其事，而遗老尽矣！

　　今滁介江淮之间，舟车商贾、四方宾客之所不至，民生不见外事，而安于畎亩衣食，以乐生送死。而孰知上之功德，休养生息，涵煦于百年之深也。

　　这是写滁州的景物人事，那里在五代时曾经是南北战争争夺的场所，欧阳修追忆当时战乱，一路说到今日海内百年和平，三个小段的结句分别是："盖天下之平久矣"，"欲问其事而遗老尽矣"，"涵煦于百年之深也"。以此作结，赞美宋朝的太平，百姓已然忘掉战争苦难，借古颂今，寓意显明。因此，一片语段在写法上的突出特点便是：既意思含蓄又具有声情之美。

第三节　比较词与诗的节奏

　　词来源于音乐，词的语言是按照乐谱填出来的。词的语言所要求的停顿，应该和乐谱所要求的停顿是一致的。所以，我们会发现同一词牌的一首词，每句的停顿，在绝大多数情况下（词体自晚唐在文人手里定型以后，尤其如此），都是相同的。例如温庭筠《菩萨蛮》：

小山　　重叠　　金明灭，

鬓云　　欲度　　香腮雪。

懒起　　画蛾眉，

弄妆　　梳洗迟。

照花　　前后镜，

花面　　交相映，

---

① ［宋］欧阳修. 欧阳修全集. 北京：北京书店，1986：275.

新帖　绣罗襦，

双双　金鹧鸪。

再看李清照的《菩萨蛮》：

风柔　日薄　春犹早，

夹衫　乍著　心情好。

睡起　觉微寒，

梅花　鬓上残。

故乡　何处是？

忘了　除非醉。

沈水　卧时烧，

香消　酒未消。

直到毛泽东的《菩萨蛮》，停顿，也就是文字的节奏，都是一致的：

赤橙　黄绿　青蓝紫，

谁持　彩练　当空舞？

雨后　复斜阳，

关山　阵阵苍。

当年　鏖战急，

弹洞　前村壁。

装点　此关山，

今朝　更好看。

当诗体的"顿"偏重在声音段落时，难免于"义"有所忽略。例如常常会读到一种在意思上不能拆开的句子被拆为两部分：

翩翩飞鸟，息我庭柯。

幸有弦歌曲，可以喻中怀。

何不策高足，先据要路津。

结庐在人境，而无车马喧。

彤廷所分帛，本自寒女出。

遂令天下父母心，不重生男重生女。

天台四万八千丈，对此欲倒东南倾。

词体里的"顿"同样偏重在表示声音段落，有的"顿"与义无关，完全是基于音乐旋律的需要。例如：

四十三年，望中犹记，烽火扬州路。　　　　顿于"记"

水精双枕，傍有堕钗横。　　　　顿于"枕"

那堪更被明月，隔墙送过秋千影。	顿于"月"
梦随风万里，寻郎去处，又还被，莺呼起。	顿于"被"
却笑东风，从此便熏梅染柳。	顿于"风"
漫赢得青楼，薄幸名存。	顿于"楼"
算只有并刀难剪，离愁千缕。	顿于"剪"
一声声是，怨红愁绿。	顿于"是"
这双燕何曾，会人言语。	顿于"曾"

但是，古典诗词的"顿"，如果说它"完全是形式的，音乐的，与意义常相乖隔"，这并不符合事实，但如果说它的"节奏不是很能跟着情调走"，则还算是勉强对的论断。因为如果与现代的自由诗比较，它的节奏的确单调，或模式化，但如果回头看古代诗人"戴着"这副"镣铐""顿"出了无数不朽的诗篇之事实，也就应该承认这"顿"的生命力绝不能小觑，绝不应该轻易地说它"与意义常相乖隔"，如果是这样，今天的人又如何面对唐人笔下创作出来的高度情景交融之作呢？古典诗词语言的声音必然要受意义的影响，它的长短、高低、轻重等都内在地跟着诗中所表现的思想情感以及情趣走，并不全都是单一死板的模式，这里举一个显而易见的例子：

（1）李白《忆秦娥》词

箫声咽，
○⊙▲

秦娥梦断秦楼月。
○○⊙●○○▲

秦楼月，
○○▲

年年柳色，
⊙○⊙●

灞陵伤别。
●○○▲

乐游原上清秋节，
⊙○○●○○▲

咸阳古道音尘绝。
⊙○○⊙●○○▲

音尘绝，
○○▲

西风残照，

⊙○⊙●

汉家陵阙。

●○○▲

（○＝平 ●＝仄⊙＝可平可仄 △＝平韵 ▲＝仄韵）

（2）周邦彦《忆秦娥》词

香馥馥。

尊前有个人如玉。

人如玉。

翠翘金凤，

内家装束。

娇羞爱把眉儿蹙。

逢人只唱相思曲。

相思曲。

一声声是，

怨红愁绿。

两首词有完全不同的情调，李词悲壮，情怀壮大；周词儿女私情，格调香艳。形式上虽然都是填《忆秦娥》曲牌，押入声韵，但节奏绝不相同。不论是音乐演奏的旋律，还是形成吟咏的调子都不会是同一路数。特别是作为"诗体"语言的节奏，由于高低、强弱、长短处理的不同，音色调性的不同，更不可能完全遵循这个词谱所规定的固定节奏。

对吟诵而言，词谱所提供的"节奏"，不过是一个用来表达作品情调（旋律、腔调）的"框格"而已。从这个举例当中，人们可以深入地理解节奏的本质，节奏并不是表面的"顿挫"，"节奏是音调的动态"，它从"诸音调配合、对比、反衬、连续继承而波动"里产生，因此，作为动态存在的节奏绝不可能等同于词谱里的句格。

一、说诗体的节奏

诗也是来源于音乐，但诗很早就和音乐分手，各走各路。初唐的时候，文人写诗就开始只考虑格律，彻底和乐谱无关了。因此，从这时以后，中国诗中语言结构的节奏，可以由作者根据语言的要求作相对自由地安排。在这种情况下，诗中语言结构的节奏也就可以各不相同。这一点，在古体诗里，诗人享受着最大限度的自由。以下，只就律诗来讨论具体节奏样式。先看五言律诗，其节奏样式的"常格"为二、三，两顿。

如杜甫《春望》：

国破——山河在，城春——草木深。

感时——花溅泪，恨别——鸟惊心。

烽火——连三月，家书——抵万金。

白头——搔更短，浑欲——不胜簪。（上二下三）

这种节式，极有可能反映了最初乐谱的要求，如有浓郁歌谣色彩的古诗十九首：

青青——河畔草，郁郁——园中柳。

盈盈——楼上女，皎皎——当窗牖。

娥娥——红粉妆，纤纤——出素手。

昔为——倡家女，今为——荡子妇。

荡子——行不归，空床——难独守。（上二下三）

但以后的文人诗，很多五律的语言结构，要求的不是单一的二、三，而是多样变化。有的是三、二，例如：

庾公楼——怅望，巴子国——生涯。

（元稹《酬乐天见忆，兼伤仲远》）

似梅花——落地，如柳絮——因风。

（宋　王淡交《雪诗》）

送终时——有雪，归葬处——无云。

（宋　任藩《哭友人》）

有上一下四，如：

碧——知湖外草。红——见海东云。

（杜甫《晴二首》之一）

河——任天然曲，江——随峡势斜。

（元稹《酬乐天见忆，兼伤仲远》）

饭——不煮石吃，眉——应似发长。

（孟郊《怀南岳隐士》）

有上四下一，如：

鹤巢松树——遍，人访荜门——稀

（王维《山居即事》）

有上二下二，如：

寂寞——掩——柴扉，苍茫——对——落晖。

（王维《山居即事》）

有虽不是"常格"，也可称之为常见的一、三、一，如：

山——随平野——阔，江——入大荒——流。

（李白《渡荆门送别》）

山——从人面——起，云——傍马头——生。

（李白《送友人》）

诏——从三殿——去，碑——到百蛮——开。

（杜甫《送翰林张司马南海勒碑》）

幸——因腐草——出，敢——近太阳——飞。

（杜甫《萤火》）

七言律诗的"常格"为二、二、三。如白居易《钱塘湖春行》：

孤山——寺北——贾亭西，水面——初平——云脚低。

几处——早莺——争暖树，谁家——新燕——啄春泥。

乱花——渐欲——迷人眼，浅草——方能——没马蹄。

最爱——湖东——行不足，绿杨——阴里——白沙堤。

但也有变格如上三下四，如：

大屋檐——多装雁齿，小航船——亦画龙头。

白居易《日答客问杭州》：

静爱竹——时来野寺，独寻春——偶到溪桥。

欧阳修《退居述怀寄北京韩侍中二首》：

想行客——过溪桥滑，免老农——忧麦垄干。

卢赞元《雨诗》：

有上二下五格，如杜甫《秋尽》：

雪岭——独看西日落，剑门——犹阻北人来。

有上五下二格，如杜甫《阁夜》：

五更鼓角声——悲壮，三峡星河影——动摇。

有七字一贯格，如杜甫《阆山歌》：

松浮欲尽不尽云，江动将崩未崩石。

有上六下一格，如陆游《明日复理梦中作》：

客从谢事归时——散，诗到无人爱处——工。

有上四下三，如陆游《秋夜将晓，出篱门迎凉有感》：

三万里河——东入海，五千仞岳——上摩天。

有三、一、三的，如陆游《六月二十四日夜分梦》：

白菡萏——香——初过雨，红蜻蜓——弱——不禁风。

此外，还有多种结构（停顿）方式，在一首诗里交错出现的情形，如岑参《嘉州闻崔十二侍御灌口夜宿报恩寺》：

闻君寻野寺，便宿支公房。

溪月冷深殿，江云拥回廊。

燃灯松林静，煮茗柴门香。

胜事不可接，相思幽兴长。

首句"闻君寻野寺"为上三下二结构，下句"便宿支公房"则为上二下三结构。颔联二句皆为上三下二，颈联二句皆为上二下三。尾联同颈联结构，但用字的虚实又不尽相同。这样参差变化，诵读起来自然磊落如贯珠。

诗的音节结构决定着节奏的展开。所谓的"音节结构"，如果通俗地说即音节构成的方式，和节奏展开的方式。"音节结构"的实际作用是给一种声音腔调或旋律提供大致的"框格"。

二、说词体的节奏

词为应歌而作，音乐之美，非案头诗可比，乐谱唱法虽已暗昧不明，但节奏仍有可观。王国维评周邦彦词："读先生之词，于文字之外，须更味其音律。今其声虽亡，读其词者，犹觉拗怒之中，自饶和婉，曼声促节，繁会相宜，清浊抑扬，辘轳交望。"[1] 词的音乐性不是周邦彦一人独具，不过他精确音律，能总其大成而已。今纵览唐宋词可得下列几方面的音乐节奏美，即音节调配，奇偶相生，骈散相间，句调变化等等。今以柳永词为例：

对潇潇暮雨〇洒江天，

一番〇洗清秋。

渐霜风〇凄紧，

关河〇冷落，残照〇当楼。

是处红衰〇翠城，苒苒〇物华休。

惟有〇长江水，无语〇东流。

不忍登高〇临远，

望故乡〇渺邈，归思〇难收。

叹年来〇踪迹，何事〇苦俺留？

想佳人、妆楼〇凝望，误几回，天际〇识归舟。

---

① ［宋］周邦彦著，孙虹校注. 清真词校注. 北京：中华书局，2002：467.

争知我、倚阑干○处，正恁○凝愁！

———《八声甘州》

先看词的音节和谐。

有人谈到柳词善于调和各句的尾音节，如《雪梅香》全词二十句，结尾以三字为一音节和以两字为一音节的各十句。我们从中得到启发，调和均匀固然美，三字音节与二字音节或一字音节的交替使用，不一定那么均匀，但仍旧美。如果能配合情感的变化还更美。《八声甘州》共十八句，其中以三字音节结尾的六句，以二字音节与一字音节结尾的十二句，是一与二之比，但考虑三字音节结尾读唱所占时间较长，也基本均衡。如按八声，即八拍来分，更可看出它的均稀变化。见下表：

拍	一	二	三	四	五	六	七	八
音 节	3 3	2 2 2	2 3	3 2	2 2 2	2 3	2 3	1 2

从表中可以看出，除第六拍和第七拍外，其余相连各拍都有变化。而六七两拍的内容一写自身凄苦，一写佳人望归之切，正是两相对照，前人说此处有"照花前后镜，花面交相映"之妙。音节的重叠正好反映了词中男女双方心情的重叠。再看每拍的安排与情感内容的关系：

第一拍写登楼观景视野开阔，万象俱呈，节奏宜舒缓；

第二拍写自然界变化迅速，节奏宜急促；

第三拍写迅变趋于结束，故由急转缓；

第四拍由自然界的沉寂转入内心的悲慨，故由缓转急；

第五拍写归思殷切，所以加急；

第六、七拍已如前述，有意重叠。尚需注意，六七两拍包含男方的深深反思和女方无穷的懊丧，宜以多音节尽收曲折；

第八拍写愁思凝聚郁结，宜以最短最重的音节收住，故以一、二音节搭配，以所用韵中开口度最大的"愁"字结尾。

最妙是那个单音节"处"字，它占着收煞前的突出位置，收结全文，最有力量，像腾跳前的踏板，着力一点，跳出数米以外。又与篇首的单字音节"对"遥相呼应，"对"也罢，"处"也罢，角度都是在楼头栏边。好像布袋的两个耳朵，连接一处将那斑斓的景物和缠绵的情思都扎在里面了。

每句结尾的音节固然重要，每拍起头的音节处理得好也能体现节奏和感情的变化。《八声甘州》八拍起头的音节是：一、一、二、二、二、三、三、三，从中可以看出，音节由少到多，由简到繁，体现情感的逐渐深化。"叹年来"、"想佳人"、"争知我"三字音节的连续出现，显示内心情感郁结，柔肠寸断。

八拍中，每拍句数不等，成二、三、二、二、三、二、三、二的组合，奇偶相生，读起来有抑扬抗坠之妙。语调的变化是该词节奏美的又一因素。它包含有描写、陈述、疑问、感叹、极尽变化之能事。还不应忽视它的领头字。柳词善用领字，这里用单个领头字"对"起篇，颇能增添气韵。好像戏台上帝王将相出台前的一声亮嗓，惊动全场。

柳词骈散相间的特点应数《望海潮》、《玉蝴蝶》等阕较突出，以他的小令《少年游》两首对比：

1. 长安古道马迟迟，高柳乱蝉嘶。夕阳岛外，秋风原上，目断四天垂。归云一去无踪迹，何处是前期？狎兴生疏，酒徒萧索，不似少年时。

2. 参差烟树霸陵桥，风物尽前朝。衰杨古柳，几经攀折，憔悴楚宫腰。夕阳闲淡秋光老，离思满蘅皋。一曲阳关，断肠声尽，独自凭栏挠。

两首词都是写游览长安的感触。第一首是游东郊乐游原，第二首是游南郊瀹陵桥。第一首仅写个人身世漂荡，第二首将个人身世之悲融入历代兴亡、离合之中，较前者更有思想深度。但第二首乍看纯是散句，没有偶句。而第一首骈散相间，上下片两头是散句，中间是偶句。偶句整齐而美，散——偶——散，散——偶——散，像扭秧歌一样，走两步扭一扭，两根腰带时起时落，显得比散句更美。人们往往更喜欢第一首，应与它骈散相间有关。但细心的读者也会发现第二首也有它骈散相间的美。原来它运用的是句中对："衰杨"对"古柳"，"夕阳闲淡"对"秋光老"（意对）。这种句中对的普遍运用，也是词的一大特色。上下句对再加句中对对，读起来特别好听。如"烟柳画桥，风帘翠幕"（柳永《望海潮》），"凤阁龙楼连霄汉，琼枝玉树作烟萝"（李煜《破阵子》）。

李清照《词论》："盖诗文分平仄，而歌词分五音，又分五声，又分六律，又分清浊、轻重。"[①] 诗词的对比，感到律诗限用平声作韵脚实在狭隘，作茧自缚。平声平顺宽和，适于表现舒适欢快的感情；仄声跌宕逼侧，适于表现抑塞悲闷的感情。而自古诗词以表现愁苦之作为更好，李白、杜甫、白居易，苏轼、陆游、辛弃疾无不如此。所以写词准许用仄声作韵，实是词家一大快事。因此，我们才会看到柳永的《雨霖铃》、苏轼的《念奴娇》、秦观的《踏莎行》、

---

① ［宋］李清照著，陈祖美选注. 李清照诗词文选注. 上海：上海远东出版社，2011：106.

贺铸的《青玉案》、周邦彦的《兰陵王》、李清照的《声声慢》、陆游的《钗头凤》、辛弃疾的《摸鱼儿》、陈亮的《水龙吟》、姜夔的《齐天乐》、吴文英的《莺啼序》等等，名家名篇无不以仄声作韵。而且他们的作品中用仄韵的一般都比用平韵的多。律诗先仄后平，先抑后扬，词则往往先平后仄，先扬后抑，符合理想、志节受压抑的状态和心境。①

第四节　吟诵节奏的把握

从吟诵而不是写作古诗词的角度说，兼顾传统"顿"法的"读"，对于现在的"读者"的确存在一个熟悉"规则"的问题。事实上，我们经常犯的错误是：习惯用现代的朗诵方法来诵读古人诗词。这里，针对把握"节奏"的问题，特别提出几点必须注意的事项：

1. 认清"节奏点"

节奏之最主要的特征在它以一定长度的"时隔"，或称之为"顿"的回复、再现，形成了若干个节奏单位（单字或多字为单位）。在每一个节奏单位里，其单字或末一个字被称之为"节奏点"。吟诵诗词，首先必须认清节奏点，而后根据对作品情意的体会，对节奏点作适当的发声处理。例如杜甫《咏怀古迹》中的两联，即第三句到第六句：

支离（平）—东北（仄）—风尘（平）—际（仄），

飘泊（仄）—西南（平）—天地（仄）—间（平）。

三峡（仄）—楼台（平）—淹日（仄）—月（仄），

五溪（平）—衣服（仄）—共云（平）—山（平）。（括号为节奏点）

从平仄的排列可以看出：诗的音节以两字或一字为一个节奏单位即一顿，又称之为音步。双音步如"东北""五溪"，单音步如"际""间"。双音步的平仄以第二字为准，如"东北（平仄）"为仄音步，"五溪（仄平）"为平音步。律诗的对偶，要求仄音步对平音步，平音步对仄音步，如"支离（平）"对"飘泊（仄）"，"东北（仄）"对"西南（平）"，这就是平仄相对。特别是诗中标出的节奏点显示了一个长短高低的旋律线路，通过吟咏便可以玩味出一个顿挫有致的韵调来。

如从句法上细究，这首诗又的确最鲜明地体现出杜诗"义对"与"音对"相应而相融的"声律精严"的特征。这里的第三四句相对，第五六句相对。每

---

① 本节文字参照沈义芙．唐宋词读法．长春：北方妇女儿童出版社，1993．

句都是七字，为字数相等。"支离"对"飘泊"为连绵辞的对。"东北"对"西南"是方位辞的对。"风尘"对"天地"为名词，其中又含有"风"对"尘"，"天"对"地"的各自相对。"际"对"间"意义相近。"三峡"对"五溪"是地名，同时都有数字对应。"楼台"对"衣服"都是名词，又包含"楼"对"台"、"衣"对"服"的各自相对。"淹"对"共"都是动词。"日月"对"云山"均为名词，其中又包含着"日"对"月"、"云"对"山"的各自相对。可谓句法允当，音义交融。

又如孟浩然的《早寒有怀》诗：

木落 雁南 渡，北风 江上 寒。（仄声里的入声特别注出）
入入 仄平 仄 入平 平仄 平

我家 襄水 曲，遥隔 楚云 端。
仄平 平仄 入 平入 仄平 平

乡泪 客中 尽，孤帆 天际 看。
平仄 入平 仄 平平 平仄 平

迷津 欲有 问，平海 夕漫 漫。
平平 入仄 仄 平仄 入平 平

从目前的吟诵实践来看，多数地区对平声字的读法，通常是低一点、长一点；仄声字一般读得高一点、短一点。均是有规律地交替出现。例如五言诗的吟诵节奏是：

仄仄——平平——仄
高高——低低——高（音高）
短短——长长——短（音长）

七言诗的吟诵节奏是：

平平——仄仄——平平——仄，
低低——高高——低低——高（音高）
长长——短短——长长——短（音长）

2. "连读"与不"连读"

认清节奏点的问题解决之后，就要练习按节奏诵读，而一旦按照节奏诵读，就会出现该连读不知连读，不该连读却读的界限不明，含含糊糊的问题。掌握古诗词吟诵节奏的基本原则是：

（1）凡逢节奏点所在之平声字，始可引声吟之。

（2）若节奏点在同一句式内，而有两平声字相连，则宜就下一平声字，引声而吟之。

这一原则的第二项涉及到"连读"。叶嘉莹先生对于"连读"与不"连读"的问题十分重视，她的解释说：

"在吟咏时，凡是顿挫之处都不可与下一字连读，至于不连读的顿挫之表示，则又可分别为两种情况，一种是略作停顿，另一种则是加以拖长。即如五言诗之第二字，七言诗之第二字和第四字，便都是在吟咏时应该加以拖长或略作停顿的所在。至于五言诗之第四字及七言诗之第六字，则可视情况之不同或与后一字连读，或不连读而加以停顿或拖长。而与此种顿挫相对的则是五言诗之第一字及第三字，与七言诗第一字、第三字及第五字，即必须与下一字连读，而决不可任意停顿或拖长。"①

以下结合节奏点来说明要注意的关键事项：

（1）连读是指一个音节本身要连读，"凡是顿挫之处都不可与下一字连读"，换言之，音节与音节之间不可以连读。例如孟浩然的《与诸子登岘山》诗：

人事　有　代谢，往来　成　古今。
江山　留　胜迹，我辈　复　登临。
水落　鱼梁　浅，天寒　梦泽　深。
羊公　碑　尚在，读罢　泪沾　襟。

连线字为连读音节，连读时音节内的首字即使是平声也不可以拉长来读。所谓"宜就下一平声字，引声而吟之"。不连读是指：音节与音节之间则要明确断开。

（2）所有节奏点上的字音都要作适当停顿，或短或长。

白日　　依山　　尽，
黄河　　入海　　流。
欲穷　　千里　　目，
更上　　一层　　楼。　　（＿表示节奏点字的声音长短）

第一句"山"，第二句的"河"、"流"为长吟的节奏点。显然，"日"为入声，"尽"为去声，虽然也是节奏点上的音节，但均作小顿短吟处理，至于是否轻吟，也就是重读亦或是弱音来吟，则可以根据个人对诗情诗意的体会灵活处理。

（3）吟咏完全允许"重复"或"复吟"。但这种"重复"，一般是在诗句吟

---

① 叶嘉莹. 我的诗词道路. 石家庄：河北教育出版社，1997：212.

咏时，针对某个节奏点上的字音的复吟、针对一个或两个节奏单位的复吟、甚至在必要时针对一句诗的复吟。这种"重复"依据的是吟者对作品情意的理解和体会。重复经常出现在篇末，用得最多的是重复诗的结尾两句或最后一句。比如杜甫《闻官军收河南河北》："即从巴峡穿巫峡，便下襄阳向洛阳。"李清照《声声慢》词："这次第，怎一个愁字了得。"

（4）节奏点上凡平声字音都要适当拖长，但节奏点上的平声字音究竟以拖长多少为宜，这没有定规，不仅因人、因调、因诗而异，且一首诗中不同位置节奏点上平声字音所拖的长度也不尽相同。

（5）突出韵脚字音的方法：

一是增大音量，读得响亮些；

二是增加时值，拖得长些。

通常情况下，韵脚字的音长至少不会短于诗中其他节奏点上平声字的音长。

3. 近体诗的传统吟法

有关近体诗的吟法，事实上并不局限于一种。例如通常的以每两个字为一个单位，也就是说五言诗之二、三的顿挫，又可细分为二、二、一之顿挫，而七言诗之四、三的顿挫，又可细分为二、二、二一之顿挫。这里所说的"传统吟法"，特指华钟彦先生提出的一种"吟法"。首先要区分平起还是仄起，区分的方法是：以第一句第二字的平仄作为决定，第二字若是平声，便是仄起，若是仄声，便是仄起。

（1）仄起绝句诗的读法，不论是五言仄起还是七言仄起，其吟咏顿挫处，除了押韵字外，必须是第一句第四个字，第二句第二个字，第三句第二个字，第四句第四个字，其规则为"四二二四"。凡仄起近体诗的长吟顿挫处，都是在"四二二四"位置。如李白的《赠汪伦》：

李白 乘舟　将欲 行，忽闻　岸上 踏歌 声。
仄入 平平　平入 平　平平　仄仄 入平 平
桃花 潭水　深千 尺，不及　汪伦 送我 情。
平平 平仄　平平 入　仄仄　平平 仄仄 平

（2）平起绝句诗的读法，也是不论五言平起和七言平起，其长吟顿挫处，除了押韵字外，每句中间都有一处。但与仄起诗恰恰相反。它是从第一句第二个字开始吟咏顿挫，其规则为"二四四二"。凡平起近体诗的长吟顿挫处，都是在"二四四二"位置。例如李白的《客中行》：

兰陵　美酒　郁金香，　　　玉碗 盛来　　琥珀 光。

平<u>平</u>　仄仄　仄平<u>平</u>，　　　仄仄 平<u>平</u>　　仄仄 <u>平</u>。

但使　主人　能醉客，　　　不知 何处　　是 他乡。

仄仄　平<u>平</u>　平仄仄，　　　平<u>平</u> 仄仄　　仄平<u>平</u>。

这一长吟必"平声"的规则是否还可以变动呢？华钟彦先生认为："变动是可以的，如七言平起句格，除第二字平声必须吟外，第六字亦平声，吟与不吟，可以自由变动，这就在于熟练掌握吟咏规律了。吟咏古诗与此有些相同。其规律比律绝更宽缓些。"①

与此相印证的是叶嘉莹先生的说法："近体诗一般都以押平声韵为主，平声字则一般都宜于拖长声调来吟咏，因此押平声韵的近体律绝，在吟咏时乃自然容易形成一种咏叹的意味。不过，若详细加以区分，则律诗与绝句的吟咏又不全同，绝句较短，吟诵时在抑扬起伏的唱叹中，仍有一种流畅贯注的神味。可是律诗则不仅句数增加了一倍，而且中间四句又是两两相对的两个对句，而对于骈偶的对句，则在吟诵间一般总要表现出与骈对之开合相应的声吻，如此遂在吟咏时较之绝句的流畅贯注更多了一种呼应顿挫之致。"②

针对这一传统读法要特别指出的是：有少数不合正格的近体诗，如王维的《渭城曲》、李白的《登金陵凤凰台》等，是为变格，初学不应取以为法。对待此种变格诗，在诵读时只能实事求是，按照各句的第二字或第四字的平声处，吟咏顿挫，不能再用"二四四二"或"四二二四"的办法去读。

4. 古体诗的传统读法

在整体上，五七言古诗节奏单位的音高和旋律的处理是比较自由的，其声韵呈现得不似律绝等近体诗那样严格整齐，没有固定的长吟顿挫位置，只是大致遵循"平长仄短"的基本规律，在一句诗中的第二字与第四字进行选择。如果一句诗中，除韵字外，还有两三个平声字，究竟如何选定呢？

首先要考虑二四的平声字，其次要考虑"三平落脚"与"五七同声"（五言古诗则为三五同声）。这是古诗必须吟咏之处。此外，古体诗常常平仄换韵，或单用仄声韵，照例都要吟咏顿挫，不过，发声不宜过长。如杜甫的《奉先咏怀》、《北征》等，

以李白《江上吟》一诗为例：

① 华钟彦. 唐诗吟咏的研究. 唐代文学论丛. 西安：陕西人民出版社，1987 (9).

② 叶嘉莹. 我的诗词道路. 石家庄：河北教育出版社，1997：181.

木兰之<u>楫</u>沙棠<u>舟</u>，玉<u>箫</u>金管坐两头。美酒樽<u>中</u>置千斛，载妓随波任去<u>留</u>。仙<u>人</u>有待乘黄鹤，海客无<u>心</u>随白鸥。

屈<u>平</u>词赋<u>悬</u>日月，楚王台榭<u>空</u>山丘。兴<u>酣</u>落笔<u>摇</u>五岳，诗成笑<u>傲</u>凌沧<u>州</u>。

<u>功名富贵</u>若长<u>在</u>，汉水亦<u>应</u>西北<u>流</u>。

在这首诗里，李白因高才屈于仕途，抒发愤慨以自我安慰。其吟咏顿挫处，应选定有双下划线符号处，最为恰当。这样处理的理由是：

（1）古诗到六朝后期，五七言的句法倾向律体，至唐尤为靠近。吟咏时自然与律绝相依傍，不选第二字，即选第四字，如本诗的"兰"、"萧"皆第二字，"中"、"心"皆第四字。其第二第四皆非平声之句甚少。

（2）"三平落脚""五七同声"照例皆吟，不过长短、高低、轻重、急徐不尽相同，当以内容情节而定。如本诗"沙棠舟"三平要轻，"空山丘"三平"空"字要重，"西北流"三字"五七同声"，"西"字要重而慢，"流"字尾声要长。

（3）本诗起处徐缓，平平吟咏，"屈平"句以下要变得高亢急切，特别是"平"字要高、重而长，因为在本诗中屈平就是诗人的化身。诗人郁结之情要在此下数句喷涌而出。

（4）末二句从反面落笔，以抒抑塞不平之气、声调由高而下，以示余意万千，尽在弦外。

李白《蜀道难》是警于仕途居高身危、亟思急流勇退的诗。诗中以蜀道比仕途。寄情妙笔，目可以赏，耳也可以听。通篇三段，兹录首段：

噫吁嚱，危乎高<u>哉</u>！蜀道之难，难于上青<u>天</u>！蚕<u>丛</u>及鱼凫，开国何茫<u>然</u>。尔来四万八千岁，不与秦塞通人烟。西<u>当</u>太白有鸟道，可以横绝峨眉<u>巅</u>。地崩山<u>摧</u>壮士死，然后天梯石栈相钩<u>连</u>。

通篇三百多字，而"三平落脚"却用了十六处之多，若非有意为之，谁能相信？全诗的艺术形象突出高危二字，以显示居高身危之意。首先用惊叹之词："噫吁嚱，危乎高哉！"破空而来，惊心动魄。紧接着具体指出蜀道的高危。以其危于垒卵，故需大声疾呼。从"蚕丛"以下，平转平稳，以叙蜀道开发过程。第二段用想象和夸张之笔，描写蜀道的高危，以警惕"远道之人胡为乎来哉"。这实际是诗人自己的悔恨。吟唱时应如长江大河，一泻千里。中间虽换仄韵，照例吟咏。第三段从具体描写剑阁的险恶，以象征宰相之位，所守非人（或本"人"字作"亲"。虽据《剑阁铭》实不知太白之意。亲并不可信，人才乃可信），化为豺狼，杀人如麻，以明蜀道高危如此，"不如早还家"。最后以无可奈何的悲愤声音唱出："侧身西望长咨嗟！"有时悔恨又是惋惜的感情，溢于言表。

杜甫的诗以现实主义见称，论者多谓其才不如李白，殊不知李白汪洋浩瀚的诗篇，杜甫亦多有之。如《短歌行》是鼓励王司直及时入蜀仕进的诗，藉以抒发为国选才的急切之情：

> 王朗酒酣拔剑斫地歌莫哀，我能拔尔抑塞磊落之奇才。
>
> 豫章翻风白日动，鲸鱼跋浪沧溟开。且脱佩剑休裴回。
>
> 西得诸侯棹锦水，欲向何门趿珠履！仲宣楼头春色深，青眼高歌望吾子。
>
> 眼中之人吾老矣！

首句汪洋恣肆，声高调急。而其尾音则济之以缓，"歌莫哀""五七同声"与"之奇才""三平落脚"接连顿逗，声调忽急忽缓，忽高忽下，忽沉重，忽轻松，慷慨不平之气喷涌而出。"豫章"一下三句，再次声高调促，急转直下，呈现一波三折之妙。"豫章""鲸鱼"指的是王思直，却也表现了自己。"西得"句下忽换仄韵，而"仲宣"句末"春色深"的"五七同声"，千回百折、再三致意。末句一唱三叹，寄慨遥深。声情恰切，如见其人，如闻其声。

杜甫《洗兵马》是一首胜利在望中极为欢畅的长诗，分为四段，每段自为一韵，平仄交换。本诗的特点是为国家中兴而鼓舞。杜诗类多悲吟，唯本诗与《闻官军收河南河北》同类媲美，成为"姐妹篇"。兹摘录其首段：

> 中兴诸将收山东，捷书夜报清昼同。河广传闻一苇过，胡危命在破竹中。只残邺城不日得，独任朔方无限功。京师皆骑汗血马，回纥喂肉葡萄宫。已喜皇威清海岱，常思仙仗过崆峒。三年笛里关山月，万国兵前草木风。

"本诗基本上呈现一派欢畅之情，吟咏时也必须突出欢畅之音，才算表里一致。但也必须注意到'苦尽甘来'的过程，以示'安不忘危'。如：'常思仙仗过崆峒。三年笛里关山月，万国兵前草木风。'这不仅词句美妙，令人击节，而内容包括无限心酸，令人拭泪。可见杜老笔下，并非一味歌颂，而讽谏之意，宛在其中。吟咏此诗，必须把这些情意表现出来，才算得体。"[①]

要特别说明的是：不论古体中杂用律句与否，都不可以用吟诵近体诗之方式来吟诵。因为近体律绝在平仄声律方面有一种极具规律的间隔和呼应，因此在吟诵时自有其声律之连续性与一贯性。而古体诗，则有时虽亦杂用律句，但却因其不能由始至终形成一种间隔呼应的律动，所以，绝对无法用吟诵近体诗的方式来吟诵。叶嘉莹先生曾就这两类诗的吟诵指出：

"一般而言，近体诗之吟诵因为有声律故易于形成为一种咏唱的味道，也就是说虽是吟咏，但因其声调之抑扬乃颇近于唱。而古体诗之吟诵则因为没有

---

① 华钟彦. 再论唐诗的吟咏. 中州学刊. 1985（5）.

抑扬的声律之原故，因此古体诗之吟诵乃颇近于咏读的味道，也就是说虽是吟诵但声调较为平直，是一种诵读的声吻，而不是唱叹的声吻。而且七言诗的吟诵与五言诗的吟诵的方式也不尽同，因为七言诗每篇的字数句数既往往都较五言诗为长，而且在形式上还可以有杂言或杂用律句等许多变化，因此如以七言诗与五言诗相比较，则五言诗之吟诵宜于用平直叙说之口吻诵读者为多，而七言诗之吟诵则可以因其有形式上之字数句数与声律及换韵或不换韵的多种变化，因此其吟诵的方式自然也就有了多种不同。或者可以用高扬激促之声调以传达一种气势之感，如李白写的一些七言古诗便适于用此种方式来吟诵。或者因其杂用律句而且经常换韵，因此在吟诵时便可以回环往复的传达出一种回荡之感，如白居易写的一些七言歌行便适于用此种方式来吟诵。"①

5. 词体吟诵的节奏

在熟知诗体吟诵要点的基础上，词体吟诵会很容易，但须先要了解以下三点：

（1）词乐未失传时候，词便既是可歌唱，亦可吟诵的。南宋沈义父《乐府指迷》载："前辈好词甚多，往往不协律腔，所以无人唱。"② 张炎《词源·序》："旧有刊本《六十家词》可歌可诵者，指不多屈。"③ 沈雄《古今词话》载："《词钞》曰：幼安（辛弃疾）每开宴，必命侍姬歌其所作词。特好歌《贺新郎》自诵其中警句：'我见青山多妩媚，料青山见我应如是'。'不恨古人吾不见，恨古人不见吾狂耳'。顾问坐客何如。"④

（2）词乐失传以后，后人凭借吟诵之法来赏读歌词。王国维在《清真先生遗事》谈读周邦彦词的体会："读先生之词，于文字之外，须更味其音律。今其声虽亡，读其词者，犹觉拗怒之中，自饶和婉，曼声促节，繁会相宜，清浊抑扬，辘轳交往，两宋之间，一人而已。"⑤ 清人吴伟业《窥词管见》韵："曲宜耐唱，词宜耐读，耐唱与耐读有相同之处，有绝不相同处。盖同一字也，读是此音，而唱入曲中，全与此音不合者，故不得不为哥儿体贴，以图歌时利

① 叶嘉莹. 迦陵论诗丛稿. 北京：北京大学出版社，2008：72.

② ［宋］张炎、沈义父著，夏承焘校注，蔡嵩云等笺释. 词源注·乐府指迷笺释. 北京：人民文学出版社，1963：69.

③ ［宋］张炎、沈义父著，夏承焘校注，蔡嵩云等笺释. 词源注·乐府指迷笺释. 北京：人民文学出版社，1963：9.

④ ［清］沈雄. 古今词话. 上海：上海古籍出版社，2009：42.

⑤ 王国维. 王国维文集（第一卷）. 北京：中国文史出版社，1999：125.

吻。词则全为吟诵而设，只求便读而已。"①

（3）因为音乐的关系，词与近体诗不同，而与乐府古诗相通，也就是既可吟诵，更可歌唱。换言之，从与音乐的关系上说，词体和唐前古诗，包括和近体流行以后的古体诗一样，仍然可以配上谱子歌唱，同时也可以像近体诗那样吟咏。只不过，在吟咏的方式上有所不同。这不同，对于近体律诗来说，在遵循绝大多数是齐言的文字本身所体现的声调韵律，而词体原本就是歌辞，长短不齐，所以，吟咏之调很容易转成歌唱，转成可以歌唱的曲子。

词的节奏把握之要点：

一是词的句子大多是律句，故吟诵时也像近体诗那样，节奏点上的字音处理通常"平长仄短"，节奏单位的音高处理通常"平低仄高"（或"平高仄低"）；一是由于词的句式长短不一，参差错落，一些句子的结构特殊，故吟诵时节奏单位的划分和节奏点的确定就不像近体诗那样整齐划一，而应当根据具体情况恰当处理。比如：

当时/明月/在，曾照/彩云/归。（晏几道《临江仙》）

但愿/人/长久，千里/共/婵娟。（苏轼《水调歌头》）

上面两首词中的这几个五字句都是律句，其节奏单位的划分与五言律绝相同，上两句二二一，下两句二一二。

同时长短句错落，是词的显著特点。词调有一般诗体中罕见的一字、两字句，或八字以至十字以上的长句，交错迭出。常用在起句处的二字句，起句、结句、句中都可使用的三字句，都有突出的节奏性，对强化诗歌意境有重要的作用。长短不一的句式，结合变化多端的韵式，使词作具有独特声情美和意境。例如陆游的《钗头凤》这一词牌，一字句、三字句、四字句、七字句错落。节拍时而舒缓，时而急越。

附：格律诗的八种"起式"示例

了解各种调子的特色及每首诗的义涵，而后选择声情切合的调来吟唱，必能动人心弦。兹示例如次：

1. 五绝平起式	2. 五绝仄起式
静夜思 李白	登鹳雀楼 王之涣
床前〇—明〇—月光〇—	白日〇依山〇—尽〇
疑是〇地上〇霜〇—	黄河〇—入海〇流〇—

---

① ［清］吴伟业，李渔. 窥词管见·词话丛编. 北京：中华书局，1986：559.

举头〇—望〇明月〇　　　　欲穷〇—千里〇目〇

低头〇—思〇—故乡〇—　　更上〇—一层〇楼〇—

〈鹿港调〉〈鹿港调〉

3. 五律平起式　　　　　　　4. 五律仄起式

过故人庄 孟浩然　　　　　　宿桐庐江寄广陵旧游 孟浩然

故人〇—具〇鸡黍〇　　　　山暝〇听—猿愁〇—

邀我〇至〇田家〇—　　　　沧江〇—急〇夜流〇—

绿树〇村边〇—合〇　　　　风鸣〇—两岸〇叶〇

青山〇—郭外〇斜〇—　　　月照〇—孤舟〇—

开轩〇—面〇场圃〇　　　　建德〇非〇—吾土〇

把酒〇话〇桑麻〇—　　　　维扬〇—忆〇旧游〇

待到〇重阳〇—日〇　　　　还将〇—两行〇泪〇

还来〇—就〇菊花〇—　　　遥寄〇海〇西头〇—

5. 七绝平起式　　　　　　　6. 七绝仄起式

出塞 王昌龄　　　　　　　　枫桥夜泊 张继

秦时〇—明月〇汉时〇关〇—　　月落〇乌啼—霜〇—满天〇—

万里〇长征〇—人〇—未还〇—　江枫〇—渔火〇对〇愁眠〇—

但使〇龙城〇—飞将〇在〇　　姑苏〇—城外〇寒山〇—寺〇

不教〇—胡马〇度〇阴山〇—　夜半〇钟声〇—到〇客船〇—

7. 七律平起式

黄鹤楼 崔颢　　　　　　　　登金陵凤凰台 李白

昔人〇—已乘〇—黄鹤〇去〇　　凤凰〇—台上〇凤凰〇游〇

此地〇空余〇—黄鹤〇楼〇—　凤去〇台空〇—江〇—自流〇—

黄鹤〇—去〇不复〇返〇　　　吴宫〇—花草〇埋〇—幽径〇

白云〇—千载〇空〇—悠悠〇—　晋代〇衣冠〇—成〇—古丘〇—

晴川〇—历历〇汉阳〇—树〇　三山〇—半落〇青天〇—外〇

芳草〇萋萋〇—鹦鹉〇洲〇—　二水〇中分〇—白鹭〇洲〇—

日暮〇乡关〇—何处〇是〇　　总为〇浮云〇—能〇—蔽日〇

烟波〇—江上〇使人〇—愁〇—　长安〇—不见〇使人〇—愁〇—

8. 七律仄起式

闻官军收河南河北 杜甫　　　无题 李商隐

剑外〇忽传〇—收〇—蓟北〇　相见〇时难〇—别〇亦难〇—

初闻〇涕泪〇满〇衣裳〇—　　东风〇—无力〇百花〇残〇—

却看○—妻子○愁○—何在○　　　春蚕○—到死○丝○—方尽○

漫卷○诗书○—喜○欲狂○　　　蜡炬○成灰○—泪○始干○

白日○放歌○—须○—纵酒○　　　晓镜○但愁○—云鬓○改○

青春○—作伴○好○还乡○—　　　夜吟○应觉○月光○寒○—

即从○—巴峡○穿○—巫峡○　　　蓬山○—此去○无多○—路○

便下○襄阳○—向○洛阳○—　　　青鸟○殷勤○—为○探看○—

第四章　动心知"声辞"

　　西晋时候，陆机在他的《文赋》里，第一次讲到作品的声律之美："暨音声之迭代，若五色之相宣。"① 即是说作品音节的更迭变化，就好像鲜艳的五色织成了漂亮的锦绣。到了齐梁，沈约、周颙等在前人研究摸索的基础上创立了声律说，从而对诗歌的创作和鉴赏产生重大影响。中国古典诗词的音乐美感之突出表现是其语言声调旋律的和谐动听。构成这种无限优美的语调旋律要素是多方面的，除了平仄递进、节奏顿挫抑扬以外，还有使用汉语文字特有的"声辞"。

第一节　"声辞"的艺术

　　所谓"声辞"是指汉语里面直接表现声音的各种词汇，它体现的是中国古代诗人高度发展的声音审美能力。刘勰在《文心雕龙·物色》篇中曾列举《诗经》中《周南·葛覃》用"喈喈"形容黄鸟和鸣、《召南·草虫》用"喓喓"形容草虫鸣叫，让描写对象"情貌无遗"。历代诗词曲，以及古文里，好例多多：

车辚辚，马萧萧，行人弓箭各在腰。

（杜甫《兵车行》）

刚断肠、惹得离情苦。听杜宇声声，劝人"不如归去"。

（柳永《安公子》[远岸收残雨]）

欧阳子方夜读书，闻有声自西南来者，悚然而听之，曰："异哉！"初淅沥以萧飒，忽奔腾而砰湃，如波涛夜惊，风雨骤至。其触于物也，纵纵铮铮（金属物撞击声），金铁皆鸣……但闻四壁虫声唧唧，如助予以叹息。

（欧阳修《秋声赋》）

（张生唱）[么篇]我忽听、一声、猛惊。原来是扑剌剌宿鸟飞腾，颤巍巍花梢弄影，乱纷纷落红满径。（又唱）[拙鲁速]对着盏碧荧荧短檠灯，倚着扇冷清清旧帏屏，灯儿又不明，梦儿又不成；窗儿外淅零零的风儿透疏棂，忒楞

---

① ［西晋］陆机著，张少康集释. 文赋集释. 上海：上海古籍出版社，1984：94.

楞的纸条儿鸣；枕头儿上孤另，被窝儿里寂静。你便是铁石人、铁石人也动情。

（王实甫《西厢记》第一本第三折）

"声辞"的作用。"声辞"的作用使得中国古诗词的音调特别富于暗示性或象征性。例如形容马跑时多用铿锵疾促的声词，形容流水多用圆滑轻快的字音。表示哀感时多用阴沉低暗的声词，表示兴奋感受时多用响亮清脆的字音。举韩愈《听颖师弹琴歌》的头四句来看：

昵昵儿女语，恩怨相尔汝。

划然变轩昂，勇士赴敌场。

"昵昵"、"儿"、"尔"以及"汝"、"怨"诸字，或双声，或叠韵，或双声而兼叠韵，读起来非常和谐；各字音都很圆滑轻柔，没有夹杂一个硬音、摩擦音或爆发音；除"相"字以外没有一个是开口呼的。因此头两句恰当地传递出儿女私语的情致。后两句情景转变，声韵也就随之转变。第一个"划"字音来得非常突兀坚决，恰好能表现诗意从此前的温柔转变到此刻激烈的突变。韵脚转到开口阳平声，与首两句闭口上声韵成一强烈的反衬，也恰能够传出"猛士赴敌场"的豪情胜慨。由这一诗例来看：四声的功用主要在音色，让语调旋律产生和谐的印象，并使得字音和字义合为一体，直接作用。

但是，在韩愈这首诗里，我们也很清楚地看到：让一首诗声调旋律和谐且传神动情的因素并不止于"四声"、"平仄"等等。这里出现了"双声"、"叠韵"、"摩声"、"叠音"（叠字），所有这些"声辞"与四声平仄等要素一起，造就了这四句诗声情并茂的表现力。再举崔颢的千古名作《黄鹤楼》诗来看：

昔人已乘黄鹤去，此地空余黄鹤楼。

黄鹤一去不复返，白云千载空悠悠。

晴川历历汉阳树，芳草萋萋鹦鹉洲。

日暮乡关何处是？烟波江上使人愁。

诗人登楼远眺引起怀古思乡之情，"白云千载空悠悠"这一句将前半的怀古很自然地过渡到后半的思乡。望了汉阳树，望了鹦鹉洲，再往北望去就是诗人的家乡汴州了。但乡关是望不见的，所见只是烟波浩淼而已。末句"烟波江上使人愁"，既是思乡之愁，又是怀古之愁，客游他乡的寂寞与流光易逝的惆怅交融在一起。诗的感情不是停滞于一点，而是由古及今、由此及彼地流动着。或者说是从黄鹤楼这个点向外辐射开去，既有对历史的回顾又有对乡关的思念。注意：感情悠悠，云水悠悠，与诗的韵字即楼、悠、洲、愁有关，它让我们读起来，韵味悠长。再看前四句中的"黄鹤"，竟重复出现了三次：

昔人已乘黄鹤去,此地空余黄鹤楼。

黄鹤一去不复返,白云千载空悠悠。

诗人打破了律诗平仄的格律,放弃了平仄协调的音乐美,却取得另一种回肠荡气的音乐效果。在这里,"黄鹤"是一双声词,它的连续出现,造成一种特殊的声音效果:声音回应里的意象叠入,印象加深,和随之而来的听觉在新鲜的节奏感里不断地品味,因此非常恰当地表现了此时诗人因登黄鹤楼而产生的思古之幽情。又如李颀的《听安万善吹觱篥歌》:

南山截竹为觱篥,此乐本自龟兹出。

流传汉地曲转奇,凉州胡人为我吹。

傍邻闻者多叹息,远客思乡皆泪垂。

世人解听不解赏,长飚风中自来往。

枯桑老柏寒飀飀,九雏鸣凤乱啾啾。

龙吟虎啸一时发,万籁百泉相与秋。

忽然更作渔阳掺,黄云萧条白日暗。

变调如闻杨柳春,上林繁花照眼新。

岁夜高堂列明烛,美酒一杯声一曲。

吟诵这首歌行之后的最强烈的感觉是:诗人非常成功地借助频繁的转韵来表现自己"听安万善吹觱篥"时的内心激动。发端两句从乐器的原材料落笔,选用入声韵传递赞叹之意。接下来转入低沉的四支韵,写觱篥的流传,吹奏者及其音乐效果。之后忽然提高音节,用高而沉的上声韵一转,说人们只懂得一般地听听而不能欣赏乐声的美妙,以至于安万善所奏觱篥仍然不免寥落之感,独来独往于暴风之中。再转入以流利的十一尤韵描摹觱篥的各种声音了。这四句为正面描摹变化多端的觱篥之声。接下来仍以生动形象的比拟来写变调,用的是生气盎然的十一真韵。诗人忽然从声音的陶醉之中,回到了现实世界,抒发"汲汲顾影,惟日不足"的心情。又选用了短促的入声韵结束。诗人用韵的匠心再次印证:调平仄与字音响度的安排,与各种声词的调遣,一起造就这首诗的艺术魅力。

在中国传统诗歌里,经常被作为音律表现技巧来使用的"声辞"有双声、叠韵、叠音、象声,例如"参差荇菜"、"青青子衿,悠悠我心"、"聊逍遥以相羊"、"迢迢牵牛星,皎皎河汉女"、"田园寥落干戈后,骨肉流离道路中"、"无边落木萧萧下,不尽长江滚滚来"、"寻寻觅觅,冷冷清清,凄凄惨惨戚戚"等等。这些词的恰当运用,不但增加了诗篇的音乐美感,同时增强了抒情效果,达到了"声情交融"的表现境界。在古代诗学讨论,各种诗话著作里面,可以看到：最受关注的声辞类型是"双声叠韵"。所谓"双声叠韵"是指由部分声音相同的字组成的词，声母相同的叫"双声"，如黼黻、明媚、踟蹰、迷茫、玲珑、淋漓、犹豫……；韵母相同的叫"叠韵"，如逍遥、迷离、魍魉、菡萏、徘徊、依稀、彷徨……。甚至还产生了既是双声又是叠韵的词，如辗转（zhǎn zhuǎn）、缱绻（qiǎn quǎn）等，被称为"双声兼叠韵"。对于"双声叠韵"的声音美感，清代李重华在其《贞一斋诗说》里说："叠韵如两玉相叩，取其铿锵；双声如贯珠相联，取其宛转。"王国维亦在其《人间词话》里说："余谓苟于词之荡漾处多用叠韵，促节处用双声，则其铿锵可诵，必有过于前人者。"①

中国诗人很早对于"双声叠韵"的声音美感就有着十分深刻的感受。如果追溯诗史开篇之际，《诗经》里的"双声叠韵"已经广泛地出现了，例如"栗烈"、"参差"、"踟蹰"、"玄黄"、"荏苒"、"邂逅"、"流离"等等，都是见于《诗经》的双声；而"仓庚"、"窈窕"、"绸缪"、"栖迟"等等，都是见于《诗经》的叠韵。在《楚辞》、汉赋以及魏晋南北朝诗歌中，双声叠韵的运用更是蔚然成风。到了唐代，在日渐流行的近体诗里，一联之内，双声对叠韵，几乎成为格律，有时甚至花样翻新，以双声对双声，叠韵对叠韵。这表明：运用"双声叠韵"来炼字炼句追求声音和谐，已成为唐人诗歌创作重要的表现技巧。王国维在其《人间词话》（第十五）说："双声、叠韵之论，盛于六朝，唐人犹多用之。至宋以后，则渐不讲，并不知二者为何物。乾（隆）嘉（庆）间，吾乡周松霭先生著《杜诗双声叠韵谱括略》，正千余年之误，可谓有功于文苑者矣。其言曰：'两字同母谓之双声，两字同韵谓之叠韵。'余按用今日各国文法通用之语表之，则两字同一子音（声母）者谓之双声，如'官家更广'四字，皆从［k］得声。……两字同一元音（韵母）者，谓之叠韵，如'有朽柳'三字，其元音皆为［u］（注：此所举例字与现代汉语普通话读音有别）刘孝绰之'梁皇长康强'，梁、长、强三字，其元音皆为 ian 也。自李淑《诗苑》伪造沈约之说，以双声叠韵为诗中八病之二，后世诗家多废而不讲，亦不复用之于词。余谓苟于词之荡漾处用叠韵，促节处用双声，则其铿锵可诵，必有过于前人者。惜世之专讲音律者，尚未悟此也。"②。晚清周松霭在其《杜诗双声叠韵谱括略》中同样指出：

"双声叠韵，分而言之，三百篇所早有。延及西汉、魏晋，莫不皆然。但

---

① 王国维. 人间词话. 太原：山西古籍出版社，2002：64.
② 王国维. 人间词话. 太原：山西古籍出版社，2002：63.

尔时音韵之学未兴，并无所谓双声叠韵名目，故散见而不必属对也。自沈约创四声切韵，有'前浮声，后切响'之说，于是始尚对者，或各相对，或互相对，调高律谐，最称精细。唐初，律体盛行，而其法愈密，惟少陵尤熟于此。神明变化，遂为用双声叠韵之极。"①

　　杜甫的晚年律诗尤喜欢使用双声和叠韵，所达到的境界标志着这一声辞艺术的最高成就。以名句说："风尘荏苒音书绝，关塞萧条行路难"，这是唐代杜甫七律《宿府》颈联。"荏苒"是双声，"萧条"是叠韵，为双声对叠韵。"江间波浪兼天涌，塞上风云接地阴"，（《秋兴八首·之一》）今人吴战垒先生分析说："上句'江''间''兼'三字双声，'间''兼''天'三字叠韵，又多为舌齿音，读来连绵赓续，形成一种急速流转的节奏，有助于烘托江上后浪推前浪、滔滔滚滚的汹涌气象。"② 晚唐李商隐在律诗语言形式上继承了杜甫精严工稳的特点，同时又青出于蓝，把双声叠韵同平仄、对偶相配合，极大地强化了诗歌的节奏美和音乐美。在整首诗中运用双声叠韵，更显示出李商隐驾驭音律达到精纯的境地。如《嫦娥》：

　　云母屏风烛影深，长河渐落晓星沉。

　　嫦娥应悔偷灵药，碧海青天夜夜心。

　　今人叶君远先生分析说："首句'屏风'和'影'、'云'和'深'、'母'和'烛'叠韵，次句'晓星'双声，三句'应'和'灵'叠韵，'应'和'药'双声，二三句之间，'长''娥'同音，'河''娥'叠韵，四句'夜'字叠音，短短一首七绝，竟使用了如许多的双声叠韵，所构成的音律真是美妙绝伦了。"③

　　双声叠韵的声辞技巧对于宋词的影响同样深刻。柳永是词史上第一位大量运用双声叠韵的词人，其《乐章集》中的绝大部分词作都有"双声叠韵"的使用且形式多样，如联绵、句间、隔字等，或连用或对用。使用的位置多集中在每片起结处，即双调词的起句、上片歇拍、过遍和结句。柳词运用双声叠韵的目的和效果主要是配合乐曲旋律的复杂性，更完美地表现词调声情；加强乐曲每遍之间的衔接与过渡；突出乐声的紧要处与节奏变化。这体现了柳永对发展词乐和推进词律的贡献。词学大师夏承焘先生对李清照《声声慢》词里的"双声叠韵"运用情况作了细致分析，他说，这首词的双声叠韵字，多为舌齿声。

---

①　转引自谭汝为. 诗歌修辞句法与鉴赏. 北京：高等教育出版社，2003：73.

②　吴战垒. 中国诗学. 北京：人民出版社，1991：166.

③　叶君远. 诗. 北京：人民文学出版社，1994：188.

计用舌声的十五字："淡"、"敌他"、"地"、"堆"、"独"、"得"、"桐"、"到"、"点点滴滴"、"第"、"得"。用齿声的四十二字："寻寻"、"清清"、"凄凄"、"惨惨"、"戚戚"、"乍"、"时"、"最"、"将息"、"三"、"盏"、"酒"、"怎"、"正伤心"、"是"、"时"、"相识"、"积"、"憔悴损"、"谁"、"守"、"窗"、"自"、"怎生"、"细"、"这次"、"怎"、"愁字"。夏先生经过分析之后，得出的结论是："全词九十七字，而这两声多至五十七字，占半数以上；尤其是末了几句：'梧桐更兼细雨，到黄昏点点滴滴。这次第，怎一个愁字了得！'二十多字里舌齿两声交加重叠，这应是有意用啮齿叮咛的口吻，写自己忧郁惝恍的心情。不但读来明白如话，听来也有明显的声调美，充分表现乐章的特色。"①

第二节　声辞的"响度"

沈约在《宋书·谢灵运传论》中提出：

夫五色相宣，八音协畅，由乎玄黄律吕，各适物宜。欲使宫羽相变，低昂互节：若前有浮声，则后须切响。一简之内，音韵尽殊；两句之中，轻重悉异。妙达此旨，始可言文。至于先士茂制，讽高历赏，子建函京之作，仲宣霸岸之篇，子荆零雨之章，正长朔风之句，并直举胸情，非傍诗史，正以音律调韵，取高前式。②

从这段著名文字里，说到"若前有浮声，则后须切响"的两句，我们可以体会到：诗语字音的"响度"问题在当时诗的声律艺术讨论当中，占有非常重要的地位。响度是构成中国传统诗文声律美感的主要元素之一，也是古代汉语诗文的读、写者始终不断，用力用心讲究的一个所在。从文献资料里，我们还可以看到：在更早时候，中国人就非常重视说话的音声响亮，口齿清晰和诵读诗文的声音效果。所谓"音容笑貌"，在中国人的观念里，其实就是一个人最直观和最感性化的个性存在。举例来看：

陈留董祀妻者，同郡蔡邕之女也，名琰，字文姬。博学有才辩，又妙于音律。……痛其无嗣，乃遣使者以金璧赎之，而重嫁于祀。祀为屯田都尉，犯法当死，文姬诣曹操请之。时公卿名士及远方使驿坐者满堂，操谓宾客曰："蔡伯喈之女在外，今为诸君见之。"及文姬进，蓬首徒行，叩头请罪，音辞清辩，旨甚酸哀，众皆为改容。操曰："诚实相矜，然文状已去，奈何？"文姬曰：

---

① 夏承焘. 月轮山词论集. 北京：中华书局，1979：7.

② ［南朝］沈约. 宋书. 北京：中华书局，1983：1779.

"明公厩马万匹，虎士成林，何惜疾足一骑，而不济垂死之命乎！"操感其言，乃追原祀罪。（《后汉书·列女传》）①

崔琰字季珪，清河东武城人也。少朴讷，好击剑，尚武事。年二十三，乡移为正，始感激，读《论语》、《韩诗》。至年二十九，乃结公孙方等就郑玄受学。学未期，徐州黄巾贼攻破北海，玄与门人到不其山避难。时谷籴县乏，玄罢谢诸生。琰既受遣，而寇盗充斥，西道不通。于是周旋青、徐、兖、豫之郊，东下寿春，南望江、湖。自去家四年乃归，以琴书自娱。……琰声姿高畅，眉目疏朗，须长四尺，甚有咸重，朝士瞻望，而太祖亦敬惮焉。（《三国志·崔琰传》）②

周舍，字升逸，汝南安城人，晋左光禄大夫抃之八世孙也。父颙，齐中书侍郎，有名于时。舍幼聪颖，颙异之，临卒谓曰："汝不患不富贵，但当持之以道德。"既长，博学多通，尤精义理，善诵书，背文讽说，音韵清辩。起家齐太学博士，迁后军行参军。建武中，魏人吴包南归，有儒学，尚书仆射江祏招包讲。舍造坐，累折包，辞理遒逸，由是名为口辩。王亮为丹阳尹，闻而悦之，辟为主簿，政事多委焉。迁太常丞。（《梁书·卷二十五·列传第十九》）③

袁宏字彦伯，侍中猷之孙也。父勖，临汝令。宏有逸才，文章绝美，曾为咏史诗，是其风情所寄。少孤贫，以运租自业。谢尚时镇牛渚，秋夜乘月，率尔与左右微服泛江。会宏在舫中讽咏，声既清会，辞又藻拔，遂驻听久之，遣问焉。答云："是袁临汝郎诵诗。"即其咏史之作也。尚倾率有胜致，即迎升舟，与之谭论，申旦不寐，自此名誉日茂。（《世说新语·文学》注引《续晋阳秋》）④

论曰：讽诵之利大矣！而成其功者希焉。良由总持难得，惜忘易生。如经所说，止复一句一偈，亦是圣所称美。是以昙邃通神于石坞。僧生感卫于空中。道冏临危而获济。慧庆将没而蒙全。斯皆实德内充。故使征应外启。经云：六牙降室，四王卫座，岂粤虚哉！若乃凝寒靖夜，朗月长宵，独处闲房，吟讽经典，音吐道亮，文字分明，足使幽灵忻踊，精神畅悦。所谓歌咏诵法言，以此为音乐者也。（南朝·梁　慧皎撰《高僧传·诵经论》）⑤

---

① ［南朝·宋］范晔. 后汉书. 北京：中华书局，1973：2800.
② ［西晋］陈寿. 三国志. 北京：中华书局，1973：367.
③ ［唐］姚思廉. 梁书. 北京：中华书局，2011：375.
④ ［南朝·宋］刘义庆. 世说新语. 上海：上海古籍出版社，1982：27.
⑤ ［南朝·梁］慧皎. 高僧传. 北京：中华书局，1992：475.

以上诸例，表明了在声律理论产生之前或同时代里，中国古人对于日常生活，特别是文化生活，对于语音和诗文诵读的社会文化功用的认知，已然达到了相当高的水准。人之发声，其声音能否动人，既关系到人际交流的质量、效果，更是呈现自我，实现自我价值，表明个体文化素质的重要媒介。

"诗言志"，言志之音好，先要好在"音吐遒亮，文字分明"。李白《夜泊黄山闻殷十四吴吟》云："昨夜谁为吴会吟？风生万壑振空林。龙惊不敢水中卧，猿啸时闻岩下音。我宿黄山碧溪月，听之却罢松间琴。"——高山流水，伯牙知音，此诗可以说是对古人吟讽之讲究"音吐遒亮"的最好注释。

清徐大椿在《乐府传声》中提出："凡曲以清朗为主。"①"清朗"即指吐字发音的清楚、响亮。吐字发音的响亮与否主要取决于口腔、鼻腔、胸腔等共鸣的大小：共鸣大，声音自然响亮；反之，则不响亮。所以吟诵时要做到声音响亮，就必须正确把握字腹（主要元音）和响辅音（如"m"、"n"、"ng"等）的声腔状态，使发出的音在口腔、鼻腔、胸腔等部分产生共鸣。

响度的原理。中国的古诗词之所以声音美听动人，除了讲究平仄、韵脚的配合以外，字声是否响亮实在是一个不能忽略的要素。常有这样的作品，押韵没有问题，平仄也合乎基本的格式要求，但是，读起来，听起来却很沉闷，与要表达的感情不和。试读以下两句诗：

石壁铜亭穷物力，琼楼玉宇见神功。

这两句诗是已故李宝瑞先生所作。先生也是因为这两句诗，醒悟到诗词语音"响度"问题的重要性。他说："青年时期曾写了一首游北京颐和园的七律，其中的两句也合乎平仄格式，但当时有的朋友指出这两句声音不响。那时自己读起来也感到不响。但是为什么不响？说不出道理来，后来学习了语音学，才逐渐明白，原来构成语音的音素有响度问题。"②

这两句诗，何以引起了"不响"的问题呢？这就说到了古人"好诗"的基本要求首先在声情配合程度怎样。"声情并茂"，通常是针对经受时间考验的名家之作的完美性评价，对于一般的习作者来说，用"程度"一词衡量，更能说明问题。李宝瑞先生这首七律的主旨是在表达游园之际，对园内建筑叹为观止的赞美之情。即为赞美之情，诗句的音调要响才是配合之作，否则就有憋闷之感，故而判定这首诗"声情"配合的程度不高。显然，李宝瑞所说的这一作品的"响度"问题，在人们写作和诵读古诗词的时候，并没有受到特别的重视。

---

① 徐大椿著，吴同宾、李光译注. 乐府传声译注. 北京：中国戏剧出版社，1982：64.

② 李宝瑞. 诗词语言的艺术. 长春：吉林人民出版社，1981：23.

据笔者所见，大量有关诗词语言艺术的著述里，极少有把"响度"单独提出来加以总结论述的。对于"字声响亮的原理"，李宝瑞先生作了如下的阐释：

"字音的响不响决定于其中元音响度的高低。更具体说，音节（字）的响不响是韵母问题。在韵母中起主要作用的是其中的主要元音。例如 iang 这个韵母，ɑ 是主要元音，i 是韵头，ɑ 是韵腹，ng 是韵尾。韵腹是主要元音，也叫音节中心。有的韵母只有一个元音，例如'马'的声音 ma，韵母只有一个元音 ɑ，那这个字音的韵母就只有韵腹。汉语的韵母必须有元音，如果只有一个元音，这个元音就是韵腹也就是音节中心。如果有两个或三个元音如 ia、ai 或 iao 等，其中有一个元音是韵腹也就是音节中心。作为音节中心的元音是比较响的，例如在 ia 和 ai 两韵母中 ɑ 比较响，ɑ 就是音节中心。在 iao 韵母中 ɑ 比 i 和 o 都响，ɑ 也是音节中心。元音的响不响决定于发元音时口腔张开的程度，不决定于说话人用力的大小，口张的越大声音越响。"①

用拼音字母来表示，ɑ 口开的最大，也就是最响。

e（ie 和 üe 后一部分）次之。

er 次之，o 或 e 更次之。

i、u、ü、-i（知、吃、尸、日、资、疵、思的韵母）

口开得最小，响度也最小。

在字音中有响度较大的元音，这个字就是响的，反之就是不响的。在写诗的时候，要把响度大的字和响度小的字配合起来才能好听。如果一句或几句中全是响度小的，听起来就会感到沉闷。现在再看看上面提到的那两句诗：

石 shí 壁 bì 铜 tóng 亭 tíng 穷 qióng 物 wù 力 lì，

琼 qióng 楼 lóu 玉 yù 宇 yǔ 见 jiàn 神 shén 功 gōng。

这两句中只有一个"见"的韵母中有 ɑ，是最响的，其它都是最不响的或者是比较不响的。这就难怪读的人感到沉闷了。此外，从音韵学的角度来看，附鼻辅音（普通话中只有 n 和 ng 两个）的韵母也能增强语音的音乐性。尤其是口开得最大的 ɑ，再附有鼻辅音 n 或 ng 更能使音节响亮悦耳。因为口开得大，共鸣腔已经增大，再加上鼻腔，共鸣量更加扩大，也就是响度更提高了。

——受此启示，这里举两首风格相反的词来作"响度"赏析：

（1）苏轼《念奴娇·赤壁怀古》

大江东去，浪淘尽，千古风流人物。故垒西边，人道是：三国周郎赤壁。乱石穿空，惊涛拍岸，卷起千堆雪。江山如画，一时多少豪杰。

---

① 李宝瑞. 诗词语言的艺术. 长春：吉林人民出版社，1981：23.

遥想公瑾当年，小乔初嫁了，雄姿英发。羽扇纶巾，谈笑间、樯橹灰飞烟灭。故国神游，多情应笑我，早生华发。人生如梦，一樽还酹江月。

（2）李清照《声声慢》

寻寻觅觅，冷冷清清，凄凄惨惨戚戚。乍暖还寒时候，最难将息，三杯两盏淡酒，怎敌他、晚来风急？雁过也、正伤心，却是旧时相识。

满地黄花堆积，憔悴损，如今有谁堪摘？守着窗儿，独自怎生得黑？梧桐更兼细雨，到黄昏、点点滴滴。这次第、怎一个愁字了得？

比较起来，两首词的响度区别如下：

（1）苏词里响度高的字明显居多，也因此全词声情的基调高亢、豪放、开阔。而清照词则响度底的字居多，如"寻寻"、"清清"、"凄凄惨惨戚戚"、"伤心"、"憔悴损"等，为齿间发音。"敌"、"滴"，为舌面发音。全词九十七字，舌面与齿间发音字为五十七字，占到半数以上。所以，有学者认为："当是有意以啮齿叮咛之口吻，写其抑郁惝恍之情怀"①，有效传达了词人内心挣扎的情绪，可谓恰到好处。梁启超说："这首词写从早到晚一天的实感。那种茕独凄惶的景况，非本人不能领略，所以，一字一泪，都是咬着牙根咽下。"② 显然，这种"咬着牙根咽下"的情绪，只能通过破解作品的声音艺术来贴近和体会。

（2）就单句的安排来说，清照词的开端与结尾，均以压抑的低音字造句，与全词的抒情特征相吻合。而苏词的开端就响亮，这与其思接千载、缅怀历史的博大情怀正相吻合。而且，苏词单句常常是由多个响字组合而成，呈现和传达的是一种激扬慷慨的语调。

（3）仄声字的多与少。仄声字的声音特点为"短而急"，平声字的声音特点为"长而缓"。从韵的声调上体会，苏词韵字里的仄字多，清照词则平字多。故而，前者旋律激扬，情绪亢奋，而后者旋律低沉，伤感。

以下是著名词学家龙榆生先生对苏轼《念奴娇·赤壁怀古》一词声情艺术的赏析：

根据这个曲调的其它作品，除掉上阕的"乱石穿空"一句，下阕的"遥想公瑾当年"和"故国神游"二句，句末是用的平声字，在全词的整体上发生一些"和谐"作用外，其余如"故垒西边，人道是、三国周郎赤壁"二句，依律应读作"故垒西边人道是，三国周郎赤壁"；"羽扇纶巾谈笑间，樯橹灰飞烟

---

① 夏承焘. 唐宋词论丛. 上海：古典文学出版社，1956：83.

② 梁启超. 中国韵文里头所表现的情感. 见梁启超先生 1922 年在清华大学的演讲。

灭。"像这许多句子组成的整体,句末一字用仄声的占了大多数,这在整个的音节上,是"拗怒"的成分远远超过了"和谐"的成分的。

在每个句子中间的平仄安排,虽然像律诗的形式占大多数;而上、下阕的结句,如"一时多少豪杰"、"一樽还酹江月",末了四个字都是用的"平仄平仄","遥想公瑾当年"句用的"平仄平仄平平",却又违反了律诗两平两仄相间的惯例,同样表现出"拗怒"的声情。加上全部的韵脚,如"物"、"壁"、"雪"、"杰"、"发"、"灭"、"鹘"、"月"等字,都是短促的入声,这样,在句法和部位的安排上,显然构成了矛盾的统一体,而"拗怒"多于"和谐"。因为硬碰硬的地方特别多,迫使它的音响向上激射,再和许多短促的韵脚组成一个统一的整体,这样,恰好和本曲的高亢声情紧密结合,最适宜于表达激越豪壮一类的情感。

第三节 响度与诗情的关系

先说响韵,即响度高的韵脚字。从写诗的立场上说,响韵是诗人自觉的选择,即杜甫所说的"新诗改罢自长吟"。唐代诗人非常广泛地表现这种自觉。从读诗的立场上说,如果读得深入,在自家心里有感动的基础之上,认识响韵的作用,也是对诗人写作艺术的一种觉悟,所谓知其然,亦知其所以然。

清代诗论家袁枚主张作诗的人应该选择一些响亮的韵脚,要避免暗哑晦僻,他说:"欲作佳诗,先选好韵,凡其音涉哑滞者、晦僻者,便宜舍弃。葩,花也,但葩字不亮。芳,即香也,而芳不响。以此类推,不一而足。宋唐之分,亦从此起。李杜大家,不用僻,非不能用,不屑用也。"[1] 我们说,韵脚的作用在烘托气氛,帮助感情的表达。一般地说,响度高的韵脚适于表现雄伟、豪放、开阔、欢欣鼓舞一类情感。

古今诗人当中,其作整体都"响"的不多,而毛泽东的诗词作品堪称"响亮"一绝。以下举其七律作品来看:

《长征》

红军　不怕　远征　难 (a),万水　千山　只等　闲 (a)。
五岭　逶迤　腾细　浪 (a),乌蒙　磅礴　走泥　丸 (a)。
金沙　水拍　云崖　暖 (a),大渡　桥横　铁索　寒 (a)。
更喜　岷山　千里　雪 (e),三军　过后　尽开　颜 (a)。

---

① [清] 袁枚. 随园诗话. 北京:人民文学出版社,1982:186.

善用附鼻辅音的字母是本诗语音上的重要特征。根据主要元音的标注，一目了然，即诗中押韵的字"难、闲、丸、寒、颜"的韵母都是在 a 之后附鼻辅音辅音 n 的。加上句中还有很多附鼻辅音的字，象"红、军、远、征、万、千、山、等、岭、腾、浪、蒙、金、云、暖、横、更、岷、三、尽"等，有的连用在一起，使得声音更加和谐动听。此外，诗中只有"五岭逶迤腾细浪"一句有一个响度最高的"浪"字，其它各句响度最高的都在两个以上。有的一句中响度最高的字多达四个，如"万水千山只等闲"、"金沙水拍云崖暖"，这样的"声"，便将诗人内心高昂的奋斗的激情，乐观的精神的"情"，极为恰当地配合在一起。

这种语音的安排，就诗人吟诗成句的当时来说，并非是刻意求来的，但如果这种情况在这一个诗人的作品中经常出现，就能说明：一是诗人本身对诗词的语音具有很高的敏感度，语言艺术的修养达到了相当高的境界；二是诗人的情怀、个性使然，且起着主导作用。就毛泽东诗词作品而言，展示的个性可以说是：思虑高远，情意充沛，傲然大气。再举其词来看：

《沁园春·雪》

北国风光（a），千里冰封（e），万里雪飘（a）。

望长城内外（a），惟余莽莽（a）；大河上下，顿失滔滔（a）。

山舞银蛇（e），原驰蜡象（a），欲与天公试比高（a）。

须晴日（i），看红装素裹（o），分外妖娆（a）。

江山如此多娇（a），引无数英雄竞折腰（a）。

惜秦皇汉武（u），略输文采（a）；

唐宗宋祖（u），稍逊风骚（a）。

一代天骄（a），成吉思汗（a），只识弯弓射大雕（a）。

俱往矣（i），数风流人物（u），还看今朝（a）。

袁枚主张"欲作佳诗，先选好韵"。这首词的韵字全部响亮。对于全词豪迈大气之抒情风格的形成奠定了声音表现的基础。但是帮助词人抒情的因素，实际上，还有与韵脚相呼应的其它响字，如"大河上下，顿失滔滔"，为全词响度最高的句，最高响度的字多达五个。所以，从词的表现艺术来评价，绝对无愧于所说的"声情并茂"之作！

这首词是 1936 年 2 月作者在陕西清涧指挥红军准备渡河东征时写的。1945 年日本帝国主义投降后，毛泽东亲赴重庆与国民党谈判。应柳亚子要求，亲笔书写了这首咏雪词赠他。这一年的 10 月，他又致书柳亚子先生说："初到陕北看见大雪时，填过一首词。"即谓此阕。此后的 1958 年，又批注道："雪，反封建主义，批判二千年封建主义的一个反动侧面。文采、风骚、大雕，只能如是，须知这是写诗啊！难道可以谩骂这一些人们吗？别的解释是错的。末三句，是指无产阶级。"又《清平乐·六盘山》词：

> 天高云淡（a），望断南飞雁（a）。
>
> 不到长城非好汉（a），屈指行程二万（a）。
>
> 六盘山上高峰（e），红旗漫卷西风（e）。
>
> 今日长缨在手，何时缚住苍龙（o）？

《清平乐》词调的特点是：上片句句叶韵且都为仄声，所以感情表现拗怒而激扬。下片则如近体诗一般用韵即全部为平声，于是声调即转为和缓、开阔。对此，这首词完全加以遵循，也就是说，词人根据自己情感表现需要，作了正确的"择调"。上片的四个韵字，响度最高，后片三个韵字，皆附有鼻辅音 ng，原本口开得大，共鸣腔已经增大，再加上鼻腔，共鸣量更扩大，这就使得声音在响的基础上，增添了深远的力度。如果再考虑其仄声韵脚与平声韵脚之间的变奏，则词人满腔激情真可以说是宣泄的彻底，绝不服输、无比自信的个性又表现得何等鲜明。

从服从于抒情的要求来考虑，诗词语言的响度问题有一个基本原则，就是"响或不响首先要符合感情表现的需要"。相对于响度高的诗词作品，响度低的韵脚，其形成的韵律更适合于表现悲愤、忧伤、哀悼等感情。这里，举鲁迅先生的一首七律：

> 惯于长夜过春时，挈妇将雏鬓有丝。
>
> 梦里依稀慈母泪，城头变幻大王旗。
>
> 忍看朋辈成新鬼，怒向刀丛觅小诗。
>
> 吟罢低眉无写处，月光如水照缁衣。（请逐字标出主要元音）

这首诗写于 1931 年 2 月，柔石等五位文学青年遇害后。据《鲁迅日记》，1932 年 7 月鲁迅将此诗书一小幅，赠日本进步诗人山本初枝。1933 年 2 月鲁迅作《为了忘却的记念》时，将此诗收入该文。对这首有名的七律，在《为了忘却的纪念》一文中，鲁迅写道："在一个深夜里，我站在客栈的院子中，周围是堆着的破烂的什物；人们都睡觉了，连我的女人和孩子。我沉重的感到我失掉了很好的朋友，中国失掉了很好的青年，我在悲愤中沉静下去了，然而积习却从沉静中抬起头来，凑成了这样的几句。"[1]

---

① 鲁迅著，王凤霞编. 鲁迅散文（下）. 北京：线装书局，2009：120.

郭沫若曾给予高度评价："大有唐人风韵，哀切动人，可称绝唱。"① 哀切的情感，与怎样的韵调结合在一起呢？只要注意诗人所押的五个韵字："时"（shí）、"丝"（sī）、"旗"（qí）、"诗"（shī）、"衣"（yī），都是响度低的，张不开口的。如果在仔细吟读当中，逐句玩味，则知诗中这类不响而压抑的字音自然地组织起来，与韵脚相配合着，将诗人内心无比沉重的"哀切"之情，既"哀"，更"切"地抒发出来。

这里，再举柳永的《少年游》词，选韵与鲁迅的诗是一样的：

长安古道马迟迟，高柳乱蝉嘶。

夕阳鸟外，秋风原上，目断四天垂。

归云一去无踪迹，何处是前期？

狎兴生疏，酒徒萧索，不似去年时。

叶嘉莹在《论柳永词》一文中，曾经谈到柳词在意境方面的拓展，以为唐五代小令中所叙写的"大多不过是闺阁园亭伤离怨别的一种'春女善怀'的情意"，而柳词中一些"自抒情意的佳作"，则写出了"一种'秋士易感'的哀伤"②。如果将全词音节里的主要元音逐字标出，便可以发现这种混杂着绝望感的哀伤调子，与一种低回叹息般的声韵旋律之间是多么相得益彰！

○作品的赏读练习

示范之作：

韩愈《岳阳楼别窦司直》

洞庭九州间，厥大谁与让。南汇群崖水，北注何奔放。

潴为七百里，吞纳各殊状。自古澄不清，环混无归向。

炎风日搜搅，幽怪多冗长。轩然大波起，宇宙隘而妨。

巍峨拔嵩华，腾踔较健壮。声音一何宏？轰辅车万两，

犹疑帝轩辕，张乐就空旷。蛟螭露笋簴，缟练吹组帐。

鬼神非人世，节奏颇跌踢。阳施见夸丽，阴闭感凄怆。

朝过宜春口，极北缺堤障。夜缆巴陵洲，丛芮才可傍。

星河尽涵泳，俯仰迷下上。余澜怒不已，喧聒鸣瓮盎。

明登岳阳楼，辉焕朝日亮。飞廉戢其威，清晏息纤纩。

泓澄湛凝绿，物影巧相况。江豚时出戏，惊波忽荡漾。

---

① 郭沫若. 革命春秋. 北京：人民文学出版社，1979：423.

② 叶嘉莹. 灵谿词说（续八）——论柳永词. 四川大学学报（哲学社会科学版），1984（2）.

时当冬之孟，隙窍缩寒涨。前临指近岸，侧坐眇难望。（节选前半写景）

这是一首五言古体长诗，全诗四十六韵，九十二句。写作背景是：公元805 年（唐顺宗永贞元年）冬十月，韩愈由阳山令移职江陵法曹，并于同时由阳山出发，去往江陵，路过岳阳楼，其时权领岳州的大理司直窦庠与韩愈相见于岳阳楼中，韩愈于离开时作此诗赠与窦庠。

全诗可分两段，前半写景，描绘洞庭之景；后半叙事，叙述当时之事。前后两两相关照，自成章法，不言自妙，古来文士多有品点。如宋代强幼安《唐子西文录》曰："过岳阳楼，观杜子美诗，不过四十字尔，气象闳放，涵蓄深远，殆与洞庭争雄，所谓富哉言乎者。太白、退之辈，率为大篇，极其笔力，终不逮也。杜诗虽小而大，余诗虽大而小。"[①]《唐宋诗醇》曰："写景两段，阳开阴闭。范希文《岳阳楼记》似从此脱胎。"[②]

这首诗的韵脚字音的洪亮与它所歌咏的洞庭湖的壮观之景，与此景所激扬起来的诗人感情恰当地配合在一起。四十六韵，一韵不转，前呼后应，气势磅礴。韩愈在调动此种宽韵部的韵字上可谓是得心应手！也因此能够声情并茂地呈现出一种廊庑阔大、波澜壮阔之诗调美感，非高声诵读不能领略之。后来的欧阳修对此十分佩服，他说："退之笔力，无施不可。余独爱其工于用韵也。盖其得宽韵，则波澜横溢；泛入旁韵，乍还乍离，出入回合，殆不可抱以常格，如'此日足可惜'之类是也。得韵窄，则不复旁出，而因难见巧、愈险愈奇。"[③]（《六一诗话》）

请就以下诗词，完成"响度"赏析作业。

杜　甫《春望》

国破山河在，城春草木深。

感时花溅泪，恨别鸟惊心。

烽火连三月，家书抵万金。

白头搔更短，浑欲不胜簪。

杜　甫《天末怀李白》

凉风起天末，君子意如何？

①　陈伯海. 唐诗汇评. 杭州：浙江教育出版社，1995：1639.

②　[清] 爱新觉罗·弘历. 唐宋诗醇（中）. 北京：中国文学出版社，1995：755.

③　[宋] 欧阳修，释惠洪. 六一诗话. 冷斋夜话. 南京：凤凰出版社，2009：11.

鸿雁几时到，江湖秋水多。
文章憎命达，魑魅喜人过。
应共冤魂语，投诗赠汨罗。

李商隐《夜雨寄北》
君问归期未有期，巴山夜雨涨秋池。
何当共剪西窗烛，却话巴山夜雨时。

杜 牧《山行》
远上寒山石径斜，白云深处有人家。
停车坐爱枫林晚，霜叶红于二月花。

陆 游《示儿》
死去元知万事空，但悲不见九州同。
王师北定中原日，家祭无忘告乃翁。

欧阳修《南歌子》
风髻金泥带，龙纹玉掌梳。走来窗下笑相扶。
爱道："画眉深浅入时无？"
弄笔偎人久，描花试手初。
等闲妨了绣工夫。笑问："鸳鸯两字怎生书？"

苏 轼《江城子·密州出猎》
老夫聊发少年狂，左牵黄，右擎苍。
锦帽貂裘，千骑卷平冈。
为报倾城随太守，亲射虎，看孙郎。
酒酣胸胆尚开张，鬓微霜，又何妨！持节云中，何日遣冯唐？
会挽雕弓如满月，西北望，射天狼。

贺铸《六州歌头》
少年侠气，交结五都雄。肝胆洞，毛发耸。
立谈中，死生同，一诺千金重。
推翘勇，矜豪纵，轻盖拥，

联飞鞚，斗城东。

轰饮酒垆，春色浮寒瓮，吸海垂虹。

闲呼鹰嗾犬，白羽摘雕弓，狡穴俄空。乐匆匆。

似黄粱梦，辞丹凤，明月共，漾孤篷。

官冗从，怀倥偬，落尘笼，簿书丛。

鹖弁如云众，供粗用，忽奇功。

笳鼓动，渔阳弄，思悲翁，不请长缨，系取天骄种，剑吼西风。

恨登山临水。手寄七弦桐，目送归鸿。

张孝祥《六州歌头·长淮望断》

长淮望断，关塞莽然平。

征尘暗，霜风劲，悄边声，黯销凝。

追想当年事，殆天数，非人力，洙泗上，弦歌地，亦膻腥。

隔水毡乡，落日牛羊下，区脱纵横。

看名王宵猎，骑火一川明，笳鼓悲鸣，遣人惊。

念腰间箭，匣中剑，空埃蠹，竟何成！

时易失，心徒壮，岁将零，渺神京。

干羽方怀远，静烽燧，且休兵。

冠盖使，纷驰骛，若为情。

闻道中原遗老，常南望、翠葆霓旌。

使行人到此，忠愤气填膺，有泪如倾。

辛弃疾《沁园春·灵山齐庵赋时筑偃湖未成》

叠嶂西驰，万马回旋，众山欲东。

正惊湍直下，跳珠倒溅，小桥横截，缺月初弓。

老合投闲，天教多事，检校长身十万松。

吾庐小，在龙蛇影外，风雨声中。

争先见面重重。看爽气朝来三数峰。

似谢家子弟，衣冠磊落，相如庭户，车骑雍容。

我觉其间，雄深雅健，如对文章太史公。

新堤路，问偃湖何日，烟雨蒙蒙。

辛弃疾《南乡子·登京口北固亭有怀》
何处望神州？满眼风光北固楼。
千古兴亡多少事？悠悠。不尽长江滚滚流。
年少万兜鍪，坐断东南战未休。
天下英雄谁敌手？曹刘。生子当如孙仲谋。

第四节　声音与意义的关系

中国古典诗歌是用汉语汉字作为原材料"制作"出来的，它的传承也是借助汉语汉字做到的。今天的国人如果还希望通过古人的"诗"来唤醒自己已经进入"浅白状态"（即眼前的，无深度的）的感觉世界，来给心灵充电，那么，在此一过程里，汉字就是唯一的，起着连接作用的"导线"。在将自己的心灵与古人连接之前，必须对这根"导线"十分的熟悉，恢复古人那种直接的声音的敏感，以达成一种自然反映的心之状态。譬如我们歌唱，总是走不进一种与自己心灵对话的境界，其关键的障碍，是因为歌者忽略了来自"歌词"的声音。这里，我们先从李白的一首诗——《独坐敬亭山》来寻找和寻觅文字的感觉：

众鸟高飞尽，孤云独去闲。
●●○○●，○○●●△
相看两不厌，只有敬亭山。
⊙●●○●，●●●○△
（○平声 ●仄声 ⊙可平可仄 △平韵 ▲仄韵）

敬亭山，在今安徽宣城县北。这首五绝作于天宝十二载（753）秋游宣州时，距他被迫于天宝三载离开长安已有整整十年时间了。陶渊明《咏贫士诗》有句"孤云独无依"，注云："言我独坐之时，鸟飞云散，有若无情而不相亲者。独有敬亭之山，长相看而不相厌也。"通常的了解之后，要做的第一件事应该是感受诗中的文字意境，而不是"分析"内容。

诗中首句的中心意象为"鸟"。按西汉许慎《说文解字》，其最古老的形体是　。这是模拟鸟的形态。动词"飞"的古字形为　，画的是飞鸟的姿态。这一类字称之为象形。

"众"的繁体为 ，字形为 ，这是从一只眼睛里，出来三个人。一说是日头下站着，以它来表示人多的意思。

"高"的字形是 ，上半是高台，下半 ，是表示建筑物的台基，或者是举向高空的感觉。底下的口形，则是表示建筑物的栅栏。高字由此三部分构成。

"尽"的繁体为盡，《说文》释："尽，器中空也。"罗振玉《增订殷墟书契考释》云："（甲文）从又，持禾，从皿，象涤器形。食尽，器斯涤矣，故有终尽之意。"

当我们对首句诗里的五个"汉字"（包括"飛"），产生视觉印象之后，就要清楚地了解以下两点：

一是汉字的所谓"表意"特点，实际上是把事物的物理状态转作成为心理即某种意味、感觉印象的摹写。因此，在汉字具有了复杂的构造的同时，也就伴随着产生了某种情调。换句话说，汉字一方面在表示某种"意"，另一方面伴随着它的形体又带有了某种情调。因此，我们对于汉字的感觉，不仅要认其形体，还要体会其"情调"。现在我们知道：当任何一位读者默默注视这首诗的每个字形的时候，通过逐字连续的注视过程，那传递给你的感觉，其实已经非常贴近诗人要抒发的情意了。

其次，汉字更为重要的特征是"独体单音"。众所周知，（文读系统的）汉字在大多数情况下，是采用一个单音节来表达一个意义。这与西方的拼音文字非常不同。英语的词，大多数情况是双音节或多音节。一词一音带来的结果是：所有的词都必须依赖某一种音调表达意义。汉语能够发音的音节被限定在"四声"范围内，也就是每一个音节具有四种声调和念法，根据这四种声调来区别和表达词意。于是，一个音节，因为"四声"的缘故，其数量翻成了四倍，在这种情况下，汉语汉字的声调变得非常重要。——它靠声调区分意义，实现人之间的交流、沟通，因此，汉诗的念读也就特别重视所谓的"抑扬顿挫"。从声调的重要性出发，我们能够理解汉字的"形"、"音"，都是与汉字的"义"紧密联系，实同一体。古典汉诗最终发展出自己独有的吟诵之法，那种"抑扬顿挫"的吟和诵，说到底，是为了领会和体验"字"里面的情意、意境、韵味。

要特别提出来的是：语言的声音与音乐的声音不同。——"音乐的声音不带意思，而语言的声音则带有意思。"所谓"声音带意思"，即说汉字的发音，本身具有表意的作用。早期汉语如《诗经》里的例子不胜枚举。"伐木丁丁，鸟鸣嘤嘤"（《小雅·伐木》），以"丁丁"、"嘤嘤"摹伐木、鸟鸣之声。"昔我往矣，杨柳依依。今我来思，雨雪霏霏。"以"依依"、"霏霏"，状柳、雪之态。汉语汉字里充满了这样的摹声词和拟态词。"众鸟高飞尽"，niǎo 鸟的声音，表现的是鸟儿振翅飞行的听觉印象；gāo 高的声音，是以单纯的声音表示高远而明朗的视觉印象；jìn 尽的声音，是表现水从器皿中被吸出来或完全流失的感觉。"飞"字，按《说文》取意于鸟类的鼓翼，虫类的拍翅。如从语音学来分析，"飞"音 fēi，其中当发 f 音时，口中产生的一种断断续续，颤动摩擦的声音，就像鸟儿振起翅膀一样。e、i 两个音，前者响，后者低，读的时候，能感觉到声音前后高低的变化，正像鸟或虫类飞动时乍高乍低，忽上忽下，前后相鸣的情况。——李白这首诗，大致可以分为三个步骤体会：

一是默视其字形，感觉其中的"情调"；

二是吟味其字音，感受诗人吟作之际内心状态的展开；

三是反复吟读，升华对诗的理解，诉说内心最深入的感动。

对你而言，这一最深的感动之处即为这首诗的情意乃至表现艺术的亮点。

汉语汉字里，就是这样以一个一个的声音，来摹拟它所要表现的各种存在的事物的感觉和印象。从这里，可以引出一个有趣的课题，即声与诗的关系，或者"字音在诗中的表情作用"。刘师培《原字音篇》云："人意所宜之音，即为字音之所本。……人当未睹未闻之物，猝显于前，口所发音，多系侈声，'颐'诸音本之。人当事物不能偿欲，口所发音，多系敛声，'鲜''细'诸音本之。推之'食'字之音，像缀羹之声，'吐'字之音，像吐哺之声。'咳'字之音验以喉，'呕'字之音验以口。'兮'字之音验以鼻。'斥'、'驱'之音像挥物使退之声。'止'、'至'之音像招物使止之声。'奚'字之音像意有所否之声。'思'字之音像敛齿度物之声。均其证也。"他的《字义起于字音说》（下）更明确地说到："古人制字，字义即寄于所从之声。就声求义，而隐义毕呈。"

相关的例证，在中国古典诗歌里面，可谓是随处可见。如《秦风·蒹葭》有"所谓伊人"，此句在诗中反复三次：

蒹葭苍苍，白露为霜。所谓伊人，在水一方。……

蒹葭萋萋，白露未晞。所谓伊人，在水之湄。……

蒹葭采采，白露未已。所谓伊人，在水之涘。……

因为这首诗，产生了"秋水伊人"的美丽成语。但这句中的"伊"字，古人的解释却并非专指女性。东汉郑玄笺释云："伊，当作系，系犹是也。"为表示近指的代词，相当于"这""此"。"所谓伊人"，不过是说，"这个人"或

"那个人"而已。然而，"伊"字却总是朝女性靠拢着，这或许可以从发音特征上得到合理解释。"伊"字平声，发音平柔而和婉，乍读之下，会发生一种阴柔温馨或亲昵温暖的感觉。19世纪，五四新文化运动期间，部分文学作品里，好用"伊"字，指称女性，大约就与"伊"字发音的特点有关系。如鲁迅《呐喊》集之《一件小事》中的一个语段里，连续使用这个字：

……跌倒的是一个女人，花白头发，衣服都很破烂。伊从马路上突然向车前横截过来；车夫已经让开道，但伊的破棉背心没有上扣，微风吹着，向外展开，所以终于兜着车把。幸而车夫早有点停步，否则伊定要栽一个大斤斗，跌到头破血出了。伊伏在地上；车夫便也立住脚。我料定这老女人并没有伤，又没有别人看见，便很怪他多事，要自己惹出是非，也误了我的路。

我便对他说，"没有什么的。走你的罢！"

车夫毫不理会，——或者并没有听到，——却放下车子，扶那老女人慢慢起来，挽着臂膊立定，问伊说："你怎么啦？"

"我摔坏了。"

鲁迅之外，五四文人更多用"伊"字代指少女。"伊"字因此充满了青春的活力，"伊"顾盼左右，言笑盈盈。追溯起来，这种特指用法，五四之前，至少从相当多的用例来看，所指是不固定的，是不定的人称代词。尽管有些辞书如《字汇·人部》释云："伊，又彼也。"但实际用法却不限于"彼"，如柳永的《凤栖梧》词云："衣带渐宽终不悔，为伊消得人憔悴。"金代董解元《西厢记诸宫调》卷七有云："我与伊志诚没倦怠，你于我坚心没更改。"元代佚名《马陵道》杂剧第三折有云："我这里吐胆倾心，说与伊，难道你不解其中意？"《红楼梦》有云："薛蟠因伊倔强，将酒照脸泼去。"在这些用例里，最值得注意的，一是都不作为纯粹的"人称代词"使用，或者两者不可以替换，或者在充任"人称代词"的同时仍包含其它情感方面的意味。二是虽不特指女性，但语境之内多有女性在场。"伊"字与女性的特殊关联，在早期的《诗经》里，就已经存在，且不是孤例：

（1）《邶风·雄雉》云：

"雄雉于飞，泄泄其羽。我之怀矣，自诒伊阻。"

抒发已婚女子对远方男子的思念。○诒，音怡，贻也，意谓遗留。○自诒：自取烦恼。○伊：此，这。○阻：阻隔。

（2）《郑风·溱洧》云：

"洧之外，洵吁且乐。维士与女，伊其相谑，赠之以芍药。"

○洵：诚然，确实。○吁，音虚，广阔义。

（3）《秦风·蒹葭》云：

"蒹葭苍苍，白露为霜。所谓伊人，在水一方。"

（4）《诗经》之《豳风·东山》：

我徂东山，慆慆不归；我来自东，零雨其濛。

果蠃之实，亦施于宇；伊威在室，蠨蛸在户；

町畽鹿场，熠耀宵行。不可畏也，伊可怀也。

〇慆慆，久远之义。〇蠃，音裸。〇伊威：一种小虫，俗称土虱。〇蠨蛸，蛸音宵。蠨蛸：长脚蜘蛛。

"不可畏也，伊可怀也"，这句里的"伊"所具有的感情色彩，完全是"她"或"彼"字所没有的。《东山》以周公东征为历史背景，以一位普通士兵的视角，叙述东征后归家前的复杂内心感受。家园已被战争毁掉了：挂满了屋檐的瓜果无人料理、土鳖虫满屋乱爬、蜘蛛结网封住门户、村头田间野鹿任意践踏，到夜里磷火到处飘动……尽管如此，主人公的内心却充满希望："不可畏也，伊可怀也。"诗人在当用"她""它"，或"其"或"是"的地方，沉甸甸地用了个"伊"字，借助"伊"字的表情作用，把士兵此一时刻满腔的渴望，惊喜交加的复杂心情，抒发得淋漓尽致！

《离骚》是继《诗经》以后第一篇文人抒情之作。如果足够细心，会发现在这首长诗里，抒情主人公的自我称谓，或者第一人称并非如现代抒情诗是统一不变的。屈原不断变化地使用了五个第一人称即"朕"、"我"、"余"、"予"、"吾"：

帝高阳之苗裔兮，朕皇考曰伯庸。

摄提贞于孟陬兮，惟庚寅吾以降（古读为 hóng）。

先秦时代，"朕"是当时人用来称呼自己的一种称谓。这一说源于汉代人的解释。《说文解字·舟部》释云："朕，我也。"《尔雅·释诂》共有两处解释，一处与《说文》同，郭璞注云："古者贵贱皆自称朕。"一处释为"朕，身也"，亦有郭注云："今人亦自乎为身。"

这种解释的文献根据，今天可举出五条——《尚书·舜典》："汝作朕虞。"《尚书·皋陶谟》云："朕言惠。可底行。"《尚书·汤誓》云："朕不食言。"《诗·大雅·抑》有云："莫扪朕舌，言不可逝矣。"《楚辞·离骚》云："朕皇考曰伯庸。"顾颉刚、刘起纡两位先生在《〈尚书·汤誓〉校释译论》认为："朕——甲骨金文中都只作单数第一人称领格（所有格），即'我的'。"举证如《书·舜典》："汝作朕虞。"，意思是：你做我的掌管山泽的官员。《大盂鼎》（金文）："勿废朕令"，意思是：不要抛弃我的训令。——汉人直接解释成第一人称"我",是很明确的。所谓"单数第一人称领格(所有格)"这是现代语法术语,所谓"我的",仅仅是一种理解和翻译而已。"我的"与"我"之明确的第一人称口吻意思并无根本区别,凭此理解就否定汉人的解释,太过牵强。例如有人据此一种"解释"认为:"今本《尚书·汤誓》已非原汁,难免被后人搀假。秦火以后,仅凭西汉儒家学者伏生口授,打上汉代烙印是十分可能的。许慎是东汉人,他对先秦词义的理解就更难确切了。"

今天看来,"疑古派"思路的最可疑之处就在:简单"跳过"被认为可疑的汉代文献,代之以"自信"十足的"现代考证"得出的结论。但实际上,汉人的说法是绕不过去的。如北京大学编写的《先秦文学史参考资料》里的注释说:"先秦之人不论上下,皆可称'朕',至秦始皇始定'朕'为帝王自称的专用词。"这一说法就源自汉人。《史记·秦始皇本纪》云:"臣等(李斯等)谨与博士议曰:'古有天皇,有地皇,有泰皇,泰皇最贵。'臣等昧死上尊号,王为'泰皇'。命为'制',令为'诏',天子自称曰'朕'。王曰:"去'泰',着'皇',采上古'帝'位号,号曰'皇帝'。他如议。"《尔雅·释诂下》释:"朕,我也。"邢疏云:"秦始皇二十六年定为至尊之称,汉因不改,以迄于今。"

现在,回到《离骚》的发端。

在《离骚》的全文当中,"朕"字只出现一次。这唯一的一次是全诗发端之第二句:"朕皇考曰伯庸。"并且,在其后第四句换用了"吾",第六句换用了"余",后文还陆续换用"我"和"予"。这里的问题是:在此换用当中,"朕"是否有特殊的意味呢?"朕"可以被"余"、"吾"、"我"、"予"替换吗?——回答是不可以。为什么呢?其中的奥妙便是字音在起作用。因为字音有别,在表情表意之际,便自然产生了这种换用。当然,这其中也有一个历史背景方面的原因,即方言的势力和作用。《离骚》中的这种换用应该反映的是此一时段里,一般人表达自己人称尚没有统一的事实。这种不统一即意味着此时人称的使用,还很自由,且此时之"人"对于文字声音的感受力,比之今人,其程度要更加强烈。总之,正是使用的自由和感受的自由,给了屈原这种"换用"表达以"合法性"、"合理性",也因此,《离骚》的抒情具有了不可重复的"人称魅力"。——"朕"字音沉重而壮大。韵母元音为 e。作为《离骚》辞的发端,此一声音特点等于是为全诗政治抒情的主旋律奠定基调。屈原为实现美政理想,奋不顾身的大情怀,美人格,正从这一端庄深远的身世告白开始显露的。

皇览揆余初度兮,肇锡余以嘉名:

名余曰正则兮，字余曰灵均。

"予"本是"推予"之义。段玉裁释"余"、"予"为古今字，故音同。《说文》释云"余"字："语之舒也。从八，舍省声。"郝懿行释云："是余为舒迟之我也。"平缓舒迟是"予"、"余"两字的发音特征。此四句里，连续出现四个"余"字，因其平和舒缓之声音，才充分表达了诗人内心自豪、赞美、深情回味的情意，可谓"丝丝入扣"。

再次读"吾"：

吾令帝阍开关兮，倚阊阖而望予。

时暧暧其将罢兮，结幽兰而延伫。

世溷浊而不分兮，好蔽美而嫉妒。

首句的"吾"，按《说文》释云："我自称也。从口五声。"按其韵母元音为 u，故发音重浊沉厚，正好与此刻面对帝阍时的沉重心情相配合。按《离骚》辞意，"吾令帝阍"一句前所描绘的是诗人上下艰难求索的景象，心情之沉重可以体会。由次句"倚阊阖而望予"，可知此刻诗人又遭帝阍拒绝，他遥对自己，现一副悠闲轻蔑姿态，分明的嘲讽，一脸的奚落。此句，诗人从帝阍一面来感觉，发觉在他眼里的自己，竟是如此"无足轻重"。——"吾"自然地，不觉地换成了"予"。"予"字之音平缓而舒展，正与此种微妙的感觉相配合。

明白了"吾"的发音特点，再回头来，读"摄提贞于孟陬兮，惟庚寅吾以降（古读为 hong）"，"吾"音的沉厚与"降"字的宏大，真是恰当地表达了"朕"诞生的隆重庄严感。

最后读"我"：

已矣哉！国无人莫我知兮，又何怀乎故都！

既莫足与为美政兮，吾将从彭咸之所居！

"我"字，《说文》释"我"云："施，身自谓也。"清段玉裁注云："施，身自谓者，取施与我，古为叠韵，施读施舍之施。谓用已厕于众中而自称，则为我也。……我，以为形声也。"既说"施与我，古为叠韵"，则"我"字的韵母里的元音当为"i"，发声特点清越而浏亮。作为《离骚》辞的结束段，"已矣哉"的叹息之声不是一般的沉重，而是高扬起来的愤激和爆发：三字韵母的元音里均藏着"i"，且用一个"a"音收住。到了"我"字出来，因其疾直，承接住此前的愤激；其后的"吾"字，因其声音重浊，而将一腔悲愤宣泄而出。——"我"与"吾"，前后呼应，"唱"尽了屈原痛定思痛的内心痛楚，壮士断腕的悲情。总之，《离骚》全辞，以不断换用的第一人称，借助其不同的音质，传递了不同的情意。《离骚》之为绝唱的声音奥妙，多少可以窥见罢。请君再读一"曲"：

> 不吾知其亦已兮，苟余情其信芳。
>
> 高余冠之岌岌兮，长余佩之陆离。
>
> ……
>
> 民生各有所乐兮，余独好修以为常。
>
> 虽体解吾犹未变兮，岂余心之可惩。

清人王士禛说："善读诗者，由声以考义。"（见《倚声集序》）清代桐城派的方苞说："诗、古文，各要从声音证入，不知声音，总为门外汉耳。"（《与陈硕甫书》）刘大櫆则说："神气者，文之最精处也；音节者，文之稍粗处也；字句者，文之最粗处也。然余谓论文而至于字句，则文之能事尽矣。盖音节者，神气之迹也；字句者，音节之矩也。神气不可见，于音节见之；音节无可度，以字句度之。"（《论文偶记》）总之，字音不但能够暗示各种不同的感情色彩和情调，且对一首诗的意境也能从声音本身表现出来，只是由于现代人丢失了从汉诗字音上来品味欣赏的习惯，耐心以及心境，最终使得汉诗字音的表意作用被严重漠视。以下再举李商隐《无题》诗，作为音读品味的练习：

飒飒	东风	细雨	来，	芙蓉	塘外	有	轻雷。
●●	○○	●●	○	⊙●	●●	●	△
金蟾	啮锁	烧香	入，	玉虎	牵丝	汲井	回。
○○	●●	○○	●	●●	○○	⊙●	△
贾氏	窥帘	韩掾	少，	宓妃	留枕	魏王	才。
●●	⊙○	○●	●	●○	○●	●○	△
春心	莫共	花争	发，	一寸	相思	一寸	灰。
○○	●●	○○	●	●●	○○	●●	△

（平仄"一三五不论，二四六分明"）

注释：

○金蟾——指蛙形的香炉。啮锁：咬着香炉上的锁扣。

○玉虎——吊水用的辘轳，用玉虎装饰。以金蟾能烧香、玉虎能汲水反衬自己苦于相思却找不到机会与情人相会。

○贾氏窥帘——晋韩寿貌美，侍中贾充召为僚属，贾充的女儿在帘后窥见韩寿，很是喜爱。贾充知后，便将女儿嫁给韩寿。韩掾：即韩寿。

○宓（mí）妃留枕——相传宓妃是伏羲氏之女，溺水洛水，号为洛神。这里指甄氏。曹植离京回封国途中，宿于洛水边，梦见甄氏来相会，遂作《洛神赋》。魏王：指曹植。

　　○春心——相思之情。

　　首句："飒飒东风细雨来，芙蓉塘外有轻雷。"飒飒，为象声词，风声。这个词的"被诗意"，可追溯至屈原。《山鬼》有句："风飒飒兮木萧萧，思公子兮徒离忧。"屈原把它和另一个象声词"萧萧"组织在同一句诗里，来形容风声、树声。吟咏之时，能给人以身临其境的感觉。"飒飒"这个词，从此也就有了浓郁的诗意，常常被后来的诗人采用。如杜甫《干元中寓居同谷县作歌》："四山多风溪水急，寒雨飒飒枯树湿。"在这里，要特别说的是李商隐诗句里的"外"字，吟咏品味之下，你会觉得，不待吟出后三个字"有轻雷"时，雷声已经自远而近地传来了。"因为发'外'字的韵头'w'时，就会发出如同雷声'隆隆'之音，其韵母又正好是由低到高的两个元音组成，因而就造成轻雷滚滚而近的感觉。"可以断定，"外"字是诗人"炼"出来，为表意恰当而"选"出来的，但"外"的字音本身即蕴含有意义是否也是被选定的原因呢？答案是肯定的。

　　诗意的汉字是古典汉语诗歌全部魅力产生的根源所在。对于汉字诗意特点的讨论，至今为止，有着很多精彩的总结。尽管如此，这里仍然不惧重复和浅陋地做了以上论述，原因就在于，它是一个无法绕开的话题，任何一位企图探究古典汉语诗词魅力的学者，都不能不在这一点上，首先收获自己真正体会过了的认识和理解。在结束这一小节之前，还要明确回答一个问题，即如果说诗意汉字本身存在一个与古诗词相关联的最主要特征，它是什么？简答为：

　　一、汉语单音而有四声平仄。

　　二、汉语的"弹性"组合机制。（典型诗句如"乱山残雪夜，孤烛异乡人"、"鸡声茅店月，人迹板桥霜"之类。）

　　三、汉语数量众多的感性细腻词汇。（典型词汇如春寒谓之"料峭"、严寒谓之"凛冽"、秋风谓之"凄紧"之类）

　　——正是由于汉语汉字的这些诗意的特征，它作为美的存在才得以永恒。

第三编　实　践

第一章 "熟诵"的领受

通过"熟诵"的方法,进入"作品",吟咏的调完全可以在熟诵当中自动生成出来。吟诵的根本或者最大的魅力是在用"心"创出一个自己的"调"。学会吟诵的关键在于不断地用心揣摩和练习,这是我们通过吟诵的实践得之的经验。本章结合自己的实践体会,综合各家之说,提出若干"熟诵"的基本规则作为"入门"的路径,之后,选择中国诗史上三位具有文化典范与代表性的诗人,选择他们最具生活实感的诗作作为文学诵读的练习。

"吟诵"概念之下,按实践的顺序:(1)诵读;(2)吟咏;(3)吟唱;(4)歌唱。这四项"活动"的目标都是为了中国古典韵文的文化传承。

第一节 "熟诵"的规则与做法

有一个分层的说法,对我们认识和学习、掌握吟诵颇有启示性:"语言变成音乐,是一步一步上升的,大概可以分四五层,吟诵是初步的音乐,和尚念经也是音乐,它的水平比吟诵要高一点,最高层是新式的音乐。吟诵一方面跟文学有关系,另外一方面跟音乐有关系,它是文学的一个表达方法,同时又走向音乐。"[1] 传统吟诵的历史演变的确存在着从"语言变成音乐,一步一步上升"的规律,而专就古诗词文"吟诵"自身来说,语言的"诵",显然是最基础的底层,之上为"吟",再上为"唱"。底层的"诵"以语言文学(义理、声音)的领受为本,吟咏的调从诵读里来,吟唱的"曲"则是吟咏之调的"固化"。三层之间紧密联系,"诵"铸就"底蕴","吟"成就"性情","唱"则为"果实"。

一、传统吟诵的入门正道是:以熟诵为先

在学习和掌握传统吟诵的基本规则与方法之前,要特别强调一个前提即以"熟诵"为先。或者我们可以将"熟诵"称之为传统吟诵的基础性学法。"熟诵"不等同于背诵,特别是那种刻意的硬背死记。熟读成诵,能娴熟地诵读为

---

[1] 周有光. 吟诵·文化·家史. 常州工学院学报(社科版). 2009 (2).

其本义。经历"熟诵"之后，内心一定会产生对所诵文本的"熟感"，这是进入"吟咏"、"吟唱"状态的最重要的预备，即"让心灵进入状态"。

初学吟诵的人，特别是青年学生，大都是被古诗词文的"吟读"、歌唱所吸引，但真正理解传统吟诵之后，就会明白：诗本心声，读诗的目的原本是让心灵活泼，诗意充盈。但如果作品不熟，一上来便要唱，或只是唱会了几首别人的调调便自以为会吟诵了，显然，这是一种"浮躁"。这中间仅仅是体验到"唱"的新奇，"唱"的好玩，"唱"的骄傲，却完全忘记了传统吟诵的"本"，这"本"即是古老的"诗言志"，是"兴发感动"的心灵生活，是"温柔敦厚而不愚"的诗教性情。

何谓让心灵进入"状态"？我们透过杜甫的经验即"新诗改罢自长吟"，体认到典型的传统吟诵"状态"，其妙皆在"长吟"之中。此所谓"长吟"即古老《乐记》里说的"言之不足，故长言之"。唐人用拖长调子的方法，把自己的心灵带入一种美好状态里。诗音在长吟、长言当中，不断地实现瞬间的"停留"，让诗"味"沁入心脾。感受之，品味之，身心在相对静止的时间里，进入"醉读"状态，人在此状态里专注、凝神，任凭着诗音里的情意感动自己。

吟，曾是唐人作诗惨淡经营的特征。青年白居易"昼课赋，夜课书，间又课诗，不遑寝息矣。以至于口舌成疮，手肘成胝，既壮而肤革不丰盈，未老而齿发早衰白"[1]，与友人春游，吟诵新作，"不绝声者二十余里"。李贺在诗中记载自己的彻夜苦吟："吟诗一夜东方白"、"长歌破衣襟，短歌断白发"、"日夕著书罢，惊霜落素丝"。贾岛说自己"两句三年得，一吟双泪流"，孟郊说自己："夜学晓不休，苦吟神鬼愁。如何不自闲，心与身为仇。"这些诗人为甚？只为"语不惊人死不休"！但后人很难理解"艰难苦恨繁霜鬓"的杜甫，以及他身后一大批"苦吟诗人"，何以用生命作代价，苦中求乐并乐在其中？其实这之中最大的奥秘，便是心灵因之得寄托，得安宁，得到比现实功利更令人神往的身后诗名！对于唐代的诗人而言，诗是心灵的庇护所！

吟者当此用，读者亦然之。正所谓：唐人吟诗作苦吟，苦尽甘来留好音。今人吟诗先熟诵，诵到诗里方知味，已知古人作诗苦，莫把诵读看容易。可以这样说，从接受的角度来说，如果忽略了"熟诵"为先，把传统吟诵理解为不过"唱唱"而已，那就是误入歧途，误人子弟。

强调"熟诵"为先，是因为只有借助"熟诵"方能有效解除"浮躁"的干扰，让心灵回归该有的"状态"，"领受"才可能产生。前人对此屡有经验之

① ［唐］白居易. 白居易集. 北京：中华书局，1979；962.

谈，例如：清人贺贻孙《诗筏》有云："反复朗诵，至数十百过，口颔涎流，滋味无穷，咀嚼不尽。""诵之不辍，其境愈熟，其味愈长。"① 姚鼐在其《与陈硕士书》中说："大抵学古文者，必要放声疾读又缓读，只久之自悟，若但能默看，即终身作外行也。"②

"熟诵"原本为古代文人读书，和蒙学教育最基础的方法。现代的夏丏尊和叶圣陶两先生，在他们共同撰写的《文心》书里，借"王先生"的口说：

"读，原是很重要的，从前的人读书，大多不习文法，不重解释，只知在读上用死功夫。他们朝夕诵读，读到后来，文字也自然通顺了，文义也自然了解了。……近来学生们大家虽说在学校里'读书'或'念书'，其实读和念的时候很少，一般学生只做到一个'看'字而已。我以为别的功课且不管，如国文英文等科是语言学科，不该只用眼与心，须于眼与心以外，加用口及耳才好。读，就是心、眼、口、耳并用的一种学习方法。"③

二、"熟诵"的目的和基本规则、做法

1. 熟诵之目的只在读熟文面声音，感受文内情意，达至"文、意双熟"；
2. 熟诵基本要求：字音不错，句读不乱，且有一定速度，语调稳定；
3. 熟诵强调出声"念"，其声可大可小，亦可用"默读"配合；
4. 熟诵须读对字音平仄，可先不考虑入声读法，按普通话朗读即可；
5. 熟诵所遵循的是古诗词文语言固有的音节和句读，按此上口成诵即可；
6. 熟诵不是舞台表演的朗诵，不过度追求所谓艺术含量，它是基础的诵；
7. 熟诵给所有高级的"诵"作预备，故最看重的是自己的"心熟神会"；
8. 熟诵可使用某些传承下来的"读书调"，集体或个人唱读，效果更佳；
9. 熟诵用今音"念"或"读"合适，用乡土方言属"双语"练习也无妨；
10. 熟诵成果验收：小组最好、个人亦可，最重要是设"挑错员"并予奖励。

"诵"的规则何以如此宽泛呢？理由很简单，"诵"的古今之别只在声音的不同，今天的"朗诵"是"发出抑扬顿挫的声音念"（《新华大字典》释"诵"条），古代的"诵"同样是"抑扬顿挫"，有一定节奏的念。更重要的是：今人用今音（普通话）来"诵"原本是一件极自然的事。因为古代的"诵"属于

① 郭绍虞. 中国历代文论选（3）. 上海：上海古籍出版社，2007：220.
② 转引自陈良运主编. 中国历代文章学论著选. 广州：百花洲文艺出版社，2003：1218.
③ 夏丏尊，叶圣陶. 文心. 上海：开明书店，1948：107.

"雅言"范畴，一直跟着时代走。汉人会用周人的"雅言"声音吗？隋唐以后，由于科举设词赋一科，以官方颁布的韵书为科本，所以在诵读和吟咏时，用到韵书里的"古音"，但在平时的诵读吟咏当中，还是要用当下的"雅言"通语甚至方言。值得注意的倒是"诵"与"吟"产生区别的地方，正是在这种地方，"诵"的基本特征显露出来了。著名吟家秦德祥先生指出："'诵'即是'发音短促、字与字或音与音之间的距离紧密'之意"。① 而相对的"吟"即长言、拖腔、哼叹、慢吟、介于读与唱之间云云，都昭示出两者之间的区别所在。至于"吟"里有"诵"，"诵"里带"吟"，不过是实际"操练"时的正常变化而已。仔细想来，"诵"的发音"短促"与音节"紧密"，不正是今天我们都熟悉的普通话朗读所遵循的吗？古人的"诵"其实就是今天的"读"（或念），区别只在声音而已。

"诵"的这一基本特征与传统"读书调"里的"快调"特征很接近（见下面作业2）。"读书调"，通常指的是传统私塾集体背书所采用的腔调，特点是旋律简单（八度音程以内），有一定的节奏感，可以一调多用，尤其适用于长幅古诗文。旋律的声音特征近似"和尚念经"，循环反复，等同唱读。晚清和民国时期，我国各地私塾和"乡小"均流行这种南腔北调的"读书腔"。从功用上说，主要是以唱读的方式达到背诵目的并产生程度不等的感受和"理解"。

要求"抑扬顿挫"的诵读。

前人诵读诗文，从来就有"抑扬顿挫"配合的原则。所谓"抑"，是指有时候读得低沉；"扬"，指有时读得高昂；"顿"，指必须有间歇停顿；"挫"，指有些字要重读。关于"扬"和"挫"，北宋诗家陈师道说过："善吟古诗者，点缀一二好字，高唱起而知其意所在矣。"（《赠王聿修商子常》）兹举例如下：

"○"表示停顿、间歇。"——"表示停顿延长。"＝＝"表示重读。"△"表示高昂。"↗"表示升调。"↘"表示降调。

《渡易水歌》荆轲

风○萧萧○兮——易水寒↗——，

壮士○一○去○兮——不○复○还↘——。

《满江红》岳飞

　　　　△△

怒发○冲冠↗，凭阑○处○、潇潇——雨歇↘——。

抬○望眼↗、仰天——长○啸○，壮怀——激烈↗。

---

① 秦德祥. 吟诵定义及文化定位之我见. 首届中华吟诵高端论坛论文集（内刊），2012：99.

△
三十〇功名——尘〇与土〇，八千——里〇路〇云〇和月〇。
莫等〇闲、白了〇少〇年头，空悲——切↗〇。

靖康——耻〇，犹未〇雪〇；臣子〇恨〇，何〇时灭↗〇。
△
驾〇长〇车——踏破〇、贺兰——山〇缺↗〇。
△   △△
壮〇志〇饥餐——胡虏〇肉↗，笑谈——渴饮〇匈奴——血〇。
待〇从头——、收〇拾〇旧〇山河——。朝天阙↗。

对出声诵读的强调。

对于现代人来说，强调出声音地读，只有出声音，才能打破"默读"习气，唤醒迟钝的感觉。"出声读"这一点，对于古诗文学习和精神感觉的领受尤其重要。过去的文家非常重视，清人姚鼐在其《与陈硕士书》中说："大抵学古文者，必要放声疾读又缓读，只久之自悟，若但能默看，即终身作外行也。"①对于现代社会来说，这种读的习惯，似乎"过时"。生活快节奏，事务繁忙，思虑过多，特别是有大量等待阅读的书报杂志，大量直观的影视视频，这时代的人也就不得不默读，浏览，不得不"阅而不读"，一目十行，甚至百行或仅是标题一览。显而易见的问题来了——过目即忘，没感觉，更没心动。

古典诗词里，最当声读的是那些古体的长篇的叙情之作，如杜甫的《北征》、李白的《忆旧游·寄谯郡元参军》等等。唐之前，最能尽兴的是屈原的《离骚》，慷慨悲歌，痛快淋漓，其次便是李白的古体尤可放声而读之。试诵《宣州谢朓楼饯别校书叔云》一诗：

弃我去者，昨日之日不可留；
乱我心者，今日之日多烦忧。
长风万里送秋雁，对此可以酣高楼。
蓬莱文章建安骨，中间小谢又清发。
俱怀逸兴壮思飞，欲上青天揽明月。
抽刀断水水更流，举杯销愁愁更愁。
人生在世不称意，明朝散发弄扁舟。

---

① 陈良运主编. 中国历代文章学论著选. 广州：百花洲文艺出版社，2003：1218.

〇布置熟诵作业：

1. 文献阅读和理解

《朱子语类》之"论读诗"云：

"问学者：'诵诗，每篇诵得几遍？'曰：'也不曾记，只觉得熟便止。'曰：'便是不得。须是读熟了，文义都晓得了，涵泳读取百来遍，方见得那好处，那好处方出，方见得精怪。见公每日说得来干燥，元来不曾熟读。若读到精熟时，意思自说不得。如人下种子，既下得种了，须是讨水去灌溉它，讨粪去培拥它，与它耘锄，方是下工夫养它处。今却只下得个种子了便休，都无耘治培养工夫。如人相见，才见了，便散去，都不曾交一谈，如此何益！所以意思都不生，与自家都不相入，都恁地干燥。这个贪多不得。读得这一篇，恨不得常熟读此篇，如无那第二篇方好。而今只是贪多，读第一篇了，便要读第二篇；读第二篇了，便要读第三篇。恁地不成读书，此便是大不敬！（此句厉声说）须是杀了那走作底心，方可读书。'"

（此段从正反两面说怎样才算是"熟读"。）

又云："读诗之法，只是熟读涵味，自然和气从胸中流出，其妙处不可得而言。不待安排措置，务自立说，只恁平读着，意思自足。须是打叠得这心光荡荡地，不立一个字，只管虚心读他，少间推来推去，自然推出那个道理。所以说'以此洗心'，便是以这道理尽洗出那心里物事，浑然都是道理。上蔡曰：'学诗，须先识得六义体面，而讽味以得之。'此是读诗之要法。看来书只要读，读得熟时，道理自见，切忌先自布置立说！"

（此段的精义在一个"自"上。自得、自出道理，这是熟读要的结果。但这个"自"不是原来的自己，而是"道理"化成的自己。所以是"以此洗心"，将原来自己的心通过熟诵"洗"掉，一个与道合一的心从此诞生。）

2. 借助识谱，学唱以下两种"读书调"，并体会各自的作用。

慢吟诗调

$\frac{3}{4}$

2 | 2·3 5 3 | 3·2 1 2 | 23 5 - | 5·3 2 1 | 1·6 5 6 |
云 淡 风 轻 近 午 天, 傍 花 随

6·1 2 2 | 1·2 1 216 5 | 5 - 3 | 5 - 1 | 1 - 2 |
柳 过 前 川。 时 人 不 识 余

2·1 6 - | 5·6 1 3 | 3·5 61 6 | 5·3 2 3 | 3·5 61 65 | 5 - |
心 乐, 将 谓 偷 闲 学 少 年。

快读书调

$\frac{2}{4}$

23 61 | 23 1 | 61 23 | 26 1 | 61 23 |
云淡 风轻 近午 天, 傍花 随柳 过前 川。 时人 不识

12 3 | 23 61 | 23 1 ‖
余心 乐, 将谓 偷闲 学少 年。

——以上"读诗调"由已故中国古代音乐史家杨荫浏先生记谱，原属于其家乡无锡以及苏州地区流传的《千家诗》吟诵调。杨先生特别指出："读书是指快读而言，在急于读熟一首诗的时候，或读熟了一首诗，在老师那里背诵的时候，常用这种读法。用这种读法，目的在急于读熟和背完。"①

3. 借用"快读诗调"套读以下《汤头歌诀》：

(1) 保元汤

保元补益总偏温　桂草参芪四味存

男妇虚劳幼科痘　持纲三气妙难言

(2) 还少丹

---

① 杨荫浏. 语言与音乐. 北京：人民音乐出版社，1983：63—64.

还少温调脾肾寒　　茱淮苓地杜牛餐
苁蓉楮实茴巴枸　　远志菖蒲味枣丸
（3）金匮肾气丸
金匮肾气治肾虚　　熟地淮药及山萸
丹皮苓泽加附桂　　引火归原热下趋
济生加入车牛膝　　二便通调肿胀除
钱氏六味去附桂　　专治阴虚火有余
六味再加五味麦　　八仙都气治相殊
更有知柏与杞菊　　归芍参麦各分途

第二节　杜甫"夔州"律诗的熟诵

　　古代的中国被称为"诗国"并不只是一个形容的说法，在实质的意义上，它指示的是一个"诗教国家"的历史存在。现在常说中国文化是"儒道互补"，后来又加上"释"，是"儒道释"三家携手同行。这种自然融合的思想文化、心灵文化，造就了中国历史上最好的诗的王朝和文化典范诗人，例如李白偏重在"道"，杜甫偏重在"儒"，王维偏重在"佛"，在这三位诗人之后，白居易可以说兼融三家。因此说，诗歌里沉淀了"儒道释"三家思想文化的真谛、精华，借助这种融合之后的作用，使人可以自行地化解心灵以及心灵与外部世界之间的冲突、紧张关系。就此中减压的功用来说，作为中国传统文化宝贵资源的"诗教"，同样具有某种西方意义上的宗教功用，也就是借助"诗"（以诗为教、写诗、赏诗、用诗交际等）让精神和心灵得到日常性的平衡，或"自我救赎"。

　　那么，在浩如烟海的诗词中间，我们究竟应该吟诵什么样的诗？换句话说，什么样的诗最值得现代中国人传承并用心以吟诵之法来领受呢？我们以为杜诗当为首选。20 世纪初的"五四"白话文运动之前驱梁启超，晚年为后生说诗，特标"情圣杜甫"以为号召。他曾这样评论杜甫的诗："他的情感的内容，是极丰富的，极真实的，极深刻的。他表情的方法又极熟练，能鞭辟到最深处，能将他全部完全反映不走样子，能像电气一般，一振一荡地打到别人的心弦上。"[①]胡适撰《白话文学史》，亦将杜甫一人辟为专章，其比较李杜则云：

---

　　① 　梁启超原刊于 1922 年 5 月 28—29 日《晨报副镌》，见于夏晓虹主编. 梁启超文选（下）. 北京：中国广播电视出版社，1992：135—152.

"（李白）在云雾里嘲笑那瘦诗人杜甫，然而我们终觉得杜甫能了解我们，我们也能了解杜甫。杜甫是我们的诗人，而李白则终于是'天上谪仙人'而已。"①以《狂人日记》等名作参与发动"五四"文化革命的鲁迅，晚年与友人讨论中国文学史，以为中古之陶潜、李白、杜甫皆第一流诗人，继而又说："我总觉得陶潜站得稍稍远一点，李白站得稍稍高一点，这也是时代使然。杜甫似乎不是古人，就好像今天还活在我们堆里似的。"② 20 世纪 20 年代，新诗人闻一多在《新月》杂志上发表《杜甫》一文，称杜甫为"中国有史以来第一个大诗人"。此后，著名学者陈寅恪在《书杜少陵〈哀王孙〉后》中也说"少陵为中国第一诗人"。郭沫若称杜甫为"诗中圣哲"。这些评价实际上都不再局限诗艺，而超出了文学范围。

当我们今天使用"诗圣"这一具有历史文化感觉的词来体会和理解杜甫其人其诗之际，我们接受到的信息非常丰富而厚重。这是一个能够表现中国文化和文学特色的特殊名词，之所以这样说的理由是："诗圣"一词蕴涵的意义，偏移在诗教，即偏移在传统文化精神的最深处。由此可知，一千多年以来，中国古代社会对于一位诗人的恒久推重，意味着中国的传统文化，主流上是以"教化型的诗人"为自己最高、最理想的文学境界的。诗之圣者，先为人圣，杜甫的真正贡献是将传统的孔、孟之道诗化、人格化，因此他本人也就成为中国文化传统当中的一个典范和象征符号。

一、解读杜诗里的"家国情怀"

"家国情怀"是中华儿女几千年形成的传统情感和抱负，并因此而构建了中华民族集体的心灵家园。这里，谨以杜甫写于四川夔州的律诗来加以解读。

1. 五律《江汉》

江汉 思 归客，乾坤一 腐儒。
片云 天 共远，永夜月 同孤。
落日 心 犹壮，秋风病 欲苏。
古来 存 老马，不必取 长途。

大历三年（公元 768）正月，杜甫自夔州（重庆奉节，即刘备托孤地白帝城）出峡，流寓湖北江陵、公安等地。此时他已五十六岁了，北归无望，生计日蹙。此诗以首句头两字"江汉"为题，正是漂泊流徙的标志。尽管如此，诗

---

① 胡适著，吴奔星、李兴华编. 胡适诗话. 成都：四川文艺出版社，1991：350.
② 刘大杰. 鲁迅谈古典文学. 文艺报，1956（20）.

人孤忠仍存，壮心犹在。

首联。先写自己留滞在江汉一带窘迫、狼狈的境况。"思归客"等于说无家客，沦落人。对句把自己摆放在天地之间加以嘲笑，自卑当中更流露强烈自负。"一腐儒"前冠以"乾坤"二字，让诗意骤转，傲骨自负的真书生之气概毕现矣。明末清初的黄生，在其《杜诗说》中评曰："身在草野，心忧社稷，乾坤之内，此腐儒能有几人？"[1] 可谓中的之语。

颔联。紧承首句进一步借描景写目前境况与思归心情。表现上"情景交融不能区别"。"片云"和天一样辽远，这是写视野、视线所见的景象，但用意却是借此景烘托自己的孤独。对句说在此长夜之中，只有月陪伴着我。借望月景象表思归之意。

颈联。转写忧世心情。所谓"穷年忧黎元"，"落日"似和前面的"永月"、"月孤"冲突，此为比喻。黄生说："落日乃借喻暮齿。"所以此句是抒怀，而非写景。意犹曹操《龟虽寿》："烈士暮年，壮心不已。"对句再说：马在秋风里即使病了，也会产生驰骋的心思。

尾联。再写自己"烈士暮年"的壮心情怀。"直性"难改，坚守不变，到此可知这"乾坤一腐儒"的自我写照实为一个放大的"我"，给杜诗里的"家国情怀"作了最生动的解释。

浦起龙《读杜心解》云："前四直下，后四掉转。前见道远而孤，后见气盛宜返。"此评特有助于吟咏成调。

2. 五律《宿江边阁》

暝色延山径，高斋次水门。
薄云岩际宿，孤月浪中翻。
鹳鹤追飞静，豺狼得食喧。
不眠忧战伐，无力正乾坤。

大历元年（公元766年），年近花甲的杜甫移居夔州，初寓山中客堂。秋日，移寓西阁。这首诗就是描写作者在移居之前，夜宿西阁的所见所闻所感。诗人通过描绘不眠时的所见所闻，抒发了他关心时事、忧国忧民的爱国情怀。

首联"暝色延山径，高斋次水门"，交代时空。一个"延"字联系黄昏暝色与山径，用得险而奇。"高斋"即西阁，"次水门"是说临近瞿塘峡。次联"薄云岩际宿，孤月浪中翻"是千古名句。薄云过山，停岩似静宿；一轮孤月映照水中，好像在浪中翻滚。这两句是改写南朝何逊的《入西塞示南府同僚》

① 葛兆光. 唐诗选注. 杭州：浙江文艺出版社，1999：203.

诗中的两句"薄云岩际出，初月波中上"，上句改一字，下句改三字，便大不一样，不仅用近体使声律和谐，也不仅改南北朝时的粗朴为精美，关键一个"翻"字，江景、月色，飞动而幽渺，荡开了无穷的韵味。

五、六句"鹳鹤追飞静，豺狼得食喧"写夜下野外。两句一静一喧，写得生动活泼。末两句"不眠忧战伐，无力正乾坤"点透。前句看似突兀，实际仔细品味，原来之前都是"不眠"所见！由此道出了不眠的原委。时严武刚死，蜀中正大乱，战伐不已。末句表现出老杜久怀不渝匡过治世的雄心抱负、始终如一的忧心如焚，才彻夜不眠。

此诗通篇四联全对仗，但又不感到丝毫板滞，全赖其层次的有序、开阖的有度、铺卷的有方、示断的有理、连接的有机，老杜驾驭文字炉火纯青的工夫，于此诗尽见。

3. 七律《九日》

　重阳独酌杯中酒，抱病起登江上台。

　竹叶于人既无分，菊花从此不须开。

　殊方日落玄猿哭，旧国霜前白雁来。

　弟妹萧条各何在？干戈衰谢两相催。

诗写在晚年客居夔州时，此时他已漂泊多年，衣食拮据，诸病缠身，加上满目烽烟的时代环境，心境是悲慨苍凉的。这首诗借用节日活动引发的感受，典型地揭示出他的这种心境。

所谓"杜诗有句皆忧国"，此诗深切表现诗人思亲与忧国交织一体的思想感情。写法：以精工巧对成篇。又以直接议论抒情。但每句都结合形象，故而仍是情韵摇荡。

首联。先说重阳独酌，其实杯中仅为浊酒，故颔联才有"竹叶"无分，"菊花"不开之语。此"竹叶"、"菊花"皆为清酒、好酒。前四句暗示境况潦倒。颈联。一借听猿写人在"殊方"的悲怀；一借看雁写思念中原故国。尾联。承上句写思念弟妹亲人。干戈：战乱。衰谢：身体，一说秋景。"两相催"，写出饱受忧患的生命感受。

吟咏杜甫律诗艺术的两点体会：杜甫律诗对句过于精严，语言的锤炼有意追求凝重的效果，这在读诗的感觉上的确有些拘束不畅，但这种拘束不畅在传达沉郁压抑的情感内容方面反倒是很恰当的。其次杜甫是形象思维，直接抒情的诗句如"戎马关山北，凭轩涕泗流"，也完全是以形象说话。所以，虽不是寓情于景，把自然的景物转化为情感的媒介，也总能够达到某种程度的交融境界。

4．七律《又呈吴郎》

堂前扑枣任西邻，无食无儿一妇人。

不为困穷宁有此？只缘恐惧转须亲。

即防远客虽多事，便插疏篱却甚真。

已诉征求贫到骨，正思戎马泪盈巾。

写于夔州。时在大历二年。此诗写杜甫劝说自己的一位远房亲戚即题目上说的吴郎，要善待贫苦的邻居，真切表现出诗人对普通百姓的厚道心肠以及忧国忧民的情怀。理解上的难点是中间四句，可以通过翻译的方法解释。写法上是以议论的笔调，委婉的措辞达到开导吴郎的目的。这样一种生活里的事件，通过"律体"诗歌表达，语言高度概括，声韵安排妥帖，实在很不容易。中间四句虽然一时难以读懂，但真正弄懂之后，便会了解：除了杜甫的心肠好以外，他的律诗艺术、锤炼语言的能力确实高明。杜甫在叙事诗中，尽量有意识地避免发议论，但在抒情诗里，却往往大发议论，提出自己的政见和对时事的批评，如"由来强干地，未有不臣朝"、"安得务农息战斗，普天无吏横索钱"之类。为了适应内容的要求，杜甫的叙事诗概用伸缩性较大的五、七言古体，而抒情诗则多用五、七言近体。

本诗议论的特征，具体表现于诗中使用散文里常用的虚词作呼应转接，效果上避免了律诗容易导致的凝重板滞，而使全诗句调显得特别活泼流畅。本诗韵脚各字的发音特点，皆为舌面唇间，可以体会到诗的声调之低回，旋律之沉重，与诗情诗意正相配合。

5．《登高》

风急天高猿啸哀，渚清沙白鸟飞回。

无边落木萧萧下，不尽长江滚滚来。

万里悲秋常作客，百年多病独登台。

艰难苦恨繁霜鬓，潦倒新停浊酒杯。

这首诗作于唐代宗大历二年（767）秋，诗人在夔州，逢重阳节，登高临眺，萧瑟的秋景激起了身世飘零的感慨。前四句写景，后四句抒情，但其实景是融于一体的。

发端触景而起。"悲秋"之诗情传统，让此诗"起"便"情景交融"，所以，前四句实景亦是虚景。描景也同时"移情"。铺垫更是渲染。总之，情景虽分而诗情诗脉浑然一气，老杜炼意、炼句之功到此已非"交融"之说可以简单论定。

"沉郁顿挫"一词是杜甫诗风特征的标志语，是他本人最先用来概括自己诗风的特征的，此见于他的《进〈雕赋〉表》。本诗向来被认为最能反映这一特征的代表作。明代胡应麟在《诗薮》一书中誉之为"古今七律第一"。

从本诗来看，构成这一特征的要素主要有三点：1. 高度概括的构思。如：首联写景意密而景实，颈联仅以十四字为自己一生写照。足见炼意非常深刻，是反复提炼而成；2. 凝练精工的语言。除声律精严之外，全诗四联皆对，突破律体只要求中两联对仗的格式；3. 悲凉执着的抒情。细按全诗四联，诗情脉络呈现"回环往复"的特征。如：写景由动荡入闲静，由没落转顽强，抒情从悲凉转倔强，从苦恨转振奋。四个往复，连环而成篇，这种抒情方式非常清晰地反映出杜甫为人执着，不轻易放弃的个性。此种抒情和李白诗比较，白诗是"一泻千里，奔腾而下"，正好形成鲜明对照。

过去认为这首诗表现的是杜甫"叹老嗟悲"的消极情绪。今人例如赵昌平主编的《唐诗一百首》评点中说："漂泊、多病、白发、潦倒，活画出一位忧国忧民的憔悴诗人形象。"① 意思是差不多的。此外许多古代的诗评家喜欢从艺术角度赞美它，如明代的胡应麟说它是"当为古今七言律第一，不必为唐人七言律第一也"。

但从这首诗表现的情感来仔细体会，顽强和命运相抗争的气息非常浓郁。

悲秋的意绪先是在写景的前四句里传递出来，之后为直接抒发。重点体会逢双的诗句："渚清沙白鸟飞回"，承前句描写"动荡"之景，表现相对安闲平静的画面；"不尽长江滚滚来"承上句渲染的衰飒败落，则鼓舞起顽强不息的气息；"百年多病独登台"承上句写悲秋客的凄凉心情，进而表现其内心坚强不屈的精神；"潦倒新停浊酒杯"承上句因艰难而憔悴自画像，转而表现仍要激励自己，振奋此多病之躯，表达决不气馁的生活意志。实际上，整首诗是按照一种回环往复的抒情路线展开，最后定音在：尽管艰难如此，我仍将坚强地生活下去——这样一个与命运、生活抗争的主题。而这样一种情怀或感受正与老杜一生执着的个性精神相吻合。

二、杜甫《秋兴》组诗的熟诵

请按以下要求自行吟咏杜甫《秋兴》组诗（八首）：

（1）先作白文熟诵，最好十遍以上。

（2）划分诗句节奏，逐字标出平仄。

---

① 赵昌平、丁如明注释. 唐诗一百首. 上海：上海古籍出版社，1997：86.

（3）沉潜体会，试评点诵读的感受。

1. 《秋兴》（其一）

玉露凋伤枫树林，巫山巫峡气萧森。

江间波浪兼天涌，塞上风云接地阴。

丛菊两开他日泪，孤舟一系故园心。

寒衣处处催刀尺，白帝城高急暮砧。

2. 《秋兴》（其二）

夔府孤城落日斜，每依北斗望京华。

听猿实下三声泪，奉使虚随八月槎。

画省香炉违伏枕，山楼粉堞隐悲笳。

请看石上藤萝月，已映洲前芦荻花。

3. 《秋兴》（其三）

千家山郭静朝晖，日日江楼坐翠微。

信宿渔人还泛泛，清秋燕子故飞飞。

匡衡抗疏功名薄，刘向传经心事违。

同学少年多不贱，五陵衣马自轻肥。

4. 《秋兴》（其四）

闻道长安似弈棋，百年世事不胜悲。

王侯第宅皆新主，文武衣冠异昔时。

直北关山金鼓振，征西车马羽书驰。

鱼龙寂寞秋江冷，故国平居有所思。

5. 《秋兴》（其五）

蓬莱宫阙对南山，承露金茎霄汉间。

西望瑶池降王母，东来紫气满函关。

云移雉尾开宫扇，日绕龙鳞识圣颜。

一卧沧江惊岁晚，几回青琐点朝班。

6. 《秋兴》（其六）

瞿塘峡口曲江头，万里风烟接素秋。

花萼夹城通御气，芙蓉小苑入边愁。

珠帘绣柱围黄鹄，锦缆牙墙起白鸥。

回首可怜歌舞地，秦中自古帝王州。

7. 《秋兴》（其七）

昆明池水汉时功，武帝旌旗在眼中。

织女机丝虚夜月，石鲸鳞甲动秋风。

波漂菰米沉云黑，露冷莲房坠粉红。

关塞极天惟鸟道，江湖满地一渔翁。

8.《秋兴》（其八）

昆吾御宿自逶迤，紫阁峰阴入渼陂。

香稻啄余鹦鹉粒，碧梧栖老凤凰枝。

佳人拾翠春相问，仙侣同舟晚更移。

彩笔昔曾干气象，白头吟望苦低垂。

写作背景提示：《秋兴》八首是大历元年（766）杜甫五十五岁旅居夔州时的作品。它是八首蝉联、结构严密、抒情深挚的一组七言律诗，体现了诗人晚年的思想感情和艺术成就。持续八年的安史之乱，至广德元年（763）始告结束，而吐蕃、回纥乘虚而入，藩镇拥兵割据，战乱时起，唐王朝难以复兴了。此时，严武去世，杜甫在成都生活失去凭依，遂沿江东下，滞留夔州。诗人晚年多病，知交零落，壮志难酬，心境是非常寂寞、抑郁的。

请根据前人评点，体会组诗多彩的情绪和变化起伏的脉络：

王嗣奭："秋兴八首，以第一首起兴，而后七首俱发中怀；或承上，或起下，或互相发，或遥相应，总是一篇文字。"（《杜臆》）

王夫之："八首如正变七音旋相为宫而自成一章，或为割裂，则神态尽失矣。"（《船山遗书·唐诗评选》卷四）

第三节 李白"叙情"长诗的熟诵

李白之不同于杜甫，从现代人尤其是青年学生更容易领受"李白"的事实来说，很大程度上来说，是基于现代人越来越强烈的自我意识、实现个体价值的心理渴望以及张扬个性的表现冲动。自我个性意识越强，对身处的社会环境就越敏感。而李白的诗的确能满足基于个人的"反抗"心理、本于人性的"自由"需求、缘于传统的"自然"归宿感。特别是当受到不公平对待，真正遭遇被埋没命运之际，如果此时此刻想起了李白，一诵其诗往往会产生痛快淋漓"宣泄"郁闷，"块垒"释放的心理治疗作用。在这一点上，李白诗的诵读功用是独一无二的。

李白诗何以具有这种功用呢？从其诗的特质来解释，与其善于"叙情"有直接的关系。近代学者王闿运说："李白始为叙情长篇，杜甫亟称之，而更扩之，然犹不入议论。韩愈入议论矣，苦无才思，不足运动，又往往凑韵，取妍钓奇，其品盖卑，骎骎乎苏、黄矣。"① 王氏在讨论七言歌行品类时，根据李白、杜甫、韩愈等人的某些作品，首先使用了"叙情长篇"的概念。现代学者余恕诚先生在其《唐诗风貌》一书里指出："叙情长篇非有巨大的才力难以驾驭。唐诗中这一类型的成功之作多出自大诗人之手，而且又多半出现在这些诗人的中后期，是正当他们阅历丰富、精力旺盛、诗艺成熟、感慨最深的时候。由于叙情长篇的作者要用一大片魄力去写，读者也相应地要用一大片魄力去读，甚至评论介绍也要费一大片气力去从事，所以历代选本选录和反映得不够。特别是一些普及性选本，被动适应一般读者的欣赏习惯，更很少以之入选。"②

叙情诗的主要特征在于，对生活事件不像一般叙事诗那样注重叙事，或立足于有头有尾地讲述故事，如典型的中国叙事诗《孔雀东南飞》，在本分地按照生活原貌叙写事件的同时，注入自己浓烈的情感，以抒情为主。在形态上又"突破一般抒情诗形制短小、重写意的限制"，"成为重视表现实际经历和见闻、大量采用叙述手法的叙情长篇"（余恕诚语）。在这一特征上，它更符合"诗言志"的传统，其言情的身份、口气都更加士大夫化。

李白的叙情长篇最畅快最充分也最鲜明地袒露了其"安能摧眉折腰事权贵，使我不得开心颜"的精神个性。以王闿运所称道的李白叙情长篇，最具代表性的作品当属其《忆旧游·寄谯郡元参军》：

忆昔洛阳董糟丘，为余天津桥南造酒楼。
黄金白璧买歌笑，一醉累月轻王侯。
海内贤豪青云客，就中与君心莫逆。
回山转海不作难，倾情倒意无所惜。
我向淮南攀桂枝，君留洛北愁梦思。

不忍别，还相随。
相随迢迢访仙城，三十六曲水回萦。
一溪初入千花明，万壑度尽松风声。
银鞍金络倒平地，汉东太守来相迎。
紫阳之真人，邀我吹玉笙。
餐霞楼上动仙乐，嘈然宛似鸾凤鸣。

---

① ［清］王闿运撰，马积高主编. 湖湘文库湘绮楼诗文集（2）. 长沙：岳麓书社，2008：41.
② 余恕诚. 唐诗风貌. 合肥：安徽师范大学出版社，1997：206.

袖长管催欲轻举，汉东太守醉起舞。

手持锦袍覆我身，我醉横眠枕其股。

当筵意气凌九霄，星离雨散不终朝，分飞楚关山水遥。

余既还山寻故巢，君亦归家渡渭桥。

君家严君勇貔虎，作尹并州遏戎虏。

五月相呼渡太行，摧轮不道羊肠苦。

行来北凉岁月深，感君贵义轻黄金。

琼杯绮食青玉案，使我醉饱无归心。

时时出向城西曲，晋祠流水如碧玉。

浮舟弄水箫鼓鸣，微波龙鳞莎草绿。

兴来携妓恣经过，其若杨花似雪何。

红妆欲醉宜斜日，百尺清潭写翠娥。

翠娥婵娟初月辉，美人更唱舞罗衣。

清风吹歌入空去，歌曲自绕行云飞。

此时行乐难再遇，西游因献长杨赋。

北阙青云不可期，东山白首还归去。

渭桥南头一遇君，酂台之北又离群。

问余别恨今多少，落花春暮争纷纷。

言亦不可尽，情亦不可及。

呼儿长跪缄此辞，寄君千里遥相忆。

这首"忆旧游"的诗是作者写寄给好友元演的，演时为亳州（即谯郡，州治在今安徽亳州）参军。诗曾收入《河岳英灵集》，其中又提到长安失意之事，故当作于公元744年（天宝三载）至753年（天宝十二载）间。诗中叙述了天宝初年诗人思想感情发展变化的历程，以及与元参军四番聚散的经过。全诗长达六十二句，《唐宋诗醇》评云："历数旧游，纯用叙事之法，奇情胜致，使览者应接不暇。"[1] 清代延君寿《老生常谈》说："一首长歌，以惊艳绝世之笔，写旧游朋从之欢。"[2]可知，冠以"叙情长篇"之名极为恰当。

---

① 转引自余恕诚. 唐诗风貌. 合肥：安徽大学出版社，1997：231.

② 转引自余恕诚. 唐诗风貌. 合肥：安徽大学出版社，1997：231.

诗篇的组织，以与元参军的离合为经纬，共分四段。前三段依次给读者展现出许多美好的情事。第一段从"忆昔洛阳董糟丘"到"君留洛北愁梦思"，追忆诗人在洛阳时的放诞生活及与元演的第一番聚散。第二段从"相随迢迢访仙城"到"君亦归家渡渭桥"，追忆偕元演同游汉东郡即随州（州治在今湖北随县），与汉东太守及道士胡紫阳游乐情事。第三段从"君家严君勇貔虎"到"歌曲自绕行云飞"，追忆诗人在并州受元演及其父亲热情款待的情况。第四段从"此时行乐难再遇"到篇末。这一句既收束前文，又启下写长安失意时与元的又一度相逢。仅以开端来体会，李白形象即跃然纸上。从洛阳一酒家（"董糟丘"）说起，跟上一句是"为余天津桥（在洛阳西南之洛水上）南造酒楼"，何等主观的夸张！在自称"酒中仙"的诗人面前，简直就没有一个配称能饮酒的人。少年李白生活豪纵，充满进取精神，饮酒是追求一种精神上的解放："黄金白璧买歌笑，一醉累月轻王侯。"，"一醉"而至于"累月"，又是一个令人惊讶、令人叫绝的夸张，在这样的人面前真正是"万户侯何足道哉！"至于他的交游，尽是"海内贤豪青云客"，而其中最称"莫逆"之交的又是谁呢？以下自然带出元参军。随即只用简短两句形容其交谊：彼此"倾情倒意"到可以为对方牺牲一切（"无所惜"）的地步，以至"回山转海"也算不得什么（"不为难"）了。既叙得峻洁，又深蕴真情笃意。这开头已给读者留下深刻的印象。

对于李白的精神个性，笔者曾在一篇题为《个性与酒：重读李白的感言》的文中，有如下论述：

因为活在后人心中的诗句使李白成为"不朽"的诗人；也因为在上千年的时间里，一代代的人都乐意去读他的诗，为他的诗意、诗情所征服，使得李白成了"伟大"的诗人。在这里"不朽"与"伟大"差不多就是后人对李白最确定的赞扬和评价。然而，有趣的问题也在这里产生：按照中国人最传统的见地——文如其人，李白的诗意诗情究竟表现着他是怎样一个"人"？到底凭什么他能拥有此种在中国诗歌史上只有极少数诗人才会拥有的盛誉？在他的天才、谪仙人、浪漫诗人等等的赞美之词的背后，李白还有没有一种最世俗平凡、最坦率真实的人性和生活？

几乎所有的人都不持异议，那便是：在现存的李白九百多首诗中，最能反映其个性的是其饮酒之作。曾有一位著名的学者不无惊叹地说："酒是李白的第二生命，他的诗集里说到酒的地方，几乎俯拾皆是。"元朝一个叫辛文房的人写过一本小书，名《唐才子传》，其中关于李白的传文也不过千把字，却好像是用李白饮酒的轶事穿连起来的。便如记载李白客居山东任城时，于徂徕山中，与那里的隐士交往，号称"竹溪六逸"。但在竹溪之畔，这些人整日酣饮，给人的印象，不过是六个酒徒的暂时聚会；在长安，他与老诗人贺知章、以狂草著名的书法家张旭等结为"饮酒八仙人"，杜甫在《饮中八仙歌》里描写李白饮到狂时说"天子呼来不上船，自称臣是酒中仙"；在唐玄宗的金銮殿上他则大醉之中挥写诏书，并傲慢地令当朝天子宠爱的太监高力士脱靴伺候，最终，这种傲慢导致了他长安求官失败的结局。

生活中的李白是如此的傲气、率直和狂放，但这一切又并非李白天性如此，或者，一个有才华的人是把才华作为资本来向他人使性弄气。如果仅仅把这一切归于个人的原因，那么李白也就无可言说了。说到李白的天性，从他的诗中可以感觉到：敏感、冲动、孩子般的天真，以及诗人的才气，那实在是上苍特别赋予给他的。敏感，甚至是过分的敏感，是李白个性中最强烈的特点，它常常使李白难以适应外部世界："秋露白如玉，团团下庭绿。我行忽见之，寒早悲岁促。"（《日出入行》之二）只是因为偶然瞥见庭院里的绿意消失了，他的心便会难过得不行。"孔圣犹闻伤凤麟，董龙更是何鸡狗！""吟诗作赋北窗里，万言不值一杯水。世人闻此皆掉头，有如东风射马耳。"（《答王十二寒夜独酌有怀》）在专制的社会环境里，李白更显得格格不入，"世人闻此皆掉头"。那么世人热衷的是什么呢？是屈从专制权势的阿谀拍马、钻营伪饰。世风越是混浊，诗人越是敏感，反应也越是激烈："巴人谁肯和阳春，楚地犹来贱奇璞。黄金散尽交不成，白首为儒身被轻。一谈一笑失颜色，苍蝇贝锦喧谤声。"（同上引诗）杜甫是了解李白的，他曾经痛苦道："不见李生久，佯狂真可哀。世人皆欲杀，吾意独怜才。"（《不见》）悲叹李白的人生："痛饮狂歌空度日，飞扬跋扈为谁雄？"（《赠李白》）杜甫的诗句真是写尽了李白的悲哀，那便是：处在专制文化氛围之内，一个人越是具有自己鲜明的个性，那么他的人生越是充满痛苦。坚守个性，在这种情况下便意味着一个人要与整个社会对抗，而其结果是不言而喻的。在这个意义上，如果说李白的悲哀表现着个性与一种社会文化的冲突也许并不夸张，而如果进一步说，李白的悲哀最不寻常之处则在于显示了一种敢于和不良世风相抗衡的独立人格，并告诉后人，在那样的历史环境里，一个人在社会生活当中的不适应、不顺从也是一种做人的风范。[1]

---

[1] 陈向春. 个性与酒：重读李白的感言. 长白论丛，1997（4）.

一、解读并熟诵《答王十二寒夜独酌有怀》（要求划开节奏单位）

昨夜吴中雪，子猷佳兴发。

万里浮云卷碧山，青天中道流孤月。

孤月沧浪河汉清，北斗错落长庚明。

怀余对酒夜霜白，玉床金井冰峥嵘。

人生飘忽百年内，且须酣畅万古情。

君不能狸膏金距学斗鸡，坐令鼻息吹虹霓。

君不能学哥舒，横行青海夜带刀，西屠石堡取紫袍。

吟诗作赋北窗里，万言不值一杯水。

世人闻此皆掉头，有如东风射马耳。

鱼目亦笑我，谓与明月同。

骅骝拳跼不能食，蹇驴得志鸣春风。

《折杨》《黄华》合流俗，晋君听琴枉《清角》。

《巴人》谁肯和《阳春》，楚地犹来贱奇璞。

黄金散尽交不成，白首为儒身被轻。

一谈一笑失颜色，苍蝇贝锦喧谤声。

曾参岂是杀人者？谗言三及慈母惊。

与君论心握君手，荣辱于余亦何有？

孔圣犹闻伤凤麟，董龙更是何鸡狗！

一生傲岸苦不谐，恩疏媒劳志多乖。

严陵高揖汉天子，何必长剑拄颐事玉阶。

达亦不足贵，穷亦不足悲。

韩信羞将绛灌比，祢衡耻逐屠沽儿。

君不见李北海，英风豪气今何在！

君不见裴尚书，土坟三尺蒿棘居！

少年早欲五湖去，见此弥将钟鼎疏。

李白的朋友王十二写了一首题为《寒夜独酌有怀》的诗赠给李白，李白便写了这首答诗，酣畅淋漓地抒发情怀。

诗的前八句叙事，设想王十二怀念自己的情景。诗人没有正面点明，而是巧妙地借用了东晋王子猷访戴的典故来暗示。戴安道与王子猷都是当时的名士，故此典故，也有表明诗人自己与王十二品格高洁的意思。

为了衬托王十二对朋友的美好感情，诗人把王十二怀友时的环境也描绘得很美。本来万里天空布满了浮云，等到王十二怀友的"佳兴"一发，那碧山似的浮云就突然收卷起来，孤月悬空，银河清澄，北斗参差，清明的夜色给人以夜凉如水之感。在皎皎月光下，满地夜霜，一片晶莹明净，井边的栏杆成了"玉床"，井成了"金井"，连四周的冰也嶙峋奇突，气概不凡。

这是诗人凭借丰富的想象创造出来的美好境界，佳境佳兴，景真情真，好像王十二就出现在面前，诗人怎能不倾心吐胆，畅叙情怀呢？

"人生飘忽百年内，且须酣畅万古情"是过渡句，它既承上文的"怀余对酒"，又启下文的抒怀。下面，诗分三个层次，洋洋洒洒地抒写诗人的万古情怀。

第一层，"君不能狸膏金距学斗鸡"至"楚地犹来贱奇璞"，感慨贤愚颠倒、是非混淆的现实。一开始，诗人写佞幸小人得势，连用两个"君不能……"，感情喷薄而出，鄙夷之情难以遏止。写斗鸡徒，用"狸膏金距"四字，写出他们为了投皇帝所好，挖空心思，出奇争胜的丑恶行径。"坐令鼻息吹虹霓"，用漫画式的笔法，描绘得宠鸡童骄横愚蠢的丑态。李白也反对那种以武力屠杀来邀功的人，"横行青海夜带刀，西屠石堡取紫袍"，仅仅两句，一个凶悍的武人形象就跃然纸上。接着写志士才人受压的情景。以学识济天下，这是诗人所向往的。可是他们的才能往往不能为世所用，"世人闻此皆掉头，有如东风射马耳"，形象地描绘出才志之士不被理解、不被重视的处境。

诗人对这种社会现实十分愤慨，他用了两个通俗的典故做比喻。一个是鱼目混珠。用"笑"字把"鱼目"拟人化了，"鱼目"把才高志雄的诗人比作明月珠，然后又进行嘲笑，小人得志的蠢态，被刻画得淋漓尽致。二是以骅骝和蹇驴比喻贤人与庸才。这也是很常见的。贾谊《吊屈原赋》云："腾驾罢牛，骖蹇驴兮；骥垂两耳，服盐车兮。"李白在这里却进一步用"拳跼"二字写出了良马压抑难伸的情状，用"鸣春风"写出了跛脚驴子的得意神态，两相对照，效果分外鲜明。寻常俗典，一经诗人手笔，便能焕发出奇馨异彩。

最后写造成这种现实生活中贤愚颠倒的原因，是统治集团无德无识。写他们目不明，用了和氏璧的典故；写他们耳不聪，用了听乐的典故。《阳春白雪》之曲、《清角》之调，他们不仅听不懂，而且像德薄的晋平公一样，不配听。

第二层，"黄金散尽交不成"至"谗言三及慈母惊"，写自己受谗遭谤的境遇。李白很想通过广泛交游来施展自己的才能和抱负。可是"黄金散尽交不成"，尝尽了世态的炎凉，还时时受到苍蝇一类小人花言巧语的诽谤。谗言之可畏，就像曾母三次听到"曾参杀人"的谣言，也信以为真那样。

第三层，"与君论心握君手"以下，写诗人所持的态度和今后的打算。"与君论心握君手"，诗人以对老朋友谈心的方式披露了自己的胸怀。面对现实，他决定置荣辱于度外，而羞与小人为伍。这时诗人的感情也由前面的揶揄嘲讽，转为愤激不平，诗意起伏跳宕，奇突转折。"孔圣犹闻伤凤麟"，像孔子那样的圣人，尚不能遭逢盛世实现他的理想，何况我呢？"董龙更是何鸡狗"，如董龙之辈的李林甫、杨国忠这些宠臣又算什么东西！诗人的心情抑郁难平，因而发出了"一生傲岸苦不谐，恩疏媒劳志多乖"的声声慨叹。接着，诗人又以严陵、韩信、祢衡这些才志之士作比，表现出傲岸不屈、不为苟合的高洁人格和豁达大度的胸怀。诗人任凭感情自由奔泻，如长江大河，有一种浪涛奔涌的自然美。可以说，诗人是嬉笑怒骂皆成文章，英风豪气溢于笔端。

最后写今后的打算：浪迹江湖，远离污秽的朝廷。连用两个"君不见"的句式，与前面的"君不能……"、"与君论心……"相呼应，使畅叙衷肠的气氛更浓。这里提到的与李白同时代的李邕和裴敦复，均被当朝宰相杀害，李白把他们的遭遇作为贤愚颠倒、是非混淆的例证提出来，愤慨地表示："见此弥将钟鼎疏"。诗人这种襟怀磊落、放言无忌的精神，给诗歌披上了一层夺目的光彩。

不错，李白早就有泛舟五湖的打算，但他的归隐有一个前提，就是须待"事君之道成，荣亲之义毕"（《代寿山答孟少府移文书》）。现在，既然还没能做出一番轰轰烈烈的事业来"事君荣亲"，当然也就不会真的去归隐。所谓"泛五湖"、"疏钟鼎"，只不过是他发泄牢骚和不满的愤激之词。

宋人陈郁说："盖写形不难，写心唯难也。"（《藏一话腴》）这首诗，却正是把诗人自己的内心世界作为表现对象。诗以议论式的独白为主，这种议论，不是抽象化、概念化的说教，而是"带情韵以行"（沈德潜《说诗晬语》卷六十），重在揭示内心世界，刻画诗人的自我形象，具有鲜明的个性特点。即使是抒发受谗遭谤、大志难伸的愤懑之情，也是激情如火，豪气如虹，表现了诗人粪土王侯、浮云富贵，不与统治者同流合污的精神。同时又由于诗人对生活观察的深刻和特有的敏感，使这首诗反映了安史之乱大动荡前夕，李唐王朝政治上贤愚颠倒、远贤亲佞的黑暗现实。全诗具有强烈的感情色彩，激情喷涌，一气呵成，具有一种排山倒海的气势，读之使人心潮难平。[①]

二、评点并熟诵《梁甫吟》(要求划开节奏单位)

长啸梁甫吟，何时见阳春。

---

① 本段文字的作者为张燕瑾先生，唐诗鉴赏辞典. 上海：上海辞书出版社，1983：317.

君不见朝歌屠叟辞棘津，八十西来钓渭滨。

宁羞白发照清水，逢时吐气思经纶。

广张三千六百钓，风期暗与文王亲。

大贤虎变愚不测，当年颇似寻常人。

君不见高阳酒徒起草中，长揖山东隆准公。

入门不拜骋雄辩，两女辍洗来趋风。

东下齐城七十二，指挥楚汉如旋蓬。

狂客落魄尚如此，何况壮士当群雄。

我欲攀龙见明主，雷公砰訇震天鼓，

帝旁投壶多玉女。三时大笑开电光。

倏烁晦冥起风雨，阊阖九门不可通。

以额扣关阍者怒。白日不照吾精诚，

杞国无事忧天倾。猰貐磨牙竞人肉，

驺虞不折生草茎。手接飞猱搏雕虎，

侧足焦原未言苦。智者可卷愚者豪，

世人见我轻鸿毛。力排南山三壮士，

齐相杀之费二桃。吴楚弄兵无剧孟，

亚夫咍尔为徒劳。梁甫吟，声正悲。

张公两龙剑，神物合有时。

风云感会起屠钓，大人倪屼当安之。

这首诗一般认为是天宝三载（744）李白离开长安时的作品。作者通过吕尚、郦食其等的故事和一些神话传说，表达遭受挫折的愤懑以及期盼明君知己的愿望。全诗纵横跌宕，变幻恍惚，淋漓悲壮。古人评点很多，清人赵翼《瓯北诗话》（卷一）云："青莲工于乐府，盖其才思横溢，无所发舒，辄借此以逞笔力，故集中多至一百十五首。有借旧题以写己怀，述时事者。"[1] 葛立方《韵语阳秋》卷十一云："首言钓叟遇文王，又言酒徒遇高祖，卒自叹己之不遇。"[2] 方东树《昭昧詹言》卷十二云："此是大诗，意脉明白而段落迷离莫辨。"[3]

① 王强，左汉林主编. 唐诗选注汇评. 成都：巴蜀书社，2008：78.

② ［清］王琦. 李白全集. 长春：时代文艺出版社，2001：1442.

③ ［唐］李白著，瞿蜕园、朱金城校注. 李白诗校注. 上海：上海古籍出版社，1980：218.

笔者曾从网上某论坛见到一则评论,见解独到,特录在兹:"对于一个狂傲的,追求绝对自由并以为自己已经达到的人,最大的打击,便是被迫发现自己的有限性。孙悟空从如来的手掌起飞,本想发现世界尽头,却迫于佛法无边看到了自己的尽头。那一瞬间,齐天大圣的心中该是怎样一种痛苦。他不愿承认,所以如来拿走他五百年的自由,强迫他接受这一现实。我不知道李白是否看到了自己的有限,反正现实已给了他足够的暗示,或许他是由于不愿承认才举酒狂歌,在迷醉的幻境中恣意妄为?"

第四节 王维"辋川"组诗的熟诵

从功用的角度看王维诗,先要了解一个基本事实即他的诗里充满了各种生活压力,以及宣泄这些压力的情绪。《赠从弟司库员外絿》云:"少年识事浅,强学干名利。徒闻跃马年,苦无出人智。"这是出人头地,追求名利;《献始兴公》云:"宁栖野树林,宁饮涧水流。不用食粱肉,崎岖见王侯。……感激有公议,曲私非所求。"这是正道直行,追求公议;《偶然作》云:"日夕见太行,沉吟未能去。问君何以然,世网婴我故。小妹日成长,兄弟未有娶。家贫禄既薄,储蓄非有素。几回欲奋飞,踟蹰复相顾。"这是生活贫困中对家人的牵挂;《送朱大入秦》云:"游人五陵去,宝剑值千金。分手脱相赠,平生一片心。"这是待友的真诚与同病相怜。——对绝大多数人来说,面对"苦境",追逐功利,在功利与道德之间徘徊挣扎乃是人生常态,号为"诗佛"的王维,也并不例外。

那么,王维如何给自己的生命"减压"?——是音乐、绘画、写诗这些单纯的艺术创作活动?人们知道:王维生活的中晚期与佛禅的联系越来越密切。以音乐、绘画、写诗三项来说,与修禅关系最密切的是诗。通常我们只就王维诗探讨其与画与音乐的关系,而对王维生命需求来说,最具作用的元素是:(1)写诗(宣泄情感与表现性情);(2)观赏自然(回归人类原本的生命环境);(3)参悟佛禅(获得"安心"法门)。王维诗体现了这三者的综合。换句话说,我们完全可以借其诗来探讨其人"解脱生命烦忧"的活动与特殊方式。

王维诗的主要特征可用两个字概括:淡与静,如"澄淡精微"(司空图)、"淳古淡泊"(欧阳修)、"清深闲淡"(魏庆之),均凸显一个"淡"字。陆侃如、冯沅君两先生指出:王维作诗"最爱用'静'字",而这个字,恰恰是读解"王维的诗的钥匙"①。淡静的诗来自空净的心，而此心是经由修炼禅道而成。禅宗经典《坛经》中认为通过"净心"达到"心量广大，犹如虚空"。"世界虚空，能含万物色相，日月星宿，山河大地、泉源溪涧，善人恶人，恶法善法，天堂地狱，一切大海，须弥诸山，总在空中，世人性空，亦复如是。"②宗白华先生在《中国艺术意境之诞生》一文里指明："禅是中国人在接触佛教大乘教义后，认识到自己心灵的深处，而灿烂地发挥到哲学境界与艺术境界，静穆地观照和飞跃的生命，构成艺术的两元，也是构成禅的心灵状态。"此种禅心境界又与俗世所说审美境界天然一体。

俗心转化为禅心的原理，在"向死而生"（海德格尔语）。"在璀璨的反光里面，我们把握到生命"（歌德语），即当人觉悟到生命无常之时，证悟到自己的本性是虚空，由此产生对纷浮世事不黏不滞、无执无求的态度是解脱，是"去蔽"。读王维的山水禅诗令人心灵空、静。明代胡应麟说："如'人闲桂花落'、'木末芙蓉花'，读之身世两忘，万念皆寂。"（《诗薮》）许学夷说："摩诘胸中渣秽净尽，而境与趣合，故其诗妙至此耳。"（《诗源辨体》）清人金圣叹说王维诗"诵之使人油然感其温柔敦厚，不觉平时叫嚣之气皆失也"（《贯华堂选批唐才子诗·评酬郭给事》）。王士禛说："唐人五言绝句，往往入禅，有得意忘言之妙。观王（维）裴（迪）《辋川集》及祖咏《终南残雪》诗，虽钝根初机，亦能顿悟。"（《香祖笔记》）

"禅心"相对于俗心而言，最迷人处在"空静"二字。禅心空静，因此而化解了生活的压力，其结果是"苦"转化为"乐"。如《秋夜独坐》句"雨中山果落，灯下草虫鸣。"可体会诗人心灵在享受着一种平静安详的快乐。心与环境融为一体，乐来自不可名状的深处。如《过感化寺》句："野花丛发好，谷鸟一声幽。夜坐空林寂，松风直似秋。"如《书事》："轻阴阁小雨，深院昼慵开。坐看苍苔色，欲上人衣来。"如《过香积寺》："古木无人径，深山何处钟。泉声咽危石，日色冷青松。"这一类诗作让我们看出：王维的"闲居静坐"虽然都带有禅定禅观的目的，但在"静坐"之时，绝非枯寂息念，而是耳有所闻，眼有所见，心有所感，思有所悟。其次这种来自心灵深处的快乐，常常是在观想自然物境之际，会心一悟而发生。于是此"乐"也就成为超越的生命境界之重要标识。

现代学者认为，人生境界可分四种层次：一是"自然"。在此境界中，人

---

① 陆侃如、冯沅君. 中国诗史. 北京：作家出版社，1957：359.

② 陈秋平，尚荣译注. 金刚经心经坛经. 北京：中华书局，2007：151—152.

对其从所事的活动尚无自觉清楚的了解，是低级的状态；二是"功利"。在此境界中，人尽管对所从事的活动有较为清楚的了解，但其行为常常是利己的，不能将自己与社会统一起来，是一种偏狭的状态；三是"道德"。在此境界中，人以"行义"，即给社会作贡献为目的，从而超越了个人与社会的对立，是一种高级的人生境界，却未免还有"刻意为善"的痕迹；四是"天地"。在此境界中，人不仅认识到自己是社会的一员，因而要对社会有所贡献，而且意识到人从根本上就是与宇宙同体的，亦即"天人合一"，知天、事天、乐天，以至于同天。这是人生的最高境界。① 儒家进取所能达成的最高境界如果是"同天"，那么，王维诗便是在苦求这一境界途中的心灵驿站。

一、解读王维山水诗的"空灵"

1.《渭川田家》

斜光照墟落，穷巷牛羊归。野老念牧童，倚杖候荆扉。

雉雊麦田秀，蚕眠桑叶稀。田夫荷锄至，相见语依依。

即此羡闲逸，怅然吟《式微》。

此诗专以田园为歌咏之题，最见陶诗风度。或可以说是王维诗中承陶诗之风度的代表。也因它承陶之故，所以并不是王维的山水田园诗的本色之作。真正属于他的乃是融入佛家禅趣的山水田园，是一种更加宁静灵动的诗境。请看以下诗作：

2.《山居秋暝》

空山新雨后，天气晚来秋。明月松间照，清泉石上流。

竹喧归浣女，莲动下渔舟。随意春芳歇，王孙自可留。

首句"空"字，亦非仅指山的空旷，也说人心的空旷。但此空旷之心，却是"晚年好静"修成的。因为有此空旷的心，方能发现此空山里的种种美好。空即无生，即无欲，因空而见美，这是本诗揭示的一个真理。

3.《山中》

荆溪白石出，天寒红叶稀。山路元无雨，空翠湿人衣。

这里的芙蓉花树，实是"我"之一种幻象。诗人以它观"我"，"山中"、"涧户"实是"我"在的幻境，故"无人"是说此境为空。结句意为我之生命应自然生灭，回归于此空境之中。

4.《秋夜独坐》

---

① 冯友兰. 冯友兰学术精华录. 北京：北京师范大学出版社，1988：224—227.

独坐悲双鬓，空堂欲二更。雨中山果落，灯下草虫鸣。

白发终难变，黄金不可成。欲知除老病，唯有学无生。

佛以人生为苦海："苦海无边，回头是岸。"此诗中所写即诗人"回头"之意。也可以指为诗人死亡心理准备的一个实录。首句先说悲凉。暮年将死之人，对于生命所发出的悲凉之感。"空堂"，非空空如也之堂，乃参悟修行之地。

5.《辋川集·竹里馆》

"独坐幽篁里，弹琴复长啸。深林人不知，明月来相照。"

这首诗表现的是对一种佛禅"空境"的体验，自生自乐自灭，终归于无的禅意。"幽篁"实为"空境"。虽说是佛国空境却并不空寂，而有一片生趣。此种"空境"之乐，缘于龙树的"中道"空义。

6.《辋川集·鸟鸣涧》

人闲桂花落，夜静春山空。月出惊山鸟，时鸣春涧中。

王鏊在《震泽长语》里说："摩诘以淳古淡泊之音，写山林闲适之趣，如辋川诸诗，真一片水墨不着色画。"写静便是此诗的主旨。第二句"春山"之"春"犹可注意，可解为"一切有"，"一切欲望"。而一切全在"夜静"里消歇，"空"掉了。但此句中明写出的"静"字还只是一个前层、实在的静。后两句暗写出的"静"，却是本诗真正要写的大静即佛所说静，或佛说空的本体之所在。换句话说，到此静中，诗人的精神已经融化其中，归依其里了。所以一般地讲"以静写动，又以动态写静态"，远没有搔到痒处。静态的背后还有深邃的意趣，这就是禅意。

二、熟诵"辋川"组诗

王维《辋川集·并序》："余别业在辋川山谷，其游止有孟城坳、华子冈、文杏馆、斤竹岭、鹿柴、木兰柴、茱萸沜、宫槐陌、临湖亭、南垞、欹湖、柳浪、栾家濑、金屑泉、白石滩、北垞、竹里馆、辛夷坞、漆园、椒园等，与裴迪闲暇，各赋绝句云尔。"

1. 孟城坳

新家孟城口，古木余衰柳。

来者复为谁？空悲昔人有。

2. 华子冈

飞鸟去不穷，连山复秋色。

上下华子冈，惆怅情何极！

3．文杏馆

文杏裁为梁，香茅结为宇。

不知栋里云，去作人间雨。

4．斤竹岭

檀栾映空曲，青翠漾涟漪。

暗入商山路，樵人不可知。

5．鹿柴

空山不见人，但闻人语响。

返景入深林，复照青苔上。

6．木兰柴

秋山敛余照，飞鸟逐前侣。

彩翠时分明，夕岚无处所。

7．茱萸泮

结实红且绿，复如花更开。

山中倘留客，置此芙蓉（一作茱萸）杯。

8．宫槐陌

仄径荫宫槐，幽阴多绿苔。

应门但迎扫，畏有山僧来。

9．临湖亭

轻舸迎上（一作仙）客，悠悠湖上来。

当轩对樽酒，四面芙蓉开。

10．南垞

轻舟南垞去，北垞淼难即。

隔浦望人家，遥遥不相识。

11．欹湖

吹箫凌极浦，日暮送夫君。

湖上一回首，山青卷白云。

12．柳浪

分行接绮树，倒影入清漪。

不学御沟上，春风伤别离。

13．栾家濑

飒飒秋雨中，浅浅石溜泻。

跳波自相溅，白鹭惊复下。

14．金屑泉

日饮金屑泉，少当千余岁。

翠凤翔文螭，羽节朝玉帝。

15．白石滩

清浅白石滩，绿蒲向堪把。

家住水东西，浣纱明月下。

16．北垞

北垞湖水北，杂树映朱栏。

逶迤南川水，明灭青林端。

17．竹里馆

独坐幽篁里，弹琴复长啸。

深林人不知，明月来相照。

18．辛夷坞

木末芙蓉花，山中发红萼。

涧户寂无人，纷纷开且落。

19．漆园

古人非傲吏，自阙经世务。

偶寄一微官，婆娑数株树。

20．椒园

桂尊迎帝子，杜若赠佳人。

椒浆尊瑶席，欲下云中君。

王维很幸运。在属于他的时代里，整个中国古代的诗体文学到达一个最好的状态，然而这最好状态的标志又是什么呢？从功用的诗学立场来说，当是：传统文人借诗达成生命减压的目的，给自己创造出越来越多样化的精神家园。王维之前，陶渊明以老庄道家的生命姿态稀释了儒家的紧张，借诗和酒的力量达成一份轻松。他的"家园"松菊繁茂，酒香扑鼻。而王维的幸运是：恰逢佛教文化与中国本土文化相处最融洽的一个伟大时代，他能借禅宗之力活出一份安宁来。他的家园清泉流淌，月光明媚，空灵而深邃。总之，在中国传统诗歌文学宝库里，就其对人的精神世界产生作用的性质来说，既有"积极"的资源，它催人奋发，自强不息；也有"消极"的资源，让人心平气和，海阔天空。今天的古诗阅读其实是对这一精神"资源"的一种"各取所需"式的汲取，但深刻地了解这一"资源"的价值，却是汲取的重要前提。

第五节　李商隐"无题诗"的熟诵

　　至少到今天为止，给李商隐诗的价值定位，仍然不是一件轻松的事情。就诗本身的特征来说，他的独一无二在于，用"美丽"的诗语将复杂的个人情感世界艺术化地呈现出来。从功用的角度来说，这样的诗，与杜甫和王维的诗具有同等的教化意义，不过李商隐的诗更偏重在"培养一种比较高雅的审美口味"，借此能让我们更加重视自己民族文化的珍宝，培养一种对于中国对于汉语文学的兴趣。从诗学的研究价值来说，则体现在"对仗的工整、用词的雅致、感情的丰富、表现内心生活的深度及其探索诗歌语言方面"。

　　用汉字作诗容易作得美，它整齐、讲究对仗和声韵和谐，也因此特别适合构思成"诗联"，作为最精美的诗中名句。在这一点上，李商隐将其发挥到极致。他的诗联有两种，一是灵感天成，极为自然的。例如"春蚕到死丝方尽，蜡炬成灰泪始干"、"身无彩凤双飞翼，心有灵犀一点通"；一是人为推敲出来的。例如"梦为远别啼难唤，书被催成墨未浓"，前一句偏于天成，对句明显是刻意锤炼出来的，但两句对得极美。以文化诗学的审美理念来说，寻求美也是一种教化、一种教养。杜诗的美在"家国情怀"；王维诗的美在"安顿心灵"；李商隐的诗却是通过创造美的辞象，呈现自己"心灵"的反省，也因此，多彩绚丽辞象的里面隐含着颇为复杂的心灵感受。

　　晚唐张为《诗人主客图》列李商隐为"瑰奇美丽主"。后人称其为古典的唯美诗人。又因《无题》诸作，成为中国诗歌象征文学的鼻祖。如他的《锦瑟》情感抒发达到了极致。"沧海月明珠有泪，蓝田日暖玉生烟"，怎样解释都有理，苍凉感、寂寞感，还有"玉"在日光折射下的朦胧感，都说得通。但到底要表达诗人什么意思，真是难得考证，难得说清楚。但诗意内容又像是影影绰绰蕴藏了许多东西似的，常会引起读者探索的好奇心。这一切究竟是怎样造成的呢？至少有一种因素最值得注意，那就是李商隐使用辞藻有很强的"节制"力，也可以说遣词造句的"分寸"感控制得恰当好处。因为，在整体上他的诗歌典雅高贵，精致而又深邃。尽管表达的情绪是那样悲伤、颓唐，但用词总是那么华美。尤其是他诗中写到许多女性，却不似同时的文人如韩偓那样轻薄，流露"狎兴"，而总是在一种雅致的语调里将真挚感真切地传递出来。如《嫦娥》：

　　云母屏风烛影深，长河渐落晓星沉。
　　嫦娥应悔偷灵药，碧海青天夜夜心。

刘学锴、余恕诚两先生所著《李商隐诗歌集解》云:"……推想嫦娥心理,实已暗透作者自身处境与心境。嫦娥窃药奔月,远离尘嚣,高居琼楼玉宇,虽极高洁清静,然夜夜碧海青天,清冷寂寥之情固难排遣;此与女冠之学道慕仙,追求清真而又不耐孤子,与诗人之蔑弃庸俗,向往高洁而陷于身心孤寂之境均极相似,连类而及,原颇自然。故嫦娥、女冠、诗人,实三位而一体,境类而心通。"①

换一个角度来说,他是在用美辞雅思来节制悲伤,包装悲伤。宋人杨亿没有看出在商隐诗美丽辞藻的"拼凑"背后其实隐藏着极真实的心灵感受,因而批评说"商隐为文多简书册,左右鳞次,号獭祭鱼"(《谈苑》)。倒是清初的钱谦益读懂了,在他的《李义山诗笺注》里,说"绮靡浓艳,伤春悲秋,至于'春蚕到死'、'蜡烛成灰',深情罕譬,可以涸爱河而干欲火"。所以,"晦涩"的李商隐诗并非不可解,每个读者都可以简单地理解。关键是要尊重"感受",和"阐释"同样重要的"感受"。李商隐以爱情生活为主要内容的"无题诗",呈现的正是一种"美丽"与"深情"复杂结合的状态。他着力刻画、烘染爱情相思的内在心理,不在于容貌、体态、服饰、举止等方面的描写,连恋爱的情事与活动的环境也很少涉及。展现在眼前的,主要是人物的各种心态,即期待与焦虑、失望与苦痛、寂寞与忆念、憧憬与烦闷。一句话,是那种身心专注、缠绵执着的相思之情。

一、解读"无题诗"的美丽

李商隐的无题诗表现的是一种"哀乐循环无端"(张采田《李义山诗辨正》)的感情境界。这种感情的境界,在诗人笔下是以悲剧性的爱情相思的形态呈现出来的,但又不必拘泥于爱情生活这一点上,亦可以旁通于人生的其他领域,诸如政治的失意、身世的沉沦、年华的消逝、家庭的不幸以至于整个国家和社会走向衰颓没落时代的悲剧性时代气氛,都能借以得到概括反映。所以,这是一种复杂的"美丽"。

1.《无题》
相见时难别亦难,东风无力百花残。
春蚕到死丝方尽,蜡炬成灰泪始干。
晓镜但愁云鬓改,夜吟应觉月光寒。
蓬山此去无多路,青鸟殷勤为探看。

---

① 费振刚. 中国古代文学要籍精解. 北京:北京大学出版社,2009:352.

这首诗写暮春时节与所爱女子别离的伤感和别后悠长执著的思念。抒情细腻委婉是本诗的突出特点。诗意脉络起伏转折地展开，以此取得抒情委婉的效果。首联写别离之苦，重笔点染，以东风无力百花残烘托愁绪，意蕴丰富，感慨深沉。颔联从自己方面抒写了别后无穷的思念与离恨，以春蚕丝尽蜡炬泪干写心情的失望和纠缠纠结，比喻中寓象征，情感热烈缠绵，沉着深至。到颈联时有了一个转折，作者转写对方别后的感受，于细致体贴中见深情。末联与前三联又形成一个转折，前三联表现出了相逢无日，爱情受折磨的凄凉。末联运用神话故事，表明一切折磨不能使情中断。每一转折，抒情意味便跟着转强，情绪似由谷底忽升。总之，首联入笔细腻；颔联承上写自己对这份感情至死不渝、忠贞不变的态度；颈联从对方落笔传递诗人无限体贴和关怀，最是感人；尾联则暗示无法正常的交往，但希望借书信传递情意。

"夜吟"一句从"应"字来品味看，似是由己及人，想象对方在月光之下吟诵的情形。正如杜甫困在京城时想象妻子儿女在月光下对他的想念："今夜鄜州月，闺中只独看。遥怜小儿女，未解忆长安。香雾云鬟湿，清辉玉臂寒。何日倚虚幌，双照泪痕干。"《无题四首》中说道："刘郎已恨蓬山远，更隔蓬山一万重。"这里说"蓬山此去无多路"，写诗人不甘心放弃追求、矢死靡它的决心。

2.《无题》

昨夜星辰昨夜风，画楼西畔桂堂东。

身无彩凤双飞翼，心有灵犀一点通。

隔座送钩春酒暖，分曹射覆蜡灯红。

嗟余听鼓应官去，走马兰台类转蓬。

本诗的脉络：深情的开始、幸福陶醉的中间、遗憾的结束。发端两句，深挚的情意，仿佛扑面而来。"春酒暖"从游戏中输家喝酒的热烈感觉落笔。"蜡灯红"则写游戏现场的热烈气氛，最充分地表现出热恋中的两个人处在幸福陶醉当中。商隐诗中的意象大多有拟情、象征的深层含义，如本诗的"转蓬"，比喻和说明人生无奈，恰如蓬草随风东西飘摇等等。

开篇即用了两个"昨夜"，写出这是不同寻常的星辰和风，使他难以忘怀。语句的重叠，强调感情的深挚。如李清照词："寻寻觅觅，冷冷清清，凄凄惨惨戚戚。"表达出一种缠绵悱恻的思想感情。而画堂与桂树则给他留下了第一印象。正是昨夜时分，正是在这美好的地点，诗人与心爱的人相遇相爱。"身无彩凤双飞翼"似用的是萧史吹箫作凤鸣，秦穆公女弄玉爱而从之，随仙鹤飞去之典，感叹自己无此双翼与对方比翼齐飞，但是，两人却情有独钟。《汉书·西域传》:"通犀翠羽之珍",如淳曰:"通犀,谓中央色白,通两头。"因此,"心有灵犀一点通",是指心心相通之意。这两句虽仅仅写的是两情相悦,但也暗寓了身世之感,这就为下文的凄惨作别做了铺垫。

"隔座送钩"两句,写昨夜欢宴的场面。隔座送钩,选注家多以为是一种酒席间的游戏:一方用一钩藏在手内,隔座传送,使另一方猜钩所在,以猜中为胜。分曹射覆,见《汉书·东方朔传》:"上尝使诸数家(方术家)射覆,置守宫盂下射之,皆不能中。"据此,似把东西放在覆盖物下使人猜。还可以有另外一种解释。宋玉《招魂》:"蓖蔽象棋有六簙些,分曹并进遒相迫些。"王逸注:"遒亦迫也。分曹列耦,并进技巧。投箸行棋,转相遒迫,使不得择行也。或曰分曹并进者,谓并用射礼进之。"这又是指一种棋艺。

如此欢快的场面转瞬即成过去,因为官小而随时被调遣,所以最后两句充满理想幻灭之感。全诗写出了一种可望而不可即的感情经历,构思奇妙,感慨深沉。

又解为:"昨夜星辰昨夜风"既道明宴饮之时间,亦含有欢乐已是昨夜事的失落感;第二句"画楼西畔桂堂东"则点出宴饮之地为权倾朝野的宰相裴度之府"湖园桂堂";第三句"身无彩凤双飞翼"则说自己所穿官袍并无凤凰之类的高贵图案,以喻自己身微位卑;第四句"心有灵犀一点通"再谓自己应具备理解主人裴度乃至称得上是知音的才华与能力;第五句"隔座送钩春酒暖",唐人在酒席上猜拳行令谓之"酒钩",诗人白居易便有"酒钩送盏推莲子"句可证;第六句"分曹射覆蜡灯红",以诗词字句隐寓事物,令人猜解,此法用来行酒令,谓之"射覆",而"分曹"则为分批轮番之意也;第七句"嗟余听鼓应官去"则说天亮的鼓声已响,该上朝去了,实也暗有欢娱嫌夜短的叹息之意;末句"走马兰台类转蓬"则说自己去上朝,犹如飘泊异乡。如此简单易解之诗,竟聚讼千余年而莫衷一是,岂不怪哉!

3.《夜雨寄北》

君问归期未有期,巴山夜雨涨秋池。

何当共剪西窗烛,却话巴山夜雨时。

此首绝句非属"无题",因其"美丽"非常,韵味诚挚,故选入解读之列。姚培谦《李义山诗集笺》评云:"'料得闺中夜深坐,多应说着远行人。'(白居易《邯郸冬至夜思家》),是魂飞到家里去。此诗则又预飞到归家后也,奇绝!"

本诗以四句七言,28 字抒写人生一段深情,其深挚动人,为后世公认的抒情杰作。从艺术表现方面加以探讨,最值得注意的是诗中的重复修辞所显示出的结构特征。如首句"期"字两见,妻问,己答。这构成一次情感交流的回环。次句"巴山夜雨"与末句的"巴山夜雨"再构成第二次情感交流的回环。次句转而描景，既暗示归期未有的原因，同时也暗写出此时诗人凝视窗外，倾听夜雨之际的现场景象。

第三、四两句实际是紧承前句，明白写出此凝视、倾听之时心中的思念。"巴山夜雨"的再次出现，特别有力地强化了诗人表现此时深情思念的表现。"何当"与"却话"，两词呼应，写出诗人设想未来团聚之时，相互倾诉今夜思念的情景。如此一来，这种"回环"的结构把小诗的抒情容量最大限度地扩张，深情思念的主题得到了最为有力的表现。

两次重复的修辞在音调上，提醒着读者：正是诗人的这种独创的表现艺术，才使作品的抒情力量成倍地增大。本诗的"回环"抒情结构，从时间过程体会可以看出：现在（现实）——未来（虚想）——过去（把现在转成虚想）。

吟读下面两首诗，尝试思考与商隐这首诗的联系：

宋代的王安石《与宝觉宿龙华院》诗云：

与公京口水云间，问月何时照我还？

邂逅我还还问月：何时照我宿金山？

杨万里《听雨》诗云：

归舟昔岁宿严陵，雨打疏蓬听到明。

昨夜茅檐疏雨作，梦中唤作打蓬声。

4.《正月崇让宅》

密锁重关掩绿苔，廊深阁迥此徘徊。

先知风起月含晕，尚自露寒花未开。

蝙拂帘旌终展转，鼠翻窗网小惊猜。

背灯独共余香语，不觉犹歌《起夜来》。

崇让宅，诗人岳丈王茂元在洛阳崇让坊内的旧宅，诗人与妻子曾在此居住。重关，一道道门。《起夜来》，古乐府曲调名。《乐府解题》说："其辞意犹念畴昔思君之来也。"也就是妻子思念丈夫的曲辞。这是一首悼念亡妻的抒情之作。亦因其辞对精美，表意深曲，列在此处，以作参照。首联从题目崇让宅落笔。写其废置、荒凉。颔联扣紧题目里的"正月"，写此时的天气。月晕、多风，不仅是首联写出的荒凉、冷落，而且阴沉、寒冷。这样的写景自然有渲染心情的作用。清代何焯说："此月晕多风比妻身亡，下句则曾未得富贵开眉也。"（《李义山诗集辑评》）意思说第三句"先知"指诗人已经预见妻子的不祥，对句"尚自"说自己还处于穷困潦倒当中。妻子未"开眉"，开心过。

颈联写进入室内。"展转"、"惊猜"，都是诗人的活动。尾联写得最是沉痛：因为"惊猜"亡妻归来了，所以立刻翻身起来，此时已精神恍惚，所以说不觉中，还好像听到妻子在唱《起夜来》歌。"背灯"，写诗人向室内四处寻找；"余香"是亡妻所遗留的香气。"独共"传写出诗人痴情之神态，最是深情。

主要写法仍然是委婉、细腻。按着入宅的空间顺序，从外及内，逐层深入。前四句为宅院门外，颈联为宅院内，尾联为内室。诗人按着入宅所见，主要通过描写景物来间接抒写哀悼思念之情。

张采田《玉溪生年谱会笺》评云："情深一往，读之增伉俪之重，潘黄门后绝唱也。"潘岳《悼亡诗》开创了"睹物思人"，在描写逝者遗留物当中传递悼亡心情。其次，结构上也是按着空间顺序展开，由外到内。而中唐元稹的悼亡诗，由于内心强烈的愧疚之情，专写亡妻的种种美好之处，亡者的形象因此变得亲切可爱，又成一种写法。潘岳和李商隐更多在正面写"我"的追悼，比较之下，元稹这种主要写亡者的悼亡笔法似乎更具有感动力。

二、熟诵"无题诗"八首

1. 无题 来是
来是空言去绝踪，月斜楼上五更钟。
梦为远别啼难唤，书被催成墨未浓。
蜡照半笼金翡翠，麝熏微度绣芙蓉。
刘郎已恨蓬山远，更隔蓬山一万重。

2. 无题 飒飒
飒飒东风细雨来，芙蓉塘外有轻雷。
金蟾啮锁烧香入，玉虎牵丝汲井回。
贾氏窥帘韩掾少，宓妃留枕魏王才。
春心莫共花争发，一寸相思一寸灰。

3. 无题 锦瑟
锦瑟无端五十弦，一弦一柱思华年。
庄生晓梦迷蝴蝶，望帝春心托杜鹃。
沧海月明珠有泪，蓝田日暖玉生烟。
此情可待成追忆，只是当时已惘然。

4. 无题 凤尾
凤尾香罗薄几重，碧文圆顶夜深缝。
扇裁月魄羞难掩，车走雷声语未通。

曾是寂寥金烬暗，断无消息石榴红。

斑骓只系垂杨岸，何处西南待好风。

5. 无题　重帏

重帏深下莫愁堂，卧后清宵细细长。

神女生涯元是梦，小姑居处本无郎。

风波不信菱枝弱，月露谁教桂叶香。

直道相思了无益，未妨惆怅是清狂。

6. 无题　对影

对影闻声已可怜，玉池荷叶正田田。

不逢萧史休回首，莫见洪崖又拍肩。

紫凤放娇衔楚佩，赤鳞狂舞拨湘弦。

鄂君怅望舟中夜，绣被焚香独自眠。

7. 无题　七夕

七夕来时先有期，洞房帘箔至今垂。

玉轮顾兔初生魄，铁网珊瑚未有枝。

检与神方教驻景，收将凤纸写相思。

武皇内传分明在，莫道人间总不知。

8. 无题　何处

何处哀筝随急管，樱花永巷垂杨岸。

东家老女嫁不售，白日当天三月半。

溧阳公主年十四，清明暖后同墙看。

归来展转到五更，梁间燕子闻长叹。

钱钟书在其《谈艺录》里说："李义山自开生面，兼擅临摹；少陵、昌黎、下贤、昌谷无所不学，学无不似。近体亦往往别出心裁。"① （少陵即杜甫、昌黎即韩愈、下贤即沈亚之、昌谷即李贺）。

这话是讲李商隐既能博采众长，也具创新活力。在学习前辈方面，李商隐自己在《樊南甲集序》中说："十年京师寒且饿，人或目曰：韩文、杜诗、彭阳章檄，樊南穷冻人或知之"② 云云，明确指出自己学的是韩愈的文章，杜甫的歌诗，令狐楚的四六体骈文（令狐楚为彭阳人，故又称其为彭阳）。此三人

---

① 周振甫、冀勤编著. 钱钟书《谈艺录》读本. 上海：上海教育出版社，1992：553.

② 周祖譔编选. 隋唐五代文论选. 北京：人民文学出版社，1990：319.

皆喜在诗文中用典，又很讲诗律文体之严谨整肃，对义山影响巨大。

　　宋、明两代诗评者普遍以为晚唐诗是"瞎盛唐"，也就是说"无视盛唐成就"，自己胡乱创新。此论非也。清人吴乔颇有见地，他在《西昆发微》中说"三唐人各自作诗，各自用心，宁使体格稍落，而不肯为前人奴隶"① 云云，可谓客观至论。晚唐人不可能是瞎子，亦非看不见盛唐成就，如同今天的"口语诗人"不可能无视上世纪"五四"以来的现代派—象征派乃至 70 年代的朦胧诗一样，而继承与创新则一如"流水前波让后波"，前波虽好，后波又不能不来，自然使然矣。

---

　　① 黄世中、余恕诚、刘学锴编. 李商隐资料汇编（上）. 北京：中华书局，2001：286.

第二章 "吟咏"的习得

当学习者对各类古诗词文作品具有了"文、心双熟"的基础之后，便可以进入吟咏规则的学习了。理解和掌握传统吟咏的一般性规则，其目的在于：为"熟诵"之后，进入自我吟咏和各种吟唱作预备。吟咏的体验是指在自我吟咏的过程当中，依字行腔，尝试出调，最终即兴地自然地吟出一个自己的调。当这个吟咏的"调调儿"被记录并经过"修复"加工以后，即变身成为一首可"吟唱"的歌调，或者一首好听的古诗词文作品就此诞生。

第一节 吟咏的基本规则和做法

这里的所谓基本规则，是指大致通用，被广泛地认可，具有约定俗成性质的若干总结、规定。这里所说的做法，是指经历教学实践包括个人自学所检验过，深思熟虑过的，具有某种可操作性的学法和教法。

按照规则学习并最终掌握规则，这意味着传统吟诵也是一种文化自我的技能。一个现代人，要想获得古人那种自由"吟诵"的技能，仍然要靠不断地实践，绝无捷径可走。可以这样说，吟诵很容易，一层纸，捅破就成了。然而，在这一层纸尚未被捅破之前，请别把"吟诵"看容易了。传统吟诵与更加传统的"诗教"本是一体结合的。吟诵最大的不简单就在于：吟诵不可以被"剥离"，只当它是唱着"玩"的，或者只当它是一种所谓纯粹的"审美形式"。

在本教材里，为了让一般性规则具有"可操作性"，更加有意识地将其转变成为若干具体"做法"，希望帮助到初学者。以下各项规则和做法的排列顺序无关紧要，只是给吟诵实践遇到问题时提供一个可供参考的依据而已。

1. 划定诗句"顿挫（节奏）"单位

汉语多由两字构成一个节奏单位，汉语诗词里"停顿"，一般是双音步加句尾的单音步构成（平平仄仄加仄或平），但在具体诗人作品里存在"常见"和"个别"的复杂情况，如唐代的韩愈的古体诗，故而，吟诵的第一步是先明确具体作品里的节奏单位，简称之为"顿式"：

五言顿式常见为三种：○上二下三 ○二、二、一　　○二、一、二

七言顿式常见亦三种：○上四下三 ○二、二、二、一 ○二、二、一、二

至于其他三言、四言、六言、八言、九言等句，同样先定其顿式。具体何种顿式要按诗句内部构词情况确定。

词体因为句式长短不一，为了求得顿挫美感，词句内的顿挫单位的划分更要先作规划，如辛弃疾《西江月·黄沙道中》"七八个星天外，两三点雨山前"，当处理成：

七八个、（平平仄）

星天外，（平平仄）

两三点、（仄平仄）

雨山前，（仄平平）

如此则抑扬顿挫的高低旋律立刻显现出来。

2. 逐句标出"顿"点，之后熟诵之加以体会

诗词的字调节奏生成多由句内字词平仄交互安排和句尾韵字前后呼应所致。由于"平平 仄仄"音节在诗句里交互使用，故五言诗句的第二、第四字，七言诗句的第二、第四、第六字，都是顿挫（节奏）点，此"点"相当于戏曲的"板"（奏乐和唱曲时，每一小节中强拍以鼓板敲击，称"板"，次强拍和弱拍用签敲鼓按拍，称为是"眼"）。诵读古诗词同样讲究"有板有眼"，方有分明的"顿挫"效果。如杜甫《春望》：

国 破 　 山 河 　 在， 　 仄仄 　 平平 　 仄

城 春 　 草 木 　 深。 　 平平 　 仄仄 　 平

感 时 　 花 溅 　 泪， 　 仄平 　 平仄 　 仄

恨 别 　 鸟 惊 　 心 　 仄仄 　 仄平 　 平

本诗起句"国破"的"国"属古入声。入声"短促急收藏"，适合于表现激愤、悲凉的感情。因此，本诗一开篇就定下沉郁顿挫的基调，与"感时"、"恨别"的愁情合拍，进而产生一种深沉的敲击人心的力量。"别"为入声，如按普通话读作 bié，则属平声，与本句的格律不符，须读作 biè。至于韵脚字，是将若干诗句收揽起来，以回环的音节来加强节奏感。

3. 标注各字的平仄声调，或者直接标注按平、上、去、入三声

以普通话诵读则一、二声属平声，三、四声属仄声，但必须注意：由于普通话语音无入声，因此中古音读入声、普通话读平声的字，最要留心，如一、八、发、泼、托、失、逼、国、石、急、德、白、昔、达等。

至于各音的读法，请见第二编知音之第二节"调平仄"。仄声之中的入声要特别重视。"入声短促急收藏"，一发即收，声音木实。体会在吟咏作品当中

发好"入声"非常重要，有人说，现代汉语缺少入声，吟诵时只听抑扬，难闻顿挫。掌握了入声，吟诵自然妙不可言。

4. 遵循"平长仄短"、"平抑仄扬"的规则尝试吟读

这是除少数地区之外，我国多数地区吟诵诗词时共同遵循的规则。

它特指吟咏律体诗或以律句为主的文体的时候，在二、四、六等节奏点上，平声长而仄声短，再加上韵脚上的平声也长，就形成了一种变化丰富而又错落有致的长短规律。（在词曲里的仄声韵脚允许拖长）比如：

朝辞——白帝〇彩云——间——，

千里〇江陵—— 一日〇还——。

两岸〇猿声——啼不住〇，

轻舟——已过〇万重——山——。（〇短　——长）

这一规则之所以被广泛认可的理由是：它准确地表达了平仄字音在诗句内的位置，从而为有效记录诗词的音律，为"依字行腔"，特别是"倚声填词"（不仅是讲究格律的诗词，也包括古诗和乐府诗）的创作提供了便利。这也就是杜甫为什么说要"自长吟"，老先生们要反复强调诗"一定要哼哼着写"的原因。

读法要点是：

（1）将每句里处于节奏点上的平声字音调拖长，拖长之中，保持声音平缓中有适当的起伏，即叹诗之意，如"醉卧沙场君莫笑，古来征战几人回"，吟咏时宜作："醉卧〇沙场〇君——莫笑〇，古来——征战〇几人〇回——"。末尾的"人"字不必引声——长吟。

（2）若节奏点在同一句式内，而有两平声字相连，则宜就下一平声字，引声而吟之。如"借问酒家何处有，牧童遥指杏花村"，吟咏时宜作："借问〇酒家——何处〇有〇，牧童——遥指〇杏花〇村——"，"花"字不必引声——长吟。

（3）将句中仄声字，特别是处在双音步末（第二位置的字）的仄声字，句尾的仄声字音调变短，在短促之中让声音有适当的冲高。其中上声和去声相对平声要短，入声则最短，试读：晓看〇 红湿——处〇，花重〇锦官——城——。（杜甫《春夜喜雨》尾联）竹喧—— 归〇 浣女〇，莲动〇 下〇 渔舟——。（王维《山居秋暝》颈联）长吟之中，你自会发现：诗句中平仄之声高低错落，长短参差，给听觉带来的冲击力，以及时隐时现的乐音般的声律和谐之美感。

古体诗包括散体赋、古文的吟诵，基本上不遵循律诗"平长仄短"的规

则，而采取"多调重复"的方法。这是因为古体篇幅长短伸缩自由，句法句式灵活多变，其声调旋律通常情况下是在不同的高度上重复或基本重复。如朱家溍先生吟诵的《九歌·湘夫人》①。

3 2 321 | 2 0 | 656 0 | 1 6 6542 | 5 0 | 1 1 2 |
帝子　降兮　　　　北渚，　　目眇　眇兮　　　　　愁予。

3 2 1 2 | 2 0 | 656 0 | 1 6 6542 | 5 0 | 1 1 2 |
嫋嫋　兮　　　　　秋风，　洞庭　波兮　　　　木叶下。

这是由两个曲调构成的吟诵调。两个曲调之间的关系是模进，后一个曲调是前一个曲调向下纯五度的模进。整首诗20句，两个曲调组合为一句，就这样反复20遍。其中也会根据词的变化略做调整，比如"嫋嫋兮"、"木叶下"因为与第一句的字数不同，所以曲调有一点变化。）

5. "念"与"吟"结合的读法

"念"是指发音短些的"读"，所以是针对"仄声"字的读法，"吟"即长吟，咏叹，所以是针对"平声"的读法。"熟诵"到了一定程度的时候，可以将"念"和"吟"有意结合起来读，例如在熟诵之后，吟咏张继《枫桥夜泊》一诗，便有这样一种声调的处理方式：

月落（念）乌啼（吟）　　霜满天（吟），

江枫渔火（断）对（念）　　愁眠（吟）。

姑苏城外（断）　　　　寒山寺（断），

夜半（念）钟声（吟）到（断）客船（吟）。

首先，这只是一种吟读的腔调，按照诗意内在的抒情调子即"抑郁"、"低沉"的，再根据律绝格律规定的声调，生成的一种吟咏腔调。如果有熟诵的基础，自会体会其中的声情旋律。事实上，在实际的"吟诗"里，"念"的方式常常是因为情感需要特别强调，或者腔调旋律不顺当需要调整时。具体的情况，可以是一个字，如"对"，可以是两个字如"夜半"，三个字，四个字，甚至更多的字。这当中也有"断腔"的处理，是指在吟咏成腔的过程当中的"字断"或"声断"。"断"的出现也是因为遭遇"仄声"。——"由于仄声短促，所以在处理用仄声字做韵脚或句读的关键时，会戛然断开（若从乐谱上则表现为"休止符"），在作或长或短的休止之后，再以该字的韵母做衬腔，与后面的声调相连接。这里的关键是要做到'声断气不断'，'累累如贯珠'。"②

① 王恩保. 古诗文吟诵集萃. 北京：北京语言大学出版社，1992. 此吟诵调见书中所附录音。

② 张本义. 吟边絮语. 中国诗歌研究动态. 第九辑. 北京：学苑出版社，1999.

6. 节奏点平声和"韵脚"平声字的吟读

这里，仍然是说"平声"字的读法。"平声"发声运用得好，能使自己的吟咏独具一格，在历史上早有先例。《晋书》卷七十九载："（谢）安能为洛下书生咏，有鼻疾，故其音浊，名流爱其咏而弗能及，或手掩鼻以学之。"[1] 这是善用鼻腔共鸣所产生的特殊音效和韵味。在目前的吟家里，善用鼻音者不乏其人。事实证明，在节奏点平声和韵脚平声字的处理上，自然地使用鼻音拖长咏叹，的确会增强表情的力度。许多老先生的吟咏都有意无意使用鼻音，如刘季高先生的即兴吟咏，在韵脚平声的处理上，就往往如此。这使其吟调的个性十分鲜明。碰见需要长吟的平声，如格律诗节奏点即平起之 2442 位置，仄起之 4224 位置，如果遇上的这个字，又是韵母尾带有鼻辅音 n 或 ng 的阳平字，那么使用鼻音哼之叹之效果尤佳。如杜甫《赠卫八处士》刘季高吟调的开端：

人生　不 相 见 jiàn

动如 参与　商 shāng　　（简谱：3－2̲1̲ 1－）

今夕　复 何 夕，

共此 灯烛　光 guāng　　（简谱：5̲3̲ 3̲2̲ 1－）

此外，还要特别注意的是："韵脚"平声字孰长孰短的问题。按律诗的规则，两联四句一个单元，只能押平声韵。理由是：平声字可以延长，且不变调。四个基本句式是：

平平仄仄平平仄

仄仄平平仄仄平

仄仄平平平仄仄

平平仄仄仄平平

但律诗的吟咏遇到句尾"两平"时，第六字反而要比第七字音拖得长，换句话说，遇到"平平仄仄仄平平"格式，韵脚的平声字要短收，句末行腔要行在第六字上。如"清明时节雨纷纷，路上行人欲断魂"，前一个"纷"字拖长，后一个"纷"字短收。在这两句里，还可以看出：这个"纷"之所以短收，也是为了与对句句尾长吟的"魂"字相区别，以便显示"二四六分明"的律句特点和要求。而旋律正是在这之中自然地产生出来。

7. 咬字清楚，吐字要慢，以字带声，高低适度

咬字清楚，发音准确，四声到位，即所说的"字正腔圆"。"字正"指在行腔时，声必服从于字，不能为了行腔的需要，将字的声调随腔调念出，也就是

---

[1] ［唐］房玄龄等. 晋书（第七册）. 北京：中华书局，1974：2076.

"字将就声"，以致所记的声谱根本不是原有的音节。而且，经常是原字由于字调的改变，而变成了另一个字，让人不知所云。

"腔圆"，即借助于拼音，念满每个字的字头（声母）和字尾（韵母）。中国古典诗词里，由于语言、词意尤其是经常使用"比兴"写法，如果要"吟"出其中的韵味，就必须讲究慢吐字，又不能"滞留"的方法，以字带声，高低适度地进行。

"咬字"是经过唇、齿、牙、喉等器官将字咬成不同的状态。"吐字"是将唇、齿、牙、喉等器官咬成的字，清晰准确地吐出来。练习的方法：先读对字音，再诵诗或文，可以从慢到快，注意保持声音稳定在一定的高度上以及字调的准确度，当经过一段时间的练习后，自然而然的就会达到你要实现的效果。

声音不含糊，声里"有字"，当自我玩味之时，"有字"才能体会到诗词里字句音节所带来的美感。当需要面对听众范读之时，"有字"才能真正达到传递文本内容的目的。特别对于长篇叙事诗来说，保持"有字"更为重要。试节选蔡琰的五言《悲愤诗》为例：

> 边荒与华异，人俗少义理。处所多霜雪，胡风春夏起。
> 翩翩吹我衣，肃肃入我耳。感时念父母，哀叹无穷已。
> 有客从外来，闻之常欢喜。迎问其消息，辄复非乡里。
> 邂逅徼时愿，骨肉来迎己。己得自解免，当复弃儿子。
> 天属缀人心，念别无会期。存亡永乖隔，不忍与之辞。
> 儿前抱我颈，问母欲何之。人言母当去，岂复有还时。
> 阿母常仁恻，今何更不慈。我尚未成人，奈何不顾思。
> 见此崩五内，恍惚生狂痴。号泣手抚摩，当发复回疑。

8. 在吟咏出调过程当中要特别重视"尾腔"的表现

"尾腔"是指处在吟咏腔调每句末尾的、相对固定的、因反复出现而给听者印象特别深刻的旋律片段[1]。"尾腔"通常配合诗词的后半句如七言句的后三字，根据义涵情感而有长短不定的变化。在各类文体的吟诵里，吟近体诗的尾腔最为突出。近体诗的平仄格律比较严格，在这一前提下，依据吟诵吟调与所吟诗句平仄声调的配合关系的三条基本规律即"平长仄短"、"平低仄高"、"平直仄曲"，其吟调就容易形成某种相对固定的模式。以平声起句为例，如果是"平低仄高"，则形成以下基本模式：

---

[1] 秦德祥."尾腔"：吟诵吟调的标记性特征.中央音乐学院学报.2002（3）.

高——

低——　　　低———

平平—仄仄—仄平—平　，　　　仄仄—平平——仄仄—平——。

高—　　　　高——

　　低——　　　　低——

仄仄—平平——平仄—仄，　　　平平——仄仄— 仄平—平平——。

这一模式显示出近体诗的顿歇和平仄决定了吟咏节奏的基本规律。句末"平"之后的——，通常都是吟的，逢双句末的"平"之后是更长的———，也就是更长的"吟"，加上长短自由的休止，便形成最常见的"尾腔"。其中的"高"和"低"都只是相对于前后的音高而言的，不同处的"高"并不意味着同一的音高，"低"也是如此。相邻的"高"与"低"之间的距离是不确定的，其间的音程关系同样也是不定的。按照秦德祥先生的说法："尾腔通常所配合的双句句末字，既必然是平声字，又总是韵脚字，其音调的相对固定，对于表达诗的声韵美具有重大作用，它的反复出现，吟诵吟调的主音、调式、调性的明确性和音乐的统一性。尾腔常是较长的吟腔，让吟诵具有更强的音乐性。它的运用，给吟者、听者的感情宣泄与想象展开提供了较为开阔的空间。尾腔常常构成整首吟诵调的重要特色，鲜明地体现出吟诵音乐的独特风格。"[1]如此说来，尾腔对于好听动人的吟调之形成，的确具有特别重要的作用。

9．发声的有关知识与练习

（1）吟诵是如何避免憋气？

如何让一句长吟，吟到最后而不至于憋到自己？办法就是用鼻子吸气和用嘴呼气。练习的方法是：慢慢地吸，慢慢地呼，注意自己的小腹，又称之为丹田。习惯以后，不仅可以利用小腹的气来引起共振，缓解嗓子干发音时候的压力，还可以避免在录音或者在舞台上发出大的喘气声音。具体应用是在顿号、逗号、句号等句子之间，用鼻息吸气，然后继续你的吟诵，这样整体效果是一气呵成的。

（2）怎样练习吐字？

吐字似乎离发声远了些，其实二者是息息相关的。只有发音准确无误、清晰圆润，吐字也才能"字正腔圆"。一个音节可以把它分成字头、字腹、字尾三部分，这三部分从语音结构来分，字头是声母，字腹是韵母，字尾是韵尾。吐字发声时一定要咬住字头。俗话说"咬字千斤重，听者自动容"。发音时，

---

①　秦德祥．"尾腔"：吟诵吟调的标记性特征．中央音乐学院学报，2002：(3)．

要紧紧咬住字头，此时嘴唇一定要有力，把发音的力量放在字头上，利用字头带响字腹与字尾。字腹的发音一定要饱满、充实，口形要正确。发出的声音应该是立着的，而不是横着的；应该是圆的，而不是扁的。字尾，主要是归音。归音一定要到家，要完整。也就是不要念"半截子"字，要把音发完整。当然字尾也要能收住，不能把音拖得过长。

（3）练声的作业

第一步：深吸一口气，数数，看能数多少。

第二步：跑 20 米左右，然后朗读一段课文，尽量避免喘气声。

第三步：按字正腔圆的要求读下列成语：

英雄好汉　兵强马壮　争先恐后　光明磊落

深谋远虑　果实累累　五彩缤纷　心明眼亮

海市蜃楼　优柔寡断　源远流长　山清水秀

（4）读绕口令

八百标兵奔北坡，炮兵并排北坡炮；炮兵怕把标兵碰，标兵怕碰炮兵炮。

哥挎瓜筐过宽沟，赶快过沟看怪狗；光看怪狗瓜筐扣，瓜滚筐空怪看狗。

洪小波和白小果，拿着箩筐收萝卜。洪小波收了一筐白萝卜，

白小果收了一筐红萝卜。不知是洪小波收的白萝卜多，

还是白小果收的红萝卜多。

10. 标注转韵字并诵读作品，要求识记入声字并体会、说明其表情作用

杜甫《北征》

皇帝二载秋，闰八月初吉。杜子将北征，苍茫问家室。

维时遭艰虞，朝野无暇日。顾惭恩私被，诏许归蓬荜。

拜辞诣阙下，怵惕久未出。虽乏谏诤姿，恐君有遗失。

君诚中兴主，经纬固密勿。东胡反未已，臣甫愤所切。

挥涕恋行在，道途犹恍惚。乾坤含疮痍，忧虞何时毕？

靡靡逾阡陌，人烟眇萧瑟。所遇多被伤，呻吟更流血。

回首凤翔县，旌旗晚明灭。前登寒山重，屡得饮马窟。

邠郊入地底，泾水中荡潏。猛虎立我前，苍崖吼时裂。

菊垂今秋花，石戴古车辙。青云动高兴，幽事亦可悦。

山果多琐细，罗生杂橡栗。或红如丹砂，或黑如点漆。

雨露之所濡，甘苦齐结实。缅思桃源内，益叹身世拙。

坡陀望鄜畤，岩谷互出没。我行已水滨，我仆犹木末。

鸱鸮鸣黄桑，野鼠拱乱穴。夜深经战场，寒月照白骨。

潼关百万师，住者散何卒？遂令半秦民，残害为异物。
况我堕胡尘，及归尽华发。经年至茅屋，妻子衣百结。
恸哭松声回，悲泉共幽咽。平生所娇儿，颜色白胜雪。
见耶背面啼，垢腻脚不袜。床前两小女，补缀才过膝。
海图坼波涛，旧绣移曲折。天吴及紫凤，颠倒在短褐。
老夫情怀恶，呕泄卧数日。那无囊中帛，救汝寒凛栗。
粉黛亦解包，衾裯稍罗列。瘦妻面复光，痴女头自栉。
学母无不为，晓妆随手抹。移时施朱铅，狼藉画眉阔。
生还对童稚，似欲忘饥渴。问事竞挽须，谁能即嗔喝？
翻思在贼愁，甘受杂乱聒。新归且慰意，生理焉得说？
至尊尚蒙尘，几日休练卒？仰观天色改，坐觉妖氛豁。
阴风西北来，惨淡随回纥。其王愿助顺，其俗善驰突。
送兵五千人，驱马一万匹。此辈少为贵，四方服勇决。
所用皆鹰腾，破敌过箭疾。圣心颇虚伫，时议气欲夺。
伊洛指掌收，西京不足拔。官军请深入，蓄锐可俱发。
此举开青徐，旋瞻略恒碣。昊天积霜露，正气有肃杀。
祸转亡胡岁，势成擒胡月。胡命其能久？皇纲未宜绝。
忆昨狼狈初，事与古先别。奸臣竟菹醢，同恶随荡析。
不闻夏殷衰，中自诛褒妲。周汉获再兴，宣光果明哲。
桓桓陈将军，仗钺奋忠烈。微尔人尽非，于今国犹活。
凄凉大同殿，寂寞白兽闼。都人望翠华，佳气向金阙。
园陵固有神，洒扫数不缺。煌煌太宗业，树立甚宏达！

第二节 "好吟调"的标准和做法

到目前为止，被记录、被录制的"吟咏"和"吟唱"调包括假吟诵之名，实为歌唱的"歌曲"，数量越来越多。当人们把某些"吟诵家"的吟唱录音放给那些中小学老师们听的时候，几乎每次都会被问到这样的问题：美在哪里呢？显然，不是所有被记录的吟诗诵文的声音都具有传承价值的。从传承的要求来说，必须要筛选出好的吟唱曲调，但标准是什么？吟出好的腔调又须遵循哪些基本规则呢？又怎样"创作"一首好的吟唱歌调呢？

从根本上说，好的标准只有一条：有韵味或有比较浓郁的诗味。——韵味的厚薄，可以说是衡量的唯一尺度。其实吟咏、吟唱、或者歌唱都不要紧，最要紧的是：是否吟出作品的韵味。在中国，这把尺子渊源很深厚。如果说存在着一部"味"的古典美学史，那么，最早以"味"论诗的人，便是西晋时代的文人陆机。他在《文赋》中以"缺大羹之遗味"来形容诗味的不足。南朝的刘勰在其《文心雕龙·体性》篇中说："子云沉寂，故志隐味深。"与之同时代的钟嵘更明确地把"滋味"之有无作为批评诗的依据。指出好诗歌要有"滋味"，可"使味之者无极，闻之者动心"（《诗品序》）。

　　对于什么是"韵味"，中国古代的"诗文评"虽无明确的解释，但表述的文字还是很清晰的，如南宋严羽《沧浪诗话》有云："曰高，曰古，曰深，曰长，曰雄浑，曰飘逸，曰悲壮，曰凄婉。"① 他归纳了九种诗境，几乎涵盖了全部诗歌"韵味"的内容。类似针对性的批评更屡见不鲜，如明代贺贻孙以"厚"味评杜诗云："所谓'厚'者，以其神厚也，味厚也。"（《诗筏》）诗言志，且人各有志，从道理上说，从中国历代累积的诗词文作品的数量之众多的实际情况来说，"韵味"内涵的呈现当然是丰富多彩，"五味杂陈"。但中国古代诗学特别提倡的是一种"中和"的"韵味"。唐代释皎然《诗式》云："气高而不怒，怒则失于风流；力尽而不露，露则伤于筋骨；情多而不暗，暗则蹶于拙钝；才赡而不疏，疏则损于筋脉。"② 好诗的境界要达到一种精神和艺术的平衡。符合这种要求的作品为"雅"，为"正"，反之则"俗"，则"淫"，则"乱"，其"叫嚣怒张，殊乖忠厚之气"（严羽《沧浪诗话》），"盛气直达，更无余味，则感人也浅"（梁章钜《退庵随笔》）。并且，具有如此"和味"之作，亦须"心平气和，涵咏浸渍则意味自出"（沈德潜《说诗晬语》）。

　　传统"和味"是传统文化所赋予的审美指向，作为最高的艺术境界"悬置"在传统文学里。在吟诵古诗词文的具体操作当中，"韵味"则是一种相对实在的感觉，就如同美酒入口，让人回味无穷，是因为品性自"醇厚"。吟诵吟唱之人"在把握好作品内在情感的基础上，充分地发挥诗词文字韵律的作用，从而获得听觉上乃至心灵深处的一种回环往复，余音悠长的感觉"。③ 吟咏或吟唱古诗词文，说到底是一种"品味"的文学鉴赏过程。既是"品味"，就不可匆忙，"心平气和，涵咏浸渍，吐字要慢，行腔要慢，所谓"疾徐有度"方能入于"韵味"之中，享用于"韵味"之外。

　　吟出有韵味的腔调，必然要有些基本的遵循，或者说是经验性的规则和做

①　郭绍虞. 中国历代文论选（2）. 上海：上海古籍出版社，2007：428.
②　郭绍虞. 中国历代文论选（2）. 上海：上海古籍出版社，2007：74.
③　张本义. 吟边絮语. 中国诗歌研究动态（第九辑），101.

法，以下综合各家之说，总结若干，作为体验和实践的参考。

1. "品味"当先明其"意"

"熟诵"达成了文、意的"双熟"，这里所说的"明意"则是强调对文本作深入的感受和理解。吟诵的最高境界是通过声音，"声情并茂"地还原诗词文里所表达的情意及情感世界，这就需要对吟诵的文本内容作尽可能充分的把握和理解。刘勰的《文心雕龙·知音》有所谓"披文入情"的说法："夫缀文者，情动而辞发，观文者，披文而入情，沿波讨源，虽幽必显。世远莫见其面，觇文辄见其心。"① 主张要带着感情去读所吟诵吟唱的诗词歌赋，以追求其中的深隐的思想感情，就如同和诗人对面一般达成心灵的交流。清代的王德辉、徐沉澄在其所著的《顾误录》一书里，专就唱曲之人如何审题，即如何理解作品内容，发表意见："曲有曲性，即曲中之情节也，解明情节，知其为何如人，其词为何等语，设身处地，体会精神而发于声，自然悲者黯然销魂，欢者怡然自得，口吻齿颊之间，自有分别矣。观今之度曲者，大抵背诵居多，有一生唱此曲，而不知所言何事，所指何人者，是口中有曲，心内无曲，此谓无情之曲，与童蒙背书无异。纵令字正音和，终未能登峰造极。此题不可以不审也。"② 古人道理说得分明，今人当去除心中浮躁，沉下心来深入理解。

2. "一调多用"，但此调一定是"吟咏"生成的调。

一个被大致固定的"吟咏"的调，或者一个在吟咏当中形成的"基本调"，可以是自己的，也可以是别人的，如果用这个调去"套吟"其他的作品，就称之为"一调多用"。前提是：所"套用"作品的抒情风格要与此调大体一致。此外，各种方言有各种方言的调子，一种调子一旦流行起来，它就可以用来吟唱所有同类型的诗。

有趣的问题是：中国古典诗词所表达的思想感情是如此千差万别，体式亦丰富多样，用"一调"即便是"套用"不多的"他作"，又怎么可能把作品的特定的思想感情表现得准确呢？这其中的关键在于吟唱者根据诗的内容在声音的轻重缓急、高低快慢上不断地调整、变化，直到把感情或"味道"吟唱出来。只要对一首诗反复熟诵涵咏吟味之，就完全可以做到这一点。

然而，也有的吟调往往会更适合吟唱某种情味的作品，例如偏重忧伤沉郁的或者欢乐奔放的，因此，一个地方，某一个人，同一种"格式"的作品之所以会有两个或两个以上的调，那就是因为内在的情感不同所致。所谓的"格

---

① [南朝·梁]刘勰著，沈文澜注. 文心雕龙注. 北京：人民文学出版社，2008：715.
② 贾文昭. 中国近代文论类编. 合肥：黄山书社，1991：10.

式"，是指格律诗中如"平起"、"仄起"两种，首句入韵和不入韵的两种，共四种基本格式①。有的吟家用此四种格式吟成的"基本调"，来吟所有的格律诗。也有的吟家按照作品内容区别对待，例如欢快欢喜类的格律诗采用一种和几种吟调，沉郁悲伤类的格律诗则采用另外的吟调。总之，所有这些都可以通过吟诵实践加以检验和发展。

3. 借调成腔，同时要保持吟咏的韵味。

前辈的经验证明：借用各种不同的曲调来直接吟唱古诗词文，同样可以取得很好的抒情并美听的效果。特别是词体，因其长短不一，旋律富于变化，更适合歌唱，而不是吟咏。可借用的曲调大致有以下几种：

（1）古调。虽然数量极少，但确实古韵犹存。经过有关学者考证，比较可靠如王维的《渭城曲》、南宋姜夔自度的《白石道人歌曲》（17 首），以及明清时代传承下来的曲谱。一方面聆听古风真味，一方面也可以借其曲调来吟唱适合的古诗词作品。

（2）诵经调。包括儒家诵四书五经、佛教诵佛经、道教唱道经。因为历史悠久，三家之调都经历念、诵、吟、唱的发展过程。诵经调特别讲究声音的"起承转合"，因而适合用来吟长篇的诗文。

（3）戏曲调。现代昆曲和京剧以及其他剧种里，都有所谓的上下场诗、对句、引子和诗词的吟唱。清人《九宫大成》里保存的《阳关曲》（1740 年）即昆曲风格。通过模仿这些戏曲调来吟唱其他古诗文，韵味很正，许多人正在努力尝试。京剧里的"念白"又是一种艺术性很高的"诵"，也可以借来提高自己的吟诵能力。

（4）民歌调。唐诗里原本就有模仿民歌风调创作的歌词，如刘禹锡的《竹枝词》。反方向的，也有文人吟咏的诗词被唱成"山歌"流传一时，如苏轼流放海南，讲学授徒，弟子们把学到的诗词按照当地的民歌去唱。流传至今的民歌调如"苏武牧羊"、"孟姜女"、"信天游"、"船工号子"等都可以借来吟唱古诗词。

（5）流行曲风。借用时尚的现代流行曲调来吟唱古诗词，最容易引起非议。这也不是没有理由的，最重要的前提是：对古诗词原作的抒情基调要有真切的领会。如果只是追求"流行"曲风的惬意，完全不顾及旋律与作品之间的尽量"契合"，那就是不伦不类了。例如有借李叔同《送别》歌调来吟唱李商隐《无题诗》（相见时难别亦难），听来完全不对。

借调成腔，成的毕竟是吟唱古诗词的腔调，因此要有一个基本前提：一是

---

① 参看 2 编 3 章第 4 节：格律诗的八种"起式".

要回归到依字行腔的感觉上来，即"平长仄短"，"平抑仄扬"。二是要按词表情，认清作品的风格特征。三是不论借用何种曲调，都应该是吟唱者十分熟悉的，否则会很"夹生"。

此外，由于吟唱者受当地民歌小调、曲艺、戏剧音乐的熏陶影响，随口哼出的曲调带有较浓的地方色彩，形成吟诵者的习惯性曲调。有趣的是台湾学者王更生先生，没有任何传统吟咏的背景，仅仅是依据自己对古典诗词的把握，独自创作自度曲吟诵模式。王更生是河南驻马店人，自幼喜爱河南豫剧、河南梆子。他是以河南豫剧、河南梆子的曲调为底蕴，根据自己对古典诗词的理解，自度吟咏成调。其特点是委婉缠绵，悠扬动听，可谓是独辟蹊径。总之，不同吟诵者所受的音乐熏染不同、音乐素养不同，就形成各种不同风味的吟唱调。

4. 定调"修复"，"吟咏"变身为"吟唱"

"修复"这一概念，由著名吟家戴学忱先生提出并不断加以倡导。根据她的解释，"所谓'修复'，首要的前提是模仿，一定要模仿得惟妙惟肖，与原调十分接近，以便了解它的风格特点；此外，还要研究它与地方方言、音乐的关系，利用地方特色的文化元素（如戏曲、民歌）对吟诵调进行修复，换句话说，就是在旧有调子的基础上，对其进行简单的加工，使它更容易为人们所接受，而不失去它原有的特色"①。例如修复改造祖辈教给她的《静夜思》吟调，使之音律流畅，音乐优美，非常动听，既不丢弃平仄规律，却又很富音乐的表现力：

```
6  6·1  5 | 6  5653 — | 5  3  2  1  |  6  5·· | 6·— 6·0 |
床  前 明  月  光         疑 是 地 上      霜
6·1 6· 6  5 | 60 56  3 — | 5  3  2  1  |  6  5·· | 6·— 6·— ‖
举 头 望 明   月        低 头 思 故      乡
```

笔者充分认同"修复"的做法，认为这是让传统"吟"变得美听，以便使传统得到继承和发展的一种合理的做法。只是要特别指出：原生态的吟调，一旦经过"修复"，便失掉了它的传统状态，各种艺术尤其是"表演"元素的进入，使它的"身份"发生改变。我们从杜甫的一句"新诗改罢自长吟"，明白地认出，传统的"吟"与"唱"无关。它是一种个人即兴状态下的自然的表达。当吟者完成某一具体作品的"吟咏"，随之被记录下来，被他人传唱，那

① 戴学忱. 以修复吟诵调为例看吟诵的继承和发展. 中华吟诵首届高端论坛论文集（内刊）. 2012：123.

么，"此时此作"所生成的"这一个"腔调便被固化成为一首歌调。又假如这种歌调经过反复传唱，一旦流传下来，它的供人歌唱的"曲调"身份便确定无疑了，例如"唐调"作品。

按照周有光先生的"语言向音乐发展"的层次理论，这种被"修复"的歌调处在这一向"乐"发展的第三个层级。它与第一层级"诵读"为间接关系，而与第二层级"吟咏"为直接关系，即它是从"吟咏"当中生成出来。原本即兴自然的吟咏之调，经过"修复"或者因其"天生丽质"，而被人为记录和传唱，正是在这一被记录和被传唱的关键环节上，原生态的"吟咏"变身为"吟唱"，进入现代的"乐谱"当中，里面有了各种"表演性"的声乐元素、伴奏的器乐元素等等。比较"诵读"、"吟咏"，这种自"吟"中生成出来的"吟唱"离歌唱的音乐近了许多，但毫无疑问，它仍在文学"吟诵"的范畴内。

5．好"吟调"的基本要求

当我们说"要对大量的吟诵录音进行去粗取精"，主张"选取其中吟诵精华"的时候，当我们努力地"修复"原生态的吟调，使之更加好听的时候，传统的吟诵正在悄悄地向"音乐王国"迈进。这是一个无法拒绝的"发展"，传统的"吟"如果不走音乐化的路，提升其音乐水平，的确很难在"音乐形式极其丰富多彩的社会环境里"立足。然而，这种"向乐"发展的吟诵，如果走过头，也就不再与"传统"有关，它将渐行渐远，由语言文学进于音乐的殿堂了。在这一点上，作为音乐专业学者的孙玄龄先生反而有着非常清醒的认知："今天向人们介绍推广吟诵，是很有意义的，通过传统的吟诵方法，人们不是会了几个调子，而是应该对古典诗词产生更大的兴趣，那才是我们推广吟诵的目的。"[①] 基于这样的目的，文学的吟诵也要提升自身的音乐性，让它好听、好唱、动人。为此，我们根据相关专业学者的有关论述[②]，提出以下基本要求和具体的做法：

（1）不跑调，尤其是每句结尾的音，要唱准。

文学吟诵向音乐发展，必须对"乐音"有起码的了解。什么是乐音呢？声学把声音分为乐音、噪声和介于两者之间的中介音。乐音是物体做有规则振动时发出的声音。乐音有一定音高，悦耳好听。如人的歌声，乐器奏出的声音就是乐音。"乐音"有无穷多个，但在一首乐曲中只使用七个，即 1 哆，2 唻，3

---

① 孙玄龄. 略谈吟诗调的音乐性. 中华吟诵首届高端论坛论文集（内刊）. 2012；39.

② 主要依据的是丁时祺先生. 中华吟诵基本特点浅谈. 中华吟诵首届高端论坛论文集（内刊）. 2012；1. 丁先生在声学、音乐声学和音乐理论方面造诣颇深，见解独到。著有《声学趣谈》等出版。

咪，4 发，5 嗦，6 啦，7 西（中国传统音乐为"五音阶"即 1，2，3，5，6）。组成乐曲的七个乐音，叫做"基本音级"，这是根据倍音原理挑选出来的，即这些乐音的振动频率都是某一个音的整数倍。要吟唱起来，要唱得好听，首先就要求只能使用符合倍音原理的"乐音"。如果你用的"乐音"脱离了这一体系，那就叫"跑了调"，结果听起来就别扭，就好像写文章出了错字，读文章念错了字音一样。特别是作为每句句尾的落音不能跑调。常说的"跑调了"，实际上是唱的音不准。音准需要练习，最简单的方法是把七个基本音阶唱对。"音准"很多时候是耳朵的问题，要认真地听自己唱出来的本音，之后自我纠正。或者经常去唱一些自己熟悉的歌曲，练上一段时间后再听听原唱或者是请比较专业的人士给校正一下。

（2）要讲究"调性"，尾音要有结束感。

曲调里的"几个音（一般不超过七个，不少于三个）按照一定的关系（高低关系，稳定与不稳定的关系等）联结在一起，构成一个体系，并以某一音为中心"，这个体系就叫做"调性"。"调性"概念具有"调"的全面含义，包括"主音"高度与调式类别。某种情况下，调又有"主音"高度的含义。

这里所说的尾音，指整个曲调结尾或段落曲调结尾的音。我们知道，韵文用字有押不押韵的问题，结尾的字押了韵听起来舒服，也有了结束感，不押韵则读起来不好听，也缺乏稳定感。例如："床前明月光，疑是地上霜，举头望明月，低头思故乡。"在押上韵时给人以音韵上顺其自然的结束感，稳定感。若改为："床前明月光，疑是地上霜，举头望明月，低头思故里。"听起来就不顺畅，不自然，像没有完结。这是韵文声韵美的自然法则。

同样，对于吟唱的曲调，也有个结尾的音听来自不自然、舒不舒服、有没有结束感的问题。以下吟唱一首，请大家接最后结尾的音……

静 夜 思

大家会自然地接上尾音"1"。

再吟唱一首：请大家接最后结尾的音……

登鹳雀楼

自由地

5. 5 6 6 | 5 0 0 0 | 1 2 3 2 3 0 | 2 - - - |

白　日　依　山　尽，　　　黄河　入　海　流.

3 2 3. 5. 6 5 | 1 0 0 0 | 3 2 0 1 2 3. | ? - - - ‖

欲　穷　千　里　目，　　　更上　一　层　楼.

大家会自然地接上尾音"5"。

在以上两首乐曲进行中，你若从头唱到最后一句时，试着把结束音改为2、或3、或6，你都会觉得不自然，像没有唱完，还必须唱下去，只有落在1或5音上，才觉得结束了，有了稳定感。这个具有结束感、稳定感的音，就是这个乐曲的"主音"，它相当于一首韵文的韵脚。和韵文里的韵脚的形成一样，"主音"也是在整个乐曲进行中被强调而形成的。即多次出现，多出现在强拍，音值拖长。"主音"常常出现在曲调或乐句的首和尾。和每首诗歌都有自己的韵脚，不同的诗歌有不同的韵脚一样，每首乐曲都有自己的"主音"，不同的乐曲有不同的"主音"。根据这个规律，吟唱曲调的尾音就要落在这首乐曲的"主音"上，这样才有结束感、稳定感，并与前面的音有了呼应，产生前后统一的和谐感，听着自然、舒服。这是曲调调性美的自然规律。

（3）选择"调式"和"调高"以适合表情之需要。

吟唱的调要符合诗文的"义"，要适宜表达这个"义"。对于情绪高昂的诗文，吟唱者决不会用低沉的曲调；情绪低沉的诗文，吟唱者决不会用高昂的曲调；情绪激昂时提高调高，反之降低调高等等，这在吟唱当中会不自觉地做到。但要进一步掌握规律即选用不同的调式和调高来吟唱不同的诗文，就会更有利于提高吟唱的水平。我们知道，韵文有不同的韵部，如现代普通话沿用的"十三辙"之"江阳"、"人辰"、"由求"、"发花"韵等等。不同的韵部适宜表达不同的情绪，如"江阳"、"发花"韵是阳刚明亮的，"油求"、"姑苏"韵偏于哀愁忧郁等等。同样，乐曲也有不同的调式。在一个乐曲中，以"主音"为中心，各音按照一定的音高关系结成一个体系，这个体系就叫做这个乐曲的"调式"。

不同调式和调高的结合会使得吟唱的曲调具有多样的表现力。而且这是古已有之的。我国民族音乐中分别以 1、2、3、5、6 即宫、商、角、徵、羽这五个音作为主音，可以形成五个不同的调式，即宫调式、商调式、角调式、徵调式、羽调式，我们统称为五声调式。不同调式和调高的结合（称为"宫调"）会使得吟唱的曲调具有多样的表现力，给内容的表达提供丰富的表现形式。

其一，不同的调式具有不同的表现特质，适宜表达不同的情感。一般来说，宫调式和徵调式的色彩比较明亮，适宜表现明朗阳刚，羽调式和角调式的色彩比较暗淡，适宜表现温柔甜美忧郁，商调式介乎两者之间，可表现苍茫、悠远。

其二，同一调式由于其调高的不同也会产生不同的效果。提高调高会增加乐曲的明亮度和光耀性，降低调高会增加乐曲的柔和、沉思乃至忧郁感。

元人燕南芝庵的《唱论》最早附刊于元代杨朝英编的散曲选《阳春白雪》卷一。他谈"宫调"说："大凡声音，各应于律吕，分于六宫十一调，共十七宫调：仙吕调唱，清新绵邈。南吕宫唱，感叹伤悲。中吕宫唱，高下闪赚。黄钟宫唱，富贵缠绵。正宫唱，惆怅雄壮。道宫唱，飘逸清幽。大石唱，风流酝藉。小石唱，旖旎妩媚。高平唱，条畅晃漾。般涉唱，拾掇坑堑。歇指唱，急并虚歇。商角唱，悲伤宛转。双调唱，健捷激袅。商调唱，凄怆怨慕。角调唱，呜咽悠扬。宫调唱，典雅沉重。越调唱，陶写冷笑。"[1]

此段文字，后来亦转载于元周德清的《中原音韵》（1324 年）、陶宗仪的南村《辍耕录》、明朱权的《太和正音谱》（1398 年）和臧晋叔的《元曲选》（1616 年）等书，在文学界有一定影响。且不说他的表情分类不太合理，与当时的实际也不大相符。但是可以说明：不同"调式"和"调高"的结合会使得吟唱的曲调具有多样的表现力。

此外，从"唱"的技巧上来说，值得了解和掌握的具体做法还有很多，例如运用"颤音"和"转调"等等，但考虑到，这类做法已属"吟唱"学习的更高层次，这里只是提及，不做具体的介绍。

第三节　出调的预备：读对字音

一个案例，一首古诗的读音问题。

《茅屋为秋风所破歌》杜甫

---

[1]　陈良运. 中国历代赋学曲论著选. 南昌：百花洲文艺出版社，2002：494.

八月秋高风怒号（háo），卷我屋上三重（chóng）茅（máo）。

茅飞渡江洒江郊，高者挂罥（juàn）长（cháng）林梢，

下者飘转沉塘坳（ào）。

南村群童欺我老无力，忍能对面为盗贼（zéi）。

公然抱茅入竹去，唇焦口燥呼不得，归来倚杖自叹息（xī）。

俄顷风定云墨色，秋天漠漠向昏黑（hēi）。

布衾（qīn）多年冷似铁，娇儿恶（è）卧踏里裂（liè）。

床头屋漏无干（gān）处，雨脚如麻未断绝（jué）。

自经丧（sāng）乱少睡眠，长夜沾湿何由彻（chè）！

安得广厦（shà）千万间，大庇（bì）天下寒士俱欢颜，

风雨不动安如山（shān）！

呜呼！何时眼前突兀（wù）见（xiàn）此屋，吾庐独破受冻死亦足（zú）！

听《茅屋为秋风所破歌》的录音带（朗诵者为中央人民广播电台播音员），其中"南村群童欺我老无力，忍能对面为盗贼"的"贼"被读为"zé"，"俄顷风定云墨色，秋天漠漠向昏黑"的"黑"被读为"hè"—— 这些改变读音的字都是诗中的韵脚。改变读音的目的，是为了读起来和谐。不过，这样做有必要吗？答曰：有必要。

诗中，"力（lì）"、"贼（zéi）"、"得（dé）"、"息（xī）"、"色（sè）"和"黑（hēi）"都是韵脚，普通话的声调或为阴平，或为阳平，或为去声；韵部则分属"齐"、"微"、"歌"三个韵部。按此读来，自然声调不谐。中央人民广播电台播音员在朗读中，将"贼"、"黑"作了改读："zé"、"hè"，以求能够跟前后的韵脚"得"、"色"相押，但是，又兼顾不了原来属于同一韵部的"力"和"息"。其实，这些字在唐代，都属入声字，"力"等六个字都属入声韵里的"职"部和德部：

力 like	入声	中古职韵	贼 dz《k	入声	中古德韵
得 t《k	入声	中古德韵	息 siek	入声	中古职韵
色 Si《k	入声	中古职韵	黑 x《k	入声	中古德韵

据此，这首诗按中古语音（入声韵）来读，也就顺了，来吟诵，也就和谐了。同时，更能够发现到：这首诗变换韵脚的特点即发端由平转仄，中间为入，结束再转回平，与诗人感情的抒发之间也配合的十分恰当。

在现行中小学语文新教材古诗词里，凡涉及多种读音的字，往往不注古音而改注今音（普通话标准音）。如贺知章的《回乡偶书》："少小离家老大回，

乡音不改鬓毛衰"（"衰"字原读 cuī，现改读 shuāi），杜牧的《山行》："远上寒山石径斜，白云深处有人家"（"斜"字原读 xiá，现改读 xié），北朝民歌《敕勒歌》："天似穹庐，笼盖四野"（"野"字原读 yǎ，现改读 yě）。这样的古音一律按今音读，一勺烩掉，倒是简单轻松，然而古诗文的声律美丧失了。一直以来，是否按古音读古诗词文，争论不断。著名语文学家张中行认为："讲读文言，割舍声音美也是一件难事；如果不能割舍，那就只好在读音方面忍受一些麻烦。幸而这样的麻烦并不很多，习惯了负担也不至过重。"① 总之，今人不能因为"麻烦"、"负担"便轻易放弃了传统。以下，我们将用实例说明古音之所以不能丢失的理由：

1. 以古文为例：

（1）天得一以清，地得一以宁，神得一以灵，谷得一以盈，万物得一以生，侯王得一以为天下贞。（《老子》第三十九章）"清"、"宁"、"灵"、"盈"、"生"协韵；"贞"旧读 chēng，与以上几个字协韵，现在读 zhēn，不协韵。

（2）民愈则财用足，民侈则饥寒生。（《盐铁论·本议》）句中的"足"，旧读仄声；现在读平声，与平声"生"不协韵。

（3）然则北通巫峡，南极潇湘。（范仲淹《岳阳楼记》）"峡"，旧读仄声；现在读平声，与平声的"湘"不协韵。

古文是"散"的，但有时也有平仄协调的问题。特别是处于格律诗发展、盛行的时代里，中国古代散文的普遍重视韵律的美感。

2. 以骈文为例：

（1）笼天地于形内，挫万物于笔端。始踯躅于燥吻，终流离于濡翰。理扶质以立干，文垂条以结繁。信情貌之不差，故每变而在颜。思涉乐而必笑，方言哀而已叹。（陆机《文赋》）"端""翰"（旧可读平声）"繁""颜""叹"（旧可读平声）协韵；照现在读法，"翰""叹"则不协韵。

（2）椁容与而讵前，马寒鸣而不息。（江淹《恨赋》）"息"，旧读仄声，与平声"前"协调；现在读平声，不协调。

（3）将军勇冠三军，才为世出。（丘迟《与陈伯之书》）"出"，旧音是入声字，现代汉语读平声；如果读作平声，与"军"平仄失调。

（4）盖踵其事而增华，变其本而加厉。……美终则诔发，图像则赞兴。……仲连之却秦军，食其之下齐国。……虽传之简牍，而事异篇章。（萧统《文选序》）"发""国""牍"旧读仄声，与平声"兴""军""章"协调；现在

---

① 张中行. 文言津逮. 福州：福建教育出版社，1984：17.

读平声，不协调。

（5）孟尝高洁，空余报国之心；阮籍猖狂，岂效穷途之哭。（王勃《滕王阁序》）"洁""哭"旧读仄声，与平声"狂""心"协调；现在读平声，不协调。

魏晋以后，从骈偶属对的习惯里，最终演变出一种艺术化的"美文"即骈体文。主要特征是特别讲究对偶（义对和音对），用现在音读，平仄不协调的情况有时候就会出现。

3. 以古诗词为例：

（1）打起黄莺儿，莫教枝上啼。啼时惊妾梦，不得到辽西。（金昌绪《春怨》）"教"，旧可读 jiāo，"得"，旧读 dè；"儿"，旧读 ní，才能协韵。

（2）潇湘何事等闲回，水碧沙明两岸苔。二十五弦弹夜月，不胜清怨却飞来。（钱起《归雁》）"十"，旧读 shì，"胜"，旧读 shēng。"回"，旧读 huái，平仄才能协调。

（3）箫声咽，秦娥梦断秦楼月。秦楼月，年年柳色，霸陵伤别。（李白《忆秦娥》）"别"是入声字，现代汉语读平声；如果读作平声，与"咽""月"不能协韵。

（4）多情自古伤离别，更那堪冷落清秋节。今宵酒醒何处？杨柳岸晓风残月。此去经年，应是良辰好景虚设。便纵有千种风情，更与何人说？（柳永《雨霖铃》）这首词用入声韵，其中"别""节""说"现在读平声，如果不从旧读就不能协韵。

要求平仄协调和协韵更严的是诗歌（包括诗、词、曲等），特别是诗体里的近体。不只在句末，而且在句中（诗要二、四、六分明，词大致是这样而不尽相同）。因之，要是顾全声音美，就要找回旧音，读作仄声。（这里说仄声，因为普通话没有入声，只能读作去声。因此，严格地说，所谓追逐旧音，只能大致地追逐到"仄"，不能细致地追逐到"入"。）所以，吟诵古诗词，如果一律照现在的音读，就常常会出现平仄失调和不协韵的现象。

从吟诵的角度来说，"读对字音"，还不仅是"古音当作今音读"的问题，它更是吟诵古诗文必须遵循的规则之一。吟诵界学者钱明锵先生称之为："变调"法："变调是指某一个字在口语语音（说话）中，或在诗词歌曲的句子中，由于受前后左右字词的影响，或受歌曲旋律或诗词格律的要求和影响而发生了改变原来声调的现象称之为变调。所谓异读，是指一个字在特定的语言环境中，不按它通常字音去读，而撇腔读另外一个音。所以，变调与异读的含义是相同的。"① 他指出：在传统诗词里的字，在以下三种情况下必须变调异读。

（1）为了叶韵的需要，举例：

号——通常读 hào，变调读 háo。如：乐郊乐郊，谁之永号！（《诗·硕鼠》）八月秋高风怒号，卷我屋上三重茅。（杜甫《茅屋为秋风所破歌》）此中号属"豪"韵，为了与"郊"、"茅"合韵，所以读"háo"。

叹——通常读 tàn，变调读 tān。如：以手抚膺坐长叹。（李白《蜀道难》）此中的"叹"与本首诗其它韵脚"盘"、"峦"同属十寒韵部。

斜——通常读 xié，变调读 xiá。如：远上寒山石径斜。（杜甫《山行》）此中的"斜"与本首诗其它韵脚"家"、"花"同属六麻韵。

看——通常读 kàn，变调读 kān。如：别来几向梦中看。（潘阆《酒泉子》）此中"看（kān）"与本词其它韵脚"寒"同属十寒韵。

蛇——通常读 shé，变调读 shá。如：朝避猛虎，又避长蛇。（李白《蜀道难》）此中"蛇 shá"与本首诗其它韵脚"家"、"麻"同属六麻韵。

嗟——通常读 jiē，变调读 jiā。如：侧身西望长咨嗟。（引同前）此中"嗟 jiā"与前例一样，同属六麻韵。

涯——通常读 yá，变调读 yí。如：怜君何事到天涯？（刘长卿《过贾谊宅》）此中"涯 yí"与本首诗其它韵脚"迟"、"悲"、"时"、"知"同属四支韵。

衰——通常读 shuāi，变调读 cuī。如：老妪力虽衰，请从吏夜归。（杜甫《石壕吏》）此中"衰 cuī"与本首诗其它韵脚"炊"同属四支韵。

（2）为了适应平仄要求而变调异续，举例：

思——通常读平声 sī，变调读 sì。如：杨花榆荚无才思，惟解漫天作雪飞。（韩愈《晚春》）此为七绝第三句，应仄声收尾，故将"思"读 sì。

漫——通常读仄声 màn，变调读平声 mán。如：故园东望路漫漫。（岑参《逢入京使》）此诗中"漫 mán"，为和本首诗中其它韵脚"干"、"安"合韵，故变调。

横——通常读平声 héng，变调读仄声 hèng。如：雨横风狂暂一停。（黄遵宪《夜起》）"横"字刚好处在仄声的节奏点上，故读 hèng。

（3）特殊构词中的变调异读。举例：

参差——通常"参"读 cān，"差"读 chā，变调都读 cēn，cī。如：参差荇菜，左右流之。（《诗·关雎》）"参差"联读，意为长短不齐。

纶巾——"纶"通常读 lún，此处变调读 guān。如：羽扇纶巾，谈笑间，

---

① 钱明锵. 诗词吟诵八法. 中华吟诵周论文集（内刊）. 2008：54.

橹樯灰飞烟灭。（苏轼《念奴娇·赤壁怀古》）纶巾，青丝带，古代一种儒巾。为特殊名词。

鼓吹——"吹"通常读平声 chuī，变调读仄声 chuì，如：谁知竹西路，歌吹是扬州。（杜牧《题扬州禅智寺》）此为古代笙芋等乐器的吹奏。

琴操——操，通常读平声 cāo，变调读仄声 cào，如：堕翎留片雪，雅操入孤琴。（李群玉《失鹤》）此为琴曲的一种，特殊词组。

"一一"连读——离离原上草，一（yī）岁一（yì）枯荣。（白居易《赋得古原草送别》）前一个"一"吟成阴平，后一个"一"吟成去声。

显然，真正要掌握传统吟诵之法，知晓相关古汉语语音知识是必要的。尤其是对中古语音系统（可参阅《切韵》等书）的基础性了解。以下，从"读对"诗词语音方面，再作常见字举例说明。有两种情况须做到心中有数（与入声字有关的"古今异音字"情况另见）：

1. 多音多义字

即声调不同，则词性和意义有别，音调处理也不同。比如韩愈《左迁至蓝关示侄孙湘》中"欲为圣明除弊事，肯将衰朽惜残年"的"为"应读去声（wèi），仄声字，介词，当"替"讲，和入声"欲"字组成一个节奏单位，吟时须用较高较短的音。如果读成阳平（wéi），则为平声字，不仅使词性变成动词（当"做"讲），于诗意的理解很别扭，而且破坏了平仄（相间、相粘、相对）的规则，使得下面节奏点上字音的高低、长短处理跟着搞错。

为：平声读作 wéi；动词，做。

无为在歧路，儿女共沾巾。（王勃《送杜少府之任蜀川》）

此地一为别，孤蓬万里征。（李白《送友人》）

一为迁客去长沙，西望长安不见家。（李白《与史郎中钦听黄鹤楼上吹笛》）

今逢四海为家日，故垒萧萧芦荻秋。（刘禹锡《西塞山怀古》）

去声读作 wèi：介词：表原因、目的、对象；动词：帮助，卫护。

无人信高洁，谁为表予心。（骆宾王《在狱咏蝉》）

谁为含愁独不见，更教明月照流黄。（沈佺期《独不见》）

为我一挥手，如听万壑松。（李白《听蜀僧濬弹琴》）

蓬莱此去无多路，青鸟殷勤为探看。（李商隐《无题》）

骑：平声读作 qí；动词，跨坐。

郎骑竹马来，绕床弄青梅。（李白《长干行》）

想得刘君独骑马，古堤愁树隔中桥。（元稹《送刘太白》）

骑牛远远过前村，吹笛风斜隔陇闻。（黄庭坚《牧童》）

去声读作 jì：名词，一人一马合称：

翩翩羽骑双旌后，上客亲随郭细侯。（司空曙《送卢彻之太原谒马尚书》）

千骑红旗不可攀，水头独立暮方还。（姚合《辞白宾客归后寄》）

东家蝴蝶西家飞，白骑少年今日归。（李贺《蝴蝶飞》）

一骑红尘妃子笑，无人知是荔枝来。（杜牧《过华清宫》）

思：平声读作 sī：动词，思念。

举头望明月，低头思故乡（李白《静夜思》）

独在异乡为异客，每逢佳节倍思亲。（王维《九月九日忆山东兄弟》）

与君皆是思归客，拭泪看花奈老何。（顾况《早春思归有唱竹枝歌者坐中下泪》）

去声读作 sì：名词，情怀、思绪。

人归落雁后，思发在花前。（薛道衡《人日思归》）

弦弦掩抑声声思，似诉平生不得志。（白居易《琵琶行》）

今夜月明人尽望，不知秋思落谁家？（王建《十五夜望月》）

黯乡魂，追旅思。夜夜除非，好梦留人睡。（欧阳修《苏幕遮》）

教：平声读作 jiāo：动词，使、让。

但使龙城飞将在，不教胡马度阴山。（王昌龄《出塞二首》之一）

打起黄莺儿，莫教枝上啼。（金昌绪《春怨》）

曲罢常教善才伏，妆成每被秋娘妒。（白居易《琵琶行》）

从遣鸟喧心不动，任教香醉境常冥。（皎然《同李著作纵题尘外上人院》）

去声读作 jiào：动词，教习、训练；名词，宗教、教训、教诲、教坊。

汉家仪礼盛，名教出诸颜。（皎然《赠颜主簿》）

春风也解嫌狼藉，吹尽当年道教灰。（无名氏《题焚经台》）

我劝出家辈，须知教法深。（拾得《拾得诗》其十四）

诗教殆沦缺，庸音互相倾。（皎然《答苏州韦应物郎中》）

太平故事因君唱，马上曾听隔教坊。（司空图《歌》）

双燕引雏花下教，一鸠唤妇树梢鸣。（赵汝《途中》）

重：平声读作 chóng：形容词，重叠；副词，再；量词，层：

何时一樽酒，重与细论文。（杜甫《春日忆李白》）

一封朝奏九重天，夕贬潮州路八千。（韩愈《左迁至蓝关示侄孙湘》）

山重水复疑无路，柳暗花明又一村。（陆游《游山西村》）

去声读作 zhòng：形容词，与轻、薄相对；动词，看重：

露重飞难进，风多响易沉。（骆宾王《在狱咏蝉》）

卢橘子低山雨重，栟榈叶浅水风凉。（白居易《西湖晚归回望孤山寺赠诸客》）

天意怜幽草，人间重晚晴。（李商隐《晚晴》）

荷：平声读作 hé：名词，为植物之名。

春日繁鱼鸟，江天足芰荷。

（杜甫《暮春陪李尚书李中丞过郑监湖亭泛舟得过字》）

放生鱼鳖逐人来，无主荷花到处开。（苏轼《望湖楼醉书》）

上声读作 hè：动词，负荷也。

漂梗无安地，衔枚有荷戈。（杜甫《征夫》）

农事空山里，眷言终荷锄。（杜甫《得家书》）

分：平声读作 fēn：动词。

天长地阔岭头分，去国离家见白云。（沈佺期《遥同杜员外审言》）

矮纸斜行闲作草，晴窗细乳戏分茶。（陆游《临安春雨初霁》）

去声读作 fèn：名词，指本分、身分、名分等，或分成一部分，今写作"份"。

竹叶于人既无分，菊花从此不须开。（杜甫《九日五首》）

窄窄柴门短短篱，山家随分有园池。（陆游《小园》）

2. 多音单义字

这类字虽有不同的读法，但是意义不变。这类字中值得注意的有两小类：一类是平仄有变化，一类是韵母有变化。因其读音变化关乎押韵和平仄，故在吟诵诗词时需要注意它们的读音。

（1）平仄不同的字

主要指那些韵母不变，平仄变化的字，在诗词中关乎平仄。如：

看——上平十四寒；去声 十五翰

平声读作 kān：

蓬山此去无多路，青鸟殷勤为探看。（李商隐《无题》）

执手相看泪眼，竟无语凝噎。（柳永《雨霖铃》[寒蝉凄切]）

去声读作 kàn：

天阶夜色凉如水，坐看牵牛织女星（杜牧《秋夕》）

为报倾城随太守，亲射虎，看孙郎。（苏轼《江城子》[密州出猎]）

醒——下平九青；上声 二十四迥

平声读作 xīng：

客散酒醒深夜后，更持红烛赏残花。（李商隐《花下醉》）

梦后楼台高锁，酒醒帘幕低垂。（晏几道《临江仙》［梦后楼台高锁］）

上声读作 xǐng：

惜春连日醉昏昏，醒后衣裳见酒痕。（韩偓《春昼》）

今宵酒醒何处？杨柳岸、晓风残月。（柳永《雨霖铃》）

望——下平七阳；去声 二十三漾

平声读作 wáng：

诸侯春不贡，使者日相望。（杜甫《有感五首》之一）

黯相望，断鸿声里，立尽斜阳。（柳永《玉蝴蝶》［望处雨收云断］）

去声读作 wàng：

不知何处吹芦管，一夜征人尽望乡。（李益《夜上受降城闻笛》）

伤情处，高城望断，灯火已黄昏。（秦观《满庭芳》［山抹微云］）

忘——下平七阳；去声 二十三漾

平声读作 wáng

诗罢闻吴咏，扁舟意不忘。（杜甫《夜宴左氏庄》）

坠素翻红各自伤，青楼烟雨忍相忘。（宋祁《落花》）

冉冉残年逼，悠悠万事忘。（陆游《老态》）

去声读作 wàng

帝乡那可忘，旅馆日堪愁。（高适《别孙欣》）

相分岂相忘，临路更情亲。（王安石《送王彦鲁》）

叹——上平十四寒；去声 十五翰

平声读作 tān：

扪参历井仰胁息，以手抚膺坐长叹。（李白《蜀道难》）

去声读作 tàn：

九泉莫叹三光隔，又送文星入夜台。（崔珏《哭李商隐》之二）

听——下平九青；去声二十五径

平声读作 tīng：

雨另禁火空斋冷，江民流莺独坐听。（韦应物《寒食寄京师诸弟》）

去声读作 tìng：

行人莫听宫前水，流尽年光是此声。（韩琮《暮春浐水送别》）

患——上平十五删；去声 十六谏

平声读作 huán：

悟彼飞有适，知此罹忧患。（王昌龄《独游》）

去声读作 huàn：

莲后红何患，梅先白莫夸。（李商隐《朱槿花》）

慷——下平七阳；上声 二十二养

平声读作 kāng：

坐感岁时歌慷慨，起看天地色凄凉。（王安石《葛溪驿》）

徂岁聿云暮，揽衣慨以慷。（陆游《秋晚》）

上声读作 kǎng：

调高时慷慨，曲变或凄清。（刘孝孙《咏笛》）

（2）韵母不同的字

主要指那些平仄不变，而韵母发生变化的字，在诗词中关乎押韵，且与今天普通话读音差异较大，值得注意。

车——上平六鱼；下平六麻

鱼韵，斤於切，音居。

东岳云峰起，溶溶满太虚。震雷翻幕燕，骤雨落河鱼。

座对贤人酒，门听长者车。相邀愧泥泞，骑马到阶除。

（杜甫《对雨书怀走邀许十一簿公》）

数椽庳屋茨生草，三亩荒园种晚蔬。永日终无一杯酒，可能留得故人车。

（王安石《呈陈和叔二首》其一）

麻韵，昌遮切，音硨。

瑶池罢游宴，良乐委尘沙。遭遇不遭遇，盐车与鼓车。（杜牧《骕骦骏》）

借车载家具，家具少于车。借者莫弹指，贫穷何足嗟。（孟郊《借车》）

南国调寒杵，西江漫日车。客愁连蟋蟀，亭古带蒹葭。

不返青丝鞚，虚烧夜烛花。（杜甫《官亭夕坐戏简颜十少府》）

崖——上平四支；上平九佳

佳韵，宜佳切，音睚。

石头机路难栖泊，险布还同万仞崖。到顶方知天下小，草鞋跟断更须挨。

（释绍昙《危峰》）

月色照幽谷，泉声落断崖。水光山色里，一块烂枯柴。

（释祖珠《自赞》）

欺天行当吾何有，立地机关子太乖。五百青蚨两家阙，白洪崖打赤洪崖。

（丁谓《戏答白稹》）

支韵，疑羁切，音仪。

陵谷虽存世代异，耳目双被诳者欺。只余纸本落人世，千古遗臭东南崖。

……早知金石不可恃，相君应悔燔书诗。

（莫济《次韵梁尉秦碑》）

道是青神谷，元通白帝崖。有松如壮士，其魄化婴儿。
云湿侵鸦嘴，天寒剪兔丝。

（高似孙《杨嗣勋惠茯苓》）

吟会失秋期，荒山寄病时。客髭生日早，丛木落青迟。
渴狖窥莎井，阴虫占菊篱。归心何以见，霜月下天崖。

（释宇昭《寄保暹师》）

涯——上平四支；下平六麻；上平九佳
支韵，疑羁切，音宜。

行行重行行，与君生别离。相去万余里，各在天一涯。道路阻且长，
会面安可知？胡马依北风，越鸟巢南枝。

（无名氏《古诗十九首》其一）

南方有佳木，远在涨海涯。沉水产其节，鸡舌生其肌。
结根松柏场，龙脑实离离。

（薛季宣《跋东坡诗案》）

麻韵，五佳切，又鱼佳切。

壮年学书剑，他日委泥沙。事主非无禄，浮生即有涯。
高斋依药饵，绝域改春华。丧乱丹心破，王臣未一家。

（杜甫《暮春题瀼西新赁草屋五首》其四）

昔日龌龊不足夸，今朝放荡思无涯。春风得意马蹄疾，一日看尽长安花。

（孟郊《登科后》）

何言内外家，忧患两如麻。别泪行三岁，思心各一涯。
海边昏雾雨，塞外惨风沙。安得云飞术，乘空去不遐。

（司马光《郎州怀聂之美》）

莽——上声七麌；上声二十二养
麌韵，莫补切，音姆。

胡关饶风沙，萧索竟终古。木落秋草黄，登高望戎虏。
荒城空大漠，边邑无遗堵。白骨横千霜，嵯峨蔽榛莽。

（李白《古风》其一十四）

招提凭高冈，疏散连草莽。出泉枯柳根，汲引岁月古。
石间见海眼，天畔萦水府。

（杜甫《太平寺泉眼》）

村落秋气高，凉飙泛林莽。田家刈获闲，斗酒劳良苦。
瓮瓯间竹箸，杀鸡仍具黍。昏昏灯火照，草草杯盘举⋯⋯

（喻良能《观田家宴集》）

养韵，模朗切，音蟒。

天冷日不光，太行峰苍莽。尝闻此中险，今我方独往。
马蹄冻且滑，羊肠不可上。

（白居易《初入太行路》）

中原堕胡尘，北望但莽莽。耆年死已尽，童稚日夜长。
羊裘左其衽，宁复记畴曩？

（陆游《北望》）

附：古诗词今古异音常用字举隅

诗词中有一些常用字，其中古音和今音颇有差异，如果不注意，很容易弄错平仄。解决办法惟有多诵前人作品，多翻韵书，庶免不知音之讥。下面列举一些例子，供学者参考。

（1）阿：名词字头，音屋，入声。如李商隐《茂陵》："玉桃偷得怜放朔，金屋修成贮阿娇。"

（2）令：表示"使令"，平声，入下平声八庚韵。如李商隐《筹笔驿》："徒令上将挥神笔，终见降王走传车。"

（3）并：一指地名，并州，一表交并，均念平声。前者如唐刘皂（一说贾岛）《旅次朔方》"客舍并州已十霜，归心日夜忆咸阳"，后者如陈寅恪："元夕闻歌百感并，凄清不似旧时声。天涯谁共伤羁泊，出得京城了此身。"表示并排、并列的意思，正字体作"並"，去声。

（4）跳：平声，入下平声四萧韵。如杜牧《寄浙东韩八评事》："一笑五云溪上舟，跳丸日月十经秋"，苏轼《六月二十七日望湖楼醉书》："黑云翻墨未遮山，白雨跳珠乱入船。"

（5）醒：表酒醒、清醒时，平声。如屈原"众人皆醉我独醒，举世俱浊我独清"，醒、清叶韵。张羽"晓风残月酒醒迟"。

（6）播：去声，如陈政"清风久播驰"。

（7）数：作动词，音首，上声，如清方坦庵《思归》："老妻书至劝归家，为数乡园乐事赊"；表屡次，音硕，入声。如《唐书·韩愈传》："既高才数黜，官又下迁，乃作《进学解》以自喻。"

（8）那：一音挪，阳平声，如刹那，梅兰芳《霸王别姬》："自古常言不欺

301

我，成败兴亡一刹那"，又如那堪，永"更那堪、冷落清秋节"一音耐，同奈，如纳兰词"无那尘缘容易绝"。

（9）治：作动词，平声，音持，如"治国平天下"，又如李商隐《韩碑》："长绳百尺拽碑倒，粗砂大石相磨治。"

（10）浪：连绵叠字浪浪浪，阳平声，如苏轼《咏史诗》："独掩陈编吊兴废，窗前山雨夜浪浪。"在"淋浪"中作阳平声，在"沧浪"中亦作平声。

（11）漫：连绵叠字漫漫，阳平声，如"故园东望路漫漫"。

（12）吹：作名词时，去声。如玉吹、凉吹、歌吹。"歌吹是扬州。"

（13）当：表当作、只当，去声。如萧公权咏杨花词"人间不当花看"。

（14）看：一般作平声，音刊，如"今夜鄜州月，闺中只独看。"

（15）它：第三人称代词，音拖。如王国维"高岸为谷谷为阿，将由人事匪有它"，此处阿音窝，山阿之意，与它叶韵。

（16）教：只作平声。

（17）反：表平反，平声，翻案纠正。如陆游《书戒》："有过尚当贵，况可使烦冤。出仕推此心，所乐在平反。"冤、反叶韵。

（18）迟：表等待，去声。如严维《九日登高》："迟客高斋瞰浙江"。

（19）烧：作名词，去声，如野烧、春烧、烧痕。严维《荆溪馆》："野烧明山郭，寒更出县楼。"

（20）尚：在"尚书"中作阳平声，音裳。

（21）疏：作名词，奏疏，去声，如老杜"匡衡抗疏功名薄"。

（22）拼：作动词，舍弃，音潘，如"愿作一生拼，尽君今日欢"。

（23）准：作名词，音拙，入声。如老杜"高帝子孙尽龙准"。

（24）使：作名词，使者，奉使，去声。

（25）比："皋比"之比，读平声。岑安卿"晓日皋比暖，薰风绛帐凉"。

（26）谜：去声。张籍"古境铭文浅，神方谜语多"，黄滔"古器岩耕得，神方客谜留"。

（27）思：作名词或状语，都念去声，如情思、意思、弦弦掩抑声声思、春女思。

（28）唯：今人"惟一""唯一"不分，但唯有应诺之意，惟字则无，此时，唯念上去，如唯唯诺诺。

（29）观：作名词，去声，如寺观、大观、伟观、巨观。

（30）论：作动词，平声。如"千秋功罪谁与论"、"分明怨恨曲中论"。①

第四节 出调的预备：观听识唱

在这一节里，我们将通过：（1）观听，即借助录像和录音直接感受传统吟诵的各种影像的声音"状态"；（2）练习，即通过作品按语写作，熟悉以上有关吟咏和吟唱的各种规则；（3）识唱，即借助简谱学唱若干首不同体式的古诗词文吟唱、歌唱曲调。学习者可以在这一过程当中体验初学吟诵的乐趣，为自己的吟诵出调作"热身"。

一、观 听

目前被记录（录影与录音）的吟诵调，大而分之为传统吟诵与现代新吟诵。传承关系明确，即现代新吟诵（"普通话吟诵"和"国语吟唱"）是在传统吟诵基础之上革新、演变而成。本节"观听"内容主要以传统吟诵名家为主。

曾有学者将传统吟诵按地域方言分为六大类：（1）"唐调"；（2）"常州调"；（3）"闽调"；（4）"粤调"；（5）"湘调"；（6）"川调"。对应这些不同地域的方言吟诵，各调都有自己的传承人、代表吟者。其中影响较大为"唐调"、"常州调"和"闽调"。"唐调"是上海交大奠基人唐文治在国学教育中形成的带有音乐性的吟诵方法。上世纪40年代上海大中华唱片公司曾为其录制灌音片一套10片，包括诗经、楚辞、左传、史记及唐宋散文等名篇吟诵，至今多处已模糊失真。其后，钱仲联、冯其庸、陈以鸿、范敬宜等均为唐调传承人。

"常州吟诵"是植根于常州、运用常州方言进行的吟诵。其文化底蕴深厚，当代常州吟诵的代表性传人赵元任、周有光、屠岸等均为我国文化界著名学者。钱璱之等传人也都出自儒学名门，其吟诵各有所宗。常州吟诵内容丰富，风格多样，异彩纷呈。

"闽调"又称"闽南语吟诵调"。闽南话更是其中较吴语更古老的一种方言。其诗歌吟诵中的文读音（通常用于书面读音，特别在吟诵古诗时主要用文读而不能用日常口语的白读）大体对应了中原地区唐宋时期的语音特征。闽南话早期以泉州话为代表，现在以厦门话为代表。

"观听"的内容安排。从我们编撰的《中华吟者小传》一书里，选出16家代表人物，作为"观听"学习的重点，为了配合"观听"，以下，对他们的主

---

① 徐晋如. 禅心剑气相思骨——中国诗词的道与法. 桂林：广西师范大学出版社，2009：261.

要经历、传承关系和成就作了简要介绍。有关他们吟诵的影像录音另见专门的视频与音频文件。[①]

1. 唐文治（1865—1954），字颖侯，号蔚芝，晚号茹经。著名教育家、国学大师。原籍江苏太仓，民国元年（1912 年）定居无锡，从师太仓理学家王紫翔，潜心研读性理之学及古文辞。18 岁中举，21 岁进江阴南菁书院，受业于东南经学大师黄元同和王先谦的门下，从事训诂之学。他精通经学、文学，擅长吟诵，并且创立了独树一帜的"读文法"，他的学生称其为"唐调"。代表曲目：《关雎》、《蒹葭》、《礼记·礼运》。

2. 陈以鸿（1923— ）字景龙，江苏江阴人。7 岁入学，1945 年无锡国学专修学校沪校毕业。后进入上海交通大学电机工程系，其间师从唐文治先生学习吟诵。1948 年毕业，留校工作，1988 年退休，职称编审。长期从事科技翻译，出版英、俄文著作中译本数十种。同时致力于中国传统文学研究和创作，为《绝妙好联赏析辞典》副主编。曾任上海楹联学会副会长，上海职工灯谜协会顾问，上海静安老年书画社常务理事，现任上海中华文化研究所研究员，上海交通大学东方艺术交流中心顾问。代表曲目：《岳阳楼记》、《出师表》。

3. 陈少松（1941—）男，江苏南通人，南京师范大学中文系教授。自1987 年在南师大开设古诗文吟诵的相关课程开始，一直致力于古诗文吟诵的教学研究工作，数十年如一日。其吟诵习自著名国学大师——钱仲联先生，属于"桐城派"的一支。著有《古诗词文吟诵》一书，是目前国内唯一一本研究吟诵的学术专著。他揣摩了一种"因声求气法"，即"因声—求气—得神—入境"的欣赏和吟诵方法。认为不会"因声"（吟）就贯不了"气"，就得不到"神"，就难入诗之"境"。具体论述了吟与诵的相同与不同，并竭力主张诗要唱，代表曲目：《枫桥夜泊》、《江南春》、《元日》。

4. 赵元任（1892—1982），字宣仲，又字宜重，江苏武进（今常州）人，生于天津。1929 年 6 月底被中央研究院聘为历史语言研究所研究员兼语言组主任，同时兼任清华中国文学系讲师，授"音韵学"等课程。1938 年起在美国任教。他是中国现代语言和现代音乐学先驱，同时也是吟诵最早的拯救者和整理者。他具体论述了吟诵与音乐、吟诵与声调的关系，以及常州吟诵的特

---

① 简介材料部分来自互联网如：中华吟诵网等，部分来自本校图书馆，均未与当事人核对，如有出入或错误，敬请原谅。简介让青年学生通过"吟诵传人"的生平来了解传统吟诵，效果明显，故而在未能认真核对的情况下还是刊出了。

点，同时借鉴吟诵调作曲，是吟诵学的创始人和奠基人。代表曲目：《鹿柴》、《宣州谢朓楼饯别校书叔云》、《回乡偶书》。

5. 屠　岸（1923— ）江苏省常州市人。文学翻译家、作家、编辑。常州吟诵代表人物。原名蒋璧厚，曾用笔名李通由、赵任远、叔牟、社芳、花刹、张志镳、碧鸥等。1942年就读上海交通大学铁道管理系。1946年开始写作并翻译外国诗歌。1949在上海市文艺处从事戏曲改革工作，后任华东《戏曲报》编辑。1956年至1962年任《戏剧报》常务编委兼编辑部主任。1963年以后任剧协研究室副主任。1973年以后，任北京人民文学出版社，现代文学编辑室副主任、主任、总编辑。代表曲目：《锦瑟》、《月夜》、《春望》。

6. 羊　淇（1924— ）字小牧，号菱溪童蒙，常州人。北京教育行政学院毕业。历任中学校长、常州工业技术学院党委副书记等职，现离休。任常州舣舟诗社社长、江南诗词学会理事等职，曾任江苏省诗词协会常务理事。传统诗词吟诵师承父亲羊牧之。编著有《菱溪诗稿》、《菱溪文稿》、《历代诗人咏常州》、《常州新吟》等，另有《诗词曲谱稿》。代表曲目：《登鹳雀楼》、《静夜思》。

7. 秦德祥（1939— ）现为中国音乐家协会、中国音乐教育学学会、中国民主同盟等组织的成员。曾兼任过中国奥尔夫学会第二届理事、上海音乐学院音乐研究所中小幼音乐教育研究中心副主任兼秘书长、民盟常州市委文化工作委员会副主任等职务。1987年开始采集各种类型的常州吟诵调，完成了常州方言古诗文吟诵的搜集工作，积累了约300分钟、150多个篇目的第一手音响资料。然后去粗取精，去伪存真，择要记谱，撰写相关论文，附以CD光盘《吟诵音乐》出版后，该项工作获得国内音乐、教育界若干权威人士的重视和支持。负责申报的"常州吟诵"于2008年6月被国务院批准、公布为国家级非物质文化遗产项目。2009年出版《赵元任程曦吟诵遗音录》。还著有《中国乐理教程》（与人合著）、《高山流水——常州音乐名家》、《"绝学"探微——吟诵文集》。

8. 陈炳铮（1928— ）福州人，福建技工学校退休教师，吟诵曲家。出身于书香门第，母亲薛念娟是福州著名的才女，外祖父薛伯垂是前清举人，林纾的好友，常与林纾吟诗唱和。1981发表首篇论文《谈古典诗歌的吟诵》。曾4次应邀与日本吟诗团作学术交流。现在是中国音乐家协会会员、中国音乐文学学会会员和中华诗词学会会员。他提出了吟诵曲的概念，区别吟诵曲与传统吟诵调。代表曲目：《题西林壁》、《宿建德江》、《梅花》。

9. 林东海　福建南安人。1962年毕业于复旦大学中文系本科班，1965年又毕业于复旦大学研究生班。曾任人民文学出版社总编助理、古籍室主任、编审。1959 年开始发表作品。1983 年加入中国作家协会。著有《诗法举隅》、《李白诗选》、《辨秦王》等 100 余篇诗文及专著。闽南语吟诵的代表人之一。他认为，吟要继承发展，就要根据我们现在的语言来发展，吟诵与吟唱兼备。代表曲目《春宵》用"泉州调"来唱，带着入声字，按照平仄的规律来吟，里面闽南话还保留着的闭口韵特别明显。

10. 潘希逸（1903—1989），字樵云，号月笙，福建南安罗东炉山人。10 岁始入私塾。14 岁在县立丰州小学读书，20 岁进泉州省立第十一中学学习。希逸晚年诗作尤兴，吟咏不辍，70 及 80 寿辰都曾题诗征和，得省内外不少诗友的和诗和赠诗，印有《红梅唱和集》。80 年代期间，参加福建省逸仙艺苑诗社，刺桐吟社，被聘为清源诗社顾问。1982 年应邀为南安县第四届政协委员。1935 年出版《孟晋斋诗存》，选录希逸自 1923 年至 1985 年的诗作 1000 余首。1989 年逝世，终年 87 岁。

11. 戴君仁（1901—1978），字静山，浙江鄞县人。著名语言文字和古诗词学家。1923 年毕业于北京大学中国文学系。曾受聘于南开大学、浙江大学、辅仁大学等。抗战胜利后，台湾创立师范学院，应聘至台，第二年，转台湾大学，任中国文学系教授，博士生导师。所著《谈易》、《阎毛古文尚书公案》、《春秋辨例》、《中国文字构造论》、《梅园论学集》、《续集》、《三集》、《梅园杂著. 在学术界很有影响。晚年自己删定、编辑有《梅园诗存》，其他遗作收在《梅园外编》中。戴先生的吟诵字正腔圆，入声字读得准，腔调平实易学。戴君仁为叶嘉莹先生在北平辅仁大学时的国文教师，他的吟诵得到了叶先生的推奖。

12. 叶嘉莹（1924— ）号迦陵。1924 出生于北京，1941 年就读于辅仁大学国文系，师从于顾随教授。南开大学中华古典文化研究所所长，博士生导师，加拿大籍中国古典文学专家，加拿大皇家学会院士，曾任台湾大学教授、美国哈佛大学、密歇根大学及哥伦比亚大学客座教授、加拿大不列颠哥伦比亚大学终身教授，并受聘于国内多所大学客座教授及中国社会科学院文学所名誉研究员。华北派吟诵代表人。她对于中国古典诗词创作、教学、研究所做出的杰出贡献，得到了最高荣誉。叶先生认为诗词的美感在于平仄，并且在吟诵中应该按照古人的音调诵读，吟诵的根本在于掌握诗词的音乐美。同时，叶先生还倡导吟诵从娃娃抓起。代表曲目：《从军行》、《登鹳雀楼》、《读山海经》。

13. 钱绍武（1928— ）江苏无锡人。雕塑家，书法家，吟诵家。长期从事美术教育和美术理论工作。出身于无锡钱氏，9 岁开始跟随家族中一位 72

岁的老姨公学习古文，12 岁时可以完全背出来四书，后拜无锡名画家秦古柳学习国画和古诗词。1947 年考入国立北平艺术专科学校，1953 年赴苏联列宾美院学习雕塑，后在中央美术学院任教。1986 年为教授并任雕塑系系主任，1989 年离休。代表曲目：《短歌行》、《枯树赋》。

14. 华钟彦（1906—1988）别名连圃，辽宁沈阳人。1933 年由北京大学国文系毕业，历天津女师学院、北京东北大学、京华美术学院、东北师范大学、沈阳东北大学、长白师范学院、河南师范学院、河南师范大学讲师、副教授、教授五十年。著有《花间集注》、《戏曲丛谭》、《中国历史文选》等书。诗词集为《蒒薇吟馆诗词》。《当代中国学人自述》收其自述一篇。他提出了"平长仄短"说，认为古典诗词的吟咏，必须把握住诗词的思想感情，才能吟出诗词的"味"来，并大力倡导学习诗词创作。代表曲目：《敕勒歌》、《登高》、《江上吟》。

15. 刘季高（1911—2007），江苏镇江人。毕生从事学术文化和教育事业，1938 年进入上海震旦女子文理学院任教，1940 年转大学部任讲师，1943 年任副教授，1946 年升任教授，除 1959 年 9 月至 1962 年 7 月时期借调到安徽大学帮助建设中文系以外，此后一直在复旦大学中文系从事中国古代文学的教学和研究工作，直至 1986 年 1 月退休。1987 年他被聘为上海市古典文学研究会顾问。2003 年，荣获复旦大学微阁奖教金中国语言文学学科特别贡献奖。有学生回忆刘季高先生的吟诵教学："讲到一位作家，就摸出一张卡片，念一阕词，然后吟诵一遍，再复一遍，吟毕，就对作家、作品作一些解释或评论。几首作品一念一吟一复，一堂课就过去了。听他吟诵是有趣的，苏北口音，很有节奏感，也有好听的旋律……"刘先生的吟诵显得流畅而富于情感，是同学课后模仿的对象。代表曲目：《芙蓉楼送辛渐》、《枫桥夜泊》。

二、识 唱

识唱的目的是为自己的吟咏出调作预备。识唱之前，一定要对各类曲调有基本的认知，特别是对吟唱曲调和歌唱曲调的区别要做到心中有数。以下安排的简谱，均附有蒋凡先生撰写的"按语"，从谱曲定调角度给学唱者提供一种理解和重要参考。鉴于目前，人们对于各种流传的"调"，仍然存在是"吟唱"还是"歌唱"、是"传统"的还是"创新"的疑问，这里还是要就"吟唱"概念再做一点说明。

什么是"吟唱"呢？一种解释说："吟诗，不是朗诵而是唱出来的，即为吟唱。吟唱用的曲调，就是吟诗调。没有曲调则属于念或者朗诵。如戏曲舞台上的韵白，虽也有腔有调，扩大了语调的音乐性，但仍属念白的一种，不被归入歌唱。"①但传统吟诗是没有固定曲调的，"南方人跟北方人唱的不一样，广东人跟山东人唱的也不一样，甚至同一个人在不同心情和场合之下的吟诵也可以有所不同。然而，有一点是相同的，那就是需要掌握诗歌的基本节奏和韵律。"② 这就是说，原本即兴"吟"出来的诗调，一旦有了固定的"调"，就变成了与"吟"有关的"吟唱"。

吟唱调，最简单的定义即它是有固定曲调的吟诗调，同时又保留了按字行腔，遵循诗歌基本节奏和韵律来生成曲调旋律的特征。一般来说，吟唱调以及吟唱活动的特征可以从以下几点来识别：（1）吟唱的文本限于诗和词，其调的形成主要依赖作品语言的声调韵律。（2）大部分吟诗调都比较短小，曲调简单，词句一般不能重复，也无一定的歌唱技巧以及歌唱理论。（3）吟唱调既是用声音诠释诗意，同时也是对诗的鉴赏，所以吟唱者或是作者或者欣赏者，而非专业歌者。（4）吟唱活动严格地说属于自娱自乐，而非为他人表演，因而随意自由。（5）吟唱者大都注重诗味而不是乐音的体验。此点为吟唱的最重要的特征。

也就是说，"定调"以后的"吟唱"仍然不能"放纵"自己，对原生状态的"修复"或者加工都不可做得过分，以此保证在"语言向音乐发展"的过程当中，基于语言艺术的文学性（体现为"诗味"）不至于完全被音乐性淹没。为此，蒋凡先生在《中国古代音乐与文学》作了更为具体的限定："吟咏，也即长吟曼唱。吟咏多为学人，所以虽有一定的曲调，但旋律简单，一、二个乐句可多次反复出现，变化不大，音符起伏，一般高低落差都在一个八度音域之中。"③ 如此一来，诵读、吟咏、吟唱、歌唱（指古诗词艺术歌曲）因为各有所用，各有特色，人们可根据自身具备的条件和特点，加以采择选用，而不必拘于一律，甚至还可以灵活地运用我国戏曲的曲调来吟诵。

特别要强调的是，那些被大家习惯套用的调子，原本是他人"依字行腔"流传下来的。如果学唱的人不知个中道理，谨守不变，乃至于认为某诗必然要用某调，那就真成了胶柱鼓瑟，不足为训了。其实，只要掌握熟诵、吟咏的基本规则，每个人都可以依字行腔，借曲成调，抒发情意，不必模仿，也不必总唱别人的调。如此，我们的诗词吟唱才能生生不息，代代相传，也才能克服神

---

① 孙玄龄. 略谈吟诗调的音乐性. 中华吟诵首届高端论坛论文集（内刊），2012：39.
② 叶嘉莹. 叶嘉莹说诗讲稿. 北京：中华书局，2008.
③ 羊列荣编. 诗书薪火. 上海：上海古籍出版社，2006：33.

秘为难心理，人人开口吟唱了。

以下为附有蒋凡先生按语的识唱作品：（按语皆出自蒋凡《中国古代文学与音乐》一文）

春晓（孟浩然诗）

前人吟谱

凡按：吟唱时应注意强调"觉""落"二个入声字，即入声短促急停而显弹性力度的语言效果。①

赠汪伦（李白诗）

前人吟谱

凡按语：吟唱时如用湘、鄂、广西西南方言，尤佳。"李白"之"白"读作"柏"，"不及"之"及"读作"计"。"桃花潭水"四字，运用西南方言，化唱为吟，抑扬读来，煞是动听。②

---

① 羊列荣编．诗书薪火．上海：上海古籍出版社，2006：20．
② 同上．

赤壁（杜牧诗）

泉州地方吟谱

```
6 60 35 5 - | 6 03 5 - | 33 3 2 3 | 30 21 1 - |
折 戟 沉沙  铁 未 销, 自 将  磨 洗 认  前  朝。

3 3· | 5 05 3 | 3 2 | 1 - | 1 | 30 | 2 2 2 - 20 | 6 |
东 风  不 与  周 郎  便,  铜 雀  春 深  锁 二

1 - ‖
乔。
```

凡按：此诗据闽南方言吟咏尤其有味，"折戟"之"戟"，"铜雀"之"雀"，皆为入声字，应在节奏急煞及力度上予以强调。①

清明（杜牧诗）

蒋凡吟谱

```
( 0 23 3·6 | 5 12 | 65 3 | 0 323 5·6 32 | 1 - | )

5 35 | 35 0 | 32 12 2 - | 1·1 | 2 3 | 2·3 26 | 1 - |
清 明  时 节  雨 纷 纷, 路 上  行 人 欲  断 魂。

5 2 | 3 5 | 12 35 2 - | 6·1 | 2 3 | 2·3 26 | 1 - ‖
借 问  酒 家  何 处 有? 牧 童  遥 指  杏 花 村。

5 35 | 6 6 | 6·1 65 3 | 3 02 | 3·6 5 | 1·2 636 | 5 - |
借 问  酒 家  何 处 有?   牧 童 遥   指

3023 5632 | 1 - ‖
杏 花 村。
```

---

① 羊列荣编. 诗书薪火. 上海：上海古籍出版社，2006：24.

　　凡按：前人吟唱此诗，重在"路上行人欲断魂"，所以大多以低调曼吟，来表现其遇雨时丧魂落魄的样子。我则重在后面二句，路上淋雨，固然狼狈，但前有杏花村酒家，希望在前，不久即可饮酒赏花，苦中有乐，故曲调后面二句的唱歌，改为明朗高昂之调，而一洗悲伤之情。这是寄理想于未来的另一唱法。①

悯农（李绅诗）

王更生吟谱

```
 6 5   3 5 6 1 | 5 5   (  X  X | 3 5 6 1   5 5 |
(领)锄禾 日  当   午  啊    (合)嗨  嗨  日 当   午 啊，

 3 5 0   5 6 | 1 1   (  X  X | 3 5 5 6   1 1 |
(领)汗滴     禾下 土 啊    (合)嗨  嗨  汗滴禾下 土 啊。

 6 · 5   3 5 1 6 | 5 5   (  X  X | 3 5 1 6   5 5 |
(领)谁 知 盘  中   餐 啊    (合)嗨  嗨  盘 中   餐 啊，

 3 0   5 0 | 2 1   5 6 | 1     1 |
(领)粒   粒  皆   辛    苦   (啊)，

(  6 0 6 5 | 3 5   6 1 | 5     5 )|
(合)粒  粒  皆   辛    苦   啊！
```

　　凡按：2004 年 5 月中旬，与台湾师大教授王更生前辈同赴韩国大邱，参加启明大学建校五十周年大典，喜听更生先生先用河南民间小调吟唱此诗（先生原籍河南）。回国后回味追忆，记其谱而略加改编，化为一人领唱而众人齐和，犹如民间劳动号子，以便增添气氛，抒泻情感。②

---

① 羊列荣编. 诗书薪火. 上海：上海古籍出版社，2006：25.

② 同上，23.

客至（杜甫诗）

古人琴曲
蒋凡改编

舍 南 舍 北 皆 春 水， 但 见 群 鸥 日 日

来。 花 径 不 曾 缘 客 扫， 蓬 门 今 始 为 君

开。 盘 飧 市 远 无 兼 味， 樽 酒 家 贫 只 旧

酷。 肯 与 邻 翁 相 对 饮， 隔 篱 呼 取 尽 余

杯。

凡按：听老先生吟咏这首诗，常感调子过分伤感低沉，因此略作调整改动，变得欢快一些，调子也开朗了起来。因为在春雨绵绵季节，杜甫的成都草堂，能有客人光临，实在是人生一大快事。何况杜甫还曾在朝廷为官，是个"杜工部"，又怎么会那么缺乏修养而对着客人悲叹低吟呢？"舍南"、"舍北"，前人吟咏时音节时值相同；这里则"舍南"比"舍北"多了一节，因为我理解在春雨中，杜甫喜爱南窗，盼望天晴的太阳。①

---

① 羊列荣编. 诗书薪火. 上海：上海古籍出版社，2006：22.

阳关三叠（古曲）

慢速

渭城朝雨浥轻尘，　客舍

青青　柳色　新。　劝君更尽

一杯酒，　西出阳关无　故　　人。

送元二使安西（王维诗）

蒋凡吟谱

渭城朝雨浥轻尘，客舍　青青　柳　色新。　劝君

更尽一杯　酒，　西出　阳关无　故人。　劝君

更尽一杯　酒，　西出阳关无　故　人！

凡按：这是吟咏之调，与上面《阳关三叠》的歌唱方式有所不同，音高落差变化控制在一个八度音中。①

---

① 羊列荣编. 诗书薪火. 上海：上海古籍出版社，2006：22.

水调歌头（苏轼词）

民国旧谱

```
5 5 | 6i65 3 - | 5 6i | 6531 2 - | 5 52 3 3 | 2321 6 - | 1·3 2i6i |
明月几时  有， 把酒  问青 天。 不知 天上宫    阙， 今夕是何
```

```
5 - | 5 56 i i | 6i65 3 - | 5 56 i i | 6i65 3 - | 5 6i | 6531 2 - |
年。 我欲 乘风归  去， 又恐 琼楼玉  宇， 高处 不胜 寒。
```

```
5·2 3 - | 2321 6 - | 1·3 2i6i | 5 - | 5 65 3 - | i 65 3 - | 5 6i |
起  舞 弄清 影， 何似在人 间！ 转朱 阁， 低绮 户， 照
```

```
6531 2 - | 5 52 3 3 | 2321 6 - | 1·3 2i6i | 5 - | 5 56 i i | 6i65 |
无  眠。 不应 有恨何  事 长向别时 圆？ 人有 悲欢高
```

```
3 - | 5 56 i i | 6i65 3 - | 5 6i | 6531 2 - | 5·2 3·5 | 2321 | 6 - |
合， 月有 阴晴圆  缺， 此事 古难 全。 但  愿  人长 久，
```

```
1·3 2i6i | 5 - | 5·2 3·5 | 2321 6 - | 1·3 2i6i | 5 - ‖
千里共婵 娟。 但  愿  人长 久， 千里共婵 娟。
```

水调歌头（苏轼词）

D=1

岳美缇演唱谱

明月几时有？把酒问青天，不知天上宫阙，今夕是何年，我欲乘风归去，又恐琼楼玉宇高处不胜寒，起舞弄清影何似在人间！转朱阁低绮户，照无眠不应有恨，何事长向别时圆？人有悲欢离合，月有阴晴圆缺此事古难全。但愿人长久，千里共婵娟。

凡按：同唱东坡《水调歌头》，因谱曲手段不同，理解各有差别，因而二谱风格情调略有变化。前者民国旧曲是以歌曲手段作曲，旋律简洁流畅，风格明净高洁，透露出几丝悲慨，几缕哀怨。而后一曲谱，则纯然昆曲味道，曲调华美浓烈，风格悲怆慷慨，起句"明月几时有"，激昂顿挫而多变化，立即给人以追魂夺魄的心灵震颤。演唱者如能在气息的吞吐控制方面加以对比变化，在节奏力度上有自己的独特处理，则在词的意境描绘方面，会有更大的成功。①

---

①　羊列荣编．诗书薪火．上海：上海古籍出版社，2006：27．

第五节　吟咏与吟唱的分体练习

汉语诗文只要依义、依字即可行出腔调，对此，我们深信不疑。然而，要进入"行"的状态，练习是最重要的环节。

"分体"练习的用意首在"尊体"，即在把握"体式"的前提下，进入吟咏和吟唱的状态。清人乔亿《剑溪说诗》："音节难言也，近体在字句轻重清浊，古体在气调舒疾低昂。"郭绍虞先生曾指出："古调乃自然之音调，律调则人为的声律。所以古调以语言的气势为主，而律调则以文字的平仄为主。"① 明代李东阳《麓堂诗话》云："古、律诗各有音节，然皆限于字数，求之不难。惟乐府长短句，初无定数，最难调叠。然亦有自然之声，古所谓'声依永'者，谓有长短之节，非徒永也，故随其长短，皆可以播之律吕，而其太长太短之无节者，则不足以为乐……若往复讽咏，久而自有所得，得于心而发之乎声，则虽千变万化，如珠之走盘，自不越乎法度之外矣。如李太白《远别离》、杜子美《桃竹杖》皆极其操纵，何尝按古人声调？而和顺委曲乃如此。"② 晚明时的钟惺在其《诗归》中评论汉乐府《古歌》说："此歌，态生于情，情生于调，微吟自知之。其故难言。"③这里，针对性地点出一个低声微吟的方法。

读法一定要与所读的作品相适应。朱光潜先生认为："诗的节奏是音乐的，也是语言的。这两种节奏分配的分量随诗的性质而异：纯粹的抒情诗都近于歌，音乐的节奏往往重于语言的节奏；剧诗和叙事诗都近于谈话，语言的节奏重于音乐的节奏。它也随时代而异：古歌而今诵；歌重音乐的节奏而诵重语言的节奏。"④吟诵之吟咏的读法并不是对一切诗篇都适用，与之对应的是以意象、意境呈现为主的诗词作品，是那些语言精炼程度较高的文体；舒展的古体歌行是最适合于让人畅怀高歌，放声朗读的诗篇；而那些富有情趣、理趣、谐趣的诗篇，采用现代人习惯的默读更合适。

对于行腔时的快慢要求。赵元任先生在谈到常州的吟诗调时曾指出："古诗念的快，律诗念的慢。"⑤ 汪平先生认为苏州的吟诗调也是如此。古近体诗行腔时大体上是这样的：近体中的七绝和七律读得最慢，因为七绝和七律重情

---

① 丁福保. 清诗话·前言. 上海：上海古籍出版社，1978.

② 陈良运. 中国历代诗学论著选. 广州：百花洲文艺出版社，1995：625.

③ 转引自姚大业编. 汉乐府小论. 石家庄：百花文艺出版社，1984：116.

④ 朱光潜. 诗论. 朱光潜美学论文集（第2卷）. 上海：上海文艺出版社，1983：158.

⑤ 赵元任. 赵元任语言学论文集. 北京：商务印书馆，2002：550.

酌韵，加上每句四个节奏单位，音节疏缓，宜曼声长吟；近体中的五绝和五律以及古体中的五古读得比七绝和七律要快，主要因为每句少了一个节奏单位，音节急促些；古体中的七古读得最快，因为七古重气势，篇幅又长，宜快读。这是就总体而言的。吟诵时的速度是快是慢主要还要根据诗中所表达的情感而定。清人朱庭珍《筱园诗话》卷三对七古长短句的审美特性有非常精彩的描述：

"七古以长短句为最难，其伸缩长短，参差错综，本无一定之法。及其成篇，一归自然，不啻天造地设，又若有定法焉。非天才神力，不能入其妙。太白最长于此，后人学太白者，专务驰骋豪放，而不得其天然合拍之音节，与其豪放中别有清苍俊逸之神气，故貌似而实非也。……高而能深，急而不促，畅而不剽，所谓刚柔相调也，所谓醇而后肆也。盖以人声合天地元音，几于化工矣。此七古长短句之极则神功，李杜二大家后，鲜有造诣及者，遗山时一问津，而未能纯入此境，嗣后竟绝响矣。"①

分体练习五项要求：

（1）给作品作平仄声调的标注；

（2）给作品作节奏单位的划分；

（3）熟诵直到产生出调的感觉；

（4）记录并"修复"自己的吟调；

（5）撰写吟唱教案并参与展示；

一、《诗三百》之诗教经典 （3首）

1. 《诗经·周南·关雎》

关关雎鸠，在河之洲。窈窕淑女，君子好逑。
参差荇菜，左右流之。窈窕淑女，寤寐求之。
求之不得，寤寐思服。悠哉悠哉，辗转反侧。
参差荇菜，左右采之。窈窕淑女，琴瑟友之。
参差荇菜，左右芼之。窈窕淑女，钟鼓乐之。

2. 《诗经·邶风·击鼓》

击鼓其镗，踊跃用兵。土国城漕，我独南行。
从孙子仲，平陈与宋。不我以归，忧心有忡。

---

① 郭绍虞. 清诗话续编（4）. 上海：上海古籍出版社，1983：2387.

爰居爰处？爰丧其马？于以求之？于林之下。

死生契阔，与子成说。执子之手，与子偕老。

于嗟阔兮，不我活兮。于嗟洵兮，不我信兮。

3.《诗经·小雅·蓼莪》

蓼蓼者莪，匪莪伊蒿。哀哀父母，生我劬劳。

蓼蓼者莪，匪莪伊蔚。哀哀父母，生我劳瘁。

瓶之罄矣，维罍之耻。鲜民之生，不如死之久矣。

无父何怙，无母何恃。出则衔恤，入则靡至。

父兮生我，母兮鞠我。拊我畜我，长我育我。

顾我复我，出入腹我。欲报之德，昊天罔极。

南山烈烈，飘风发发。民莫不穀，我独何害。

南山律律，飘风弗弗。民莫不穀，我独不卒。

对以上诗教经典篇目熟诵与吟唱的建议：以集体诵读和吟唱方式为最佳，亦可以个人和集体方式相交错。或以吟唱配诵读、以诵读衬吟唱；或安排单人吟或诵，众人诵或吟陪衬。其次，可设计小组展演的形式，以"感动程度"为目的组织比赛。

歌调的参照：

钱绍武先生吟唱四言诗 曹操的《短歌行》：

说明：这是由四个曲调构成的吟诵调，相互之间也是四度、五度的关系，但不是模进，而是变奏。整首诗16句，就是由这四个调反复而成。其中也有一些变化，比如"何以解忧"一句，根据词意，放慢速度而且拖长。钱先生也用这个曲调吟诵别的四言诗。

二、近体诗的吟咏与吟唱（4首）

（一）明体式，分为4种：

1．五绝两式：（a 平起式；b 仄起式）

2．五律两式：（a 平起式；b 仄起式）

3．七绝两式：（a 平起式；b 仄起式）

4．七律两式：（a 平起式；b 仄起式）

（二）练习作品

示例：五绝仄起首句不入韵式

登鹳雀楼　　　唐　王之涣

｜｜　　　　— —　　　　　　｜

白日↑— 依山↓—— 尽↑—

— —　　　　　｜｜　　　　　　｜｜

黄河↓——入↑— 海流↓｜

｜—　　　　— ｜　　　　　　｜

欲穷↓——千里↑— 目↓

｜｜　　　　｜—　　　　　　—

更上↑— 一层↓—— 楼↓

（符号：— 短停　—— 长停　高音↑　低音↓）

1．《杂诗》 唐 王维

君自故乡来，应知故乡事。

来日绮窗前，寒梅著花未。

2．《赋得暮雨送李曹》唐 韦应物

楚江微雨里，建业暮钟时。

漠漠帆来重，冥冥鸟去迟。

海门深不见，浦树远含滋。

相送情无限，沾襟比散丝。

示例：五律平起首句不入韵式

《题破山寺后禅院》唐　常建

— —　　　　　｜　　　　　　｜｜

清晨↓—— 入↑— 古寺↑—，

　　—｜　　　　｜　｜　　　—
初日↑— 照 高↓—— 林↓—。

　　｜｜　　　　—　—　　　｜
曲径↑— 通 幽↓—— 处，

　　——　　　　　｜　　　｜
禅房↓—— 花木 深↓—。

　　——　　　　｜　　　｜｜
山光↓—— 悦↑— 鸟性，

　　—｜　　　　—　　—　　—
潭影↑— 空 人↓——心↓—。

　　｜｜　　　　｜—　　　｜
万籁↑— 此俱↓—— 寂，

　　—｜　　　　—　　　｜
但余↓—— 钟↓—磬 音↓—。

3.《夜雨寄北》唐 李商隐

君问归期未有期，巴山夜雨涨秋池。

何当共剪西窗烛，却话巴山夜雨时。

4.《望蓟门》 唐 祖咏

燕台一去客心惊，笳鼓喧喧汉将营。

万里寒光生积雪，三边曙色动危旌。

沙场烽火侵胡月，海畔云山拥蓟城。

少小虽非投笔吏，论功还欲请长缨。

三、古体诗（4首）

（一）明体类，分为5种：

1.《楚辞》的诵读和歌唱

2. 乐府民歌的诵读和歌唱

3. 五古的诵读和歌唱

4. 七古（歌行）的诵读和歌唱

注意：首先"多调重复"的规则，其中的曲调并不是简单重复，依次使用，而是根据诗文内容，充分调动组合来使用，以彰显诗情文意。在古体诗文的吟诵中，每一句使用哪个调，是最重要的事情，吟诵者对诗文的理解，就体现在这里。其次，在每个调的内部，还是会根据内容做一些微调。有的时候是字数有变，因而调整。有的时候是根据字音声调做些调整，但是这种调整不多。

（二）练习作品

1.《离骚》（选段）屈原

帝高阳之苗裔兮，朕皇考曰伯庸。

摄提贞于孟陬兮，惟庚寅吾以降。

皇览揆余初度兮，肇锡余以嘉名：

名余曰正则兮，字余曰灵均。

纷吾既有此内美兮，又重之以修能。

扈江离与辟芷兮，纫秋兰以为佩。

汩余若将不及兮，恐年岁之不吾与。

朝搴阰之木兰兮，夕揽洲之宿莽。

日月忽其不淹兮，春与秋其代序。

惟草木之零落兮，恐美人之迟暮。

不抚壮而弃秽兮，何不改乎此度？

乘骐骥以驰骋兮，来吾道夫先路。

2.《古歌》汉乐府

秋风萧萧愁杀人。出亦愁，入亦愁。

座中何人谁不怀忧？令我白头。

胡地多飚风，树木何修修！

离家日趋远，衣带日趋缓。

心思不能言，肠中车轮转。

3.《饮酒》其五 晋 陶渊明

结庐在人境，而无车马喧。

问君何能尔，心远地自偏。

采菊东篱下，悠然见南山。

山气日夕佳，飞鸟相与还。

此中有真意，欲辨已忘言。

4.《白雪歌送武判官归京》唐 岑参

北风卷地白草折，胡天八月即飞雪。

忽如一夜春风来，千树万树梨花开。

散入珠帘湿罗幕，狐裘不暖锦衾薄。

将军角弓不得控，都护铁衣冷难着。

瀚海阑干百丈冰，愁云惨淡万里凝。

中军置酒饮归客，胡琴琵琶与羌笛。

纷纷暮雪下辕门，风掣红旗冻不翻。

轮台东门送君去，去时雪满天山路。

山回路转不见君，雪上空留马行处。

四、词（6首）

（一）明体类，分为 3 种：

1. 短调的吟咏和歌唱

2. 中调的吟咏和歌唱

3. 长调的吟咏和歌唱

注意：词的分阕处要有较长的停顿。韵脚仄声亦可以拖长

示例：秦观 《鹊桥仙》

词牌亦称《鹊桥仙令》、《金风玉露相逢曲》、《广寒秋》。双调五十六字，前后阕各两仄韵，一韵到底。前后句首两句要求对仗。

词牌格式

（平）平（仄）仄，（平）平（仄）仄，（仄）仄（平）平（仄）仄。

　纤　云　弄　巧，飞　星　传　恨，银　汉　迢　迢　暗　度。

（平）平（仄）仄仄平平，仄（仄）仄、平平（仄）仄。

　金　风　玉　露一　相　逢，便　胜　却　人　间　无　数。

（平）平（仄）仄，（平）平（仄）仄，（仄）仄（平）平（仄）仄。

　柔　情　似　水，佳　期　如　梦，忍　顾　鹊　桥　归　路。

（平）平（仄）仄仄平平，仄（仄）仄、平平（仄）仄。

　两　情　若　是久长时，又　岂　在　朝　朝　暮　暮。

（二）练习作品

1.《乌夜啼》南唐　李煜

无言独上西楼，月如钩，寂寞梧桐深院锁清秋。

剪不断，理还乱，是离愁，别是一般滋味在心头。

2.《如梦令》宋　李清照

昨夜雨疏风骤，浓睡不消残酒。试问卷帘人，却道"海棠依旧"。

"知否？知否？应是绿肥红瘦！"

3.《朝中措·送刘仲原出守维扬》北宋　欧阳修

平山栏槛倚晴空，山色有无中。手种堂前垂柳，别来几度春风？

文章太守，挥毫万字，一饮千钟。行乐直须年少，尊前看取衰翁！

4.《鹊桥仙》北宋　秦观

纤云弄巧，飞星传恨，银汉迢迢暗度。金风玉露一相逢，便胜却、人间无数。　　柔情似水，佳期如梦，忍顾鹊桥归路。两情若是久长时，又岂在朝朝暮暮。

5.《一丛花令》北宋　张先

伤高怀远几时穷？无物似情浓。离愁正引千丝乱，更东陌、飞絮蒙蒙。嘶骑渐遥，征尘不断，何处认郎踪？

双鸳池沼水溶溶，南北小桡通。梯横画阁黄昏后，又还是、斜月帘栊。沉恨细思，不如桃杏，犹解嫁东风。

6.《八声甘州》北宋　柳永

对潇潇暮雨洒江天，一番洗清秋。渐霜风凄紧，关河冷落，残照当楼。是处红衰翠减，苒苒物华休。惟有长江水，无语东流。

不忍登高临远，望故乡渺邈，归思难收。叹年来踪迹，何事苦淹留？想佳人、妆楼颙望，误几回、天际识归舟。争知我、倚阑干处，正恁凝愁。

五、骈文、古文的诵读和吟唱

骈文句式整齐，讲究声律协调，诵读时可参照格律诗的规则和做法。

古文由于没有固定的格式，所以在节奏单位的划分和音高音长的处理上"无一定之律"，吟诵起来最为自由。它的旋律主要表现在由感情的起伏变化而引起的语调曲线上。特别之处在于许多句子的语调往往表现出曲折性，许多腔调吟诵到一层、一段、全文的末尾时往往有一个长长的、曲折性的拖腔。

古文的吟诵往往是诵、吟、唱的结合，而更侧重于诵和唱。不过骈散结合的散文，多少有点"韵"味的散文，更容易吟得铿锵有力。

由于古文无格律的限制，吟唱可参照古体诗的方式：

自《诗经》以下的古体诗，不讲平仄，长短不一，短的四句，长的几百句，而且句子也有长有短。四句的古风，吟唱起来比较随便，有声腔、能表达感情就行。吟唱较长的古体诗，不可能每句都有调的变化。一般的是以两句、四句、多至六句为一个吟诵的旋律单元，形成一个固定的调式，然后按照这个调式依次重复吟诵下去。有时根据内容的需要，在句数和句与句之间的连接上，在高低快慢、轻重缓急上需要做一些调整。

示例：钱绍武先生吟诵桓温《枯树赋》的基本曲调：

```
2 2 1  2  2  |  2 5 3  5  5  |
昔我  种柳,      依依  汉南。
5  i  i  6  |  6 6 i  5  5  |
今日  摇落,      凄怆  江潭。
5 i 5  2  2  |  2 3 5  1  1  |  6 i 6  6 —  |
树犹  如此,      人何  以堪?
```

说明:"今日摇落"改为了下滑音,"人何以堪"改成了上升音程,都非常符合词意,也增强了艺术效果。——吟诵调中的基本调是简单的,自身成调却是各各不同。由此,吟诵可分两个层次。用各种基本调(读书调)可以吟诵所有的作品,这适用于往日的私塾教学;而真正优秀的吟诵,是对自己喜爱的篇目,经过反复涵咏,情通古人,而自成曲调。这好比吟者在一个巨大的框架之内,结合自己的情感履历理解诗词、感受诗词,进行"再创作"的过程,在这个过程中,吟者能情通古人,涵养性情。

1. 南朝·吴均《与宋元思书》

风烟俱净,天山共色,从流飘荡,任意东西。

自富阳至桐庐,一百许里,奇山异水,天下独绝。

水皆缥碧,千丈见底,游鱼细石,直视无碍。

急湍甚箭,猛浪若奔。

夹岸高山,皆生寒树,负势竞上,互相轩邈,争高直指,千百成峰。

泉水激石,泠泠作响。好鸟相鸣,嘤嘤成韵。蝉则千转不穷,猿则百叫无绝。

鸢飞戾天者望峰息心,经纶世务者窥谷忘反。

横柯上蔽,在昼犹昏;疏条交映,有时见日。

2. 南朝·丘迟《与陈伯之书》(片段)

暮春三月,江南草长,杂花生树,群莺乱飞。

见故国之旗鼓,感生平于畴日,抚弦登陴,岂不怆恨!

所以廉公之思赵将,吴子之泣西河,人之情也,将军独无情哉!

3. 宋·苏轼《记承天寺夜游》

元丰六年十月十二日夜,解衣欲睡,月色入户,欣然起行。

念无与为乐者,遂至承天寺,寻张怀民。怀民亦未寝,相与步于中庭。

庭下如积水空明,水中藻荇交横,盖竹柏影也。

何夜无月?何处无竹柏?但少闲人如吾两人者耳。

4．明·张岱《湖心亭看雪》

崇祯五年十二月，余住西湖。

大雪三日，湖中人鸟声俱绝。

是日更定矣，余拏一小舟，拥毳衣炉火，独往湖心亭看雪。

雾凇沆砀，天与云与山与水，上下一白。

湖上影子，惟长堤一痕、湖心亭一点、与余舟一芥、舟中人两三粒而已。

到亭上，有两人铺毡对坐，一童子烧酒炉正沸。

见余，大喜曰："湖中焉得更有此人！"拉余同饮。

余强饮三大白而别，问其姓氏，是金陵人，客此。

及下船，舟子喃喃曰："莫说相公痴，更有痴似相公者！"

5．经典《礼记·大道之行》（片段）

大道之行也，天下为公，选贤与能，讲信修睦。

故人不独亲其亲，不独子其子，使老有所终，壮有所用，幼有所长，矜、寡、孤、独、废疾者皆有所养，男有分，女有归。

货恶其弃于地也，不必藏于己；力恶其不出于身也，不必为己。

是故谋闭而不兴，盗窃乱贼而不作，故外户而不闭，是谓大同。

第三章 "综合"的方法

鉴赏或欣赏是现代人的习惯说法。我们习惯于在文字上做"文学的鉴赏"或"艺术的审美",习惯"眼看"和"脑思"。现在我们提倡"吟",即"用嘴巴哼唱,用耳朵"听"。但我们绝不偏废过去的习惯,也绝不一味地强调"吟诵"的作用。吟诵的最大价值在感性领受,身心体验,通过吟诵体验传统诗词文的意蕴内涵,获得心灵的真实感动。这一点就当下古诗词鉴赏教学偏重"义解"的现实来说,尤为重要。也因此,我们主张以"综合"的理念,尝试将吟诵引进语文课堂和校园的文化生活。

第一节 "组合"的学法

古人说"腹有诗书气自华",这句话里所说的"气"和"华",没有具体内容,却可以让人察觉得到。传统吟诵之目的原本就为"涵养"性情,向上提升人性,使之趋雅。现代国人自可以在这"涵养"的过程当中,习得一份安静和沉着。因此说,传统吟诵是借诗来"文化"人心的过程,也是一个坚持与成长的过程。以下为吟诵的"学法"与"教法",姑且称之为"吟诵组合八步教法":

一熟诵、二聆听、三赏会、四朗读、五吟咏、六吟唱、七写作、八雅集。

第一步:熟诵

熟诵之义,乃反复诵读,熟之又熟,乃至于出口成诵,牢记在心。熟诵是传统幼童受教读书之法。此法的深意在以"不解"为"解",其意犹播"种"于人心,特别是幼童的心里,求其日后自己发芽。俗语云:"教儿初孩",儿童天性未被染污之前,善言易入;先入为主,及其长而不易变;故人之善心、信心,须在幼小时培养。由此可知,古人的"熟诵"不是死记死背,也不单单只为应付一时的考试。古语有云:"旧书不厌百回读,熟读深思子自知。"此语出自苏东坡《送安敦秀才失解西归》诗。古谚有云:"熟读唐诗三百首,不会吟诗也会吟。"此语出清人孙洙《唐诗三百首序》云:

世俗儿童就学,即授《千家诗》,取其易于成诵,故流传不废,但其诗随手掇拾,工拙莫辨,且止五七律绝二体,而唐、宋人又杂出其间,殊乖体制。因专就唐诗中脍炙人口之作,择其尤要者,每体得数十首,共三百余首,录成一编，为家塾课本，俾童而习之，白首亦莫能废，较《千家诗》不远胜耶？谚云："熟读唐诗三百首，不会吟诗也会吟。"请以是编验之。①

熟诵是逐渐记忆的过程，不求迅速记忆，主张"水到渠成"。熟诵一定要有固定的，属于自己专用于日常背诵的诗词本。熟诵是为吟咏作预备，可用方言方音，但最好的还是普通话。"熟诵"之重点首先在记住，即背诵也。

第二步：聆听

"聆听"是学习的开始，为了扫除心中杂念，让心灵进入安静而又活泼的状态。如有条件可播放和现场演奏古筝琴曲，以民族的古典音乐来创造学习氛围，洗涤精神，激发感觉。也可以借助视频设置专题欣赏的内容，并以提问和对话的方式进行点评。通过自由发言表达聆听之际形成的印象、感发。创造一个发表的平台，形成一个交流的场面。"聆听"的内容可以安排：

（1）名家朗诵

（2）配乐欣赏

（3）自愿范读

最要聆听的乃是天籁之音。请走出门去，走进大山、水边，倾听那里各种鸟鸣、虫吟，风声、水声，心灵凝注其中，精神于忘我之中得到一种单纯的"洗礼"，而与自然合为一体。请亲自收集各种天籁之音，或收集别人收集的天籁之音。我听，与人共享地听。古人与大自然更亲密！因之，在中国传统的诗词里，充满了表现"天籁之音"的作品。写得最妙的是唐代的王维：

野花丛发好，谷鸟一声幽。（王维《过感化寺昙兴上人院》）

夜坐空林寂，松风直似秋。（王维《过感化寺昙兴上人院》）

再看看四季不同声的作品：

春令：

独怜幽草涧边生，上有黄鹂深树鸣。（韦应物《滁州西涧》）

今夜偏知春气暖，虫声新透绿窗纱。（刘方平《夜月》）

夏令：

漠漠水田飞白鹭，阴阴夏木啭黄鹂。（王维《积雨辋川庄作》）

黄梅时节家家雨，青草池塘处处蛙。（赵师秀《有约》）

纷纷红紫已成尘，布谷声中夏令新。（陆游《初夏绝句》）

秋令：

风急天高猿啸哀，渚清沙白鸟飞回。（杜甫《登高》）

---

① ［清］蘅塘退士编，陆明注.唐诗三百首.长沙：岳麓书社，2002：2.

月落乌啼霜满天，江枫渔火对愁眠。（张继《枫桥夜泊》）

蟋蟀独知秋令早，芭蕉下得雨声多。（陆游《秋兴》）

晚趁寒潮渡江去，满林黄叶雁声多。（王士禛《江上》）

冬令：

夜深知雪重，时闻折竹声。（白居易《夜雪》）

风一更，雪一更，聒碎乡心梦不成，故园无此声。（纳兰性德《长相思》）

第三步：赏会

中国古典诗词常常表现出"只可意会不可言传"的特点，因而，学习这样的诗词作品理当努力掌握其中抒情的脉络，领会其整体的"神韵"，专赏其语言艺术的特美，品味其音节运用的奇妙。这也就是说，不能够只停留在字面的解释和分析，尤其忌讳肢解分割，将"活龙弄成死蛇"，因了这样的道理，周汝昌先生特别主张，将一贯说的"赏析"，替换成"赏会"：

"何谓之'会'呢？聚合为'会'。那些作者以彼之情思要来'会'我辈读者，是一层会。我辈读者以吾等之情思去'会'彼古代作者，又是一层会。两会交逢，才完成了欣赏这一'文艺活动过程'。"①

我们常说体会、领会。对于学诗（广义的诗）的人来说，特别要注意和讲究的是这个"会"。此"会"与"知识"有关，知识是读懂的前提，但又不是"知识"所能全部包办的。一个"知识"渊博的人，未必能"会"。

诗词，尤其是文字高度精炼的中国古典诗词，的确在很多时候，读者意会得之，却实在很难言传。现代人往往为"理性"所束缚，能"会"已经不容易，"言传"讲解更极易深陷粗俗乏味。所以，这个"赏会"的主张非常之恰当！

赏会之道在"默读"，在"熟诵"，在"微吟"，在"高歌"。赏会在"我"之心里。唐代段成式在其《酉阳杂俎》中载：

"余因请坐客各吟近日为诗者佳句，有吟贾岛'旧国别多日，故人无少年'。马戴'猿啼洞庭树，人在木兰舟'。又'骨消金镞在'。有吟僧无可'河来当寒断，山远与沙平'。又'开门落叶深'。有吟张祜'河流侧让关'。又'泉声到池尽'。有吟僧灵准诗'晴看汉水广，秋觉岘山高'。有吟朱景玄'塞鸿先秋去，边草入夏生'。余吟上都僧无础'寺隔残潮去'，又'采药过泉声'，又'林塘秋半宿，风雨夜深来'。"②

---

① 周汝昌. 诗词赏会. 广州：广东人民出版社，1987：2.

② 马子富. 中国文言小说百部经典. 北京：北京出版社，2000.

这便是以吟的方法，与各自喜爱的诗句"相会"。各有所会，以吟声来共享。

第四步：朗读

朗读犹如说话一般，但比说话更讲究声音的抑扬顿挫。叶圣陶对朗读推崇备至，认为"不朗读，光靠浏览是学不好语文的。"首先指导学生细读诗歌、提示和注释，要求读准、读懂；再指导学生朗读，要求读准字音、节奏，读出情感，读出抑扬顿挫，力求读美；最后让学生熟读至会背。这一教学环节可以采取自读、范读、领读、领背等方法和单读、齐读、轮读、赛读等形式，力求灵活多样、活泼有效。同时，可以运用多媒体，配以图、文、声、色，以激发学生的朗读兴趣。因此无论是讲前读、讲后读、个别读、集体读、自由读、接龙读、男生读还是女生读，其意义在于通过各种形式的读让学生对诗歌有所领悟。

我们主张的"读"，是作为诗歌赏析的基础环节来进行的。在这一环节，教师要指导学生读准确，读清楚，读出情感，读出抑扬顿挫，为下一步指导学生的朗诵和吟唱奠定基础。先可以通过预习扫清字音障碍，然后让一个学生试读，对于字音、停顿、节奏、语气方面的错误可以由学生进行纠正，然后老师总结。诵读障碍都扫清之后可以采取多样的吟诵方法，如学生齐读，分组朗读，有对话的篇目如《公输》、《唐雎不辱使命》、《两小儿辩日》等则可以分角色朗读，而有的写景抒情散文如《三峡》、《小石潭记》、《湖心亭看雪》等则可以配乐吟诵。等读到一定火候时，可以利用学生的"好胜"心理，进行朗读比赛。

熟读才可以成诵，背诵不可死背。例如可以教给学生"肢解课文抓脉络"的方法，如《岳阳楼记》的2、3、4小节的背诵是个难点，其实这三小节是总分关系，每个小节中都是先写景后抒情的结构；又如《醉翁亭记》第一小节的写作顺序是由全景到远景，到中景到近景再到特写，这样先概括框架再填以血肉就容易背诵记忆了。只要学生把美文读通了，读顺了，读出韵味了，那么就能渐渐感受到文章的美，就容易对这些"美"产生浓厚的兴趣，从而能主动去诵读，去体味。

苏霍姆林斯基说"所谓把课上得有趣"，就是"学生带着一种高涨的、激动的情绪从事学习和思考，对面前展示的真理感到惊奇甚至震惊；学生在学习中意识和感觉到自己的智慧和力量，体验到创造的快乐，为人的智慧和意志的伟大而感到骄傲。"①老师如果能调动学生学习古诗文的兴趣，在充分发挥学生学习积极性的基础上，采用各种方法和途径予以引导，学生就很容易进入到古诗文天地而沉浸其中，为进一步吟诵打开阀门。

第五步：吟咏

班固《东都赋》："今论者但知诵虞夏之《书》，咏殷周之《诗》。"② 散文的《尚书》当诵，韵文的周《诗》要吟。吟咏是一种特殊的读法，它是随时随地，按照心情的指令哼出来的自由咏叹的歌调。吟咏的调，不是别人给你的，而要靠自己体会、发现。在吟咏的实践里，寻觅出属于自己的调。可以有借鉴，但你要借鉴的"调"，其实也是那个发明者"给自己"的创作。"给自己"的意思就是合适自己，舒服自己。就是说，原本也是为了自己的一种吟调。所以，吟咏绝对是一种个人的享受，那个中的美感、惬意，是别人无法分享的。《古今诗话》载："上官仪凌晨入朝，循洛堤步月，徐辔咏诗，音韵清亮，望之忧神仙。"③李白《游泰山六首》（其四）："清斋三千日，裂素写道经。吟诵有所得，众神卫我形。"杜甫《解闷十二首》（其七）："陶冶性灵存底物，新诗改罢自长吟。"我吟是我心，感人是无心。吟咏的读法是绝对自我和自由的，就像我们在旅行途中，偶然听到一个人悠闲的哨音。

就古诗词来说，格律体只能吟咏着品味，这种诗本来就是"吟咏"着作出来的。所以，律诗的韵味只有慢慢地吟读方能够品味出来。能放声诵读的一定是自由的古体。

律绝示例：贺知章《回乡偶书》

1. "两字一顿"的现代朗诵法节奏

少小／　离家／　老大／　回，

乡音／　无改／　鬓毛／　衰，

儿童／　相见／　不相／　识，

笑问／　客从／　何处／　来。

2. 体现"平长仄短"的吟读节奏

| | — — 　　 | 　 | —

少小／ 离家—— 老　大／回——

---

① 苏霍姆林斯基. 苏霍姆林斯基选集. 北京：教育科学出版社，2001：609.

② 尹赛夫、吴坤定、赵乃增. 中国历代赋选. 太原：山西人民出版社，1989：144.

③ 计有功. 唐诗纪事（卷六）. 上海：上海古籍出版社，2008：73.

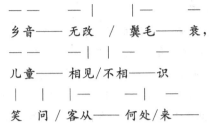

乡音—— 无改 / 鬓毛—— 衰，

儿童—— 相见/不相——识

笑 问 / 客从—— 何处/来——

吟读指导示范："衰"字虽是韵脚，且为平声，理当长吟，但因上句的"回"，前一个字"毛"已作长处理，且"衰"之心情激烈，故短吟。首句的"家"，诗人离家有多久，多远了？故这份离情必须要用长吟以抒之。"回"，近乡情更怯，终于回到故乡，感慨万千，短音如何宣泄？

请思考：本诗节奏由"两字一顿"改成"长短交替"之后的新特点是什么？

第六步：吟唱

在吟咏的基础上，我们歌唱之，谓之"吟唱"，是为舒展和陶冶性情。以声情陶冶心性，不要单一的道理说教或"灌输"。唱是陶冶的过程。唱的心理精神作用在释放，在宣泄，更在于开启。在释放理性垃圾（总是充满了算计和计较）的同时，开启感性、情感的心灵活动。最好的歌唱境界，有两句话：唱到开心，唱到因为开心而流泪。用歌唱来带领学生进入一个感动的世界，即是诗的世界。

关于唱的要求。最想强调的是：要清唱。清唱能唤醒人性最清纯的部分，所谓"返璞归真"。只有清唱才能唱出心声，唱出真情，唱出情怀，而我们要的就是这一份真挚的中华诗"情怀"。在这一方面，西方宗教文化所的唱诗经验可以借鉴之。但中国的古人早知、深知其中奥妙。明代丘浚（1421—1459）《刘草窗诗集序》有云：

"三代以前无诗人。夫人能诗也，太师随所至，采诗以观民风，而系国以别之。方是时，上自王公后妃，下至匹夫匹妇，率意出口，皆协音调，可诵可歌。自夫子删三千篇以为三百篇后，诗始不系于国而系于人，人人不皆能诗也。诗道于是乎始晦。自此厥后，诗不出乎天趣之自然，而由乎学力之所至。有一人焉，本学力而积久，习熟以几于化，诗非不工也，然止之得天然之趣者则有间矣。呜呼！此删后所以无诗与诗自删后历春秋战国秦汉，非无作者而不传，虽有传亦不详。……国初，诗人生胜国乱离时，无仕进路，一意寄情于诗，多有可观者。……其后举业兴，而诗道大废，作者皆不得已，而应人之求，不独少天趣，而学力亦不逮矣！……惟草窗刘公，原传家世业医，至公始专心于诗，不拘拘缀缉经语以事进取，遇凡景物会心，时事刺目，一于诗焉发之，词气激烈，音节顿挫，多有出人意表者。"①

音节顿挫，中国古人如此作诗，诗之可唱，不言而言。唱《诗经》之《关雎》、《蒹葭》，唱陶渊明之《饮酒》、李白之《早发白帝城》、杜甫之《登高》等等。也可以唱自己的"调"，别人的"调"，只要有感动，有不得已的心情。《毛诗序》云："言之不足，故嗟叹之，嗟叹之不足，故咏歌之，咏歌之不足，不知手之舞之，足之蹈之也。"② 对于吟诵的传承来说，不仅是吟到情深，必歌之，歌到兴处，必舞之。

第七步　写作

这里说的写作，包括三种形式。首先是创作即写一首诗或词或文。也可以说是按着古诗词的体式，进行旧体诗词的写作练习。我们经常诵读，时时歌唱，细细赏会，可是若没有亲自创作的体验，就不够完整，就不能得诗中之"三昧"。一般来说，旧体诗词写作要遵循以下五点：

○掌握韵字

○安排平仄（格律诗）

○造句属对

○得体合式

○尊题不乱

其次是评点写作。读诗有感悟即有表达的欲望，评点写作也就自然发生了。评点写作的特点，一是可就作品中某一点领会生发开去，写出自己要写的内容。二是自由发挥，联系当下和自己熟悉的生活。长短不拘，常见的体式是随笔和叙事小品。三是遵循从"语境"出发，展开联想的原则。也就是，不离开诗歌语言所提供的信息。

评点写作在传统上称之为"圈点"或"评注"。借鉴此法读诗，对养成良好的读书习惯有实在的帮助。此法风行于宋代。宋人读书注重虚心涵咏，熟读精思；喜欢独立思考，把"自得悟入"作为金科法门。所以，每有心得，或写题跋，或作随记，经常把一时心得批于所读的作品里，于是就形成所谓"评点"之法。例如黄庭坚在其《大雅堂记》里说到自己读杜诗"欣然会意处，辄欲笔以数语"。这里举南宋诗人谢枋得评点唐诗人王昌龄的《闺怨》诗：

闺中少妇不知愁，春日凝妆上翠楼。

忽见陌头杨柳色，悔教夫婿觅封侯。

---

① ［明］丘浚. 重编琼台稿. 文渊阁四库集部（1248 册）. 台北：台湾商务印书馆，1986：180.

② ［唐］孔颖达. 毛诗正义（十三经注疏）. 北京：北京大学出版社，1999：6.

谢枋得云:"见虫鸣螽跃,而未见君子则忧,见采薇采蕨,而未见君子则忧。草木之荣华,禽虫之和乐,皆能动人伤悲之心。此诗谓闺中少妇,初不识愁,春日登楼见杨柳之青青,始知阳和发育,万物皆春,吾与良人徒有功名之望,今日空闺独处,良人辛苦戎事,曾不如草木群生,各得其乐。于是而悔望此功名。此亦就人情而言也。"①

三是译作。这是通过语言翻译的活动来学习古诗词作品的一种方式。所说的"翻译",是把凝练的古汉语文言,转换成为散化的现代口语。在这种"转换"的过程里,体会古人语言表达的艺术和背后的心灵活动与情感思维。译作偏重对作品的理解,通过"译"使得理解更深入。译作同样有名家如闻一多、游国恩等。

第八步:雅集

所谓的"雅集"是指文人雅士吟咏诗文,议论学问的集会。集会当中的"雅事"有焚香、挂画、瓶供、吟咏诗文、抚琴、礼茶等。从今日的文化传承来说,传统文人的"雅集"有如现代人的"文化沙龙"。如果将这一步视为吟诵学习的展示活动,那么此前所有的"步骤"所得,都是为这一步作"预备"。

"雅集"一词源于中国历史上著名的"西园雅集"。北宋年间,苏轼、苏辙、黄庭坚、秦观、李公麟以及僧人圆通、道士陈碧虚等人会于驸马都尉王诜府邸西园,写诗作文,品茶寻韵,其言行诗文之雅为一时之盛况。文人雅士聚会由此被称为"雅集"。此后成为中国古代文人的一种生活传统,延续下来,其事迹屡见记载,如宋人姜夔《一萼红人日登长沙定王台》词云:"记曾共西楼雅集,想垂柳还袅万丝金。"《儒林外史》第十八回:"吾辈今日雅集,不可无诗。"现代作家茅盾,在其小说《子夜》里也有涉及:"今晚上这雅集也是为了徐曼丽。"

但雅集的历史可以追溯至更为著名的"兰亭"盛会、曲水流觞。东晋永和九年,农历的三月初三,王羲之邀请了共 42 位名人雅士在兰亭雅集修禊,他们在酒杯里倒上酒让它从曲水上游缓缓漂下来,如果漂到谁面前停住了,谁就要饮酒作诗,作不出的则要罚酒三觥,一觥相当于现在半斤。活动中共有 11 个人各作诗两首,15 个人各作诗 1 首,16 个人因没有作出诗而罚了酒,总共成诗 37 首,汇集成册称之为《兰亭集》。主人王羲之为之作序,序有云:

"夫人之相与,俯仰一世。或取诸怀抱,悟言一室之内;或因寄所托,放浪形骸之外。虽趣舍万殊,静躁不同,当其欣于所遇,暂得于己,快然自足,

---

① 王步高主编. 唐诗三百首汇评. 南京:东南大学出版社,1996:777.

曾不知老之将至；及其所之既倦，情随事迁，感慨系之矣。向之所欣，俯仰之间，已为陈迹，犹不能不以之兴怀，况修短随化，终期于尽！古人云：'死生亦大矣'，岂不痛哉!"

此段文字尤见传统文人的生命情怀，当反复熟诵之。

"雅集"流程安排：

（"雅集"环境的选择如城市公园或郊外山水优美之处）

（1）司仪开场白

（2）诗社成员自我介绍并即兴表演，形式不拘，如：吟诵、吟唱、诗词朗诵（以个人自创为主）等。

（3）诗歌联句比赛。以组为单位，各组按桌落座，四桌为一大组，联成五律或七律，规定时间完成。作品由评委组评议。

（4）评委组讲评作品。

（5）宣布评议结果并颁发奖品。

以上是组合式吟诵法的八个活动形式，都是围绕吟诵而进行，可以说是循环往复相生相辅的。但是我们给出的也仅仅是一种参照，每位教师在具体的教学实践中可做适当调整，甚至开发出新的步骤以增强课堂的灵活性，适应不同学生的要求。因此组合式吟诵法可以说是一种处于不断探索和不断完善中的教学方法，通过朗读、吟咏、聆听、吟唱、创作等环节使吟诵教学达到灵活多彩丰富多效的功能，更好地使学生在吟诵中陶冶高尚的情操和品格，涵养高雅的人生境界，最终达到教化人心、凝聚民族、传承文化的作用。

本章对古诗文吟诵的教学方法进行了探讨和总结，一方面从理论上给予探讨，但是主要是从不同角度对吟诵规律在教学中的应用做了总结和示范，给教师将吟诵带进当下课堂教学提供了可以触摸可以借鉴的方法，希望能够对吟诵在当下教学中的传承尽到微薄之力。

第二节　吟诵的展示活动

一、活动的作业预备

根据以下要求进行吟诵展示活动的预备"作业"。初学者可持标注后的作品作吟咏展示。

（1）吟咏任何一首诗词作品，都必须先要对诗词的内容作基础性理解，尽量清晰地把握住作品的抒情与表现理路，以最终明确诗词作品的抒情基调。

（2）吟咏任何一首诗词作品，都必须先作"预热"式小声读或默读，目的是感受和熟悉文字的原始旋律，与原作者做心灵的交流。

（3）标注吟咏顿挫的位置。吟咏近体诗要作四声的标注，尤其是入声字。

（4）对标志之后的作品进行反复的吟咏练习，直至入心悦耳，流畅自如。

（5）吟咏古诗词属个人审美鉴赏活动，但从师范生教学技能的培养角度说，还要做必要的台上形体的规范训练，以及最简单的声乐发音（字母发音）用气训练。有兴趣的同学如能学会简谱识唱，则是为进一步的"吟唱"作预备。

二、展示演出的活动案例

以下是李白《将进酒》的展演策划：

（一）作品预备

（1）先逐字标出平仄与入声字。

（2）次划分节奏单位并标出节奏点。

（3）按照标好的作品反复吟读，逐步出调。

（4）本诗按照规定的现成"腔调"准备。

（按普通话四声：1、2为平声。3、4为仄声。）

（二）作品熟诵

君不见黄河之水天上来，奔流到海不复回。

君不见高堂明镜悲白发，朝如青丝暮成雪（入）。

○

人生得意须尽欢，莫使金樽空对月（入）。

天生我材必有用，千金散尽还复来。

烹羊宰牛且为乐（入），会须一饮三百杯。

○

岑夫子，丹丘生，将进酒，杯莫停。（凡短句皆为快拍）

与君歌一曲，请君为我侧耳听：

○

钟鼓馔玉不足贵，但愿长醉不复醒。

古来圣贤皆寂寞，惟有饮者留其名。

陈王昔时宴平乐，斗酒十千恣欢谑（入）。

○

主人何为言少钱，径须沽取对君酌。

五花马，千金裘，呼儿将出换美酒，（凡短句皆为快拍）

与尔同销万古愁。

（三）作品理解：

本诗的写作背景是长安从政失败之后，李白处于失意沮丧的状态。

诗情线索：悲凉—狂放—愤激—狂放

《将进酒》原是汉乐府的曲调名称。此题实为"劝酒歌"，古辞有"将进酒，乘大白"之语。李白借此以抒己意。写作背景是在他长安失意之后，某天与友人岑勋在嵩山元丹丘，地处颍阳的山居里做客，其间登高饮酒，乘兴而作。这有《酬岑勋见寻就元丹丘对酒相待以诗见招》一诗为证："不以千里远，命驾来相招，中逢元丹囚，登岭宴碧霄。"请注意诗题告诉我们：元丹丘是这次聚会饮酒的东道主。

○悲凉

作为开端的表现特征是：连用两组排比长句。前一组从空间角度夸张抒情。颍阳距黄河不远，登高可见，景为实景，可以说是触景起情，但说此水"天上来"，显然加入了想象，所以是夸张地写大河之来。而"来"字音节劲、亮，把"来"的气势、"来"的不可阻挡一字写尽！下句写大河之去，也是从"来"的想象里写出。

第二组是从时间角度夸张抒情。把人生由青春到衰老的全过程说成是"朝"、"暮"之间发生的事。把本来短暂的说得更短暂。

进一步，这两组排句之间又另有意味。其一是比意。当诗人唱出第二句"奔流到海不复回"，这大河之水在他的感受里便已转换为一道时间、生命之流，此不返之水是在比说人生真是只有这一回呀。其二是反衬。黄河的宏伟、永恒在反衬人生的渺小、短暂。

那么，这是一个怎样的开端呢？首先是表达了一个伟大生命的悲凉，为了表达这种生命的悲凉，诗人借用这首古乐府特有的呼告语："君不见"，但从一个增加到两个，因而情绪更为强烈。其次突兀、爆发的方式，也可以说李白式的。在李白诗中，这种开端是常见的。如《宣城谢朓楼饯别校书叔云》："弃我去者，昨日之日不可留；乱我心者，今日之日多烦忧。"也是以排比长句表现内心汹涌而起、爆发出来的感情。

○狂放

人生得意须尽欢，莫使金樽空对月。

　　五、六两句承上，诗情逆转、跳开。从悲翻作乐，从伤感、悲凉转成狂放。李白在此像是宣告自己失意后的人生活法、人生态度。失意后李白在诗中曾大写其颓废，这是客观事实，毋庸质疑。如"且乐生前一杯酒，何须身后千载名"、"人生在世不称意，明朝散发弄扁舟"、"青门种瓜人，昔日东陵侯。富贵故如此，营营何所求？"、"仲尼欲浮海，吾祖之流沙。圣贤共沦没，临歧胡咄嗟？"

　　一般来说，我们对现实世界产生悲观不满的时候，有两条路可走：一是反抗、改革；二是厌世、颓废。持厌世观的人又有两种情况：一是干脆自杀，彻底解脱；二是厌世的乐，苦中求乐。李白属于后者，所以我们更多读到这样的诗句："人生飘忽百年内，且须酣畅万古情。""人生达命岂暇愁？且饮美酒登高楼。"以及本诗的"人生得意须尽欢。"

　　李白实际处在失意愁苦当中，却偏要说"须尽欢"：我要活得快乐，要尽情享受！特别当人生得意之时，这就是厌世的乐，苦里的乐。下句说"莫使金樽空对月"——使人快乐的有很多，为什么一定说到酒？从人情上说，行乐不可无酒，古人尤其如此。从本诗来说，他不是写乐府诗《将进酒》吗？这就是"入题"之笔。这一句语气非常坚决，因为句中以"莫使"、"空"，双重否定句式，不是普通的直陈。这一句又非常富有诗意。因为使用了"金樽"、"对月"这样非常形象的词语，生动之外，又将饮酒诗意化了。

　　接下来的"天生我材必有用，千金散尽还复来"也是以乐观的心情，在肯定享乐人生后，进一步肯定自我。"有用"又加一"必"字，李白是真自信！在古代"小人"遍地的现实世界里，李白可以说是一个大写的"人"。"千金散尽还复来"，也是一句表达高度自信的诗句，犹如《行路难》诗中说"长风破浪会有时"。在不为金钱所使、慷慨消费这一点上，李白的确豪情万丈。《上安州裴长史书》说："曩者游维扬，不逾一年，散金三十余万。"这种"使钱法"，可不像店家问孔乙己："菜要一碟乎？两碟乎？酒要一壶乎，两壶乎？"李白是"烹羊宰牛"，整头整头上，不喝上"三百杯"，那绝不算喝！到这一句"狂放"诗情已达至高潮。因为是高潮，所以诗的旋律跟着也加快了。

　　"岑夫子，丹丘生，将进酒，杯莫停。与君歌一曲，请君为我侧耳听"。李白真是"忘形"了。在此短句中，大声劝酒的李白，忘记了自己"客"的身份，像主人一样劝起酒来。既然是酒逢知己，就不必拘泥，于是他站起来要狂歌一曲，而且还提出要求："请君为我侧耳听"。什么叫"侧耳"？要认真、注意地听。以下六句为诗中之歌。诗情也由此转入"愤激"。

○愤激

"钟鼓馔玉"指富贵人生。《墨子》里说,诸侯欣赏"钟鼓之乐",士大夫欣赏"琴瑟之乐",农夫只能欣赏"瓦缶(fǒu)之乐"。诗人否定追求富贵,并放言自己宁愿去做酒鬼,"钟鼓馔玉不足贵,但愿长醉不复醒"。所谓酒后吐出的真言,诗情至此转入"愤激"。这八句中,李白为了说明自己宁做酒鬼的理由,特别举出圣贤人物为根据。顺便说一句,从李白诗里看他提到的历史人物如姜子牙、管仲、鲁仲连、诸葛亮、谢安等,"级别"都高。不是王侯将相,就是杰出人士。那么,历史上的酒徒很多,这里为什么特别以"陈王"曹植来说呢?

其原因:一是曹植与酒的关系较深,如"陈王昔时宴平乐,斗酒十千恣欢谑",此句化用的是曹植《名都篇》"归来宴平乐,美酒斗十千"。陈王当日的风采,真是"人生得意须尽欢"。其二是陈王才华横溢,但人生境遇却是备受压抑,壮志未酬。这和此时李白的情形非常接近,很容易让他联想起来。

诗读到这里,我们能看出,李白这首诗好像是从一般的人生感慨写起,但实际上这种感慨背后联系着非常深广的政治忧愤。前面我们说李白厌世的求乐,一定要与酒联系在一起,除了诗题的要求,这里还有一个更重要的原因,就是生活的不如意、不自由,可酒里却能如意、自由。所以李白的求乐必与酒联系;所以李白的酒诗数量多,最能表现他的忧愤个性。

但李白毕竟不是杜甫,忧愤却不沉郁,怎么讲呢?他总是让这种忧愤情绪由着性子,尽情发泄出来,就像大河奔流。

○狂放

歌唱完了,理由很充分,接下还要饮酒。自然地,李白的情绪再度变得"热烈"、"狂放"。"主人何为言少钱?"在诗脉上此句承前启后,既照应"千金散尽"一句,又引出全诗最"狂"的一句。在意思上,李白责怪两位朋友:你们怎么能说买酒的银子不多了!——李白真是"狂"得可以!本来就是元丹丘出钱款待,现在他却怪人家"何为言少钱"?但接下一句"径须沽取对君酌",表明李白要出手了。这里的"君"指"言少钱"的朋友。可他这一"径须"不要紧,成了"败家子"——"五花马,千金裘,呼儿将出换美酒,与尔同销万古愁",连代步的坐骑和过冬的皮衣全都豁出去了,也许对李白来说,"豁"这个字用的并不贴切,因为他是带着醉意,潇洒地吩咐说:"孩儿呀,将那些东西拿去,换酒来!""呼儿"、"与尔"这两个词确切地把李白此时的"放肆"传达出来。到此,我们也就明白:他会怎样地在"不逾一年"当中,"散金三十万"了。

最后一句"与尔同销万古愁",作为结句,呼应开篇排比长句所表现的悲凉之情绪,造成所谓大开大合。句中"万古"指永远难放下的大悲愁。这又是李白式的词汇,抒发悲愁也豪情万丈。

关于本诗的写作艺术:

李白诗读起来像是没有"表现"意识,或者刻意的"设计"。后人说杜诗可学,白诗不可学,原因可能在此。李白诗天才的成分很明显,比如他说:"千金散尽还复来"——这样去对待金钱和这样去挥霍金钱,对一般总是做实际盘算的常人是不可想象的,因此也就想不到,写不出。换句话说,这样的诗句是"刻意"不出来的。因此,所谓"天才"是指白诗更多借助自己内心充实的情感,特别强大的人格力量来作诗而已。著名学者林庚先生指出:"李白的生活充满了大起大落的变化,他的感情也波澜起伏,千变万化。……这些戏剧性的变化和不同寻常的生活,造就了李白的性格,也构成了李白诗歌波澜起伏的情感基调。"[①]因此本诗最突出的表现特征便是诗情波澜起伏。

其次是夸张的表现。例如诗中频繁运用大数目词汇,"千金"、"三百杯"、"斗酒十千"、"千金裘"、"万古愁"。所以既抒发了豪迈的诗情,又不留空洞漂浮的痕迹。再次是诗中有歌的包孕结构。这一点也完全是在随意抒写之中自然形成的。最后是由本诗所代表的白诗语言特征:自由明快,能在跌宕变化当中传递真挚情感。例如他的句式参差错落,以七言为主,又穿插三言、五言,乃至十言。又以散行为主,偶尔用对仗短句予以点染,如"五花马"、"千金裘"。所以全诗句调特别流畅。

语言是思维的外衣,也是个性的外衣。这种自由明快的语言正显现出李白率性奔放的性情。以下让我们再引出白诗中饮酒的名句作为欣赏的结束:

"百年三万六千日,一日须倾三百杯。"(《襄阳歌》)

——他要一辈子在酒里过。

"三百六十日,日日醉似泥。虽为李白妇,何异太常妻!"(《寄内》)

——他知道很对不住夫人。

"三杯通大道,一斗合自然。过此一壶外,悠悠非我心。"(《独酌》)

——难怪他因酒而狂,又因狂而酒。

(四)展演的"剧本"设计

具体流程:

---

① 林庚.唐诗综论.北京:清华大学出版社,2006:108—109.

1. 时间与演出顺序

节目总时长控制在 10 分钟左右，以《将进酒》为主，三首作品组合。按《送元二使安西》、《闺怨》、《将进酒》的顺序进行：前两首作品时间在三四分钟内，重点营造意境和氛围；《将进酒》为重点吟唱作品，时间在七八分钟左右，表现出一种宏大的场景。

2. 具体演出的流程

古琴与箫的演奏者先上台，焚香坐定，半面对舞台，开始演奏。全体演员呈中性打扮，将丝巾搭在脖子上，依据舞台大小，分别从舞台两边出场，到达舞台中心，背对观众，呈一排站定。

（1）《送元二使安西》诗的设计

报幕：

演员：（演员要设计身份，男生要表现出古人的雅态，女生要表现出送别的依恋，重点表现送人的情绪。二人依据曲调设计具体的故事情节，表演的路线要有所设计，二人表演的时间长度要与吟唱相同，甚至长于吟唱。）

保持开场队形，队伍中间报幕员转身面对观众，以中性状态向观众报幕，之后依旧恢复背对观众的形态。此时，古琴奏《阳关三叠》前奏，背对观众的全体演员开始吟唱《送》一曲，整个吟唱过程要慢，注意营造意境美。在音乐声中，男女演员从队伍中走出，念诵《送》一诗，并表演送别时的情景。随着音乐的结束，二人再次回归队伍当中，呈开场时的队形，短暂的静场。

（2）《闺怨》诗的设计

报幕：

演员 2 人：（一人负责诵读，选择合适的时间开始，整个诵读以旁观者的角度娓娓道来，速度慢一些；一位舞者，以舞蹈的方式呈现少妇的情绪变化。与诵读者要有交流，可以充分利用舞台，将背后的吟诵者与演奏者带入场景）

保持开场队形，队伍中间报幕员转身面对观众，以中性状态向观众报幕，之后依旧恢复背对观众的形态。之后领诵起调，从"不知愁"开始，全体女生加入吟唱，重复第二遍的时候全体男生加入吟唱，结尾处全体女生以渐缓的速度重复"悔教夫婿觅封侯"一句结束全曲。在音乐声中，女主角从队伍中走出，用简单的舞蹈动作表现出少妇的思愁，同时另一人以旁白的方式，念诵《闺怨》一诗。随着音乐的慢慢回落，二人回归队伍，短暂的静场。

（3）间场连接与《将进酒》的吟唱

此段连接以中国文学从古至唐代的经典语段为穿连，重点放在名句的诵读。全体演员依旧背对观众，按一定顺序依次走向舞台前，诵读中国文学中的经典作品，其中名句部分声音最为响亮。随着下句诵读者的出场，上句诵读者离开舞台中心但诵读声不断，此时队伍已经走乱，演员散布舞台各处。

吟唱《将进酒》。

注意事项：

1. 诵读者诵完自己的部分后，围绕舞台走大圈，将整个舞台调动起来。

2. 诵读者之间要有所交叉，但要沉吟于自己诵读的作品中，相互间没有交流。

3. 作品的选择要与每个演员的特质相结合，演员要充分理解作品所表达的思想情感。

4. 演员的行走路线虽然呈自由状态，但路线需要简单的设计，以免出现冲撞。

5. 整个诵读过程的情绪应该越来越激昂，虽然诵读声很乱，但乱中要有节奏，并在报《将进酒》之前将情绪推到最高点。

诵读名篇名句的出场顺序（10人左右）：

1. 《诗经·周南·关雎》，名句为："关关雎鸠，在河之洲。窈窕淑女，君子好逑。"

2. 《诗经·秦风·蒹葭》，名句为："蒹葭苍苍，白露为霜。所谓伊人，在水一方。"

3. 《离骚》，名句为："路漫漫其修远兮，吾将上下而求索。"

4. 《老子》，名句为："道可道，非常道；名可名，非常名。"

5. 《论语》，名句为："有朋自远方来，不亦乐乎？"

6. 《孟子》，名句为："天将降大任于斯人也，必先苦其心志，劳其筋骨……"

7. 《荀子·劝学》，名句为："青，取之于蓝，而青于蓝。"

8. 《庄子·逍遥游》，名句为："北冥有鱼，其名为鲲。"

9. 《大风歌》，名句为："大风起兮云飞扬，威加海内兮归故乡。"

10. 《史记·报任安书》，名句为："文王拘而演《周易》；仲尼厄而作《春秋》。"

11. 《洛神赋》，名句为："仿佛兮若轻云之蔽月，飘飘兮若流风之回雪。"

12. 《短歌行》，名句为："对酒当歌，人生几何？譬如朝露，去日苦多。"

13. 《饮酒》，名句为："结庐在人境，而无车马喧。"

14. 《孔雀东南飞》，名句为："孔雀东南飞，五里一徘徊。"

15. 《迢迢牵牛星》，名句为："迢迢牵牛星，皎皎河汉女。"

16. 《木兰诗》，名句为："唧唧复唧唧，木兰当户织。"

17.《登幽州台歌》，名句为："前不见古人，后不见来者。"

（以上提供节目演出的实况录像）

附：国内某高校社团的经典诵读比赛评分细则：

主要从诵读内容、诵读基本功、创新、表达、综合印象五部分对诵读选手进行评分。满分为100分。评委打分后去掉一个最高分和一个最低分，汇总后取平均分，精确到小数点后两位，若出现同分，则精确到后三位，依此类推。具体评分标准如下：

评分项目	分 值	评 分 标 准
内容	（10分）	充实生动，有真情实意，寓意深刻，富有感召力，具有一定的教育意义和警世作用。
诵读基本功	（45分）	（1）发音（20分）：语音准确20分，较准确15分，基本准确10分，不太准确酌情给分。
		（2）语速（10分）：内容熟练、语速恰当、声音洪亮10分，表达自然流畅8分，因不熟练，每停顿一次扣0.1分。
		（3）节奏（10分）：节奏优美，富有感情10分；节奏鲜明，基本有感情8分。
		（4）背诵完整、熟练、流畅（5分）。
创新	（15分）	（1）诵读形式富有创意，表演者使用的诠释方式与众不同，给人耳目一新的感觉（10分）。
		（2）配以适当伴舞或配乐，或以其他富有特色的形式诵读（5分）
表达	（15分）	（1）表达（10分）：表达自然得体，动作恰当10分；表达较为自然大方，动作设计合理8分；表达基本自然，动作较少5分。
		（2）感召力（5分）：富有创意，引人入胜5分；有创意，有一定感召力3分。
综合印象	（15分）	（1）上下场致意、答谢（5分）；
		（2）服饰（5分）：服装得体，自然大方，气质幽雅5分；服装得体，比较自然3分。
		（3）诵读时间（5分）：诵读时间控制在3—5分钟，每少或超时1分钟在总分基础上扣1分。

第三节　板书设计的练习

此项学习活动的主要步骤是：

1. 活动布置；

2. 活动指导；

3. 提交设计；

4. 评选等次；

5. 公布成绩。

在古诗文板书教学实践中，部分中学语文教师过多关注与强调多媒体技能的学习与掌握，而没有把板书教学与对文本的解析紧密地联系起来。在实践中，虽然许多教师在板书设计方面也体现了相关的文本解析过程，但在具体活动实施过程中往往没有将二者有效融合。因此，过于追求板书设计的美观形象化，设计手段的先进和视觉冲击力，导致板书设计远离了对文本的关照和解析，失去了其辅助教学的意义，成了喧宾夺主的摆设。

师范类院校过分注重书面知识的传授，忽略对师范生板书教学能力的培养。知识的传授能增强师范生理解古诗文文本能力，但这种能力如何在教学实践中实现？这是师范生面临的一个知识和能力接轨的难点。古诗文板书设计的目的在于提升学生对文本解析的能力，通过这一具体的练习途径，为师范生如何把知识以可视可感的形式系统化展示出来，提供参照和实践的途径，进而提升其教学能力。

设计案例一

陆游《秋夜将晓出篱门迎凉有感》诗的详案设计

1. 原文

三万里河　东　入海，

五千仞岳　上　摩天。

遗民　泪尽　胡尘里，

南望　王师　又一年。

2. 解题

这首诗写于1192年，当时诗人陆游已经六十八岁了，退居山阴老家。初秋时节的一个黎明，他像一个普通的老农一样出门乘凉。刚走出篱门，一阵凉风吹来，诗人不由得回头北望，他仿佛看到了三万里黄河东流入海，看到了五千仞华山直指苍天，想到祖国的大好河山如今仍在金人的统治之下，想到无数同胞仍然生活在侵略者的铁蹄下，心中充满辛酸和悲愤。诗人两岁时，金人就占领了中原，如今六十多年过去了，朝廷苟且偷安，不图进取，沦陷的百姓空等了一年又一年。诗中充满了对南宋朝廷的不满和对沦陷区人民的同情。

3. 解词：

三万里河：三万里，夸张，形容很长。河，指黄河。

五千仞岳：五千仞，夸张，形容山很高。仞，古代计算长度的单位，以八尺或七尺为一仞。岳，指西岳华山。

上摩天：向上能接触到蓝天。摩，接触。

遗民：被朝廷遗弃的人民。这里指生活在被金兵占领的中原地区的百姓。

泪尽：眼泪流干。

胡尘：金国兵马扬起的尘土。

南望：向南方盼望。

4. 诗意脉络板书：

陆游《秋夜将晓　出篱门　迎凉有感》

1、2句　　　　　　　　　　3、4句

写景 { 黄河 / 华山 } ——→抒情：遗民泪尽　南望王师

5. 解读提示

"三万里河东入海，五千仞岳上摩天"，诗歌的前两句描写了沦陷区祖国山河的壮美，充满了向往之情。黄河滚滚东流，一直流入大海；西岳华山高耸，直插云霄。诗人大笔如椽，极力赞美祖国的山河。然而这美好的河山却一直被金人占领，字里行间流露出悲痛之情。气势磅礴的两句景色描写让读者随诗人的血液一同达到了沸点。沉痛的感情却让这沸腾的血液重重地打落下来，在人心上烫出深深的烙印。这么壮美的景色虽然处在其中，却不再是自己所有。

"遗民泪尽胡尘里，南望王师又一年"，这两句写沦陷区的百姓热切盼望恢复之情景。沦陷区的百姓在金人的铁蹄下痛苦呻吟，他们多么想回到祖国的怀抱啊！大好河山，沦落敌手，中原父老，南望旌旗，然而年年盼望王师北伐，年年都注定失望。他们的泪水一次次地流下，却随着希望的破灭一次次空留泪痕……"泪尽"、"又"都是充满感情的词汇。这个"又"字，凝聚着南北人民共同的哀痛和愤恨。所谓"又一年"，是指从靖康之变，徽钦被虏，康王南渡，到这时的绍熙三年（1192），已经六十五年了。出生后不到两年就随着家人从寿春逃难南归的陆游，现在已经六十八岁了。

诗中象征故国的意象：黄河，华山，是他日夜所梦想的，但是他到死都没有见到。也许大家此时会想到他的另一首名诗《示儿》："死去元知万事空，但悲不见九州同。王师北定中原日，家祭无忘告乃翁。"他到死都牵挂着这件事，他又怎能不在这个凉风已起，天欲亮却还未亮的时刻辗转难眠呢？遗民们"南望王师"，陆游则北望中原，热切地盼望从军北伐。南北相望，迫切的心情却是一样的。在这里陆游为中原父老"书愤"，实际上是用从对面写起的手法，借写遗民的愿望抒发自己的悲愤。

诗歌的前两句写景，后两句抒情，它们共同表现了诗人的悲愤，对中原父老的深切之爱，对祖国的爱以及对故国回归的盼望。

6．总结与练习

（1）主题思想

这首诗强烈地反映出诗人盼望尽快收复失去的大好河山、统一祖国的愿望，流露出对南宋统治者长期未能收复失地的悲愤心情。

（2）鉴赏要点

首先：用字的用心良苦。一个是"尽"，一个是"又"。"尽"字强调遗民们在沦陷区的血泪生活之痛苦；"又"字突出遗民们盼望王师收复失地之急切！用这样壮阔景色来衬托悲凉的心境，更能让人体会作者沉重的情感。"泪尽"一词表现出了中原人民受到的压迫是多么的沉重，遭受蹂躏的时间是多么的长。

其次：象征手法的运用。"河"，指黄河，哺育中华民族的母亲；"岳"，指东岳泰山、中岳嵩山、西岳华山等立地擎天的峰柱。巍巍高山，上接青冥；滔滔大河，奔流入海。两句一横一纵，北方中原半个中国的形象，鲜明突出地展现在我们眼前。奇伟壮丽的山河，标志着祖国的壮美，象征着民众的坚强不屈。"胡尘"象征着侵略者的铁蹄。中原父老的泪就被这样的胡尘所湮没，象征着中原父老的希望次次灭亡在他们手上。

最后，夸张手法的作用。这首诗爱憎分明，感情真挚、沉痛，尤其是前两句用夸张手法极力赞美祖国半壁河山的壮丽。诗人大声歌颂高山大川的奇观美景，却将痛失国土的沉痛情绪糅合在其中。正所谓"以乐景写哀，则哀感倍生"。

（3）复习要点

填空：

诗句"遗民泪尽胡尘里"中的"胡尘"代指（　　　）。

接下来请想一想：

诗人在对遗民期盼回归故国的叙述中，透露出了一种什么样的感情？

（4）吟诵指导：

这首诗要读出诗人渴望收复失地的急切与悲愤，对遗民泪尽的深切同情。开头两句，吟诵时可抓住二组对仗的数量词"三万里"、"五千仞"加以强调。后两句极写北地遗民的苦望。强调两个字：一个是"尽"，一个是"又"。

设计案例二：

张先《天仙子》词的板书设计

原文：

《水调》数声持酒听，午醉醒来愁未醒。送春春去几时回？临晚镜，伤流景，往事后期空记省。　　沙上并禽池上暝，云破月来花弄影。重重帘幕密遮灯，风不定，人初静，明日落红应满径。

板书：

一、即事开端：

（晨）持、听——（午）酒醒——（晚）镜

抒情：愁未醒——叹春——伤流景：人事成"空"（本词题旨）

二、即景展开：

禽鸟并暝（反衬）——

破月（风）弄影（花）——

帘幕遮灯（写实）——

（四更）风定人静——

落红满径（明日）

三、抒情结束：

伤已不如——

叹：世事播弄——

伤：依旧为"空"（呼应上片结句）

设计案例二：

柳永《雨霖铃》的板书设计

原文：

寒蝉凄切，对长亭晚，骤雨初歇。都门帐饮无绪，留恋处、兰舟催发。执手相看泪眼，竟无语凝噎。念去去、千里烟波，暮霭沉沉楚天阔。

多情自古伤离别，更那堪、冷落清秋节！今宵酒醒何处？杨柳岸、晓风残月。此去经年，应是良辰好景虚设。便纵有千种风情，更与何人说？

板书：

一、主题：男女间的离愁别绪。

二、结构特征：直线铺叙

（铺叙过程有明确的时间线索，且交代清楚）

上片 别前、别中、别后（由实写入虚写，由外场转至内心）。

对坐长亭

都门帐饮

执手登舟

遥想别后

下片　别后　（虚想而情更真）

不堪之情

酒醒之后

再无良辰

无比寂寞

三、写法总结

层层铺叙，逐层递进。有虚有实，包含丰富。

练习：请为以下作品做板书设计（抒情脉络或结构分解）：

1．张九龄《望月怀远》

海上生明月，天涯共此时。情人怨遥夜，竟夕起相思。

灭烛怜光满，披衣觉露滋。不堪盈手赠，还寝梦佳期。

2．王维《春中田园作》

屋上春鸠鸣，村边杏花白。持斧伐远扬，荷锄觇泉脉。

归燕识故巢，旧人看新历。临觞忽不御，惆怅远行客。

3．柳永《夜半乐》

冻云黯淡天气，扁舟一叶，乘兴离江渚。渡万壑千岩，越溪深处。

怒涛渐息，樵风乍起，更闻商旅相呼。片帆高举，泛画鹢、翩翩过南浦。

望中酒旆闪闪，一簇烟村，数行霜树。残日下、渔人鸣榔归去。

败荷零落，衰杨掩映，岸边两两三三、浣纱游女。避行客、含羞笑相语。

到此因念，绣阁轻抛，浪萍难驻。叹后约、丁宁竟何据！惨离怀、

空恨岁晚归期阻。凝泪眼、杳杳神京路。断鸿声远长天暮。

第四节　赏读的多元视角（上）

什么是诗的赏读视角？就视角这个词来解释，是指"人眼对物体两端的张角"。张开的角度构成的是视野，即视线所及的地方。生活里，人有时只盯住一个地方，关注一块区域，造成视野的狭小，同时也让心灵变得局促。在读诗的生活里，同样存在视野放不开的情况。局限于各种选本的阅读，局限于固定观念的阅读如诗之"情景交融"，词之"婉约"和"豪放"；最被动也最无奈的是应试体制内的课本诗词教学。——诗的赏读本应是"让心灵不死"的自由阅读，是生命中最自然的"灵"里面的生活，是让人的精神之鸟不断飞翔，高高飞翔的过程，然而现实的情况却是：许多人深陷"被动"而浑然不觉，特别是天真烂漫的少年人，被畸形的考试制度紧缚着，"死记"课本规定的、被教师指定的作品；"死抠"只和考试有关的所谓鉴赏的"技巧"。读诗的眼光如井中之蛙，欣赏的视野被"卡"在一个死角里。

这里，可以提供一个典型的为考而读，而引导学生"深入鉴赏"的标本。在此"标本"里，不难看出教者与学者最关注的是什么。这是一篇归纳性的短文，题目是《谈古诗鉴赏的几个角度》。作者在文章开始写道："诗歌的讲解向来被教师视为畏途。这种现象的出现固然有诗歌的美感产生的多样性、多解性、复杂性的原因。但，有一个因素往往为我们忽略，那就是我们在日常的教学中长于概括而短于分析，长于模糊而短于精确，这样就影响了我们对诗歌进行深入的探讨和研究。"——恰好相反，现在的问题是：太擅长"分析"、太追求"精确"了。请注意，仅仅是这两个词语，就足以看出：这不是在说文学，尤其不是在说"诗"。

"急功近利"和漠视"传世长久"的社会氛围，不仅让人忘记了"诗"，更让人把"诗"当成了"追名逐利"的工具。开放诗的赏读视角，是让"死"在功利之下的心灵重新"活泼"起来。从现实的情况说，是让焦虑在"考点"上的精神获得一种释放，至少知道：诗的赏读本有自己的空间；至少了解：在此空间里面，精神的自由与丰富性的要求，人性"真善美"的提升渴望都应当得到的满足。以下，我们同样归纳出"七大视角"，目的便是让视野"开放"起来。

一、观照结构

此一视角的目标是深入探究作品结构的艺术，把作品结构作为阅读欣赏的重点。因此，它和一般性的主观品评完全不同，主观品评是印象式的、讲究感觉和滋味。而结构阅读包括章法的分析，谋篇立意，涉及造句用字，平仄安排等等，主要和修辞学、语法学联系在一起。要特别加以说明的一点是：对这种方法，在传统的鉴赏批评里也有很强的抵制力量，特别是明清时期针对作品结构采用"夹注"、"眉批"的阅读鉴赏方式，一般人是不屑一顾的，把它视为"村塾闾师"才用的陋法。传统的鉴赏，比如"滋味"说，走到极端就是"以不解为解"，主张最好的诗"只可意会不可言传"，是一种"天衣无缝"的状态，对此结构的赏析便是一种补救。

站在学理的角度说，这种阅读认为探明诗法格律，是进入诗学最高境界的可靠实在的通道。传统诗学里有一种说法认为：诗美在"整齐于规矩之中，神明于格律之外"即把"规矩"和"格律"作为阅读的重点，因而主张通过分解这些结构的内在要素，体验当中的"弦外之音"。这种阅读在西方被称之为"结构批评"或"新批评"。中国古代这种做法也早已存在，例如专门阐释作品脉络，详解章句的著述。清代乾隆年间，有一位相当有成就的诗评家吴瞻泰。他主张诗学批评包括鉴赏应当"以法为宗"，他身体力行著《杜诗提要》十四卷，选取杜诗四百七十七首，加以细致分解。后来有学者给予极高的评价："摄魄追魂，意象昭融，法律森严"（罗挺语）。吴氏的著作，确实是从结构脉络的解析，直探入意象律法，所以有学者将他列为中国结构派批评的先驱者。其它值得一提的如《金圣叹评唐才子诗》、仇兆鳌的《杜诗详注》。共同的做法都是在结构分段、脉理照应处痛下细致功夫。这种思路和成就在今天，由于有了西方新批评的参照，已逐渐获得重视。当然，就方法而论，探明诗篇的结构仍必须和作品之外的许多历史知识相结合，才会使诗篇文本的分析，更接近真实，不致过于封闭，甚至走上一种纯文本的歧途。

清人徐增论诗专"以分解为主，以起承转合为法"（《而菴诗话》）。书中重要的主张与方法提示如下：

（1）"作古诗以解数为主，然须变换，不然，以四句板板排下去，有何生趣？"[①]"解数及起承转合，今人看得甚易，似为不足学。若欲精于此法，则累十年不能尽。……学人当于此处下手，尽力变化。至于大成，不过是精于此耳。"[②]

（2）"解数、起承转合，何故而知其为正法眼藏也？夫作诗须从看诗起，

---

① ［清］丁福保. 清诗话（上）. 上海：上海古籍出版社，1978.
② ［清］丁福保. 清诗话·前言. 上海：上海古籍出版社，1978.

吾以此法观唐诗及唐以前诗，无不焕然照面，若合符节，故知其为正法眼藏无疑也。"①

　　所谓"解"，即按"解数"结构全诗，运用此法，就诗体来说，越短越难。所谓"律诗分解，诚尤难于古风"。如张若虚的《春江花月夜》。四句为一韵群、意群，构成一节，忽平忽仄，产生跌宕起伏、一唱三叹的艺术效果。律诗四联、律绝四句，故论"起承转合"，即相当于论"解数"。如仇兆鳌《杜诗详注》解说杜甫的《咏怀古迹五首（其三）》有云："此怀昭君村也。上四记叙遗事，下四乃伤吊之词。生长名邦，而殁身塞外，此足该举明妃始末。五六承上作转语，言生前未经识面，则殁后魂归亦徒然耳，唯有琵琶写意，千载留恨而已。"②

　　诗云：

群山万壑赴荆门，生长明妃尚有村。

一去紫台连朔漠，独留青冢向黄昏。

画图省识春风面，环珮空归月夜魂。

千载琵琶作胡语，分明怨恨曲中论。

　　结构的赏读，着重在整首诗的意义脉络。从意脉结构上体会其情调和意蕴，这是它的长处。这首诗最重要的艺术特色，现代读者可能习惯于从诗歌表现的"形象"着眼，如认为这首诗"自始至终，全从形象落笔，不着半句抽象的议论。其中名句'独留青冢向黄昏'、'环珮空归月夜魂'，尤能在读者心中留下昭君的悲剧意味。"——但着眼在"形象"，毕竟不如"结构"来得切实。

　　什么是正法眼藏？通俗解释即真传的，最正、最核心的法宝。禅宗用来指全体佛法（正法）。朗照宇宙谓眼，包含万有谓藏。相传释迦牟尼在灵山法会以正法眼藏付与大弟子迦叶，是为禅宗初祖，为佛教以"心传心"授法的开始。出处为《景德传灯录·摩诃迦叶》："佛告诸大弟子，迦叶来时，可令宣扬正法眼藏。"③ 宋·朱熹《答陈同甫书》："盖修身事君，初非二事，不可作两般看，此是千圣相传正法眼藏。"④元·方回《读张功父〈南湖集〉序》："且如'人生守定梅花死'，此句殊佳，何人辄用朱笔圈改，予窃谓朱笔之人未得所谓正法眼藏也。"

---

① ［清］丁福保. 清诗话·前言. 上海：上海古籍出版社，1978.

② ［唐］杜甫著，仇兆鳌注. 杜少陵集详注. 北京：中华书局，1979：74.

③ ［宋］朱熹. 朱子全书（第32册）. 上海：上海古籍出版社，2002：3094.

④ 同上注.

二、教化伦理

传统阅读、或传统说诗，在最早的开始意义上就特别强调教化伦理功用。在《论语》中凡所论及《诗》的地方都着眼在教化功用。例如著名的"诗可以兴、可以观、可以群、可以怨"，"迩之事父，远之事君"等。汉儒论诗更进一步讲诗的价值在"经夫妇，成孝敬，厚人伦，美教化，移风俗"（语出《毛诗大序》）。也可以说：数千年来，中国文学中最强大的规范力量，就是这种教化的意识和伦理的评价体系。在唐代有著名的"载道说"、"讽喻说"。在宋代以理学思想为背景，这种说诗和阅读的要求变得相当普遍，甚至走向了极端。例如程颐《遗书》卷十八云："某素不作诗，亦非是禁止不作，但不为此闲言语。且今言能诗，无如杜甫。如云：'穿花蝴蝶深深见，点水蜻蜓款款飞'，如此闲言语，道出做甚？"① 朱熹则说："今人不去讲义理，只去学诗文，已落第二义。"②

——极端地取消或者贬低诗的存在价值，理由是学诗害道。朱熹《答巩仲至》中认为："古之圣贤，所以教人，不过使之讲明天下之义理，以开发其心之知识，然后力行固守，以终其身。而凡是见之言论，措之事业者，莫不由是以出，初非此外别的歧路可施功力，以致文字之华靡，事业之恢宏也。"③

文字的根底是道，从道中流出来的文字方是第一流或可取的。程颐也把文字划分为三种："语丽词瞻，此应世之文也；识高志远，议论卓绝，此名世之文也；编之乎诗书而不愧，措之乎天地而不疑，此传世之文也。"④外表辞采的美，只是应世的文字；有内涵，见识深刻的美，只是名世的文字；唯有诗书教化的美，才是可以传世的文字。一切好的文字，好诗、好文章，都应该有"道德"做根底，这并不为错。这派的鉴赏家一再强调诗文对社会人际可能产生的影响，至少使人能怀抱严肃而诚恳的态度去创作，对社会的秩序安定，对社会风俗的敦厚淳美上都会有莫大贡献。

作者以"有补世道人心"为写作目标，读者以文学的道德教化的立场阅读，这也是一种境界。从历史上来看，非常有趣的是：每当这种"载道"的文学主张高涨之时，一般都处在盛世，而每当"载道"的主张变得微弱，唯美主

① ［宋］程颢、程颐. 二程集. 北京：中华书局，1981：239.
② ［宋］朱熹. 朱子语类（卷一四）. 北京：中华书局，1986：165.
③ ［宋］朱熹. 朱子全书（12册）. 上海：上海古籍出版社，2002：1596.
④ ［宋］朱熹. 朱子全书（12册）. 上海：上海古籍出版社，2002.

义高涨之时，则意味着世道开始乱了。或者"心乱"，或者"形乱"。可能的解释是：天下盛平，伦理教化容易被一般人所认同，作为公共的规范受到尊重。天下动乱，个人的、唯美的生活方式容易被人们所追求，也成为诗人自己逃避现实的渊薮。如此说来，以伦理教化为阅读鉴赏标准，虽然忽视了诗歌在艺术性方面的价值，但确实有着干预生活、拨乱反正的时代功用。

三、思想研究

以思想研究为阅读目的，作为一种阅读方式一直可以追溯到战国时代孟子的"以意逆志"说，以及汉儒《毛诗大序》所称的"在心为志，发言为诗"。这里的"志"是指诗歌作品完成之前的思想，包括作者的心境。"以意逆志"的意思就是从作品中的"意"推求出作者的思想愿望和心境。

在诗歌史上，专门从思想和心境特征方面去把握一个作家已是极为平常的做法，例如以杜甫、韩愈为儒家思想代表；王维、白居易为佛家思想代表、李白为神仙家代表；皮日休、陆龟蒙为道家思想代表。但这种把握总给人简单化和以偏概全的感觉，比如说李白诗中儒家的入世精神同样十分强烈；白居易的早年是一位政坛斗士；杜甫的思想包括忠君、讽世、泛爱、非战等内含丰富，具有特定时代的人生内涵；李贺为"诗鬼"，准确地反映了他阴暗心境，但根底却仍然和儒家入世的精神联系在一起。

对思想的关注，由历来思想研究的经验来看，从纵向作层次性分析是颇为有效的方法之一。这里以寒山思想为例。有学者曾依据他的作品缕出其思想演变的脉络，划分为"儒生期"、"慕道期"、"学佛期"。在此框架里，重点分析他作为出家人的学佛进程即由修善的小乘思想，进至破除"我相"的大乘思想，然后破"得念"，用佛家智慧洞见世间"诸相"乃"非相"。这种研究令人惊奇地发现：寒山诗历述了自己修佛"见性"的过程竟完全是他"见性"的自白。比如诗中说："可贵天然物，独立无伴侣。觅他不可见，出入无门户。促之在方寸，延之一切处……"这是见性的道白。接下来是破"见障"、破"知障"，努力继续做"保任"功夫，到了"吾心似秋月，碧潭清皎洁，无物堪比伦，教我如何说"，即是到达了佛家所谓"言语道断，心行处灭"的最高层次。

就中国传统思想的基本类别而言，儒释道三家思想的分合异同，各自的基本面貌特征应当有起码的了解，在传统社会文化背景底下，儒家思想对于古代人错综复杂的影响是个非常值得探讨的话题。不过诗人的心灵处于变化的状态，诗人的思想也是自成一体的。诗人写作有时在挥斥驾驭诸家思想，但极少有意识替诸家思想作宣传鼓吹的，所以当我们接触到各家思想对某个诗人发生何种影响这样的问题时，最要顾及的就是诗人存在的独特性和变化性，以避免简单化的对待。

四、心理解读

以上关注思想的阅读，就展开的方式而论，它总是侧重针对某一思想，观念深入追究，说明来源影响。心理分析却是就某一种心理特征如怨恨、嫉妒、执着、旷达等，揭示和了解古代诗人的个性、人格，以及特定的文化心态。当然我们知道：心理分析作为西方心理学概念，作为一种心理疾病的治疗方法，把它运用于古代诗词的阅读活动以及研究是有一定限度的。这主要就是不能过分依赖心理特征来说明问题。照存在的情况看，在使用上出现的流弊主要有两点。

一是导致鉴赏领会的着眼点过于狭隘。比如专门强调屈原这一类诗人精神上的创伤，把它作为理解这类诗人作品的唯一要素。事实上古代的批评家像朱熹就曾说过："《楚辞》不皆为怨君，却被后人都说成为怨君。"清代沈德潜也说过："少陵固多忠爱之辞，亦间作讽刺之语，然必动辄牵入，即小小赋物，对境咏怀，亦必云某诗指某事，某诗刺某人，亦何取耶？"①

二是鉴赏的态度过于随便。西方心理分析学派的部分学者就存在夸大潜意识内被压抑的性欲，比如不少人都认为："诗人写诗的动机是在玩弄一个刻意伪装的性的象征。"由此出发，用来阐释中国古代诗歌，读孟浩然的《春晓》之"夜来风雨声，花落知多少"就被附会成压抑的欲望最终转变为痛苦性经验的象征；杜牧《赠别》诗之"蜡烛有心还惜别，替人垂泪到天明"就被附会成男性器官的一种暗示。

心理解读的鉴赏思路对中国古代诗歌虽然不完全适用，但用作个性分析、人格分析、文化心态分析还是切实有效的。比如从慈祥仁厚的性格去认识陆游，了解他的治家主张，然后我们读他的《喜小儿辈到行在诗》："阿纲学书蚓满幅，阿绘学语莺啭木。……书窗涴壁谁忍嗔，啼呼也复可怜人。"方能体会出他的一段真性情。又比如史传上记载李益说："散骑常侍李益少有疑病，亦心疾也。夫心者，灵府也，为物所中，终身不瘥，多思虑，多疑惑，乃疾之本也。"② 又记："少有痴病，而多猜忌，防闲妻妾，过为苛酷，而有散灰启户之

---

① ［清］沈德潜. 唐诗别裁集. 上海：上海古籍出版社，1979：1.
② ［唐］刘昫. 旧唐书（列传之八十七）. 北京：中华书局，1957：5784.

谭闻于时，故时谓妒痴为'李益疾'。"①知道李益患有心疑症，性情过度敏感，然而才能懂得诗集中为什么多有写镜诗。《罢镜诗》云："欲令孤月掩，从遣半心疑。"《照镜诗》云："衰鬓朝临镜，将看欲自疑。"每天都喜欢照几遍镜子的嗜好和特别愿意写照镜的体会，的确令人觉得史传的记载原是不错的。

这里想特别说明一个情况：心理分析把人类心理问题的病根大部分归结到性压抑，但在古代的中国，似乎很难对号入座。尤其是唐代，诗歌作品中极少有涉"性"内容，简单地说唐诗里面充满了"性"的象征意蕴，往往令人觉得十分牵强。事实上，唐代文人阶层对待"性"和"色"的心态，可以说是非常自然的，"回避"自然，面对也自然，这一点有晚唐孟棨所著的《本事诗》为证。以下引一条元代辛文房所写《唐才子传》里的一则史料，或可印证：

"（李）季兰，名冶，以字行，峡中人，女道士也。美姿容，神情萧散，专心翰墨，善弹琴，尤工格律。当时才子，颇夸纤丽，殊少荒艳之态。始年六岁时，作蔷薇诗云：'经时不架却，心绪乱纵横。'其父见曰：'此女聪黠非常，恐为失行妇人。'后以交游文士，微泄风声，皆出乎轻薄之口。夫士有百行，女唯四德，季兰则不然，形气既雄，诗意亦荡，自鲍照以下，罕有其伦。时往来剡中，与山人陆羽、上人皎然，意甚相得。皎然尝有诗云：'天女来相试，将花欲染衣，禅心竟不起，还捧旧华归。'其谲浪至此。又尝会诸贤于乌程开元寺，知河间刘长卿有阴重之疾，诮曰：'山气日夕佳。'刘（长卿）应声曰：'众鸟欣有托。'举坐大笑，论者两美之。"②

——这大概可以看作是唐人轶事里的一则"黄笑话"。用"雅"的诗语开了一个涉性玩笑。唐人之所以能够轻松自然地谈"性"论"色"，其原因可能是社会伦常自小熏陶，男女间规矩如非礼勿听，非礼勿视之类，早已内化成一种习惯；也可能是男尊女卑，在等级社会里，男性的社会宣泄渠道较多，也相对自由，并不把谈论性、色看得多严重，与仕途功名相比，尤其不算什么。

第五节　赏读的多元视角（下）

承上节，这里继续来讨论赏读的其他三个重要视角：

---

① 同上注.
② ［元］辛文房. 唐才子传. 上海：古典文学出版社，1957：26.

五、纪事轶闻

纪事轶闻，包括作家的生平事迹，例如家世出身、仕途经历、情感生活、师友交际有关的轶事传闻。对作品的阅读实质是对一个"人"的阅读。对一个"人"的精神世界、行为动机的强烈兴趣实际上是作为后来读者"肯于阅读的主要理由"。传统的阅读始终强调"知人论事"，"传统"在什么地方呢？传统在于古人并不把阅读理解作品本身作为目的。知人论事不是为解读作品而是为了学习"文化"。传统语境里，作品是"人化"自己的生活读本，读诗被视为一种生活的过程。这一点，我们读《论语》、《孟子》能感受的非常真切。

在与诗人有关的轶闻纪事当中，反映其个性、人性、社会心态、思想观念等内容相当广泛，早已突破了早期儒家文化的束缚。例如："个人"的内涵从魏晋以后越来越丰富，"社会"对"个人"的约束也趋向宽松。所以围绕诗词作品日积月累起来的各种纪事轶闻，它的价值绝不仅仅在于供后人猎奇，仅仅为猎奇而读是文化上的一种浅薄表现，甚至也主要不在于其理论价值方面。它是理解作品，并同时理解"文化"的历史文献，或者也不妨称之为古典诗学的文化背景史料以及传统诗文化的重要的有机组成部分。在明确了传统纪事阅读本身的价值之后，就要了解相关的纪事文献。

首先是专门的纪事类著作，主要有如下若干种：

宋计有功的《唐诗纪事》八十一卷，清厉鹗《宋诗纪事》补遗一百卷及《宋诗纪事小传补正》四卷，今人孔凡礼《宋诗纪事续补》三十卷，近人陈衍《辽诗纪事》十二卷，《金诗纪事》十六卷，《元诗纪事》二十四卷，陈田《明诗纪事》一百八十七卷，今人邓之诚《清诗纪事初编》八卷，钱仲联主编的《清诗纪事》，清张宗橚《词林纪事》二十二卷，今人唐圭璋《宋词纪事》，王文才的《元曲纪事》。

在著述体例上，专门的纪事类作品共同特点可以这样概括：先列作品，再以作品系事。把同一时代诗人的生平行事，尤其是有关具体文学创作的本事轶闻乃至诗人诗作的品评资料汇集在一起。在性质上"纪事"不属于理论著述，也不是断代的诗论汇编，如果仅从这方面着眼，就难免"因小而失大"。例如《唐诗纪事》载朱庆馀作《闺意献张水部》："洞房昨夜停红烛，待晓堂前拜舅姑。妆罢低声问夫婿：画眉深浅入时无？"诗的本意表达自己对面临的科举考虑感到不安和有所期待的心情。因比喻十分得体，使得张籍赏识之余，又特作酬答："越女新妆出镜心，自知明艳更沉吟。齐纨未足时人贵，一曲菱歌敌万金。"结果朱庆馀不仅因此高中进士，而且诗名传播天下。在这个事迹中至少有两点很值得玩味：一是唐人因科举而特别投献诗作的风气，因投献受知赏而博得功名的特殊机遇。二是朱庆馀诗中揣摩达官有司以夫妇关系作比喻的表达方式，这种方式和传统文人习惯以男女喻君臣之抒情模式的呼应联系。总之类似的纪事往往令人极真切地感受到唐代社会诗文化生活的生动之处。

其次为野史笔记类著作，这类文献里的史料纪事的成分更为充分，非常接近轶事小说的笔法。较为著名的有唐代孟棨的《本事诗》。一般认为它是第一部言诗歌本事的专著。其中记写了许多精彩生动的故事，如隋唐之际乐昌公主与丈夫破镜重圆、崔护都城南庄题诗人面桃花、顾况皇苑之外流水中得桐叶上题诗等等故事。在它的影响下，后来沿袭之作很多，主要有唐末罗隐《续本事诗》、宋聂奉先《续本事诗》十五则、处常子《续本事诗》二卷、清方轼的《本事诗》十二卷、以及影响于词坛而有清人叶申的《本事词》等。

另外元代辛文房所撰《唐才子传》堪称一本了解唐代诗人生平事迹最为简明集中的传记之作。至于笔记体杂著，史料价值同样不容忽略。如宋代著名词人柳永的事迹，原本不见载于正史而散见于《滃子燕谈录》、《岁时广记》、《避暑录话》等杂著才不致淹没不闻。再次，纪事轶闻也散见于各种诗话、词话类著述当中。

六、社会习尚

以社会风尚为视角的诗词解读，实际上是以历史学的方法来阐释诗词作品的含义，揭示作品产生的时代生活条件以及社会思想和道德标准等，最终达到充分理解诗人的想法和做法之目的。以下举两个实例来说明。

其一关于宋代女子诗词作品中的气节问题。一般人的印象：宋朝理学宣扬妇女节烈，妇女处在被动状态。读宋代女子诗词作品则不然，讲人格操守，重民族气节，大义凛然，令人敬仰。例如严蕊作《卜算子》词云"不是爱风尘，似被前缘误。花落花开自有时，总赖东君主。去也终须去，往也如何住？若得山花插满头，莫问奴归处。"细读词句哀怨沉重又语气决绝。何以至此呢？据周密《齐东野语》卷二十所载严蕊事："天台营妓严蕊，……色艺冠一时。唐与正守台日，酒边尝命赋红白桃花。其后朱晦庵以使节行部至台，欲摭与正之罪，遂指其尝与蕊为滥，系狱月余，蕊虽备受棰楚，而一语不及唐。……蕊答（朱）云：'身为贱妓，纵是与太守有滥，科亦不至死罪，然是非真伪，岂可妄言以污士大夫？虽死不可诬也。"[1] ——这个记载令我们看到一个"贱妓"竟

---

① ［宋］周密撰，张茂鹏点校. 齐东野语（卷二十）. 北京：中华书局，1983：374—375.

能以生命来捍卫与之相悦的士大夫的名节，其本人的操守也就不言而喻。

了解了这样一个背景再来体会《卜算子》词的哀怨和决绝，那其中正显示出一种品性，一种人格的力量。同时也让我们明白由宋代理学文化所造成的一种真实的社会风尚。又如在这种社会风尚之下，当宋人遭受外族欺凌，妇女的民族气节和个人贞节的维护都变得极其惨烈。据元代陶宗仪《辍耕录》记载，南宋末岳州女子徐君宝妻被元兵俘虏至杭州，"居韩蕲王府。自岳至杭，相从数千里，其主者不忍杀之也。一日，主者怒甚，将即强焉。因告曰：'侯妾祭谢先夫，然后为君妇不迟也。君奚用怒哉？'主者喜，即严妆焚香，再拜默视，南向饮泣，题《满庭芳》一阕于壁上。已，投大池中以死。"①

词云：

汉上繁华，江南人物，尚遗宣政风流。绿窗朱户，十里烂银钩。一旦刀兵齐举，旌旗拥，百万貔貅。长驱入，歌楼舞榭，风卷落花愁。

清平三百载，典章人物，扫地都休。幸此身未北，犹客南州。破鉴徐郎何在？空惆怅、相见无由。从今后，断魂千里，夜夜岳阳楼。

其二，关于唐代诗人元稹所作艳诗的理解。元稹有《梦游春七十韵》，诗中把早年和情人崔莺莺的交往比作梦中之"灵境"。"觉来八九年，不向花回顾"，说自己虽然抛弃了寒门女子莺莺，还是以一种赎罪的心情孤单地生活了八九年。然而八九年后，"一梦何足去，良时事婚娶，韦门正全盛，出入多欢娱"。说自己追求门第显贵人家的小姐，将负心往事比作无足轻重的春梦。诗中十分直率地坦言自己"始乱终弃"的经历，语气间无一点愧疚。在此后白居易的唱和诗里，也并不见一点谴责的意思。可见元稹的"始乱终弃"、另择高门在当时是社会风尚所容忍的正当行为。《梦游春》诗中还自白道："美玉琢文佳，良金填武库，徒谓自坚贞，安知爱奢铸。"承认自己纵然坚贞如美玉良金，受了社会风尚的磨铸，也会改变他的生活态度。这四句诗明确说明：个人观念与社会文化之密切关系，已故陈寅恪先生十分深刻地指出："纵览史乘，凡士大夫阶级之转移升降，往往与道德标准，新社会风习与旧社会风习并存杂用。各是其是，而互非其非也。斯诚亦事实之无可如何者。虽然，值此道德标准社会风习纷乱变易之时，此转移升降之士大夫阶级之人，有贤不肖拙巧之分别，而其贤者拙者，常感受苦痛，终于消灭而后已。其不肖者巧者，则多享受快乐，往往富贵显荣，身泰名遂。其故何也？由于善利用或不善利用此两种以上

---

① ［元］陶宗仪. 南村辍耕录. 济南：齐鲁书社，2007：41.

不同之标准及习俗，以应付此环境而已。"①

七、意象批评

意象，这个词有人认为是外来的，英文写作 Image，又把它和上世纪初英美意象派诗歌运动联系在一起。但意象原来是中国古代诗学批评常用的一个术词，如刘勰《文心雕龙·神思》说："使玄解之宰，寻声律而定墨；独照之匠，窥意象而运斤。此盖驭文之首术，谋篇之大端。"② 这是指意念中的形象，尚未进入作品的意中象。又如《唐音癸签》（卷二）引王昌龄语："外用精思，未契意象，力疲智竭，放安神思，心偶照境，率然而生。"③ 这里的意象分别指主客两方面即意和象。

意象，作为一种批评概念的含义，袁行霈先生曾很简要地概括为一句话："意象是融入了主观情意的客观物象，或者是借助客观物象表现出来的主观情意。"④ 意象批评作为中国传统诗学批评鉴赏的方法其特殊的含义是指用具体的意象来喻示诗人，包括散文家、画家、书法家的艺术和抒情风格。举例说，钟嵘《诗品》卷中评范云、丘迟诗："池诗清便宛转，如流风回雪。丘诗点缀映媚，似落花依草。"这是曾被许多学者乐于称道的两个意象。

叶嘉莹先生说这是"在中国文学批评中以具体之意象来评诗的典型代表。第一，具所举之意象明白真切；第二，在举出意象之前有简明扼要之概念的说明；第三，其概念与意象相配合之喻说能恰当地掌握住所批评之作品的风格。"⑤

以下主要介绍和说明两个问题：

（1）传统意象批评是从哪里演变出来的？较早的意象批评见于曹丕《典论·论文》中以"气"论诗人的个性和作品风格，但比较抽象。举曹植的《前录序》："故君子之作也，俨乎若高山勃乎若浮云；质素也如秋蓬，摛藻也如春葩；浮乎洋洋，光乎皓皓，与雅颂争流可也。"⑥ 尽管这段文字还不是就某一具体作家的作品而言，但是，这种用具体意象来描述艺术风格特征的方法是非常明确的。此后，意象批评的运用逐渐广泛起来，到了齐梁时期，钟嵘《诗品》的出现，标志着这种批评已经发展得相当成熟。钟嵘在《诗品》中引用了

① 陈寅恪. 元白诗笺证稿. 北京：生活·读书·新知三联书店，2009：85.
② ［南朝·梁］刘勰著，范文澜注. 文心雕龙注. 北京：人民文学出版社，2008：493.
③ ［明］胡震亨. 唐音癸签（卷二）. 上海：古典文学出版社出版，1957：6.
④ 袁行霈. 中国诗歌艺术研究. 北京：北京大学出版社，2009：54.
⑤ 叶嘉莹. 锺嵘《诗品》评诗之理论标准及其实践. 中外文学. 1964（4）.
⑥ ［魏］曹植撰，［清］丁晏编，黄节注. 曹子建集评注. 上海：世界书局出版社，1998：143.

不少别人的意象批评，这种辗转相引的本身说明了当时风行相当普遍的情况。

那么这种批评究竟从哪里来的呢？简而言之，从人物的品评开始，时间是在东汉末年。范晔《后汉书·许劭传》说："初，劭与靖俱有高名，好共论乡党人物，每月辄更其品题，故汝南欲有'月旦评'焉。"①"品题"是汉末清议人物的方式，政治色彩很浓。魏晋之际，清议远离政治转为清谈。品评人物又成为清谈的主要内容。

王瑶先生在《文人与药》一文中曾指出："在魏晋，其风直至南朝，一个名士是要他长得像个美貌的女子才被人称赞的。"②《世说新语·容止篇》记有人叹王公形茂云："濯如春月柳"。又"时人目王右军，飘若游云，矫若惊龙。"——这种意象很容易让人想到《洛神赋》中写洛神的美："其形也，翩若惊鸿，婉若游龙。"很自然地，魏晋以后诗歌，也包括书法、绘画，常以具体的意象，尤其常用美女的形象来喻示艺术风格和特征，正好反映了从品评人物到意象批评的演变过程。如举前引《诗品》卷中评范云诗例："范诗清便宛转，如流风回雪。"而在魏代文人曹植《洛神赋》中同样可以看到呼应的句子："其形也，仿佛兮若轻云之蔽月，飘飘兮若流风之回雪。"又《诗品》卷中引汤惠休语："谢诗如芙蓉出水，颜诗如错彩镂金。"而《洛神赋》中则有"远而望之，皎若太阳升朝霞，迫而察之，灼若芙蓉出绿波"等等。

（2）意象批评的主要特点和价值是什么呢？这里主要概括为二点：

第一，意象批评是从整体上把握作品的风格，它能帮助我们领悟批评对象的基本特征。罗宗强先生曾探讨过批评家运用意象批评时的思维过程，即：个别的诗之美的意境（感性个别）→美的意境类型（共性概括）→形象性概念（见《我国古代诗歌风格论中的一个问题》一文）。这也就是说，批评者在阅读大量作品之后，对某一诗人的风格有了整体上的把握，之后用意象把自己体会到的风格再现出来。

第二，意象批评法是一种形象的喻示，兼具诗画之美，能唤起人们丰富的联想。我们知道，中国传统文艺批评一向讲究文字修饰，而忽略思辨分析，所以它的批评文字往往就是一篇优美的诗歌或散文；它对风格作形象的喻示，常常展现出一幅气韵生动的图画，同时又蕴含着诗美的境界。这使读者不至于被动地接受艺术作品，而是随着作品意象的带领，进入到意象的审美感受当中，而这个意象又是在作品中不断被强调。于是，最初在读者心灵上还是朦胧的感

①　[南朝·宋] 范晔. 后汉书（卷六十八）. 北京：中华书局，1965：2235.

②　王瑶. 中古文学史论. 北京：北京大学出版社，1998：141.

359

觉、意识就一下子活动起来了。这个过程既是读者审美体验把握作品总体风格的过程，又是思考和发现作品的局部特征，捕捉具体意象加以概念化的过程。

行文至此，还要补充说明一点：开放的赏读视角对于通常的诗词解析并不对立，反而，视野的拓展，更有利于纠正解析的偏颇。

赏读，最常见的方法是从某些最基本的语意要素出发，达成一种理解和欣赏性的体会。我们知道：每一首诗词为了达成抒情言志的目的，在表现的内容方面都有一些"相对固定"的基本要素，比如季节性景物、时间、与人物（主人公）的相关动作、人物所处地点和人物心情等等，这些要素在有些诗词里表现得明显，而有些诗词里则表现得隐晦。但只要认真揣摩都可以发现到的。请看以下唐代刘长卿的诗《饯别王十一南游》：

望君烟水阔，挥手泪沾巾。飞鸟没何处，青山空向人。

长江一帆远，落日五湖春。谁见汀洲上，相思愁白蘋。

这是一首送别诗。从诗题看，抒情者是诗人自己（第一句的望者，第三句的"人"）。"飞鸟"是暗喻与之相别的行者王十一。"青山"暗点季节是春天，"落日五湖春"一句是诗人的想象之景，既点明了春天的时节，同时也渲染了一种伤感的情绪：在如此美好的季节里我们分开了，这让我很难过。尾联说的"汀洲"是指水边平地。——汀州有白蘋，还是渲染春光明媚，景色怡人。这样的渲染使得尾联作为全诗的结束，在感情抒发上来得更加强烈：本该是踏春赏景的好时节，但此时的我们却只能为离别和相思而忧伤。

在表现忧伤的情绪上，开端诗句借写人的一系列动作，如"望"、"挥手"、"泪沾巾"，可以说浓墨重彩地渲染了自己出神凝思、依依惜别的忧伤情绪。最后一句一个"愁"字则更鲜明确点出诗人心中那份无尽的失落、惆怅的伤感。总的感觉：这首诗感情强烈而境界开阔。意脉清晰，如以首句的"望"字领起，以视线为线索，一直到第六句"落日五湖春"，把忧伤渲染的淋漓尽致！之后，以强烈的感叹结束。

在鉴赏分析时若能抓住这些基本要素进行有效分析，往往能切中诗歌意脉，明确诗意诗情，特别是体会到诗的表达艺术。

结束语：按以上常见的方法同样可以达成理解和欣赏，那为什么还要提出"视角"的问题？答曰：提出"七大视角"的根本目的是希望通过了解和运用这些"视角"，使诗词作品的鉴赏能更加深入，联想更加开阔些，具体说：一是此"七大视角"都与传统诗学相联系，体现的是传统赏析诗词作品的习惯和经验；二是"七大视角"是对传统方法的总结和归纳，借此总结，让我们对传统诗词作品可能有的鉴赏角度，做到"心中有数"。总之，有视角的赏析，可以让人了解和掌握方法，并自由地选择这些方法，最终达成一种自觉深入的阅读。

在当今的时代生活里，人的精神需求如此广泛多样，个性化倾向如此鲜明而强烈，个性化阅读的实质是以我为中心，让古诗词为我所用。若厌恶熟滥的选本，便索性到《全唐诗》里，作自由开掘，如"江湖夜雨"。① 至于制造噱头迎合娱乐，恶搞李清照，放大诗圣杜甫的人格缺欠，则表明了一种时代的俗化心理，即认为这世上人人都很普通，很欲望，以这个时代特有的"人性"目光重新去打量古典人物，尤其是那些在过去被"雅化"、"神圣化"的古典人物。古诗词解读的视野，从上个世纪 90 年代以后，摆脱了以往现实性与人民性、阶级性的束缚，经历了一个短时期对"艺术审美"的特别推重，形成了一时风靡的局面，之后，尤其是进入 21 世纪以来，当代古诗词欣赏解读的视角逐渐开阔多元，变得丰富多彩起来。如果说有一个主导的视角，那便是"文化审美"，即通过对传统诗词所承载的传统文化精神内涵的探寻，来探索人性。通过古诗词的解读，来发现中国古人的人性表现，如生老病死，隐含了一种动机即为现代人性的各种表现，包括乖张放纵的表现，来寻找合理性，借以自慰，自信。

总之，基于当代国人的精神需求，传统诗词赏读的空间不断得到拓展，将是一种必然的趋势。

---

① 江湖夜雨，本名石继航．著有《昨夜闲潭梦落花》，副标题为：唐诗中被尘封的佳句。

第四章　教学的"探讨"

　　吟诵是学习古诗文的传统方式之一，要将其带进当下的课堂教学还有很长的路要走，因此教师掌握吟诵的教学方法对吟诵的普及和兴盛尤为重要。本章主要围绕吟诵教学的方法展开探索，以供从事诗教的老师们在教学备课之时用为参考。

第一节　熟诵自可"出调"

　　从基本原理上说，汉语言文字独体单音的本性决定了其诗词以及文都可以通过熟诵"四声"来生成"旋律"。有旋律的读法称之为"吟咏"，略带腔调的读法称之为"诵读"，合称"吟诵"。汉语诗歌语言本身的音乐性要素还有如双声、叠韵、迭宕、清浊等等，但节奏（顿）和旋律（调）才是它的最基本的要素。一般的乐理认为："乐音的长短、强弱的变化形成节奏。但是只有长短、强弱的变化，还不能够形成乐曲，还必须有高低的变化。没有任何音乐作品的音高永远不变；相反，正是通过音的高低变化，丰富了音乐的表现手段。利用乐音的高低变化，于是在节奏基础上形成旋律。节奏体现着音的长度、强度的变化规律，旋律体现着音的高低的变化规律。二者构成音乐中最基本的表现手段。"[1] 诗歌语言的旋律也是如此，其语音的高低起伏的合乎规律的行进，具体表现为不同声调的合乎规律的交替出现。以普通话的语音作为标准，旋律就是阴、阳、上、去四声的合乎规律的交替形成的波流。

　　"调"即音乐学上所称的"旋律"。"调"是乐音的高低起伏的有组织、有规律的行进。例如下面的乐谱：

---

　　① 黄玉顺. 论汉语诗歌语言的音乐性·新诗音律研究. 中国儒学网.

例：李煜 《浪淘沙》

浪淘沙

（南唐）李煜词
查阜西吟唱
孙玄龄记谱

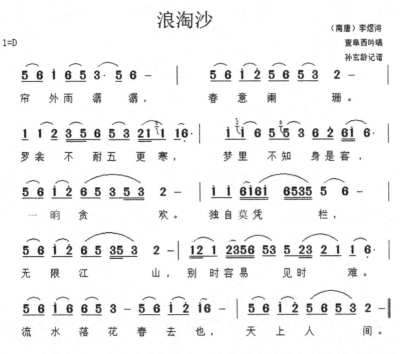

从这一乐谱当中，除了让我们体会：什么是音乐学上所称的"旋律"，"旋律"的特点，还可以发现到乐音行进与歌辞声调之间的关系，即凡是两三个仄声联成的小逗，其旋律的呈现一般总是上升，用较高的音。而凡是平声字联成的小逗，则其所呈现的旋律，一般总是下降，用较低的音。将此认知迁移到诗词的"语句"里，会发现其中有惊人的一致点：

例：杜甫《登高》

```
 —    —     |    |    —  —         |
无边   落木   萧萧   下

 |    |    —  —    |    |    —
不尽   长江   滚滚   来
```

在这两句杜诗里，我们发现：文字的平仄转换与节奏的顿歇完全一致。可见节奏与旋律的关系上，诗歌与音乐是何等一致。诗歌语言的旋律的规律性，就在于它要与节奏一致。其原因在于："旋律不仅仅被动地紧扣着节奏，而且强化节奏，正因为它紧扣着节奏，所以反而使节奏更鲜明。所以旋律的起伏往往和节奏的行进很一致：一顿抑，二顿扬，三顿抑，四顿扬。当然这也有灵活性，比如同一个音组中有平有仄，但是在'顿'的那一个音节上却很关键，因为它正处在顿歇的地方，特别敏感，弄不好反而使节奏模糊。"①

例：闻一多先生的《也许》一诗里的两句：

| | — | | | | |
不 许　阳 光　拨 你 的　眼 帘，
| | — | | | | |
不 许　清 风　刷 上 你　的 眉。

在新诗人里，闻一多先生曾以"新格律诗"的实验之作在现代诗坛上产生很大影响。给这两句诗注明声调之后，反复吟咏，歌调会呼之欲出！其原因在于，诗人利用四声调值的高低差别及其变化让自己的作品形成了一种升降起伏的"调"。

例：杜甫《江南逢李龟年》

— — | | — — | — | — — | | —
岐王　宅里　寻 常 见，　崔九　堂 前　几 度　闻。
| | — — | — | | | — — | | —
正是　江南　好 风 景，　落花　时 节　又 逢　君。

阅读汉语诗词，如果单从意蕴的汲取和理解来说，进入诗歌文本的惯常路径，一是意象的引领，二是情趣的引领。现在，我们知道还有"吟诵"。从吟诵进入的传统特性体现于它是一种"整体"进入，所谓"因声入情，因声入境"。这首绝句，在律诗的格式里，属于"平起仄收（不入韵）式"。熟诵之下，吟者自可以体会平仄四声起伏当中的作品之"情调"。

归纳"调"与节奏的关系有五项：

（1）"调"是在节奏基础上形成的，因之，必须紧扣着节奏才能展开。

（2）节奏与音高无关，所以，节奏线是一条直线。

（3）"调"是音的高度变化的结果，所以，吟诵的调是一条曲线。

（4）按传统的说法，"调"和节奏的关系即"抑扬"和"顿挫"的关系。抑扬即是"调"的起伏，顿挫即是节奏的轻重缓急。

（5）"抑扬顿挫"四字是概括了汉语诗歌语言音乐性的两个基本要素。

平仄声调是如何产生旋律的呢？

和音乐一样，构成诗歌旋律美的第一要素，也是音高。当汉诗语言的声调和语调的高低起伏所形成的语调线与一定的节奏和韵式相结合时，就形成了汉

---

① 黄玉顺. 论汉语诗歌语言的音乐性·新诗音律研究. 中国儒学网.

诗特有的鲜明的旋律美。缺乏声调变化的语种当然也有音高变化，也会有旋律美，但是比较微弱，因为它们的旋律美只能依靠语调的抑扬起伏，特别是不可能人为安排音节的音高（声调）变化形成格律。那么，声调、语调与乐调之间是一种什么关系呢？

"在创作歌曲的音乐主题时，要注意音调的进行尽可能与歌词朗诵的语调的起伏达到一致，以便歌词内含有的感情能够自然地表达出来，歌词也让人听得清楚。"[①] "诗词和曲调之所以能互相结合而成为一种艺术——歌曲艺术，是因为它们之间有着互相结合的因素，这就是声调上的抑、扬、顿、挫。"[②] "曲调和语调在表达感情的方式上基本是一致的。实际上，曲调的本身就包含着语调的色彩。"[③] 可以说歌曲的旋律，就是在模仿歌词的节奏以及声调语调的抑扬的基础上，通过夸张、强化、调整等艺术手法的加工而写成的。这种模仿的痕迹在歌曲里处处可见，在地方戏曲里更为突出。在音乐曲调里也好，在声调和语调里也好，最重要的不是它们的绝对音高，而是声音的进行方向。因为曲调、声调、语调的绝对音高是可变的，而它们的进行方向却不会因此而发生变化。例如 A 调的歌曲可以唱成 B 调、C 调，而乐句的进行方向不会因此而改变。显然，了解这三者之间的关系对于"吟诵出调"大有裨益。

律诗的旋律与节奏完全一致。从律诗的四种基本句式来看，不仅每句的旋律很有规律，平仄相间，而且这种旋律的抑扬完全是紧扣着节奏的顿挫来的。其次，七言律诗的节奏非常整齐，每句都是四顿（四个音组）。从音组的安排上来看，常见的有两种：一种是二二二一式，一种是二二一二式。而从大顿来看，全是上四下三。所以律诗的节奏非常铿锵。

　　例：杜甫《宿府》

—	—							—					—	—
清	秋	幕	府	井	梧	寒，	独	宿	江	城	蜡	炬	残。

清秋幕府井梧寒，　独宿江城蜡炬残。

永夜角声悲自语，　中天月色好谁看？

风尘荏苒音书绝，　关塞萧条行路难。

①　秦西炫. 作曲浅谈. 北京：人民音乐出版社，1977：6.

②　李焕之. 歌曲创作讲座. 北京：人民音乐出版社，1982：12.

③　余诠. 歌词创作简论. 上海：上海文艺出版社，1980：347.

```
| | — —      | | |        | — —|      | — — |
已 忍 伶 俜   十 年 事，    强 移 栖 息    一 枝 安！
```

这首诗的中间两联，从其处在"顿"上的那个音节的声调来看，潜藏着四种基本旋律：仄平平仄、平仄仄平、平仄平仄、仄平仄平。规律性非常强，旋律的高低不断变化，并且这种起伏变化完全取决于节奏的行进，完全配合着节奏的行进。这样的效果，不仅有高度的旋律美，而且使得节奏感更鲜明。

律诗的对仗、粘联起到什么作用呢？

简单地说，起到了丰富律诗旋律美的作用。音乐有高低不同的若干个音，所以音乐的旋律能有丰富的变化。但在语音中，只有四个声调。要想利用这仅有的四种声调和四种基本旋律来造成高度的音乐美，只有讲究对仗、粘联。律诗最突出的特点是"对仗"、"粘联"。对仗有两方面的意思：一是指内容的相对，一是指形式的相对。这里只讲形式的相对，亦即平仄的相对。在一联两句中，出句与对句在平仄上恰恰相反。粘联指联与联之间的关系，上联的对句和下联的出句在平仄上要基本一致。王力先生曾指出："粘、对的作用是使平仄的安排多样化。如果不对，上下两句的平仄就雷同了；如果不粘，前后两联的平仄又雷同了。"①

为什么旋律不断变化却仍然能和谐呢？

这是由于旋律的变化完全是配合着节奏进行的，因而节奏的协和就保证了旋律的和谐。况且旋律不论如何变化，总不过是四声、平仄的变化，就像音乐一样，旋律的变化一般不会超出某个调式的音阶范围，因此就有规律。而且进一步说，正因为有旋律的变化，才更和谐，否则就是一串平板的音响，缺乏抑扬回环之美。我们如果只听节拍器打拍子，那就非常单调平板。

古诗的旋律远远不及律诗的旋律有规则。但是也有其规律，这规律性就是仍然紧扣节奏，具体说来就是紧扣音组或顿。

例：阮籍《咏怀诗》

```
| |    |         |        | |    — —    |
夜 中 不 能   寐，       起 坐 弹 鸣 琴。
| —   | |        |        — —   | —     |
薄 帷 鉴 明   月，       清 风 吹 我 襟。
—   |    |        |        —    | —     |
孤 鸿 号 外   野，       翔 鸟 鸣 北 林。
```

---

① 王力. 古代汉语（4）. 北京：中华书局，1999.

— — — — | — — — — —

徘 徊 将 何 见， 忧 思 独 伤 心。

全诗以"琴"、"襟"、"林"、"心"押韵。从韵的间隔来看，两句一韵；从韵的声调来看，全是平声；从韵的转换来看，一韵到底。乍看，它的平仄是杂乱无章的，其实不然。我们且不看一、四两个音节，只看二、三、五这三个音节，因为这三个音节正处在顿的位置上，至关重要。

看每句的第二、第三、第五字，有这样几种情况：平仄仄，仄平平，仄平仄，平仄平，平平仄，平平平。其中仄平仄、平仄平最富于旋律的起伏性；平仄仄、仄平平、平平仄也有旋律的起伏性；只有平平平显得平板了。但是如果我们不孤立地只看这一句，而从一联的情况来看，却也有较强的旋律起伏性。高低起伏的旋律在每句最后一个音节上最典型，全是平仄相间，可见古诗也有它的旋律的、抑扬的美。此外，由于出句的仄声太多，所以对句就用较多的平声，这正是为了使声调高低的变化丰富。而对句也并非全是平声，还有一个仄声"我"字。这种句式在古诗中常见，并不平板。

韵强化了节奏——它使句尾的大顿更加突出。

律诗都是在双句上押韵。又有首句入韵和不入韵之别。律诗的韵律，简单来说，就是：平韵，双句押韵，一韵到底。韵对形成诗的旋律也起着重要作用，比如平声韵。此外无韵的句尾就用仄声，客观上形成了起伏的韵律感。格律诗的句尾之所以平仄相间，大致是出于这方面的考虑。例如杜甫律诗的句尾，不仅平仄相间，甚至还有四声相间。

"从韵的位置来看，有句中韵，但一般都是句尾韵。古人的书写都是从上到下的竖行，所以韵又叫做'韵脚'。为什么韵一般在句尾呢？从节奏的角度来考察，句尾正是一个大顿，停顿的时间较长，因而地位非常突出，音色的重复与否也就十分显著。这也就是句中韵往往不明显的原因所在。"[①]

"吟诵调"的渐进式生成。所谓"渐进式"生成是指语调一句比一句高，此为"上行渐进"，或是一句比一句低，此为"下行渐进"。凡具有这种语调的歌词所配的乐曲，也往往相应地一句比一句高或一句比一句低，这在音乐术语里叫"模进"（包括"上行模进"和"下行模进"）。吟诵调的生成或创作也可以此为借鉴。"模进"是音乐创作中一种常用的发展旋律的手法。其中自由模进用得最多，严格模进用得较少，而连续模进往往是用在音乐情绪不断发展向上的地方或高潮区。用得巧妙，可使旋律情绪的发展推向新的高峰。模进就是

---

① 黄玉顺. 论汉语诗歌语言的音乐性·新诗音律研究. 中国儒学网.

重复，只不过重复时音高不同。"连续模进"即在旋律中出现两次以上的模进的意思。有一种说法认为："汉语的声调和语调是构成汉诗旋律美的第一要素。恰当安排汉诗的声调，则能形成不同风格的旋律美。具体说，双平双仄递换构成律句，平仄杂陈构成拗句，律句的旋律风格是流美婉转，拗句的旋律风格是刚健沉着。"① 在《曾国藩家书》里，有一段极精彩的方法之论，摘录在此作为本节的结束：

"先之以高声朗诵以昌其气，继之以密咏恬吟以玩其味。二者并进，使古人之声调，拂拂然若与我之喉舌相习，则下笔为诗时，必有句调凑赴腕下。诗成自读之，亦自觉琅琅可诵，引出一种兴会来。古人云'新诗改罢自长吟'，又云'锻炼未就且长吟'，可见古人惨淡经营之时，亦纯在声调上下功夫。盖有字句之诗，人籁也；无字句之诗，天籁也。解此者，能使天籁人籁凑泊而成，则于诗之道思过半矣。"②

第二节　"基本调"的研讨

从吟咏当中生成的腔调，一般有两种情况：

一是腔调的固定。当吟者即兴吟咏某一古诗词文作品之时，如果其声音被有意记录（录音和记谱）下来，并且在这一记录过程里，保持"原生"状态，也就是不加修复，本色原样，那么，"此时此音"所生成的"这一个"腔调便成为一首被固定的即兴状态的吟咏调。

二是吟咏调的修复。即兴状态的吟调往往因为各种原因，如方言过于个人化，不够美听，而难以被接受，难以进入传播渠道。但这"即兴状态的吟调"里又往往诗味浓郁，富有"原生"魅力，经过一定程度的艺术加工即修复，便可成为一首既美听又具有文本韵味的吟调，可供模仿咏唱。为了与上一点区别，本书特别将这类经过"修复"的"吟调"称之为"吟唱调"。

"基本调"又称"套子"、"框格"。它可在不同的诗体里灵活运用，随体而变，随具体作品的抒情基调而变。在过去蒙学私塾里，有些用来背书的"读书调"也属此类。一个读书调可以读诗，也可以读文，长的短的，来者不拒。基本调在吟者手里，仿佛是一件得心应手的工具，一首未曾读过的诗词文，只要经过"熟诵"，有了理解和感受，便可以唤醒心中的那个"熟调调"，"套"而

---

① 孙逐明. 平仄理论研究中的误区. 世界汉诗协会 2006 年工作年会论文集.
② ［清］曾国藩. 曾国藩家训. 北京：当代世界出版社，2008：426.

吟之，"框"而唱之。基本调的特征一般来说，节奏简单、旋律稳定，容易掌握。在很多情况下，它的调式的中心音即主音，隐现于不同的腔调当中，或在"头"，或在"尾"，听者可以通过这一主音的识别，非常容易感知到一位吟者的"基本调"。

（一）以赵元任先生的创调说明

唐人　张继《枫桥夜泊》　　　　　　　　赵元任吟诵并写谱

第一式

```
3 32 3 | 32 1 - | 32 3 1 | 1 16 5 | 5 61 1 | 16 65 5 3· |
月落 乌 啼   霜 满天, 江枫   渔火   对 愁   眠。

5 5·61 | 1·231 | 65 651· | 3 3·6 | 16 65 | 5 6 | 65 3 |
姑苏  城外  寒山  寺,    夜半  钟声   到 客船。
```

第二式

```
32 2 | 3 | 2 | 3 | 1 — | 6 65 | 5 | 1 | 16 | 7 | 5 0 |
月落乌啼霜满天, 江枫 渔火对 愁 眠。

5 56 | 1 | 3 15 | 6 — | 61·36 | 65 | 6· 6 | 5 — |
姑苏 城外 寒山 寺, 夜半 钟声 到 客船。
```

以上二式如严格按照谱词视唱下来会发现主旋律非常接近，即使把握诗中抒情的基调唱出来时或许有些许的不同，但是这种些微差异，并不会给人完全不同的感受。可以说后者是前者的简化。第一式以四分音符为一拍，每小节三排，而第二式变为以四分音符为一拍，每小节两拍。主要区别在于节奏上的安排。然而为什么节奏不一却旋律相似呢？那是因为第二式中简化掉的音符变成不占完全时值的装饰音，或称为"加花"和节奏"打散"。如两式的一小节都由 re、mi 回环组成，其中，第一式的首个 re 变成第二式 mi 的装饰音。

此外的"加花"和"打散"可看作是吟者依据情感表达的需要所作的细微调整。因此，我们甚至可以在赵元任先生记录的吟谱中再加以发挥，创造出更多的吟调，但"万变不离其宗"，基本调是不能轻易改变的。

（二）以陈少松先生的吟诵调来说明

陈少松先生的吟诵调，始终有一个基本旋律在里面，一些基本的"乐汇"，不但反复出现或变化反复地运用，而且都有非常明确的"尾腔"。

回乡偶书

（唐）贺知章诗
陈少松 吟
滕缔弦记谱

1=A

3 3 3 32 1 -61 1 23 2｜2165 5 -65 61 23｜1 5 6 5 - -
少小离家　老大回，乡音　无改鬓毛　衰。

61 5 61 1 23 15 6560 056｜1 101 6 65 32 35 6523211 -
儿童　相见不相识，　　笑问　客从　何处　来。

以此基本调去套吟李商隐的《夜雨寄北》，腔调应当稍有改变：

夜雨寄北

（唐）李商隐诗

1=A

3 3 3321 -61 1 23 2·｜2 165 5 - 65 61
君问归期　未有期，　巴山　夜雨

23 1 56 5 - -｜61 56 11 23 15 6560 0 56
涨秋　池。何当共剪西窗烛，

1 101 6 65 32 3 5 65 2321 1 -
却话　巴山　夜雨　　时。

又如：

泊秦淮

（唐）杜牧诗
陈少松 吟
滕缔弦记谱

1=A

1 11 -3235 3 32111 -｜3 30235 1 1·6 5 - -61 105 66·56
烟笼　寒水月笼沙，夜泊秦淮　　近酒　家。

1 15 6 6165 32·3 5 51 6560 653 - 535·1 6165 52321 1 -
商女　不知　　亡国恨，隔江　犹唱《后　庭　花》。

以此基本调去套吟李白的《早发白帝城》，腔调稍有改变：

早发白帝城

1=A

(唐)李白诗

朝辞　　白帝彩云　间，　　千里江陵　　一日　还。

两岸　猿声　　啼不住，　轻舟已过万　　重　　　　山。

我们在陈少松先生的吟唱曲谱，"读"出来的旋律都有似曾相识之感，其原因就是"基本调"在起作用。如：

如梦令

1=A

(宋)李清照词
陈少松 吟
滕缔弦记谱

昨夜雨疏风　　骤，浓睡不　消残　　酒。

试问卷帘　人，　　却　道"海棠　依旧。"

"知　否？知　否？　　应是　绿肥　红　瘦。"

月下独酌

（唐）李白诗

陈少松 吟

滕缔弦记谱

1=A

```
2 2 5 2  3 -    | 2 5 3 6 1 2 - 0 | 3 6 1 3 5 - 0 |
花 间 一 壶 酒，   独 酌 无 相  亲。    举 杯 邀 明 月，

1 3 2 3 3 1 1  | 6 1 3 2 1 3 - 0 | 3 6 1 3 5 2 - 0 |
对 影 成 三 人。   月 既 不 解  饮，    影 徒 随 我  身。

3 6 6 5 3 6·2 3 | 1 3 2 5 5 1 1 -0| 1 5 5 2 3 - 0 |
暂 伴 月 将  影，   行 乐 须 及 春。    我 歌 月 徘 徊，

2 5 3 6 1 2 - 0 | 3 6 5 #4 3 - - | 2 5 3 2 1 1 - 0 |
我 舞 影 零  乱。   醒 时 同 交 欢，    醉 后 各 分  散。

1 5 1 3 2 - - 0 | 3 3 3 2 1 12 1·1 ‖
永 结 无 情 游，   相 期 邈 云  汉。
```

①

基本调是吟者在应对不同作品时形成的个人的基本腔调，其主要特征是旋律简单、重复，容易掌握。它是按照"平长仄短"等规律，依字行腔生成的吟诵腔调。对于古体诗来说，"依字行腔"表现在根据字音和句调节奏来完成对现成基本调的调节，从而再生成某一特定作品的吟诵歌调；对于近体诗来说，则是依照格律规则来对基本调进行调节，从而再生成某一特定作品的吟调。显然，运用基本调进行吟咏、吟唱的最大好处是成调方便和迅速。由于心中存一个基本腔调，吟唱同一诗体，不同内容的作品如七言绝句，只要套用进去，体会"此时此作"的抒情要求，在平仄和句调节奏不一样的地方稍微改变即可。

基本调是每一位吟者在吟咏歌唱的过程里，不经意间捕捉到，在反复吟咏当中感受到，之后完善、记录、固定下来的一个简单的调，有如一首歌曲里的主导乐句，或领起乐句，一旦想起来，整首歌调也随之呈现出来。具体的一首诗词作品的吟调之生成，可以利用现成的"基本调"，稍加改变"套"将出来，当这个"套"不合适，不万能的时候，吟者还是需要通过"熟诵"，"心创"出一个"此时此作"的吟调。那么，一首诗或词的吟调究竟是怎样生成的呢？简

---

① 以上简谱均引自陈少松. 古诗词文吟诵研究. 北京：社会科学文献出版社，1997.

单地说，是依据具体诗文中的意境、情感而自然吟咏出来的一个调。一般地说，所有被记录的吟诵歌调即固定下来的吟唱调都是如此生成的。

与歌曲相比较，吟调一定是简单的。这是因为吟诵的目的在词不在曲，老子说"五音令人耳聋"，繁复的曲调会转移人的心情。但是，真正经过"心创"的吟诵调又不是简单的。这是因为，每个人都有自己喜欢的诗文，这些诗文，他会在一生之中，反复吟诵，这个反复涵咏的过程，实际上也就是反复体会作品的过程。吟诵者会慢慢修改基本调以适合这首特定的诗文。等到终有一天，吟诵者对自己满意了，认为自己找到了此篇诗文的真感觉，他就拥有了一个真正的吟诵调。这个吟诵调，是在基本调的基础上演变而来的，只适合这首诗的吟诵调才是最有价值的。吟诵调像现代歌曲一样，是一词一曲。我们可以说"基本调"是吟者给自己创造的一个方便，一种"格式"，运用这一格式化的"腔调"，来随心所欲地去吟自己所喜爱的古诗词文作品。

基本调隐现在不同作品的吟诵调里，它是简单的，容易上口记忆；它又是复杂的，因为吟者可以据此应对不同的作品，生成不同的吟诵歌调。大致说，掌握"基本调"，特别是运用某一种"读书调"可以吟诵所有作品，而真正优秀的吟诵，是对自己喜爱的篇目，经过反复涵咏，情通古人，而自成曲调。这好比吟者在一个巨大的框架之内，结合自己的情感履历理解诗词、感受诗词，进行"再创作"的过程。在这个过程中，吟者能情通古人，涵养性情。

"基本调"的音乐来源：

吟诵的音调及旋律风格，多取材于吟诵者所在民族、地区、语言和风俗人情长期形成的各种民间乐调（如民歌、戏曲、曲艺及宗教音乐等），在今日来说，还包括现代流行音乐。吟诵的传授方法，一般都是口耳之间的师传，吟诵调子动听与否主要取决于传授者和吟诵者水平。一般情况下一位吟诵者只会一种风格的吟诵调子，亦即他无论吟诵什么诗文都采用一个腔调，只有在诗词格律、声韵平仄和四声不同时，才做些节奏和音调上的调整。那么，吟诵者是依据什么得到这些基本腔调呢？基本调的生成又是受到哪些因素的影响呢？主要是来自四个方面：

（1）民歌

梁启超先生曾指出："后代的诗，虽与歌谣画然异体，然歌谣总是诗的前驱，一时代的歌谣与其诗有密切的影响，所以歌谣在韵文界的地位，治文学史的人首当承认。"[①] 他认为诗是发源于民间歌谣，这不仅表现在内容，形式和

---

① 梁启超. 中国文学讲义：老清华讲义. 长沙：湖南人民出版社，2010：3.

风格方面，有时还表现在吟唱的调子方面。诗歌分化后，诗是读的，歌是唱的，但并不意味二者从此割裂了联系，民歌对吟诵的影响概括起来表现有二：一为曲风特色；一为诗词的吟唱歌调直接运用民歌曲调。如刘禹锡的《竹枝词》是运用巴渝一带民歌俚调来填写歌词。有关这两个方面的例子非常之多。

（2）宗教音乐

东汉末年，佛、道两大宗教与我国文化艺术的发展结下不解之缘，我国古诗文吟诵腔调受两大宗教音乐的影响。念诵佛经中的长行叫"转读"，旋律起伏不太明显，但有一定节奏感。南北朝诵读和吟唱佛经风气很盛，转读和吟唱表现出来的佛教音乐势必影响到传统的诗文吟诵，从而促进诗文吟诵腔调的发展和流传。道教在举行宗教仪式的同时非常注重音乐，道曲多样，带有一定腔调的诵经，对文人学子学习古诗词是很好的借鉴，因此某些吟诵腔调受道教音乐的影响也很明显。

（3）方言

我国地域辽阔，方言复杂。南方地区往往存在"十里不同音"的状况。就现在汉语而言，有北方方言、吴方言、湘方言、赣方言、客家方言、粤方言、闽方言等七大方言。而这七大方言内又可以划分许多小方言，如属吴方言的上海话、苏州话、无锡话、常州话都有差异。用传统的方言吟诵，不同的方言吟诵起来有不同的音色、音高、音长的处理。最明显的一个地方就是入声读得很短促，至今有入声字的方言吟诵起来都是发较短的音。

（4）戏曲

戏曲对于吟诵调的影响大致集中在昆曲上。元明清时代，昆曲被奉为"雅音"，直至清代乾隆年间逐步被京剧取代。昆曲是一种高雅的艺术，在戏剧舞台上虽然失其主体地位，但仍然深受不少文人雅士的青睐。"吟诵调的创造者可能用某一剧曲的风格来谱制吟唱调，或者直接用某剧曲调直接吟唱诗词。这使得基本调昆曲化，使吟者在吟唱时有谱可依；再者，昆曲中的音调、行腔、韵味等方面对基本调的生成都有影响。昆剧中的引曲、剧中人吟诵文章的调子以及《九宫大成》、《碎金词谱》中的散板词调同某些老先生吟诵的腔调很有相似之处。"[①] 传统吟诵与传统戏曲之间，在"依字行腔"这一点是高度一致的。"就戏曲、曲艺来说，不论它的音乐结构形式是板腔还是联曲体，都是属于'吟唱'范畴的。以京剧为例，它的各种板式就有一定格律，甚至连字的安排都是固定的。凡同一板式，它的曲调基本上是相同的。比如只要是声腔的'西

---

① 陈少松. 古诗词文吟诵研究. 北京：社会科学文献出版社，1999：317.

皮倒板',不论是'一马离了西凉界',还是'八月十五月光明',还是'霎时一阵肝肠断',其过门、音调、节奏等是同一样式的,只是由于唱词不同,唱词里面的字音各异,唱者必须在基本曲调的基础上,依照字的声调和戏剧特定人物在特定情景下的思想感情,通过个人习用的歌唱表达手法,把唱词的情、声、意、句、字、音有机地结合起来,编制出相应的旋律来。在编出的各种旋律之间,既有较大的共性,也有不同程度的个性。也就是说,它是属于'吟唱'的性质,因此相互之间的关系是大同中有小异。这种小异不仅因词,而且也因人、因时、因地而不尽相同。"[1]

此外,要特别提及的是古诗词艺术歌曲。

这与在基本调上衍生出来的吟调不同,它是现代人基于对于诗词内容情感的理解为古诗词所谱写的新曲,具有明显的时代感。一般根据诗词呈现的完整程度,可分为诗词配曲式,词句提取式,语言改造式三种:

(1)诗词配曲式,原文配曲,如:

《明月几时有》(2首)

《长相思》、《虞美人》、《诗经·子衿》(2首)

《诗经·关雎》、《上邪》、《白头吟》、《越人歌》、《一剪梅》

《送元二使安西》、《黄鹤楼》、《雨霖铃》、《独上西楼》、《采桑子》

(2)词句提取式,将原文诗词融入新词,如《人面桃花》、《梅花三弄》、《新鸳鸯蝴蝶梦》、《辛弃疾》等等。这里举出其中的一首歌词来看:

《辛弃疾》

醉里挑灯看剑	梦回吹角连营
弓如霹雳惊弦	风流总被雨打风吹而去
怎见气吞万里如虎	一笑人间万事
春风不染白发	怎忘寒冬冰秋
醉里且贪欢笑	廉颇未老乐悠悠

(3)语言改造式,将原文化用,仿古诗词的意境、节律,如《中华民谣》、《涛声依旧》、《在水一方》、《看穿》、《刀剑如梦》等。这里举出两首这样的歌词来看:

---

[1] 薛良. 论"框格在曲,色泽在唱". 中国音乐. 1992 (3).

《青青河边草》

青青河边草悠悠天不老　　野火烧不尽风雨吹不倒

青青河边草绵绵到海角　　海角路不尽相思情未了

无论春夏与秋冬一样青翠一样好！

《烟花三月》

牵住你的手 相别在黄鹤楼　　波涛万里长江水送你下扬州

真情伴你走 春色为你留　　二十四桥明月夜 牵挂在扬州

扬州城有没有我这样的好朋友　　扬州城有没有人 为你分担忧和愁

扬州城有没有我这样的知心人　　扬州城有没有人 和你风雨同舟

烟花三月是折不断的柳　　梦里江南是喝不完的酒

等到那孤帆远影碧空尽　　才知道思念总比那西湖瘦……

第三节　选择性"主题"吟诵

《尚书·尧典》里载有"诗言志"三个字，它揭示出中国传统文学最根本特质在于表现人的内心最真实的感情，这样的"抒情"才是中国文化始终加以推崇的。也因此，对于有一定传统文学修养的人来说，虽然未必懂得作曲的规律，未必对音乐有很深的造诣，却仍然可以"吟"出好听的"调调"，并产生很强的感染力，这其中的诀窍就在于深刻地体会到了作品内在的"情意"，交流互动之间，吟出了真情实感。反之，如果对诗的情意领会肤浅，勉强去吟，便会流于"浮声"，即使"技巧"再好也难动人。所以，吟诵的作品一定也是"真"的，"善"的，"美"的，所谓"坠情者醉其芬馨，飞想者赏其神骏"（沈增植《菌阁琐谈》语），只有那些让人一见倾心，产生浓厚兴趣的作品才能进入现代"诗教"的文本序列。为此，对于确定要吟诵的作品必须要有所选择，要特别强调：并不是随便什么作品都可以拿来吟诵，且都适合于今天人们心灵接受的吟诵。

显而易见，今天的吟诵，绝非是限于乐音上的审美愉悦。在本质上，它仍然是一种"阅读"，通过这种深度品味的"声读"，领受传统文化最美的心灵。这里所说的"主题吟诵"是指按照不同的"主题"类别来选择吟诵作品，形成"主题诗类"，再以相接近的"吟腔"去诵读、吟咏，从而达成一种反复深入的体验效果。教师可以按不同主题类别的作品来安排吟诵教学，引领学生通过"主题吟诵"来深入感悟传统诗词文的文化与情感内涵。

"主题吟诵"作为一种吟诵方式，在学理方面，需要弄清两个基本问题，一是主题是什么；二是如何看待古人的主题分类。以下分述之。

一、"主题"是什么？

这里首先要对一般所说的作品主题与主题学范畴的"主题"概念作出区别。当主题学研究在中国大陆刚刚兴起的阶段，在这两者之间常常发生混淆是很自然地事情。时至今日，随着人们比较文学之主题学研究认识的不断深入，应该说两者之间的区别已经很明确了。台湾学者陈鹏翔在其《主题学研究与中国文学》一文指出："主题学是比较文学中的一个部门（a field of study），而普通一般的主题研究（thematic studies）则是任何文学作品许多层面中一个层面的研究"，这句话将两者的学科归属说得十分明白。他又说："最重要的是，主题学溯自19世纪德国民俗学的开拓，而主题研究应可溯自柏拉图的'文以载道'观和儒家的'诗教观'。"——特别强调了两者有着不同的学术渊源。一直以来，由于概念混淆现象的存在，人们过多地注意到"区别"，对于两者之间的联系与重合之点却有所忽略，而可能就是因为这一点忽略，影响了主题学研究者对于传统"主题"概念的必要关注。

从词源上说，"主题"原属西方文学理论。例如美国著名比较学者乌尔利希·韦斯坦因解释说："主题是个人对世界独特的态度。一个诗人心目中主题的范围就是一份目录表。这份目录表说明了他对自己生活的特定环境的典型反应。主题属于主观的范围，是一个心理学的常量，是诗人天生就有的。"[①] 我们认为：近代"德国民俗学"开拓出来的主要是针对叙事文学的"主题学"研究领域，应该也是建立在传统作品主题研究的历史积累之上的。因此，从普通意义上的"主题"涵义到"主题学"概念，表达的是一种理论观念的升华，但两者之间历史承继关系却是依然存在，无法割断的。例如在中国古代文论里，与作品"主题"相对应的术语，即"意"、"立意"，早已有之。这可以举出南朝范晔一段比较精辟的论述来看："常谓情志所托，故当以意为主，以文传意。以意为主，则其旨必见；以文传意，则其词不流；然后抽其芬芳，振其金石耳。此中情性旨趣，千条百品，屈曲有成理，自谓颇识其数"。[②] ——所谓"此中情性旨趣，千条百品，屈曲有成理"，不正是一种有价值的、与今天的

---

① 〔美〕乌尔利希·韦斯坦因，刘象愚译. 比较文学与文学理论. 沈阳：辽宁人民出版社，1987：121—125.

② 郭绍虞主编. 中国历代文论选（上册）. 179.

"主题"涵义十分接近的理论表述么？因此，从历史关联性方面说，传统"主题"的研究也在现代主题学研究当中占有一席之地。如此，其中有价值的理论成果才可能被关注和汲取。

一般作品主题研究与主题学范畴的主题到底有何区别呢？简单地说，一般性的作品主题研究探求的是某一部作品，或某一个人物典型所表现的思想，其重点在于研究对象的内涵，而主题学研究讨论的是不同时代、不同民族的不同作家对同一主题、题材、情节、人物典型的不同处理即表现手段和形式，重点在于研究对象的外部。说得形象些，一般的主题研究着眼于一个点（个别主题的呈现），而主题学研究着眼于一条线，甚至一个面。——但即使有此根本性的、质的区别，这种区别也仅在于说出了两者各自的侧重点，在实际应用研究当中，两者之间不可能是泾渭分明。一般的作品主题研究不可能不涉及研究对象的外部的表现手段与形式，而主题学范畴的主题概念也不可能与它研究对象的内容、内涵毫不相干。总之，我们主张：在强调两者之间差异的同时，也要顾及联系，因为联系是客观的历史的存在。

其次是主题与"母题"之间的区别和联系。母题，是英语 Motif 的译名。用在文学上，即是主题。用在民俗学上，指神话、传说的本意。两者在作品里其实是很难拆分开的。围绕着母题和主题的定义，欧美比较文学家至今还存有很大的分歧。但从国内的文献里来看，有关学者的研讨表现出很高的共识。例如"母题"的定义，比较一致地认为："通常指的是文学作品中反复出现的人类的基本行为、精神现象以及人类关于周围世界的概念，诸如生、离、死、别，喜、怒、哀、乐，时间，空间，季节等。"中国古代文学中的"母题"研究，已经被提起的主要有：春恨、悲秋、相思、怀乡、别离等。主题与"母题"之区别的要点可以概括为五项：

1. 母题有具象性，而主题往往是抽象概念。

2. 母题较多地呈现客观性、中性，而主题由于这母题（意象，或不止一个）出现及其特定组合而显示意义，融注并揭示了作家的主观性、倾向性。

3. 主题数目极多而母题数目有限。

4. 在进行跨民族、跨文化比较时，母题着眼点偏重在同，而主题着眼点偏重在异。

5. 就一篇抒情性作品来说，往往除一个较突出的主题外，还或隐或显地含有其他主题质素，而后起的小说戏曲等文学样式，更在其丰富的内容中包蕴着诸多"主题"。

在此五项要点里，第 2 项共识度很高。越来越多的学者倾向于把主题看成是抽象的，母题是具体的；主题具有一定的主观性，而母题则具有客观性。例如门罗·C·比尔兹利认为，主题是指"被一个抽象的名词或短语命名的东西"，诸如"战争的无益、欢乐的无常、英雄主义、丧失人性的野蛮"等等。尤金·H·福尔克说："主题可以指从诸如表现人物心态、感情、姿态的行为和言辞或寓意深刻的背景等作品成分的特别结构中出现的观点，作品的这种成分，称之为母题；而以抽象的途径从母题中产生的观点，则可称之为主题。"门罗·C·比尔兹利与尤金·H·福尔克的说法，例如"战争"，这是人类社会中的一个客观现象，在未经作者处理前，它无所谓好坏。然而，一旦进入作家的创作，战争便具有了倾向性，它可以反映侵略者的"残酷"、"不义"，也可以反映人类的"正义"和"力量"。一旦"母题"有了倾向性，有了褒贬意义，它就上升为主题了。①

这里要特别指出："主题"这一"主观"性质，对以言志抒情为特色的中国诗歌的"主题研究"意义重大。我们知道："比较文学"研究的存在根基，即建立于"特殊"与"个别"之上，所谓"同中求异"，异中显同。因为主题的"主观性"，不同民族的文学与文化性格才得以凸现，所以，"主题"的概念，"主题研究"的方式、思路，对于表达中国文化精神个性的中国古典抒情诗来说，几乎可以说是"恰到好处"，"理当如此"。根据这一原则或者前提，我们可以确定地认为：

"主题是作家通过文学作品所表现出来的对于主客观世界（包括自我、他人、自然、社会、历史等）的情感态度、价值判断和哲理思辨。"对于中国古典诗歌而言，每一作品固然都有其自己相应的"主题"存在，但在其中，某些"主题"却能格外地"茁壮成长"起来。在漫长的诗史积累和演变当中，这些"主题"越来越清晰地凸现出自己作为本民族文学与文化的代表性，能更为集中地反映中国古人某一生活领域、某种审美倾向、情感价值取向等，因而具有恒久的生命活力，不断地生发、堆积出大量的后续作品。可以做这样的想象：如果把中国古典诗歌数千年"生长"的历史，转变成为一个空间景象，那么，所有留存与消失的作品就如同漫山遍野的"青纱帐"，放眼望去，至少可以粗分为三个层次：

由个别主题构成的"基层"；

由类分主题构成的"中层"；

由包含有"文学母题"在内的中国诗歌的"基本主题"组成的"高层"。

---

① 乐黛云. 中西比较文学教程. 北京：高等教育出版社，1988.

所谓"类分主题",是指由于个别主题所内涵的情感生活属性而自然形成的文学主题分类;所谓"基本主题",是指在众多诗歌主题当中,具有文化超越性并概括性极强的主题,也因此它自然带有中国文学与文化"母题"的性质。

二、如何看待古人的主题分类

中国古代选家对诗歌进行分类,往往是基于"用"的考虑,即某一诗类所体现的社会生活功能。表达离情别思的诗,之所以被归并到"送别"诗类,是因为有用于这一特定的生活场合;描绘花草葱茏的诗,被归入"花木"诗类,也是因为基于歌咏场合的特殊需求。这种非文学的分类方法,具有"因功用而异"的随机性特点:只要诗歌承担一种功能,便会生成一种诗类。古人的诗类因此越来越多,显示出无限生成的可能性。如宋代宋敏求所编《分类补注李太白集》,设置了涵盖诗歌体裁(如古风、乐府等)、题材(如酬答、游宴等)等在内的二十一类。宋人题为"王十朋龟龄纂集"的《百家注分类东坡诗集》则主要依诗歌题材分为三十类。① 随着时间的推移,诗类越分越细。北宋阮阅的《诗话总龟》分诗为四十三类,姚铉《唐文粹》"古调"中列有六十四类,清人张元济等《分门集注杜工部诗》分类多达七十二门。这些类目的产生说明中国古典诗歌所涵纳的生活内容越来越丰富,同时古人对于诗歌内容、情感蕴含、生活功用的认识也随之拓展和深化。白居易《序洛诗》云:"观其所自,多因含冤遭逐,征戍行旅,冻馁病老,存殁别离,情发于中,文形于外。"其所云"含冤遭逐,征戍行旅,冻馁病老,存殁别离",几乎涵盖了中国古代文人一生所可能的遭遇、经历。这四句话几乎是白居易代替我们"提炼"出来的,中国古代文人诗之最基本的"主题类目"。所谓"情发于中,文形于外"是创作的体验,是在遍览众多诗歌之后对诗产生原理的朴素认知,但更有意义的是它同时揭示了诗类发生的最初根源:诗类因"情"而立,而心中之"情"源于外感,外部的"场合"与各种"媒介"因素便成为这种分类生成的源头。元稹《叙诗寄乐天书》云:"每公私感愤,道义激扬,朋友切磨,古今成败,光景惨舒,山川胜势,风云景色,当花对酒,乐罢哀余,通滞屈伸,悲欢合散,至于疾恙穷身,悼怀惜逝:凡所对遇异于常者,则欲赋诗。"叶燮《原诗·内篇》(卷一)云:"诗随所遇之人之境之物,无处不发其思君王、忧祸乱、悲时日、念友朋、吊古人、怀远道,凡欢愉、幽愁、离合、今昔之感,一一触类而起,

---

① 参看刘尚荣.《百家注分类东坡诗集》考. 社会科学战线,1982 (2).

因遇得题，因题达情，因情敷句，皆因甫（指杜甫）有其胸襟以为基。"把这样有关诗"发生"的阐述与古人诗歌分类之标目相对照，其中相呼应之处，便恰好将这种看似琐细杂多的分类根源暗示出来。

但问题也出在这里。"文"依"情"而类分，"情"类有多少，"文"类便有多少。人类之情代代而变，从此种"功用"的立场，或"场合"的需要作出的分类，其结果是所创诗类对"当时"之作者和读者有用，对"过时"的读者则无用。尤其是这种"类分"所给后来的读者的帮助往往因其本身的琐细、繁杂而变得极其有限。如此"乱眼如麻"的细致分类，对于"快节奏"人生的现代读者来说，不免"望洋兴叹"，"望而却步"。

不仅如此，中国古典诗歌主题之间又往往存在着所谓"互动"与"生发"的关系。这种关系一面促成新的诗类作品产生，一面也导致了"类"的繁杂。清人金德瑛在评论古人"共赋一题"时，以陶渊明、王维、韩愈、王安石四人的"桃源"诗为例说："凡古人与后人共赋一题者，最可观其用意关键。如桃源：陶公五言，尔雅从容，'草荣'、'木衰'八句，略加形容便足。摩诘不得不变七言，然犹皆用本色语，不露斧凿痕也。昌黎则加以雄健壮丽，犹一一依故事铺陈也。至后来王荆公则单刀直入，不复层次叙述，此承前人之后，故以变化争胜，使拘拘陈迹，则古有名篇，后可搁笔，何用多赘。诗格固尔，用意亦然。前人皆以实境点染，昌黎云：'当时万事皆眼见，不知几许犹流传'，则从情景虚中摹拟矣。荆公云：'虽有父子无君臣'，'天下纷纷几经秦'，皆前所未道。大抵后人须精刻过前人，然后可以争胜，试取古人同题者参观，无不皆然。苟无新意，不必重作。世有议后人之透露，不如前人之含蓄，此执一而不知变也。"①

金德瑛指出，一首诗在前一首诗基础上重作时"须精刻过前人"才有"新意"，否则就"不必重作"。又说"以变化争胜"有一个前提，就是不能偏离主题，所谓"一一依故事铺陈"。这些显然都是从诗格或诗法的角度立论。但金德瑛所说的"共赋一题"，却是涉及"诗类发生"的重要命题。他所论述的"桃源"一题，关涉到了中国古典诗歌的一个基本主题——隐逸，并触及到了古人对于同一题材、主题的处理方式问题。对于这一类在同一基本主题下，不同作品之间的互动生发，程千帆先生称之为"主题的异化和深化"② ——使基

---

① 语见陆以湉. 冷庐杂识.（卷七）. 北京：中华书局. 1984：399.
② 程千帆. 相同的题材与不相同的主题、形象、风格——四篇桃源诗的比较研究. 文学遗产. 1981（1）.

本主题一方面更加深刻，另一方面产生分化，生成新的主题。陶渊明用《桃源诗》展现的是"小国寡民"的隐逸思想主题；"王维诗是陶渊明诗的异化，韩愈诗是王维诗的异化，而王安石诗则是陶渊明诗的复述和深化。"[1] 后三者分别演绎了神仙道化、揭露桃源神仙虚妄等新的类分主题。于是，当所有这些不同主题的作品汇聚一处的时候，便形成了中国古典诗歌主题特有的诸多景象。

如此说来，从古人繁琐杂多的诗歌分类里摆脱出来，借助"主题诗类"的探究，给现代的读者阅读和吟诵古诗提供有效率的途径、方法，应该是一件值得投入精力去做的事情。明代的何良俊说："六义者，既无意象可寻，复非言筌可得。索之于近，则寄在冥漠；求之于远，则不下带衽。"[2] 蕴含在众多形象层面之下的情思和兴寄难寻，一直困扰着中国古人。今天我们要穿越历史的隔阂，贴近古人的心灵世界，就必须解开"归趣难求"的绳结，探寻一条合适的解读诗歌，普及古代诗歌文化的有效途径。总之，中国古人对于诗的分类与现代人有极大的不同，后者基于学理或抽象认定，而前者则是根于生活，诗类的"根须"深扎在各种生活"场合"当中，有血脉生气流动。在这个意义上，我们所称之为"主题诗类"，最终表达的是这个"生活场合"里人的普遍性情感。

附：按主题选定吟诵作品列表

基本主题	例诗
时间主题	《长歌行》（青青园中葵）、《古诗十九首·生年不满百》、曹操《短歌行》、马致远《天净沙·秋思》、陶渊明《杂诗》、刘希夷《代悲白头翁》、张若虚《春江花月夜》、李白《把酒问月》、岳飞《满江红》、辛弃疾《丑奴儿·书博山道中壁》、张先《天仙子·水调数声持酒听》、宋祁《玉楼春·东城渐觉风光好》、欧阳修《蝶恋花·庭院深深深几许》、苏轼《春宵》、李清照《如梦令·昨夜雨疏风骤》、辛弃疾《摸鱼儿·更能消几番风雨》。

① 程千帆. 相同的题材与不相同的主题、形象、风格——四篇桃源诗的比较研究. 文学遗产. 1981（1）.

② 转引自［清］王世贞著，陆洁栋、周明初批注. 艺苑卮言. 南京：凤凰出版社，2009：46.

生命主题	曹植《赠白马王彪》、项羽《垓下歌》、杜甫《蜀相》、杜秋娘《金缕衣》、冯延巳《鹊踏枝·谁道闲情抛却久》、李煜《虞美人·春花秋月何时了》、李煜《相见欢·林花谢了春红》、李煜《浪淘沙·帘外雨潺潺》、晏殊《浣溪沙·一曲新词酒一杯》、苏轼《和子由渑池怀旧作》、苏轼《定风波·莫听穿林打叶声》、苏轼《南乡子·重九涵辉楼呈徐君猷》、李清照《武陵春·风住尘香花已尽》、李清照《声声慢·寻寻觅觅》、蒋捷《虞美人·听雨》、杨慎《临江仙·滚滚长江东逝水》、王国维《采桑子·高城鼓动》。
情爱主题	《诗经·蒹葭》、《诗经·关雎》、《诗经·王风·采葛》、《古诗十九首·迢迢牵牛星》、《古诗十九首·青青河畔草》、《陌上桑》（日出东南隅）、曹植《七哀诗》、《上邪》、《西洲曲》、李延年《北方有佳人》、辛延年《羽林郎》、杜甫《月夜》、李白《长干行》、白居易《长恨歌》、王昌龄《闺怨》、王昌龄《长信秋词》、元稹《遣悲怀》、王维《相思》、刘禹锡《竹枝词二首（其一）》、李商隐《锦瑟》、李商隐《无题·相见时难别亦难》、李商隐《夜雨寄北》、温庭筠《菩萨蛮·小山重叠金明灭》、柳永《凤栖梧》、李清照《醉花阴》、李清照《声声慢》、李清照《一剪梅·红藕香残玉簟秋》、陆游《沈园》、陆游《钗头凤》、李清照《武陵春·风住尘香花已尽》、苏轼《江城子·十年生死两茫茫》、晏殊《玉楼春·绿杨芳草长亭路》、欧阳修《生查子·元夕·去年元夜时》、晏几道《临江仙·梦后楼台高锁》、秦观《鹊桥仙·纤云弄巧》、贺铸《青玉案·凌波不过横塘路》、陆游《钗头凤·红酥手》、辛弃疾《青玉案·元夕》、元好问《摸鱼儿·问世间》。
别离主题	《诗经·小雅·采薇》、曹丕《燕歌行》、李益《夜上受降城闻笛》、白居易《赋得古原草送别》、柳永《雨霖铃·寒蝉凄切》、李白《送友人》、王维《送元二使安西》、高适《别董大》、王昌龄《芙蓉楼送辛渐》、李白《闻王昌龄左迁龙标遥有此寄》、王勃《送杜少府之任蜀州》、宋之问《渡汉江》、贺知章《回乡偶书》、张九龄《望月怀远》、王昌龄《闺怨》、王维《山中送别》、王维《杂诗》、王维《九月九日忆山东兄弟》、李白《峨眉山月歌》、李白《黄鹤楼送孟浩然之广陵》、李白《赠汪伦》、李白《送友人》、刘长卿《送灵澈上人》、杜甫《春日忆李白》、杜甫《月夜》、岑参《逢入京使》、李益《喜见外弟又言别》、柳中原《与浩初上人同看山寄京华亲故》、温庭筠《梦江南》（梳洗罢）、郑谷《淮上与友人别》、李煜《相见欢·无言独上西楼》、范仲淹《苏幕遮·碧云天》、晏殊《蝶恋花·槛菊愁烟兰泣露》、欧阳修《踏莎行·候馆梅残》、苏轼《水调歌头·中秋·明月几时有》、苏轼《江城子·十年生死两茫茫》、李清照《一剪梅·红藕香残玉簟秋》。

求仕主题	陆游《十一月四日风雨大作》、于谦《石灰吟》、孟浩然《岁暮归南山》、孟浩然《望洞庭湖赠张丞相》、骆宾王《在狱咏蝉》、李白《行路难》、孟郊《登科后》、朱庆馀《闺意献张水部》。
忧患主题	《诗经·王风·黍离》、屈原《离骚》、王粲《七哀诗》、杜甫《春望》、姜夔《扬州慢·淮左名都》、陆游《庵中杂诗》、李白《蜀道难》、李白《将进酒》、李白《宣州谢朓楼饯别校书叔云》、杜甫《茅屋为秋风所破歌》。
从军主题	《诗经·王风·君子于役》、《十五从军征》、《木兰诗》、杨炯《从军行》、《诗经·秦风·无衣》、曹植《白马篇》、王昌龄《从军行》、王昌龄《出塞》、岑参《白雪歌送武判官归京》、王维《使至塞上》、高适《塞上闻吹笛》、王维《少年行》、王之涣《凉州词》、杨炯《从军行》、王翰《凉州词》、高适《燕歌行》、杜甫《前出塞》、卢纶《塞下曲六首（其二）》、李益《夜上受降城闻笛》、范仲淹《渔家傲·塞下秋来风景异》、辛弃疾《破阵子·醉里挑灯看剑》。
怀古主题	左思《咏史》、孟浩然《与诸子登岘山》、陈子昂《登幽州台歌》、刘禹锡《西塞山怀古》、刘禹锡《金陵怀古》、杜牧《泊秦淮》、刘禹锡《石头城》、刘禹锡《乌衣巷》、韦庄《金陵图》、杜甫《蜀相》、李白《越中览古》、李白《登金陵凤凰台》、崔颢《黄鹤楼》、杜牧《赤壁》、杜牧《题乌江亭》、苏轼《念奴娇·赤壁怀古》、辛弃疾《水龙吟·登建康赏心亭》、辛弃疾《菩萨蛮·书江西造口壁》、辛弃疾《永遇乐·京口北固亭怀古》。
娱乐主题	曹操《观沧海》、曹植《名都篇》、陶渊明《饮酒（其七）》、陆机《拟青青河畔草》、王维《竹里馆》、李白《独坐敬亭山》、李白《早发白帝城》、李白《古朗月行》、李白《月下独酌》、李白《客中行》、杜甫《饮中八仙歌》、杜甫《江村》、杜甫《客至》、杜甫《赠花卿》、白居易《问刘十九》、李贺《李凭箜篌引》、陆游《临安春雨初霁》、赵师秀《约客》、叶绍翁《游园不值》。

山水田园主题	孟浩然《过故人庄》、孟浩然《宿建德江》、王湾《次北固山下》、王昌龄《采莲曲》、王维《终南山》、王维《汉江临泛》、王维《鹿柴》、李白《望庐山瀑布》、李白《望天门山》、刘长卿《逢雪宿芙蓉山主人》、杜甫《望岳》、杜甫《水槛遣心二首（其一）》、杜甫《登高》、张继《枫桥夜泊》、张志和《渔歌子》、韦应物《滁州西涧》、韩愈《早春呈水部张十八员外》、刘禹锡《望洞庭》、白居易《暮江吟》、白居易《钱塘湖春行》、柳宗元《江雪》、杜牧《江南春》、杜牧《山行》、杜牧《清明》、王驾《雨晴》、王禹偁《村行》、苏舜钦《淮中晚泊犊头》、王安石《书湖阴先生壁》、苏轼《饮湖上初晴后雨》、范成大《夏日田园杂兴（其七）》、杨万里《晓出净慈寺送林子方》、杨万里《宿新市徐公店》、辛弃疾《清平乐·村居》、辛弃疾《西江月·夜行黄沙道中》、僧志南《绝句》。

第四节 追问传统的"阅读"

承接"传统"的前提是了解"传统"。"赏会"，是中华古诗词传统鉴赏阅读的重要概念。在这一概念里面包含着"传统诗词阅读"的重要特征和基本方法。这里围绕"赏会"这一概念，重新"复原"中华古诗词的传统阅读方式，希望以此能与"现代阅读"划清疆界，使两者的界限相对分明，同时又可以相互借鉴，能够得到一个相对"正确"的鉴赏之"道"。

一、提出问题的背景

从上个世纪初被称之为"新文化运动"以后，中华古诗词的遗产传承活动，大体上是在"古为今用"的实用力量推动下，延续至今。例如："为救亡"，"为政治"，"为审美"，"为文化"。每一个时段里的"为"的活动，都积累了大量的解释成果，抛开其是非不论，所有这些成果当中的共同点是：过滥的"分析"，过度的阐释。中华古诗词的鉴赏阐释就如同"增肥剂"，如今是"脂肪"堆积，负担沉重。为此，批评的声音也此起彼伏，此举有代表性的四例：

（1）周汝昌先生认为：

近年来出版的讲解唐诗宋词的书为数不少，似乎都是用了"赏析"、"鉴赏"的名目。以"赏析"来说，此语大约源起于陶渊明的"奇文共欣赏，疑义相与析"。析是剖析，解决疑难时必须用它。现今分析一词用得最多，一涉及文学艺术，好像总是这样分析，那样分析，离它不得。"析"用得太厉害了，容易落于支离破碎之地。而且惯于分析的，往往忘记了别的，误以为分析是唯一的科学方法了。这都会发生毛病。……诗的一切，特别是我们中华的诗，老是靠'析'，恐怕不宜，只看陶渊明那两句话，本来也不是指诗而言的。①

（2）陶文鹏先生认为：

诗歌是诗人对自然、社会、人生的感悟和体验，是诗人心灵——包括思想、感情、性格、志趣的自然流露，是对这些感情和感受的审美表现。因此，诗歌艺术研究，必须以'情'为本，'感'字当头，从审美的感情体验出发，以自己的心灵和古代诗人的心灵相撞击，产生感情的共鸣，进而调动自己的联想和想象，进入诗歌的境界，感受与体会诗的情思韵味。没有这种审美的感悟，只是纯粹理性的评判，冷冰冰的分析，体会不到诗人细微的内心活动和复杂的心灵历程，传达不出诗的情思韵味，也就谈不到艺术研究。"②

（3）詹福瑞先生认为：

所谓的过度阐释，这是古典文学研究中大量存在的一种现象。……对诗词的研究，一个比兴寄托不知迷糊了多少人，深陷于过度阐释中不能自拔。（如正始诗人阮籍的咏怀诗，晚唐李商隐的无题诗）……温庭筠的《菩萨蛮》"小山重叠金明灭"本来就是写一个贵妇人起床时的慵懒之态的，而张惠言偏偏说"照花前后镜"是《离骚》"初服"之意。所以夏承焘在《唐宋词欣赏》中批评说："那无疑是附会太过了。"不过夏先生并没有完全割掉常州派无寄托不入的尾巴。他老人家又说了一句，"这里面也可能暗寓这位没落文人自己的身世之感，可见还没有完全摆脱常州派的心理暗示。"③

（4）韩军老师指出：

——中国现代语文教育的十大偏失之一即为"偏了分析"。自五四后，西方"科学的东西"引入到中国，引入到语文教育之中。这些"科学的东西"有西方的语法学、写作学、文艺理论学、阅读学乃至文章学、词汇学等，还有诸如所谓"新三论"、"旧三论"的东西等等。这是好事，对语文教育的规范和科学化起到了很大的作用。因而，本世纪以来，现代中国语文教育出现了区别于传统语文教育的一大奇观，就是出现了"讲深讲透"、"析细析微"的现象，西方化的语法学、写作学、阅读学等等知识，大量地进入到中

---

① 周汝昌. 诗词赏会·自序. 广州：广东人民出版社，1987：1.
② 陶文鹏. 唐宋诗美学与艺术论. 天津：南开大学出版社，2003：195－196.
③ 夏承焘. 唐宋词欣赏. 北京：北京出版社，2011：33.

小学语文课本之中，不仅仅是西方语法学、写作学、阅读学等"知识"的进入，而且是整个西方化的、所谓科学的教材"编写体例"的进入、西方化的"教材讲授方式"的进入。甚至在小学里，一篇《登鹳雀楼》也能洋洋洒洒分析内容 20 分钟。①

若认真地追溯和检讨，以上所说的"偏"现象，早在上个世纪的 40 年代已经显露弊端。在当时，叶圣陶先生就曾撰文指出："……现在国文教学，在内容与理法的讨究方面比以前注意得多了；可是学生吟诵的功夫太少，多数学生只是看看而已。这是偏向了一面，丢开了一面。"——这种现象演变到今天，可谓是愈演愈烈，让教的和学的人既感到无法忍受，又十分地无奈，有人这样批评说："繁琐哲学、玄虚之学、形而上学的纯技术化的习题、板滞的操作课型等等，在语文教材和课堂上，泛滥成灾！从小学到中学用 2700 课时学自己的母语仍过不了关——此咄咄怪事的原因就在这里。这是过于崇信所谓西方科学主义理性的结果。"② ——可能的原因并不止于此，功利化的社会文化氛围，应试教育的体制弊端，中国大陆人文环境趋于恶化，甚至还有人类头脑功能被信息化技术引领，有所屏蔽而呈现畸形状态等等。

面对问题，许多有识之士以积极态度，为中华古诗词"减肥"、"减负"，寻求解决之道，例如重新提倡久已放弃的传统吟诵，呼吁回归文本，强调体验式学习等等。这里要特别强调的是：传统吟诵是心、眼、口、耳并用，针对文言的汉语诗文行之有效的学习法，在今日"解析"泛滥的时代里，重新提倡它，正是对症下药，但同时也存在着一个"平衡"的原则，也就是在现代语文教育偏重"分析"与传统吟诵偏重"感悟"之间寻求一个恰当的平衡点，这正如叶圣陶先生所指出的："惟有不忽略讨究，也不忽略吟诵，那才全面不偏。吟诵的时候……亲切地体会，不知不觉之间，内容与理法化而为读者自己的东西，这是可贵的一种境界，学习语文学科，必须到这种境界，才会终身受用不尽。"③ ——以此为前提，我们提出一个"正确"传承传统吟诵的话题，并且认为，在古人那里，平衡原本就存在，体验性的"吟诵"与知性的"分解"原本就自然有机地结合在一起。传承中华古诗词的同时，也应连同古人"正确"的"阅读"方法一起传承下来。

---

① 韩军. 20 世纪语文教学反思：百年中国语文教育十大偏失. 21 世纪教育，2003：12.
② 叶圣陶. 叶圣陶语文教育论集. 北京：教育科学出版社，1980：121.
③ 叶圣陶. 叶圣陶语文教育论集. 北京：教育科学出版社，1980：202.

二、传统的"阅读"方式

"阅读"的现代所指义，据《中国大百科全书·教育卷》解释说："阅读是一种从印的或写的语言符号中取得意义的心理过程，也是一种基本的智力技能，是由一系列的过程和行为构成的总和。"① 但汉语人类在过去古典时代里的"阅读"与此有着极大的不同。

从文字的含义说起。

"读"，《说文》云："读，诵书也。从言，声。"原是与"诵"同义。吟诵者，吟读是也。"读"的字义一向偏在出声音，"默读"是不出声的读。先秦文献里，"读"和"诵"是呼应使用的，例如《孟子·万章下》云："颂（诵）其诗，读其书，不知其人可乎？"都是出声念，用于念书为读，用于念诗为诵。又如《史记·十二诸侯年表》有云："太史公读春秋、历、谱、牒，至周厉王，未尝不废书而叹也。"《三国志·吴志·孙登传》云："权欲登读《汉书》习知近代之事。"延续至于后世，"读"几乎是所有"声读"方式的统称，囊括了传统诗文几乎所有的"读"法，如吟、唱、诵、背、咏、叹、念、歌等等。如：

高祖问："汝读何书？"对曰："能诵《曲礼》。"（《梁书·元帝本纪》）

学者读书，须要敛身正坐，缓视微吟，虚心涵泳，切己省察。……读《诗》之法，须扫荡胸次净尽，然后吟哦上下，讽咏从容，使人感发，方为有功。……读《易》者，当尽去其胶固支离之见，以洁净其心，玩精微之理，沉潜涵泳，得其根源，乃可渐观爻象。（《朱子语类》卷十一《读书法》）

先须熟读《楚辞》朝夕讽咏，以为之本。（严羽《沧浪诗话》）

熟读唐诗三百首，不会吟诗也会吟。（孙洙《唐诗三百首序》）

诗成自读之，亦自觉琅琅可诵矣，引出一种兴会来。（曾国藩《教子书》）

"阅"是依赖视觉的思维活动，或者以"眼看"来接受外界"信息"，开展"头脑"思维。许慎《说文·门部》释云："阅，具数于门中也。"徐锴《系传》再释说"具数，一一数之也"。古人以"阅"为"看"的词语使用例有很多，如唐杜甫《赠左仆射郑国公严公武》诗云："阅书百纸尽，落笔四座惊"。白居易《出城观稼》诗云："清晨承诏命，丰岁阅田间。"与"阅"组合的词语如阅读、阅览、传阅，都是偏重"看"的意思。

"读"的方式，显然比"阅"更加古老，这主要是受物质条件的限制。在甲骨或竹简为书的上古时期，"看"是一种特权，操持在少数上层的祭司手中。

---

① 中国大百科全书·教育卷. 北京：中国大百科全书出版社，1993.

一般人接受和传承文化的方式是"口耳相传"、"口传心授"。诗歌处在早期以声为主，称之为"声诗"的发展阶段。在这样的历史条件下，人的背诵能力、听觉、记忆能力比之视觉反映，更加发达。"瞽者"在这样的时代里很受重视。《荀子》有言："诵数以贯之，思索以通之，为其人以处之，除其害以持养之。"①（"诵数"，指古人诵书记遍数。"贯"，训熟，如习惯成自然）记诵思维是当时习惯。

"阅"和"读"结合在一起的时代，就普遍的情形来说，大致在东汉以后。这与纸的发明有极大关系。自古书契多编以竹简，其用缣帛（即按书写需要裁好的丝织品）者谓之为纸。缣贵而简重，并不便于人。伦乃造意（发明、创造）用树肤、麻头及敝布、鱼网以为纸。元兴元年，奏上之。帝善其能，自是莫不从用焉，故天下咸称"蔡侯纸"。纸，首先方便了那时的经生。读经和解经的活动使得当时的"阅"和"读"结合在一起。

总起来说，宋代以前，古人更习惯在"吟读"当中感受、体味、思维。宋代以后，"阅读"这个词儿，在文献里出现的次数开始多起来。例如宋魏泰撰《东轩笔録卷五》载："王安国性亮直，嫉恶太甚。王荆公初为参知政事，闲日因阅读晏元献公小词。而笑曰：为宰相而作小词可乎？"② 这其中的原因与"理学"文化影响的逐渐深入有关。宋代读书人受理学思潮影响，读书重视"理会"，"会"文中的性命道理。加之，这一时代印刷、纸张进步更大，社会上流通的"书"多了。当时看书称之为"看版"，开始出现"只看不读"的情形。传统"阅读"重视"读"的习惯在这时便受到冲击。所以，我们看南宋的朱熹说到读书方法的时候，就要反复强调："少看熟读，反复体验，不必想象计获，只此三事，守之有常。""大凡看文字，少看熟读，一也；不要钻研立说，但要反复体验，二也；埋头理会，不要求效，三也。三者，学者当守此。"③

由于人类物质文明的发展，"阅读"条件的不断改善，"阅读"从偏重文字声音，缓慢进化到偏重文字意象，在此过程里，人脑的接受—反映机制，也逐渐从偏重感性体验，变化到偏重理性认知。"理学"文化对宋以后读书人阅读习惯的影响是一个值得专门研究的题目，这里，只是初步指出：传统阅读朝现代的偏重"视觉思考"的演变轨迹，到了两宋时期开始显现，如诗的说理，词

---

① ［春秋］荀子著，方孝博选注. 荀子选. 北京：人民文学出版社，1958：4.
② ［宋］魏泰. 东轩笔録.（卷五）. 北京：中华书局，1983：52.
③ ［宋］朱熹. 朱子语类.（卷十）. 北京：中华书局，2004：165.

的议论等等。这意味着理性化的深度"阅读"的时代已经到来了。

现在的问题是，传统"阅读"重视诵读的习惯，在诗词阅读当中，是怎样一种情况呢？偏重"视觉思考"的阅读习惯形成之早期，它与诗词创作之间的互动关系是怎样一种情况呢？古人欣赏诗歌类文本时的"阅读"与散文的阅读有无区别之处？这里，试以宋以后有关唐诗的"阅读"批评来看：

例一：杜甫《宿府》

清秋幕府井梧寒，独宿江城蜡炬残。

永夜角声悲自语，中天月色好谁看？

风尘荏苒音书绝，关塞萧条行路难。

已忍伶俜十年事，强移栖息一枝安。

【集评】

（1）宋末方回《瀛奎律髓》卷十二：

此严武幕府秋夜直宿时也。三四与"五更鼓角声悲壮，三峡星河影动摇"同一声调，诗之样式极矣。

（2）施补华《岘拥说诗》云：

（三四句）悲字，好字，作一顿挫，实七律奇调，今人读烂不觉耳。

（3）吴乔《围炉诗话》卷六：

元美（王世贞）以"万里悲秋常作客，百年多病独登台"，"风尘荏苒音书绝，关塞萧条行路难"为句样。

（4）范大士《历代诗发》卷十八云：

写独宿之境，真挚悲惋，令人想见其枕上踌躇不能成寐。

（5）《瀛奎律髓汇评》引纪晓岚云：

三四一悲壮，一凄婉，声调不同。

（6）仇兆鳌《杜少陵集详注》：

"此秋夜'宿府'而有感也。上四叙景，下四言情。首句点'府'，次句点'宿'。角声惨栗，悲哉自语；月色分明，好与谁看：此'独宿'凄凉之况也。乡书阔绝，归路艰难；流落多年，借栖幕府：此'独宿'伤感之意也。玩'强移'二字，盖不得已而暂依幕下耳。"①

——按以上的阅读批评文字，可以清楚地看到：吟读的传统在律诗的阅读里最顽强地延续着。律诗原本是古代诗体里最具有音乐性的，所以，律诗阅读的状态最具有标志性意义。杜甫此首七律，通过吟读，中四句被一再地推为

---

① ［唐］杜甫著，仇兆鳌注. 杜少陵集详注. 北京：中华书局，1979：53.

"样式"、"奇调"、"句样"。到底"奇"在何处呢？我们觉得应该是这种句调音律把人带入诗情诗境之中的神奇力量，通过这种声调音律，读者与诗人之间达成了最为贴近的心灵共鸣。这是真正意义上的诗情感发，"真挚"、"悲壮"、"凄婉"，——在这样的诗情体验里，读者感受着诗人的"儒者情怀"，而"情怀"是无法仅凭用分析、解释得到的。此外，仇兆鳌的解析可谓是"要言不烦"，既有一句式的诗意总括，又有八句情景关系的一句点拨，又有逐句式的层意品味和概括。一共 119 字的解释，的确当得起"要言不烦"。最值得注意的是，这样的解释其实与前面的"声调音律"之评点是相通的，都是以吟读感发作为理解之基础。

例二：许浑《金陵怀古》

> 玉树歌残王气终，景阳兵合戍楼空。
> 松楸远近千官冢，禾黍高低六代宫。
> 石燕拂云晴亦雨，江豚吹浪夜还风。
> 英雄一去豪华尽，惟有青山似洛中。

【集评】

（1）俞陛云《诗境浅说》云："浑写大意"，"涵概一切。"

（2）范大士《历代诗发》云："音响遏云。"

（3）胡以梅《唐诗贯珠笺》云："此诗神志悠扬取胜，是凭吊之音也。"又云："通身清俊，结更振发，有声色。第七句作一断语，与刘（禹锡）同调，此法不可不知。"

（4）陆次鸣《晚唐诗善鸣集》云："此诗三四对得微板，五六一联变出比意，遂非寻常格律。金陵怀古诗中岂易见此杰作。"

（5）宋末方回《瀛奎律髓》云：

许诗工有余而味不足，如人形有余而韵不足，诗岂专在声病对偶而已。"①又云："浑句联多重用，其诗似才得一句便拿捉一句为联者，所以无自然真味。"②

（6）明·廖文炳《唐诗鼓吹》云：

此感六朝兴废也。首言陈后主专事游宴，至于国亡，而玉树之歌已残，王气亦已尽矣。隋之韩擒虎将兵入陈，而景阳戍楼，已成空虚，但见松楸生于千官之家，禾黍满于六代之宫。冢殿荒芜，霸图消灭，良可惜也。自古及今，惟

---

①　[元] 方回. 瀛奎律髓. 上海：上海古籍出版社，1986：112.

②　[元] 方回. 瀛奎律髓. 上海：上海古籍出版社，1986：112.

石燕飞翔，江豚出没，景物常存耳。若英雄一去，豪华殆尽，不复再留，岂有能若青山之无恙哉？①

（7）明·唐汝询《唐诗解》云：

金陵本六朝建都之地，至陈主荒淫，王气由此而灭，故以玉树发端，遂言后主就缚景阳而戍楼空寂也。虽千官之冢树犹存，而六代之阙庭已尽，惟余石燕江豚，作雨吹风而已。然英雄虽去，而青山盘郁。足为帝都，徒使我对之而兴慨耳。②

（8）清·金圣叹《选批唐才子诗》云：

［前解］此先生眼看一片楸梧禾黍而悄然追叹其事也。一、二，"玉树歌残"，"景阳兵合"，对写最妙。言后庭之拍板初擎，采石之暗兵已上；宫门之露刃如雪，学士之馀歌正清；分明大物改命，却作儿戏下场。又加"王气终"，"戍楼空"，对写又妙。言天之既去，人皆不应，真为可骇可悯也。于是合殿千官，尽成瓦散；六宫台殿，咸委积莽。如此楸梧禾黍，皆是当时朝朝琼树，夜夜璧月之地、之人也。③

［后解］此又快悟而痛感之也。言当时英雄有英雄之事，今日石燕亦有石燕之事，江豚亦有江豚之事。当时英雄有事，而极一代之豪华；今日石燕、江豚有事，而成一日之风雨。前者固不知后，后者亦不知前也。"青山似洛中"，掉笔又写王气仍旧未终，妙妙。④

（9）清人朱东岩的评论云：

刘梦得《西塞山怀古》，单论吴主事，只五句一转，用"几回"二字收拾世代废兴，手法高妙。许公此篇，单论陈后主事，只一起"王气终"三字，已括尽六朝，尤为另出手眼。"玉树歌残"与"景阳兵合"作对，直将鼎革改命大事，视同儿戏，真可慨也。松楸禾黍，皆当时朝朝琼树，夜夜璧月之地、之人，正与下"豪华"二字反照。嗟嗟！英雄已去，景物常存，雨雨风风，年年依旧，独前代豪华，杳不复留矣。"青山似洛中"，犹言不似者之正多也。

——按以上集评的序列细读下来，会发现古人阅读诗词作品的奥妙，一是比照今人的"读"，古人更加偏重在"吟读"是毫无疑问的。在吟哦中，古人得到属于自己的特殊体会。这种读诗体会，如果不是通过有声的"吟"，便缺

① ［唐］钱牧斋. 唐诗鼓吹评注. 石家庄：河北大学出版社，2000：30.
② ［明］唐汝询选译，王振汉点校. 唐诗解. 石家庄：河北大学出版社，2010.
③ ［清］金圣叹. 金圣叹批唐才子诗杜诗解. 北京：中华书局，2010：175.
④ ［清］金圣叹. 金圣叹批唐才子诗杜诗解. 北京：中华书局，2010：175.

少了真实感，也就是那种源自心灵里面的体验的东西。

二是处在时间序列里的"集评"，闪烁地透露出一个历史信息，即读诗的理性分析方式，随时代演进，越往后来越严密。也就是说：吟的作用在不断地减弱。感性的"声诗"的时代，日益离我们远去了。

诗的理性成分，通过理性分析被"发掘"出来，诗的阅读不可避免地朝向理性审美的未来前进。谁又知道那是否意味着古典诗的真正消亡？

三、传统阅读的"特征"

我们读晚清时期王国维的《人间词话》，可以确定地说，他对于词的感发式批评，属于传统阅读。如：

"'画屏金鹧鸪'，飞卿语也，其词品似之。'弦上黄莺语'，端己语也，其词品亦似之。正中词品，若欲于词句中求之，则'和泪试严妆'，殆近之欤？"①

以词家自己的词句来作词品特征的标志，这一词句本身是一幅感发性很强的形象画面，一个从整体当中摘出来的具象。这三个词句分别出自温庭筠的《更漏子》（柳丝长，春雨细）、韦庄的《菩萨蛮》（红楼别夜堪惆怅）、冯延巳的《菩萨蛮》（娇鬟堆枕钗横凤），原句全部是用来描绘女子各种情状姿态的。但在这里，王国维却用来指代温、韦、冯三家词品的区别性特征。

画屏上所绘的"金鹧鸪"，非常精美，但却是无生命的，这正如温庭筠词"精艳绝人"，徒具词藻的华丽，缺乏内在的情意。"弦上黄莺语"与"画屏金鹧鸪"相比较，有了生气，但毕竟这莺语是从琴弦上弹拨出来的，与树上枝头真正的鸟语还隔一层，所以，韦词虽清丽宛转，毕竟还够不上鲜活生动。最后的"和泪试严妆"，可以说不仅是生气焕发，且称得上情意深厚。因此，王国维摘它出来，用以形容冯词的"深美闳约"。

王国维的这种赏词方式，主要特征就在于不作一点点的"分析"，完全地"忽略讨究"，特别是那种繁琐过度的解读。他只给出"意象"，通过意象表达自己的"感受"所得。——对这种传统的意象感发阅读，有三点须加以强调：一是追溯源头，一般认为是始于西晋陆机《文赋》。专门以意象来评说诗人风格的，则始见于南朝钟嵘《诗品》；二是古人能够得到这种感发意象，且能够在其诗词作品里创造出具有感发性的意象、意境，使得读者真切具体地感受得到，在此全过程里，始终有赖于感性的吟读之作用；三是对这种感受方式的评

---

① 王国维. 人间词话.（卷上）. 太原：山西古籍出版社，2010：7.

价，今天看来，有其"模糊"之缺欠，但其长处不应因此短处而得不到充分重视。"意象式的喻示大都以直觉的感受为主，因此这种喻示也就最能保持以感性为主的诗歌之特质。"①

诗词文学的擅长之处就在于"将人内心的一种理想之意境与抽象之情思，作意象化之表现，而且使读者得到同样真切同样具体的感受。"② 就词体而言，它是非常重视艺术表现的"美文"。所谓"美"的表现，说到底是为了使人感受，而不在让人知性理解。由此种根本目的和原则出发，表达和唤起一种"真切而具体的意象"，就成了一切"美文"的基本要求。成功的作者一定是实现了这一目标。比如，人们熟知的名句"云破月来花弄影"、"红杏枝头春意闹"，正是通过"闹"字、"弄"字，读者得到一种极为具体真切的印象，获得了一种感动。

要进一步追问的是：王国维这样的赏词方式是否其个人的独出心裁呢？答案当然不是。它是"传统"方式的典型之一例，是真正的"古典"，是一个"传统"的非常自然的延续。如此的感受方式，在传统诗学文献里，几乎可以说是俯拾皆是，试举数例：

（1）南朝钟嵘《诗品》卷上"谢灵运"条云：

"然名章迥句，处处间起；丽典新声，络绎奔会。譬犹青松之拔灌木，白玉之映尘沙，未足贬其高洁也。"③

又卷下云：

范云、丘迟条云："范诗轻便宛转，如流风回雪。丘诗点缀映媚，似落花依草。"④

（2）唐代刘肃《大唐新语》卷八载"张说"云：

富嘉谟之文，如孤峰绝岸，壁立万仞，丛云郁兴，震雷俱发，诚可谓乎？若施于廊庙，则为骇矣。阎朝隐之文，则如丽色靓装，衣之绮绣，燕歌赵舞，观者忘忧。然类之《风》、《雅》则为俳矣。⑤

（3）唐代李嗣真《书后品》云：

伯英章草，似春虹饮涧，落霞浮浦；又似沃雾沾濡，繁霜摇落。元常正隶，如郊庙既陈，俎豆斯在；又比寒涧山豁，秋谷嵯峨。右军正体如阴阳四

① 叶嘉莹. 王国维及其文学批评. 北京：北京大学出版社，2008：250.
② 叶嘉莹. 王国维及其文学批评. 北京：北京大学出版社，2008：250.
③ ［南朝］钟嵘. 诗品（卷上）. 北京：文学古籍刊行社出版，1954：6.
④ ［南朝］钟嵘. 诗品（卷上）. 北京：文学古籍刊行社出版，1954：6.
⑤ ［唐］刘肃. 大唐新语（卷八）. 北京：中华书局，1984：130.

时，庭署调畅，岩廊宏敞，簪裾肃穆。其声鸣也，则铿锵金石；其芬郁也，则氤氲兰麝；其难征也，则飘渺而已仙；其可睹也，则昭彰而在目。可谓书之圣也。①

（4）李开先《中麓画品》云：

戴文进之画如玉斗，精理佳妙，复为巨器。（戴进）吴小仙如楚人之战巨鹿，猛器横发，加乎一时。（吴伟）陶云湖如富春先生，云白山青，悠然野逸。②

（5）明代朱权《太和正音谱》云：

贯酸斋之词如天马脱羁。邓玉宾之词如幽谷芳兰。滕玉霄之词如碧汉闲云。鲜于去矜之词如奎壁腾辉。商政叔之词如朝霞散彩。③

（6）清代张德瀛《辞征》云：

张皋文词如邓尉探梅，冷香满袖。孙平叔词如落叶衰蝉，增人愁绪。冯晏海词如鹿爪搊弦，别成清响。顾简塘词如金丹九转，未化婴儿。刘赞轩词如金丝间出，杂以洪钟。李申耆词如承恩虢国，淡扫蛾眉。

王国维那种给出意象，并通过意象表达自己赏读感受又连带生成了一种特殊的阅读方法即"笺评"。黄庭坚在其《大雅堂记》里说到自己读杜诗"欣然会意处，辄欲笺以数语"，也就是说读者会意于"象"（境），再以"笺"的方法记录所得的"意"。以下，我们看到的便是这种条理化逐渐加强的"笺评"文字。

南宋末的诗人谢枋得笺评王昌龄《闺怨》诗云：

闺中少妇不知愁，春日凝妆上翠楼。

忽见陌头杨柳色，悔教夫婿觅封侯。

"见虫鸣螽跃，而未见君子则忧，见采薇采蕨，而未见君子则忧。草木之荣华，禽虫之和乐，皆能动人伤悲之心。此诗谓闺中少妇，初不识愁，春日登楼见杨柳之青青，始知阳和发育，万物皆春，吾与良人徒有功名之望，今日空闺独处，良人辛苦戎事，曾不如草木群生，各得其乐。于是而悔望此功名。此亦就人情而言也。"④

又如评点贾岛《渡桑乾》诗：

①　马永强主编. 中国书法词典. 郑州：河南美术出版社，1991：102.

②　俞剑华编著. 中国古代画论类编. 北京：人民美术出版社，2004：420－421.

③　张伯伟. 禅与诗学. 北京：人民文学出版社，2008：145.

④　［明］高棅编. 唐诗品汇. 上海：上海古籍出版社，1982：439.

客舍并州数十霜，归心日夜忆咸阳。

无端更渡桑乾水，却望并州是故乡。

"久客思乡，人之常情，旅寓十年，交友欢爱与故乡无异，一旦别去，岂能无情？渡桑乾而望并州反以为故乡也。非东西南北之人不能道此。"① 谢枋得的"笺语"一读即懂，语言通俗，确是"自得之言"。这一点还可以举例，如评韦庄《江上别李秀才》诗中"莫向尊前惜沉醉，与君俱是异乡人"句云："客中送客，最易伤怀，唐人如'今日劝君须得醉'，'劝君更尽一杯酒'皆不若此之妙。"②

除了写"笺评"，还有"点抹"。宋代一位不甚知名的诗人名叫危稹写有一首诗，题为《借诗话于应祥弟，有不许点抹之约，作诗戏之》：

"我有读书癖，每喜以笔界。抹黄饰句眼，施朱表事派。此手定权衡，众理析眇汇。历历粲可观，开卷如画绘。知君笃友于，因从借诗话。过手有约言，不许一笔坏。自语落我耳，便觉意生械。明朝试静观，议论颇澎湃。读到会意处，时时欲犯戒。将举手复止，火侧禁搔疥。技痒无所施，闷怀时一噫。只可卷还君，如此读不快。千驷容可轻，君抱亦不隘。昨问鸡林人，尚有此编卖。典衣须一收，吾炙当痛噆。"

（友于：兄弟般的情谊。语出《尚书·君陈》："惟孝友于兄弟"。后割裂用典，以"友于"代"兄弟"唐诗常用如张说句"慈惠留千室，友于存四海。始知鲁卫间，优劣相悬倍"。）

点抹的目的是为了"定权衡"、"析眇汇"，也就是分析和评价。"抹黄"、"施朱"是从艺术技巧上圈点，但有自己的侧重。诗中说"开卷如画绘"，可知并不只朱黄两色。这种阅读喜欢"以笔界"的"癖好"，正反映了宋人普遍的习惯。

笺语和点抹，都属于传统的读诗方法。借鉴此法读诗，对养成良好的读书习惯有实在的帮助。此法兴起于宋代，这与宋代文人认真读书的风气有直接关系。刘克庄《记梦》："纸帐铁檠风雪夜，梦中犹诵少时书。"刘攽《学易堂作》："老不任作务，读我少时书。"陆游《怀旧用昔人蜀道诗韵》："却寻少时书，开卷有惭色。"陈造《客夜不寐四首》："少睡更堪寒夜永，新来熟遍少时书。"少时读书成为一生的财富。在这种浓郁的阅读风气里，宋人也给我们留下了如何读的经验和非常具体的方法。

---

① ［明］高棅编. 唐诗品汇. 上海：上海古籍出版社，1982：481.
② ［明］高棅编. 唐诗品汇. 上海：上海古籍出版社，1982：495.

第五节 古今"阅读"的差异

传统"阅读"活动在过去的数千年里，就其主要的方式特征而言，并非始终一成不变的。以现代阅读习惯的默读沉思特征来回头检视之，人们会很轻易地发现：汉语人类的文字阅读活动曾经经历了一个以字音为主，辨音得意，到既忽略"字形"，更忽略"字音"，而将捕捉语义信息作为唯一目的的历史进程，文字真正变成了信息编码。以这样一种历史变化趋势来深思汉语诗歌的古典阅读，其间的不同或差异应该是非常清楚的。进而从这种不同出发，探寻规避这一趋势演变的平衡发展之道，其意义也是不言而喻的。

古今之差异，从古典阅读方面说，古人更习惯吟读吟诵，在吟读吟诵当中体会文字意象的丰富意蕴。此种"丰富意蕴"绝不限于某种纯粹的道理、含义，或今天所说的"主题思想"；它更包括只有心灵可以体会，而难以言明的所谓的真意、真趣；更包括从意象和意境的体验当中所得到的情感与精神联想层面许多虽然微妙却是真切分明的感觉经验。若单就古典诗词的传统阅读来说，意象或意境的赏会，换言之，赏会真意而不离开感性意象，便成为这种阅读所追求的境界。由此来说，古典的诗词阅读具有一种天然的免疫力，那就是从根本上排斥冗繁过度，琐碎枝蔓的分析解释，它以意会，以情赏。

赏会，顾名思义，读者以欣赏的心情与作者之心意、情志，相逢、相会、相融，完成一次我们所称之为"文学鉴赏"的心灵活动之过程。通常我们习惯说"赏析"，这个词，追溯起来，与陶渊明的两句诗有关："奇文共欣赏，疑义相与析"。但本义是"赏奇析疑"。这里的"析"和现今的"分析"概念不同，是最简单意义上的"破开"、"解开"之意。"赏奇"偏重在"文学"，要伴随有心灵的情感体验，"析疑"则偏重"知性"，要求冷静客观地解决问题。这里的"赏析"，大致可以解释为：与情感体验相结合的审美认知活动。

"会"，是彼此心灵相通相体贴，心意、情感打成一片。这样一种体验、体会，绝不是"分析"一词儿能传达的。唐孟郊《听琴》诗云："闻弹一夜中，会尽天地情。"刘禹锡《视刀环歌》云："常恨言语浅，不如人意深。"北宋晏几道《清平乐》词云："书得凤笺无限事，犹恨春心难寄。"周邦彦《塞垣春》词云："念多才，浑衰减，一杯幽恨难写。"南宋陈亮《念奴娇·登多景楼》一词云："危楼还望，叹此意，今古几人能会？"辛弃疾《水龙吟·登建康赏心亭》一词云："落日楼头，断鸿声里，江南游子。把吴钩看了，栏杆拍遍，无人会，登临意。"诗人将难言，或难以尽言之情意，发之于言，于是才有了所谓诗,这正如南唐人徐铉在《萧庶子诗序》里所云:"人之所以灵者,情也;情之所以通者,言也。其或情之深,思之远,郁积乎中,不可以言尽者,则发为诗。"① 对于读诗的人来说,这等的诗情是可以单凭知性的分析得到吗?

陶渊明还有一个名言:"好读书,不求甚解,每有会意,便欣然忘食。"(《五柳先生传》)② 此句中"会意"这个词儿最要紧。对陶渊明来说,析疑是为"会意",而"会意"的结果,才有"赏奇",才有"欣然忘食"的审美享受。一个人的阅读,何以能够"欣然忘食"呢?这种兴奋情绪、快感的产生,当然是因为"会"了。读者与隐藏在文本里的"意",甚至与作者的心灵相感通、相体贴,虽然有时这种得意属于一厢情愿,自以为是,但毕竟是经由读者的心灵发现。"会意"不同于一般所谓的"理解",因为在这种认知活动过程里,身心感觉都被调动起来,读者真正享受的是发明,发现的快乐,或者沉浸其中的心境体验本身。周汝昌先生解释这个特殊的"会"字,说"那些作者以彼之情思要来会我辈读者,是一层会。我辈读者以吾等之情思去会古代作者,又是一层会。两会交逢,才完成了欣赏这一文艺活动过程。"③

"读"与"写"是相关联的。倒是应该进一步讨论一下陶渊明写诗的心态。《饮酒诗》序云:"偶有名酒,无夕不饮。顾影独尽,忽然复醉。既醉之后,辄题数句自娱。"④ 渊明"好"酒,却不随便取用,他是"偶有名酒,无夕不饮",也并不"呼朋唤友",而是"顾影独尽,忽然复醉"。写诗与功名无关,是"既醉之后,辄题数句自娱"。"既醉",人的精神放松,压力解除,心里话,真心话,自然兴起。此刻,与其说是写诗,不如说是心语流淌。

且看此刻的酒中的陶诗:

"谷风转凄薄,春醪解饥劬。弱女虽非男,慰情良胜无"(《和刘柴桑》)

"中觞纵遥情,忘彼千载忧。且极今朝乐,明日非所求"(《游斜川》)

"我有旨酒,与汝乐之"、"送尔于路,衔觞无欣"(《答庞参军》)

"漉我新熟酒,只鸡招近局。日入室中暗,荆薪化明烛,欢来苦夕短,已复至天旭"(《归园田居》其五)

陶渊明写诗的"环境",借其文语可知一二。《感士不遇赋》有云:"自贞风告逝,大伪斯兴,闾阎懈廉退之节,市朝驱易进之心。"⑤ 陶渊明是用这种

---

① 四川大学古籍整理研究所编. 全宋文. 成都:巴蜀书社,1988:377.

② [晋]陶渊明著,陈庆元、邵长满编选. 陶渊明集. 南京:凤凰出版社,2011:286.

③ 周汝昌. 诗词赏会. 广州:广东人民出版社,1987:2.

④ [晋]陶渊明著,王瑶编注. 陶渊明集. 北京:人民文学出版社,1957:61.

⑤ [晋]陶渊明著,逯钦立校注. 陶渊明集. 北京:中华书局,1982:145.

"自娱"的心态，这样的"诗酒"生活来与"环境"对抗。释放抒发是第一需要，显示文采的"意"不是他的刻意。所以，陶诗平易，朴素。

千载之下，读这样的诗，只须"赏会"。但究竟"会"的是什么呢？宋·释普济《五灯会元·七佛·释迦牟尼佛》："世尊在灵山会上，拈花示众，是时众皆默然，唯迦叶尊者破颜微笑。"他为得到佛的"心传"微笑。对于陶诗，能让我们"破颜微笑"的到底是什么呢？清人徐增《而庵诗话》有云："诗到极则，不过是抒写自己胸襟。若晋之陶元亮，唐之王右丞，其人也。"陶诗"平易"的奥妙也就在于用最单纯的文字言志和显现情性。从传统诗学的角度说这种"不见文字"只显现性情的诗，才是最好的。

"赏会"所会的是什么？吟诵、吟读的目的是什么？这是一个根本性的追问。中国古人的诗学里，有一句很著名的话，即"以性情为本，以音乐为用"。作诗又被称之为"吟咏情性"（《毛诗序》），"摇荡性情，行诸舞咏"（钟嵘《诗品·序》）。从情性里把诗吟咏出来，诗即性情。而诗的鉴赏，则从相反的方向进行。靠吟咏作出来的诗，也须从语言声音上玩味体会。所以，语音在诗词里的作用，不单单是所谓"诗词语言的艺术"问题，即艺术的鉴赏问题，也包涵着传统诗人的情感、精神。据此可以得出这样一个学诗的线路：诗词语言艺术—声韵（作为重点的语音艺术）—情调（有格调的情感状态）—性情（人文传统）。

清代沈德潜《说诗晬语》里有一段很切当的话："诗以声为用者也。其微妙在抑扬抗坠之间，读者静气按节，密咏恬吟，觉前人声中难写，响外别传之妙。一齐俱出。朱子云；'讽咏以昌之，涵濡以体之。'真得读诗之味。"[①] 难写、别传之妙是什么？昌之、体之的是什么？一言以譬之，性情。此性情中内容丰富，凡人性所能有之。

除了"赏会"其性情，传统阅读更进一步主张"理会"其道理，因之强调"自得"，也是传统"赏会"的重要特征。在这一点上宋代的朱熹的总结精辟而发人深省：

诗中头项多，一项是音韵，一项是训诂名件，一项是文体。若逐一根究，然后讨得些道理，则殊不济事，须是通悟者方看得。[②]

问学者："诵诗，每篇诵得几遍？"曰："也不曾记，只觉得熟便止。"曰："便是不得。须是读熟了，文义都晓得了，涵泳读取百来遍，方见得那好处，

① ［清］沈德潜著，霍松林校注. 说诗晬语. 北京：人民文学出版社，2005：187.
② ［宋］朱熹著. 朱子语类（八十卷）. 北京：中华书局，1986：2082.

那好处方出，方见得精怪。见公每日说得来干燥，元来不曾熟读。若读到精熟时，意思自说不得。如人下种子，既下得种了，须是讨水去灌溉他，讨粪去培拥他，与他耘锄，方是下工夫养他处。今却只下得个种子了便休，都无耘治培养工夫。如人相见，才见了，便散去，都不曾交一谈，如此何益！所以意思都不生，与自家都不相入，都恁地干燥。这个贪多不得。读得这一篇，恨不得常熟读此篇，如无那第二篇方好。而今只是贪多，读第一篇了，便要读第二篇；读第二篇了，便要读第三篇。恁地不成读书，此便是大不敬！（此句厉声说）须是杀了那走作底心，方可读书。"①

又云：

读诗之法，只是熟读涵味，自然和气从胸中流出，其妙处不可得而言。不待安排措置，务自立说，只恁平读着，意思自足。须是打叠得这心光荡荡地，不立一个字，只管虚心读他，少间推来推去，自然推出那个道理。所以说"以此洗心"，便是以这道理尽洗出那心里物事，浑然都是道理。上蔡曰："学诗，须先识得六义体面，而讽味以得之。"此是读诗之要法。看来书只是要读，读得熟时，道理自见，切忌先自布置立说！②

余论：

古人通过"吟咏"所获得的诗词感觉，经常借助完全的意象语言表达，这对于早已脱离古典语境的现代人来说，隔膜很大。不要说时代很久的唐宋，即使是处在古典时代即将结束的晚清时期，这种隔膜，依然如此。例如王国维的《人间词话》，如果不是借助深谙其中奥妙的学者给予解读，若直接看去，不是很"懵门"吗？

对于现代人来说，带着丰富感觉经验的古典意象，越来越成为一个难以真正融入的陌生对象。那么，这中间的"隔膜"、"陌生"是否是不可逾越的呢？这的确是一个挺难回答的问题。如从现代文化的演变来说，可能的结果，或者是任其自然，而越来越隔膜；或者努力"返回"，消减日益增加的陌生感。现代之于古典的最大差别在于今天的诗人越来越自我和"小我"化。这导致了诗里的"景象"，重新回到"客观"的位置上，彼此相分。诗人只把绝对属于自己的一点心情留下，自我与小我的"诗情"。

这里举一首西方的现代诗来看：

你躺在沙滩上，双手捧起一杯沙子，

---

① ［宋］朱熹著. 朱子语类（八十卷）. 北京：中华书局，1986：2087.

② ［宋］朱熹著. 朱子语类（八十卷）. 北京：中华书局，1986：2086.

然后让沙子一粒一粒漏下，

太阳在晶莹的沙土上灼灼生光；

好吧，你且静静凝望

那和谐的大海和无限透明的天空，再闭上双目，

渐渐，你悄悄感到

你的手轻盈得什么都消失了，

在你重新睁开眼睑以前，

沉思：在我们的生命里又增添了

流动的尘沙，在这永恒的沙滩之上。

——亨利·德·雷尼埃《在沙滩上》①

诗中的"你"是诗人分身出来一个旁观的自己。以这样一种视角写诗人自己，从对沙滩的欣赏当中引发的一点感想。请注意：这感想里，除了诗人自身经验所达到的地方以外，一切芜杂的文化狂想消失了，没有永恒、不朽，没有伟大的、遥远的，诗人所说的一切都源于自身最切己的感受。现代诗歌的文字风格崇尚简洁，明朗，正与这种率真心情的表达相配合。这种文字风格在本质上，或从来源上说，显然与现代人所谓的"科学精神"有关。对于现代科学，精准和清晰，才是最好的。——以这样的现代诗眼光，来反观中国的古典诗，其间的差异，让人感叹！

或者，现代诗中的景象、物象虽然很明确地被"思维"做成一个比喻，一个象征，但一切都很明白，诗中或歌里，述说自己的一种心情而追求"即听即感动"的表达效果，缺少含蓄，缺乏回味：

"带走一盏渔火，让它温暖我的双眼，

留下一段真情，让它停泊在枫桥边，

许多年以后才发觉，又回到你面前。

流连的钟声，还在敲打我的无眠，

沉封的日子，始终不会是一片云烟，

久违的你，一定保存着那张笑脸，

许多年以后，能不能接受彼此的改变

……

月落乌啼，总是千年的风霜，

涛声依旧，不见当初的夜晚，

---

① 徐知免编译. 雨——法国现代诗抄. 北京：外国文学出版社，1989：3.

今天的你我，怎样重复昨天的故事，

这一张旧船票，能否登上你的客船。"

（1993年 春晚 毛宁 演唱的歌曲《涛声依旧》）

诗人将难言，或难以尽言之情意，发之于言，此言只能以意象、意境呈现。对于读诗者来说，这等的诗情不能全都依赖"分析"来理解。知性的解释，在这样的诗意、诗情面前经常会"走形"，变成一种羁绊！

朱熹批评说："古人独以为'兴于诗'者，诗便有感发人底意思。今读之无所感发者，正是被诸儒解杀了，死着诗义，兴起人善意不得。如《南山有台》序云：'得贤，则能为邦家立太平之基。'盖为见诗中有'邦家之基'字，故如此解。此序自是好句，但才如此说定，便局了一诗之意。"①

明代的李东阳同样指出这其中的缘由："诗有三义，赋止居一，而比兴居其二。所谓比与兴者，皆托物寓情而为之者也。盖正言直述，则易于穷尽，而难于感发。惟有所寓托，形容摹写，反复讽咏，以俟人之自得，言有尽而意无穷，则神爽飞动，手舞足蹈而不自觉，此诗之所以贵情思而轻事实也。"②

这样的诗与音的关系又如何呢？

记载南宋朱熹论学的《朱子语类》有这样一段文字："或问'诗言志，声依咏，律和声'。曰：古人作诗，只是说他心下所存事。说出来，人便将他诗来歌，其声之清浊长短，各依他诗之语言，却将律来调和其声。今人却先安排下腔调了，然后做语言去合腔子，岂不是倒了！却是咏依声了。古人是以乐去就他的诗，后世是以诗去就他乐，如何解兴起诗人？"③ "诗"之能"兴起诗人"，是因为它是从心生发出来，言为心声，而不是为了配合先有的"乐律"。古人云："丝不如竹，竹不如肉"，"弱管轻丝，竹肉相发"，也是讲这个根本的理。

刘勰在《文心雕龙》有云，"目既往还，心亦吐纳"④，吐纳而成诗的文字，便是一个有声有色、情景交融的意象世界。对于古人来说，这样的诗，原本很自然就与自己欣赏的习惯对接在一起。所谓"只可意会，不可言传"，历来是古典诗的最理想状态。这样的诗，原本就在非常感性的环境里，借吟咏诞生出来，当然只能在同样非常感性的吟赏的状态下，让人重温同样的感觉经验。

① ［宋］朱熹著. 朱子语类（八十卷）. 北京：中华书局，1986：2084.

② ［明］李东阳. 怀麓堂诗话. 北京：人民文学出版社，2009：80.

③ ［宋］黎靖德编. 朱子语类（七十八卷）. 北京：中华书局，1988：2005.

④ ［南朝·梁］刘勰著，范文澜注. 文心雕龙注. 北京：人民文学出版社，2008：695.

附　录

一、名家"吟调"简谱选录

目前，从我们接触到的吟唱曲调（录音录像）来看，有些音乐性强，美听但缺乏诗的韵味；有些曲调模糊，甚至不在调上。在这种情况下，"选优"成为一种必然，即找出文学性与音乐性兼具，韵味浓郁的好歌调。笔者深信，只有好的歌调，才有可能在当下音乐形式极为丰富的社会文化生活里，让传统吟诵守住自己的阵脚。虽然，"优"的标准，只能是相对的，即使名家也难免有人不以为然，但从传承角度来说，选"优"还是必要的。而就学习传统吟诵来说，即使是吟诵名家的曲调，也是别人的，于自己也只是入门的桥梁。学唱别人的吟诵调，因为受简谱和"不在场"的限制，即便是韵味浓郁的名家调，也需要学习者用心识谱，用心聆听，用心揣摩，经历一个在自我实践的过程之后，才可能从其中获得滋味来营养心灵，领受诗的教化。

以下为名家定调吟唱简谱，兼顾律诗、绝句、古体、词、文四种样式，建议初学者在学唱之前先作案头预备例如撰写"按语"之类，之后识谱学唱。另外，以下各谱中，也存在"音乐性"过度的现象，请学唱者自行比较鉴别。

枫桥夜泊

(唐) 张继诗
《唐诗三百首》
赵元任 吟

1=C

| 7 7 6 7 | 7 6 5 - | 7 6 7 5 | 5 5 3 2 - | 2 3 5 5 | 5 3 3 2 2 7· |
| 月落 乌啼 | 霜 满天, | 江枫 | 渔火 | 对愁眠. |

| 2 2·3 5 | 5·6 7 5 | 3 2 3 2 5·3 | 7 7·3 5 | 5 3 2 3 | 3 2 7 |
| 姑苏城 外 | 寒山 | 寺, | 夜半 钟声 | 到 客船. |

观书有感

（宋）朱熹诗
王力 吟
孙玄龄记谱

1=F

2 1　5 5·3　3 2　5 3· | 5 5 3　2 1 3 5 3　3　3·2 1

半亩　方塘　一鉴　开，　天光　云影共徘　　徊。

3 5 3　3　2 3 2　5 5 3　3 2 1 | 2 1　5 5 3　3　3 1 3·2 1 −

问渠　那　得　清如　许？　为有源头　活水来。

春晓

（唐）孟浩然诗
选自《全唐诗》
叶嘉莹 吟
徐晓生记谱

1=C 4/4

6 6 1　6 5 6 6 5 | 6 0 1·2 | 7　6 7 6　5　3

春眠　不觉　晓，　处处　闻啼　鸟。

3　3 5 3 2 3 3 2 | 3 0 5·6 | 4　3　2 −

夜来　风雨　声，花落　知多少。

泊秦淮

（唐）杜牧诗
选自《樊川文集》
何祖述 吟

2 3　2　2 3 5　5 5 3　2 3　2 | 5·5 5 5　3　2 3　1

烟　笼寒水月笼　沙，　夜泊秦淮　近酒　家。

1 2　1 1 6 0 6 6 1 2 3 2 0 | 2 1 6 5 0 6 6 1 2　2 1　1

商女　不知　亡国　恨，　隔江　犹唱　后庭　花。

静夜思

（唐）李白诗
《唐诗三百首》
戴君忱　吟

1=C 4/4

6 6· i 5 6· 5 3 － ｜ 5 3 2 i 5 6 － ｜
床 前 明 月 光，　　疑 是 　地 上 霜。

6 i 6 5 6 － 5 5 3 ｜ 5 3 2 i 5 6 － ‖
举 头 望 明 　月，　低 头 思 故 乡。

旅夜书怀

（唐）杜甫诗
《唐诗三百首》
程曦　吟

1=G 4/4

2 i 2 3 5 3 2 3 2 1 · － － ｜ 1 6 5 3 6 ｜ 6 5 · － － ｜
细 草 微 风 岸，　　危 樯 独 夜 舟。
名 岂 文 章 著，　　官 因 老 病 休。

3 2 i 1 5 ｜ 5 3 · － － ｜ 1 6 1 5 6 ｜ 6 5 · － － ‖
星 垂 平 野 阔，　　月 涌 大 江 流。
飘 飘 何 所 似，　　天 地 一 沙 鸥。

月下独酌

（唐）李白诗
《唐诗三百首》
赵元任　吟

1=C

5 5 6 3 5 － ｜ 3 6 5 5 3 2 － ｜ 2 2 5 3 3 5 · ｜ 3 5 3 3 2 1 － ｜
花 间 一 壶 酒，　独 酌 无 相 亲。 举 杯 邀 明 月， 对 影 成 三 人。

1 2 2 5 3 5 － ｜ 5 3 2 1 3 5 2 － ｜ 2 2 3 5 3 5 － ｜ 3 5 2 · 3 1 － ｜
月 既 不 解 饮，　影 徒 随 我 身。 暂 伴 月 将 影， 行 乐 须 及 春。

i i 6 6 i i 6 6 5 ｜ 3 5 5 1 2 － ｜ 5 3 3 3 3 2 ｜
我 歌 月 徘 徊，　我 舞 影 零 乱。 醒 时 同 交 欢，

1 1 2 1 2 6 1 － ｜ 3 5 3 3 3 2 3 2 ｜ 1 1 2 6 1 － ‖
醉 后 各 分 散。　永 结 无 情 游， 相 期 邈 云 汉。

钱塘湖春行

(唐)白居易诗
选自《白氏长庆集》
邹醒国 吟

5 5　35 3·2　2 1 1｜3 2 3 5 3 3　2 1 5 6·6 5 3
孤山 寺北贾亭　西，水　面 初平　云脚低。

1 1 1 2　5 5　6 1·｜6 6　5 3 5 6　1 6 0　6 5 5 3
几处早莺 争暖树，谁家　新燕 啄春泥。

5 5　1 2 3　1　6 5 1 6 0｜1 1 6 6　5 3 5 6　1　5 3
乱花 渐欲 迷人 眼，浅草才能　没马　蹄。

1 1 1 2　5·6　1 0｜5 5　3 2　5 6 1 1　6 5　5 3
最爱湖东 行不足，绿杨　阴里 白沙　堤。

登 高

(唐)杜甫诗
选自《杜工部集》
邹醒国 吟

5·5　3 1　2·3 1｜1 6 5　6·1　1 6　5 5　3
风急 天高 猿啸哀，渚 清 沙白鸟飞　回。

5 5　2 3　1 1　5 6560｜1 1 6 6 5　3 2 5 6 1　6　53
无边 落木 萧萧　下，不尽长江　滚滚来。

5 1　1 2　5·6　1 0｜3 2 1 6　5 6 1 1　6 5　5 3
万里 悲秋 常作客，百年　多病 独登　台。

5 5 3 1 3 2 1　5 1 6 1 0｜6·1 1 6 5 3 2　5 6 1 6　5 3
艰难 苦恨繁霜　鬓，潦倒新停　浊酒杯。

过零丁洋

（南宋）文天祥诗
选自《文山先生全集》

丁彦士 吟

3 2 3 2 1 i ·3 2 3 2 0 | 2 i 6 6·2 2 2 i i |
辛苦遭逢 起一经， 干戈 寥落四周 星。

i i i 2 3 2 6 i 0 | 2 i 6 6 i 6 5 6 i i 5 6 |
山河 破碎风飘 絮， 身世 浮沉 雨打 萍。

6 i i 6 3 5 6 6 0 | 6 5 3 5 6 i 6 5 5 |
惶恐滩头 说惶恐， 零丁 洋里叹零 丁。

5 5 5 6 i 2 3 2 6 i 0 | i 2 i 6 5 i 2 6 i |
人生 自古谁无 死， 留取丹心 照汗 青。

乌夜啼

1=4/4

（南唐）李煜词
作曲：陈向春

3· 6 i 2 | 7 6 5 5 6 - | 2· 6 #4 5 | 3 - - 0 |
无言独上 西 楼， 月 如 钩。

6· 3 6 i | 7 6 5 3 3 6 | 5· 4 3 2 1 3 | 2 - - - |
寂寞梧桐深 院 锁 清 秋。

0 0 0 0 | 0 0 0 0 | 0 0 0 0 | 0 0 0 0 |
(独白)剪 不断， 理 还乱， 是 离愁。

3 0 6 6 3 | 2 0 5 5 2 | 4· 3 2 3 4 5 | 3 - - - |
剪 不断， 理 还乱， 是 离 愁。

6· i 2 3 | i 7 6 5 6 3 | 5· 4 3 2 1 3 | 2 - - 0 |
别有一番滋 味 在 心 头。

6· i 2 3 | i 7 6 5 6 3 | 5· 3 2 3 1 7 | 6 - - - |
别有一番滋 味 在 心 头。

407

虞美人

1=4/4

（南唐）：李煜词
作曲：陈问春

2· 3 1 2 | 1 7 6 5 6 - | 2· 3 1 2 5 4 | 3 - - - |
春花 秋月 何 时 了， 往事 知 多 少？

3· 6 6 3 | 4 3 2 2 - | 5· 2 4 3 | 2 2 3 1 7 6 - |
小楼 昨夜 又东 风， 故国 不堪 回首 月明 中，

6· 6 5 6 | 7 5 6 5 3 - | 5· 3 2 3 4 5 | 3 - - - |
雕栏 玉砌 应犹 在， 只是 朱 颜 改。

‖: 6· 1 2 3 | 1 7 6 6 3 0 | 5· 3 2 5 | 1· 7 6 1 5 |
问君 能有 几多 愁？ 恰似 一 江 春水 向东

6 - - - :‖
流。

长相思

D=1（吟诵式，深情地）

（北宋）林逋词
昆曲唱谱
华文漪演唱

(6· 1 5 3 2 | 1 3 5 2 3 1 | 6· 5 | 6 -) | 3 5 6 | 6 - | 5 6 3 | 3 |
吴山 青 越山 青，

2· 3 1 6 | 6 6 5 | 3 3 2 1 | 2 - | 1· 2 5 3 | 2 2 3 1 6 | 6· 1 7 | 6 - |
两岸 青山 相送 迎， 谁知 离别 情。

6 1 2 3 2 | 2 - | 1 3 2 1 6 | 6 - | 5· 1 6 5 3 | 2 3 5 | 3 2 3 1 | 2 - |
君泪 盈， 妾泪 盈， 罗带 同心 结未 成，

5· 3 2 | 1 3 5 2 3 1 6 | 6 - | 6· 1 3 5 6 | 6 - ‖
江头 潮已 平。 潮 已 平。

江神子

（北宋）苏轼词
胡适 吟

散板
1=D

3 3̲ 6̇·5̲ 1̲ 1̇ 6̲5̲3̲ 0 | 1̇ 6̲5̲ 0 ‖ 1̇ 6̲5̲ 0 |

凤凰 山下雨初晴， 水 风清， 晚霞明，

1̲̇ 6̲ 1̲̇ 6̲5 - | 5 6̲5̲6̲5̲3̲2 - | 3̲2̲ 3̲5̲ 3̲2̲ 1̲6̲1̲ 6̲ 1 |

一朵芙蕖， 开过尚盈盈。 何处飞来双白鹭

1̲̇ 6̲ 1̲̇ 6̲1· | 1̇ 6̲ 5 - | 3̲5̲ 3̲0̲ 3̲5̲ 5̲ 3̲2̲ 1̲6̲ 0 |

如有意， 慕娉婷。 忽闻江上弄哀筝，

3 3̲2̲2̲1̲ 0 | 1̲1̲6̲5̲ 0 | 1̲̇6̲1̲1̲6̲5 - | 5̲6̲1̲6̲5̲ 0 |

苦含情， 遣谁听。 烟 敛云收， 依约是湘灵。

1̲̇ 6̲1̲1̲5̲3̲5̲6̲ 6 - | 5̲· 5̲ 5̲6̲· | 6̲1̲ 6̲ 5 - ‖

欲待曲终 寻问取， 人不见， 数 峰青。

一剪梅

（宋）李清照词
选自《漱玉集》
李勉 吟

1=G 4/4

5 3̲2̲ 3̲·5̲ | 6̲· 5̲ 3 2̲3̲ | 5̲ 0 6̲5̲6̲ 3̲2̲·3̲ |

红 藕香 残 玉
花 自 飘 零 水

5̲6̲6̲1̲2̲· 1 | 6̲2̲3̲2̲1̲ 6̲ | 5̲· 6̲ 6̲0̲5̲ 3̲5̲ |

簟 秋， 轻解罗 裳 独
自 流 一种相 思 两

2̲· 3̲1̲6̲5̲3̲ | 2̲· 3̲5̲3̲3̲5̲ | 6̲ 3̲ 2̲·3̲ 2̲ 1 |

上兰 舟。 云中 谁 寄
处闲 愁。 此 情 无 计

6̲ 2̲3̲2̲1̲6̲ | 5̲· 6̲1̲6̲1̲2̲ | 3̲2̲3̲5̲3̲ 2̲·3̲ 2̲ 1 |

锦书 来，雁 字 回 时
可消 除，才 下 眉 头

6̲ 2̲3̲2̲1̲6̲ | 5 - - - ‖

月 满 西 楼。
却 上 心 头。

如梦令

（宋）李清照词
选自《漱玉集》
陈少松 吟

1=A

3 35 32 1·2 32 53 2 - | 3 5 6 5 6 6 1 2 3 1 - |
昨 夜 雨 疏 风 骤，　浓 睡 不 消 残　　酒。

61 5 0 61 1 61 23 2 -0 | 3·21 - 61 23 21 6 62 10 0 |
试 问 卷 帘 人，　却 道 "海 棠 依 旧。"

60 60 1 61 2 3 2·3 | 1 2 32 1 2·3 21 5 6 21 - ‖
"知 否？知 否？　应 是 绿 肥 红 瘦。"

雨霖铃

（宋）柳永词
选自《全宋词》
陈少松　吟

1=A

2 32 3 3 5 3·532 10 | 6̣1 5 1 6̣1 23 2 0 3 | 1 2̣3 1 6̣1 5 0
寒蝉　　凄　切，对 长 亭　晚，　　骤 雨 初　　歇。

6̣1 5 6̣ 1 2̣3 1 6̣1 5 | 5 6̣ 6̣1 2·3 1 2·3 1 6̣1 5 0 0
都 门　帐 饮 无　绪，留 恋　处，兰 舟 催　发。

3 2̣1 1·2̣3 35 5 3 5 2 － | 3 35 5·6̣ 6̣1 23 1　　0
执 手 相 看 泪　眼，　竟　无 语 凝　噎。

6̣6̣1 5̣ 6̣ 1 232 16̣1 232 03 | 1 232 1 232 1 65 6̣ 6·15000
念 去 去 千 里 烟　波，　暮 霭 沉 沉 楚 天　阔。

6̣1 5 6̣ 1 232 1 65 6̣ 6·150 | 6̣6̣15 6̣ 1 22 1 656 6·15 0 0
多 情 自 古 伤 离　别，　更 那 堪 冷 落 清 秋　节。

3 2̣1 1·2̣ 3 35 5 35 2 － | 2 353 2·321 6̣1 5· 5661 231 0
今 宵 酒 醒 何　处？杨 柳　岸　晓 风 残　月。

1 2̣3 1 6̣1 232 2· | 3 2̣1 6̣1 2·3 1 232 1 6̣1 5 0
此 去 经 年，　　应 是 良 辰 好 景 虚　设。

6̣ 6̣1 5 6̣ 1 232 1 6̣1 23 2 3 | 1 232 1 65 6̣V 6·1 5̣　　0
便　纵 有 千 种 风 情，　更 与 何 人　说！

关雎

《诗经·周南》
徐晓生记谱

1=G 4/4

```
2 2 35 32 | 1 - - 7 | 6 65 62 76 | 5 - - 3 |
关 关 雎 鸠 ，        在 河 之 洲
参 差 荇 菜 ，        左 右 流 之
求 之 不 得 ，        寤 寐 思 服
参 差 荇 菜 ，        左 右 采 之
参 差 荇 菜 ，        左 右 芼 之

6 6 6 65 | 6 - - - | 1 12 7 65 | 3 - - - ‖
窈 窕 淑 女 ，        君 子 好 逑
窈 窕 淑 女 ，        寤 寐 求 之
悠 哉 悠 哉 ，        辗 转 反 侧
窈 窕 淑 女 ，        琴 瑟 友 之
窈 窕 淑 女 ，        钟 鼓 乐 之
```

黍离

《诗经·黍离》
蒋凡吟谱

悲慨长吟，慢速

```
6 5 | 6 6· 6 i 6 653 | 3 - | 2 2 | 3 3 | 3 - |
彼 黍 离 离，彼 稷 之 苗。    行 迈 靡 靡，

3 3 | 2· 3 2 216 | 6 - ‖ i 6i | 6 65 | 6 6· 6 65 3 |
中 心 摇   摇。    知 我 者 谓 我   心 忧，不 知 我 者

3 26 | 1 1· 6 6 | 6 6· 6 3 5 | 65 3 | 3 - | 2 2 |
谓 我 何 求？悠 悠 苍 天，此 何   人 哉？    悠 悠

3 3· | 3 232 2 216 | 6 - ‖
苍 天，此 何   人 哉！
```

黍离

《诗经·王风》
文怀沙 吟
徐晓生记谱

1=C 4/4

i i i i - 5 | 6i 65 6i 65 | 3 - - - | 1 1 2 3 5 3 |
彼黍离离，彼稷　之苗。　　　行迈 靡靡，

6 6 5 3　2 1 5 | 6 - - - | i i i i·i 2 37 | 6 6 5· |
中心　摇　摇。　　知我者谓我　心忧，

6 6 6 3　5 6i 6·65 | 3 - - - | 3 3 2·2 2 1·1 |
不知我者　谓我 何求。　　悠悠 苍天，此

1 6 5 - | 1 6 - - ‖
何人　哉？

木兰诗（节选）

选自《乐府诗集》
王更生 吟
徐晓生改编

1=G 4/4

6 6 3 5 6 - | 6 i 6i 5 3 - | 3 3 5 65 6i 5 |
唧唧 复唧唧，　木兰 当户织。　不闻　机杼声，

3 23 56 32 1 - | 2 35 2321 6 - | 60 35 32 16 1 - |
惟闻 女叹 息。　问女何所思？　问女 何所忆？

3 5 6i 5· 4 | 3 23 56 32 1 - ‖
女亦 无所思，　女亦 无所忆。

芜城歌

(南朝·宋) 鲍照诗
蒋凡吟谱

慢速，苍凉悲慨

6 6 | 5̲4̲ 3 | 3 - | 5̲ 3̲5̲ 1̲7̲ | 6 - | 6̲2̲ 1̲2̲ | 3̲0̲ 3 | 3 - |
边 风 急 兮　　城 上 寒，　井 径 灭 兮，

5̲ 6̲5̲ 3̲2̲ | 1̲2̲ 7̲ 6̲ | 6 - | 3̲ 3̲ | 2 - | 2̲ 3̲2̲ 1̲2̲ | 3 - | 5̲4̲ 3̲2̲ |
丘 　 陇 残。　　千 龄 兮 万　 代，　共 尽

1 - | 1̲ 5̲3̲ | 6 - | 2̲ 3̲2̲ 1̲2̲ | 3 - | 6̲ 2̲ | 1̲ 2̲7̲ 6̲ | 6 - |
兮，　共 尽 兮 何　 言，　何 言，

0̲3̲ 5̲6̲ | 2̲ 3̲1̲ | 6̲ - | 6̲ - ‖
共 尽 兮 何　 言！

陋室铭

(唐) 刘禹锡诗
选自《全唐文》
王更生 吟

1=C 4/4

5̲·5̲ 5 5 | 5 - | 6̲ 1̲ 1̲ 1̲ | 1̲ - | 1̲ 1̲ 1̲ ·5̲3̲ | 3̲5̲3̲2̲ 1̲ 1̲ - |
山 不 在 高，　有 仙 则 名；　水 不 在 深，　有 龙 则 灵。

5̲·6̲ 1̲ 1̲ 3̲5̲ 2̲1̲ 1̲ | 1̲ 0 1̲ 1̲ 1̲ 5̲ | 3̲0̲ 3̲3̲ 2̲3̲2̲1̲ 1̲7̲· |
斯 是 陋 室 惟 吾 德 馨。　苔 痕 上 阶 绿，　草 色 入 帘

1̲ 0 3̲ 3̲ 1̲ 2̲ | 5̲ 3̲3̲ 2̲3̲2̲1̲ 1̲7̲· | 1̲ 0̲1̲ 1̲ 1̲ 5̲ | 5̲ 3̲ |
青。　谈 笑 有 鸿　 儒，　往 来 无 白　 丁。可 以 调 素 琴，

2̲3̲2̲1̲ 1̲ 0 3̲ | 2̲3̲2̲ 3̲ | 1̲ 2̲ 5̲ | 6̲3̲2̲ | 1̲ 6̲2̲ 1̲ 0 | 0 |
阅 金 经。无 丝 竹 之 乱 耳，无 案 牍 之 劳　 形。

1̲ 1̲ 1̲ 5̲ 5̲3̲ 3̲ 3̲ | 2̲3̲2̲1̲ 1̲7̲·1̲ 3̲·3̲ | 3 - 5 | 5̲ 2̲2̲ 1̲ |
南 阳 诸 葛 庐，　西 蜀 子 云 亭孔 子 云"何　 陋

2̲1̲ 1̲ 0 0 0 0 ‖
之 有？"

陋室铭

（唐）刘禹锡诗
选自《全唐文》
丁彦士　吟

山不在高，　有仙　则名；　水不在深，

有龙　则灵；　斯是陋室，　惟吾德馨。

苔痕上阶绿，　草色入帘青。　谈笑有鸿儒，

往来无白丁。　可以调素琴，　阅金经。

无丝竹之乱耳，无案牍之劳形。　南阳　诸葛庐，

西蜀子云亭。孔子云：　"何陋之有？"

二、常见古诗词文入声字标注

五言绝句

风（唐）李峤

第一句落（luò）叶　第二句月（yuè）

第三句尺（chǐ）　第四句入（rù）竹（zhú）

渡汉江（唐）宋之问

第二句复（fù）历（lì）　第三句怯（qiè）　第四句不（bù）

登鹳雀楼 (唐) 王之涣

	bái	rì		rù
第一句 白	日		第二句 入	
	yù	mù		yì
第三句 欲	目		第四句 一	

宿建德江 (唐) 孟浩然

	bó		rì	kè		yuè
第一句 泊		第二句 日	客		第四句 月	

鸟鸣涧 (唐) 王维

	luò		yuè	chū
第一句 落		第三句 月	出	

独坐敬亭山 (唐) 李白

	dú		bú
第二句 独		第三句 不	

秋浦歌 (其十五) (唐) 李白

	bái	fà		bù		dé	shuāng
第一句 白	发		第三句 不		第四句 得	霜	

逢雪宿芙蓉山主人 (唐) 刘长卿

	rì		bái	wū		xuě
第一句 日		第二句 白	屋		第四句 雪	

绝句 (其一) (唐) 杜甫

	rì
第一句 日	

塞下曲 (唐) 卢纶

	bái		mò	shí
第三句 白		第四句 没	石	

问刘十九 (唐) 白居易

	lù		yù	xuě		yì
第一句 绿		第三句 欲	雪		第四句 一	

池上 (唐) 白居易

	bái		bù	jì		yí
第二句 白		第三句 不	迹		第四句 一	

梅花 (宋) 王安石

	jiǎo		dú		bú	xuě
第一句 角		第二句 独		第三句 不	雪	

夏日绝句（宋）李清照

　　　　zuò　　jié　　　　　　　　yì　　　　　　　　　　　bù
第一句 作　　杰　　　　第二句 亦　　　　　　第四句 不

七言绝句

咏柳（唐）贺知章

　　　　bì　　yù　　yí　　　　　　　　　　　　　lù
第一句 碧　　玉　　一　　　　　　第二句 绿
　　　　bù　　yè　　chū　　　　　　　　　　　yuè
第三句 不　　叶　　出　　　　　　第四句 月

回乡偶书（其一）（唐）贺知章

　　　　bù　　shí　　　　　　kè
第三句 不　　识　　　　第四句 客

凉州词（唐）王之涣

　　　　bái　　　　　　　　yí
第一句 白　　　　　　第二句 一
　　　　dí　　　　　　　bú　　yù
第三句 笛　　　　　　第四句 不　　玉

出塞（唐）王昌龄

　　　　yuè　　　　　　　　bú
第一句 月　　　　　　第四句 不

九月九日忆山东兄弟（唐）王维

　　　　dú　　kè　　　　　　jié　　　　　　chā　　yì
第一句 独　　客　　　　第二句 节　　　　第四句 插　　一

赠汪伦（唐）李白

　　　　bái　　yù　　　　　　hū　　tà
第一句 白　　欲　　　　第二句 忽　　踏
　　　　chǐ　　　　　　　bù　　jí
第三句 尺　　　　　　第四句 不　　及

黄鹤楼送孟浩然之广陵（唐）李白

　　　　hè　　　　　　　yuè　　　　　　　bì
第一句 鹤　　　　　　第二句 月　　　　　第三句 碧

望庐山瀑布（唐）李白

　　　　rì　　　　　　zhí　　chǐ　　　　luò
第一句 日　　　　第三句 直　　尺　　第四句 落

望天门山（唐）李白

| | bì | | chū | yí rì |
| 第二句 碧 | | 第三句 出 | 第四句 一 日 |

别董大（唐）高适

	bái rì		běi xuě
第一句 白 日		第二句 北 雪
	mò		bù shí
第三句 莫		第四句 不 识

江畔独步寻花七绝句（其六）（唐）杜甫

| | yā | | dié | qià qià |
| 第二句 压 | | 第三句 蝶 | 第四句 恰 恰 |

绝句（唐）杜甫

| | yì bái | | xuě | bó |
| 第二句 一 白 | | 第三句 雪 | 第四句 泊 |

竹枝词（唐）刘禹锡

| | rì chū | | què |
| 第三句 日 出 | | 第四句 却 |

乌衣巷（唐）刘禹锡

| | què | | xī | rù | baǐ |
| 第一句 雀 | | 第二句 夕 | 第四句 入 | 百 |

山行（唐）杜牧

| | shí | | bái | yè yuè |
| 第一句 石 | | 第二句 白 | 第四句 叶 月 |

清明（唐）杜牧

| | jié | | yù | mù |
| 第一句 节 | | 第二句 欲 | 第四句 牧 |

蜂（唐）罗隐

| | bú | | dé bǎi mì |
| 第一句 不 | | 第三句 得 百 蜜 |

泊船瓜洲（宋）王安石

| | yì | | gé | lù | yuè |
| 第一句 一 | | 第二句 隔 | 第三句 绿 | 第四句 月 |

春宵（宋）苏轼

| | yí kè zhí | | yuè | luò |
| 第一句 一 刻 值 | 第二句 月 | 第四句 落 |

四时田园杂兴（其一）（宋）范成大

	chū	jì		gè		zhī		xué
第一句	出	绩	第二句	各	第三句	织	第四句	学

四时田园杂兴（其二）（宋）范成大

	mài	xuě	bái		rì	luò		jiá	dié
第二句	麦	雪	白	第三句	日	落	第四句	峡	蝶

宿新市徐公店（宋）杨万里

	luò	yí		luò		jí	dié		rù
第一句	落	一	第二句	落	第三句	急	蝶	第四句	入

小池（宋）杨万里

	xī		jiǎo		lì
第一句	惜	第三句	角	第四句	立

春日（宋）朱熹

	rì		yì		shí	dé
第一句	日	第二句	一	第三句	识	得

乡村四月（宋）翁卷

	lǜ	bái		yuè		chā
第一句	绿	白	第三句	月	第四句	插

约客（宋）赵师秀

	jié		yuē	bù		luò
第一句	节	第三句	约	不	第四句	落

游园不值（宋）叶绍翁

	jī		bù
第一句	屐	第二句	不

	sè	bú		yì	chū
第三句	色	不	第四句	一	出

画鸡（明）唐寅

	bú		xuě	bái		bù	yí
第一句	不	第二句	雪	白	第三句	不	第四句	一

从军行（唐）王昌龄

	xuě		yù
第一句	雪	第二句	玉

	bǎi	jiǎ		bú	bù
第三句	百	甲	第四句	不	不

芙蓉楼送辛渐（唐）王昌龄

第一句 入_{rù}　第二句 客_{kè}　第三句 洛_{luò}　第四句 一_{yí}　玉_{yù}

送元二使安西　（唐）王维

第一句 浥_{yì}　第二句 客_{kè}　色_{sè}　第三句 一_{yì}　第四句 出_{chū}

早发白帝城　（唐）李白

第一句 白_{bái}　第二句 一_{yí}　日_{rì}　第三句 不_{bú}

凉州词（唐）王翰

第二句 欲_{yù}　第三句 莫_{mò}

赠花卿　（唐）杜甫

第一句 日_{rì}　第二句 入_{rù}　入_{rù}　第三句 曲_{qǔ}　第四句 得_{dé}

江畔独步寻花七绝句　（唐）杜甫

第一句 塔_{tǎ}　第三句 一_{yí}　簇_{cù}

江南逢李龟年（唐）杜甫

第一句 宅_{zhái}　第四句 落_{luò}　节_{jié}

逢入京使（唐）岑参

第二句 不_{bú}　第三句 笔_{bǐ}

枫桥夜泊（唐）张继

第一句 月_{yuè}　落_{luò}　第四句 客_{kè}

小儿垂钓　（唐）胡令能

第一句 学_{xué}　第二句 侧_{cè}　第四句 得_{dé}　不_{bú}

滁州西涧（唐）韦应物

第一句 独_{dú}　第三句 急_{jí}

城东早春　（唐）杨巨源

第二句 绿_{lǜ}　第四句 出_{chū}

秋思　（唐）张籍

第一句 洛（luò）　　　第二句 欲（yù）　作（zuò）

第三句 复（fù）　说（shuō）　不（bú）　　第四句 发（fā）

寒食　（唐）韩翃

第一句 不（bù）　　　第二句 食（shí）

第三句 日（rì）　蜡（là）　烛（zhú）　　第四句 入（rù）

初春小雨　（唐）韩愈

第二句 色（sè）　却（què）　　第三句 一（yì）　　　第四句 绝（jué）

浪淘沙（其一）（唐）刘禹锡

第一句 曲（qū）　　　第三句 直（zhí）　　　第四句 织（zhī）

望洞庭　（唐）刘禹锡

第一句 月（yuè）　　　第四句 白（bái）　一（yì）

江南春　（唐）杜牧

第一句 绿（lǜ）　第二句 郭（guō）　第三句 百（bǎi）　八（bā）　十（shí）

秋夕　（唐）杜牧

第一句 烛（zhú）　第二句 扑（pū）　第三句 色（sè）　第四句 织（zhī）

嫦娥　（唐）李商隐

第一句 烛（zhú）　第二句 落（luò）　第三句 药（yào）　第四句 碧（bì）

牧童　（唐）吕岩

第一句 六（liù）　七（qī）　第二句 笛（dí）　第四句 不（bù）　脱（tuō）　月（yuè）

元日　（宋）王安石

第一句 爆（bào）　竹（zhú）　一（yí）　第二句 入（rù）　第三句 日（rì）

书湖阴先生壁 （宋）王安石

	mù		yì	lù		tà
第二句	木	第三句	一	绿	第四句	闼

六月二十七日望湖楼醉书 （宋）苏轼

	hēi	mò	bái	rù		hū
第一句	黑	墨	第二句 白	入	第三句	忽

饮湖上初清后雨（宋）苏轼

	sè	yì		yù		mǒ
第二句	色	亦	第三句	欲	第四句	抹

题西林壁 （宋）苏轼

	cè		gè	bù	bù	shí	mù
第一句	侧	第二句	各	不	第三句 不	识	目

赠刘景文 （宋）苏轼

	jú		yì			jú	lù
第二句	菊	第三句	一		第四句	橘	绿

晓出静慈寺送林子方 （宋）杨万里

	bì	liù	yuè			bù
第一句	毕	六	月		第二句	不
	jiē	yè	bì		rì	bié
第三句	接	叶	碧	第四句	日	别

立春偶成（宋）张栻

	lù		mù	jué		lù
第一句	律	第二句	木	第三句 觉	第四句	绿

雪梅二首（其一）（宋）卢梅坡

	xuě		gé	bǐ
第一句	雪	第二句	阁	笔
	xuě	bò	xuě	yí
第三句	雪	白	第四句 雪	一

夜书所见（宋）叶绍翁

	yè		kè
第一句	叶	第二句	客
	cù	zhī	luò	yì
第三句	促	织	第四句 落	一

题临安邸 （宋）林升

	dé		zhí	zuò
第三句	得	第四句	直	作

绝句（宋）释志南

	mù			yù	shī		bù
第一句	木		第三句	欲	湿	第四句	不

乞巧（唐）林杰

	qī	xī		zhī			qǐ	yuè
第一句	七	夕	第二句	织		第三句	乞	月

惠崇《春江晚景》（宋）苏轼

	zhú			yā			yù
第一句	竹		第二句	鸭		第四句	欲

寒夜（宋）张耒

	kè			zhú
第一句	客		第二句	竹

	yí	yuè		bù
第三句	一	月	第四句	不

秋夜将晓出篱门迎凉有感（宋）陆游

	rù			yuè			yì
第一句	入		第二句	岳		第四句	一

示儿（宋）陆游

	bú			běi	rì
第二句	不		第三句	北	日

舟过仁安（宋）杨万里

	yí	yè		bú
第一句	一	叶	第四句	不

观书有感（宋）朱熹

	yí			dé			huó
第一句	一		第三句	得		第四句	活

早春（宋）白玉蟾

	xuě			zhuó	zhuó	yuè
第二句	雪		第三句	着	着	月

墨梅（元）王冕

	mò			bú	sè
第二句	墨		第三句	不	色

石灰吟（明）于谦

	záo	chū		liè	ruò
第一句	凿	出	第二句	烈	若

　　　　　gǔ　　　　bú　　　　　　　　　bái
第三句 骨　　　不　　　　第四句 白

竹石（清）郑燮
　　　　　　bú　　　　　　lì　　　　　　　jī　　　　　　　běi
第一句 不　　　　　第二句 立　　　　第三句 击　　　　第四句 北

己亥杂诗（清）龚自珍
　　　　　　bù　　　　yì　　　　gé
第四句 不　　　一　　　格

村居（清）高鼎
　　　　　yuè　　　　　　　　　　fú　　　　　　　　xué
第一句 月　　　　　　　第二句 拂　　　　　第三句 学

五言律诗

过故人庄（唐）孟浩然
　　　　　lù　　　hé　　　　　　　guō
第三句 绿　　合　　　　第四句 郭
　　　　　rì　　　　　　　　　jú
第七句 日　　　　　第八句 菊

山居秋暝（唐）王维
　　　　　yuè　　　　　shí　　　　　　zhú　　　　　　xiē
第三句 月　　　第四句 石　　　　第五句 竹　　　　第七句 歇

春夜喜雨（唐）杜甫
　　　　　jié　　　　　　fā　　　　　　rù　　　　　　wù
第一句 节　　　　第二句 发　　　第三句 入　　　第四句 物
　　　　　hè　　　　　　　dú　　　　　　　shī
第五句 黑　　　　第六句 独　　　　第七句 湿

寻陆鸿渐不遇　（唐）释皎然
　　　　　guō　　　　　rù　　　　　　jú　　　　　zhuó
第一句 郭　　　第二句 入　　　第三句 菊　　　第四句 着
　　　　　yù　　　　　　　rì
第六句 欲　　　　第八句 日

赋得古原草送别　（唐）白居易
　　　　　yí　　yì　　　bú　　　　jiē　　　　bié
第二句 一　　一　　第三句 不　　　第六句 接　　　第八句 别

商山早行（唐）温庭筠

	duó		kè		yuè		jì
第一句	铎	第二句	客	第三句	月	第四句	迹

	yè	luò			yì
第五句	叶	落		第六句	驿

七言律诗

闻官军收河南河北（唐）杜甫

	hū	běi		què		yù
第一句	忽	北	第三句	却	第四句	欲

	bái	rì		zuò
第五句	白	日	第六句	作

	jí	xiá	xiá		luò
第七句	即	峡	峡	第八句	洛

登高（唐）杜甫

	jí		bái		luò	mù
第一句	急	第二句	白	第三句	落	木

	bú		zuò	kè
第四句	不	第五句	作	客

	bǎi	dú		zhuó
第六句	百	独	第八句	浊

游山西村（宋）陆游

	là		kè	zú
第一句	腊	第二句	客	足

	fù		yì		yuè
第三句	复	第四句	一	第七句	月

四言诗

击壤歌（上古）

	rì	chū		rì	rù	xī
第一句	日	出	第二句	日	入	息

	záo		shí		lì
第三句	凿	第四句	食	第五句	力

关雎《诗经·周南》

	dé	fú		cè		sè		lè
第五句	得	服	第六句	侧	第八句	瑟	第十句	乐

螽斯《诗经·周南》

    jí jí   zhí   zhí

第五句 揖   揖   第六句 蛰   蛰

小星《诗经·召南》

    sù sù sù bù   sù   sù bù

第二句 肃 肃 凤 不 第四句 肃   肃 不

木瓜《诗经·卫风》

    mù   mù   mù

第一句 木   第三句 木   第五句 木

黍离《诗经·王风》

    bù   bù   shí

第三句 不   第七句 不   第九句 实

    yē   bù

第十句 噎   第十一句 不

蒹葭《诗经·秦风》

    bái   yì   bái   bái

第一句 白   第二句 一   第五句 白   第九句 白

鹿鸣《诗经·小雅》

    lù shí   sè

第一句 鹿 食   第二句 瑟

    lù shí   dé

第五句 鹿 食   第六句 德

    bù zé   lù shí   sè

第七句 不 则   第九句 鹿 食 第十句 瑟

    sè lè   lè

第十一句 瑟 乐   第十二句 乐

短歌行（三国）曹操

    rì   lù shí   sè

第二句 日   第七句 鹿 食 第八句 瑟

    yuè duō   bù jué   yuè   mò

第九句 月 掇   第十句 不 绝 第十一句 越 陌

    qì kuò   yuè què

第十二句 契 阔   第十三句 月 鹊

    zá   bú   bú

第十四句 匝   第十五句 不   不

古体绝句

咏鹅（唐）骆宾王
　　　　　qū　　　　　　　　　　bái　　lù　　　　　bō
第二句 曲　　　　　　　　第三句 白　　绿　　第四句 拨

春晓（唐）孟浩然
　　　　　bù　　jué　　　　　　luò
第一句 不　　觉　　　　第四句 落

鹿柴（唐）王维
　　　　　bú　　　　　　　　　　rù　　　　　　　　　　fù
第一句 不　　　　　　　第三句 入　　　　　　　第四句 复

竹里馆（唐）王维
　　　　　dú　　　　　　fù　　　　　　bù　　　　　　yuè
第一句 独　　第二句 复　　　　第三句 不　　　　　第四句 月

悯农（其一）（唐）李绅
　　　　　yí　　　　　　lì　　　sù
第一句 一　　　　粒　　粟

悯农（其二）（唐）李绅
　　　　　rì　　　　　　　　　　dī　　　　　　　　lì　　　lì
第一句 日　　　　　　第二句 滴　　　　　第四句 粒　　粒

江雪（唐）柳宗元
　　　　　jué　　　miè　　　　　　lì　　　　　dú　　　xuě
第一句 绝　　第二句 灭　　第三句 笠　　第四句 独　　雪

寻隐者不遇（唐）贾岛
　　　　　yào　　　　　　　　　　bù
第二句 药　　　　　　第四句 不

登乐游原（唐）李商隐
　　　　　bú　　shì　　　　　　xī
第一句 不　　适　　　第三句 夕

江上渔者（宋）范仲淹
　　　　　yí　　yè　　　　　　chū　　mò
第三句 一　　叶　　　第四句 出　　没

所见（清）袁枚
　　　　　mù　　　　　　yuè　　　　　yù　　　　hū　　　lì
第一句 牧　　第二句 樾　　第三句 欲　第四句 忽　　立

五言古体诗

七步诗 （三国）曹植

	zuò		zhī		qì		jí
第一句 作		第二句 汁		第四句 泣		第六句 急	

饮酒（晋）陶潜

jié　　　　jú　　　　rì　xī　　yù
第一句 结　第五句 菊　第七句 日　夕　第十句 欲

望岳（唐）杜甫

gē　　　jué　　rù　　jué　　yì
第四句 割　第六句 决　入　第七句 绝　第八句 一

月下独酌（唐）李白

yì　　dú　　zhuó　　　yuè
第一句 一　　独　　酌　　第二句 月

yuè　bù　　yuè　lè　jí
第三句 月　不　第四句 月　乐　及

yuè　　　gè　　　jié
第五句 月　第六句 各　第七句 结

七言古体诗

金陵酒肆留别（唐）李白

yā　kè　　yù　bù　gè　bié
第二句 压　客　第四句 欲　不　各　第六句 别

杂 言 诗

宣州谢朓楼饯别校书叔云（唐）李白

rì　rì　bù　　　　rì　rì
第一句 日　日　不　　第二句 日　日

gǔ　fā　　yù　yuè　bú　fà
第四句 骨　发　第五句 欲　月　第七句 不　发

乐 府

江南（汉）

yè　　　　yè　　　　yè
第二句 叶　　第三句 叶　　第四句 叶

yè　　　　yè　　　yè　běi
第五句 叶　　第六句 叶　　第七句 叶　北

428

敕勒歌（北朝）

第一句 敕(chì) 勒(lè)

静夜思（唐）李白

第一句 月(yuè) 第三句 月(yuè)

长歌行（汉）

第二句 日(rì) 第三句 德(dé) 泽(zé) 第五句 节(jié)

第六句 叶(yè) 第七句 百(bǎi) 第八句 复(fù) 第九句 不(bù)

少年行（唐）王维

第一句 十(shí) 第二句 侠(xiá)

子夜吴歌（其三）（唐）李白

第一句 一(yí) 月(yuè) 第三句 不(bú) 第四句 玉(yù) 第五句 日(rì)

游子吟（唐）孟郊

第六句 得(dé)

行路难（唐）李白

第一句 十(shí) 玉(yù) 直(zhí) 第二句 不(bù) 食(shí) 拔(bá)

第三句 欲(yù) 塞(sè) 雪(xuě) 第四句 碧(bì) 复(fù) 日(rì) 第六句 直(zhí)

将进酒（唐）李白

第一句 不(bú) 不(bú) 复(fù) 第二句 不(bú) 白(bái) 发(fà) 雪(xuě)

第三句 得(dé) 月(yuè) 第四句 必(bì) 复(fù) 第五句 乐(lè) 一(yì) 百(bǎi)

第七句 一(yì) 第八句 玉(yù) 不(bú) 足(zú) 不(bú) 第九句 寂(jì) 寞(mò)

第十句 昔(xī) 乐(lè) 十(shí) 谑(xuè) 第十一句 酌(zhuó) 第十二局 出(chū)

歌 行

登幽州台歌（唐）陈子昂

	bú		bú		dú
第一句	不	第二句	不	第四句	独

古朗月行（节选）（唐）李白

	bù	shí	yuè		zuò	bái	yù
第一句	不	识	月	第二句 作		白	玉
	zú				bái	yào	
第五句	足			第七句 白		药	

骚体赋

归去来辞（晋）陶潜

	bù	dú	bú	shí	jué	pú	jú
第一段	不	独	不	实	觉	仆	菊
	rù	zhuó	rì	shè	shè	cè	chū	rù
	入	酌	日	涉	设	策	出	入
	xī	jué	fù	yuè	qī	lè	jí
第二段	息	绝	复	悦	戚	乐	及
	hè	mù	dé				
	壑	木	得				
	fù	bù	yù	bù	zhí	lè	fù
第三段	复	不	欲	不	植	乐	复

散 文

诫子书（三国）诸葛亮

	dé	bó				
第一段	德	泊				
	xué	xué	xué	xué	bù	bù
第二段	学	学	学	学	不	不
	rì	luò	bù	fù	jí	
	日	落	不	复	及	

五柳先生传（晋）陶潜

	bù	bù	zhái	bú	dú	bù	shí
第一段	不	不	宅	不	读	不	食
	bù	dé	zhì				
	不	得	置				

| zhé | bì | bú | bú | rì | hé | jié |
| 辄 | 必 | 不 | 不 | 日 | 褐 | 结 |

| dé | shī |
| 得 | 失 |

| | bù | qī | qī | bù | jí | jí | lè |
| 第二段 不 | 戚 | 戚 | 不 | 汲 | 汲 | 乐 |

爱莲说（宋）周敦颐

| lù | mù | dú | jú | dú | chū | bù |
| 陆 | 木 | 独 | 菊 | 独 | 出 | 不 |

| zhuó | bù | zhí |
| 濯 | 不 | 直 |

| bú | bù | zhí | bù | jú | yě | jú |
| 不 | 不 | 植 | 不 | 菊 | 也 | 菊 |

骈　文

滕王阁序（节选）（唐）王勃

| | yuè | dé | cuì | chū | gé | hè |
| 第一段 月 | 得 | 翠 | 出 | 阁 | 鹤 |

| | tà | zé | pū | shí | què | zhú | luò | yí | sè |
| 第二段 阆 | 泽 | 扑 | 食 | 雀 | 舳 | 落 | 一 | 色 |

词

菩萨蛮　李白

平林 漠漠 烟如织，寒山 一 带伤心 碧。暝 色入 高楼，有人楼上愁。

玉 阶空伫立，宿 鸟归飞 急。何处是归程？长亭更短亭。

忆秦娥　李白

箫声 咽，秦娥梦断秦楼 月。秦楼 月，年年柳 色，灞陵伤 别。

乐 游原上清秋 节，咸阳古道音尘 绝。音尘 绝，西风残照，汉家陵 阙。

忆江南　白居易

江南好，风景旧曾谙。日出 江花红胜火，春来江水 绿 如蓝。能 不忘 江南？

江南 忆，最 忆是杭州。山寺 月 中寻桂子，郡亭楼上看潮头。何 日 更重游？

江南 忆，其次 忆吴宫。吴酒 一 杯春 竹叶，吴娃双舞醉芙蓉。早晚 复 相逢？

431

长相思　白居易

汴水流，泗水流，流到瓜洲古渡头，吴山点点愁。

思悠悠，恨悠悠，恨到归时方始休，月明人倚楼。

浪淘沙令　李煜

帘外雨潺潺，春意阑珊。罗衾不耐五更寒。梦里不知身是客，一晌贪欢。

独自莫凭栏，无限江山，别时容易见时难。流水落花春去也，天上人间。

望江南　李煜

多少恨，昨夜梦魂中。还似旧时游上苑，车如流水马如龙，花月正春风。

望海潮　柳永

东南形胜，江吴都会，钱塘自古繁华。烟柳画桥，风帘翠幕，参差十万人家。云树绕堤沙。怒涛卷霜雪，天堑无涯。市列珠玑，户盈罗绮，竞豪奢。

重湖叠𪩘清嘉。有三秋桂子，十里荷花。羌管弄晴，菱歌泛夜，嬉嬉钓叟莲娃。千骑拥高牙。乘醉听箫鼓，吟赏烟霞。异日图将好景，归去凤池夸。

渔家傲　范仲淹

塞下秋来风景异，衡阳雁去无留意。四面边声连角起。千嶂里，长烟落日孤城闭。

浊酒一杯家万里，燕然未勒归无计。羌管悠悠霜满地。人不寐，将军白发征夫泪！

苏幕遮　范仲淹

碧云天，黄叶地，秋色连波，波上寒烟翠。山映斜阳天接水。芳草无情，更在斜阳外。　黯乡魂，追旅思。夜夜除非，好梦留人睡。明月楼高休独倚。酒入愁肠，化作相思泪。

浣溪沙　晏殊

一曲新词酒一杯，去年天气旧亭台，夕阳西下几时回？

无可奈何花落去，似曾相识燕归来，小园香径独徘徊。

阮郎归　晏几道

天边金掌露成霜，云随雁字长。绿杯红袖趁重阳，人情似故乡。

兰佩紫，菊簪黄，殷勤理旧狂。欲将沉醉换悲凉，清歌莫断肠！

桂枝香　王安石

登临送目，正故国晚秋，天气初肃。千里澄江似练，翠峰如簇。征帆去棹残阳里，背西风、酒旗斜 矗 。彩舟云淡，星河鹭起，画图难 足 。

念往 昔 ，繁华竞逐。叹门外楼头，悲恨相 续 。千古凭高对此，谩嗟荣 辱 。

六 朝旧事随流水，但寒烟衰草凝 绿 。至今商女，时时犹唱，《后庭》遗 曲 。

临江仙（夜归临皋）　苏轼

夜饮东坡醒 复 醉，归来仿 佛 三更。家童 鼻 息已雷鸣。敲门都 不 应，倚杖听江声。

长恨此身非我有，何时忘 却 营营？夜阑风静 縠 纹平。小舟从此逝，江海寄余生。

水调歌头　苏轼

明 月 几时有？把酒问青天。 不 知天上宫 阙 ，今 夕 是何年。我 欲 乘风归去，又恐琼楼 玉 宇，高处 不 胜寒。起舞弄清影，何似在人间！

转朱 阁 ，低绮户，照无眠。 不 应有恨，何事长向 别 时圆？人有悲欢离 合 ， 月 有阴晴圆 缺 ，此事古难全。但愿人长久，千里共婵娟。

念奴娇 赤壁怀古　苏轼

大江东去，浪淘尽、千古风流人 物 。故垒西边，人道是、三 国 周郎赤 壁 。乱 石 穿空，惊涛拍岸，卷起千堆 雪 。江山如画， 一 时多少豪 杰 ！

遥想公瑾当年，小乔初嫁了，雄姿英 发 。羽扇纶巾，谈笑间，樯橹灰飞烟 灭 。故 国 神游，多情应笑我、早生华 发 。人生如梦，一樽还酹江 月 。

江城子·密州出猎　苏轼

老夫聊 发 少年狂。左牵黄，右擎苍，锦帽貂裘，千骑卷平冈，为报倾城随太守，亲射虎，看孙郎。　　酒酣胸胆尚开张，鬓微霜，又何妨。持 节 云中，何 日 遣冯唐？会挽雕弓如满 月 ，西 北 望，射天狼。

鹧鸪天　秦观

枝上流莺和泪闻，新啼痕间旧啼痕。 一 春鱼鸟无消息，千里关山劳梦魂。

无 一 语，对芳尊，安排肠断到黄昏。甫能 炙得 灯儿了，雨打梨花深闭门。

石州引　贺铸

薄 雨收寒，斜照弄晴，春意空 阔 。长亭柳 色 才黄，远 客 一枝先 折 。烟横水际，映带几点归鸿，东风消尽龙沙 雪 。还记 出 关来， 恰 如今时 节 。

将 发 ，画楼芳酒，红泪清歌，顿成轻 别 。回首经年，杳杳音尘都 绝 。 欲 知方寸，共有几许新愁？芭蕉 不 展丁香结。枉望断天涯，两厌厌风 月 。

如梦令　李清照

昨夜雨疏风骤。浓睡不消残酒。试问卷帘人，却道海棠依旧。

知否？知否？应是绿肥红瘦。

点绛唇　李清照

蹴罢秋千，起来慵整纤纤手。露浓花瘦，薄汗轻衣透。

见客入来，袜刬金钗溜。和羞走，倚门回首，却把青梅嗅。

贺新郎·寄李伯纪丞相　张元干

曳杖危楼去。斗垂天、沧波万顷，月流烟渚。扫尽浮云风不定，未放扁舟夜渡。宿雁落寒芦深处。怅望关河空吊影，正人间、鼻息鸣鼍鼓。谁伴我，醉中舞。

十年一梦扬州路。倚高寒、愁生故国，气吞骄虏。要斩楼兰三尺剑，遗恨琵琶旧语。谩暗涩、铜华尘土。唤取谪仙平章看，过苕溪，尚许垂纶否？风浩荡、欲飞举。

六州歌头　张孝祥

长淮望断，关塞莽然平。征尘暗，霜风劲，悄边声。黯销凝，追想当年事，殆天数，非人力；洙泗上，弦歌地，亦膻腥。隔水毡乡，落日牛羊下，区脱纵横。看名王宵猎，骑火一川明，笳鼓悲鸣，遣人惊。

念腰间箭，匣中剑，空埃蠹，竟何成！时易失，心徒壮，岁将零，渺神京。干羽方怀远，静烽燧，且休兵。冠盖使，纷驰鹜，若为情。闻道中原遗老，常南望、翠葆霓旌。使行人到此，忠愤气填膺，有泪如倾。

西江月·黄陵庙　张孝祥

满载一船秋色，平铺十里湖光。波神留我看斜阳，放起鳞鳞细浪。

明日风回更好，今宵露宿何妨？水晶宫里奏霓裳，准拟岳阳楼上。

西江月·夜行黄沙道中　辛弃疾

明月别枝惊鹊，清风半夜鸣蝉。稻花香里说丰年，听取蛙声一片。

七八个星天外，两三点雨山前。旧时茅店社林边，路转溪桥忽见。

永遇乐·京口北固亭怀古　辛弃疾

千古江山，英雄无觅，孙仲谋处。舞榭歌台，风流总被、雨打风吹去。斜阳草树，寻常巷陌，人道寄奴曾住。想当年，金戈铁马，气吞万里如虎。

元嘉草草，封狼居胥，赢得仓皇北顾。四十三年，望中犹记、烽火扬州路。可堪回首，佛狸祠下，一片神鸦社鼓。凭谁问：廉颇老矣，尚能饭否？

破阵子·为陈同父赋壮词以寄　　辛弃疾

醉里挑灯看剑，梦回吹角连营。八百里分麾下炙，五十弦翻塞外声，沙场秋点兵。　　马作的卢飞快，弓如霹雳弦惊。了却君王天下事，赢得生前身后名。可怜白发生！

摸鱼儿　　辛弃疾

更能消、几番风雨、匆匆春又归去。惜春长恨花开早，何况落红无数。春且住！见说道，天涯芳草迷归路，怨春不语。算只有殷勤，画檐蛛网，尽日惹飞絮。

长门事，准拟佳期又误。蛾眉曾有人妒。千金纵买相如赋，脉脉此情谁诉？君莫舞，君不见，玉环飞燕皆尘土。闲愁最苦。休去倚危楼，斜阳正在、烟柳断肠处。

清平乐　　辛弃疾

茅檐低小，溪上青青草。醉里吴音相媚好，白发谁家翁媪。

大儿锄豆溪东，中儿正织鸡笼。最喜小儿无赖，溪头卧剥莲蓬。

卜算子·咏梅　　陆游

驿外断桥边，寂寞开无主。已是黄昏独自愁，更著风和雨。

无意苦争春，一任群芳妒。零落成泥碾作尘，只有香如故。

诉衷情　　陆游

当年万里觅封侯，匹马戍梁州。关河梦断何处？尘暗旧貂裘。

胡未灭，鬓先秋，泪空流。此生谁料，心在天山，身老沧州！

沁园春·有感　　陆游

孤鹤归飞，再过辽天，换尽旧人。念累累枯冢，茫茫梦境，王侯蝼蚁，毕竟成尘。载酒园林，寻花巷陌，当日何曾轻负春。流年改，叹围腰带剩，点鬓霜新。

交亲散落如云。又岂料如今余此身。幸眼明身健，茶甘饭软，非惟我老，更有人贫。躲尽危机，消残壮志，短艇湖中闲采莼。吾何恨，有渔翁共醉，溪友为邻。

扬州慢　　姜夔

淳熙丙申至日，余过维扬。夜雪初霁，荠麦弥望。入其城则四顾萧条，寒水自碧，暮色渐起，戍角悲吟。余怀怆然，感慨今昔，因自度此曲。千岩老人以为有《黍离》之悲也。

淮左名都，竹西佳处，解鞍少住初程。过春风十里，尽荠麦青青。自胡马窥江去后，废池乔木，犹厌言兵。渐黄昏，清角吹寒，都在空城。

杜郎俊赏，算而今、重到须惊。纵豆蔻词工，青楼梦好，难赋深情。二十四桥仍在，波心荡、冷 月 无声。念桥边红 药 ，年年知为谁生！

满江红　　岳飞

怒发冲冠，凭栏处，潇潇雨 歇 。抬望眼，仰天长啸，壮怀 激烈 。三 十 功名尘与土，八千里路云和 月 。 莫 等闲、 白 了少年头，空悲 切 。

靖康耻，犹未 雪 ，臣子恨，何时 灭 ？驾长车， 踏 破贺兰山 缺 。壮志饥餐胡虏 肉 ，笑谈 渴 饮匈奴血。待从头，收 拾 旧山河，朝天 阙 。

风入松·春园　　吴文英

听风听雨过清明，愁草瘗花铭。楼前 绿 暗分携路， 一 丝柳、 一 寸柔情。料峭春寒中酒，交加晓梦啼莺。　　西园 日日 扫林亭，依旧赏新晴。黄蜂频 扑 秋千 索 ，有当时、纤手香凝。惆怅双鸳 不 到，幽阶 一 夜苔生。

齐天乐·蝉　　王沂孙

一 襟余恨宫魂断，年年翠阴庭树。乍 咽 凉柯，还移暗 叶 ，重把离愁深诉。西窗过雨，怪瑶佩流空， 玉 筝调柱。镜暗妆残，为谁娇鬓尚如许？

铜仙铅泪似洗，叹移盘去远，难贮零露。病 翼 惊秋，枯形 阅 世，消 得 斜阳几度？余音更苦，甚 独 抱清商，顿成凄楚。漫想熏风，柳丝千万缕。

一剪梅·舟过吴江　　蒋捷

一 片春愁待酒浇。江上舟摇，楼上帘招。秋娘渡与泰娘桥，风又飘飘，雨又萧萧。

何 日 归家洗客袍？银字笙调，心字香烧。流光容 易 把人抛，红了樱桃， 绿 了芭蕉。

相见欢　　朱敦儒

金陵城上西楼，倚清秋。万里 夕 阳垂地，大江流。

中原乱，簪缨散，几时收？试倩悲风吹泪，过扬州。

卜算子　　朱敦儒

旅雁向南飞，风雨群初失。饥 渴 辛勤两翅垂， 独 下寒汀立。

鸥鹭苦难亲，矰 缴 忧相逼。云海茫茫无处归，谁听哀鸣 急 ？

采桑子·别情　　吕本中

恨君 不 似江楼 月 ，南北东西。南 北 东西，只有相随无 别 离。

恨君 却 似江楼 月 ，暂满还亏。暂满还亏，待到团圆是几时？

参 考 文 献

吴文治主编. 宋诗话全编（全十册）. 南京：江苏古籍出版社，1998.

吴文治主编. 辽金元诗话全编（全四册）. 南京：江苏古籍出版社，2006.

吴文治主编. 明诗话全编（全十册）. 南京：江苏古籍出版社，1997.

丁福保编选. 清诗话（上、下）. 北京：中华书局，1963.

郭绍虞编选. 清诗话续编（上、下）. 上海：上海古籍出版社，1983.

陈伯海主编. 唐诗汇评（三卷本）. 杭州：浙江教育出版社，1995.

陈增杰主编. 唐人律诗笺注集评. 杭州：浙江古籍出版社，1995.

朱东润. 诗三百篇探故. 上海：上海古籍出版社，1981.

康晓城. 先秦儒家诗教思想研究. 台北：文史哲出版社，1989.

萧驰. 中国抒情传统. 台北：允晨文化实业有限公司，2000.

檀作文. 朱熹诗经学研究. 北京：学苑出版社，2003.

俞志慧. 君子儒与儒家诗教. 北京：生活·读书·新知三联书店，2005.

汪祚民. 诗经文学阐释史. 北京：人民文学出版社，2005.

严寿徵. 诗道与文心. 上海：华东师范大学出版社，2009.

陈学恂等. 中国教育史研究（全七册）. 上海：华东师范大学出版社，2009.

王力. 汉语诗律学. 上海：上海教育出版社，1979.

王力. 古体诗律学. 北京：中国人民大学出版社，2012.

徐青. 古典诗律史. 西宁：青海人民出版社，1980.

李葆瑞. 诗词语言的艺术. 长春：吉林人民出版社，1981.

龙榆生. 词学论文集. 上海：上海古籍出版社，1997.

郭绍虞. 汉语语法修辞新探. 北京：商务印书馆，1997.

张伯伟. 中国古代文学批评方法研究. 北京：中华书局，2002.

徐晋如. 中国诗词的道与法. 桂林：广西师范大学出版社，2009.

杨荫浏. 中国古代音乐史稿. 北京：人民音乐出版社，1981.

萧涤非. 汉魏六朝乐府文学史（增补本）. 北京：人民文学出版社，2011.

任半塘. 唐声诗. 上海：上海古籍出版社，2006.

赵元任. 赵元任程曦吟诵遗音录. 北京：商务印书馆，2009.

陈少松. 古诗词文吟诵研究. 北京：社会科学文献出版社，1997.

磐石. 李白诗词吟诵曲选. 合肥：安徽文艺出版社，2001.

秦德祥. 吟诵教程. 常州市非遗保护中心组稿，2012 年内刊.

中华吟诵周论文集. 中华吟诵学会主办，2010 年内刊.

陈向春. 松斋论诗丛稿. 长春：东北师范大学出版社，2007.

陈向春. 中国古典诗歌主题研究. 北京：高等教育出版社，2008.

陈向春主编. 近 20 年来传统"诗教"研究论文目录与摘要. 2009 年内刊.

陈向春主编. 近 20 年来传统"诗教"研究论文选（上下）. 2010 年内刊.

陈向春主编. 大视野下的传统诗教研究系列论文集. 2010 年内刊.

后　记

后　记

我与吟诵结缘始于一九八五年。那年的秋季是我在复旦大学中文系进修古代文学的第二个学期。为了更多地结识这里的先生，我斗胆向我的进修导师陈允吉先生提出请求：让我旁听一次教研室的会。对于进修教师来说，这一要求多少有些唐突，但允吉先生答应了。我志忑地"溜"进会议室，直接坐到了季高先生的身旁。因为刚刚听过先生的课，心里满是敬意和亲切。先生发现了我，竟也直接问起进修的重点，我答说是唐宋诗词。先生微笑，又问：知道吟诵吗？见我一脸的茫然，立刻说：可以唱的，又轻轻地地哼吟了两句："白日依山尽，黄河入海流。"我吃惊并兴奋起来。先生摆摆手，示意会议开始了。这是一次例行的会，时间并不长，我却莫名其妙地有些"煎熬"。终于宣布散会了，先生递过来一张写明家庭住址的纸条。

第二天下午，我准时站在了先生家门口。将近三十年的光阴，印象模糊了。只记得进入先生书房时，地板发出嘎吱的声音，栗子色的一排书柜，逼仄的空间里一片干净和雅致。先生省却一切客套，直接拿起一本唐诗选，身体依着亮亮的方桌便清吟了起来："人生不相见，动如参与商。今夕复何夕，共此灯烛光。……"声音一出，我便知道：这绝对与通常的"歌唱"不是一回事。调随诗起，自由舒展，沉郁顿挫，沁人心脾！先生清瘦蔼然的面容身形，在这一时刻里，仿佛与漂泊中憔悴的杜甫重合为一体了。不由的，我担心那第一次派上用场的小小磁带录音该不会误事吧？——那天下午，在不到一个小时的时间里，我收获了八首先生的"绝妙好音"，计：杜甫三首、岑参两首、李商隐三首。以后便当作宝贝一般，一直精心保存至今。对于我而言，那时能够意识到的只是一点：就这样"唱"起来吧！我的学生，你们将与老师分享这意外的收获！2007 年 2 月 20 日，季高先生以九十六岁的高龄，走完了他平凡而又精彩的一生。先生为我的吟诵开蒙恩师，当本书即将问梓之际，我谨以此来表达自己的感激和怀念。

"薪火"一缕，相伴着先生的声音，我一路走来。弹指之间，人已踏上退休之门了。回望来路，一届又一届学生们吟诵、歌唱的笑脸让我心中温暖如春。2001 年以前，在我的课堂上，吟诵只是随性而为之，或者直接播放先生的录音，当时听课的学生在后来的个人博客里有过描述，也不乏溢美之词，但影响有限，说不上是自觉传承。到了 2001 年，我携手吉林省电视台导演罗满先生组织和设计，在文学院开出了首轮古诗词吟诵专题课。当中令我至今难忘的是吉林艺术学院的一位美声老师。她为这次课专门视唱了 28 首唐诗宋词，以钢琴伴奏录制成盒带，美声悦耳，十分好听，令学生们耳目一新。我与这位年轻的女老师并不相识，将她介绍过来的是给我的同事都兴东老师以及他的爱人，借此机会，我要向她（他）们敬礼，并再次表达深深的谢意。初识吟诵的学生们大多当"吟"为"唱"，唱"结庐在人境，而无车马喧"；唱"朝辞白帝彩云间，千里江陵一日还"……在满堂歌声里，可以听到学生们嚷嚷说，哦，唐诗还真的是可以"唱"的。

实习的季节到了，一天，在回家路上，迎面走来一个男生，突然站住，对着我鞠躬行礼，之后便兴奋地告诉："老师，我刚在附中上完一节课，教唱了一首唐诗，学生们都疯了。"首轮吟诵课留给了我两个深刻印象：一是学生们更乐意接受现代的"唱"，真正的古法"吟诵"只能假以时日，慢慢来。在古法吟诵尚未获得理解认可的情况下，歌唱古诗词可以担当开路先锋的重任。二是学生在教育实习当中，将吟诵之法引入古诗词教学所获得的体验以及在中学生那里产生的轰动效应，让我意识到：面对师范院校中文专业学生，吟诵完全可以作为一种教学技能做专门培训。

2007 年，对我对当时参与的学生们来说都是值得纪念的一年。在这一年里，在学院新班子的支持下，"大学生古诗词吟诵团"正式注册成立。创建这样一个学生社团，目标是在推动学院本科生自主学习吟诵，并通过自我培训获得吟诵古诗词文的能力。此前的经验告诉我：为了实现这一目标，必须通过有具体内容，实实在在的"活动"来吸引年轻的 80 后、90 后的学生们。回想起来，直到 2013 年春季，吟诵团始终坚持的"活动"，主要有三个方面：

1. 日常性的"教唱"。首届吟诵团的学生骨干建立了一套工作模式，即每周一次的教唱活动或安排相关的专题讲座。其次负责创编的同学会通过"创编赛会""唱"出他们的作品，如果足够好，就会被列入用作教唱与展演的保留曲目。再次便是利用各种渠道不断收集名家吟诵调。到了 2013 年吟诵团手中积累的歌曲和吟诵调不但涵盖了中小学语文课本里的古诗词，且数量接近千余首。在走向教学岗位之前，这些未来的语文教师已是"装备精良"。2009 年毕业季，首届吟诵团的一位骨干成员现场吟唱唐诗，令某省重点中学校长刮目相看，当场签约。这段佳话流传一时，极大提升了吟诵团的"知名度"，也使得越来越多的学生认识到：原来"吟诵"并不只是唱唱那么简单。

2. 不定期的"展演"。古法吟诵按主体区分为文人吟咏和蒙学吟诵，都有自己特殊的呈现形式和要求，这里所说的"展演"即展示性演出，应该只是今人学习古法吟诵采取的"变通"方式，只是对于师范生而言，"展演"活动的"锻炼"意义却是全方位的。一位性格内向的学生，经历"展演"之后，会变得开朗起来。许多毫无讲台经验的学生因为"展演"，对未来的教学充满自信，而最重要的则是通过吟诵，更多的学生体验和收获了对古诗词的新感觉、新诠释。从 2007 年开始，每年都有各种类型的"展演"活动，例如当年应邀在中央教育研究所《中国语文与传统文化》课题组吉林年会上，首届团员面对来自全国各地 800 余位中小学教师登台吟诵。2011 年赴京参加首届两岸大学生吟诵节活动，有 25 位同学载歌载舞登台吟唱李白《将进酒》，最终荣获特等奖。6 年来，"展演"活动不曾间断，一批批学生从中得到了实实在在的提高。

3. 争取"科研"立项。对于吟诵团全部的"活动"来说，"科研"立项所起到的凝聚力量的作用是至关重要的。六年多以来，吟诵团坚持申报国家教育部针对本科生设立的"全国大学生科研创新项目"（简称"国创项目"），有四年四次成功立项。另有 3 次学校级别课题获得立项。学生在完成项目的过程里，主动接受各种挑战，例如开展中小学古诗词教学现状调查，锻炼自我，增长才干，成就了课堂学习以外的最大收获。以下为四次国创项目的列举：

课题	负责人	立项时间	经费	结项情况
(1)《诗教传承与中小学古诗词教学现状》	王新刚	2007 年	5000.00	已结
(2)《诗词吟唱谱调抢救整理和创新实验》	许丽明	2008 年	同上	已结
(3)《古诗词与流行音乐结合的歌曲创编》	张 颖	2009 年	同上	已结
(4)《以吟诵促进小学古诗词教学方法初探》	张乔涛	2013 年	同上	待结

然而，以上所有的"活动"的展开，我自己扮演的也不过是从旁指导和谋划的角色。"活动"主体是学生，付出辛勤汗水的是学生。在本书即将问梓之际，作为他们的指导老师，内心充满感激之情。我非常清楚地了解：六年多以来，如果不是与那些可爱孩子们之间的"互动"，就不会产生写作这本书的灵感、激情和动力。借此机会，我要特别向那些曾全身心投入的亲爱学生表达我由衷的感谢。老师向你们致敬！他们是：

本科 2005 级　黄艳芬（1 届团长）高雅　　那妮

本科 2006 级　王新刚（2 届团长）陈 鹏　王 宇　王奇杰　许丽明
杨仕玉　崔娟梅　朱赛兰　蒋思梦　赵 杰　唐伟影　梁 瑞　李 敏
孙和慧

本科 2007 级　何学渊（2 届团长）

本科 2008 级　张　颖（3 届团长）

本科 2009 级　赵　胤（4 届团长）

2007 级研究生：　刘涵　赵强　孙玉清　伍双林

在这里，我向参与本书校对工作的：马连菊（博士）、李慧君（博士）、武玥（硕士）、杨皓（硕士）、商旭（硕士）、徐晓楠（硕士）同学致谢！

马连菊同学承担了本书部分章节（吟诵的历史、现状）的撰写。她的博士研究方向正是"吟诵与诗歌教育"，作为指导老师我对她在撰写以及后来的校对工作中所表现的认真态度和处理问题的能力感到满意，希望她能在本书研究的基础上继续努力，早出成果。

最后，我要向文学院的领导：王确教授、刘雨教授、王春雨副教授致谢！衷心地感谢你们一直以来在各个方面所给予的鼎力支持！

还要感谢东师出版社社长吴长安教授，我的大学同窗吴东范老师，因为你们的大力支持和细致周到的工作，使得本书能够顺利出版，让我能够在本年结束以前为"项目"研究工作画上句号。谢谢你们！

陈向春　写于 2013 年 6 月 12 日